U0463940

主编　吴洪澤　尹　波
主審　李文澤　刁忠民

宋人年譜叢刊

第一册

四川大學出版社

全國高等學校古籍整理研究工作委員會規劃項目

全國古籍整理出版規劃項目

國家「211工程」重點學科項目

宋人年譜叢刊序

曾棗莊

進行作家研究，如果該作家沒有年譜或雖有年譜而太簡略，我一向主張從作年譜開始，對該作家的生平事蹟及其作品先進行編年。我覺得祇有如此，研究工作纔比較扎紮，不致寫起文章或論著來，張冠李戴，東拉西扯。故凡我有興趣，想進行系統研究的作家，我往往先爲他作年譜；後因別的工作未能如願以償，故在我的未完稿中有不少未完成的宋人年譜。

一九八二年上海古籍出版社的錢伯誠先生曾約我撰寫《三蘇年譜合編》。撰寫此書的難點是蘇洵，以前根本没有蘇洵年譜。故我首先從《蘇洵年譜》作起，曾附於十多年前出版的《蘇洵評傳》之後，現在已很難找到此書了。其次是蘇轍，祇有宋人孫汝聽一種十分簡略的《蘇潁濱年表》。故接着作《蘇轍年譜》，長達十六萬字，曾由陝西人民出版社作專書出版。因原稿爲繁體字，後出版社改爲簡體字横排，又未經作者校對，故錯字很多。后以壓縮稿附在《蘇轍評傳》後。現存蘇軾年譜多達數十種，可參考者甚多，故擬在完成蘇洵、蘇轍年譜後再作《三蘇年譜合編》。雖然編《三蘇年譜合編》的最基礎最艱難的工作已完成，但因被調到四川大學古籍研究所負責，近十餘年的精力全部用在主編《全宋文》和《中華大典·宋遼金元文學分典》上，根本無暇完成《三蘇年譜合編》。衹是因前幾年出版《三蘇傳》，纔在書後附了一個《三蘇年譜簡編》。

我開始主編《全宋文》時，就在爲寫《宋文通論》做準備，在校點和審定《全宋文》的過程中，十分注意收集這方面的資料。在《全宋文》整理校點任務接近完成時，我就開始撰寫《宋文通論》。首先遇到的難點是宋代的四六文，特别是宋初西崑派的四六文。於是先開始研究四六文，首先是西崑派的四六文。《西崑酬唱集》有三種注本，其中最有價值的是鄭再時先生《西崑酬唱集箋注》，特别是其中的《西崑唱和詩人年譜》對我幫助很大。但我奇怪的是鄭先生花一生精力研究《西崑酬唱集》，竟連《西崑酬唱集》的編纂體例也未弄清楚，他爲《西崑酬唱集》集中詩一首一首地編年，却未看出《西崑酬唱集》本來就是按作詩時間先後編排的，結果費力不討好，編年錯誤很多。我於是作了《西崑酬唱集詩人年譜簡編》。鄭譜以楊億生卒年爲起訖，我以西崑酬唱諸詩人生卒年先後爲起訖，故從年齒最長的舒雅起，以卒年最晚的丁謂終，並對鄭譜之誤多有訂正。

我在審《全宋文》李之儀文時，對之産生頗大興趣，於是連他的詩、詞也一並通讀，想對他作系統研究，故又作了《李之儀年譜》。

我自己的研究工作是如此，我指導生友進行作家研究也很强調年譜的重要性。

一九八三年我爲四川大學古籍整理研究培訓班的學員開《三蘇研究》，并負責他們的實習。爲幫助學員校注蘇過的《斜川集》，我把未完稿的《蘇過年譜》拿出來，供他們參考，并囑咐他們在校注過程中加以補充和訂證。當時的學員、現在已接替我擔任四川大學古籍研究所所長的舒大剛先生用力最多，後作爲合寫稿發表在一九八四年《四川大學學報》叢刊第二十七輯的《古籍整理研究》上。後來他又作了較多的補充和修訂，我的初稿只能算引玉之磚，收入本書的《蘇過年譜》，基本上應算大剛個人的了。他後來又作了《蘇籀年譜》。

我近年指導日本慶應大學博士生池澤滋子女士研究丁謂，我也要求她先作《丁謂年譜》，然後在此基礎上撰寫《丁謂研究》。最近她續作《錢惟演研究》，也是從《錢惟演年譜》作起，且已完成了四萬餘字的《錢惟演年譜》初稿。

由於我提倡作家專題研究應從年譜作起，四川大學古籍研究所的研究人員作了不少年譜，我們所出版的《宋代文化研究》就發表有不少宋人年譜。

本所吳洪澤先生，十多年前作我的研究生時，正碰上我們全所編《全宋文》。編纂《全宋文》，有兩個問題需要解決。一是如何盡可能做到收文全，二是如何寫好作家小傳。爲了解決這一問題，我們除安排人補臺灣王德毅等先生編的《宋人傳記資料索引》外，還請吳洪澤先生搜集、研究各種宋人年譜。十五年來，洪澤做了四件有益的工作。一是撰寫了《尤袤年譜》，這是個案實踐。三是撰寫了《宋人年譜研究》，就是綜合研究，對年譜的起源、形成和發展，宋人年譜的各種類型、體例和得失，以及宋人年譜的價值，作了全面系統的闡述。二是編了《宋人年譜集目》，共收譜主一百七十多人，年譜五百七十多種，較之《中國歷代年譜總録》所收的宋人年譜多二百餘種，對宋代至一九八八年前所編的宋人年譜，基本上網羅無遺，爲宋代文史研究工作者提供一部非常有用的工具書。四是根據《集目》，複製了一套完整的宋人年譜。除個别手稿還未到手外，其他已發表的宋人年譜都有了。這爲我們撰寫《全宋文》作家小傳，從事宋代文化研究，提供了極大的方便。我們複製宋人年譜，還有一個目的，就是編纂、出版《宋人年譜叢刊》，除爲學術界提供現有的宋人年譜外，還擬新編一些當有而尚缺的宋人年譜。但在出版不景氣的情況下，這一設想一直拖到現在才實現。

本所李文澤、刁忠民、尹波與吴洪澤四位先生，同心協力，精心篩選前人所編宋人年譜，認真校點，又廣泛搜集當今學者所編宋人年譜，彙聚成册，先行付梓。我相信這套叢書的出版會受到宋代文史研究工作者的普遍歡迎。

二〇〇一年十月於四川大學緑楊村

前言

孟子説：「頌其詩，讀其書，不知其人，可乎？是以論其世也。」年譜作爲編年的個人傳記，是雜糅了編年與紀傳二體，融合了表譜碑狀的産物，年經月緯，序次井然，既網羅有豐富的個人史料，也兼容了時代背景、交游事迹等信息，最能起到知人論世的作用。所以年譜一體，深爲學者青睞，幾乎成了研治歷史人物的必要階梯。

年譜的起源，儘管可以追溯到先秦時期，但作爲史體而大量出現，則開始於宋代。據不完全統計，宋人編有本朝人年譜八十餘種、前朝人年譜五十餘種，合計有一百五十多種，現存達八十餘種。宋人如此樂於編譜，他們甚至認爲「有文集而無年譜，不幾於缺典乎」（趙善《白文公年譜跋》），「文集之有年譜，尚矣」（黄㽦《山谷年譜序》）。可見當時爲前人文集編譜，已成風氣。而且不僅爲詩文集編譜，也不乏編刻單行的年譜，如《大慧普覺禪師年譜》、《紫陽年譜》、《忠文王紀事實録》等等。考察宋編年譜，其中也有一些值得留意的現象。

一是年譜一體興於宋代，可以説是唐末五代社會變革的結果，是打破門閥士族制度後，士人意識覺醒的表現。自魏晉以來，至「唐世譜牒尤備，士大夫務以世家相高」（歐陽修《後漢太尉劉寬碑陰題名》），「官之選舉，必由於簿狀；家之婚姻，必由於譜系」（鄭樵《通志》卷二五《氏族略》）。然而隨着唐末五代戰亂，改朝換代頻仍，貴爲皇室尚且不保富貴，何況徒夸閥閱的世家子弟呢？於是族譜「自五代迄今，家家亡之」（歐陽修《與王深甫論世譜帖》），歐陽修認爲族譜散亡是「由士不自重，禮俗苟簡之使然」，實則是由於社會發生變革，族譜不再是選官、論婚的憑據，門閥的功能隱没，個人的作用凸顯，「於是乎由賤而貴者恥言其先，由貧而富者不録其祖，而譜遂大廢」（蘇洵《譜例序》）。標識門閥的族譜散亡，而更能反映個人功業的年譜則應運而生。同時，由於改朝換代，使一些原本爲帝王編修的年表、帝紀，轉而成爲編年的個人私史，如《五王年表》，即剪截錢儼《吴越備史》，又經明清人略加補注，遂被後人目爲年譜了。可見，宋人大量編製年譜，既是時代變遷、社會改革的必然結果，也可以説是宋代譜學適應社會發展的需要，轉而重視個人作用的體現吧。

二是與唐以前多屬隨意自述不同，宋人不僅自編年譜（如文天祥《紀年録》），而且高舉知人論世的大旗，爲前人、爲同時代人編譜的情況也比比皆是。或爲「考其辭力」以見「歌時傷世、幽憂竊嘆之意」（吕大防《韓吏部文公集年譜後記》），他們編了數量不菲的文學家年譜；或爲條理師道、指示後學、『有功於世教』（包恢《象山先生年譜後序》、黄去疾《龜山年譜序》），而編學者哲人年譜；或爲頌揚師德、「有補來學」、「以爲萬世標準」（《大慧普覺禪師年譜序》），而編僧道年譜；或者慕其「文章事功」而「推其源流，叙其始終」（陳天麟《編許昌梅公年譜跋》），而爲鄉賢編譜；或爲表章先烈，而編先輩年譜（陽昂《宇溪先生陽公紀年録跋》）。可見，宋人編纂年譜，已經進入自覺階段。

三是對年譜體例，宋人既有創始之功，更有不斷完善譜體之力。他們在反復整理前人文集的同時，往往更留意前人所編年譜是否信實可用，是否合乎例體，如吕大防編《杜工部詩年譜》後，趙子櫟以其「多疏略」而「爲訂正而稍補其闕」，又編《杜工部年譜》，後來黄鶴再編《年譜辨證》，考究諸家得失。又如吴仁傑編《陶靖節先生年譜》後，張縯又作《吴譜辨體》，糾其錯謬。陳振孫有見於李璜所編《白居易年譜》「既曰譜矣，而不繫年，其疏略抵牾有不可枚舉者」，因此重編《白文公年譜》。這樣反復編譜，一方面使年譜量大增，如宋人所編杜甫年譜達十一種，韓愈有九種，歐陽修有五種，蘇軾有八種；另一方面也促進了譜例的完善。宋代年譜多爲文譜，也有表譜（如施宿《東坡先生年譜》），也有詩文目録附年譜（如任淵《後山年譜》），還有綱目式年譜（如岳珂

《岳鄂王行實編年》），在編纂方式上，多爲一人一譜，也有合譜，如何掄《眉陽三蘇先生年譜》、程洵《三蘇紀年》，即合三蘇父子於一譜；在内容上，已涉及譜主字里世系、仕歷、功業、詩文著述繫年、家族、時事、交游事迹、恩寵與褒贈、附録等九大方面。雖説在宋譜中，我們還找不出一種體例堪稱完備，完全具備上述九方面内容的年譜，但可以肯定地説，後世年譜常見的體例，在宋代即已初具規模，年譜已經自成一體了。

四是與宋代學術風氣相呼應，宋編年譜也反映了宋人重視師承以及辨僞求真的學風。北宋是文學昌盛的時代，北宋詩文受韓文杜詩的影響也較大，因此北宋人所編的十餘種年譜中，爲韓愈、杜甫編的年譜就有六種。而南宋詩文受蘇黄影響較大，因此南宋人所編蘇軾、黄庭堅年譜多達十餘種。而南宋是道學日漸興盛的時代，因此爲道學家編年譜的現象也很普遍，如朱熹編有《伊川先生年譜》，度正編有《周濂溪年譜》，李方子編有《朱文公年譜》，袁燮、傅子雲等編有《象山先生年譜》等。從這些年譜中，不僅可以考見各大宗師的進學歷程，也可看出各學派間的紛爭。

當然，宋編年譜多數都很簡略，如趙令畤《微之年譜》和鄭世成《宣撫資政鄭公年譜》不過五百餘字，所記難免遺漏；雖有長篇年譜如《韓子年譜》、《山谷年譜》、《岳鄂王行實編年》等，然多停留在累積史料及詩文篇目繫年上，未能全面反映譜主的事迹。

因此，儘管年譜在宋代有很大的發展，但就其體例而言，也只是初具規模而已。年譜體例的進一步完善，是在清代以後乃至近現代的事。如後人所編宋人年譜，元人編有十餘種，明人編有四十多種，清人編有一百五十多種，近現代人編有三百多種。

元明清人所編宋人年譜，譜主以學者居多，其次爲文學家，而且集中於大家，如周敦頤、程頤、朱熹、蘇軾、黄庭堅等，其中爲朱熹編譜多達四十餘種，爲蘇軾編譜也有十多種。在編纂方法上，多采用改編、新編等方式。改編分節編和補編，節編的目的是删冗就簡，以便一目了然，如黄罃《山谷年譜》三十卷，明陳以志節爲十四卷，清徐名世再節爲一卷。但删節之餘，難免丢失一些有價值的資料。補編則是對舊譜訂訛補闕，如朱熹《伊川先生年譜》僅七千餘字，明趙滂輯入《程朱闕里志》時有所訂補，清池生春、諸星杓擴充至七卷，達十餘萬字。新編年譜，多是譜主後裔或鄉人爲光揚先烈而編譜，如真采《真文忠公年譜》、張師曾《宛陵先生年譜》等；或後人在整理宋人文集時附編年譜，如徐炯文《梅溪王忠文公年譜》、王棻《杜清獻公年譜》等；也有前人編有年譜，而後編者因未知見而重新編譜的，如清楊希閔編歐陽修年譜時，就未知見宋胡柯《廬陵歐陽文忠公年譜》。總體上講，元明清人所編宋人年譜，特别是清人所編，取材較宋譜廣泛，編例更趨一致，還出現了顧棟高《司馬太師温國文正公年譜》、王懋竑《朱子年譜》等備受稱贊的佳譜。

至近現代人所編，涉及的譜主範圍更廣，取材更全面，或發表於刊物，或附録於文集，或單獨出版，表譜、文譜、簡譜，隨宜編排，繁簡適中，年譜體例已經較爲完善，真正做到了對歷史人物所處時代背景、生平事迹，以及宦歷、交游、親友關係、詩文著述等資料的綜合整理，賦予年譜以豐富的信息資料，不僅是研究譜主不可或缺的，甚至在研究譜主同時代人物時也可資參考。唯其如此，當今年譜在譜學中一枝獨秀，蔚爲大觀，深得學者喜愛。

關於宋人年譜所蘊含的價值，不用多説大家也清楚。唯有一點，對使用者而言，後出的年譜總要勝於前譜。但對宋人年譜來説，却有特殊性，只因傳本稀少，後人編譜時，往往無緣知見前譜，以致前後兩譜各有得失，而前人特別是宋人所編年譜，往往因保存了第一手資料而彌顯珍貴。究其原因，除了没有大型的年譜叢編之外，清代以前没有專門的年譜編目，也是不可忽視的因素。

年譜既是按年月編次人物事迹的一種傳記體裁，又是譜學的一大分支。所以在史目著録中，年譜或入傳記類，如《直齋書録解題》著録的胡仔《孔子編年》、李方子《紫陽年譜》，《郡齋讀書附志》著録的《周元公年譜》等；或入譜牒類，如《遂初堂書目》

即於史部姓氏類下著録《孔子編年家譜》。而大量附録於專書的年譜，則隨專書著録，如《郡齋讀書志》史部譜牒類著録《闕里世系》卷首有洪興祖所編年譜，《直齋書録解題》集部别集類中也著録了多種年譜。著録星散，雜入各類，檢索多有不便，至明祁氏《澹生堂藏書目》，已於史部譜録類下辟有「年譜」一欄，專録年譜，清錢氏《述古堂書目》也列「年譜」專目。到了近代，則有專門的年譜目録，如汪誾《館藏歷代名人年譜集目》、梁廷燦《年譜考略》、李士濤《中國歷代名人年譜目録》等。發展至今，有來新夏《近三百年人物年譜知見録》、楊殿珣《中國歷代年譜總録》、謝巍《中國歷代人物年譜考録》、黄秀文《中國年譜辭典》，也有《宋人年譜三百種》、《宋人年譜集目》等斷代年譜目録，按目索譜，已不困難。然而面對深鎖於館閣，散見於他書，秘藏於民間的種種年譜，仍不免望目興嘆，要東奔西走勞神搜集，實非易事。

有鑒於此，四川大學古籍所從一九八六年開始，在曾棗莊、劉琳兩位先生的指導下，借編纂《全宋文》到各地普查資料之機，着手搜集宋人年譜。當時的設想，一是爲寫作家小傳、網羅佚文服務，二是編輯成書作爲《全宋文》附産物出版。至一九八九年，已整理了二十餘種宋人所編年譜，交付出版社。可惜由於排校失誤太多，自一九九五年出書，至今歉疚不已。此次編集《叢刊》，即懷匡枉就正之心，用力勤苦，復印鈔校，往返於各大圖書館間，求教於海内外專家學者，大凡古今學者所編宋人年譜，十得七八，前後歷時十餘年，至此初具規模。擬先行編刊一集，以省學者翻檢之勞。

此書能够出版，要感謝曾棗莊、劉琳先生多年的關照，曾先生還爲本書賜序；還要感謝海内外專家學者，不僅惠賜年譜大作，更撥冗訂補，大大提升了《叢刊》的質量；臺灣王玉琴、楊景琦女士，爲我們搜集了珍貴的資料，四川大學出版社以及責任編輯吴雨時先生，都爲此書的出版付出了辛勤的勞動，謹致謝忱。限於水平與能力，一些珍本宋人年譜未能收入，致爲惋惜；即使入選整理者，仍不免紕漏，切望專家學者不吝賜教。

二〇〇一年十月於四川大學古籍所

編例

一、《宋人年譜叢刊》(簡稱《叢刊》)收録以宋人爲譜主的年譜(年表、紀年録、繫年等),並按譜主生年先後次第編排。

二、《叢刊》編選的範圍以宋至民國年間所編宋人年譜爲主;對今人所編,以稿本或油印、打印本保存的年譜,也加以收録;對今人所編,發表於期刊、論文集及附録於專書的宋人年譜,在徵得原編者同意的前提下,也盡量收録,以省翻檢之勞,且借此機會,請原編者修訂,以反映專家的最新研究成果;對當代學者所編,且已作爲專書公開出版的宋人年譜,限於篇幅及其他原因,暫時只能割愛。

三、爲廣收譜主,僅有一種年譜傳存者,例皆收録;對同一譜主有多種年譜者,一般選刊二至三種,選録標準爲編譜年代最早或較晚、版本稀見,或編例精當、網羅資料詳悉、學術價值較高的善本。

四、對入選年譜,一律加新式標點,不作人名、地名等專名標引;對登載於期刊以及專書的年譜,也按《叢刊》要求,對個别標點有所改動。

五、原無標點者,盡可能選擇善本爲底本,精心校點;對原譜中疑誤之處,一律選擇别的版本或文集、史書加以校勘，并在正文中標出校記號，校記内容放在每種年譜的後面；校點者發現原譜編纂錯誤，其考證内容也放在校記中。

六、校勘時盡量不改動底本，對底本中明顯的脱、訛、衍、倒字，徑予改正，不另出校記。脱字，所補字加〔〕；訛字，（）中爲原錯字，〔〕中爲改正之字；衍字，加（）；倒字，正確位置加〔〕，錯誤位置加（）。

七、年譜紀年採用年號、干支加譜主年歲的傳統方式，爲節省篇幅，不添加公元紀年，而在全書末附録《宋紀年表》，以便對照。

八、紀年採用黑體字加以區別；對譜主事迹的繫年，首行低一格，次行起低兩格；引證資料一律低兩格，考證性的按語，一律低三格；注釋性文字，用小一號字區别，原譜行文中括注出處、按語者，未予改動；年譜内容按雙欄排版，序跋及附録則不分欄，以示區别。

九、爲方便使用者，每種年譜均在首頁處標明譜名、編者、校點者及所依據底本，并於次頁擇要介紹譜主、編者、現存其他年譜及所選年譜的價值等。

十、爲方便使用者，擴大《叢刊》的可利用價值，書後附有姓名字號綜合索引。

目録（第一册）

趙普年表簡編

張其凡 編

據《趙普評傳》附録本重訂

趙普（九二二—九九二），字則平，幽州薊縣（今北京市）人，後徙居河南洛陽。後周時入趙匡胤幕，歷節度判官、掌書記，策劃陳橋兵變，爲北宋開國元勳。入宋，任諫議大夫，從太祖平定李筠之亂，遷兵部侍郎、樞密副使。議定先南後北的統一策略，建議收宿將兵權。乾德二年（九六四），代范質爲宰相。收藩鎮財權，置轉運使；罷宿衛和節鎮兵權，收各道驍勇入禁軍，命文臣知州。對宋初的重大方針政策，卓有建樹。復好讀書，手不釋卷，學識長進。但性忌克，好專斷，多智謀，爲人所嫉，漸失太祖寵信。開寶六年，出爲河陽三城節度使。太宗朝兩次入相（太平興國六年、端拱元年），兩度被罷（太平興國八年出爲武勝軍節度使、淳化元年罷爲西京留守）。淳化三年（九九二），因病致仕，七月，卒於洛陽。

本《年表》叙事起於趙普生年，止於趙普卒後一百九十九年之宋光宗紹熙元年（一一九〇），於趙普歷官事迹、親友信息外，兼記五代末、北宋初朝政大事，以及宋代對趙普的褒贈、對其後嗣的恩典等，言簡事賅，可備查檢。

本譜原載《趙普評傳》附録一（北京出版社一九九一年版），此次重刊，原編者有所釐訂，改正了個别誤字，調整了一些事迹的繫年。

趙普，字則平，幽州薊縣（今北京市）人。少習吏事，以吏道聞。入宋後，好讀書，手不釋卷，晚年頗該博。性沈厚寡言，有大略，嫉惡強直，剛毅果斷，能以天下事爲己任。但多忌克，爲政專，故廷臣多忌之。官至太師、中書令，先後封梁國公、許國公、魏國公，謚忠獻，追封眞定王，再追封韓王，世稱趙中令、趙忠獻、趙韓王。

父親趙迥，曾任相州司馬，追贈齊國公。祖父趙全寶，曾任澶州司馬，追贈趙國公。曾祖父趙冀，曾任三河令，追贈吳國公。

妻三人：長衛國夫人魏氏，常山豪族之女，生承宗；次齊國夫人魏氏，生承煦；次陳國夫人和氏，後晉宰相和凝之女，生二女。

弟三人：貞（固），安易，正。妹一人，嫁侯仁寶。

子二人：承宗，承煦。女二人：志愿、志英。

後梁龍德二年，一歲。

七月，生於幽州薊縣。

後唐同光元年，二歲。

十月，晉王李存勗攻滅後梁，建後唐，是爲莊宗。

後唐天成元年，五歲。

四月，李嗣源攻下洛陽，莊宗被殺，嗣源即位，是爲明宗。

後唐天成二年，六歲。

二月，趙匡胤生於洛陽夾馬營。

後唐天成五年，九歲。

弟安易生於薊縣，已有弟貞。

後晉天福元年，十五歲。

九月，石敬瑭引契丹兵南下。十一月，幽帥趙德鈞父子投降契丹，後唐末帝死，後唐亡。石敬瑭建後晉，是爲高祖。

因幽州陷於戰亂之中，趙普的父親趙迥舉族遷徙到常山（今河北省正定縣）。

後晉天福四年，十八歲。

在常山，趙普娶豪族魏氏之女爲妻。

十月，趙匡義生於開封府浚義縣崇德北坊官舍。匡胤十三歲。

後晉天福六年，二十歲。

天雄軍節度使安重榮舉兵反抗後晉朝廷失敗。常山大亂，趙普隨父親遷往洛陽。

趙普一家遂定居洛陽。

趙普可能在此年年底或次年年初進入藩鎮幕府。

後晉開運三年，二十五歲。

十二月，契丹滅晉，俘虜後晉出帝。洛陽大亂。趙普至遲在此時離家，進入藩鎮幕府做事，開始了政治生涯。

後漢天福二十年，二十六歲。

二月，契丹改國號爲大遼。劉知遠即帝位於太原，是爲後漢高祖。

三月，遼太宗北返。四月，死於途中。

六月，劉知遠入洛陽，復都大梁，建後漢。

匡美生。匡胤二十一歲，匡義九歲。

趙普在藩鎮幕府。

後周廣順元年，三十歲。

正月，郭威滅後漢，即皇帝位，建後周，是爲太祖。

趙普生子承宗，趙匡胤生子德昭。

後周顯德元年，三十三歲。

正月，郭威死，柴榮即位，是爲世宗，時年三十四歲。

三月，高平之戰，世宗擊破北漢軍，趙匡胤因功升爲殿前散員都虞候，領嚴州刺史。

七月，劉詞爲永興軍節度使，辟趙普爲從事。

十月，周世宗下令整軍，殿前司正式獨立。趙匡胤升爲殿前都虞候。張永德爲殿前都指揮使。

後周顯德二年，三十四歲。

在永興軍節度使幕府。十二月（按公曆，已是九五六年），劉詞死於永興軍節度使任上，遺表推薦趙普「有才、可用」。

後周顯德三年，三十五歲。

二月，周世宗用兵淮南，趙匡胤率軍攻克滁州。宰相范質表荐趙普爲滁州軍事判官。上任滁州，初遇趙匡胤，以吏幹而爲匡胤看重。匡胤父親弘殷在滁州養病，盡心服侍，從此被待以宗分。

六月，淮南初平，趙普調任渭州軍事判官。

七月，趙弘殷在返回京師的途中死去。

十月，趙匡胤因淮南戰功，升爲匡國軍節度使兼殿前都指揮使，時年三十歲。趙匡胤表爲節度推官，收入幕府中。

後周顯德四年，三十六歲。

五月，趙匡胤從世宗征淮南還，拜義成軍節度使、檢校太保，仍爲殿前都指揮使。

在匡胤幕府爲從事。

後周顯德五年，三十七歲。

三月，周世宗平定淮南，十四州歸入後周版圖。

五月，因平淮南功，趙匡胤領忠武節度使，仍爲從事。

後周顯德六年，三十八歲。

二月，樞密使王樸死。

六月，周世宗北征，得關南地，因病班師。罷張永德殿前都點檢，升趙匡胤爲檢校太傅、殿前都點檢。

六月十九日，周世宗死，年三十九歲。子宗訓即位，七歲。范質、王溥、魏仁浦並相，執掌朝政。

七月，趙匡胤領歸德軍節度使，仍兼殿前都點檢，表爲掌書記。

是年，趙匡胤三十三歲，匡義二十一歲，匡美十三歲，德昭、承宗九歲。

宋建隆元年，三十九歲。

正月，指揮發動陳橋兵變，趙匡胤黄袍加身，登上帝位，建立宋朝，是爲太祖。以佐命功，爲右諫議大夫、樞密直學士。匡義改名光義，爲殿前都虞候。匡美改名光美。

三月，撰《龍飛日曆》。

五—六月，從太祖平定澤潞的李筠之亂。

八月，以從平李筠功，遷兵部侍郎，充樞密副使。光義領泰寧軍節度使，仍爲殿前都虞候。

十—十一月，從太祖平定淮南李重進。

冬，太祖與光義雪夜至趙普家，定先南後北的統一戰略。

建隆二年，四十歲。

六月，杜太后死。

七月，與太祖討論長久之策，建削奪方鎮的三大綱領。

屢次建議太祖收宿將兵權，太祖遂有「杯酒釋兵權」之舉，石守信、高懷德、王審琦、張令鐸等皆罷軍職，出爲節度使。光義爲開封尹，光美行興元尹。

八月，南唐主李景死，子煜嗣立。

執易定節度使孫行友，削官勒歸私第。

《周世宗實錄》成。

是年，賜「推忠佐理」的功臣名號。

建隆三年，四十一歲。

二月，滑州節度使張建豐坐失火免官。

六月，樞密使吳廷祚以雄武軍節度使罷。

八月，用知制誥高錫言，諸行賂獲薦者許告訐，奴婢鄰親能告者賞。詔諸道司法參軍皆以律疏試判。

十月，爲檢校太保，充樞密使。

十一月，縣令考課以戶口增減爲黜陟。

十二月，每縣設縣尉一員，受理盜訟；按縣戶數的差別置弓手不等。於是，節度使的權力被限於城郭之內。這是趙普之謀。

乾德元年，四十二歲。

二月，平定荆南。太祖要用宿將符彥卿典禁兵，極力反對而使太祖作罷。

三月，平定湖南。

四月，在湖南設通判。這是通判設置的開始。

六月，開始以常參官知縣。

七月，班重定《刑統》三十卷，《編敕》四卷。

十二月，加光祿大夫，易功臣號爲「推忠協謀佐理」。光義、光美、范質以下文武臣僚各進階、勳、爵、邑。

乾德二年，四十三歲。

正月，令郡國長吏勸農耕作。此後每逢歲首，即下此令。

范質、王溥、魏仁浦三相罷。爲門下侍郎平章事，集賢院大學士。李崇矩爲檢校太尉，充樞密使，時年四十二歲。

上《請行百官考績疏》，太祖從之。

四月，初設參知政事爲副相，以薛居正、呂餘慶爲之，不宣制，不押班，不知印，止令就宣徽使廳，上事殿廷，別設塼位於宰相後。敕尾署銜降宰相數字，月俸、雜給皆半之。

六月，以光義爲中書令，光美同中書門下平章事，德昭貴州防御使。

七月，令藩鎮勿以初官爲掌書記。

九月，范質死，年五十四歲。

十一月，王全斌等人將步騎五萬伐蜀。

是年，次妻魏氏生子承煦。

乾德三年，四十四歲。

正月，蜀主孟昶投降，平定蜀地。

二月，命參知政事呂餘慶權知成都府，樞密直學士馮瓚權知梓州。

三月，收藩鎮財權。置轉運使。

八月，收各道兵驍勇者入禁軍。

十二月，詔西川管內監軍、巡檢毋預州事。

乾德四年，四十五歲。

五月，太祖説：「宰相須用讀書人。」常勸趙普讀書。遂手不釋卷，學識大爲長進。

八月，知梓州馮瓚等人因賄賂光義，流沙門島等地。或言爲趙普陷害。

閏八月，下詔勸農。

冬，下令抑通判權。

乾德五年，四十六歲。

正月，王全斌等人坐伐蜀黷貨殺降，被責降。

二月，太祖以私取親兵爲腹心，要殺殿前都指揮使韓重贇，趙普極力救解得免，出爲節度使。

三月，加尚書左僕射兼門下侍郎，充昭文館大學士。

十二月癸酉（十九日。《長編》作庚午，十六日），以母憂去位。丙子（二十二日），起復。

開寶元年，四十七歲。

正月，參知政事呂餘慶自成都召回。

三月，班縣令、尉捕盜令。

七月，太祖欲攻江南等國，推薦曹彬、潘美可用。

八月，命李繼勛等率兵攻北漢。十一月，因遼軍來援，引歸。

十月，雷德驤攻之，太祖說：「鼎鐺尙有耳，汝不聞趙普吾之社稷臣乎！」責授德驤司戶參軍。

十二月，因行慶，與光義、光美、樞密使李崇矩及諸道蕃侯一道，加勳爵有差。

開寶二年，四十八歲。

二月，從太祖攻打北漢。閏五月，遼以兵來援，李光贊建議班師，趙普贊成，無功而還。

閏五月，右僕射魏仁浦死，年五十九歲。

十月，節度使武行德、郭從義、王彥超、白重贊、楊廷璋等，罷爲散職。

十二月，病，太祖到中書看望。

開寶三年，四十九歲。

三月，卧病，太祖到家中探視，賜與甚厚，落起復。

九月，令潘美、尹崇珂等率軍攻打南漢。唐太宗等二十七陵嘗被盜發者，詔有司備法服、常服各一襲，具棺槨重葬，所在長吏致祭。這是趙普早年的心願。

開寶四年，五十歲。

二月，俘南漢主劉鋹，平定廣南。

三月，趙玭攻之，太祖將下制逐普，王溥救解。四月，反以誣毀大臣責玭爲汝州牙校。

七月，賜開封尹光義門戟十四。

十一月，吳越送與瓜子金十瓶，爲太祖見之。此前，在太祖允許下，受江南國主銀五萬兩。

江南國主李煜乞去國號呼名，從之。

河決澶州，原爲光義幕僚的通判姚恕，爲趙普因故致棄市。

十二月，與光義、光美、德昭同益食邑。

開寶五年，五十一歲。

正月，省州縣小吏及直力人。

二月，以兵部侍郎劉熙古參知政事。

五月，并廣南州、縣。

五—六月，黄河屢決，河南北諸州皆大水。

八月，開始設置轉運判官於嶺南，許九言爲之。

九月，樞密使李崇矩將女兒嫁給趙普長子承宗。太祖知道後，下令候對時，樞密使與宰相分開。不久，罷李崇矩爲鎮國軍節度使。

十一月，命參知政事薛居正、呂餘慶分兼淮南、湖南、嶺南轉運使和荆南、劍南轉運使。

十二月，推薦辛仲甫有武幹，太祖用爲西川兵馬都監。開封尹光義暴疾，太祖到他家中探望。

是年，承宗二十二歲。

開寶六年，五十二歲。

正月，設置蜀水陸轉運計度使。

三月，周鄭王柴宗訓死於房州（今湖北省房縣），年二十一歲，謚爲恭帝。

復試進士於講武殿，宋代從此開始殿試。

鎮國節度使李崇矩責授左衛大將軍。

四月，召光義與石守信等賞花習射於苑中，不與。妹夫侯仁寶出知邕州（今廣西南寧市）。

盧多遜出使江南，還，太祖始有意大用。

五月，參知政事劉熙古以戶部尚書致仕。因中書吏擅權多奸贓，下詔令兼用流內州縣官。

六月，雷德驤子有鄰告趙普祖護堂吏胡贊等不法，贊及李可度並杖、籍沒。以有鄰爲秘書省正字。詔參知政事薛居正、呂餘慶升都堂同議政事，分知印、押班、奏事，以分普之權。

七月，諸州府置司寇參軍。

八月，罷爲檢校太尉、河陽三城節度使（治孟州，今河南孟縣）、同平章事。次子承煦十歲，爲牙職侍行。

九月，參知政事呂餘慶以疾求解職，罷爲尚書左丞。

光義封晉王，位居宰相之上。光美、德昭並進爵。

薛居正、沈義倫並平章事，盧多遜爲參知政事。

石守信、高懷德、王審琦並加官。

太祖之妹、高懷德之妻燕國長公主死。

十月，特赦諸官奸贓。

除名人雷德驤爲秘書丞，分判御史臺三院事。

十二月，盧多遜父億，見多遜攻倒趙普，憂懼而死。詔多遜起復視事。

行《開寶通禮》。

是歲，詔諸州守臣，非聖節進奉，自餘諸般進奉錢物，並留本州管繫，不得押領上京。聖節進奉始此。

是年，光義三十五歲，光美二十七歲，德昭二十三歲，德芳十五歲。趙普長子承宗二十三歲。薛居正六十二歲，沈義倫六十五歲，盧多遜四十歲。

開寶七年，五十三歲。

四月，追贈杜太后之父、祖、曾祖三代祖與妣官爵。

五—七月，在講武池演習水戰，太祖幾次

親臨觀看。

八月，忠武節度使、同平章事王審琦死，贈中書令，謚忠懿，追封琅玡郡王，年五十。賻贈並加等，輟視朝五日。

十月，曹彬、潘美等人領兵十萬，由荊南去攻打江南李煜。

閏十月，薛居正等上《五代史》。

是年，趙普在孟州。

開寶八年，五十四歲。

十一月，平定江南，俘李煜。

是年，趙普在孟州，上表賀平江南。

開寶九年，五十五歲。

正月—二月，晉王光義率群臣三上尊號，內有「一統太平」字樣，太祖以汾晉未平，燕薊未復，不欲稱一統太平，不允。

二月，曹彬爲樞密使，領忠武軍節度使，加檢校太尉，年四十六歲。盧多遜爲吏部侍郎，仍參知政事。

錢俶自吳越到汴京朝見，三月，返回吳越。俶年四十八歲。

三月，以德芳爲檢校太保、貴州防御使。留沈義倫、王仁贍留守東京，太祖率晉王以下群臣，離京去西京洛陽。

四月，曹翰拔江州，江南完全平定。在西京，太祖合祭天地。

太祖返回汴京。光義以下內外文武臣僚進階封。

六月，太祖到光義家。

七月，太祖到光義家，三次到光美家。

八月，太祖派遣党進、潘美等人領兵，分五道攻北漢。以楚昭輔、王仁贍分領宣徽南、北院事。

九月，太祖到光義家。

十月初六，太祖到西教場觀武。

二十日，太祖猝死，年五十歲。

二十一日，晉王光義即位，是爲太宗。光美改名廷美。

二十七日，廷美爲開封尹兼中書令，封齊王；德昭爲永興軍節度使兼侍中，封武功郡王；德芳爲山南西道節度使、興元尹、同平章事。薛居正、沈倫（即沈義倫）、盧多遜三人並相，曹彬樞密使同平章事。楚昭輔樞密使，潘美宣徽南院使。內外官進秩有差。

十一月，詔廷美、德昭位在宰相之上。

詔懷州直屬京。懷州是河陽節度使趙普管轄的支郡。

詔諸道轉運使察州縣官吏能否，第爲三等，歲終以聞。

下令諸州大索知天文數術人送闕下。

十二月，大赦，改元太平興國。

命太祖及廷美子女均稱皇子、皇女。

趙普和節度使向拱、張永德、高懷德、馮繼業、張美、劉廷讓等七人來京朝見太宗。

是年，太宗三十八歲，廷美三十歲，德昭二十六歲，德芳十八歲。

太平興國二年，五十六歲。

正月，太宗詔中外臣僚，自今不得因乘傳出入，賫輕貨，邀厚利，並不得令人於諸處回圖，與民爭利。又申禁藩鎮補親吏爲鎮將。

取進士及諸科五百人。呂蒙正狀元，三十四歲；張齊賢進士，三十五歲。

三月，趙普朝見，罷爲太子少保留京師。此後，常從者皆去，唯王繼英奉事愈謹。

四月，葬太祖於永昌陵。

五月，向拱、張永德、張美、劉廷讓均罷

節鎮，爲諸衛上將軍。

閏七月，詔各州並直屬京，節鎮無復領支郡。

是年冬，準備攻打北漢。

太平興國三年，五十七歲。

正月，命修《太祖實錄》。

二月，以三館新修書院爲崇文院。

三月，吳越國王錢俶到京朝見太宗。

四月，置諸道轉運判官。

陳洪進、獻漳、泉二州，以爲武寧軍節度使、同平章事。洪進年六十五歲。

錢俶上表求還，不許。

五月，錢俶獻兩浙十三州一軍，封爲淮海國王。錢俶年五十歲。

七月，右千牛衛上將軍李煜死，年四十二歲，贈太師，追封吳王。

十月，太宗到廷美、德昭府第，賜二人及德芳銀絹有差。

十一月，祀天地於圜丘，大赦。太宗御乾元殿受尊號。太宗到齊王廷美第。

以郊祀，中外文武加恩，遷太子太保。

趙普已有二女，皆和氏生，均封郡主。

太平興國四年，五十八歲。

正月，太宗派潘美率諸將領兵伐北漢。

二月，留沈倫、王仁贍等人留守京師，太宗親征北漢。廷美、趙普皆從行。

四月，以石熙載爲樞密副使，年五十二歲．這是太宗早年幕僚執掌樞密院之開始。

五月，劉繼元降。平定北漢。太宗督率諸將自太原出發，攻打燕雲，趙普從行．

七月，宋軍與遼軍在高梁河交戰，宋軍大敗潰逃，太宗股中兩箭，乘驢車而遁。

八月，太宗責降從征幽州將領石守信、劉遇等人。

德昭被逼自殺，年二十九歲，追封魏王。

十月，遼軍大舉入侵。

賞平太原功，廷美進封秦王，薛居正以下文武從臣進秩有差。趙普雖從征，但覃賞未及。

十二月，置諸州司理判官。

是年，行《太平興國編敕》十五卷。

太平興國五年，五十九歲。

三月，左監門衛上將軍劉鋹死，年三十九歲，贈太師，追封南越王。

遼軍侵雁門，楊業擊卻之。

六月，趙普妹夫侯仁寶，知邕州九年，不得代，上書乞面闕陳討交趾策，復爲盧多遜沮之。

七月，以侯仁寶爲交州路水陸轉運使，與孫全興等人領兵討交趾。

九月，史館上《太祖實錄》五十卷，此即後來所稱的《太祖舊錄》。

十一月，太宗留秦王廷美與王仁贍等人留守東京，親自北巡。宋諸軍與遼軍戰於莫州，爲遼將休哥大敗之。

十二月，太宗返回汴京。

是年，以太子太保在京師。太宗北巡，不知從行否。

太平興國六年，六十歲。

三月，興元尹德芳死，年二十三歲，追封岐王。

侯仁寶死於白藤江口，討交趾師返。

六月，首相—司空、平章事薛居正死，年七十歲。贈太尉中書令，謚文惠。

九月，普長子承宗三十歲，知潭州（今湖南省長沙市），受詔歸闕，與燕國長公主和高懷德之女成婚。未逾月，多遜白遣歸任，普由是憤怒。

柴禹錫告秦王廷美有陰謀。太宗召對普，普言願備樞軸，以察姦變。退，上書言「金匱之盟」事，太宗大喜，即留承宗京師。以趙普爲司徒兼侍中，昭文館大學士，爲首相；石熙載爲樞密使。

秦王廷美乞班普下，從之。

設差遣院掌京朝官考課。十一月，追究交趾之敗，交州行營部署孫全興棄市。

合祭天地於圜丘，大赦。趙普封梁國公。

樞密使楚昭輔罷爲左驍衛上將軍，年六十八歲。

太平興國七年，六十一歲。

二月，判三司王仁贍罷，數日卒，年六十六歲。

燕國長公主的長女封高平縣主，即承宗之妻；次女封眞寧縣主。

三月，罷廷美開封尹，授西京留守。

四月初三，以竇偁、郭贄爲參知政事，柴禹錫爲宣徽北院使兼樞密副使。

初七，盧多遜罷相，責授兵部尚書，下御史獄，追究與廷美交通事。多遜年四十九歲。

十六日，削奪多遜官爵，並家屬流崖州（今海南省三亞市），廷美勒歸私第。

十八日，詔廷美男女正名呼。

十九日，因盧多遜事，沈倫罷相，責授工部尚書。

二十一日，中書舍人李穆，因與多遜厚，責授司封員外郎。

五月，定難軍留後李繼捧到京朝見，獻所管五州八縣。

降廷美爲涪陵縣公，房州安置。

七月，太宗封其長子德崇衛王，次子德明廣平郡王，並同平章事，分日赴中書視事。德崇時年二十二歲，德明十七歲。

趙普的親家——燕國長公主之夫高懷德死，年五十七歲。贈中書令，追封渤海郡王，謚武穆，輟視朝三日。

沈倫以左僕射致仕。

八月，太子太師王溥死，年六十一歲。贈侍中，謚文獻。

九月，遼穆宗耶律璟死。聖宗繼位，母承天后蕭氏專權。

十月，參知政事竇偁死，年五十八歲。

十二月，楚昭輔死，年六十九歲。贈侍中，謚景襄。

閏十二月，諸州置農師。

太平興國八年，六十二歲。

正月，弭德超巧誣曹彬，罷彬樞密使，爲天平節度使兼侍中。王顯、弭德超爲宣徽南、北院使，並兼樞密副使。

三月，以宋琪爲參知政事。始分三司爲三部，各置使。

四月，趙普爲曹彬辯解，弭德超又駡樞密副使王顯、柴禹錫，遂將弭德超除名，並家屬流瓊州。

五月，黄河決口，南行入淮河。

六月，以王顯爲樞密使，柴禹錫爲宣徽南院使兼樞密副使。

七月，郭贄罷參知政事，李昉爲參知政事。

八月，樞密使石熙載罷爲右僕射。

九月，初置水陸路發運於京師。

十月，太宗將其子的世次由「德」改爲「元」，以與太祖子區别。

太宗五子改名，並封王，加同平章事。

趙普罷相。爲武勝軍節度使（治鄧州，今河南省鄧縣）、檢校太尉兼侍中。子承煦二十歲，爲牙職侍行。

十一月，宋琪、李昉爲相，李穆、呂蒙正、李至並參知政事，張齊賢、王沔並同簽署樞密院事。

太宗令五子同日赴中書視事，第五子纔十三歲。

詔：自今宰相序立，宜在親王之上。

太宗在長春殿設宴，餞別趙普，並賜普詩。

十二月，右補闕、直史館胡旦獻《河平頌》，內有「逆遜遠投，姦普屏外」等語，以「指斥大臣，謗讟聖代」罪，責爲殿中丞、商州團練副使。

雍熙元年，六十三歲。

正月，廷美死於房州，追封涪陵王，賜謚曰悼，年三十八歲。

參知政事李穆死，年五十七歲。

二月，太宗在崇政殿親閱諸軍將校，自都指揮使已下至百夫長，皆按名籍參考勞績而升黜之，凡逾月而畢。自是，率循其制。

五月，罷諸州農師。以京官充堂後官。

六月，鎮安軍節度使、守中書令石守信死，年五十七歲。贈尚書令，追封威武郡王，謚武烈，輟視朝三日。

八月，以殿中侍御史趙安易、監察御史趙齊並爲宗正少卿。安易乃普弟。

九月，李繼捧弟繼遷不出，知夏州尹憲偵知所在，夜發兵掩襲，獲其母、妻及羊馬器械萬計，繼遷僅以身免。

是年，在鄧州。

雍熙二年，六十四歲。

三月，及第始唱名。

九月，太宗廢其長子楚王元佐爲庶人，送均州安置，行至黃山召還，置於南宮。元佐時年二十五歲。

十二月，宰相宋琪罷，樞密副使柴禹錫罷。

是年，在鄧州。

雍熙三年，六十五歲。

正月，派曹彬和米信、田重進率諸將分兩路領兵北征，企圖收復燕雲。參知政事李至上言反對，罷爲禮部侍郎。

二月，派潘美、楊業率軍出雁門，從側翼攻遼。

三月，武寧軍節度使、同平章事、岐國公陳洪進死，年七十一歲，贈中書令，謚忠順。

五月，曹彬、米信軍與遼軍戰於岐溝關，大敗潰逃，遼將休哥收宋軍尸體以爲京觀。

曹彬等未還，趙普自鄧州上《班師疏》及劄子，太宗賜詔褒之。

六月，以辛仲甫爲參知政事。

七月，因岐溝關之敗，貶曹彬等將。

簽署樞密院事張齊賢罷知代州。

遼將耶律斜軫將兵擊敗潘美所將軍，在朔州陳家谷生擒宋勇將楊業。

太宗爲其次子以下三人改名。

八月，以王沔、張宏並爲樞密副使。

以楊業死，責降潘美等人。

十月，太宗以其次子陳王元僖爲開封尹。元僖時年二十一歲。

十一月，遼軍大舉南下。

十二月，宋白等上《文苑英華》一千卷。

遼將休哥敗宋軍於君子館，劉廷讓全軍復沒，僅以身免。

張齊賢敗遼軍於代州城下。

李繼遷娶遼義成公主。

遼軍陷邢州、深州，所至長驅，其勢益振。

雍熙四年，六十六歲。

正月，遼軍縱橫河朔，宋邊將但能嬰城自

守，魏博以北，均被遼軍搶掠。遼軍輦金帛而去，遼主還南京（幽州）。

二月，徙普爲山南東道節度使（治襄州，今湖北省襄樊市），改封許國公。子承熙二十四歲，爲襄州衙內都虞候侍行。

三月，安守忠領兵與李繼遷戰於王亭，被擊敗。

四月，趙昌言爲樞密副使。

始并水陸發運爲一司。

七月，置三班院。

九月，詔以來年正月有事於東郊，親耕籍田。表求入覲，辭甚懇切，太宗從其請。

十月，流劉廷讓於商州。

沈倫死，年七十九歲，贈侍中，謚恭惠。

十一月，詔以實數給百官奉。

十二月，自襄州來朝，太宗召升殿慰撫。

開封尹陳王元僖因上疏，極力稱頌趙普，請再任用爲相。太宗覽疏，嘉納之。

端拱元年，六十七歲。

正月，太宗行郊禮，親耕籍田。大赦，改元。

王禹偁爲右拾遺、直史館，年三十五歲。

二月，加諸王及宰執官爵，內外並加恩。

李昉罷相。趙普爲太保兼侍中，首相；呂蒙正爲次相。王沔爲參知政事，張宏爲樞密副使。

太宗戒諭趙普，要他「謹賞罰，舉賢能，弭愛憎」。

三月，奏責樞密副使趙昌言爲崇信軍節度司馬，並力請誅殺侯莫、陳利用。

廢水陸發運司。

五月，置秘閣於崇文院。

因李繼遷擾邊，建議復委李繼捧經營夏州故地，令圖繼遷。太宗同意，賜李繼捧姓名爲趙保忠，授定難軍節度使。

閏五月，因趙普未嘗爲次子承煦求官，太宗特命承煦爲六宅使，時年二十五歲。

六月，右領軍衛大將軍陳廷山謀反伏誅。

七月，除西川諸州鹽禁。

是秋大熱。因天熱年高，太宗令：「自今長春殿對罷，宜即歸私第頤養，俟稍涼乃赴中書視事。」以示尊獎。

八月，太師、鄧王錢俶死，年六十歲。追封秦國王，謚忠懿。

十月，始置都轉運使。

十一月，遼兵大入，拔滿城、祁州、新樂等城。李繼隆敗遼兵於唐河北。

十二月，遼初置貢舉，放高第一人。

趙保忠言李繼遷歸降，以繼遷爲銀州刺史，充洛苑使。

端拱二年，六十八歲。

正月，遼軍攻破易州，數敗宋軍，太宗詔群臣各陳備邊之策。王禹偁上《御戎十策》，提出變法主張，深爲趙普贊賞。由此器重禹偁，成至交。田錫上疏，稱頌趙普，請求太宗「以軍旅之事，機密之謀，悉與籌量，盡其規畫。」張洎亦上書言邊事。

二月，遼收兵，慶賀南征勝利。

四月，病，太宗至第視疾。詔免朝謁，止日赴中書視事，有大政即時召對。

五月，兩薦張齊賢可任爲相，進劄子。

七月，寇準爲樞密直學士，年二十九歲。因趙普兩次推薦，太宗以張齊賢爲樞密副使，同時以張遜爲宣徽北院使、簽署樞密院事。張齊賢四十七歲。

有彗星出東井，凡三十日。八月，上《彗星疏》，請求罷職。太宗不許。

十月，被疾請告。田錫上書言事，爲宰相呂蒙正出知陳州。

十二月，置三司都磨勘官。

淳化元年，六十九歲。

正月，因疾，四上表請致仕。

二十一日，太宗遂以爲守太保兼中書令、西京留守、河南尹，罷相。

正月一二月，四上表懇辭西京留守，太宗手詔答曰：「開國舊勳，惟卿一人，不同他等，無煩固辭。俟首途有日，當就與卿別。」三月，因力疾請對，頗言及國家事。

三月二十日，將發，太宗至其第探視，派其長子承宗送至西京，次子承煦帶職侍行。遂赴西京。

三月，夏州敗李繼遷。

四月，趙普既罷相，中書政事多決於參知政事王沔。

五月，給致仕官半奉。置詳復、推勘官。改鑄淳化元寶。

十二月，遼封李繼遷爲夏國王。

詔從謝泌議，自今群臣章奏，凡政事送中書，機事送樞密院，財貨送三司，復奏而後行，著爲定制。中外所上書疏，亦如之。

淳化二年，七十歲。

正月，遣商州團練使翟守素帥兵討李繼遷。

閏二月，學士始領外司。

三月，翰林學士宋白等上新定《淳化編敕》三十卷。參知政事辛仲甫罷，出知陳州。

四月，張齊賢、陳恕並參知政事，張遜、溫仲舒、寇準並樞密副使。罷張宏樞密副使。

五月，置諸路提點刑獄官。

六月，潘美死，年六十七歲，贈中書令，

賈黃中五十一歲，李沆四十五歲，溫仲舒四十八歲，寇準三十一歲。

十月，李繼捧降遼，遼封爲西平王。

十二月，遼聞李繼遷附宋，遣韓德威往諭之。

劉繼元死，贈中書令，追封彭城郡王。

淳化三年，七十一歲。

二月，三上表乞致仕。

遼招討使韓德威奏，李繼遷稱故不出，至靈州俘掠以還。

三月，以太師、封魏國公致仕，給宰相俸料令養疾，俟愈日赴闕。太宗特遣普弟安易持詔賜之。

殿試時，開始糊名考校合格進士。共取進士及諸科一千三百十七人。科舉取人更盛。

四月，太宗遣使賜羊酒，手詔問勞之，璽

諡武惠。

七月，李繼遷聞翟守素將兵來討，奉表歸順，授銀州觀察使，賜姓名：趙保吉。

趙普生日，太宗特遣承宗到西京賜生辰禮。承宗返京復命後不久，死於京師，年四十一歲。趙普聞訊十分傷悼。當時，次子承煦年二十八歲，在西京侍疾。

八月，置審刑院於禁中。本中書刑房，宰相所領之職，至是析出。

九月，參知政事王沔、陳恕罷守本官，宰相呂蒙正罷爲吏部尚書。

以李昉、張齊賢並相，賈黃中、李沆並爲參知政事。

樞密使王顯罷爲崇信軍節度使。張遜知樞密院事，溫仲舒、寇準同知院事，三人並帶副使。知院之名自此始。

當時，李昉六十七歲，張齊賢四十九歲，

書不名，但稱太師。

五月，復唐制，置理檢院。

七月，太宗因爲趙普生辰將到，特遣普侄婿張秉去西京賜禮物。張秉未到時，已病篤，聽到賜禮物的消息，病情加劇。

十四日，死於西京洛陽。

十八日，太宗聞訊，贈尚書令，追封眞定王，謚忠獻，輟視朝五日。太宗派右諫議大夫范果攝鴻臚卿護喪事。

賜趙普家絹、布各五百疋，米、面各五百石。

二女皆笄，普妻和氏言，願使爲尼，太宗再三諭之，不能奪，許之，賜長女名志愿，號智果大師；次女名志英，號智圓大師。

拜次子承煦爲宮苑使，領恩州刺史，時年二十九歲。

十月，始置京朝、幕職、州縣官考課，並校三班殿最。

十一月，太宗次子開封尹許王元僖死，年二十七歲。追贈太子，謚恭孝。

十二月，遼攻高麗。

是年，賜「興邦佐運周德翊戴忠正」的功臣名號。

淳化四年

二月，有司備鹵簿，葬於洛陽北邙之原，而合祔焉。西京通判劉昌言爲寫《行狀》，太宗親撰《太師魏國公尚書令眞定王趙普神道碑》，書以賜普家。

置審官院、考課院。

王小波在青城縣發動起義。

淳化五年

七月，以殿中丞丁顧言守本官復充堂後官。

自唐至五代，率從京百司抽補，縱授以官，但賦祿而已，年深或授同正將軍。

國初，趙普在中書，始奏檢校諸曹郎中。

自後屢懲其貪，故參用士人有科第歷外官者。至是，自朝官復任，蓋矯昔之枉也。

至道三年

三月，太宗死，年五十九歲。眞宗即位，年三十歲。呂端獨相，執掌朝政。呂端時年六十三歲。

四月，內外官員並加恩。追封趙普韓王，賜「保運推忠效順」的功臣名號。

眞宗咸平二年

二月，以趙普配享太祖廟庭。當時的宰相是張齊賢、李沆。

大中祥符元年

十月，眞宗東封泰山，離開首都開封，到達陳橋驛。命宮苑使趙承煦等檢視山上下諸壇牢饌。承煦乃普次子也。

大中祥符三年

八月，封趙普之孫、燕國長公主之外孫、長樂郡主之女趙氏爲成紀縣君。眞宗特命之。時宰相王旦。

大中祥符四年

十一月，趙普之妻和氏死。因其家自請，眞宗詔選使臣一人，管勾故太師趙普家事。其家財甚豐。承煦時年四十八歲。

宰相王旦。

大中祥符五年

十二月，作景靈宮，圖繪功臣象，趙普爲首。時宰相王旦、向敏中（七年同）。

大中祥符七年

正月，眞宗下令，追贈太祖幕府元勳僚舊。

八月，置景靈宮使，以向敏中爲之。

天禧二年

五月，長樂郡主獻家藏書八百卷，眞宗命存秘閣，賜錢三十萬。時宰相向敏中、王欽若。

是年，承煦死，年五十五歲，官至昭宣使，領成州團練使。贈中書令。

仁宗天聖四年

閏五月，內殿承制趙從約（趙普之孫）言，本家教授、知潭州湘鄉縣事李延，乞與轉官便鄉差遣。中書門下言：從約即趙普之孫（原作子，誤），先帝以本家兒男幼小，闕人照管，特許延守本官在彼教授。今從約長立，有此陳乞，照延與職事官。時宰相王曾、張知白。

明道元年

正月，錄故宰臣孫並試將作監主簿。時宰相呂夷簡、張士遜。

慶曆七年

九月，洛苑使、嘉州團練使趙從約上太宗御製及書其祖普碑。加從約眉州防御使。

英宗治平元年

十二月，英宗召輔臣，觀御篆孝嚴殿額於迎陽門，御篆神道碑額：太宗御製趙普碑文，並書，又篆其額。時宰相韓琦、曾公亮。

神宗熙寧八年

閏四月，錄趙普四代孫希魯爲右班殿直。以趙普之後不及蔭補，特錄之。時宰相王安石。

元豐元年

閏正月，詔贈尚書令韓琦依趙普故事。時宰相吳充、王珪（二年同）。趙普嫡長孫思齊爲洛苑副使。

元豐二年

十一月，文思使李諒母天水縣太君趙氏進封永嘉郡夫人。以諒言：趙氏，韓王普之曾孫，獻穆大長公主諸婦，乞依伯父端懿妻加贈例也。

元豐三年

九月，詔即景靈宮作十一殿，以時主禮祠祖宗。時宰相王珪。

元豐五年

十月，以洛苑副使、勾當皇城司趙思齊爲供備庫使。以神宗批思齊即韓王普裔孫之長故也。詔特除之，他人毋得援例。

元豐六年

七月，供備庫使趙思齊領榮州刺史。

哲宗元祐元年

五月，詔：趙普子孫趙翥、趙礜，各特給與初官一半俸給。

八月，擢趙普曾孫西京左藏庫使思明爲西上閤門副使，從劉摯等薦也。時宰相司馬光、呂公著。

元祐六年

四月，三省言，吏部奏供備庫副使趙思復乞以磨勘轉西京左藏庫副使一官，回授男三班差使希元轉借職。詔：思復爲是趙普之後，特許回授，餘人毋得引例。

時宰相呂大防、劉摯。

紹聖元年

詔：趙普社稷殊勳，其諸孤有無食祿者，各官其一子，以長幼爲序，毋得過三人。

時宰相章惇。

紹聖二年

八月，錄趙普後希莊爲閤門祗候。

紹聖三年

從趙普曾孫思齊之請，令眞定府建趙普廟。

時宰相章惇。

徽宗元符三年

正月，哲宗死，徽宗即位。

三月，詔：以趙普社稷殊勳，其後嗣職任未甚清顯，或孤遺未食祿者，特與官其一子。文思副使趙思恭爲西上閤門使，閤門通事舍人趙希魯爲西上閤門副使，左藏庫副使趙思忠爲閤門通事舍人。時宰相章惇。

高宗紹興元年

正月，詔：趙普佐命之勳，猶漢蕭何。今子孫流落，所宜憫恤，令諸州郡博加尋訪，如法敦遣赴行在，量才錄用，時宰相范宗尹。

紹興三年

六月，詔：參考國史，應祖宗朝開國功臣，勳德卓越者，求其世家，訪其子孫，量財錄用。如有上件勳臣之家不能自存子孫，仰賫干照文字經所屬自陳，仍令本處看驗詣實，保明聞奏。時宰相呂頤浩。

紹興五年

七月，詔：贈韓王趙普五世孫承節郎趙珪賜兩官，除閤門祗候，令額外供職，餘人不得援例。時宰相趙鼎、張浚。

紹興元年詔下後，至是，珪在鬱林州，本州津遣到，賫普畫像並所上幽州奏議錄白、道君皇帝批答及皇宋龍飛故事，共三道，投進故也。

紹興七年

褒錄勳賢之世，官趙普六世孫洪等十二人。時宰相張浚、趙鼎。

孝宗乾道九年

十月，詔：趙述系故韓王趙普五世孫，可落致仕，與轉防御使在京宮觀，免奉朝請。時宰相曾懷。

光宗紹熙元年

三月，錄趙普後一人。時宰相留正。

（注：年表中，月份均為陰曆，日期同。）

徐鉉行年事迹考

李文澤 編

據《宋代文化研究》第三輯增訂

徐鉉（九一七—九九二），字鼎臣。祖籍會稽（今浙江紹興），後其父徙居江都（今江蘇揚州），遂占籍焉。鉉以父蔭入官，歷仕南唐、北宋，爲文學侍臣。淳化初，坐事貶静難軍行軍司馬，次年卒於貶所。

徐鉉以文章學術著稱，其文書議論與韓熙載齊名，當世謂之「韓徐」；精通《説文》之學，篆書超越李陽冰，與其弟徐鍇并稱江南「二徐」。五代、宋初學者多宗之。陸游《南唐書》、馬令《南唐書》、《宋史》均列有傳。

本譜原載《宋代文化研究》第三輯（四川大學出版社一九九三年版），此次重刊，改正了個别誤字，並按《叢刊》體例，作了修訂。

徐鉉，字鼎臣。祖籍會稽（今浙江紹興）。父親曾祖徐源、祖父徐徽，家居不仕。父親徐延休，字德文，後唐乾符間（八七四—八七九）進士。在五代時吳國楊渥朝爲官，任義興縣令，累官至衛尉卿、江都少尹，舉家遷居江都（今江蘇揚州）。

吳天祐十四年

徐鉉生於江都。後四年，弟徐鍇生（《徐公墓誌》、馬令《南唐書》卷一四《徐鍇傳》、《宋史》卷四四一《徐鉉傳》）。

按：關於徐鍇的生年，馬令《南唐書》卷一四《徐鍇傳》載徐鍇「開寶八年卒於金陵圍城中，卒之逾月，南唐亡」。《宋史》卷四四一《徐鉉傳》稱徐鍇「因鉉奉使入宋，憂懼而卒，年五十五」，由此可以推算徐鍇生卒年爲九二一—九七五。陸游《南唐書》卷五、《十國春秋》卷二八載徐鍇卒於開寶七年，與此小異。今不從。

武義二年

吳高祖宣帝楊隆演崩，睿帝楊溥即位。

徐鉉九歲。父親徐延休亡故。母親包氏，歷陽（今安徽和縣）人，率鉉兄弟二人就養於舅父包誌、包謂家。包氏知詩書文學，親自訓育，徐鉉十歲就能屬文（文集卷一六《前虔州雩都縣令包府君墓誌》、《故御史中丞包君墓誌》、《宋史》卷四四一本傳）。

太和四年

李昪爲吳國大丞相、太師，執掌朝政，增修金陵城（今江蘇南京），周圍二十里。

徐鉉十六歲。以父蔭釋褐，任校書郎，直宣徽北院（《徐公行狀》、《徐公墓誌》）。

昇元元年

李昪篡吳即帝位，建南唐國。

徐鉉二十一歲。以本官直門下省，賜緋，試知制誥。撰寫誥勅「落筆灑翰，應用無窮，混然而成，有雅正之體」（《徐公行狀》、《宋史》卷四四一本傳）。

昇元二年

宋齊丘爲南唐國平章政事。高麗、契丹國入覲。

徐鉉二十二歲。是年正月，爲成彥雄詩集作序（文集卷一八《成氏詩序》）。

按：晁公武《郡齋讀書志》卷四中著錄有成彥雄《梅頂集》，云：「僞唐成彥雄，江南進士，有徐鉉序。」成氏詩集今已佚，晁志亦不載徐鉉序文，序文當收入文集。

昇元三年

遷吳國讓皇楊溥宗族於泰州，防衛甚嚴。

任命齊王李璟爲諸道兵馬大元帥，判六軍諸衛、守太尉、錄尚書事。

徐鉉二十三歲。舅父包詠卒於歷陽，徐鉉爲撰墓誌（文集卷一六《前虔州雩都令包府君墓誌》）。

昇元四年

十一月，李昪巡幸東都廣陵（今江蘇揚州）。

徐鉉二十四歲。扈駕隨從至東都（文集卷一《從駕東幸呈諸公》）。

按：文集卷三詩中有「漢皇昔幸回中道」詩句，自注云：「昇元中扈駕東游之路。」也可以佐證徐鉉是年行踪。

昇元六年

二月，左丞相宋齊丘知尚書省事。三月，廬州守臣昭順軍節度使馬仁裕卒。

徐鉉二十六歲。仍舊爲知制誥，起草《宋齊丘知尚書省制》，并爲馬仁裕撰神道碑銘（文集卷七、卷一一《扶風馬匡公神道碑銘》）。

昇元年間，成家室。徐鉉妻王畹，字國香，廬江（今安徽廬江）人，禮部郎中王坦之女（文集卷一五《太原王君墓誌》、卷一七《王氏夫人墓銘》）。

按：《王氏夫人墓銘》稱王氏「過門三十餘年，門風家法凜然如舊」。墓銘撰於開寶元年，上溯三十年，正當昇元初。

保大元年

三月，南唐烈祖李昪駕崩，李璟即位，是爲元宗。以鎮南軍節度使宋齊丘爲太保兼中書令。

徐鉉二十七歲。拜祠部員外郎，仍知制誥，與弟徐鍇同在朝廷。與宰相宋齊丘不協睦。時學士殷崇義草擬軍中書檄，鉉與鍇譏評其援引典故不當。宋齊丘與殷崇義奏論二人泄露機宜，於是徐鉉貶爲泰州司戶參軍，徐鍇貶烏江縣尉。徐鉉貶官出京城。回望城樓，賦詩云：「浮名浮利信悠悠，四海干戈痛主憂。三諫不從爲逐客，一身無累似虛舟。滿朝權貴皆曾忤，繞郭林泉已遍游。」（文集卷三《貶官泰州出城作》）借此以抒寫其心中憤懣（《徐公行狀》、陸游《南唐書》卷五《徐鍇傳》、《職官分紀》卷七，《宋史》卷四四一本傳）。

保大二年

樞密使查文徽率兵討建州，軍隊敗績。

徐鉉二十八歲。居於泰州貶所，與處士蒯亮相友善。後來徐鉉著《稽神錄》，書中記載之事多采自蒯亮所言。蒯亮歸金陵，鉉有詩送別，稱「老還上國歡悅少，貧聚歸資結束輕。遷客臨流倍惆悵，冷風黃葉滿山城。」（文集卷三《送蒯司録歸京》）（《江南餘載》卷下，《隆平集》卷一三）。

保大三年

南唐軍隊相繼攻占福、建、汀、泉、彰諸州，拘執閩王王延政。

徐鉉二十九歲。是歲與徐鍇同被召還，鉉遷祠部郎中，復知制誥（《徐公行狀》、陸游《南唐書》卷五《徐鍇傳》）。

保大四年

中書侍郎馮延巳、門下侍郎李建勛同平章政事。

徐鉉三十歲。仍爲知制誥。六月，奉詔爲壽州刺史劉崇俊撰神道碑。岳丈王坦卒，徐鉉爲撰墓誌，臨祭（文集卷一一、卷一五）。

保大五年

先時馮延魯、陳覺率南唐兵伐福州，是年三月敗績。詔令於軍中斬馮、陳二帥，後械送至京城，貸死流配。

徐鉉三十一歲。任主客員外郎，仍知制誥。

正月，江南大雪，李璟召親王、侍從大臣登樓賞雪，賜宴賦詩，命徐鉉作詩集前、後序（文集卷一八）。

四月，徐鉉與史館修撰韓熙載同上疏，論宋齊丘、馮延巳爲朋黨，請置於法。馮延巳罷政，爲太子少傅。宋齊丘譖毀韓熙載嗜酒，熙載貶爲和州司士參軍。不久，徐鉉拜中書舍人（《徐公行狀》、《江南餘載》卷下、《釣磯立談》、《宋史》卷四七八《韓熙載傳》）。

保大九年

南唐軍克潭、岳州，平湖南。出師淮上，欲伐後周。

徐鉉三十五歲。爲兵部員外郎，仍知制誥。

是年七月，李璟第二子李弘茂卒，詔韓熙載撰碑文，徐鉉篆碑額（《十國春秋》卷一七《慶王弘茂傳》）。

十月，鍾蒨受命爲東都少尹，蕭彧、孫峴、徐鉉等祖道於城上，賦詩贈別，鉉爲作序（文集卷三《送鍾員外詩序》、《十國春秋》卷二七《鍾蒨傳》）。

保大十一年

南唐國大旱，詔令築楚州白水塘以溉屯田，命州縣修復廢棄陂塘。於是力役暴興，民間騷然。命少府監馮延魯巡撫諸州。

徐鉉三十七歲。仍知制誥，兼判文理院。

先時，南唐行科舉考試，翰林學士江文蔚知貢舉，放進士王克貞等三人及第。宰臣欲罷科舉，徐鉉上言貢舉初復，不宜遽行廢罷，於是復行科舉（《徐公行狀》）。

七月，徐鉉奉使浙西，旋即回朝（文集卷三）。

按：文集卷三收徐鉉出使浙西詩七首，有《驛中七夕》一首，當爲出使時作，可推斷出使時當在七月初。使還，又有《邵伯埭下寄高郵陳郎中》詩，中有「河灣水淺翹愁鷺，柳岸風微噪暮蟬」一句，描寫初秋景象，其時則在夏末秋初之際。

十一月，徐鉉奉詔行視常、楚州，奏罷屯田，取所奪田歸還於民，奏請停修白水塘，詰責監修白水塘近侍車延規。捕獲賊人首領，不待稟報而斬之。近侍譖毀徐鉉擅作威福，元宗聞奏大怒，召還，欲沉鉉於大江。既而，怒少解。

十二月，以徐鉉專權擅殺爲罪，流舒州。其制詞云：「尙以年齡方壯，文學甚優，特屈彝章，宜從流放。」徐鍇上表奏論馮延魯無才多罪，不宜巡視諸州，坐貶校書郎，分司東都（《徐公行狀》、陸游《南唐書》卷二《元宗本紀》、《景定建康志》卷一二、《宋史》卷四四一本傳）。

保大十二年—十三年

後周太祖駕崩，世宗即位，周軍入侵淮南。南唐以殷崇義爲吏部尙書、知樞密院，召宋齊丘入朝謀難。

徐鉉三十八歲。居舒州貶所，游覽當地名勝，研讀詩書，多有吟咏唱和之作。是時舒州新建周瑜廟、文宣王廟碑，徐鉉爲作碑記（《徐公行狀》、文集卷一一、卷一二）。

按：徐文未繫年，據文集卷一二《舒州新建文宣王廟碑序》稱：「鉉也不才，放逐至此。」可以推斷爲當時之作。

保大十四年

周世宗率軍南征，接續攻克壽州、渦口、舒州、和州，陷廣陵。南唐派遣鍾謨、李德明奉表稱臣，請罷兵。周軍北還。

徐鉉四十歲。由舒州移至饒州。於遷徙時作《移饒州別周使君》詩，詩中有「四年去國身將老，百郡征兵主尙憂，更向鄱陽河上去，青衫憔悴淚交流」之句。自保大十一年至此正好四年，詩歌描寫當時戰亂景象，抒發自己憤激之情（《徐公墓誌》）。

保大十五年

周世宗復率軍南侵，再克楚州、廣陵。

徐鉉四十一歲。從貶所召還，復職爲右諭德。徐鉉才獲赦命，即賦詩寄送摯友蕭儼，云：「多罪靜思如㪺蘖，赦書才聽似含飴。謝公制勝常閑暇，願接西州敵手棋。」詩中既有獲得赦令時的喜悅，又表達了欲靖國難的抱負（《徐公行狀》、《宋史》卷四四一本傳）。

顯德五年（中興元年、交泰元年）。

周軍攻陷南唐江北境土，將南渡江。元宗恐懼，遣使乞和，盡獻江北未攻占州郡。五月，南唐去帝號稱國主，廢交泰年號，使用後周正朔，稱顯德五年。放逐宋齊丘，賜陳覺、李徵古死。

徐鉉四十二歲。又任知制誥，遷中書舍人，通署中書省事。徐鉉掌文翰，南唐所上後周章表，多由其視草（《徐公行狀》）。

九月，鍾蒨改任撫州都督府觀察判官，徐鉉與喬臣舜、蕭彧、徐鍇等飲餞於舟次，爲作詩序（文集卷四、《十國春秋》卷二七《鍾蒨傳》）。

十一月，禮部侍郎常夢錫亡故，鉉代其門弟子作行狀（文集卷二〇）。

顯德六年

宋齊丘幽囚而死。六月，周世宗崩。南唐建洪州（今江西南昌）爲南都。

徐鉉四十三歲。周世宗崩，鉉代元宗撰祭文（文集卷八、《徐公行狀》）。

九月，元宗長子李弘冀卒，徐鉉受詔撰哀冊文，并致祭（文集卷四、卷一四、卷二〇，馬令《南唐書》卷七《太子冀傳》）。

建隆二年

建隆元年，趙匡胤受周禪，立爲皇帝，肇建宋朝。南唐遣使臣貢銀絹稱賀。二年二月，南唐立吳王煜爲太子，留金陵監國，元宗遷於南都。六月，元宗卒於南都，李煜即位，是爲南唐後主。

徐鉉四十五歲。元宗遷南都，鉉扈駕隨行。至蠡澤（今江蘇無錫附近），訪隱士史虛白，請虛白二子出仕，虛白辭曰：「野人有子，賢則立功業事明主，愚則負薪捕麋養父母，曾不介意。」徐鉉愧嘆（《江南野史》卷八、陸游《南唐書》卷七《史虛白傳》）。六月，元宗卒，鉉護喪歸金陵。李煜即位，拜鉉爲禮部侍郎，仍通署中書省事（《徐公行狀》、《宋史》卷四四一本傳）。

乾德二年

三月，南唐始鑄鐵錢行於世，開科舉。韓熙載拜兵部尚書。

徐鉉四十八歲。爲中書舍人。南唐鑄鐵錢大小如「開元通寶」，徐鉉篆其文（《十國春秋》卷一七《後主本紀》、陶岳《貨志録》）。

吏部侍郎韓熙載知貢舉，取王崇古等九人及第。徐鉉奉詔覆試舒雅等五人，皆不就試。後主御殿命題親試，五人一同被黜（馬令《南唐書》卷五《後主書》）。

十月，後主次子宣城郡公仲宣卒，鉉爲作墓誌（文集卷一七《岐王墓誌》）。

十一月，皇后周氏殂亡。徐鉉奉詔議定謚號，追贈爲昭惠后（文集卷九《昭惠后謚議》）。

乾德三年

徐鉉四十九歲。仍爲中書舍人。十月，元宗皇后鍾氏殂亡，鉉奉詔撰謚冊文，幷致祭（文集卷四《光穆皇后挽歌》、卷九《光穆皇后謚册》）。

開寶元年

以樞密使殷崇義爲左僕射、同平章事。

徐鉉五十二歲。仍爲中書舍人。鄧王李從鎰出守宣州，後主親率近臣飲餞於綺霞閣，賦詩送行。徐鉉與焉，其詩句「滿坐清風天子送，隨車甘雨郡人迎」最爲警策（文集卷五《御筵送鄧王》、馬令《南唐書》卷七《鄧王傳》）。

八月，鉉妻王氏卒於金陵官舍，年五十。徐鉉爲撰墓誌（文集卷一七《文水縣君王氏夫人墓銘》）。

十一月，後主納周氏爲國后，周氏爲已故周皇后之妹。命太常博士陳致雍考古今沿革，草擬禮儀，徐鉉、潘佑與禮官同參定婚禮（《續資治通鑑長編》卷九、《江南別録》、馬令《南唐書》卷六《繼室周后傳》）。

開寶二年

徐鉉五十三歲。二月，拜尚書左丞。後主乘龍舟游金陵北苑，親王近臣陪侍，命即席分題賦詩，鉉爲作《北苑侍宴詩序》。三月，罷左丞，爲工部侍郎，仍知制誥、翰林學士（文集卷一八、《徐公行狀》、《宋史》卷四四一本傳）。

開寶三年

徐鉉五十四歲。仍爲翰林學士。七月，韓熙載卒，鉉爲撰墓銘并致祭（文集卷一六《昌黎韓公墓銘》、卷二〇《祭韓侍郎文》）。

開寶四年

徐鉉五十五歲。四月，齊王李景達卒，徐鉉代喬匡舜撰哀册文（文集卷一四）。

開寶五年

徐鉉五十六歲。九月，喬匡舜卒，臨終前數日嘗托徐鉉兄弟各爲詩吊之，至下葬日，鉉撰墓誌，以詩銘於後（文集卷一六《喬公墓誌銘》）。

開寶八年

宋太祖已遣曹彬、潘美統軍伐江南，是年三月圍攻金陵。十一月，攻陷金陵，後主出降。

徐鉉五十九歲。爲吏部尚書。八月，拜徐鉉爲左僕射、同參左右內史事，爲正使，周惟簡爲副使，入宋軍乞緩師，不報。

十一月，再朝於宋都城汴京，見宋太祖於便殿，與太祖抗論江南無罪，論辯久之，太祖大怒曰：「江南亦有何罪，但天下一家，卧榻之側豈容他人酣睡耶？」返回江南，以不獲命而拒受新職（《徐公行狀》、《江南野史》卷三、《新五代史》卷六二《南唐世家》、馬令《南唐書》卷二三《徐鉉傳》、《東都事略》卷二、《續資治通鑑長編》卷一六）。

太平興國元年

南唐國已破，後主船送至汴京，封爲違命侯。十月，太祖駕崩，太宗即位。

徐鉉六十歲。正月，隨後主至汴京。宋太祖於明德樓召見李煜以下降臣，厲聲詰責徐鉉不勸李煜早歸降，鉉對答道：「臣爲江南臣，國亡罪當死，不當問其他。」太祖方釋免之。四月，封太子率更令（《徐公行狀》、《宋會要輯稿》職官六之四七、《玉壺清話》卷八、《默記》卷中、《職官分紀》卷一五、《宋史》卷四四一本傳）。

十一月，奉詔爲李漢超撰功德碑，與湯悅

并直學士院（文集卷二五、《徐公行狀》）。

太平興國二年

葬太祖於永昌陵。閩、吳越王來朝。

徐鉉六十一歲。仍直學士院。三月，奉詔與修《太平編類》（纂成後賜名《太平御覽》）、《太平廣記》（《太平御覽序》、《進太平廣記表》）。

太平興國三年

七月，南唐後主李煜卒，追封吳王。

徐鉉六十二歲。爲通奉大夫、行太子率更令，仍直學士院。後主李煜入宋後過着幽囚生活，不得與外人交接，徐鉉也不敢私自謁見。太宗一日問及，命鉉詣其居。後主見鉉，執賓主之禮，鬱鬱不樂，長嘆道：「悔殺了潘佑、李平。」徐鉉去，不敢隱瞞，據實稟報。相傳太宗聞報大怒。遂賜牽機藥鴆殺李煜。七月，李煜卒，徐鉉奉詔爲撰墓銘，碑文有「投杼致慈親之惑，乞火無里嫗之談，始勞因壘之師，終後塗山之會」之語，時人以爲猶存故主之誼（《續資治通鑑長編》卷一九、陸游《南唐書》卷三《後主本紀》、《東軒筆録》卷一、《默記》卷中、《南唐拾遺記》）。

太平興國四年

正月，宋太宗親征太原。五月，攻陷太原，北漢主劉繼元出降。宋軍北伐幽州，與契丹軍隊大戰於高梁河，宋軍大敗，無功而還。

徐鉉六十三歲。仍直學士院。以侍臣隨太宗征太原，軍中詔令文書多由鉉視草。九月，以扈駕功遷給事中，直學士院如故（《徐公墓誌》、《續資治通鑑長編》卷二〇、《東都事略》卷三八)。

太平興國五年

太宗再伐契丹，駐蹕大名府，與契丹軍隊大戰於莫州，宋軍失利。

徐鉉六十四歲。仍爲舊職。三月，太宗與從臣在太和殿蹴鞠，賦詩，命近臣唱和。徐鉉與焉，并奉命著詩，有《奉和御制打毬》、《又五言》、《奉和御制春雨》等篇（文集卷二一、《續資治通鑑長編》卷二一)。

按：徐鉉詩不署年月。《續資治通鑑長編》卷二一載：太宗「令有司詳定打毬儀，（三月）戊子，始用其儀，召群臣會蹴於大明殿，上獲多算」。又云：「丙申，上作《喜春雨》，令近臣和。」《宋史》卷四《太宗本紀》有相同記載。據此我們可推斷以上數詩應當作於此時，徐鉉爲上述活動的參與者。

太平興國七年

秦王趙廷美罷歸第。平章政事盧多遜褫職，流放崖州。

徐鉉六十六歲。仍直學士院。八月，太子太師王溥卒，作《太師相公挽歌詞》（文集卷二二、《宋史》卷四《太宗本紀》)。

九月，奉詔與李昉、扈蒙、宋白等同編修《文苑英華》（《宋會要輯稿》崇儒五之一、《澠水燕談録》卷六)。

太平興國八年

徐鉉六十七歲。六月，罷學士院職，授右散騎常侍，判尚書都省（《徐鉉行狀》、《徐公墓誌》、《太宗皇帝實録》卷二六、《續資治通鑑長編》卷二四)。

雍熙元年

四月，泰山父老詣闕廷請封禪，太宗應

許。六月，詔令停罷封泰山。

徐鉉六十八歲。仍爲右散騎常侍。四月，奉詔與扈蒙、宋白、賈黄中等同詳定封禪泰山儀制。百姓趙垂慶上書言宋應繼承唐朝，以金爲德運。尚書省召百官聚議，徐鉉獻議，以爲宋朝應爲火德（《太宗皇帝實録》卷二六、《宋會要輯稿》禮二二之一、《續資治通鑑長編》卷二五、《宋史》卷七〇《律曆志》）。

雍熙二年

徐鉉六十九歲。仍爲右散騎常侍。二月，與趙昌言、賈黄中、韓丕等同知禮部貢舉，奏名進士陳充以下四百五十八人。其間聞呂文仲奉使高麗國，鉉作詩贈行（文集卷二二、《太宗皇帝實録》卷三二、《宋史》卷二九六《韓丕傳》）。

雍熙三年

太宗再委曹彬、田重進、潘美等爲帥，伐遼。宋軍又敗，勇將楊業等喪亡。

徐鉉七十歲。仍爲右散騎常侍。三月，與著作郎、直史館句中正同奉詔校定《説文解字》。十一月，書成進奏（文集卷二三、《續資治通鑑長編》卷二七）。

端拱元年

徐鉉七十二歲。正月，太宗行籍田禮，徐鉉覃恩改左散騎常侍。殿中丞夏侯嘉正獻《洞庭賦》，鉉見之大爲贊賞。廣安軍百姓安崇緒訴訟繼母馮氏曾經與其父安知逸離異，安知逸歿，馮氏不應繼承遺産，請求追奪馮氏田産。案件交付臺省雜議。徐鉉議斷安崇緒訴訟母親不孝，請依照大理寺原判處以死刑。奏上，被駁回，詔旨以徐鉉議論不當。奪俸禄一月（《徐公行狀》、《太宗皇帝實録》卷四三、四四、《續資治通鑑長編》卷二九、《文獻通考》卷一七〇）。

淳化元年

徐鉉七十四歲。仍爲左散騎常侍。八月，太宗召宰輔、近侍、學士於秘閣觀藏書并賜宴，徐鉉與焉（《宋會要輯稿》禮四五之三四、《續資治通鑑長編》卷三一）。

淳化二年

宋軍討夏州，李繼遷奉表請降，以爲銀州觀察使，賜名趙保吉。

徐鉉七十五歲。廬州女尼道安赴開封府投狀，訴訟其弟婦姜氏不贍養母姑，姜氏乃鉉表甥女。徐鉉以書信請托開封府推官張去華，開封府不受理道安狀詞。道安擊登聞鼓，太宗聞奏大怒，一應人員盡遭貶逐。九月，徐鉉授難静軍節度行軍司馬，遷邠州（治所在今陝西彬縣）。干繫人張去華、王禹偁、宋湜等同免所居官，仍減削一任。張去華貶安州司馬，王禹偁爲商州團練副使（《徐公墓誌》、《宋會要輯稿》職官六四之八、《玉壺清話》卷四、《東都事略》卷三八、《宋史》卷三〇六《張去華傳》）。

按：徐鉉文集卷三〇有《大宋故亳州蒙城縣令賜緋魚袋曾君墓誌銘》，文載：曾文照字知章，廬陵新淦人。徐鉉與之相遇於金陵，知其爲良士，因以表甥女姜氏妻之。據墓誌文，道安所訟即曾文照之妻姜氏，當時姜氏孀居。

淳化三年

徐鉉七十六歲。居邠州貶所，每日書字不輟。時柳開知邠州事，開性格豪横，對鉉頗輕慢。徐鉉曾寄書都官郎中胡克順，求其料理後事。八月，徐鉉卒於邠州。九月，吴淑等奏報，太宗賜其家錢二十萬以料理喪事。陜西轉運副使鄭適出家財竭力襄事，遷靈柩於開封佛舍。

明年七月，洪州胡仲堯以舟楫護喪回洪州新建縣，安葬於西山之鸞崗（《徐公行狀》、《徐公墓誌》、《宋會要輯稿》禮四四之一三、《玉壺清話》卷八、卷一〇、《鐵圍山叢談》卷三）。

徐鉉有一子，名夷直，爲朗州桃源縣令，先鉉而卒。有女三人：長女適吴淑，早卒。次女適左贊善大夫高慎交。幼女小名十七娘，性聰慧，未成年而亡（《徐公行狀》、《徐公墓誌》）。

徐鉉善文翰，精通文字學，平生著述頗多。除奉詔與修《太平御覽》、《太平廣記》、《文苑英華》，奉詔校訂《說文解字》三十卷以外，尚有：

①《三家老子音義》一卷（《宋史》卷二〇二、《玉海》卷五三）。

按：《玉海》引《中興館閣書目》云：「《三家老子音義》一卷，徐鉉補唐（陸）德明、傅亦二家音義，故名三家。」又，《續資治通鑑長編》卷八六載，太宗嘗命徐鉉、王禹偁、孔承恭校正道藏寫本送宫觀。大中祥符九年書成，由王欽若奏進，時鉉已成古人。

②《吴録》二十卷（《宋史》卷二〇四）。

按：《吴録》繫徐鉉與高遠、喬匡舜、潘佑同撰，記五代吴國楊行密事迹。陸游《南唐書》卷六《高遠傳》云：「後主嗣位，（高）遠猶在史館，與徐鉉、喬匡舜、潘佑共成《吳錄》二十卷。」喬匡舜卒於開寶五年，故此書成於建隆至開寶間。

③《江南錄》十卷（《郡齋讀書志》卷二、《宋史》卷二〇四）。

按：徐鉉與湯悅奉詔撰修。據鄭文寶《江表志》卷一載：「太宗皇帝欲知前事，命湯悅、徐鉉撰成《江南錄》十卷。事多遺落，無年可編，筆削之際，不無高下，當時好事者往往少之。」湯悅卒於雍熙元年，《江南錄》當在太平興國年間撰成。此書今不存，馬令《南唐書》卷一、卷四、卷五於篇末均有「徐鉉曰」一段史論文字，可能即《江南錄》佚文。

④《稽神錄》十卷（《徐公墓誌》、《直齋書録解題》卷一一、《宋史》卷二〇六）。

按：書中所載之事多采自門客蒯亮之言。書始撰於後唐末帝清泰二年，成於顯德二年，歷時二十年。

⑤《金谷園九局譜》一卷（《國史經籍志》卷四、《續唐書》卷一九《經籍志》）。

按：此書《宋史》卷二〇七亦著錄，不署撰人。焦竑、陳鱣二書均署作「徐鉉撰」。原書已佚，所載內容不詳。

⑥《棋圖義例》一卷（《宋史》卷二〇七）。

⑦《質論》一卷（《宋史》卷二〇八）。

按：《徐公行狀》記載徐鉉「著《質論》十四篇，極行政之要，盡君臣之際，幷傳於世」。原書已佚，今文集卷二四有《晁錯論》、《伊尹論》、《出處論》，《皇朝文鑒》卷九三有《君臣論》、《持權論》、《師臣論》，可能即《質論》中文。

⑧《騎省集》（又名《徐公文集》、《徐常侍集》、《徐鼎臣集》、《徐寓山集》）三十卷（《郡齋讀書志》卷四中、《直齋書録解題》卷一七、《宋史》卷二〇八）。按：《宋史》著録文集三十二卷，當含文末所載附録二卷。陳彭年爲文集作序，稱文集前二十卷爲徐鉉編定，記江南舊作。後十卷由子婿吳淑編輯。陳序作於淳化四年七月，是時徐鉉亡歿不及一年，文集當於此時付梓刊印。

⑨《徐鉉雜古文賦》一卷（《宋史》卷二〇九）。按：《宋史》謂許洞編録。徐鉉文集原有賦一類作品，許書不傳世，不知許洞所輯爲掇自文集，抑或另有所本，均不可考。

【參考文獻】

《宋會要輯稿》，中華書局影印北圖抄本。
《新五代史》，中華書局一九七四年標點本。
《太宗皇帝實録》，四部叢刊三編本。
馬令《南唐書》，叢書集成初編本。
陸游《南唐書》，四部叢刊續編本。
《續資治通鑑長編》，中華書局一九八〇年標點本。
《東都事略》，臺灣文海出版社宋史資料萃編本。
《隆平集》，臺灣文海出版社宋史資料萃編本。
《職官分紀》，中華書局一九八八年影印本。
《江南野史》，四庫全書本。
《玉海》，臺灣大化書局影印成都志古堂本。
《文獻通考》，浙江古籍出版社影印十通本。
《宋史》，中華書局一九七七年標點本。

《十國春秋》，中華書局一九八三年標點本。

《郡齋讀書志》，上海古籍出版社一九九〇年標點本。

《直齋書録解題》，上海古籍出版社一九八七年標點本。

焦竑《國史經籍志》，粤雅堂叢書初編本。

釋文瑩《玉壺清話》，中華書局一九八四年標點本。

鄭文寶《江南餘載》，叢書集成初編本。

史虚白《釣磯立談》，知不足齋叢書本。

陳彭年《江南别録》，四庫全書本。

王銍《默記》，四庫全書本。

蔡絛《鐵圍山叢談》，中華書局一九八三年標點本。

毛先舒《南唐拾遺記》，叢書集成初編本。

《徐公文集》，四部叢刊初編影印黄丕烈校宋抄本。

李昉《徐公墓誌銘》，載文集卷末。

《徐公行狀》，載文集卷末。

陳彭年《徐公文集序》，載文集卷首。

《西崑酬唱集》詩人年譜簡編

曾棗莊　編

據《宋代文化研究》第三輯重訂

《西崑酬唱集》，由楊億於大中祥符元年（一〇〇八）秋編成，録詩七十篇二百五十首，按年編排，主要收録他們在秘閣編纂《歷代君臣事迹》（後改名《册府元龜》）時，更迭唱和的作品。但參與唱和的十七位作者，並非都是秘閣編修，詩風也不盡相同，但經楊億彙爲一集後，影響很大，被稱爲西崑體。至清康熙年間，還曾出現研究《西崑酬唱集》的熱潮，有周楨、王圖煒合注本傳世（一九八五年上海古籍出版社影印）。近人鄭再時有《西崑酬唱集箋注》（齊魯書社一九八六據原稿影印），前有《西崑唱和詩人年譜》（《歸納》一九三三年十一、十二期所載爲《西崑酬唱集諸詩人年譜合編》，題鄭爰居編），王仲犖有《西崑酬唱集注》（一九八〇年中華書局出版），更促進了對西崑體的研究。近年，有曾棗莊《論西崑體》（臺灣麗文文化事業有限公司一九九三年出版），對西崑詩歌作了全面的考察。

鄭再時所編《年譜》，爲十七人合譜，繫年以楊億（九七四—一〇二〇）爲主，劉筠（九七一—一〇三一）、錢惟演（九七七—一〇三四）、李宗諤（九六五—一〇一三）、陳越（九七三—一〇一二）、李維（九六一—一〇三一）、劉隲（九五六—？）、丁謂（九六六—一〇三七）、刁衎（九四五—一〇一三）、張秉（九五一—一〇一六）、張詠（九四六—一〇一五）、錢惟濟（九七八—一〇三二）、任隨、舒雅、晁迥（九五一—一〇三四）、崔遵度（九五四—一〇二〇）、薛映（九五一—一〇二四）等十六人從略。

本譜對鄭再時所編《年譜》訂正較多，是編者研究西崑作家的進一步成果。原載《宋代文化研究》第三輯，此次重刊，有所增訂。

鄭再時先生《西崑酬唱集箋注》上册收有《西崑唱和詩人年譜》（下簡稱鄭譜），以楊億生卒年爲起訖。本譜一依西崑酬唱諸詩人生卒年先後爲序，故從年齒最長的舒雅起，以卒年最晚的丁謂終。各作者入宋前情況從簡，入宋後從詳，而西崑唱和數年尤詳。鄭譜由於未利用《續資治通鑑長編》、《宋會要輯稿》等史書，故繫年時有可議之處，本譜有所訂正；鄭譜僅對《西崑集》中不足一半的詩篇繫年，而且繫年多誤，本譜作了修訂，爲便於檢閲，節省篇幅，對常用書簡稱如下：凡僅注册／卷／頁者，詩見《全宋詩》，文見《全宋文》；《續資治通鑑長編》簡稱《長編》；《宋會要輯稿》簡稱《會要》；《宋史》本傳簡稱本傳；其他書則第一次出現時詳列作者、書名、卷次、篇名，無篇名者則列作者、書名、卷次，以後出現則不標作者。

後晉天福五年、南唐昇元四年庚子

舒雅：約生於是年前後。據《新安志》卷六《舒雅傳》，雅卒於宋眞宗大中祥符二年，年七十餘，因具體享年不詳，故只能斷定生於此年前後。

後晉開運二年、南唐保大三年乙巳

刁衎生：本傳：「大中祥符六年，書（指《册府元龜》）成，授著作佐郎。入朝，暴中風眩，眞宗遣使馳賜金丹，已不救，年六十九。」《十國春秋》卷二一《刁彦能傳》：「彦能，字德明，上蔡人。父禮，遇亂徙家宣州（本傳謂衎為昇州即今江蘇南京人，或衎生於此）。……彦能好讀書，在鎭委任文吏，頗有治稱，好作詩。……保大末卒。子衎，字元賓。」

後晉開運三年丙午

張詠生：錢易《張公墓誌銘》：「大中祥符八年八月一日棄館舍於理所（指陳州），享年七十。」又云：「公諱詠，字復之，……濮之鄄城（今屬山東）人也。曾祖立，祖母李氏；祖鐸，祖母馬氏：潛德不耀，肥遯丘園。考諱景，先以公爲秘書丞，特授大理評事致仕，淳化四年秋卒。……公幼負奇骨，不爲兒戲。既長，出閭里，奮然就學。」

後周廣順元年辛亥

晁迥生：《長編》卷一一五宋仁宗景祐元年九月載：「太子少傅晁迥……忽感疾，絶人事，屛醫藥，具冠服而卒，年八十四。」本傳：「晁迥字明遠，世爲澶州清豐（今屬河南）人，自其父從事佺始徙家彭門（今江蘇徐州）。」

薛映生：本傳僅言其分司南京卒，贈右僕射，謚文恭，未言其卒年和享年。《會要》儀制一一之四載，天聖二年七月刑部尚書、分司南京薛映贈右僕射，當卒於天聖二年；《東都事略·薛映傳》載映享年七十四，則當生於此年。呂陶《薛文恭公眞像記》謂其「景祐某年卒於位，則當生於建隆年間，似應以《會要》爲準。本傳：「薛映字景陽，唐中書令元超八世孫，後家於蜀。父允中，事孟氏爲給事中。歸朝，爲尚書都官郎中。」

後周廣順二年、南唐保大十年

張秉生：據《新安文獻志》卷九四《張秉傳》，秉卒於大中祥符九年，年六十五。本傳：「張秉字孟節，歙州新安（今安徽歙縣）人。父謂，字昌言，南唐秘書丞，通判鄂州。」

後周顯德元年甲寅

崔遵度生：本傳：崔遵度字堅白，本江陵（今屬湖北）人，後徙淄川（今山東淄博），天禧四年八月卒，年六十七。

後周顯德二年、南唐保大十三年

舒雅：約十四歲，「隨計金陵」約在此時或略晚。《十國春秋》卷三一《舒雅傳》：「保大時，隨計金陵，懷所業獻於吏部侍郎韓熙載。熙載一見如疇昔，館給之。雅性巧黠，應答如流，熙載定爲忘年交，常與雅易服燕戲，猱雜侍婢，以爲笑樂。」

宋太祖建隆元年庚申

正月，發生陳橋兵變，後周亡，擁立趙匡胤（時年三十四）爲帝，國號宋，改元建隆。其弟光義（即後之太宗）二十二歲。後蜀主孟昶四十二歲，南唐李昪四十五歲，李煜二十四歲，吳越王錢俶三十四歲。

是年與《西崑集》作者有關的韓熙載六十三歲，徐鉉四十五歲，楊徽之四十歲，柳開十四歲，王禹偁七歲。

是年，《西崑集》作者舒雅約二十歲，刁衎十六歲，張詠十五歲，晁迥、薛映十歲，張秉九歲，崔遵度七歲；李維、錢惟演、李宗諤、丁謂、劉筠、陳越、楊億、錢維濟等八人尚未出生，劉隲（雍熙二年進士）、任隨（淳化三年進士），生卒年不詳，據其進士及第年，可能生於宋王朝建立前後不久。

崔遵度：七歲。本傳：「純介好學，始七歲，授經於叔父憲，嘗以《春秋》編年，《史記》、《漢書》紀傳之例問於憲，憲曰：『此兒他日成令名矣。』」

建隆二年辛酉

李昪卒，李煜繼位。寇準、陳彭年、孫何生。王溥等上《唐會要》一百卷、《周世宗實錄》四十卷。

李維生：維字仲方，沆弟，洺州肥鄉（今屬河北）人，景祐元年卒（《長編》卷一一四），年七十一（《東都事略·李維傳》）。

乾德二年甲子

舒雅：約二十五歲。應南唐進士試，韓熙載擢置高第，徐鉉復試，雅不就試（《十國春秋·後主本紀》及《舒雅傳》）。

乾德三年乙丑

薛映：十五歲。宋平後蜀，孟昶降。父薛允中爲後蜀給事中，隨昶歸宋，爲尚書都官郎中，薛映隨父入宋。

李宗諤生：參大中祥符元年李宗諤譜。

乾德四年丙寅

丁謂生：參景祐四年丁謂譜。

刁衎：二十二歲。以父蔭爲秘書郎、集賢校理。以文翰入侍，甚被李煜親昵，閱中外奏章，約在此時（本傳）。

開寶三年庚午

張詠：二十五歲。自洛入陝，作《放盆池魚賦》。

開寶四年辛未

李宗諤：七歲。能屬文（本傳）。

劉筠生：參天聖九年劉筠譜。

開寶六年癸酉

陳越生：一歲。參大中祥符五年陳越譜。

張詠：二十八歲。與王禹偁（時二十歲）結交約在此時（《春渚紀聞》卷三）。

開寶七年甲戌

楊億生：參天禧四年楊億譜。

張詠：二十九歲。作《陝府回鑾寺記》。

開寶八年乙亥

張詠：三十歲。作《與蘇員外書》、《編箴》。

楊億：二歲。始能言，母以小經口授，隨即成誦（本傳）。

開寶九年、太宗太平興國元年丙子

曹彬平江南，李煜降。宋太祖卒，太宗立。

舒雅：約三十七歲。隨李煜入宋，爲將作監丞，後充秘閣校理，遷職方員外郎。

刁衎：三十二歲。從李煜歸宋，授太常寺太祝。稱病，居京數年（本傳）。

張詠：三十一歲。作《蘇公堰銘》。

太平興國二年丁丑

舒雅：約三十八歲。與修《太平御覽》（《太平御覽引》）。

刁衎：三十三歲。李昉、扈蒙勉其出仕，衎獻《聖德頌》，詔復本官，出知睦州桐廬縣（本傳）。

錢惟演：一歲（按：《隆平集》、《東都事略》本傳並謂錢惟演卒年五十八。據《續資治通鑑長編》卷一一一載，錢惟演卒於景祐元年（一〇三四），上推五十八年，當生於是年）。

太平興國三年戊寅

錢惟演：二歲。錢俶上表獻地，封淮海國王，吳越亡。惟演從俶歸宋，爲團練副使、右屯衛將軍，歷右神武將軍（本傳、《長編》卷一九）。

張詠：三十三歲。作《聲賦》。八月，應試不第，憤而欲從陳摶學道，摶勸其以蒼生爲念（《湘山野録》卷上）。

楊億：五歲，祖父楊文逸卒（楊億《故信州玉山令府君神道表》）。

錢惟濟生：參明道年元年錢惟濟譜。

太平興國四年己卯

張詠：三十四歲。與寇準同赴大名府舉進士，首以張詠薦，作《大名府請首薦張覃書》，士論稱其能讓（韓琦《故樞密直學士禮部尚書贈左僕射張公神道碑銘》，以下簡稱「韓碑」）。

楊億：六歲。學詠詩（《東都事略·楊億傳》）。

太平興國五年庚辰

張詠：三十五歲，進士及第，授大理評事，知鄂州崇陽縣（本傳）。

晁迥：三十歲。進士及第，爲岳州錄事參軍（本傳、張詠有《寄晁同年》詩）。

薛映：三十歲。太平興國中進士及第（呂陶《薛文公真象記》），具體時間不詳，附於此。

太平興國六年辛巳

張詠：三十六歲。知崇陽，遇郊恩，改將作監丞（本傳）。

楊億：八歲。八九歲時，病起，作《謝郡官啓》，屬對使事如老書生（《春渚紀聞》卷一）。

太平興國七年壬午

舒雅：約四十三歲。與修《文苑英華》（《宋會要輯稿》崇儒五之一）。

刁衎：三十八歲。上《諫刑疏》。知桐廬縣七年不遷官，縉紳服其純淡夷雅（本傳、《長編》卷二三）。

張秉：三十一歲。宰相趙普以弟女妻之（本傳），約在此時。

太平興國八年癸未

舒雅：約四十四歲。與修《太平御覽》，書成（《長編》卷二四）。

崔遵度：三十歲。進士及第，爲和川主簿（本傳）。

太平興國九年、雍熙元年甲申

張詠：三十九歲。遷著作佐郎，罷知崇陽縣任（韓碑、本傳）。作《鯸鮧賦》。

楊億：十一歲。以神童召，授秘書省正字，有《喜朝京闕》詩（本傳、《湘山野録》卷上）。

雍熙二年乙酉

張詠：四十歲。六月，擢太子中允、通判麟州，作《麟州通判廳記》。

晁迥：三十五歲。通判岳州，參淳化二年晁迥譜。

李維：二十五歲。進士及第（《郡齋讀書志》卷一九《李仲方集》條）。

劉隲：進士及第（《湖南通志》卷一三四）。

錢惟濟：八歲。父俶封漢南國王，奏補本府元從指揮使（本傳）。

雍熙三年丙

楊億：十三歲。父卒（楊億《送倚序》）、《故信州玉山府君墓誌銘》）。

雍熙四年丁亥

崔遵度：三十四歲。换臨汾主簿，饋芻糧，三抵綏州（本傳）。

端拱元年戊子

張詠：四十三歲。轉秘書丞（韓碑）。

崔遵度：三十五歲。召歸，命試中書，擢著作佐郎（本傳）。

丁謂：二十三歲。作《大蒐賦》。

端拱二年己丑

舒雅：約五十歲。弟雄進士及第（本傳）。

張詠：四十四歲。充禮部考試官，試畢，通判相州。乞督濮州市征，以便養親，從之（錢志）。有《通判相州求養親表》、《相州官舍》詩。

李宗諤：二十五歲。進士及第。授校書郎（本傳、《隆平集·李宗諤傳》）。鄭譜繫於雍熙四年，誤。

楊億：十六歲，服父喪期滿，先索米都下，此時投靠叔祖知許州楊徽之（本傳、《送倚序》）。

淳化元年庚寅

舒雅：約五十一歲。以李至薦，充秘閣校理（本傳、《宋史·李至傳》、《長編》卷三一）。

張詠：四十五歲。召赴闕，知浚儀縣。未幾，出爲荆湖北路轉運使（錢志、韓碑）。

晁迥：四十歲。時通判鄂州，坐失入死囚罪，奪二官。後復官監婺州税（本傳、《長編》卷三一。本傳作「監徐、婺二州税」，當為監婺、徐二州税，詳後）。

李宗諤：二十六歲。獻文自薦，遷秘書郎、集賢校理（本傳）。

丁謂：二十五歲。作《書異》。

淳化二年辛卯

張秉：四十歲、時知鄭州（王禹偁《鄭州與張秉監丞聯句》）。

丁謂：二十六歲。春，攜文謁王禹偁。王以韓愈、柳宗元、杜甫比之（本傳，王禹偁《送孫何序》、《送丁謂序》、《薦丁謂與薛太保書》、《答鄭褒書》）。

淳化三年壬辰

崔遵度：三十九歲。以李至薦，遷殿中丞，出知忠州（本傳），約在此年。

李宗諤：二十八歲。時爲集賢校理，致書慰勉貶官商州的王禹偁（王禹偁《與李宗諤書》）。

丁謂：二十七歲。進士第四名及第，以大理評事通判鄂州（本傳）。

楊億：十九歲。詣闕獻文，改太常寺奉禮郎。獻《二京賦》，命試翰林，賜進士第，遷光祿寺丞（本傳、《送倚序》）。

任隨：以第五名進士及第（《會要》選舉二之三）。

淳化四年丁巳

張詠：四十八歲。在荆湖北路轉運使任，就改太常博士（鄭譜繫於淳化元年，誤）。夏，召赴闕，除虞部員外郎，授樞密直學士，判銀臺、通進司兼門下封駁事，仍總三班院（錢志、韓碑、《長編》卷三四）。

晁迥：四十三歲。進士及第後，歷綿、宋、昇州通判，監察御史、知開封縣、江南轉運使（以上具體任職時間不詳）。此年任江淮兩浙茶鹽制置副使（本傳、《宋史·太宗本紀》二及《趙昌言傳》）。

張秉：四十二歲。自知鄭州召還後，直昭文館，遷右司諫，此年與薛映同任江淮兩浙茶鹽制置副使（本傳、《宋史·太宗本紀》二及《趙昌言傳》）。

楊億：二十歲。直集賢院（本傳）。

淳化五年甲午

舒雅：約五十五歲。爲秘閣校理，受詔與校《史記》（《會要》崇儒四之一）。

崔遵度：四十一歲。蜀中李順之亂，坐失忠州，貶崇陽令（本傳、《長編》卷三六）。

李宗諤：三十歲。以秘書丞、直昭文館掌起居舍人事（《長編》卷三五）。

丁謂：二十九歲。直史館，以太子中允爲福建路采訪使。還，上茶鹽利害，遂爲轉運使，歲貢團茶。

楊億：二十一歲。直集賢院。表求歸鄉省親，許之。僧覲勸其學佛，辭以不能。攜母、弟入京（本傳、《送倚序》、《送覲道人歸故山序》）。

至道元年乙未

舒雅：約五十六歲。爲秘閣校理，校勘《淳化編敕》（《會要》刑法一之一）。

張詠：五十歲。李順之亂未平，正月被命知成都府，四月到任（此據張詠《悼蜀四十韻》，他書所載時間多異）。

李宗諤：三十一歲。掌起居舍人事。太宗作九弦琴、五弦阮，獻頌，爲太宗所稱（《長編》卷三八）。

楊億：二十二歲。直集賢院。獻頌，爲太宗所稱（本傳、《長編》卷三八）。

至道二年丙申

刁衎：五十二歲。在太平興國七年與至道

三年之間曾通判湖州，知婺、光、廬三州（本傳），具體時間不詳，并記於此。

張詠：五十一歲。知成都府，相繼丁父、母憂，皆起復（韓碑）。

晁迥：四十六歲。監徐州稅。眞宗在東宫，楊礪稱其學行（《東都事略·晁迥傳》）。

薛映：四十六歲。淳化四年與至道三年之間爲京東轉運使，徙河東，兼河西隨軍，知相州（本傳），具體時間不詳。

張秉：四十五歲。在淳化末、至道中，爲右計司河南西道判官，換鹽鐵判官、度支員外郎、知制誥、判吏部銓，知審官院，遷工部郎中，依前知制誥（本傳），具體時間不詳。

崔遵度：四十三歲。至道中移鹿邑令（本傳）。

楊億：二十三歲。遷著作佐郎，公卿表疏多假手於億，東宫書疏，多億草定。

至道三年丁酉

太宗卒，眞宗立。

刁衎：五十三歲。遷比部員外郎，上疏論進善去惡（本傳、《長編》卷四二）。

張詠：五十二歲。知益州，平定劉旴之亂，改左諫議大夫（韓碑）。奏以銅錢十文折支鐵錢五文（《長編》卷四二），除放萬州津渡錢（《會要》食貨十七之十四）。

薛映：四十七歲。以吏部員外郎復爲東京轉運使，遷禮部郎中（《東都事略·薛映傳》）。

晁迥：四十七歲。自監徐州稅擢右正言、直史館（王禹偁《答晁禮丞書》）。

張秉：四十六歲。正月，以知制誥持節催督陝西軍儲（《長編》卷四一）。眞宗嗣位，進兵部郎中，判昭文館。以草制用語不當，出知潁、襄二州（本傳）。

李維：三十七歲。獻《聖德詩》，召試中書，擢直集賢院（本傳）。

李宗諤：三十三歲。超拜起居舍人（本傳）。

楊億：二十四歲。超拜左正言（《長編》卷四一）。與修《太宗實錄》（本傳）。是年娶妻（《送倚序》）。

真宗咸平元年戊戌

舒雅：約五十九歲。時爲秘閣校理，請謚眞宗生母李賢妃爲元德皇后（《會要》禮三之二一、禮三一之三五）。

張詠：五十三歲。時知益州，就拜左諫議大夫。召還，爲給事中，充戶部副使，改御史中丞（《錢志》）。

崔遵度：四十五歲。復爲太子中允（本傳）。

李宗諤：三十四歲。與重修《太祖實錄》（本傳、《長編》卷四三）。

丁謂：三十三歲。爲三司戶部判官（本傳）。

劉筠：二十八歲。進士及第，爲館陶尉（本傳）。

楊億：二十五歲。《太宗實錄》修成，凡八十卷，獨草五十六卷。乞外補以便養親，命知處州（本傳、楊億《武夷新集序》）。

咸平二年己亥

張詠：五十四歲。春知貢舉，夏出知杭州（本傳、《長編》卷四四）。

劉隲：召試舍人院，命直集賢院（《會要》選舉三一之二五）。被命考試開封舉人（《會要》選舉一九之三）。

李宗諤：三十五歲。時爲起居舍人，直史館，上疏論擇將帥（本傳、《長編》卷四五）。

丁謂：三十四歲。至峽路體量夷事，還，稱旨，被命領峽路轉運使（本傳、《長編》卷四五）。鄭譜繫此事於咸平四年，誤。

楊億：二十六歲。知處州，生子雲堂（《殤子述》）。得郡人周啓明（本傳、《宋史·周啓明傳》）。懲治受賄爲奸的鹽酒案吏陳元凱（《郡齋即事抒懷十二韻呈諸官》）。

咸平三年庚子

舒雅：約六十一歲。時爲秘閣校理，眞宗御試進士，以雅爲考官（《會要》選舉七之六）。與修《續通典》（《長編》卷四七）。

刁衎：五十六歲。自知廬州還，獻《本說》十卷，以本官充秘閣校理，出知潁州（本傳、楊億《途次潁州值雨留住數日因貽郡守刁公》）。

李維：四十歲。與修《續通典》。

李宗諤：三十六歲。遷知制誥，判集賢院，纂《西垣集制》（本傳、《宋史·梁灝傳》）。鄭譜繫於咸平六年，誤。

丁謂：三十五歲。時爲峽路轉運使，向高州刺史田彥伊曉以禍福，田作誓刻石（本傳、《長編》卷四七）。鄭譜繫於咸平五年，誤。

楊億：二十七歲。罷知處州，還朝，拜左司諫。同編修《續通典》。

任隨：以著作佐郎直集賢院（《會要》選舉三三之二）。

咸平四年辛丑

薛映：五十一歲。召試，命爲知制誥，權判吏部流內銓兼制置群牧使，與梁灝按撫河北，還，權判度支。考定賢良方正所對（本傳、《宋史·梁灝傳》《長編》四八、四九，《會要》食貨五七之三、選舉一〇之一〇、職官二之一〇、二三之五）。

晁迥：五十一歲。獻《咸平新書》、《理書》，召試，除右司諫、知制誥，判尚書祠部（本傳）。

劉隲：以秘書丞、直集賢院爲同修起居注（楊億《趙氏墓碣銘》），約在此前後。

李維：四十一歲。以兄李沆在相位，避知歙州，（本傳）。楊億有《送集賢李學士員外知歙州序》。鄭譜分繫此事於咸平元年、四年，誤。

李宗諤：三十七歲。時知制誥，被命考定賢良方正所對（《會要》選舉一〇之一〇）。議贈官事（《宋史·職官》十）。

陳越：二十九歲。試制舉，入四等，通判舒州（本傳、《長編》卷四八）。

楊億：二十八歲。被命知制誥（本傳、《長編》卷四八、《送倚序》）。考定賢良方正所對（《會要》選舉一〇之一〇）。子雲堂夭折，作《殤子述》。上《議靈州事宜狀》（本傳、《長編》卷五十）。鄭譜繫於咸平五年，誤。

任隨：被命重校《史記》（《會要》崇儒四之一）。

咸平五年壬寅

張詠：五十七歲。自知杭州改知永興軍（韓碑）。

丁謂：三十七歲。以綏撫峽人有功，加刑部員外郎（本傳、《宋史·西南夷溪洞諸蠻傳》、《長編》卷五二）。

劉筠：三十二歲。自館陶尉還，詔楊億試

選人，擢筠爲第一，以大理評事爲秘閣校理（本傳、《長編》卷五三、《會要》崇儒四之二）。鄭譜繫於咸平二年，時楊億不在朝，誤。

楊億：二十九歲。奉命試選人，得劉筠等（《長編》卷五三）。

咸平六年癸卯

舒雅：約六十四歲。出知舒州（本傳）。據《新安志·舒雅傳》載，此爲咸平末事，鄭譜繫於咸平四年，誤。

張詠：五十八歲。再知益州（《長編》卷五四、張詠《許昌詩序》）。鄭譜繫於咸平五年，誤。

晁迥：五十三歲。時爲知制誥（《會要》作翰林學士，誤）。奉詔與戚綸議定鴻臚寺賻贈條件（《會要》禮四四之二四、四四之二五、四四之三〇）。

張秉：五十二歲。知潁、襄二州，徙鳳翔府、河南府（本傳），皆咸平中事，具體時間不詳。

劉隲：領衡陽郡事（楊億《趙氏墓碣銘》、《集賢劉工部隲知衡州》）。鄭譜繫於咸平四年，誤。

景德元年甲辰

刁衎：六十歲。自潁州召還，爲駕部員外郎，改直秘閣，充崇文院檢討，改判三司開拆司，被命校前後《漢書》（本傳、《宋史·陳彭年傳》、《會要》崇儒四之一）。

張詠：五十九歲。陳恕卒，有《蜀中傷陳恕左丞》詩。十二月，與契丹結盟，有《賀聖駕幸澶淵回京表》。

薛映：五十四歲。以右諫議大夫知杭州（《東都事略·薛映傳》）。

晁迥：五十四歲。眞宗幸澶淵，雍王元份留守京師，加晁迥右諫議大夫，爲判官（本傳）。被命復校前後《漢書》（《會要》崇儒四之一）。

張秉：五十三歲。徙河陽，換澶州，車駕將幸河上，又徙知滑州（本傳、《長編》卷五八）。

崔遵度：五十一歲。詔對崇政殿，索所著文，召試舍人院，改太常丞，直史館（本傳、《長編》卷五八、《會要》選舉三三之二）。

李維：四十四歲。兄李沆卒，入爲戶部郎中（本傳、《宋史·宰輔表》一）。

錢惟演：二十八歲。以明德皇后祔太廟，惟演不至，爲御史所劾，罰銅四十斤（《長編》卷五八）。

李宗諤：四十歲。黃河決口，被命具舟賑濟饑民（《長編》卷五七）。十二月，被命詳定《正辭錄》（《長編》卷五八、《會要》禮一四之一二）。

丁謂：三十九歲。爲峽路轉運使，「五年不得代」，二月，被召還朝，權三司鹽鐵副使。未幾，擢知制誥、判吏部流內銓。眞宗幸澶淵，以謂知鄆州兼鄆、齊等州安撫使，提舉轉運兵馬巡檢事（本傳、《長編》卷五六、五八）。謂爲峽路轉運使爲咸平二年事，至此恰五年。鄭譜誤繫謂任峽路轉運使於咸平四年，又謂「五年不得代之『五』爲『三』字之訛，實誤上加誤。

劉筠：三十四歲。眞宗北巡，以筠知大名府觀察判官事（本傳），經度河北轉運司貿易軍糧（《長編》卷五七）。

陳越：三十二歲。眞宗采群臣有聞望者二

十四人引對於崇政殿，外任者乘驛赴闕，陳越亦在其中（《長編》卷五六）。據本傳，越於咸平中舉賢良，入四等，「通判舒州，徙知端州，又徙袁州」，當在咸平後期；「未幾召還，遷著作佐郎、直史館，掌鼓司登聞院」，當在引對之後。鄭譜繫於景德二年，誤。

楊億：三十一歲。知通進、銀臺司兼門下封駁事（本傳）。契丹侵澶淵，王欽若等主張遷都，寇準力主北伐，億獨與準同（陳師道《後山談叢》）。隨帝幸澶淵，常與準痛飲謳歌，帝因而無憂（本傳、《長編》卷五八）。吳僧道原撰成《佛祖同參集》，億爲作序；獻於朝，敕楊億等刊定（楊億《古清規序》、釋覺岸《釋氏稽古録序》）。後改稱《景德傳燈録》。

錢惟濟：二十七歲。明德皇后祔太廟，未至，罰銅三十斤（《長編》卷五八）。

景德二年乙巳

舒雅：約六十歲。知舒州秩滿，請掌舒州靈仙觀事（本傳）。

刁衎：六十一歲。七月，校畢《漢書》，有《復校漢書表》（《會要》崇儒四之一）。預修《册府元龜》，加主客郎中（本傳）。

張詠：六十歲。請歲賜保、霸二州刺史黄衣錦袍，與轉運使黄觀（韓碑作謝濤）同議，在嘉、邛二州鑄景德大銅錢。黄觀以詠政事聞，詔褒獎之，就改吏部侍郎（韓碑、《長編》卷五九、六一）。此皆景德二年八月以後事，鄭譜繫於景德元年，誤。

劉隲：知潭州，母趙氏卒，年八十六（楊億《趙氏墓誌銘》）。

晁迥：五十五歲。進翰林學士（本傳、《長

編》卷六〇）。八月，坐輔導鄆王元份無狀，責授左司郎中，依前充職（《長編》卷六一）。

張秉：五十四歲。自知滑州召還，復拜吏部銓、工部侍郎，同知審官院、知通進、銀臺司，糾察在京刑獄（本傳）。八月，被命與李宗諤同判太常寺，審定樂器（《長編》卷六一）。

李維：四十五歲。與修《冊府元龜》（《長編》卷六一）。

錢惟演：二十九歲。與修《冊府元龜》（本傳、《長編》卷六一）。

李宗諤：四十一歲。召爲翰林學士（本傳、《長編》卷六一）。同判太常寺，審定樂器，著《樂纂》。在京接伴契丹賀承天節使（本傳、《長編》卷六一）。

丁謂：四十歲。召爲右諫議大夫、權三司使。上《三司新編敕》十五卷，又上《景德農田敕》，皆詔雕印頒行（《長編》卷六一）。

劉筠：三十五歲。與修《圖經》及《冊府元龜》（本傳、《長編》卷六一）。

陳越：三十三歲。與修《冊府元龜》，與陳從易、劉筠尤爲勤職（本傳、《長編》卷六一）。

楊億：三十二歲。臥病月餘（《書懷寄劉五》）。詔修《冊府元龜》，被命與王欽若同總其事（本傳、《長編》卷六一）。弟楊倚進士及第，授四明主簿，作《送倚序》。鄭譜繫此事於景德三年，此年未試進士，誤。

按：楊億等於是年九月受詔修《冊府元龜》，西崑酬唱起於是年冬。（楊億·《西崑酬唱集序》）。總集編纂不外三種形式：一是按詩體分體編排，二是按詩歌內容分類編排，三是按寫作時間先後編排。《西崑酬唱集》明顯不是採用前兩種形式，除《受詔修書述懷感事三十韻》因其內容重要特作開篇外，其餘皆按寫作時間先後編排。鄭譜不明乎此，對《西崑集》詩之繫年多有可議之處。除第二首《南朝》可能作於此年冬外，第三首《禁中庭樹》已作於次年春（錢惟演《禁中庭樹》「乘春好封殖」語可證）。

景德三年丙午

舒雅：約六十七歲。楊、劉、錢有《寄靈仙觀舒職方學士》詩，雅分別有答詩。其《答錢少卿》有「偶別俄驚四載餘」語，雅於咸平末離京知舒州，至此恰「四載餘」。

刁衎：六十二歲。求領外任，得知湖州。轉刑部郎中（本傳）。鄭譜繫於大中祥符二年，誤。參與此年《代意》、《漢武》二詩的西崑酬唱，其後未再參與。

張詠：六十一歲。七月，自益州召還，復掌三班院，兼判登聞鼓院（錢志、韓碑、《長編》卷六三）。參與此年《館中新蟬》、《禁中鶴》二詩的西崑唱和，其後未再參與。

薛映：五十六歲。時知杭州，與轉運使姚鉉不和，奏鉉納部內女口等事，鉉貶連州文學（本傳、《長編》卷六四、《會要》職官六四之二一）。

晁迥：五十六歲。被命定群臣詔葬制度（《長編》卷六二）。考定應試舉人所納文卷（《長編》卷六三。《會要》選舉一之七作景德二年事）。

劉隲：參與此年《槿花》、《漢武》、《館中新蟬》、《舊將》四詩的西崑唱和。據楊億《趙氏墓誌銘》載，隲母於景德二年正月病逝，此年仍當服喪，或爲起復，已召入京。

李維：四十六歲，爲契丹國母正旦使（《長編》卷六四）。參與此年《休沐端居有懷希聖少卿學士》、《樞密王左丞宅新菊》的西崑酬唱。

錢惟演：三十歲。時直秘閣。眞宗以方物賜《冊府元龜》編修官錢惟演等（《長編》卷六二）。參與此年自《南朝》至《直夜》三十首詩的西崑唱和。

李宗諤：四十二歲。眞宗閲視李宗諤等新習雅樂，賜以器幣（《長編》卷六三）。參與此年《南朝》、《代意》、《漢武》、《館中新蟬》的西崑唱和。

丁謂：四十一歲。乞承天節前後禁屠宰，輟刑罰（《會要》禮五七之三四）。上言知州、通判、轉運使并兼勸農（《長編》卷六二）。參與此年《代意》、《荷花》、《再賦》、《又贈一絶》、《梨》等五詩的西崑唱和。此年諷喻之作，丁謂皆未參與唱和，以後也未再參與唱和。

劉筠：三十六歲。參與此年《南朝》至《直夜》三十六詩的西崑唱和。

陳越：三十四歲。參與此年《休沐端居有懷希聖少卿學士》的西崑唱和，也僅僅參與此詩唱和。

楊億：三十三歲。四月，眞宗幸崇文院詢問《冊府元龜》編例，有未當者立命改之（《長編》卷六二）。五月，宜黄主簿王太冲授大理評事，億以爲以丞吏之賤不當任清職，遂封還詔書（《長編》卷六三）。鄭譜繫此事於景德元年，誤。九月，奉敕撰《試賢良方正能直言極諫科策》。十一月，爲翰林學士（《武夷新集序》）。

錢惟濟：二十九歲。作《夜宴》詩，楊、劉、錢皆有酬和。

任隨：時爲太常丞、直集賢院，上言乞以賞罰責諫臣舉職（《長編》卷六二）。

按：

《西崑酬唱集》凡七十篇（二百五十首），此年自《禁中庭樹》至《直夜》多達三十八篇，是西崑唱酬最多的一年。《禁中庭樹》有「乘春好封殖」語（錢惟演），作於是年春；《休沐端居有懷希聖少卿學士》（「密樹蟬嘶」、「經梅緑草」）、《槿花》（「仲夏花榮」）、《館中新蟬》、《鶴》（「碧樹陰濃」），皆春夏之交作；《赤日》、《夜意》、《荷花》一組及《梨》，夏日作；《七夕》、《秋夜對月》、《小園秋夕》、《初秋屬疾》、《夕陽》（劉筠詩有「近殘秋」語）。、《樞密王左丞宅新菊》，皆秋日作；《直夜》有「畫燭熏爐對擁衾」語，已爲冬夜。把涉及節候之詩依次聯綴起來，四季分明，也證明《西崑集》是按寫作時間編排的。

景德四年丁未

張詠：六十二歲。五月判檢院，六月以瘍生於腦，頗妨巾櫛，乞郡，命知昇州（韓碑、《長編》卷六五、《會要》職官三之六四）。

薛映：五十七歲。知杭州五年，入知通進銀臺司兼門下封駁事（本傳、《長編》卷六六）。

晁迥：五十七歲。五月，爲明德、章穆二

陵禮儀使，撰《章穆皇后謚册文》（本傳、《會要》禮三一之四九）。八月，被命同修國史（《長編》卷六六）。十月，上考試進士新格。十二月，被命同知次年貢舉（《長編》卷六七）。

崔遵度：五十四歲。五月，參與議定貢院考較格式（《長編》卷六六）。八月，爲兩朝國史編修官（本傳、《長編》卷六六）。

劉隲：時直集賢院，被命考試國子監舉人（《會要》選舉一九之四）。

李維：四十七歲。出使契丹，還，擢兵部員外郎、知制誥。自是，契丹使至，多命維主之（本傳、《長編》卷六一）。參與此年《霜月》的西崑唱和。

錢惟演：三十一歲。八月，上《聖德論》，眞宗稱其文學可稱（《長編》卷六六、《會要》職官五七之六二）。參與此年《柳絮》至《此夕》詩的西崑唱和。

李宗諤：四十三歲。參與此年《勸石集賢飲》的西崑唱和。

丁謂：四十二歲。正月，爲隨駕三司使、鹽鐵副使（《長編》卷六五）。七月，乞降詔令較戶口、賦入（《長編》卷六六、《會要》食貨十二之二）。八月，上《景德會計錄》六卷，詔令嘉獎，尋加樞密直學士（本傳、《長編》卷六八）。

劉筠：三十七歲。八月，以修《册府元龜》，月增俸錢五千（《長編》卷六六）。參與此年《洞戶》至《即目》詩的唱和。

陳越：三十五歲。時爲著作佐郎、直史館。正月，車駕朝陵，掌留司名表，時稱爲工。自是兩府箋奏多命越草，動貴以銘志爲請者甚衆。遷太常丞、群牧判官

（本傳、《會要》儀制七之十七）。八月，以修《冊府元龜》，月增俸錢五千（《長編》卷六六）。

楊億：三十四歲。四月，撰《莊穆皇后哀冊文》（《會要》禮三一之五〇）。八月，眞宗幸崇文院，觀新編《冊府元龜》，王欽若、楊億以草本進。《受詔修書述懷感事三十韻》有「披文見魯魚」語，只可能作於此時以後。鄭譜繫於景德二年，誤。眞宗據讒者（實爲讒者）之言，謂《太宗實錄》尙有漏落。《太宗實錄》八十卷，楊億獨草五十六卷。楊億反駁道：「凡事有依據、可載簡策者，方得記錄。」（《長編》卷六六）詔修兩朝國史，楊億與修（同上）。十月，編成《武夷新集》，并作序。十二月，眞宗手札賜王欽若，令登記楊億以下修《歷代君臣事迹》之脱誤（《長編》卷六七）。參與此年《洞戶》至《即目》十詩的西崑唱和。

任隨：被命考試國子監舉人（《會要》選舉一九之四）。

按：此年西崑酬唱大大減少，僅《洞戶》至《即目》十篇。《洞戶》有「一春幽恨」語，《柳絮》有「三月江南」語，作於此年春；《霜月》、《此夕》（有「此夕秋風獵敗荷」語），作於此年秋；《劉校理屬疾》（楊詩有「雪雲繁」語）、《勸石集賢飲》（劉筠詩有「白雪樓」語），爲冬季作。

大中祥符元年戊申

舒雅：約六十九歲。東封，就加主客郎中、直昭文館，轉刑部郎中。

張詠：六十三歲。東封恩，轉尙書左丞

（韓碑、本傳）。

薛映：五十八歲。封泰山，爲東京留守判官，遷給事中，勾當三班院（本傳）。東封畢，遣映祭謝汾陰後土（《長編》卷七〇、《會要》禮二八之四一）。參與此年《清風十韻》、《戊申年七夕五絶》二詩的唱和。

晁迥：五十八歲。春，被命知貢舉。四月，詳定東封儀注（本傳、《長編》卷六八、《會要》禮二二之三）。八月，習封禪儀於都亭驛。十月，進所草東封赦書（《長編》卷七〇）。撰《天齊仁聖帝碑銘》（《岱岳》卷六）。參與此年《厲疾》、《清風十韻》詩唱和。

張秉：五十七歲。八月，被命復考特奏名試卷。四月，眞宗親試進士，被命詳定等第（《長編》卷六八）。九月，被命管勾東封所經州縣，父老詣行在者，送閤門引對，賜以酒食（《長編》卷七十）。參與此年《清風十韻》、《戊申年七夕五絶》的唱和。

劉隲：四月，以國子監秋試舉人事，責監漣水軍商税（《長編》卷六九、《會要》職官六四之二一）。八月，召爲太常丞、判三司憑由司（《會要》選舉一九之四）。

李維：四十八歲。眞宗以《冊府元龜》篇序，諸儒皆作，體例不一，命李維等撰迄，付楊億審定。

錢惟演：三十二歲。正月獻《祥符頌》，擢司封郎中、知制誥（本傳、《長編》卷六八）。九月，黃雲迎日，上贊頌（《會要》禮二二之一五）。參與此年《燈夕寄內翰虢略公》至《秋夕池上》等十詩的唱和。

李宗諤：四十四歲。正月，眞宗對其所進

制草大加稱賞。上《皇帝奉迎酌獻樂章》，優詔答之。四月，詳定東封儀注。眞宗親試進士，宗諤爲考官（《長編》卷六八）。十一月，被命祭澶州河瀆廟。十二月，被命與修《封禪記》（《長編》卷七十）。參與此年《燈夕寄内翰號略公》、《清風十韻》二詩的唱和。

丁謂：四十三歲。時權三司使。四月，初議封禪未決，上以經費問丁謂，謂言大計有餘，議遂決。以謂爲泰山路糧草引進使（本傳、《長編》卷六八、潘延之《丁晉公談録》）。

劉筠：三十八歲。正月，管勾刻太祖、太宗謚冊（《會要》職官三之一）。二月，上《大酺賦》。九月，黃雲迎日，筠上贊頌（《會要》禮二二之一五）。參與此年《燈夕寄内翰號略公》至《熒》等十七詩的唱和。

陳越：三十六歲。二月，上《大酺頌》。

楊億：三十五歲。正月被病，四月撰《答宰相等請封禪第五詔》，有「不爲神仙，不爲奢侈」語，爲眞宗所删（《長卷六八、《會要》禮二二之三）。被命詳定東封儀注（《長編》卷六八）。秋，編成《西崑酬唱集》，并爲作序。參與此年《燈夕》至《熒》等十八詩的西崑唱和。

錢惟濟：三十一歲。參與此年《苦熱》詩的唱和。

按：王注認爲，西崑唱和迄於是年秋，楊億編集、作序也在此時；鄭譜認爲迄於大中祥符六年。當以王説爲是。第一，據《續資治通鑑長編》卷七一載，爲《西崑集》中的《宣曲》詩，王嗣宗上言，王欽若告密，眞宗下詔，皆在大中祥符二年正月，詔文有「別集衆製，鏤板已多」語，「衆製」顯指《西崑集》。第二，楊億於景德四年編成《武夷新集》，收咸平元年至景德四年間的詩文。《西崑集》中的大部份詩屬於這一時間範圍。但除收了《受詔修書感事述懷三十韻》外（因此詩重要，故兩書同收，并特別作為《西崑集》的開篇），其他皆未收。這除了說明楊億同時在編這兩部書，故有所分工外，似乎很難找到其他理由來作解釋。如果六年後才編《西崑集》，《武夷新集》理應收景德二年至四年的《西崑集》中詩。第三，鄭譜於大中祥符二、三、四年皆未繫詩，繫於五、六兩年的也僅八篇，其根據無非是楊億五年被病，六年受讒，佯狂奔陽翟。但楊億被病并非僅在五年，景德二年「被病月餘」（《書懷寄劉五》），大中祥符元年也「被病」（《續資治通鑑長編》卷六八）。景德中在澶淵之戰、東封泰山等問題上的分歧，王欽若在編修《冊府元龜》時的爭功委過，均足使楊億生憂讒畏譏之感，無需以大中祥符六年受讒奔陽翟來作說明。

大中祥符二年己酉

刁衎：六十五歲。知湖州任滿，復預修《歷代君臣事迹》（本傳）。

張詠：六十四歲。三月，內侍高品趙履信到昇州傳宣撫問，遂進文百篇，有《昇州又謝傳宣撫問表》、《進文字表》。

晁迥：五十九歲。四月，种放得告歸終南山，詔群臣賦詩制序爲送，眞宗以迥詩爲優（《長編》卷七一）。十二月，爲契丹館伴使（《長編》卷七二）。

薛映：五十九歲。四月，復考東封路服勤辭學、經明行修舉人（《長編》卷七一）。十二月，復校《文苑英華》（《會要》崇儒四之三）。

張秉：五十八歲。以所試東封路服勤詞學、經明行修合格人聞（《長編》卷七一）。

李維：四十九歲。上同楊億所刊定的道原所撰《景德傳燈錄》（《長編》卷七一）。撰《承天觀碑銘》（《金石粹編》卷一四）。

錢惟演：三十三歲。正月，所和楊億《宣曲》詩，王嗣宗上言以爲詞涉浮靡，王欽若告密以爲寓諷，眞宗爲之下詔，詳本年楊億譜。

李宗諤：四十五歲。四月，爲同修昭應宮使（本傳、《長編》卷七一）。

丁謂：四十四歲。二月，爲三司使。四月，爲修昭應宮使，謂殫竭財力，極盡奢侈。十二月，上《泰山封禪朝覲祥瑞圖》（《長編》卷七二）。

劉筠：三十九歲。所和楊億《宣曲》詩爲人告密，詳楊億本年譜。

楊億：三十六歲。《長編》卷七一載：「御史中丞王嗣宗言：『翰林學士楊億、知制誥錢惟演、秘閣校理劉筠，唱和《宣曲》詩，述前代掖庭事，詞涉浮艷。』上曰：『詞臣，學者宗師也，安可不戒其流宕？』乃下詔諷勵學者：『自今有屬詞浮靡、不遵典式者，當加嚴遣。其雕印文集，令轉運使擇部內官看詳，以可者錄奏。』」注引江休復云：『上在南衙，嘗召散丁香晝承恩幸。楊、劉在禁林，作《宣曲》詩。王欽若密奏，以爲寓諷。

遂令戒辟文字。』」同月，上所刊定道原所撰《景德傳燈錄》，并爲作序。四月，种放告歸終南，詔群臣賦詩製序爲送。眞宗以億序爲優（均見《長編》卷七一）。十一月，撰《大宋天貺殿碑銘》（《金石粹編》卷一二七）。

大中祥符三年庚戌

舒雅：七十餘歲。《新安志》卷六《舒雅傳》：大中祥符三年直昭文館，卒，年七十餘。鄭譜繫於大中祥符四年，誤。

張詠：六十五歲。三年春，昇州民以詠秩滿借留，就轉工部尚書，令再任，賜詔嘉獎。是秋，以江左旱歉，命充昇、宣等十州安撫使（本傳，韓碑，《長編》卷七三、七四，《會要》刑法四之五）。

晁迥：六十歲。時爲翰林學士。詳定祀汾陰儀注（本傳，《長編》卷七三、七四，《會要》禮二八之四三）。

薛映：六十歲。出知河南府（本傳）。

張秉：五十九歲。出知永興軍（本傳）。

李維：五十歲。時知制誥。僧職遷補，命維出題考試（《長編》卷七三）。

李宗諤：四十六歲。知審官院（本傳）。八月，被命爲祀汾陰經度制置副使，同權河中府事（本傳、《長編》卷七四）。鄭譜繫於四年，誤。十二月，上《新修諸道圖經》（《長編》卷七四）。

丁謂：四十五歲。時爲三司使。二月，請承天節禁刑罰、屠宰。八月，奏府庫充盈。十月，上《大中祥符封禪記》五十卷。赴汾陰路計度糧草。十二月，爲行在三司使。被命參與詳定奉事天書儀制（本傳，《長編》卷七三、七四）。

劉筠：四十歲。十一月召對，賦《瑞雪

歌》、《祀汾陰詩》，眞宗稱其「辭采頗贍」。十二月，被命纂錄祀汾陰所經山川古迹風俗，以資宸覽（《長編》卷七四、《會要》禮二八之四九）。

陳越：三十八歲。被命纂錄祀汾陰所經山川古迹風俗（《長編》卷七四、《會要》禮二八之四九）。

楊億：三十七歲。八月，被命詳定祀汾陰儀注（《長編》卷七四）。

錢惟濟：三十三歲。五月，獻所爲詩，眞宗嘉其「王公之後，留意文學」。

大中祥符四年辛亥

西祀汾陰，四月還京。

張詠：六十六歲。時知昇州。以祀汾陰恩，加禮部尚書（韓碑）。

薛映：六十一歲。時知河南府。二月，造輦水小車付行在（《長編》卷七五）。祀汾陰還，駐蹕西京，以映有治狀，賜御書嘉獎。九月，爲南岳奉册使（《長編》卷七六）。

晁迥：六十一歲。時爲翰林學士。七月，所修《太祖紀》，未當眞宗意，王欽若委過晁迥、楊億。八月，被命詳定諸路發解條式與禮部新格。九月，爲西岳奉册使。十二月，言冬至祀圜丘事（《長編》卷七六）。

張秉：六十歲。祀汾陰，爲東京留守判官，轉禮部郎中，加樞密直學士，復知幷州（本傳）。鄭譜繫於大中祥符六年，誤，秉於五年已自幷州徙相州。

崔遵度：五十八歲。眞宗以兩省官多闕，以崔遵度等補之，命爲左司諫（本傳、《長編》卷七六）。

錢惟演：三十五歲。時爲知制誥。祀汾陰，

正月，被命祭告一品墳（《會要》禮三七之四、三九之二）。九月，爲南岳奉册副使。

李宗諤：四十七歲。時爲翰林學士。五月，被命詳定崇奉五岳儀注（《長編》卷七五、七六）。祀汾陰禮成，優拜右諫議大夫。侍宴玉宸殿，上《翰林雜記》（本傳、《長編》卷七六）。

丁謂：四十六歲。七月，被命詳定崇奉五岳儀注（《長編》卷七六）。

劉筠：四十一歲。正月，被命修祀汾陰所經之地圖經（《長編》卷七五）。

陳越：三十九歲。兩省官闕，以陳越等補之。爲群牧判官（《長編》卷七五、七六）。被命與修祀汾陰所過圖經。擢左正言（本傳）。

楊億：三十八歲。七月，眞宗謂所修《太祖紀》有未當者，王欽若言，此蓋晁迥、楊億所修，王旦謂并當悉心，本無彼此。詔自今先奏草本，初修官及再看詳官皆載其名，以考勤惰（《長編》卷七六）。被詔撰《大藏目錄》（覺岸《釋氏稽古略》）。

錢惟濟：三十四歲。祀汾陰還，宴禁中，被命射，一箭中的。

大中祥符五年壬子

張詠：六十七歲。時知昇州，八月代還，以頭瘍不能朝謁，乃抗論請斬丁謂以謝天下。被命知陳州（《長編》卷七八）。鄭譜繫於大中祥符七年，誤。

晁迥：六十二歲。時爲翰林學士。正月，同知貢舉（《長編》卷七七、《會要》選舉一五之五）。五月，眞宗賜詩（錢惟演《金坡遺事》）。

薛映：六十二歲。代張詠知昇州，請蠲牛租（《長編》卷七八）。鄭譜分繫於大中祥符七年、八年，誤。

張秉：六十一歲。自知幷州徙相州（本傳、《長編》卷七八）。鄭譜繫於大中祥符八年，誤。

李維：五十二歲。時知制誥，被命同知貢舉（《長編》卷七七）。

李宗諤：四十八歲。時爲翰林學士。九月，議定群官導從儀制（《長編》卷七八）。

丁謂：四十七歲。自三司使、禮部侍郎爲戶部侍郎、參知政事（本傳、《長編》卷七八）。被命定崇奉天尊儀制，擇地修景靈宮。

陳越：四十歲。卒。（本傳）。

楊億：三十九歲。六月，以疾在告，賜中使挾太醫視之。以疾求解近職，不許，僅權免朝直。十月，方赴朝參，具狀稱謝，眞宗批詩狀尾賜之（本傳、《長編》卷七八、錢惟演《金坡遺事》）。十二月，眞宗不顧群臣反對，立劉德妃爲皇后，遣丁謂喻楊億草制，億不願草制。丁勸億「勉爲此，不憂不富貴」。億答：「如此富貴，亦非所願。」（《長編》卷七九、《東都事略·楊億傳》）

大中祥符六年癸丑

刁衎：六十九歲。《歷代君臣事迹》書成，授兵部郎中，暴得風疾卒（本傳）。

晁迥：六十三歲。累遷尚書工部侍郎，出使契丹，還，奏《北庭記》，加史館修撰，知通進、銀臺司（本傳、《長編》卷八一）。

薛映：六十三歲。時知昇州，「頃之，糾察在京刑獄，再判都省」，歷尚書左丞（本傳），當在此年，或略晚。

李維：五十三歲。自知制誥拜翰林學士（本傳、《學士年表》）。

錢惟演：三十六歲。時知制誥。十二月，被命編次迎駕父老及州縣繫囚（《長編》卷八一）。

李宗諤：四十九歲。三月，爲奉迎玉皇等像副使。五月卒（《長編》卷八十）。本傳作五年卒，誤。

丁謂：四十八歲。三月，建安軍鑄玉皇、聖祖、太祖、太宗像成，以丁謂爲奉迎使（《長編》卷八〇）。八月，謁亳州太清宮，以謂爲奉祀經度制置使，判亳州。上新修《祀汾陰記》五十卷。十一月，自亳州來朝，獻芝草三萬七千餘本（《長編》卷八一）。

劉筠：四十三歲。八月，《歷代群臣事迹》修成（《長編》八一），進左正言、直史館，修起居注。屬疾二百日，每詔續其俸（本傳）。

楊億：四十歲。六月，眞宗出文稿數篋示億曰：「卿識朕書迹乎？此皆朕自起草，未嘗命臣下代作也。」億不知所對，知爲人所讒，即謀退避。億母在陽翟得疾，請假探母，不待報離去，朝論嘩然，紛紛彈劾。億稱疾請解職，命以太常少卿分司西京，就所居養疾（本傳、《長編》卷八〇、《湘山野録》卷上）。作《君可思賦》。

大中祥符七年甲寅

晁迥：六十四歲。十一月，上《玉清昭應宮頌》，子宗操上《景靈宮慶成頌》，眞宗嘉之（本傳、《長編》卷八三）。

崔遵度：六十一歲。時爲左司諫、直史館、

修起居注，坐代言之文有誤，責授左正言，職如故（本傳、《長編》卷八三）。

李維：五十四歲。時爲翰林學士，二月，勾當三班院。詔事太祖朝者，賜一子恩，令維參驗以聞（《長編》卷八二、八三）。

錢惟演：三十八歲。時知制誥。八月，被命試經明行修、服勤詞業舉人（《長編》卷八三、《會要》選舉一九之六）。

丁謂：四十九歲。二月，以參知政事判禮儀院。五月，爲同刻天書副使（《長編》卷八二）。八月，爲修景靈宫使。十月，玉清昭應宫成，修宫使丁謂令夜以繼日，竭盡豪侈，七年而就，加工部尚書。十二月，爲奏告大禮使（《長編》卷八三）。

劉筠：四十四歲。時已爲左正言、知制誥（鄭譜繫任此職於天禧元年，誤）。直史館，召試中書，真宗稱其文，遷右司諫（《長編》卷八三）。

楊億：四十一歲。八月，以疾愈求入朝，真宗以其好竊議朝政，命知汝州（本傳、《長編》卷八三）。到汝州首謁廣慧禪師，設一百問，廣慧一一作答（《五燈會元·楊文公居士》）。

大中祥符八年乙卯

張詠：七十歲。作《答汝州楊大監書》。八月一日卒（韓碑、《長編》卷八五）。

薛映：六十五歲。八月，出知揚州（本傳、《長編》卷八五）。鄭譜繫請蠲牛賦事於此年，此乃知昇州時事，後曾還朝任職，顯誤。

晁迥：六十五歲。以翰林學士判吏部流内銓（《長編》卷八五）。

李維：五十五歲。時爲翰林學士，同知貢舉（《長編》卷八四）。

錢惟演：三十九歲。時知制誥，同知審官院。擢爲翰林學士（本傳）。五月，獻賜其父之禮賢宅，賜惟演錢五千萬（《長編》卷八四，《會要》禮六二之三四）

丁謂：五十歲。時爲參知政事，四月，爲大内修葺使，六月畢工（《長編》卷八四）。

劉筠：四十五歲。時爲知制誥，正月，被命同知貢舉。（《長編》卷八四）。八月，王旦稱劉筠等之文有貞元、元和之風。九月，爲契丹國主生辰使（《長編》卷八五）。

楊億：四十二歲。時知汝州，代還，爲參詳儀制副使，知禮儀院，判秘閣、太常寺。七月，秦翰卒，詔億撰碑文。八月，眞宗稱其詞筆冠映當世。十月，上《大中祥符法寶錄》，億嘗預編修（《長編》卷八五）。

大中祥符九年丙辰

晁迥：六十六歲。二月，《兩朝國史》一百二十卷修成，迥爲修史官，擢刑部侍郎（本傳、《長編》卷八六）。

薛映：六十六歲。時知揚州。八月罷還，糾察在京刑獄（《長編》卷八七。本傳繫於知揚州前，誤）。九月，以樞密直學士、工部侍郎爲契丹國主生辰使（《長編》卷八八）。

張秉：六十五歲。糾察在京刑獄，暴疾卒。

崔遵度：六十三歲。正月，自左司諫、直昭文館爲戶部員外郎、直史館，充壽春郡王府王友，王府文翰皆遵度作。三月，《兩朝國史》成，拜吏部員外郎（本傳、《長編》卷八六）。

錢惟演：四十歲。三月，坐私謁事，罷翰

林學士（本傳，《長編》卷八六，《會要》禮四五之三八、刑法四之七〇）。鄭譜繫於大中祥符八年，誤。

丁謂：五十一歲。時爲參知政事。正月，爲會靈觀使，加刑部尚書。五月，加兵部尚書，爲上寶冊南郊恭謝扶持使。九月，罷參知政事，出知昇州（《長編》卷八六、八七）。

劉筠：四十六歲。時爲知制誥，三月，爲宗正寺修玉牒官（《長編》卷八六）。八月，爲景靈宮會靈觀判官（《長編》卷八七、《會要》職官三〇之五五）。

楊億：四十三歲。二月，與修《兩朝國史》成。九月，判秘閣（《長編》卷八六、八七）。

天禧元年丁巳

薛映：六十七歲。知幷州（《東都事略・薛映傳》）。

晁迥：六十七歲。時爲翰林學士，詳定封贈事（《長編》卷九〇）。

李維：五十七歲。時爲翰林學士，上新修《大中祥符降聖記》五十卷、《迎奉聖像記》二十卷、《奉祀記》五十卷（《長編》卷九〇）。

丁謂：五十二歲。時知昇州，請開城北後湖（《長編》卷九〇）。

劉筠：四十七歲。時知制誥。六月，盜發漢高祖陵，遣筠祭告，幷申樵采之禁（《長編》卷九〇）。

楊億：四十四歲。時判秘閣。王旦卒前請楊億至卧內，托以後事，幷代撰遺表（本傳、《長編》卷九〇）。

錢惟濟：四十歲。自知絳州移知潞州（《長編》卷八九）。

天禧三年戊午

晁迥：六十八歲。時爲翰林學士。八月，爲冊立皇太子禮儀使。十一月，爲翰林學士承旨，别試國子監及太常寺進士文卷（《長編》卷九二）。

薛映：六十八歲。時知幷州，以糜粥濟幷州饑民三十餘萬人。

崔遵度：六十五歲。三月，自壽春郡王府王友爲昇王府諮議。八月，自禮部郎中、直史館爲吏部郎中、直史館兼太子左諭德（本傳、《長編》卷九二）。

李維：五十八歲。因病（三兄皆五十八歲而卒，可證李維時為五十八歲，由此可推知其生年）。力辭近職，罷翰林學士，以戶部侍郎、集賢院學士出知許州。

錢惟演：四十二歲。正月，以工部侍郎再爲翰林學士、會靈觀使（本傳、《學士年表》）。十一月，再試開封府得解舉人（《長編》卷九二）。

劉筠：四十八歲。加史館修撰，出知鄭州（本傳），具體時間不詳，四年已還朝，當爲二、三年中事。

楊億：四十五歲。時知秘書監，八月，被命撰皇太子冊文（《長編》卷九二）。冬，拜工部侍郎（本傳）。

天禧三年己未

晁迥：六十九歲。時爲翰林學士承旨。三月，以老疾求解近職，詔不許，聽俟秋還直（《長編》卷九三）。十一月，爲南郊禮儀使（《長編》卷九四）。

薛映：六十九歲。徙永興軍（本傳），當在此前後。

崔遵度：六十六歲。時爲太子左諭德。九月，爲契丹生辰國信使，還，判司農寺

（本傳、《遼史·聖宗紀》、《長編》卷九四）。

李維：五十九歲。時知許州，請增公用錢，許之（《長編》卷九三）。

錢惟演：四十三歲。時爲翰林學士。正月，權同知貢舉，眞宗賜詩。三月，以應試者訟考較不公，降一官（《長編》卷九三）。十一月，爲南郊儀仗使（《長編》卷九四）。

丁謂：五十四歲。時知昇州，六月，被召入朝，爲吏部尚書、參知政事。十一月，爲天書同儀仗副使，十二月，爲樞密使（《長編》卷九五）。

楊億：四十六歲。時爲工部侍郎，正月同知貢舉，三月，以考校事降一官。十月，丁母艱，起復。

天禧四年庚申

晁迥：七十歲。時爲翰林學士承旨。二月，黃河塞，遣迥致祭。四月，以屢求解職，授工部尚書、集賢院學士、判西京留司御史臺（本傳、《長編》卷九五）。九月，詔迥舉文學優長、履行清素者二人（《長編》卷九六）。

薛映：七十歲。時爲樞密直學士，知西京留守事。九月，詔映舉堪錢穀任使者三人（《長編》卷九六、《會要》方域三之一〇）。

崔遵度：六十七歲。卒，有集二十卷（本傳、《長編》卷九六）。

李維：六十歲。時知許州。九月，詔維舉文學優長、履行清素者二人（《長編》卷九六）。表求歸闕，閏十二月，召爲翰林學士承旨（本傳、《長編》卷九六。《學士年表》作天禧五年正月事）。

錢惟演：四十四歲。時爲翰林學士。八月，擢樞密副使（本傳、《宋史·宰輔表》、《學士年表》）。十一月，爲都大管勾祥源觀公事，兼太子賓客，賜銀三千兩（《長編》卷九六、《宋史·真宗紀》三）。

丁謂：五十五歲。時爲參知政事、樞密使。六月，力譖寇準，準罷相。七月，以謂爲同中書門下平章事（本傳，《長編》卷九五、九六）。

劉筠：五十歲。時爲翰林學士。九月，上試諸州續解進士凡五十六人。十一月，宰相李迪、丁謂忿爭，令筠草制，皆罷相。謂復留，令筠草丁謂復相制，筠不奉詔（《長編》卷九六）。

楊億：四十七歲。時爲工部侍郎。四月，復爲翰林學士。六月，受詔選官箋注御制文集。寇準請以太子監國，眞宗以爲是，準密令楊億草表（《長編》卷九五）。事泄，準被逐，凡與準相厚者皆斥，楊億與準尤善，而未加害。九月，詔億舉文學優長者二人。十二月卒（《長編》卷九六）。

天禧五年辛酉

薛映：七十一歲，時任御史中丞，被命按問王欽若擅離河南府入京就醫事（《長編》卷九七）。

錢惟演：四十五歲。時爲樞密副使。三月，進尚書右丞。八月，以其子錢曖爲秘書郎，更領祥源觀。十月，加工部尚書（本傳、《長編》卷九七）。

丁謂：五十六歲。時爲門下侍郎。三月，以謂爲司空。八月，以其子丁珙爲太子中允。九月，上《箋注釋教御集》三十卷。十一月，爲譯經潤文使（《長編》卷九七）。

劉筠：五十一歲。時爲翰林學士。正月，見眞宗久病，丁謂擅權，嘆「奸人用事，安可一日居此」，表求外任，出知廬州（本傳、《長編》卷九七）。

錢惟濟：四十四歲。時知潞州，二月，移知鎭州（《長編》卷九七）。

乾興元年壬戌

二月，眞宗卒，仁宗繼位，劉太后聽政。

晁迥：七十二歲。時判西京留司御史臺。遷禮部尚書（本傳）。

薛映：七十二歲。時爲工部尚書兼御史中丞，遷禮部尚書，再爲集賢院學士，判院事（本傳）。

李維：六十二歲。時爲翰林學士承旨。仁宗初，遷尚書左丞兼侍讀學士，再遷工部尚書（本傳）。六月，上眞宗謚號、廟號（《長編》卷九八）。十二月，議宣祖配感生帝事，被命修《眞宗實錄》。爲仁宗講《論語》（《長編》卷九九）。

錢惟演：四十六歲。時爲樞密副使。二月，加兵部尚書。七月，爲樞密使。惟演先附丁謂以逐寇準，謂禍既萌，又擠謂以自解。宰相馮拯惡其爲人，言惟演以妹妻劉美，乃太后姻家，不可與機政。十一月，罷爲檢校太傅、保大軍節度使，出鎭河陽（本傳、《長編》卷九九、《會要》職官七八之一三）。

丁謂：五十七歲。時爲門下侍郎。二月，封晉國公。眞宗崩，以謂爲山陵使，加司徒。六月，以擅移山陵，勾結宦官罪罷相，以太子少保、分司西京（《長編》卷九八）。七月，再貶崖州司戶參軍，諸子幷勒停（《長編》卷九九）。

劉筠：五十二歲。時知廬州。八月，復召爲翰林學士。十一月，除御史中丞（本傳、《長編》卷九九）。

仁宗天聖元年癸亥

薛映：七十三歲。出知曹州。（本傳）。

李維：六十三歲。時爲翰林學士承旨。二月，奏請以錢俶配享太宗廟庭，奏入不報（《長編》卷一〇〇）。

錢惟演：四十七歲。時鎮河陽。二月，請以父錢俶配享祖宗廟庭，詔詳議以聞，奏入不下。五月，妹越國夫人（適劉美者）卒。六月，自河陽徙知亳州（《長編》卷一〇〇），因朝京師，圖入相，監察御史鞠詠奏惟演奸險，若以爲相，必大失天下望；幷謂若相惟演，當取白麻廷毀之，惟演乃去（《長編》卷一〇一。《宋史》本傳漏知亳州事，以圖入相為知許州前事，誤）。

劉筠：五十三歲。時爲御史中丞。正月，提舉諸司庫務，與三司使李諮等較茶鹽礬稅歲入登耗，更定其法（《長編》卷一〇〇）。

天聖二年甲子

薛映：七十四歲。四月，自知曹州分司南京，仍於曹州居住，卒（本傳、《會要》職官四六之四）。

李維：六十四歲。時爲翰林學士承旨。三月，上《眞宗實錄》，維爲修撰官。七月，爲南郊禮儀使。八月，請加眞宗謚爲文明武定章聖元孝，詔依（《長編》卷一〇二）。

劉筠：五十四歲。時爲御史中丞。正月，被命權知貢舉。三月，得葉清臣對策，奇之，擢爲第二（《長編》卷一〇二）。

進尙書禮部侍郎、樞密直學士、知潁州（本傳）。

錢惟濟：四十七歲。時知成德軍、永州團練使，加吉州防禦使，留再任。

天聖三年乙丑

李維：六十五歲。時爲翰林學士承旨。七月，爲契丹蕭氏生辰使。

錢惟演：四十八歲。以保大節度使、知亳州加同平章事，判許州（《長編》卷一〇三）。

丁謂：六十歲。十二月，自崖州司戶參軍北移爲雷州司戶參軍（本傳、《長編》卷一〇三）。

天聖四年丙寅

晁迥：七十六歲。累章請老，以太子少保致仕，給全俸，歲時賜賚如學士（《長編》卷一〇四）。居開封昭德坊舊居，手不釋卷，筆不停輟，著《法藏碎金錄》（晁迥《法藏碎金録序》）。

李維：六十六歲。使契丹還，欲用爲樞密副使，以與契丹詩不當自稱小臣罷，加刑部尙書，不拜，求換官，三月，以翰林學士承旨兼侍讀學士、工部尙書，爲相州觀察使（《長編》卷一〇四）。

天聖五年丁卯

晁迥：七十七歲。九月，《法藏碎金録》十卷成，九月爲作序（《法藏碎金録序》）。

劉筠：五十七歲。時以樞密直學士、禮部侍郎知潁州。正月，被命權知貢舉，自潁州驛召還朝，進翰林學士承旨、龍圖閣直學士，判尙書都省。二月，同修眞宗朝國史（《長編》卷一〇六）。

天聖六年戊辰

晁迥：七十八歲。五月，監察御史鞠詠言

晁迥老而有器識，宜訪對（《長編》卷一○六）。作《慎刑箴》，又有《勸慎刑文》（《金石萃編》卷一三一），署銜全同，當作於同時。

錢惟演：五十二歲。時判許州。八月，被詔舉曉邊事者一員（《長編》卷一○六、《會要》職官選舉二七之二一）。十二月，奏戶絶莊田、差官估價出賣事（《會要》食貨六一之五九）。

劉筠：五十八歲。時爲翰林學士承旨。八月，以龍圖閣學士再知廬州，至則營冢墓，作棺，自爲銘刻之（《長編》卷一○六）。

錢惟濟：五十一歲。以武昌留後知定州，參明道元年錢惟濟譜。

天聖八年庚午

錢惟演：五十四歲。時判許州。四月，以疾求赴京師。八月，以武勝軍節度、同平章事判陳州（《長編》卷一○九）。

丁謂：六十五歲。十二月，自雷州司戶參軍北移道州司戶參軍（《長編》卷一○九）。

天聖九年辛未

晁迥：八十一歲。正月，其子晁宗慤知制誥。十一月，宴太清樓，父子俱預宴（本傳、《長編》卷一一○）。編定《法藏碎金錄》（五年作序，九年十一月修定），著《昭德新編》（序有「年過八十」語）。

李維：七十一歲。知亳州，徙河陽，又知陳州。具體時間不詳，此年卒於陳州任（本傳，參天禧二年李維譜）。

錢惟演：五十五歲。既除陳州，遷延不赴，自言先壠在洛陽，願司宮鑰。正月，改判洛陽府（《長編》卷一一○）。時歐陽修進士及第，爲西京留守推官，與尹洙、梅堯臣等游，在錢惟演周圍形成洛陽文人集團，爲北宋詩文革新開其端。

錢惟濟：五十四歲。時爲處州觀察使、知定州（《長編》卷一一〇）。

劉筠：六十一歲。時知廬州，卒（本傳、《長編》卷一〇六）。

天聖十年、明道元年壬申

丁謂：六十七歲。詔蘇州所沒收丁謂莊田還其家，其子前內殿承制丁珝爲供奉官（《長編》卷一一一）。

錢惟濟：五十五歲。以武昌留後在定州五年，四月入覲，命再守成德，以疾不行。十二月卒（《長編》卷一一一），年五十五（《東都事略·錢惟濟傳》）。

明道二年癸酉

錢惟演：五十七歲。時爲泰寧節度使、同平章事、判河南府。三月，初耕籍田，求侍祠，以惟演爲景靈宮使，留京師。四月，還判河南府任。五月，請以章獻、章懿太后并祔眞宗廟室（《長編》卷一一二）。被劾擅議宗室，與后家聯姻，落平章事，赴本鎮（《長編》卷一一三）。

丁謂：六十八歲。時貶雷州，授秘書監致仕，徙居光州（本傳、《長編》卷一一二）。

景祐元年甲戌

晁迥：八十四歲。召對延和殿，問《洪範》雨暘之應，獻《斧扆》、《恤刑箴》、《大順》、《審刑》、《無盡頌》。九月卒（《長編》卷一一五）。

錢惟演：五十八歲，卒（《長編》卷一一五）。

楊億：已卒十五年，贈禮部尚書，謚文。

駙馬都尉李遵勗乞加「忠」字，奏雖不行，詔送史館。

景祐四年丁丑

丁謂：七十二歲。時以秘書監致仕居光州，四月卒（本傳、《長編》卷一二〇）。

張詠年譜

張其凡 編

據《歷史文獻與傳統文化》第五集、六集增訂張詠（九四六—一〇一五），字復之，自號乖崖，濮州鄄城（今山東鄄城人）。宋太宗太平興國五年中進士乙科，歷仕州郡，有政聲，尤以治蜀知名；入朝爲御史中丞、禮部尚書等職。宋真宗大中祥符八年卒於知陳州任。張詠爲宋初名臣，爲人剛直勁嚴，兼通術數。作文崇尚氣節，不事雕琢，所謂「脱去翰墨畦徑，無屬辭綴文之迹，而磊磊落落，實大以肆方」、「經奇典雅，得於天韻之自然」（郭森卿《張乖崖先生文集序》）。詩入《西崑酬唱集》，而風格異於西崑作家，胡仔以爲『句清詞古，與郊、島相先後』（《苕溪漁隱叢話》後集卷一九）。所著文集由其弟張詵編爲十卷，南宋理宗時期重刻爲十二卷，此本今存，有《續古逸叢書》影印本。

張詠年譜，宋人郭森卿曾編爲一卷，但今存郭森卿所刻《乖崖集》，已佚去年譜。近人鄭再時編《西崑唱和詩人年譜》，收有張詠年譜，但較簡略。本書所收曾棗莊《西崑酬唱集詩人年譜簡編》，有關張詠事迹繫年部份，對鄭譜多有訂補，可參看。

本譜所繫張詠事迹，最爲完備。原稿初刊於《歷史文獻與傳統文化》第五集、六集（廣東人民出版社一九九六年版）。二〇〇年中華書局出版張其凡校點《張乖崖集》，亦附有年譜。本次重刊，即據二譜校勘訂補。

凡例

一、張詠《年譜》，宋人刊刻《乖崖集》時，曾附於集中正文之後，爲一卷，見郭森卿《序》。然現存宋刻本《乖崖集》中已不可見，不知何時佚去。今以宋代史籍爲主，盡力搜羅張詠事跡，按年排列，編爲此譜。

二、本譜所引各書，只於首次出現時注明時代與撰人，以後則僅引書名。

三、本譜以年號紀年，同時標出干支與譜主年歲。

四、本譜涉及地名，除個別與張詠關係密切者外，一般不注出今地名。

五、宋祁《張詠行狀》、錢易《張詠墓誌銘》、韓琦《張詠神道碑》，分見於《景文集》卷六二和《乖崖集》附錄，簡稱爲《宋狀》、《錢銘》、《韓碑》。本譜所引張詠詩文，悉依張其凡校點本《張乖崖集》（中華書局二〇〇〇版），簡稱「本集」。

六、與張詠有關之人，擇其要事及與詠有關者列入本譜，與詠有關之事則詳敘之。

七、編者所加按語，旨在辯證或說明。

張詠，字復之，自號乖崖，謚忠定。

宋韓琦《安陽集》卷五十、本集附集卷一《故樞密直學士禮部尙書贈左僕射張公神道碑銘》（下稱《韓碑》）：嘗寫其眞，自號乖崖子，復爲贊曰：「乖則違衆，崖不利物，乖崖之名，聊以表德。」

宋吳處厚《青箱雜記》卷十：自撰《乖崖翁眞贊》云：「乖則違衆，崖不利物，乖崖之名，聊以表德。徒勞丹青，繪寫凡質，欲明此心，服之無斁。」

濮州鄄城（濮州治所，今山東省鄄城縣北）人。

《韓碑》：世本鄴人，後徙居澶之臨黃。及公葬其先於鄄城，故爲濮之鄄城人。

本集附集卷一宋錢易《宋故樞密直學士禮部尙書贈左僕射張公墓誌銘》（下稱《錢銘》）：族本居鄴，占籍於澶之臨黃。家世遷徙，今爲濮之鄄城人也。

宋王稱《東都事略》卷四五與元脫脫《宋史》卷二九三本傳：張詠，字復之，濮州鄄城人也。

宋莊綽《鷄肋編》卷中：張尙書詠，淸豐人。

宋王存《元豐九域志》卷二：端拱元年（九八八），省臨黃縣入觀城。

曾祖張立，曾祖母李氏。祖張鐸，祖母馬氏。父張景，淳化四年（九九三）秋卒；母謝氏，至道二年（九九六）卒；眞宗咸平元年（九九八），合葬於鄄城。

《錢銘》：曾祖立，祖母李氏；祖鐸，祖母馬氏，皆潛德不耀，肥遯丘園。考諱景，先以公爲秘書丞時，授大理評事致仕；淳化四年秋卒，以公貴，累贈太常卿。妣謝氏，追封新昌郡太夫人。咸平中，合葬於鄆城。

《韓碑》：曾祖諱立，祖諱鐸，遭唐末與五代之亂，皆潛養德業，退處無聞。父諱景，以儒行自富，鄉里稱之；公登朝，授大理評事，累贈太常卿。

宋宋祁《景文集》卷六二《張尚書行狀》（下稱《宋狀》）：至道二年，改兵部，猶爲郎中；會丁新昌郡太夫人之喪，恩詔奪服。

夫人唐氏，先詠而卒。繼室王氏，天禧二年（一〇一八）卒於陳州（今河南省淮陽縣）。

《宋狀》：公始娶夫人唐氏，卒；繼室以太原郡夫人王氏，即河陽節度使顯之女，允執婦道，以佐君子，後公三年而歿。

《錢銘》：前夫人唐氏，先公而卒；繼室太原郡夫人王氏，即故河陽三城節度使、同中書門下平章事顯之女也，以天禧二年終於陳州之私第。咸擅女德，崇婦道，而配於公。

《韓碑》：夫人唐氏，先公而亡；繼王氏，故河陽三城節度使、同中書門下平章事顯之女，封太原郡夫人，天禧三年終於陳之私第。

按：《韓碑》作天禧三年卒，與《宋狀》、《錢銘》不同，當係筆誤或刊誤。王顯（九二二—一〇〇七），《宋史》卷二六八有傳。嘗給事太宗藩邸，太平興國八年（九八三）授樞密使；眞宗咸平二年（九九九），復拜樞密使；卒贈中書令，謚忠肅。

子從質，衛尉丞，大中祥符八年（一〇一五）八月二十九日殂，後於詠二十八日。

《宋狀》：子從質，以父任累遷至衛尉丞，

居公之喪一月，以毀而夭。

《錢銘》：子從質，衛尉丞，公之棄世後二十八日，以哀毀遘疾而殂。

《韓碑》：子從質，衛尉寺丞，公亡未踰月，哀毀而卒。

孫：約、綜、綽、紳。曾孫知者三人：堯夫、堯民、祖。

《宋狀》：孫四人，曰約，曰綜，曰綽，曰紳，咸以忠厚世其家。

《錢銘》：孫曰約，曰綜，曰綽，皆奏授將作主簿；曰紳，尚幼。

《韓碑》：孫四人，約，奉禮郎；綜，駕部郎中；綽，衛尉寺丞；紳，建州石鼓縣令。曾孫二人，堯夫，大理寺丞；堯民，邢州童罔縣令。

宋蘇軾《蘇軾文集》卷六九《題張乖崖書後》：元祐六年閏八月十三日，過陳，見公之曾孫祖。

按：宋代邢州無童罔縣，祇有龍岡縣，疑韓碑刊誤，然無可刊正，姑仍其舊。

女一人，適王禹偁之子、奉禮郎嘉祐，大中祥符九年（一〇一六）十月卒。外孫壽，任鄄城簿。

《宋狀》：女一人，適故內相王公禹偁子嘉祐。

《錢銘》：女一人，適故翰林學士王公禹偁之子、奉禮郎嘉祐，祥符九年十月卒。外孫曰壽，今任鄄城簿。

弟詵，生卒年不詳，有文集十卷，奏議三十卷。集詠生平論著爲十卷以行。

《宋狀》：母弟詵，以公延賞，今爲虞部員外郎。（張詠）生平論著，仲氏詵集之成十卷以行。

《錢銘》：今春，得公弟殿中丞詵書一通，

叙公之美，見託爲誌。

《宋史》本傳：弟詵，爲虞部員外郎。

《宋史》卷二〇八《藝文志》七：《張詵文集》十卷，又《奏議》三十卷。

自少學劍，無敵於兩河間。倜儻有大志，尙氣節，重然諾，樂爲奇節，任俠自喜。

《錢銘》：幼負奇骨，不爲兒戲。自少學劍，頗得妙術，無敵於兩河間。

《韓碑》：少倜儻，有大志，尙氣節，重然諾。早學擊劍，遂精其術，兩河間人無敵者。

《宋史》本傳：少任氣，不拘小節，雖貧賤客遊，未嘗下人。少學擊劍，慷慨好大言，樂爲奇節。

《東都事略》本傳：少學擊劍，好爲大言，喜事奇節。

《宋狀》：任節俠，已然諾。

宋劉敞《公是集》卷四一《張忠定謚議》：尙書布衣之時，任俠自喜，破産以奉賓客，而借軀報讎，往往過直。

《韓碑》：生平勇於爲義，遇人艱急，苟情有可哀，必極力以濟，無所顧惜。

宋阮閲《詩話總龜》後集卷十九引《蔡寬夫詩話》：乖崖少喜任俠，學擊劍，尤樂聞神僊事。

本集卷五《新秦送人東歸》：若値山東豪傑問，嵇生慵更作書題。

好弈棋，精射法，喜飲酒，晚年因此成疾。

《錢銘》：好弈棋，精射法，飲酒至數斗不亂。

本集卷九《昇州到任謝表》：臣少因酒過，晚覺多病。

本集卷十一《昇州謝恩撫問狀》：臣素昧攝生，早疏戒酒，因成癖飲。

雅好著文，不事雕飾。深切警邁，雄健有氣骨，尤善詩筆，句詞淸古。

《宋狀》：公雅好著文，深切警邁，以不偶俗尙，自號乖崖。公尤善詩筆，必斅情理，故重次薛能詩，序之曰：「放言旣奇，意在言外。」議者以公自道也。

《錢銘》：著文不雕飾，咸摭實事。

《韓碑》：文章雄健有氣骨，稱其爲人。嘗爲《聲賦》，梁公周翰覽而歎曰：「二百年來不見此作矣。」

本集附集卷四宋王禹偁《小畜集》卷十九《送公宰崇陽序》：少有奇節，釣魚侍膳外，讀書無虛日，秉筆爲文，落落有三代風。

宋胡仔《苕溪漁隱叢話》後集卷十九引無盡居士語：其詩句詞淸古，與郊、島相先後。

按：梁周翰（九二九—一〇〇九），後周廣順二年（九五二）進士，宋眞宗時官至翰林學士，負天下才名，以辭學爲流輩所許，與高錫、柳開、范杲習尙淳古，齊名友善，當時有「高、梁、柳、范」之稱。入《宋史》卷四三九《文苑傳》。

生平剛正，始終挺然，惡人諂事，自奉甚儉，唯聚圖書。善斷獄，臨事明決。善臧否人物。

《錢銘》：生平以剛正自立，智識深遠，海內之士，無一異議，不事產業，聚典籍百家，近萬卷，博覽無倦，副本往往手寫。至於卜筮醫藥種樹之書，亦躬自詳校。惡人諂事，不喜俗禮，士有坦無他腸者，親之若昆弟，有包藏誠素者，疾之若仇讎。公之臨民也，吏不敢欺，始若摘發，而頤指之間，終存仁恕之道。公之決獄也，人莫能測，初若疑誤，而片言之下，盡窮幽隱之跡。公之典貢部也，盡得寒士，杜絕私託，禮闈舊風，翕然復振。任臺丞也，拜白簡，彈執政之失言者，人甚危之，而公正色不顧，有風憲紀綱。

《韓碑》：天賦正直，濟以剛果，始終挺然，無所屈撓。自力學筮仕，則有澤及天下之心，而以富貴爲薄。當官凡所施設，動有遠識，始時人或不能測，其後卒有大利，民感無窮。至自奉養，逮於服玩之具，則寡薄儉陋，雖寒士不若也。公退闢靜室，焚香燕坐，聚書萬卷，往往手自校正，旁無聲色之好。臨事明決，出人意外，凡斷罪以辭者，人皆集錄，於今傳之。公有清鑒，善臧否人物，凡所薦辟，皆方廉恬退之士。

《東都事略》本傳：詠剛方尙氣。詠卞急，不喜人拜，有拜之者則連拜不已，或倨坐忿罵。

《宋史》本傳：詠剛方自任，爲治尙嚴猛。性躁果卞急，病創甚，飲食則痛楚增劇，御下益峻。尤不喜人拜跪，命典客預戒止，有違者，詠即連拜不止，或倨坐罵之。

《苕溪漁隱叢話》後集卷十九引《蔡寬夫詩話》：性極清介，居無媵妾，不事服玩，朝衣之外，燕處惟紗帽皂絲一黃土裘而已。人傳其畫像，皆作此飾。

宋釋文瑩《玉壺清話》卷四：張乖崖性剛多躁，蜀中盛暑，食餛飩，項巾之帶，屢垂於盌，手約之頗繁，急取巾投器中，曰：「但請吃。」因捨匕而起。

宋田況《儒林公議》卷上：張詠性剛急，嘗作《鯸鮧魚賦》，其《序》略云：「江有若覆甌者漾於中流，移晷不沒。舟人曰：『此嗔魚也，觸物則怒，多爲鷂鳶所食。』遂索書驗名，古謂之鯸鮧。因而賦之，亦欲刺世人之褊薄者。」又爲《褊箴》曰：「百行同轍，一褊則缺。」其意亦欲自警也。然終以剛直，不躋柄用。後進不知，論者以爲詠躁愎，不任輔弼。何輕誣之甚矣！

本集附集卷三李燾《湖北漕司乖崖堂記》：舊史恨復之卞急躁競，此蓋當時奴婢小人私謗竊議，果不足信，要當以宋子京（祁）、趙閱道（抃）、韓稚圭（琦）、司馬君實（光）所錄爲實。

按：趙抃所錄云云，《趙清獻公集》中無，不知云何？或指《成都古今記》而言？該書已不存，無可考也。

宋晁説之《晁氏客語》：張乖崖戲語云：「功業向上攀，官職直下覷。」似爲專意於卜數者言也。

《湖北漕司乖崖堂記》：其至大至剛以直之氣，一生未始少屈，至今凜然也。畫像服飾，悉如隱者，是殆將乘星載雲，揮斥八極，超無友而獨存，夫孰敢嚇以臭腐，拘繫之使從乎？

平生以治郡著名，尤以治蜀爲最。其本人亦以此自負。

《湖北漕司乖崖堂記》：復之嫮節景行，海內傾屬，其在朝廷之日少，處方面之日多。

《韓碑》：張公以魁奇豪傑之材，逢時自奮，智略神出。勳業赫赫，震暴當世，誠一代之偉人也。

《儒林公議》卷上：張詠所臨之郡，無不完浹，前後民愛之如父母。再治蜀，恩威條教，動皆可紀，益人至今謠慕，比戶畫像祠之，以謂諸葛武侯之後無逮之者。

《公是集》卷四一《張忠定謚議》：自宋興以來且百年，言治者甚衆，其直己以事上，盡心以撫下，生有榮名，死有遺愛，尚書殆無與並焉。

本集附集卷五宋江少虞《宋朝事實類苑》卷九引《名臣遺事》：嘗謂人曰：「吾牓中得人最多：愼重有雅望，無如李文靖（沆）；深沉有德，鎭服天下，無如王公（旦）；面折廷爭，素有風采，無如寇公（準）；當方面寄，則詠不敢辭。」

後晉少帝開運三年丙午，一歲。

張詠生。

《宋狀》：以大中祥符八年八月一日齊終於理下，享年七十。

《錢銘》：大中祥符八年八月一日，棄館舍於理所，享年七十。

《韓碑》：終於八年八月一日，年七十。

宋李燾《續資治通鑑長編》（下稱《長編》）卷八五、《宋會要輯稿》（下稱《宋會要》）儀制一一之四：大中祥符八年八月癸未（六日），陳州言，知州、樞密直學士、禮部尚書張詠卒。

十二月，契丹滅後晉，虜後晉少帝。

宋太祖建隆元年庚申，十五歲。

正月，趙匡胤發動陳橋兵變，建立宋朝。

宋太祖乾德元年癸亥，十八歲。

任氣，不拘小節，雖貧賤客游，未嘗下人。

乾德二年甲子，十九歲。

自少學劍，頗得妙術，無敵於兩河間。

開始力學著文，家貧無書，往往手鈔。《宋狀》：稟尊嚴之氣，凝隱正之量，粤在羈丱，不偕兒曹，嶷然志嚮，高自標置。始就外傅，即覽羣經，書必味於義根，學乃知於言選。家貧無以本業，往往手疏墳史。每有屬綴，輒據庭樹槁枝而瞑，苟不終篇，未嘗就舍。《錢銘》：幼負奇骨，不爲兒戲。既長，出閭里，奮然就學。《韓碑》：少倜儻，有大志，尚氣節，重然諾。爲學必本仁義，不喜浮靡。本集卷七《上宰相書》：某少也賤，生九河間，左右無賢戚之助，力學著文殆十七年。家貧無書，必俯伏人門以觀覽。每一思親，即千里自至，餘無廢時。其間賢於己者，破囊從之。按：本集卷十一《著作佐郎求充幕職狀》云：「辭親就學十七年，適中一第。」詠中第在太平興國五年（九八〇），上推十七年，爲乾德二年（九六四）。是故繫詠求學事於此年。

宋太祖開寶三年庚午，二十五歲。

自洛徂陝。

本集卷一《放盆池魚賦》：皇宋宥天下十一年，予自洛徂陝。

此年前後，與傅霖會於韓城，終夕談話。

本集卷三《每憶家園樂蜀中寄傅逸人》之二「劇談祛夜瘧」句注曰：「開寶中，與傅會於韓城，終夕談話，諸鄰病瘧，皆云不發。」詠此年自洛徂陝，故繫之。

開寶七年甲戌，二十九歲。

在陝州爲迴鑾寺作記。

本集卷八《陝府迴鑾寺記》，末署：「時皇宋開寶七年月日記。」

是年，楊億（九七四—一〇二〇）生（《長編》卷二五、《太宗實録》卷三一）。億乃詠晚年之忘年交也。

以下事，當在此年前後。

宋王鞏《聞見近録》：張乖崖布衣時，客長安旅次，聞鄰家夜聚哭甚悲，訊之，無它故。乖崖詣其主人，力叩之，主人遂以實告，曰：「某在官，失不自慎，嘗私用官錢，爲家僕所持，欲娶長女，拒之則畏禍，從之則女子失身。約在朝夕，所以舉家悲泣也。」乖崖明日至門首，候其僕出，即曰：「我白汝主人，假汝至一親家。」僕遲遲，強之而去。出城，使導馬前，至崖間，即疏其罪，僕倉皇間，以刃揮墜崖中。歸告其鄰曰：「盛僕已不復來矣。速歸汝鄉，後當謹於事也。」

按：此事宋人記者非一，《宋史》與《東都事略》本傳亦載之，而以《聞見近録》所載爲詳，故録之。

《宋朝事實類苑》卷九引《倦遊録》：張乖崖未第時，嘗遊湯陰，縣令賜束帛萬錢，張即時負之於驢，與小僮驅而歸。或謂曰：「此去遇夜道店，陂澤深奥，人煙疏闊，可俟徒伴偕行。」張曰：「秋夜矣，親老未授衣，安敢少留邪？」但淬一短劍而去。行三十餘里，日已晏，止一孤店，惟一翁洎二子，見張來甚喜，密相謂曰：「今夜好箇經紀。」張亦心動，竊聞之，因斷柳枝若合拱者爲一棓，置室中。店翁問曰：「持此何用？」張曰：「明日早行，聊爲之備耳。」夜始分，翁命其子呼曰：「雞已鳴，秀才可去矣。」張不答，即來推戶。張先以坐牀拒左扉，以手拒右扉。店夫即呼不應，即再三推闔，張忽退立，其人閃身踉蹡而入，張擿其首，斃之，曳入閫。少時，其次子又至，如前復殺之。及持劍視翁，方燎火爬癢，即斷其首。老幼數人，併命於室。呼僮牽驢出門，乃縱火。行二十餘里始曉。後來者曰：「前店人失火，舉家被焚。」（宋劉斧《青瑣高議》後集卷二，亦載此事）

宋太宗太平興國二年丁丑，三十二歲。

是年，與王禹偁定交。

宋何薳《春渚紀聞》卷三《乖崖劍術》：祝舜俞察院言：其伯祖隱居君與張乖崖公居處相近，交遊最密，公集首編《寄祝隱居》二詩是也。隱居東垣有棗合拱矣，挺直可愛。張忽指棗謂隱居曰：「子丐我勿惜也。」隱居許之。徐探手袖間，飛一短劍，約平人肩，斷棗爲二。隱居驚愕問之，曰：「我往受此術於陳希夷，而未嘗爲人言也。」又一日，自濮水還家，平野間，遙見一舉子乘驢徑前，意甚輕揚。心忽生怒，未至百步而舉子驢避道。張因就揖，詢其姓氏，蓋王元之也。問其引避之由，曰：「我視君昂然飛步，神韻輕舉，知必非常人，故願加禮焉。」張亦語之曰：「我初視子輕揚之意，忿起於衷，實將不利於君。今當回宿村舍，取酒盡懷。」遂握手俱行，共話通夕，結交而去。

按：《贈祝隱士》二詩，見本集卷三。據《小畜集外集》卷七《次韻和仲咸送池秀才西遊》與《小畜集》卷十一《將巡堤堰先寄高郵蔣知軍》，王禹偁自開寶六年（九七三）開始，客遊他鄉十年，太平興國二年，在濮陽被邀參加部分新進士宴會，時詠居臨黃。故張詠與王禹偁相會定交，當在此年。是年，王禹偁（字元之，九五四—一〇〇一）二十四歲（《小畜集》卷一《罔極賦》、《長編》卷四九）。

王搏稱贊張詠，當在此年前後。

《宋狀》：磥若多節，默表大廈之材；居然晚器，弗示良工之璞。太原王搏，名知人，見公㦎然異之，獨謂公曰：「唐魏文公本生此鄉，故老有言，後五百年復出一佳士，元精回復，祭酒當之矣。」公謝不敢當。

按：既曰「居然晚器」，則當在年已不輕而尚未第之時，故應在此年前後。現附年尾。

太平興國三年戊寅，三十三歲。

作《聲賦》，豪邁有理致。

《儒林公議》卷上：嘗作《聲賦》，雖未能高致絕俗，然豪邁有理致。朋遊有勸詠以《聲賦》贄先達者，詠曰：「取一第乃欲用吾《聲賦》耶！」其自負如此。

按：此事不知年月。今年詠初赴試，故當在此年前後也。姑繫之此年。

八月，赴秋試，被黜，憤欲學道，爲陳摶勸回。

宋釋文瑩《湘山野錄》卷上：太平興國三年，科場試《不陣成功賦》，蓋太宗明年將有河東之幸。公賦有「包戈卧鼓，豈煩師旅之威；雷動風行，舉順乾坤之德」。自謂擅場，欲奪大魁。夫何有司以對偶顯失，因黜之，選胡旦爲狀元。公憤然毁裂儒服，欲學道於陳希夷摶，趨豹林谷，以弟子事之，決無仕志。希夷有風鑒，一見之，謂曰：「子當爲貴公卿，一生辛苦。譬猶人家張筵，方笙歌鼎沸，忽中庖火起，座客無奈，惟賴子滅之。然祿在後年，此地非棲憩之所。」乖崖堅乞入道。陳曰：「子性度明躁，安可學道？」果後二年，及第於蘇易簡榜中。

按：《長編》卷十九載，太平興國三年八月，詔諸州，去年已得解者，除三《禮》、三《傳》、學究外，餘並以秋集禮部。九月甲申朔，太宗御講武殿，覆試合格人，進士加論一首，自是常以三題爲準。得渤海胡旦以下七十四人。詔：自今廣文館及諸州府、禮部試進士律賦，並以平側依次用韻。又宋田錫《咸平集》卷九有《御試不陣而成功賦》。故《湘山野錄》所載，當有據矣。是以繫之八月。

宋王楙《燕翼詒謀錄》卷五：國初，進士詞賦押韻，不拘平仄次序。太平興國三年九月，始詔進士律賦平仄次第用韻。而考官所出官韻，必用四平四仄。詞賦自此整齊，讀之鏗鏘可聽矣。

按：王楙之記載，亦可爲《湘山野錄》記載之佐證。

宋朱熹《五朝名臣言行錄》卷三「張詠」條引《語錄》：少時謁華山陳摶，遂欲隱居。摶曰：「公方有官職，未可議此。其勢如失火家，待君救火，豈可不赴也？」

宋王闢之《澠水燕談錄》卷二：張忠定公詠布衣時，希夷先生一見奇之。公曰：「願分華山一半居，可乎？」先生曰：「非公可及。」別贈以毫楮。公曰：

「是將嬰我以世務也。」後公貴顯，以名德重天下。將赴劍南，以詩寄先生曰：「性愚不肯林泉住，强要清流擬致君。今日星馳劍南去，回頭慚愧華山雲。」

按：《青箱雜記》卷十，宋趙令時《侯鯖錄》卷八，《苕溪漁隱叢話》後集引《蔡寬夫詩話》，《詩話總龜》後集卷十九引《蔡寬夫詩話》、卷二六引《唐宋遺史》、卷三一引《古今詩話》，諸書記載略同於《澠水燕談錄》，詩見本集卷五，題爲《懷白雲陳先生》，蓋陳摶已卒於端拱二年（九八九）。諸書記載稍誤。

宋黎靖德編《朱子語類》卷一二九《本朝自國初至熙寧人物》：張乖崖云：陽是人有罪而未書案，尚變得；陰是已書案，更變不得。此人曾見希夷來，言亦似《太極圖》。

太平興國四年己卯，三十四歲。

二月，太宗督軍伐北漢。

五月，北漢主劉繼元出降，北漢亡，凡得州十，軍一，縣四十一，戶三萬五千二百二十，兵三萬。

六月，太宗督軍北征，企圖收復幽州。

七月，宋軍敗於高梁河，太宗股中兩箭逃回。

按：以上見《長編》卷二十，宋王銍《默記》卷中。

秋，與寇準同赴大名府舉進士，議將首薦詠。以同郡張覃素有文行，十月十四日，與寇準同上書，請以覃爲解首。一府欽歎，遂如其言。

《宋狀》：興國四年，始遊鄴下，與故上谷寇公準推轂引重。時屬鄉里命秀，方國試言，府將雅欽公名，議爲舉首。夙儒張覃者，悃愊有行，疏略少文，公即以檄謁府，盛稱其長，覃終得薦，公爲之下。彙茅有吉，爵砥相先，讓夷之風，一變河朔。

《錢銘》：太平興國四年秋，詣大名府舉進士。今相國上谷公，即其友也，共以書白尹，薦張覃爲解首。故河朔間有廉遜之風焉。

《韓碑》：太平興國四年秋，與忠愍寇公同赴大名舉，議將首薦公，公以同郡張覃素有文行，即率寇公上書，請以覃爲冠。一府欽歎，遂如公言。士論多之。

按：上書時間，據本集卷七《大名府請首薦張覃書》。參見宋李元綱《厚德錄》卷三。

是年，寇準（九六二—一〇二三）十八歲，與詠爲友，推轂引重（寇準《忠愍公詩集》卷上《述懷》，《小畜集》卷十九《送寇密直西京遷葬序》）。

太平興國五年庚辰，三十五歲。

正月，以文明殿學士程羽權知貢舉，御史中丞侯陟、中書舍人郭贄、宋白等權同知貢舉（《宋會要選舉》一之二）。

閏三月，太宗御講武殿，覆試權知貢舉程羽等所奏合格進士，得進士一百十九人，又得諸科五百三十三人，並分第甲乙，賜宴。甲科進士二十三人，授將作監丞，通判藩郡；乙科授大理評事，知令、錄事；諸科授初等職事及判司簿尉（《長編》卷二一，宋洪邁《容齋續筆》卷十三）。

赴試，中進士乙科，授大理評事，知鄂州崇陽縣。

《宋狀》：進士及第，釋褐大理評事，知鄂州崇陽。

《錢銘》：春試於便坐，擢上第，除廷尉評，知鄂州之崇陽。

《韓碑》：明年春，擢進士第，授大理評事，知鄂州崇陽縣事。

按：《宋狀》、《錢銘》、《韓碑》均云「明年」，係接太平興國四年記事而言。

《宋史》本傳：太平興國五年，詠登進士乙科，大理評事、知鄂州崇陽縣。

是榜有「龍虎榜」之稱，榜首爲蘇易簡，通判昇州。

同榜進士有：李沆、向敏中、寇準、宋湜、王旦、晁迥等人（《長編》卷二一，《小畜集》卷十九《送寇密直西京遷葬序》，《湖北漕司乖崖堂記》，《宋朝事實類苑》卷九引《名臣遺事》，《五朝名臣言行録》卷二，明陳循等《寰宇通志》卷九三《西安府》下《科甲》，《宋史》卷二八二《李沆傳》、《王旦傳》、《向敏中傳》，卷二八七《宋湜傳》）。

李沆、向敏中、宋湜中甲科，俱授將作監丞，分任通判潭州、吉州、梓州；王旦、寇準、晁迥中乙科，俱授大理評事，分任知岳州平江縣、知歸州巴東縣、岳州錄事參軍（《東都事略》卷三五、四〇、四一、三七、四六與《宋史》卷二八二、二八七、三〇五、二八一各人之本傳）。

王禹偁省試登甲科，殿試落第，作《送張詠宰崇陽序》（《小畜外集》卷十三《送進士郝太冲序》，《小畜集》卷十九）。

蘇易簡（九五八—九九六）二十三歲（《長編》卷四〇，《東都事略》卷三五本傳）。

王旦（九五七—一〇一七）二十四歲（宋

歐陽修《歐陽文忠公全集居士集》卷二二《王旦神道碑》)。

晁迥(九五一—一〇三四)三十一歲(《長編》卷二五,《東都事略》卷四六本傳,《宋史》卷三〇五本傳)。

宋湜(九五〇—一〇〇〇)三十歲(《長編》卷四六,《東都事略》卷三七本傳,《宋史》卷二八七本傳)。

向敏中(九四九—一〇二〇)三十二歲(《宋史》卷二八二本傳,《東都事略》卷四一本傳,《宋史》卷二一〇《宰輔表》一)。

李沆(九四七—一〇〇四)三十四歲(《五朝名臣言行録》卷二,《宋史》卷二八二本傳)。

太平興國六年辛巳,三十六歲。

十一月,郊祀,轉將作監丞。

《錢銘》:六年,郊祀,轉將作丞。

《韓碑》:六年,遇郊恩,改將作監丞。

按:《長編》卷二二載,太平興國六年十一月辛亥,合祭天地於圜丘,大赦,御乾元殿受册尊號。此即郊祀也。故繫之十一月。

宋太宗雍熙元年甲申,三十九歲。

十一月,郊祀,大赦,改元。遷著作佐郎。

《錢銘》:雍熙元年大禮,遷佐著作。

《韓碑》:雍熙初,遷著作佐郎。

按:《長編》卷二五載,雍熙元年十一月丁卯,祀天地於南郊,大赦,改元。故繫之十一月。

以建州浦城童子楊億爲秘書省正字,時年十一(《長編》卷二五、《太宗實録》卷三一)。

今年,知崇陽歲滿,浮江而北,歸闕。

本集卷一《鯀鰊魚賦》：太平甲申歲，余知邑罷歸，浮江而北。

按：「太平甲申歲」，即雍熙元年，因該年十一月改元，此前仍稱「太平興國九年」。於此亦可推知，詠離任必在十一月前。

下列諸事，俱在崇陽所爲，而不知確切之年月，故繫之於歲滿離任時。

《宋狀》：知鄂州崇陽，尤厲風節。大江之南，民俗文敝，因以手而上下，獄爲人而重輕，公廉知其狀，痛繩以法，精力於職，擿伏如神，洗其鍥薄，鎮之忠厚。吏樂其職，多一笑而歸休；民協攸居，或減年而從役。

宋沈括《補筆談》：忠定張尚書曾令鄂州崇陽縣。崇陽多曠土，民不務耕，唯以植茶爲業。忠定令民刬去茶園，誘之使種桑麻，自此茶園漸少，而桑麻特盛於鄂、岳之間。至嘉祐（一〇五六—一〇六三）中，改茶法，湖、湘之民苦於茶租，獨崇陽茶租最少，民監他邑，思公之惠，立廟以報之。民有入市買菜者，公召諭之曰：「邑居之民，無地種植，且有他業，買菜可也。汝村民皆有土田，何不自種，而費錢買菜？」笞而遣之。自後人皆置圃，至今謂蘆菔爲張知縣菜。

按：本集附集卷五引《通城縣祠城記》，宋王得臣《麈史》卷上，宋陳師道《後山談叢》卷四、卷三，《五朝名臣言行錄》卷三等處，記載略同。《言行錄》引《談叢》曰：爲絹而比者，歲百萬匹。

本集附集卷五引《圖經》：北峰亭上田嶠膏腴而無水利，稍闕雨澤，禾多旱損。

公相視山川原隰高下，可決渠圳，通流灌溉，遂於白泉上源爲陂堰，水入圳溉田數百頃。後無旱傷之憂。公決遺多坐此亭，視百姓農作，勸勤責怠，故能地無遺利焉。

宋羅大經《鶴林玉露》乙編卷四：張乖崖爲崇陽令，一吏自庫中出，視其鬢傍巾下有一錢，詰之，乃庫之錢也。乖崖命杖之，吏勃然曰：「一錢何足道，乃杖我耶？爾能杖我，不能斬我也！」乖崖援筆判曰：「一日一錢，千日一千，繩鋸木斷，水滴石穿。」自仗劍下階斬其首，申臺府自劾。崇陽人至今傳之。蓋自五代以來，軍卒凌將帥，胥吏凌長官，餘風至此時猶未盡除。乖崖此舉，非爲一錢而設，其意深矣，其事偉矣。

雍熙二年乙酉，四十歲。

知崇陽歲滿，到闕，上宰相宋琪、李昉狀，求充幕職，使得挈負親老，以就官食。

本集卷十一《著作佐郎求充幕職》：今者雙親暮年，某亦得替到闕。欲望憫其賤類，特與奏陳，或許就除幕職一官，使得挈負親老以就官食。

按：據《宋史》卷二一〇《宰輔表》一，此時宰相乃宋琪、李昉。

《宋史》卷二九七《段少連傳》：知崇陽縣。崇陽劇邑，自張詠爲令有治狀，其後惟少連能繼其風迹。

六月，以知制誥蘇易簡薦，擢太子中允，通判麟州事。

《宋史》本傳：以蘇易簡薦，入爲太子中允，遷秘書丞，通判麟、相二州。

《宋史》卷二六六《蘇易簡傳》：（太平興國）八年，以右拾遺知制誥。（雍熙）

二年，罷知制誥。

《韓碑》：歲滿，擢太子中允，通判麟州事。

《錢銘》：解任，除太子中允，通判麟州。

《宋狀》：解秩，授太子中允，關掌麟州軍事。

本集卷八《麟州通判廳記》：雍熙二年夏六月，始某拜命，倅莅是邦。

時夏州李繼遷方起事，邊鄙不寧，以兵法從事，繕起亭障，精明烽火，伐謀取勝，四鄙以安。太守以喜怒爲政，責之。去後人思而祠之。

《宋狀》：夏臺弗靖，西戎方強，公繕起亭障，精明烽火，坐贊叔敖秉羽之策，多參嫖姚穿域之樂，伐謀取勝，四鄙以安。

《錢銘》：時夏臺未安，邊鄙方聳，公多以兵法從事。洎西戎即叙，亦公之有畫焉。

《長編》卷二五雍熙元年九月：（繼遷）與其黨數十人奔入蕃族地斤澤，族帳稍稍歸附，嘗遣所部奉表詣麟州貢馬及橐駝等。敕書招諭之，繼遷不出。

近人趙萬里校輯《元一統志》卷四《宦蹟》張詠條：通判麟州，關決有善政。太守以喜怒爲政，詠剛直，屢責之，守愧謝詠。詠有德於民，北去也人思而祠之。

宋太宗端拱元年戊子，四十三歲。

正月，太宗於東郊親饗神農，遂耕籍田（《長編》卷二九）。恩轉秘書丞。

《宋狀》：端拱紀元，天田躬耤，轉秘書丞。

《錢銘》：端拱元年，籍田，轉秘書丞。

《韓碑》：端拱籍田，恩轉秘書丞。

端拱二年己丑，四十四歲。

三月，王禹偁爲左司諫、知制誥（蘇頌《小畜外集序》、《長編》卷三〇、《東都事略》卷三九《王禹偁傳》）。

春，自麟州代歸。充禮部考試官。已事，命通判相州。上言：具慶之下，不便迎養，因父母在濮州，乞督濮之市征。遂命監濮州稅。

《宋狀》：明年，充禮部考試官。已事，復倅相州。一懼之年，宜爲親解，百斤之牘，終以懇辭，乞董濮上市征，以便迎養。詔可其奏。

《錢銘》：二年春，充禮部考試官，畢，通判相州，上言，具慶之下，不便迎養，乞督濮之市征。詔從之。

《韓碑》：代歸，通判相州事。公以親老辭，得監濮州稅。

本集卷九《通判相州求養親表》：重念臣十年聚學，悉是離鄉，兩任遠官，皆非迎養。近因受命，曾到舊廬，雙親扶羸，顧臣以泣，臣非死木，得不傷心？臣亦引諭國恩，用相慰勉，終且戀其本土，不肯隨臣之官。朝夕繫思，方寸已亂。臣之家屬，近隸濮州，竊聞州城例有酒稅，望迴天眷，察臣愚衷，則臣乞納升朝兩官，換監濮州一稅。

宋吳曾《能改齋漫錄》卷十二：乖崖張公，嘗有監務之官，而辭於公，因以請教。公曰：「監酒稅之法，初無多言。但好醞酒，剩饒人，則沽者衆矣。即是要術。」

月餘，召賜五品服，選知開封府浚儀縣。

《宋狀》：月餘，召賜五品服，知浚儀縣。

《錢銘》：明年，抽赴闕，賜五品服，知浚儀縣。振北部之風，凜然可畏。

《韓碑》：俄選知開封府浚儀縣事，賜五品服。

《宋史》本傳：俄召還，賜緋魚，知浚儀縣。

按：四書所載，唯《錢銘》不同，故暫從《宋狀》。然據詠爲湖北轉運使之時間，則似以《錢銘》所載爲確。

七月，寇準拜虞部郎中、樞密直學士（《長編》卷三〇）。

宋太宗淳化元年庚寅，四十五歲。

樞密直學士寇準、知制誥李沆、宋湜連薦其才，擢湖北轉運使。

《宋狀》：俄爲荊湖北路轉運使。

《錢銘》：未幾，出爲荊湖北路轉運使。即故樞密宋公、文靖李公與今上谷相國之所薦也。

《韓碑》：時寇公與文靖李公、故樞密副使宋公湜連薦其才，擢荊湖北路轉運使。

《宋史》本傳：會李沆、宋湜、寇準連薦其才，以爲荊湖北路轉運使。

本集附集卷三《湖北漕司乖崖堂記》：淳化初，繇浚儀擢使荊湖北路。

本集卷十一《中堂自陳狀》：前年以侍疾高堂，許賜便家之祿；去歲以論官兩省，充膺按部之司。

按：寇準、李沆、宋湜之職任，據《長編》卷二七、卷三〇。本集卷七《與大諫陳情書》曰：「才臨赤縣，便總轉輸。」據此與《宋狀》、《錢銘》所載，則自知浚儀縣到爲湖北轉運使，其間必不久矣。故爲荊湖北路轉運使，似當繫於春季方妥。

淳化二年辛卯，四十六歲。

九月，知制誥王禹偁貶爲商州團練使（《小畜外集》卷十六《四皓廟碑》、《長編卷三二》）。知制誥宋湜貶爲均州團練副使（《宋會要》職官六四之八）。

荆南造船場虚占匠人，納木之時，更苦編戶。看其帳籍，甚不整齊，遂具奏章，乞行磨勘。尋奉敕命，委詠差官，遂差令狐穆代之。監船場鄭元祐隱藏文曆，抵拒使臣，令子進狀，構謗詠罪。上《奏鄭元祐事自陳狀》，又上宰相《申堂自陳狀》，亟辨其事。又與寇準書，請其相助。

本集卷十一《奏鄭元祐事自陳狀》：昨見荆、朗造船，工課不等，歸、峽納木，人戶怨咨，遂具奏章，乞行磨勘。尋奉敕命，委臣差官。其監場鄭元祐，拒抗使臣，不回文牒，令男詣闕，毁臣職司。

本集卷十一《申堂自陳狀》：昨見荆南造船場較功之處，虚占匠人，納木之時，更苦編戶。曾看帳籍，甚不整齊。遂具奏章，乞行磨勘。尋奉敕命，委某差官。其監船場鄭元祐，不自省循，轉增乖越，隱藏文曆，抵拒使臣。既堅無上之心，更欲構人之罪，令男進狀，謗某職司。

本集卷七《與大諫陳情書》：身受大謗者，貪夫亂之，無所尤也。近聞鼠輩多相構誹，兼被奸人屢有奏毁，仰惟天鑒，察其無私。

按：差令狐穆，據卷十一兩《狀》。《與大諫陳情書》未明言何事，但云「才臨赤縣，便總轉輸」，「到職已來」，則在湖北轉運使任上所寫無疑，「構誹」云云，當指鄭元祐事。《陳情書》所致之「大諫」，書中稱其「曲賜薦論，力相引用」，則當爲李沆、宋湜、寇準三人之一。考《宋會要職官》六四之八，宋湜於淳化二年九月自知制誥貶爲均州團練副使；《宋史》卷二一〇《宰輔表》一載，李沆於淳化二年九月自翰林學士爲參知政事。是則「大諫」當爲寇準。據《宋史》卷二一〇《宰輔表》一，寇準於淳化二年四月爲左諫議大夫、樞密副使，正當「大諫」之稱。故繫鄭元祐事於淳化二年。《長編》卷三四載，淳化四年六月，左諫議大夫、同知樞密院事寇準罷守本官。則鄭元祐事當不早於淳化二年四月，不遲於四年六月。

太宗下敕書嘉獎，上表謝之。

本集卷九《荆湖轉運蒙恩獎諭謝表》：今月二十七日，密院遞到敕書一道，蒙恩特賜獎諭，方虞積毀以銷金，豈意飛聲而悟主，爰迴聖獎，俯降天書。

按：此表不知年月。觀表内「積毀」云云，當在《奏鄭元祐事自陳狀》上後。

制置使紀詠職事上奏，太宗又下敕書，特賜獎諭。

本集卷九《奏鄭元祐事蒙恩獎諭謝表》：今月十七日，密院遞到敕書一道，蒙恩特賜獎諭。近者制置使紀臣職事，上達宸聽，感天眷以軫憐，加璽書之慰勞，臣雖不稱，伏用增慚。且制置使與臣生平未嘗識面，略聞履莅，便與薦論。

按：在本集中，兩謝表相連，前云「今月二十七日」，後云「今月十七日」，或在接連兩月之內歟？

淳化三年壬辰，四十七歲。

三月，丁謂（九六六—一〇三七）中進士第四名（《東都事略》卷四九本傳、《長編》卷一二〇），年二十七歲。

是月，賜太常寺奉禮郎楊億進士及第，時年十九歲（《宋會要》選舉九之一）。

四月，請罷峽州至歸州界水遞人夫，從之。

《宋史》本傳：奏罷歸、峽二州水遞夫。

《宋會要》方域一〇之一八：淳化三年四月二十一日，荆湖北路轉運司張詠請罷峽州至歸州界水遞人夫，從之。

淳化四年癸巳，四十八歲。

正月，饗太廟，合祭天地於圜丘。轉太常博士。

按：《韓碑》繫此事於淳化初，《宋狀》云三年，此據《錢銘》，《錢銘》云「郊禋」，即饗太廟、祭天地之事。考《長編》卷三四，淳化四年正月，正有此事；而元年與三年，均未載郊禋事。

下列二事，係在湖北所爲，不知年月，故列於離任前。

《宋狀》：事不諉上，世咨其清，劾罷太守姦贓疲愞者十數，悉條所部廢格抏敝者百餘事，稜威所振，吏皆股栗。察廉使上其理狀，璽書褒美。

本集附集卷五引《通城縣祠堂記》：生齒滋衆而聲價騰，溪山峻險而漕運阻，歲常以支移苗斛爲艱。及公領漕，又爲請於朝，俾以絹代。詔下，遂爲永制，訖今稱便。

按：此言崇陽事。

夏，太宗聞詠強幹，詔赴闕，超拜虞部郎

中，賜金紫。

《宋狀》：乘驛赴覲，加錫金紫。翌日，遷虞部，爲郎中。

《錢銘》：其年夏，詔赴闕，賜對長春殿，錫金紫。翌日，除虞部郎中。

《韓碑》：太宗素知公可用，召還，超拜虞部郎中，賜三品服。

《宋史》本傳：太宗聞其強幹，召還，超拜虞部郎中，賜金紫。

《宋朝事實類苑》卷七引《忠定公語錄》：自太常博士罷荆湖北路轉運使，入覲，時太宗皇帝御長春殿，召對數刻。上曰：「卿奏事精審可信。」特賜金紫，除虞部郎中。

七月，與向敏中並命爲樞密直學士，賜錢五十萬。

《長編》卷三四淳化四年：先是，上急召廣南轉運使向敏中歸闕，擢工部郎中。一日，御筆飛白書敏中及虞部郎中鄄城張詠姓名付宰相，曰：「此二人，名臣也，朕將用之。」左右因稱其材。秋七月己酉，並命爲樞密直學士。

《錢銘》：浹旬，授樞密直學士，賜錢五十萬。

《宋狀》：再旬，授樞密直學士，賜錢五十萬。

八月，命與向敏中同知通進、銀臺司公事。

《長編》卷三四淳化四年八月：通進、銀臺司舊隸樞密院，凡內外奏覆文字，必關二司，然後進御，外則內官及樞密院吏掌之，內則尚書內省籍其數以下有司，或行或否，得緣而爲姦，禁中莫知，外司無糾舉之職。樞密直學士向敏中初自嶺南召還，即上言：「通進、銀臺司受遠方疏多不報，恐失事幾。請別置局署，命官專涖，較其簿籍，以防壅遏。」上嘉納之。癸酉，詔以宣徽北院廳事爲通進、銀臺司，命敏中及張詠同知二司公事，凡內外章奏案牘，謹視其出入而勾稽焉，月一奏課，事無大小，不敢有所留滯矣。發敕司舊隸中書，尋令銀臺司兼領之。解州團練使王禹偁召還，授左正言。汝州團練副使宋湜亦召入，爲禮部員外郎（《長編》卷三四、《宋史》卷二八七《宋湜傳》）。

九月，以封駮司隸銀臺，仍令與向敏中總三班院。

《宋會要》職官二之四二：詔停廢給事中封駮公事，令樞密直學士向敏中、張詠點檢看讀，發放敕命，不得住滯差錯。所有行下敕文，依舊編錄。仍令發敕院，應承受到中書敕令，並須畫時赴向敏中等處點檢，候看讀發放逐處。內有實封敕文，並仰諸房候印押下實封，送赴向敏中等看讀點檢了卻，實封，依例發放。自是始以封駮司隸銀臺。令向敏中、張詠仍總三班院。

按：《宋會要》原作「九年」，誤，淳化無九年也。證之《長編》卷三四，知「年」乃「月」之誤。

幷代都部署張永德杖死犯法小校，有詔按罪，封還詔書，且與太宗爭之。

《長編》卷三四淳化四年九月乙巳：以給事中封駮隸通進、銀臺司，應詔敕並令樞密直學士向敏中、張詠詳酌可否，然後行下。時，泰寧節度使張永德爲幷代都部署，有小校犯法，永德笞之至死，詔按其罪，詠封還詔書，且言：「永德方任邊寄，若以一小校故，摧辱主帥，臣恐下有輕上之心。」不從。未幾，果有營兵脅訟軍侯者，詠復引前事爲言，上改容勞之。

《宋狀》：河東大將張永德小校犯法，因笞而死，詔按其罪，公即封還制書，白上曰：「永德爲國牙爪，居天下勁兵處，若以一部曲，摧辱主帥，臣恐下有輕上之心。」上不納，因不關銀臺而下書譙讓。未幾，果有營兵脅訟軍侯者，公復爭前事，上輒優容謝之。

《韓碑》：知通進、銀臺司，兼門下封駮事，勾當三班院。時張永德爲并代帥，小校犯法，杖之而死。有詔按罪，公封還詔書，曰：「永德方被邊寄，若責一小校，遂摧辱之，臣恐帥體輕而小人慢上矣。」不納。既而果有營卒脅訴其大校者，上始寤公言，面加慰勞。

秋，父景卒，起復，上表讓之。給假回鄉祭奠，上表謝之。

按：兩表均見本集卷九。此事不知其月，故附於季秋之九月。

十一月，王禹偁、宋湜均兼直史館（《長編》卷三五、《宋會要》選舉三三之一）。

曹彬來朝，太宗宴羣臣於長春殿，詠赴宴。

《長編》卷三四：宴羣臣於長春殿，以武寧節度使曹彬來朝，勞之也。詔翰林學士錢若水、樞密直學士張詠並赴宴。

淳化五年甲午，四十九歲。

正月，李順攻占成都，號「大蜀王」，改元「應運」。北抵劍閣，南距巫峽，皆爲其遣兵攻占。太宗命昭宣使、河州團練使王繼恩爲西川招安使，率兵討之（《長編》卷三五）。參知政事蘇易簡薦詠可屬西川事，詔知成都府。中謝日，面賜白金一百四十斤。以大軍未集，留半歲不遣，詠潛使人納銀於內帑。至秋，有詔督行，遂馳驛而往，終不復言。

《宋狀》：會賊順緣間，坤維搖亂，偏師數萬，鼓行而西，太宗以爲潢池弄赤子之兵，荆棘生大軍之後，疇咨上輔，崇簡守臣，參預武功。蘇易簡白上曰：「某甫可屬大事，當一面，若奉將威命，降諭劇賊，陛下高枕，永無西顧之憂矣。」乃命公知益州。揆日占謝，賜白金一百四十斤，鴻卿出郊，不復內御，子顔引道，初無辨嚴。朝家方以大師未集，留之半歲，公潛簿所賜，上還長府。其秋，遂詔赴部，公終不復言。

《錢銘》：五年八月，出知益州。中謝日，面賜白金一百四十斤。國家以大軍未集，留半歲不遣，公潛使人納於內帑。至秋，有詔督行，遂馳馹而往，終不復言。

《韓碑》：四年冬，東西兩川旱，民飢，吏失救恤，寇大起。五年正月，賊首李順陷成都府。詔遣昭宣使王繼恩充招安使，率兵討之。復命公知成都府事。五月，繼恩破賊，收成都。上留公，至秋始遣行。

《長編》卷三六淳化五年九月：先是，參知政事蘇易簡薦樞密直學士、虞部郎中張詠可屬西川事，詔詠知益州。既而留半載不行。

五月，詔降成都府爲益州。張餘率起義軍復起，攻克嘉、戎、瀘、渝、涪、忠、萬、開八州（《長編》卷三六）。

八月，命赴任，太宗面諭之曰：「西川亂後，民不聊生，卿往，當以便宜從事。」

九月到任。

《宋史》卷五《太宗紀》二：淳化五年八月辛丑，詔遣知益州張詠赴部，得便宜從事。

《長編》卷三六淳化五年九月：至是，始命赴部。上面諭之曰：「西川亂後，民不聊生，卿往，當以便宜從事。」

《宋朝事實類苑》卷七引《忠定公語錄》：旋授樞密直學士，知益州。面奉聖旨：「西川經賊後，民頗傷殘，不聊生，卿去到後，可便宜行事。欽哉！」君不疑臣，委任至重，乃感恩泣下。到川後，奉詔條之外，事有大可革者，奏後始行；其有從權而合義者，先行後奏，上悉允之。故得展微效，立功名，誠由上信不疑，下讒不入。

按：《長編》卷三六淳化五年九月注曰：「詠知益州在九月，不得其日也。據《耆舊後傳》，詠先到，衛紹欽繼至，故因仲甫致仕，遂著其事。《張詠集》有《悼蜀詩》，乃云至道元年春正月受命，夏四月二十八日供職。《茅亭客話》亦載詠詩，年月與諸書不同，蓋誤。詠自作詩記年月不應亦誤，恐傳寫錯謬爾。至道元年正月，則詠已在成都矣。」是故不從本集卷二《悼蜀詩》所云。

九月，太宗遣內侍押班衛紹欽齎手詔往益州指揮軍事。寇準自青州召還，爲參知政事（《長編》卷三六、《宋會要》儀制三之四）。

太宗下詔罪己，詔辭略曰：「朕委任非當，燭理不明，致彼親民之官，不以惠和爲政，筦榷之吏，唯用刻削爲功，撓我蒸

民，起爲狂寇。」又曰：「念兹失德，是務責躬。改爲更張，永鑒前弊，而今而後，庶或警余。」（《長編》卷三六）

本集卷二《悼蜀四十韻》：天道本害盈，侈極禍必作。當時布政者，罔思救民瘼。不能宣淳化，移風復儉約。情性非方直，多爲聲色着。從欲竊虚譽，隨性縱貪攫。蠶食生靈肌，作威恣暴虐。佞罔天子聽，所利唯剝削。一方念恨興，千里攘臂躍。……害物黷貨輩，皆爲白刃爍。瓦礫積臺榭，荆棘迷城郭。里第鎖苔蕪，庭軒喧鷰雀。

成都雖爲王繼恩控制，但義軍聲勢尚盛，城門晝閉，城中屯兵三萬人而無半月之食，繼恩恃功驕恣，不復出兵。乃下鹽價，聽民得以米易鹽，得米數十萬斛，可支二歲軍食，奏罷陝西運糧。逼令繼恩分兵四出，又揭榜示諭，許入義軍者自新，皆釋其罪，使歸田里。

《韓碑》：時關中率民負糧，以餉川師，道路不絶。公至府，問城中所屯兵，尚三萬人，而無半月之食。公訪知鹽價素高而廪有餘積，乃下其估，聽民得以米易鹽。於是民急趨之，未踰月，得米數十萬斛。軍中喜而呼曰：「前所給米，皆雜糠土，不可食，今一一精好，此翁眞善幹國事者。」公聞而喜曰：「吾令可行矣。」時益雖收復，諸郡餘寇尚充斥，繼恩恃功驕恣，不復出兵，日以娱燕爲事，軍不戢，往往剽奪民財。公於是悉擒招安司素用事吏至廷，面數其過，將盡斬之。吏皆股栗求活，公曰：「汝師聚兵玩寇，不肯出，皆汝輩爲之。今能亟白乃帥，分其兵，尚可免死。」吏呼曰：「唯公所命。兵不分，願就戮。」公釋之。繼恩即日分兵鄰州，當還京師者悉遣之。不數日，減城中兵半。既而諸軍請食馬芻粟，公命以錢給之。繼恩詬曰：「馬不食錢，給錢何也？」公聞，召繼恩，謂曰：「今賊餘黨所在尙多，民不敢出。招安使頓兵城中，不即討。芻粟民所輸，今城外皆寇也，何由得之？」繼恩懼，即時出城討賊。公計軍食，有二歲備，乃奏罷陝西運糧。上喜曰：「向益州日以乏糧爲請，詠至方踰月，已有二歲備，此人何事不能了？朕無慮矣。」公以順黨始皆良民，一旦爲賊脅從，復其間有疲弱偶挂盜籍者，當示以恩信，許其自新。即揭榜諭之。已而首者相踵，公皆釋其罪，使歸田里。一日，繼恩械賊數十人，請公行法。公詢之，悉皆前所自首者，復縱之。繼恩恚而問公，公曰：「前日李順脅民爲賊，今日僕化賊爲民，不亦可乎？」

《長編》卷三六淳化五年九月：是月，張詠始至益州。先是，陝西課民運糧以給蜀師者，相屬於路，詠亟問城中所屯兵數，凡三萬人，而無半月之食。詠訪知民間舊苦鹽貴，而私廩尙有餘積，乃下鹽價，聽民得以米易鹽，民爭趨之，未踰月，得米數十萬斛，軍士驩言：「前所給米，皆雜糠土不可食。今一一精好，此翁眞善幹國事者。」詠聞而喜曰：「吾令可行矣。」時四郊尙多賊壘，城門晝閉，王繼恩日務宴飲，不復窮討。官支芻粟飼馬，詠但給以錢，繼恩始曰：「國家征馬，豈食錢耶！」詠曰：「城中草場，賊既焚蕩，芻粟當取之民間，公今閉門高會，芻粟何從而出？若開門擊賊，何慮馬不食粟乎！詠已具奏矣。」繼恩乃不敢言。會衛紹欽亦以詔書來督捕餘寇，繼恩始令分兵四出。繼恩嘗送賊三十餘輩，請詠治之。詠悉令歸業。繼恩怒，詠曰：「前日李順脅民爲賊，今日詠與公化賊爲民，何有不可哉！」繼恩有帳下卒，頗恃勢掠民財，或訴於詠，卒縋城夜遁，詠遣吏追之，且不欲與繼恩失歡，密戒吏曰：「得即縛置井中，勿以來也。」吏如其戒，繼恩不恨，而其黨亦自斂戢云。

以下諸事，當在詠至蜀初期。

《五朝名臣言行錄》卷三引《卮史》、本集附集卷五引《卮史》：李順、王均亂蜀，張公鎮成都。一日，見一卒抱小兒在廊下戲，小兒忽怒，批其父。張公見之，集衆語曰：「此方悖逆，乃自成俗。幼已如此，況其長成，豈不爲亂？」遂令殺之。數日間，又一卒相毆，公問知其一乃上名，遂斬次名。自是一軍肅然。

本集卷十二《語錄》、《青箱雜記》卷十、《宋朝事實類苑》卷二二引《青箱雜記》、《五朝名臣言行錄》卷三引《語錄》：因責決一吏，彼枝詞不伏。公曰：「這的莫要劍喫？」彼云：「決不得，喫劍則得！」公牽出，斬之以徇。軍吏愕眙相顧。自是俱服公之威信，令出必行。

宋王得臣《麈史》卷中：張乖崖守成都，兵火之餘，人懷反側。一日，合軍旅大閱，始出，衆遂嵩呼者三；乖崖亦下馬，東北望而三呼，復攬轡行，衆亦不敢讙。趙濟畏之圖，乖崖孫婿也，嘗以此事告於韓魏公，公曰：「當是時，某亦不敢措置。」

按：《五朝名臣言行錄》卷三載此事，注出《麈史》，唯不出告韓魏公者姓名。而《宋朝事實類苑》卷十四載此事，注出《忠定公語錄》，當誤。本集附集卷五《忠定遺事》載此事，亦注出《麈史》。《鶴林玉露》乙編卷六曰：「大凡臨事，無大小，皆貴乎智。智者何？隨機應變，足以弭患濟事者是也。」首舉此事爲例。

《續筆談》：成都府知錄雖京官，例皆庭參。蘇明允嘗言：張忠定知成都府日，有一生，忘其姓名，爲京寺丞、知錄事參軍，有司責其庭趨，生堅不可。忠定怒曰：「唯致仕，乃可免！」生遂投牒，乞致仕，自袖牒立庭中，仍獻一詩辭忠定，其間兩句曰：「秋光都似宦情薄，山色不如歸意濃。」忠定大稱賞，自降階，執生手曰：「部內有詩人如此而不知，詠罪人也。」遂與之昇階，置酒，歡語終日，還其牒，禮爲上客。

按：《詩話總龜》卷四一引《百斛明珠》，亦載此事，略異，而首云「張乖崖在蜀州」，則誤，詠未曾知蜀州也。

本集卷十二《語錄》、《五朝名臣言行錄》卷三引《語錄》、宋江休復《江鄰幾雜誌》：初知益州，斬一猾吏，前後郡守所倚任者。吏稱無罪，公封判，令至市曹讀示之。既聞斷辭，告市人曰：「爾輩得好知府矣。」蓋李順嘗有死罪繫獄，此吏故縱之也。

本集卷十二《語錄》：李順黨中，有殺耕牛避罪逃亡者，公許其首身。拘母十日，不出，釋之；復拘其妻，一宿而來。公斷云：「禁母十夜，留妻一宵，倚門之望何疏，結髮之情何厚！舊爲惡黨，今又逃亡，許令首身，猶尚顧望。就市斬之！」於是首身者繼至，並遣歸業，民悉安居。

本集卷十二《語録》：時民間訛言，云有白頭老翁，午後食人男女。郡縣譊譊，至暮，路無行人。公召犀浦知縣，謂曰：「近訛言惑衆，汝歸縣去，訪市肆中歸明人尙爲鄉里患者，必大言其事，但立證解來。」明日果得之，送上州，公遂戮於市。即日帖然，夜市如故。公曰：「妖訛之興，沴氣乘之，妖則有形，訛則有聲，止訛之術，在乎識斷，不在乎厭勝。」

宋魏泰《東軒筆録》卷十：張詠知益州，單騎赴任。是時，一府官屬，憚張之嚴峻，莫敢蓄婢使者。張不欲絕人情，遂自買一婢，以侍巾幘。自此官屬稍稍置姬屬矣。張在蜀四年，被召還闕，呼婢父母，出貲以嫁之，仍處女也。一日，有術士上謁，自言能煅汞爲白金。張曰：「若能一火煅百兩乎？」術士曰能之。張即市汞百兩俾煅。一火而成，不耗銖兩。張歎曰：「若之術至矣，然此物不可用於私家。」立命工煅爲一大香爐，鑿其腹曰：「充大慈寺殿上公用。」尋送寺中。以酒榼遺術者而謝絕之。人伏其不欺也。

按：宋李元綱《厚德録》卷一，《青瑣高議》後集卷二，《五朝名臣言行録》卷三與《宋朝事實類苑》卷九均引《筆録》，記載略同。

十二月，度繼恩日横，不能改，亟以狀聞，

願選忠實可倚者與繼恩共事，不敢獨任。太宗遂命樞密直學士張鑑、西京作坊副使馮守規偕往。

《宋史》卷五《太宗紀》二：淳化五年十二月辛巳，命樞密直學士張鑑、西京作坊副使馮守規安撫西川。

《宋史》卷二七七《張鑑傳》：淳化中，盜起西蜀，王繼恩討平之，而御軍無政，其下恃功暴横。益州張詠密奏，請命近臣分屯師旅，即遣鑑與西京作坊使馮守規偕往。召對後苑門，面授方略。鑑曰：「益部新復，軍旅不和，若聞使命驟至，易其戎伍，慮或猜懼，變生不測。請假臣安撫之名。」太宗稱善。鑑至蜀，繼恩猶偃蹇，不意朝廷聞其縱肆。鑑之行，付以空名宣頭及廷臣數人，鑑與詠即遣部戍卒出境，繼恩麾下使臣亦多遣東還，督繼恩輩分路討捕殘寇，而鑑等招輯反側。

《長編》卷三六淳化五年十二月：王繼恩御軍無政，其下恃功暴横，張詠恐軍還日或有意外之變，乃密奏，請遣心腹近臣可以彈壓主帥者，亟來分屯師旅。辛巳，命樞密直學士張鑑、西京作坊副使馮守規偕往，召對後苑門，面授方略。鑑曰：「益部新復，卒乘不和，若聞使者驟至，易其戎伍，慮彼猜懼，變生不測。請假臣安撫之名。」上稱善。鑑至成都，繼恩猶偃蹇，不意朝廷聞其縱肆。鑑之行，上付以空名宣頭及廷臣數人，鑑與詠即遣部戍兵出境，繼恩麾下使臣亦多遣東還，督繼恩等討捕殘寇，而鑑等招輯反側，蜀民始奠枕矣。

按：《韓碑》云：「公度繼恩日横，

不能改，亟以狀聞，願選忠實可倚者與繼恩共事，庶不敢獨任。上乃命入內內侍省押班衛紹欽充同招安使，自是繼恩凶勢爲屈。」證之右引《宋史》、《長編》所載，《韓碑》所云命衛紹欽當誤，上密奏事則有之，所命者乃張鑑、馮守規也。

宋太宗至道元年乙未，五十歲。

正月，王禹偁、宋湜爲翰林學士（《小畜集》卷二一《滁州謝上表》，宋洪遵《翰苑群書·學士年表》）。

二月，張餘被俘遇害，其餘部退入黔水山區（《宋史》卷五《太宗紀》二，《長編》卷三八）。

五月，王禹偁罷爲工部郎中、知滁州軍州事（《長編》卷三七）。

八月，制以開封尹壽王元侃爲皇太子，改名恆，兼判開封府。大赦天下。此乃唐天祐（九〇四—九〇七）以來，首次舉行立儲之禮（《長編》卷三八）。

是年，在成都。

至道二年丙申，五十一歲。

正月，合祭天地於圜丘，大赦天下（《長編》卷三九）。

轉兵部郎中。母謝氏卒，隨凶訃除起復之命，重方面之寄也。

《宋狀》：至道二年，改兵部，猶爲郎中。會丁新昌郡太夫人之喪，恩詔奪服。陽秋之義，不以家事爲辭；禮經所執，亦推順變之大。

《錢銘》：至道二年，就轉兵部郎中。丁太夫人憂，隨凶訃除起復之命，重方面之寄也。

《韓碑》：至道二年，改兵部郎中。繼丁

父與母新昌郡太夫人謝氏憂，皆起復。

按：《宋史》本傳云：「丁外艱，起復，改兵部郎中。」而《宋狀》、《錢銘》均繫「改兵部郎中」於「起復」之前，《宋史》當誤。又《韓碑》云既丁父與母憂，據《錢銘》，詠父卒於淳化四年，《韓碑》當係連書也。又詠改兵部郎中，當係祀天地後加恩故也，故繫於正月。

十二月，禮部侍郎蘇易簡卒，年三十九（《長編》卷四〇）。

至道三年丁酉，五十二歲。

三月，太宗崩，宰相呂端鏁宣政使王繼恩，立真宗（《長編》卷四一）。

春，女與王禹偁長子嘉祐成婚。禹偁時知揚州。

按：此據今人徐規《王禹偁事迹著作編年》頁一三四、一三六。

四月，大赦天下，加恩羣臣（《長編》卷四一）。

拜左諫議大夫。

《宋狀》：真考嗣歷，即拜諫議大夫。

《錢銘》：今上嗣位，就拜左諫議大夫，學士如故。

《韓碑》：真宗即位，遷左諫議大夫。

五月，王繼恩責授右監門衛將軍，均州安置（《長編》卷四一）。

八月，西川廣武卒劉旴率衆起義，聲勢頗大，三日而四郡不守，五日而兩川震驚。

以言激招安使上官正出兵擊滅之。

本集卷八《大宋贈監門衛將軍上官公神道碑銘》：次年秋，巡檢不仁，官軍生釁，嘯聚亡命，圖爲亂階。三日而四郡不守，五日而兩川震驚，決於次晨，長驅入益。自戒師旅，逆戰方井，戰酣兵卻，衆皆失色，於是下馬揮劍，有死無二，鼓怒增氣，戰功遂成。

《韓碑》：三年秋，西川都巡檢使韓景祐爲所部廣武卒劉旰所逐，率衆掠懷安軍，破漢州。公方與僚屬會大慈寺，報至，飲燕如故，舉城憂之。賊又掠邛、蜀，將趨益。公適會客，報者愈急，公復不問。其夕，始召上官正，謂曰：「賊始發，不三四日，破數郡，勢方銳，不可擊。今人得所掠，氣驕，敢逼吾城，乃送死耳。請出兵，比至方井，當遇賊，破之必矣。」正即受教。及行，公爲出送於郊，激其盡力。正至方井，果遇賊，一戰斬旰首，餘黨盡平。衆益服公料敵制勝，人所不及。

《長編》卷四一至道三年八月：是月，西川都巡檢使韓景祐行部至懷安，帳下廣武卒劉旰謀作亂，夜率衆襲景祐，景祐逾垣獲免。旰遂掠懷安，破漢州及永康軍、蜀州，所至城邑，望風奔潰。時益州鈐轄馬知節亦兼諸州都巡檢，領兵三百，追旰至蜀州，與之角鬥，自未至亥，賊懼，走邛州。招安使上官正飛書召知節還成都計議，知節曰：「賊黨已踰三千，若破邛州，必越新津大江，去我九十里，官軍雖倍，制之亦勞。不如出兵迎擊，破之必矣。」即率所部夜渡江，屯方井鎮，與賊遇，而正亦尋領軍至，共擊斬旰，其黨悉平。旰自起至滅凡十日。正始無出兵意，知益州張詠以言激正，勉其親行，仍盛爲供帳餞之。酒酣，舉爵謂諸軍校曰：「爾曹俱有親弱在東，蒙國厚恩，無以報，此行當亟殄賊，無使逃逸。若師老曠日，即此地還爲爾死所矣。」正由是倍道力戰。及凱旋，詠迎勞，大出金帛行賞，士傷重者先賞之，獲級者次焉，衆皆悅服。

按：《長編》記載中，「劉旴」均誤爲「劉旴」，今悉改正之。

宋黃休復《茅亭客話》卷六：至道丁酉歲秋八月，諸州巡檢、作坊使韓景祐至懷安軍，爲其下廣武卒劉旴等謀殺之，韓逾垣而免。是夜，軍賊掠懷安軍。及明，取金堂、古城，入漢州，凡六日，行五百餘里，劫掠五軍州十鎮縣，所至處皆不及支捂，驅掠軍民，勢莫可遏，州縣震慴，戶口奔逃。時知府張密學謂招安使上官正曰：「賊今日邛州，來日必奔嘉、眉州，賊若有盤泊處，如魚得淵，卒難除討，君必悔之。今日請即往，移兵渡江，逆而擊之，奪其膽氣，當盡擒之，此上策也。時不可失。」上官遂點集兵甲前去，過新津江，遇賊食於方井，馳告張密學。張曰：「劉既入井，更欲何逃！」日中以捷來告，盡殺其黨凱旋。且張公料敵先見，皆此類也。上官能將其兵，是行也易於摧枯。川界由是肅然。

按：黃休復與張詠獎拔之李畋、張及、張逵諸人熟識，《茅亭客話》所記，乃五代及宋初三朝蜀中事。

宋司馬光《涑水記聞》卷七、宋趙善璙《自警篇》：樞密直學士張詠知益州，有巡檢所領龍猛軍人潰爲盜。龍猛軍者，本皆募羣盜不可制者充之，慓悍善鬥，連入數州，俘掠而去。蜀人大恐。詠一日召鈐轄，以州事委之，諤然請其故，詠曰：「今盜勢如此，而鈐轄晏然安坐，無討賊心，是欲令詠自行也。鈐轄宜攝州事，詠將出討之。」鈐轄驚曰：「某行矣。」詠曰：「何時？」曰：「即今。」詠領左右張酒具於城西門上，曰：「鈐轄將出，吾今餞之。」鈐轄不得已，勒兵出城，與飲於樓上。酒數行，鈐轄曰：「某願有謁於公。」詠曰：「何也？」曰：「某所求兵糧，願皆應付。」詠曰：「諾。老夫亦有謁於鈐轄。」曰：「何也？」詠曰：「鈐轄今往，必滅賊，若無功而退，必斷頭於此樓之下矣。」鈐轄霍慄而去。既而與賊戰，果敗，士衆皆還走幾十里。鈐轄召其將校，告之曰：「觀此翁所爲，眞斬我不爲異也。」遂復進力戰，大破之，賊遂平。

《青箱雜記》卷十、《自警篇》：公平順賊之明年，復有劉旰相繼叛命，公命討平之。既而凱旋，忽有持首級來者，公曰：「當奔突接戰之際，豈暇獲其首？此必戰後斫來，知復是誰？」殿直段倫曰：「如學士之言，眞神明。當時隨倫爲先鋒入賊用命者，皆中傷被體，何嘗獲首級？」公乃先錄中傷之人，而持首級來者次之。於是軍伍歡躍。

按：《宋朝事實類苑》卷十四、《五朝名臣言行錄》卷三所載略同，注出《語錄》。

十月，請準除放萬州官收津渡錢。奏請益州屯駐兵士所請錢，依舊銅錢一文折支鐵錢五文。

《宋會要》食貨一七之一四：至道三年十月，知益州張詠言：「萬州管內，有官收津渡錢數百貫，兼有稅場，甚擾民。」詔並除放。

《宋會要》職官五七之二三：至道三年十月，知益州張詠言：「屯駐兵士所請錢，乞依元降宣旨，銅錢一文與折支鐵錢五文。」是時，峽路轉運使韓國到闕，言川峽州縣幕職官等所請月俸，銅錢一文止折鐵錢二文，望增加鐵錢分數。帝令支銅錢一文，易給鐵錢五文。

按：參見《長編》卷四二。

十二月，王禹偁自揚州召還朝，爲知制誥（《長編》卷四二）。

是歲，始定天下爲十五路（《長編》卷四二）。

以下諸事，俱係詠在蜀時所爲，年月無考，故繫於今年。明年，詠離益州矣。

宋范鎮《東齋記事》卷四：張尚書詠在蜀時，米斗三十六文，絹疋三百文。公計兵食外，盡令輸絹；米之餘者，許城中貧民買之，歲凡若干。貧民頗不樂，公曰：「他日當知矣。」今米斗三百，絹疋三貫，富人納貴絹而貧人食賤米，皆以當時價，於官無所損益，而貧富均矣。此張公之惠於蜀人，懷思之不能已也。

《宋史》卷三一五《韓絳傳》：張詠鎮蜀日，春糶米，秋糶鹽，官給券，以惠貧弱。

按：《後山談叢》卷四所載略同。

《五朝名臣言行錄》卷三與本集附集卷五引《厄史》：公凡有興作，先帖諸縣，於民籍中係工匠者，具帳申來。分爲四番，役十日，滿則罷去。夏則卯入，午歇一時，冬抵莫放，各給木札一幞，以禦寒。工皆悅。有一瓦匠，因雨乞假，公判云：「天晴蓋瓦，雨下和泥。」事雖至微，公俱知悉。

《韓碑》：公嘗以蜀地素狹，游手者衆，事寧之後，生齒日繁，稍遇水旱，則民必艱食。時米斗三十六，乃按諸邑田稅，使如其價，歲折米六萬斛。至春，籍城中細民，計口給券，俾輸元估糴之，奏爲永制。逮今七十餘年，雖時有災饉，米甚貴，而益民無餒色者，公之賜也。蜀風尚侈，好遨樂，公從其俗，凡一歲之內，游觀之所，與夫飲饌之品，皆著爲常法。後人謹而從之則治，違之則人情不安，輒以累罷去。

按：張詠所定遨樂之法，見於記載者有：

元費著《歲華紀麗譜》：宋開寶二年，命明年上元放燈三夜，自是歲以爲常。十四、十五、十六三日，皆早宴大慈寺，晚宴五門樓，甲夜觀山棚變燈。其斂散之遲速，惟太守意也。又爲錢燈會，會始於張公詠。蓋燈夕二都監戎服分巡，以察姦盜；既罷，故作宴以勞焉，通判主之，就宣詔亭或涵虚亭，以十七日。正月二十三日，聖壽寺前蠶市。張公詠始即寺爲會，使民鬻農器。太守先詣寺之都安王祠奠獻，然後就宴。出萬里橋，登樂俗園亭。二月二日，踏青節。初，郡人遊賞，散在四郊，張公詠以爲不若聚之爲樂，乃以是日出萬里橋，爲綵舫數十艘，與賓僚分乘之，歌吹前導，號小遊江。蓋指浣花爲大遊江也。士女駢集，觀者如堵，晚宴於寶曆寺。後以爲故事。宋趙抃《趙清獻公集》卷八律詩，內一首題曰：「張公二月二日始遊江，以集觀者。韓公絳因創樂俗亭爲駐車登舟之所。」第三聯云：「子美浮槎傳大雅，乖崖遊棹看芳春。」

張詠治蜀，譽者如織，然亦有詆之者。《默記》卷中：范景仁父名文度，爲蜀孔目官，事張乖崖。時見發郡人陰事而誅之，而不知其何以知之。但默觀一小冊，每鈎距得人陰事，必記之冊上，書訖入箱，封題甚密，文度日侍其旁而莫測也。然每觀小冊，則行事多殺人或行法。一日，乖崖方觀小冊，忽內迫，遽起，不及封箱。文度遽取小冊觀之，盡記人細故，有已行者，即朱勾之，未行者尚衆也。文度閱畢，始悟平日所行乃多布耳目所得，遂毀而焚之。乖崖還，見几上箱開，已色變，及啓觀，小冊已失之，大怒之次，文度遽前請命曰：「乃某毀而焚之。今願以一命代衆人死，乞賜誅戮！」乖崖問其故，答曰：「公爲政過猛，而又陰採人短長，不皆究實而誅；若不毀焚，恐自是殺人無窮也。」乖崖徐曰：「貸汝一死，然汝子孫必興。」自是益用之。景仁其子也。既起家，又以其三家三翰林，百祿爲執政。何乖崖之知人而貫文度？其後果興。

按：宋蘇軾《東坡集》卷三九《范景仁墓誌銘》云：「考諱度，以文藝節行爲蜀守張詠所知。」而未及《默記》所載事。

宋真宗咸平元年戊戌，五十三歲。

正月，建成益州官署，爲之撰《記》，梁周翰作《後係》。

本集卷八《益州重修官署記》：淳化甲午歲，土賊李順據有州城，偏師一興，尋亦殄滅。是年降府爲州。危樓壞屋，比比相望，臺殿餘基，屹然並峙，官曹不次，非所便宜。至道丁酉歲，某始議改作，計工上請，帝命是俞，仍委使乎以董於役。自夏徂冬，十月工畢。

同《記》所附《後係》：輒書《後係》，聊贊元功。時學士侍郎授代歸朝之年，撰行之日，周翰謹述於碑之陰云。

《湘山野錄》卷上：淳化甲午，李順亂蜀，張乖崖鎮之。僞蜀僭侈，其宮室規模，皆王建、孟知祥乘其弊而爲之。公至則盡損之，如列郡之式。郡有西樓，樓前有堂，堂有屏，乃黄筌畫雙鶴花竹怪石，衆名曰雙鶴廳。南壁有黄氏畫湖灘山水雙鷺。二畫妙格，冠於兩川。賊鋒既平，公自壞壁，盡置其畫爲一堂，因名曰畫廳。

按：本集卷八《益州重修官署記》，《湘山野錄》所記即修益州官署時事。宋黄休復《益州名畫錄》，分畫師爲「逸格」、「神格」、「妙格」、「能格」四等，「妙格」與「能格」又各分上、中、下三品。黄筌名列「妙格」中品。該書卷上《黄筌》條載，後蜀少主孟昶命筌寫鶴於偏殿之壁，警露者、啄苔者、理毛者、整羽者、唳天者、翹足者，精彩體態，更愈於生，往往生鶴立於畫側。蜀主嘆賞，遂目爲「六鶴殿」焉。廣政癸丑歲（十六年，九五三），新構八卦殿，又命筌於四壁畫四時花竹、兔雉鳥雀。《益州名畫錄》之序，乃景德二年（一〇〇五）五月李畋作。序云，前輩名畫，淳化甲午歲後，焚劫略盡，則牆壁之繪，甚乎剝廬，家秘之寶，散如決水，今可睹者，十二三焉。

三月，劉筠中進士第（宋晁公武《郡齋讀書志》卷四中，袁本）。劉筠與楊億，乃北宋西崑體詩派巨擘，號爲楊劉，天下宗之。詠亦列名《西崑酬唱集》中。

十月，張齊賢、李沆爲相，向敏中爲參知政事。參知政事溫仲舒罷爲禮部尚書（《長編》卷四三）。

冬，詠之女（王嘉祐妻）生子。王禹偁抱孫，喜而賦詩。

按：此據《小畜集》卷十一《壽孫三日》，卷一三《黜賦》。

十二月，知制誥王禹偁落職，出知黄州（《長編》卷四三）。

下列事，均在今年，其月無考，故連書之。

四考歸闕，上狀，乞持服，得告拜墳域於濮上，合葬父母。徵爲給事中、户部使。七旬，拜御史中丞。

《宋狀》：歸朝，還給事中、户部使，七旬，拜御史中丞。

《錢銘》：歷四考歸闕，得告拜墳域於濮上。尋徵爲給事中、户部使。七旬，授御史中丞。

本集卷十一《西川回乞持服狀》：今叨差替，已至闕庭。臣乞曲全典禮，追復心喪。儻寬卒歲之期，少緩終天之戚。

十二月二日，眞宗生日承天節，有大臣主齋會，被酒不如禮，彈奏之，無所憚。

《韓碑》：咸平初，召拜給事中，充户部使。改御史中丞。承天節，大臣主齋會，被酒不如禮，公彈奏之，無所憚。

《澠水燕談録》卷二：忠定公爲御史中丞，一日於行香所，宰相張齊賢呼參知政事溫仲舒爲鄉弟，及它語尤鄙。錢希白所撰公《誌》曰「彈執政之事失辭」者，此也。公以非所宜言，失大臣體，遂彈奏之。齊賢深以爲恨，後於上前短公曰：「張詠本無文，凡有章奏，皆婚家王禹偁代爲之。」公聞，自辯曰：「臣苦心文學，縉紳莫不知，今齊賢以臣假手於人，是掩上之明，誣臣之非罪也。」上曰：「卿平生著述幾多？可進來。」公遂以所著進。上閱於龍圖閣，未竟，賜坐，曰：「今日暑甚。」顧黄門於御几取常所執紅綃扇賜公，且稱文善。公起，再拜，乃納扇於几，上曰：「便以賜卿，美今日獻文事也。」

按：《宋朝事實類苑》卷七亦載此事，注出《澠水燕談錄》。然獻文之事，實不可信。據本集卷十《進文字表》，大中祥符三年（一〇一〇）前，眞宗未曾見過詠之文字。

自益州還時，王禹偁贈詩慶賀。

宋葉夢得《石林燕語》卷七：國初，西蜀初定，成都帥例不許將家行。蜀土輕剽，易爲亂，中朝士大夫尤以險遠不測爲憚。張乖崖出守還，王元之以詩贈云：「先皇憂蜀輟樞臣，獨冒干戈出劍門。萬里辭家堪下淚，四年歸闕似還魂。且弟兄齒序元投分，兒女親情又結婚。喜相逢開口笑，甘陳功業不須論。」

按：王禹偁詩見《小畜集》卷十一，題爲《贈密直張諫議》，除「干戈」作「兵戈」外，餘俱同。

是年，宋祁（九九八—一〇六一）生（宋杜大珪《名臣碑傳琬琰集》上編卷七范鎮撰《宋祁神道碑》）。

按：宋祁爲撰《張詠行狀》者。

咸平二年己亥，五十四歲。

正月，同知貢舉。

《宋狀》：咸平二年，知貢舉，杜絕書謁，時稱得人。

《錢銘》：咸平二年春，與故禮部尚書溫公同知貢舉。

《長編》卷四四咸平二年正月己丑：命禮部尚書溫仲舒知貢舉，御史中丞張詠、刑部郎中知制誥師頏同知貢舉，刑部員外郎董龜玉、太常寺博士王涉同考試及封印卷首，仍當日入院。禮部貢院封印卷首自此始。

三月，取合格進士孫暨已下七十一人（《宋會要》選舉一之七，元馬端臨《文獻通考》卷三二《選舉》五）。

錢易以進士第二名及第，補濠州團練推官，二十四歲（《宋史》卷三一七本傳，《長編》卷三三）。易，撰《張詠墓誌銘》者。

四月，上書言事，從之。

《長編》卷四四咸平二年夏四月辛酉：御史中丞張詠上言：「請自今御史、京朝官使臣受詔推劾，不得求升殿取旨及詣中書咨稟。」從之。

是月，改工部侍郎，出知杭州。既至，寬鹽禁，明斷子婿爭財事。

《宋狀》：夏，改工部侍郎，知杭州。牧餘杭也，薦民洊饑，方蠟不啓，稻蟹無種，原田若藝，民挾鹽利以冒公禁者日數百輩，公一切笞遣，不徇彛法。邏卒入啓曰：「法亂如是，人將安禁？」公勞之曰：「餘杭十萬戶，飢者七八，弗挾鹽利，無復生意。若暴禁之，彼將圜視衡擊，以擾居者，則爲禍大矣。爾曹第忍之，俟其歲定，則太守復以三尺律從事矣。」是年雖歉，人無泛命者。富家子與婿分財不協，詣府廷辨。婿曰：「彼先子有治命：婿七子三。」因出遺札。子不能舉其契。公索酒酹地曰：「彼父智人也。當死之日，子方沖孺，託養於婿，苟子有七分之約，則亦死於婿手矣。今當七分歸子，三分歸婿。」於是三人號慟，以爲神明。

按：《錢銘》、《韓碑》、《宋史》與《東都事略》本傳、《長編》卷四四、《儒林公議》卷上、《乾道臨安志》卷三等處所載略同。《長編》繫之四月丙子。又宋君玉《國老談苑》卷二載此事，略異。

在杭時，又智斷兄弟分家事。

《青瑣高議》卷一：尚書張公詠如杭州，有沈章訟兄彥約割家財不平，求公治之。公曰：「汝異居三年矣，前政何故不言也？」章曰：「嘗以告前太守，反受罪。」公曰：「若然，汝之過明矣。」復撻而遣之。後半載，公因行香，四顧左右曰：「向訟兄沈章，居於何處？」左右對曰：「祇在此巷中，與其兄對門居。」公下馬，召章家人並彥家人對立。謂彥曰：「汝弟訟汝，言汝治家掌財久矣，伊幼小，不知貲之多少，汝又分之不等。果均平乎，不平乎？」彥曰：「均平。」詢章，曰：「不均。」公謂彥曰：「終不能滅章之口。兄之族，入於弟室；弟之族，入於兄室。更不得入室，即時對換。」人莫不服公之明斷矣。

按：北宋大臣以此法處置分家財事者，非詠一人也。《東都事略》卷三二《張齊賢傳》載，齊賢亦曾如此處置，事在咸平元年齊賢爲相時，尚在詠前。

八月，爲上官正之父作《神道碑銘》。本集卷八《大宋贈監門衛將軍上官公神道碑銘》：咸平二年八月四日，葬於開封府封丘縣舊鄉某原里也。

十月，免杭州中等戶今歲丁身錢，以旱故也（《長編》卷四五）。

十一月，合祭天地於圜丘。內外文武官加階勳爵邑（《長編》卷四五）。

十二月，眞宗離京師北巡（《長編》卷四五）。

咸平三年庚子，五十五歲。

正月，益州戍卒起事，擊殺益州鈐轄符昭壽，逐知州牛冕等，據甲仗庫，取兵器，推都虞候王均爲首，建國號曰大蜀，改元化順，署置官稱，攻下漢州，攻綿州不克，直趨劍門，欲絕宋師南下之路，戰敗，還成都（《長編》卷四六，《宋史》卷六《真宗紀》一，《宋會要》兵十之十、十一）。

眞宗駐大名府。隨軍的樞密副使、給事中宋湜病卒，年五十一（《長編》卷四六，《東都事略》卷三七與《宋史》卷二七本傳）。

眞宗離大名府返京師，至德清軍，始聞王均反，即以戶部使、工部侍郎雷有終知益州，兼提舉川峽兩路軍馬招安巡檢捉賊轉運公事，帥步騎八千往討之（《長編》卷四六，《宋史》卷六《真宗紀》一）。

二月，樞密使王顯罷爲山南東道節度使、同平章事（《長編》卷四六）。顯，詠岳父也。

王均開成都城門，僞爲遁狀，雷有終等率兵入城，官軍多分剽民財，部伍不肅，爲王均擊敗，退駐漢州（《長編》卷四六、《宋史》卷二七八《雷有終傳》、卷六《真宗紀》一）。

四月，右諫議大夫、知益州牛冕削籍，流儋州。詠曾曰其不能綏輯。《韓碑》：初，公自蜀還也，詔以諫議大夫牛冕代公。公聞之，曰：「冕非撫御才，其能綏輯乎？」始踰年，果致神衛大校王均之亂。

按：《長編》卷四七亦載此事，繫於四月牛冕貶逐時。

九月，王均領餘衆二萬多人，自成都突圍南下。十月，抵富順監，爲宋軍圍攻，王均自縊死（《長編》卷四七《宋史》卷二七八《雷有終傳》、卷六《真宗紀》一）。

十月，上《賀西川賊平表》。本集卷九《賀西川賊平表》：十月三日，富順監與賊相見，一合殺下軍賊，斫到王均首級，掩殺招降到賊人草補人員共六千餘人，其賊並已翦除靜盡。

以翰林學士王欽若、知制誥梁顥分爲川、峽安撫使（《長編》卷四七、《宋史》卷六《真宗紀》一）。

咸平四年辛丑，五十六歲。

三月，詔分川、峽轉運使爲益、梓、利、夔四路（《長編》卷四八，《宋史》卷六《真宗紀》一）。

五月，詠之兒女親家王禹偁卒於蘄州，年四十八。六月，贈禮部尚書（《涑水記聞》卷三宋宋敏求《王禹偁神道碑》、宋蘇頌《小畜外集序》）。

九月，知杭將歲滿，杭州民滕超等詣闕，獻土星圖一、銀百兩，乞留知州。下詔褒獎。上表謝之。

《韓碑》：歲將滿，杭人詣闕請留，有詔褒其善政。

本集卷九《杭州蒙恩獎諭謝表》：今月十五日，進奏院遞到詔書一道，爲本州百姓滕超等舉留臣，蒙恩特賜獎諭者。

《乾道臨安志》卷三《牧守張詠》：咸平四年九月辛卯，杭州民詣闕，獻土星圖一、銀百兩，乞留知州。詔獎詠，仍還其銀。

咸平五年壬寅，五十七歲。

八月，言指使殿直龔元有勞績，請遷擢。詔令元勿復隨詠。

《長編》卷五二咸平五年八月辛未：前知杭州、工部侍郎張詠言，指使殿直龔元稍有勞績，請賜遷擢。元本兗州豪族，詠奏以自隨，頗干預郡政。上素聞之，詔令元勿復隨詠。

冬，知永興軍府事。

按：此據《錢銘》與《韓碑》。然《長編》八月記事已曰「前知杭州張詠」，則自杭州離任當在八月前矣。

在永興，明斷割牛舌事。

《國老談苑》卷二：張詠鎮永興，有父老訴牛舌爲人所割。詠詢之：「爾於鄰忤誰氏最隙？」訴者曰：「有甲氏嘗貸粟於某家不遂，構怨之深。」詠遽遣去，戒云：「至家徑解其牛貨之。」父老如教。翌日，有百姓訴殺牛者。詠謂之曰：「爾割某氏牛舌以償貸粟之怨，而反致訟耶？」其人遂伏罪而謂神明。

按：此事不明年月，姑繫之知永興之

時。

咸平六年癸卯，五十八歲。

三月，與林特詳議陝西鹽法。五月，從所議。

《長編》卷五四咸平六年三月辛亥：命判戶部勾院、太常博士林特與知永興軍、工部侍郎張詠詳議其事以聞。五月甲寅，度支使、陝西制置使、右諫議大夫梁鼎，坐改作非便，詔書切責，罷守本官。從張詠等議，解鹽復許商販如舊。

《宋會要》食貨二三之二九：咸平六年五月二十五日，度支使、陝西制置使、右諫議大夫梁鼎罷使守本官。先是，鼎議鹽法，公私大擾，儲峙益空。乃命太常博士林特乘傳與知永興軍張詠會議，咸請依舊通商。既從之，而鼎以前議非當，五月罷使職。

按：此事可參見《宋史》卷一八一《食貨志》下三《鹽》。

四月，加刑部侍郎，充樞密直學士，知益州。

《長編》卷五四咸平六年四月：成都闕守，朝議難其人，上以工部侍郎、知永興軍張詠前在蜀爲政明肅，勤於安集，遠民便之。甲申，加詠刑部侍郎，充樞密直學士，知益州。民聞詠再至，皆鼓舞自慶。

《韓碑》：會益守馬公知節徙延安，上以公前治蜀，長於安集，威惠在人，復以公爲樞密直學士，遷刑部侍郎，知益州事。蜀民聞之，皆鼓舞相慶，如赤子久失父母而知復來鞠我也。公知民信己，易嚴以易，凡一令之下，人情無不慰愜，蜀部復大治。

《東齋記事》卷四：張尚書再任蜀，承甲午、庚子年後，户口凋喪久之，乃諭僧司，令作大會，集四路僧，以觀民心與其登耗。是時荐更亂離，人家稍復生業，公大喜。

宋張鎡《仕學規範》卷二三引《張乖崖語錄》：時議欲差夫往支郡般草，乖崖公曰：「百姓經賊，瘡口未合，如何役他？祇如彭、漢，去城往還四程，一夫擔幾束草，餵幾疋馬？」公遂於城西、北門外各創一草場，買百姓生草秣馬，馬甚優足。復又百姓當饑之際，得錢買食，全活者頗衆。至十月後方住。

宋真宗景德元年甲辰，五十九歲。

二月，賜川峽至京驛遞卒錢。詔川陝諸州戍兵，先以二年爲限，其權管將校亦如之。先是，眞宗曰：「劍外戍兵更代，已有定制，而將校或至五七年，此殊未安也。」故降此詔（《長編》卷五六）。

六月，尚書左丞陳恕卒，年五十九。恕字仲言，洪州南昌人，太平興國二年進士。性公直，頗涉史傳，多識典故，精於吏理，深刻少恩，人不敢干以私。前後掌利柄十餘年，強力幹事，胥吏畏服，有稱職之譽。卒贈吏部尚書（《長編》卷五六，《宋史》卷二六七本傳）。

聞恕卒，稱其人難得，爲詩哭之。

本集卷十二《語錄》、《五朝名臣言行錄》卷三引《語錄》：公閲邸報，忽再言可惜許。門人李畋請問之，曰：「參政陳左丞恕無也。斯人難得，唯公唯正，爲國家斂怨於身，斯人難得。」退爲詩哭之。

按：此處稱「參政」有誤，蓋恕卒時非參政也。詠之詩見本集卷三，題爲

《蜀中傷陳恕左丞》，亦可證《語錄》之誤。詩云：英賢去世世同悲，管葛才能更比誰。心盡西山離隱後，名喧深殿受恩時。謀猷不枉稱人傑，精審眞堪作吏師。謾就高原向東哭，路長天遠豈能知？

七月，右僕射、平章事李沆卒，年五十八歲。眞宗曰：「沆爲人忠良純厚，始終如一。」贈太尉、中書令，謚文靖（《長編》卷五六、《宋史》卷二八二本傳）。

按：沆乃詠之同年進士，且曾薦詠，詠又以與其同年而自豪。沆卒，詠當有詩或文悼之，而本集中無，甚怪。

八月，以畢士安、寇準爲相（《長編》卷五六，《宋史》卷七《真宗紀》二）。

詠聞準拜相，稱其爲眞宰相，但不及學。

《後山談叢》卷三：張公忠定守蜀，聞萊公大拜，曰：「寇準眞宰相也。」又曰：「蒼生無福。」幕下怪而問之，曰：「人千言而盡，準一言而盡，然仕太早，用太速，不及學爾。」

按：《五朝名臣言行錄》卷三引《談叢》，略有不同，記問者爲「門人李畋」，詠語首句爲「人千言而不盡者，準一言而盡」。

宋龔鼎臣《東原錄》：張乖崖在蜀，聞寇萊公拜相，乃謂僚佐曰：「寇有宰相之器，然富貴早，讀書少。」

閏九月，契丹主與其母率軍大舉南下，宋朝中外震駭。寇準定議眞宗親征（《長編》卷五七）。

礫死盜賊之尤無狀者，嘉靖西川。

《宋狀》：及再任也，屬六贏南牧，靈旗薄伐，公慮遠夷爲變，欲出奇以勝之，因取盜賊之尤無狀者，磔死於市。凜然人望，遂臻靖嘉。

《長編》卷六一景德二年八月丙戌：始，車駕北征，四方搖心，詠慮遠夷乘隙爲變，欲出奇以勝之，因取盜賊之尤無狀者，磔死於市，衆皆懾服，遂底嘉靖。

十二月，宋與契丹訂立澶淵之盟（《長編》卷五八）。

《涑水記聞》卷五引富公云：張乖崖常言：「使寇公治蜀，未必如詠；至如澶淵一擲，詠不敢爲也。」深歎服之。

初，蜀士知向學，而不樂仕宦。是年，敦勉蜀人張及、李畋、張逵就舉，三人悉登科，士由是知勸。

《宋史》本傳：初，蜀士知向學，而不樂仕宦。詠察郡人張及、李畋、張逵者皆有學行，爲鄉里所稱，遂敦勉就舉，而三人者悉登科，士由是知勸。

按：本傳繫此事於詠初治蜀時，誤。據《宋朝事實類苑》卷五七引《語錄》，實在景德元年，故附於年末。

《東齋記事》卷四：初，蜀人雖知向學，而不樂仕宦，張公詠察其有聞於鄉里者，得張及、李畋、張逵，屢召，與語民間事，往往延入臥內，從容欵曲，故公於民情無不察者，三人佐之也。其後，三人皆薦於朝，俱爲員外郎。而蜀人自此寖多仕宦也。

本集卷十二《語錄》：公問李畋曰：「子同人中有善講習者否？」畋以同門生劉式對。公遂辟充州學，主諸生，受業者五十餘人。每休務日，就學置酒以勸勞之。自是蜀人不以千里爲遠，來學者甚衆。

《宋朝事實類苑》卷五七引《忠定公語錄》：蜀中士子，舊好古文，不事舉業，迨十五年，無一預解名者。景德元年，李畋與同門生張及、張逵詣州請解，先於承引司通百姓名，下桑梓狀，公判云：「入試一日前，陳桑梓二拜。」旁小注云：「不得喝。」畋與同人卻就客次，具襴鞹，各贄事業十卷，啓狀一通。公坐廳，衣朝服鞹履，客將着衫靴，遣接事業。公遍閱啓狀，迴報云：「承見示至業，未公試謝來。」尋差節度推官韋宿充試官，試官申乞差監試官，公判云：「知州親監。」一日前，承引司復申桑梓狀，公判云：「免桑梓，客將引上廳客禮。」及試日，公送牌印付通判廳，曰：「今爲國家試舉人，如有生事，則報來。」臨試時，始問韋宿曰：「今日試何題目？」對曰：「試《禹稷之功王者事》詩。」公曰：「詩題陳熟，改試《朝日蓮》詩。」次日又問曰：「今日試何論？」對曰：「試《禹稷之功王者事業》。」「州郡豈合問他？吾曾見州郡中策舉人，問國家時務事，此亦非宜。乃改試《文行孰先論》。」公曰：「祇此亦可以見二三子於文行中所存之心也。」三人俱獲解送，鹿鳴筵前三日，公率郡僚各賦《送三秀才應舉》詩。公首唱五言古調詩，幷序曰：「益部去帝鄉四千里，平昔英俊，怠於進趍，況更賊亂之餘，例乏資生之計，鄉老之薦，聲響久絕。今年，華陽邑大夫以三進士爲請，試官誦其文，閭里稱其行，又嘉其迹忘遐闊，心戀明聖，有以彰遠人。既乂吾君，德澤流被於無窮也。近世取鹿鳴之什，以饗貢士，斯筵之啓，殆若是乎？舉送官老不勝酒，亦醉且喜，因歌詩以將之。衆君子辭學先鳴，請爲賡歌之詩云。」公詩見本集。是歲，仍奏給三人驛劵赴京。兩川士子，目爲盛事，方奮起家榮鄉之志。

按：序見本集卷八，與此略同；詩見本集卷二，題爲《送張及三人赴舉》，詩曰：「才雄揚子雲，古稱蜀川秀。千載遺英聲，三賢繼其後。文章積學成，孝友亦天授。遠郡得充庭，期將免固陋。」據《寰宇通志》卷六一《成都府科甲》，景德元年前的宋朝進士，僅有五人：宇文愚，太平興國八年王世則榜進士；張賀、陳充，雍熙二年梁顥榜進士；尹臧、徐仕，咸平元年孫僅榜進士。雍熙二年至咸平元年，十二年間無中第者。

《朱子語類》卷一〇九《朱子六·論取士》：張乖崖守蜀，有士人亦不應舉。乖崖去尋得李畋出來舉送去。

《澠水燕談錄》卷六：李畋渭卿，自號谷子，少師任奉古，博通經史，以著述爲志，性靜退，不樂仕進，士大夫多稱之，爲張乖崖所器。少日，一出庭試。後隱居永康軍白沙山，後生從之學者甚衆。任中正薦，乞賜處士之號，詔以爲試校書郎。凌策又薦之，召授試懷寧主簿、國子監說書，改大理丞、知泉州惠安縣。久之，以先所著未成，再乞國子監說書，以終其業。著《孔子弟子傳讚》六十卷，上之，得知榮州。秩滿，以國子博士致仕。畋撰《道德經疏》二十卷，《張乖崖語錄》二卷，《谷子》三十卷，歌詩、雜文七十卷。年九十。

眞宗遣入內侍高班羅自賓到川傳宣撫問兼獎諭張詠，上《狀》謝之。遂建仙遊閣，上下十四間，許士庶登覽。

按：《狀》見本集卷十一，參見《宋朝事實類苑》卷四四引《忠定公語錄》、《青箱雜記》卷十。此事不得年月。考《狀》既曰「再任益州謝傳宣撫問狀」，又云「適値民安，仍加歲稔」，是當在秋後矣。姑繫之今年末。

景德二年乙巳，六十歲。

正月，上言請賜董忠義等時服。

《長編》卷五九景德二年正月乙卯：知益州張詠言：「羈縻保、霸二州刺史董忠義等，皆世襲，望賜時服。」上曰：「蠻陬首領，假以名秩，若援內地牧守之制，當賜錦袍，又恐夷人無厭，請求不已。」乃詔依維、茂知州例，歲賜紫衣錦袍。

入內高班王某至益州，知眞宗還京，上《表》賀之。

按：《賀表》見本集卷九。《賀表》首言：「今月七日，入內高班王某至，伏審鑾輅已於十九日卻還京闕者。」據《長編》卷五八，眞宗還京在景德元年十二月，故知「今月」乃二年正月也。

二月，與轉運使黃觀同議造大鐵錢事。

《長編》卷五九景德二年二月庚辰：先是，益、邛、嘉、眉等州歲鑄錢五十餘萬貫，自李順作亂，遂罷鑄，民間錢益少，私以交子爲市，姦弊百出，獄訟滋多。乃詔知益州張詠與轉運使黃觀同議，於嘉、邛二州鑄景德大鐵錢，如福州之制，每貫用鐵三十斤，取二十五斤八兩成，每錢直銅錢一、小鐵錢十，相兼行用，民甚便之。

宋范仲淹《范文正公集》卷十一《謝濤神道碑》：又別詔委公與益牧張公詠議造大鐵錢。乃窮其利害，使盜鑄息而物估平，蜀人於今便之。

五月，知制誥晁迥、李宗諤爲翰林學士。丁謂爲右諫議大夫、權三司使事（《長編》卷六〇）。

六月，巡撫、屯田員外郎謝濤等至益州，奉傳聖旨，獎諭詠，上《表》謝之。

《韓碑》：命謝濤巡撫於蜀，上遣濤謝公曰：「得卿在蜀，朕不復有西顧之憂。」因詔公與濤議鑄景德大鐵錢於嘉、邛州，一當小鐵錢十、銅錢一，於今便之。

本集卷九《益州謝傳旨獎諭表》：六月二十五日，巡撫、屯田員外郎謝濤等，奉傳聖旨獎諭臣：知卿爲治極好，得卿在彼，朕無西顧之憂，庶事更切用心者。

按：《謝表》未言其年，然議鑄大鐵錢乃景德二年事，故知當爲景德二年六月也。

八月，益州將吏民庶舉留之，詔褒之，上《表》謝之。蜀中刻印《誡民集》。

《長編》卷六一景德二年八月丙戌：西川轉運使黃觀言，益州將吏民庶舉留知州張詠，詔褒之。每訊牒便文，久不得判，詠率爾署決，莫不允當。蜀中喜事者論次其詞，總爲《誡民集》，鏤板傳布。

《宋狀》：每吏牘便文，久不得判，公率爾署決，人皆厭伏，罰既值罪，按無庾情。蜀中喜事者論次其詞，總爲《誡民集》，鏤墨傳布。

《宋史》本傳：民有諜訴者，詠灼見情僞，立爲判決，人皆厭服。好事者編集其辭，鏤板傳布。

按：本傳繫於初知蜀時，誤。

《自警篇》：公每斷事，有情輕法重、情重法輕者，必爲判語，讀以示之。蜀人鏤版，謂之《戒民集》，大抵以敦風俗、篤孝義爲本也。

按：此段記載，正可與《長編》所載相映證。又見於《五朝名臣言行錄》卷三，注出《湘山野錄》，而今本《湘山野錄》無此條。

本集卷九《益州謝降詔書獎諭表》：今得進奏院遞到詔書一道，轉運使黄觀奏，據本州將吏、僧道、百姓等舉留臣事，蒙恩特賜獎諭者。

詠命通理太常博士王好古、太子中允乞伏矩、節度推官韋宿從長參校，依舊本例，編爲《許昌詩集》十卷，授鬻書者雕印行用。本月爲之作《序》。

按：此據本集卷八《許昌詩集序》，該《序》末署「是年乙巳，秋八月」。北京圖書館藏明汲古閣本《許昌詩集》十卷，題「唐薛能撰，存，張詠序」。袁本《郡齋讀書志》卷四中《別集類》中，載有「《薛能集》十卷」，解題云：唐薛能，字大拙，汾州人。會昌六年（八四六）登進士第；官至工部尚書，節度徐州，徙忠武；廣明元年（八八〇）大將周岌逐能，據城自稱留後，因屠其家。兩《唐書》均無薛能傳，洪邁《容齋隨筆》卷七云：薛能者，晚唐詩人，格調不能高，而妄自尊大。

以下五事，均當在詠第二次治蜀時，年月不清，附於此。

宋彭乘《續墨客揮犀》卷三：張（逸）〔詠〕密學知成都，善待僧文鑒大師，蜀中民素所禮重。一日，文鑒謁張公，未及見，時華陽主簿張唐輔同俟於客次。唐輔欲搔髮，方脫烏巾，睥睨文鑒，罩於其首。文鑒大怒喧呶。張公遽召，才就坐，即白曰：「某與此官人素不相熟，適來輒將幞頭罩某頭上。」張公問其故，唐輔對曰：「某方頭癢，取下幞頭，無處頓放，見大師頭閒，遂且權少時。不意其怒也。」張公大笑而已。

《湘山野錄》卷下：張尚書鎮蜀時，承旨彭公乘始冠，欲持所業爲贄，求文鑒大師者爲之容。鑒曰：「請君遇旌麾游寺日，具襴鞹與文候之。老僧先爲持文奉呈，果稱愛，始可出拜。蓋八座之性靡測。」一日果來，鑒以彭文呈之。公默覽殆遍，無一語褒貶，都擲於地。彭公大沮。後將赴闕，臨歧託鑒召彭至，語之曰：「向示盛編，心極愛歎，不欲形言者，子方少年，若老夫以一語獎借，必凌忽自惰，故擲地以奉激。他日子之官亦不減老夫，而益清近。留鐵緡鈔二百道爲縑緗之助，勉之！」後果盡然。

按：據《長編》卷七七與《寰宇通志》卷六一《成都府·科甲》，彭乘，華陽人，大中祥符五年徐奭榜進士。《宋史》卷二九八《彭乘傳》載，乘官至知制誥，翰林學士。詠褒獎乘，應距其中進士不遠，故當在詠再治蜀時。因此，與文鑒交往，亦當在此時也。

《宋史》卷一八一《食貨志》下三《會子》：眞宗時，張詠鎮蜀，患蜀人鐵錢重，不便貿易，設質劑之法，一交一緡，以三年爲一界而換之。六十五年爲二十二界，謂之交子，富民十六戶主之。後富民貲稍衰，不能償所負，爭訟不息。

宋孔平仲《談苑》卷一：張詠自益州寄書與楊大年（即楊億，時為知制誥），進奏官監官竊計之云：「益州近經寇亂，大臣密書相遺，恐累我。」發視之，無它語，紙尾批云：「近日白超用事否？」乃繳奏之。眞宗初亦訝之，以示寇準（時為宰相），準微笑曰：「臣知開封府有伍伯姓白，能用杖，都下但翹楚者以白超目之，每飲席浮大觥，遂以爲況。」眞宗方悟而笑。

《能改齋漫錄》卷十二：張乖崖再任成都日，夜分時，城北門申有中貴人到，要請鑰匙開門。公令開。旣入見，公謂曰：「朝廷還知張詠在西川否？況川中兩經兵寇，差詠治亂。令中貴人入川，比欲申地主之禮。如何須得中夜入城，使民驚擾？不知有何急公幹當？」中貴曰：「銜命往峨眉山燒香。」公曰「待要先斬後奏，或先奏後斬耶？」中貴悚懼曰：「念某乍離班行，不知州府事體。」公曰：「若如此道即是。」卻令出北門宿。來早入衙，下牓子云：「奉敕往峨眉山燒香，入內內侍省王某參。」公判牓子：「旣銜王命，不敢奉留。請於小南門出去。」其嚴正如此。

兩治蜀，均任用古成之爲治。

清潘楳元《廣州鄉賢傳》卷一《古成之傳》：咸淳三年，除爲校書郎，張詠與語，深器之。及李順亂蜀，詠出知益州，遂辟成之知綿之魏城。先是，內豎王繼恩討賊至綿，居民避兵者多溺死，積胔如疊，孑遺者皆瘡痍流徙。成之既至，勞來而煦育之，運米以濟饑，發藥以療疾疫，經畫有法，活者甚衆。稍暇，即立學校，課農桑，俗爲之一變。咸平五年，蜀又有警，復以詠知益州，詠以成之長於撫恤，再辟知漢之綿竹，一以理魏城者理之，綿竹大治。

按：「咸淳」當係「淳化」之誤。

以下二事，不知在詠初治蜀時抑或再治蜀時。按詠識拔李畋在再治蜀時，《忠定公語錄》乃李畋編，故此二事似當在再治蜀時矣。姑附於此。

《宋朝事實類苑》卷四四引《忠定公語錄》：乖崖公在蜀，設廚刲羊及百，口具毛角，召行人估賣，納錢送一僧院，令與羊子轉經。有一學禪僧得錢來謝，公與之坐，且曰：「微僧自來不轉經，昨日亦爲羊子轉經兩卷。」公厲聲曰：「和尚轉則便轉，和尚如了得，便莫轉，爲甚恰爲羊子轉？」呵起之。公動不容佞，皆若此類。

《說郛》卷三宋李畋《該聞錄》：張乖崖治蜀，有盜擒獲，公詰之，盜曰：「常以半年爲盜。三月至八月，夜短多蚊蚋，人必少睡，故不敢爲盜。九月至二月，夜長天寒，多畏寒懶起，乃可爲盜。」公曰：「春夏作何業？」盜曰：「小小營販，往州縣熟訪人家事力之口、出入門戶之處，故十數年不敗露。」公曰：「盜亦有道，誠然哉。」

十一月，饗太廟，合祭天地於圜丘。轉吏部侍郎，上《表》謝之。

本集卷九《謝除吏部侍郎表》：今月日，密院遞到官告一通、敕牒一道，蒙恩特授臣中大夫、吏部侍郎，加食邑五百户，食實封二百户，上柱國，仍放朝謝。《錢銘》：景德二年，就轉吏部。

按：據《長編》卷六一與《宋史》卷七《眞宗紀》二，景德二年合祭天地後，大赦天下，加恩羣臣，轉吏部侍郎，當在此時。《仕學規範》卷二三引《張乖崖語録》：公轉吏部侍郎，謂李畋曰：「今忝聖恩，爲天官少宰，可畏可畏，又勝作正郎時。正郎又勝作員外郎，員外郎勝作三丞，三丞勝作京秩。若轉下而思之，則身不危，若轉上而思之，則名必敗。」

景德三年丙午，六十一歲。

二月，寇準罷爲刑部尚書，三月出知陝州。參知政事王旦爲工部尚書、平章事（《長編》卷六二、《宋史》卷七《真宗紀》二）。

七月，知益州歲滿。朝議欲以兵部員外郎、直史館任中正代之。中正前知梓州，又新自契丹使還，眞宗恐其憚於遠適，令中書召問。中正曰：「益部重地，國家委使，敢不竭誠以報。」眞宗嘉其自效，擢拜樞密直學士、工部郎中，知益州。在郡凡五歲，遵詠條教，人用便之。宰相王旦初擬中正代詠，議者多云不可，眞宗亦以詰旦，旦曰：「非中正不能守詠規矩，他人往往妄有變更矣。」眞宗是其言。久之，衆乃服旦能用人也。

按：此據《長編》卷六三，注出范鎮《東齋記》。《五朝名臣言行録》卷二「王旦」條引《湘山野録》，亦載此事；而今本《湘山野録》無此條。參見《宋史》卷二八八《任中正傳》。

離成都，返京師。

《青箱雜記》卷十：公離蜀日，以一幅書授蜀僧希白，其上題：「須十年後開。」其後公薨於陳，凶訃至蜀，果十年。啓封，乃乖崖翁眞子一幅，戴隱士帽，褐袍絹帶，其傍題云：「依此樣寫於仙遊閣。」兼自撰《乖崖翁眞贊》云：「乖則違衆，崖不利物，乖崖之名，聊以表德。徒勞丹青，繪寫凡質，欲明此心，服之無斁。」至今川民皆依樣家家傳寫。

按：此事宋人記者頗多，《東齋記事·補遺》、《湘山野錄》卷上、《五朝名臣言行錄》卷三、《夢溪筆談》卷二十、《全蜀藝文志》卷三七王剛中《張忠定公祠堂記》均載之。留交之人，《言行錄》云僧正希白，《記事》云僧正，《野錄》云僧文鑒大師，《筆談》云僧，《祠堂記》云僧希白。《筆談》、《野錄》與《言行錄》且云啓封者乃知府凌策。考詠離蜀至卒，恰十年。據《長編》卷八一凌策在大中祥符六年九月時已知益州；《長編》卷八五載，大中祥符八年十月，以王曙知益州，而張詠卒於是年八月；《長編》卷八八，大中祥符九年九月，有「右諫議大夫凌策自成都代還」之語。是知張詠卒時，知益州果爲凌策無疑。《雜記》記載較詳，故錄之。明人編《張乖崖事文錄》，有趙孟頫書詠《自贊》，與《雜記》同。

《全蜀藝文志》卷四九阮昌齡《錄民詞》：公在雍都，帝憂密諭，捧詔秣馬，足不入戶。炎風劍山，五日而度，公之來尸，一從舊矩。公之至日，衙從雲委，旦驅莫警，執刃挾矢。公曰自疑，民疑何弭？擯而去之，權震千里。公至之始，獄不容質，躬詢親決，百不留一。禁倖塞姦，削技從實，以今方舊，年不及日。僭闕遺則，五門三闕，朝西承天，規號弗革。公爲偏署，州郡之式，盡革舊制，以斷民惑。玉壘之西，禽戎獸夷，公爵其帥，誠而禮之。刻己削俸，以懷以綏，萬里凶醜，縻之軒墀。翹翹錯薪，歲貢霧臻，文翁遠矣，蜀秀無聞。公薦其三，張及、李畋、張遠。翩然凌雲，企慕承化，儒風大振。大會舊規，革偃被馳，公曰頓拒，民其怨咨。萬衆所集，必布奸欺，首罪一夫，路無拾遺。西域之利，星精月駟，舊貫峻嚴，千不一至。公寬其法，鵝聯鱗萃。蜀蠶奮種，葉價日聳，公教種桑，廕疇庇壠，歲不外求，懽聲四踴。

豪居大宅，覆溝侵陌，輪蹏梗蔽，姦宄遁匿，公直舊繩，廓然四闢。周伯麗天，帝億宋年，訛言勃興，咫步萬傳，公誅狂魁，風清兩川。公讌賓友，弗鼓弗鐘，奕碁排星，鳴弰疊鋒，爾威爾暇，權在其中。公歸內署，弗跣弗痳，夜息晝行，集寅衙未，必躬必親，孰敢懈易。蜀腰川頭，春酣玉柄，妙音俊毫，慧黠修整，公堂蕭然，鍊眞弔影。雷足蹏金，益機眉針，奇名怪狀，水陸之琛，公室罄然，左書右琴。無私於身，不欺於人，卑高無間，毫纖必均，遊之如海，視之如春，吾不知其仁。我用既給，我倉既溢，子孫孝悌，牛羊蕃息，刑不橫及，吏不相賊，吾不知其德。言發座右，事在遠夷，法成筆下，名行九圍，從權約制，不間洪微，吾不知其機。賢愚必察，親讎一平，見始窮末，磬理盡情，若在鑑水，若經權衡，吾不知其明。

《五朝名臣言行錄》卷四引《後山談叢》：公（寇準）在岐，忠定在蜀，還，過陝，不留，既別，顧公曰：「曾讀《霍光傳》否？」曰：「未也。」更無它語。公歸，取其傳讀之，至「不學無術」，笑曰：「此張公謂我矣。」

按：《後山談叢》卷三有此段記載，略異，少「公歸」以下語。又見《宋史》卷二八一《寇準傳》。

還朝，復掌三班院。

《宋狀》：景德三年罷歸，領三班、登聞檢院，奉朝請。

《錢銘》：解政還輦下，復管三班院，兼判登聞檢院。

《韓碑》：景德三年召還，復掌三班院，兼判登聞檢院。

按：判登聞檢院實在景德四年，詳後。

詠掌三班院時，有下列事，年月失考，當在景德三、四年間，姑附於三年。

《宋朝事實類苑》卷十四引《忠定公語錄》：景德中，虜寇犯邊，河朔州郡多罹其毒，董兵之將，深溝高壘以自固，未有議其出者。時有一班行李居貞者，権征賦於一鎮，疾其凶獷若是，哀其老幼無辜，鳩集市人，召募丁壯，出其不意，邀以擊之，奪其老幼婦人，援送其家。有位者雖壯其勇，無與議其功者。公時判三班院，聞其名而不識其面，乃嗟稱曰：「下位中有如此者，而不預旌賞，何以勸士大夫邪？」於是錄其狀跡，條奏以聞，特與遷官，仍充閤門祗候。既，而不使知之。李承恩之後，夙夜念之，莫知其由，有人謂之曰：「所舉者乃張尚書也。」因詣謝之，不得見，閽者通牓子，得字數行云：「公臨陣勇，臨財廉，臨事勸，臨民仁，加之畏愼，此報國之大效也。所謝近私，不及相見。感佩！感佩！」李既得之，愈勝一見，捧玩珮服，弗離於懷。李一旦權利有剩，總計使李侍郎士衡詢其履歷，李以前事對，侍郎嗟嘆久之，曰：「古人弗及也。」因命立石於三司廡下，以備史之闕文。按：此首云「景德中」，誤，當作「景德初」。稱「張尚書」亦誤，詠爲尚書，在大中祥符三年，詳後。

景德四年丁未，六十二歲。

正月，河陽節度使、同平章事王顯卒，年七十六。遣內臣護葬，贈中書令，謚忠肅（《長編》卷六五，《宋史》卷七《眞宗紀》二）。

眞宗離開封，赴洛陽。至鞏縣，奠獻太祖、太宗等陵。二月至洛陽，建太祖神御殿，又置國子監、武成王廟。三月回開封（《長編》卷六五、《宋史》卷七《眞宗紀》二）。此次西行，詠當從行。

五月，判登聞檢院。

《長編》卷六五景德四年五月戊申：詔以鼓司爲登聞鼓院，登聞院爲登聞檢院。命右正言知制誥周起、太常丞直史館路振同判鼓院，樞密直學士、吏部侍郎張詠判檢院，檢院亦置鼓。先有內臣勾當鼓司，自此悉罷。諸人訴事，先詣鼓院；如不受，詣檢院；又不受，即判狀付之，許邀車駕；如不給判狀，聽詣御史臺自陳。先是，上謂王旦曰：「開廣言路，理國所先，而近日尤多煩紊。車駕每出，詞狀紛紜，洎至披詳，無可行者。」故有此更置焉。

《宋會要》職官三之六四、六五：景德四年五月，是月，張詠言：「文武臣僚幷諸色人自作過犯，每至進狀，多以利見理訴爲名，別求僥倖。欲望自今詣鼓院、檢院進狀者，先取自來有無過犯一本，連於所進狀前同進，所述過犯，如有隱落，並當除名。又文武臣僚、三司、京百司人吏因罪勒停進狀，赦叙用者，望令鼓院告示，文官歸刑部投文，使臣即歸三班院，三司、京百司人吏即歸本屬，檢赦行施。如稱檢赦不盡，方許執判狀，經鼓院、檢院陳狀。」詔：所責過犯狀內隱落贓私罪者，即科除名之罪，餘皆從請。

六月，因病出知昇州，兼提舉江南東路兵馬巡檢捉賊公事。走水路赴任，八月二十二日到昇州署事，上表謝之。

《錢銘》：時瘍發于腦，艱於晨櫛，拜章求外任養痾，遂知金陵。後兼充江南東路安撫使。

《韓碑》：中歲，瘍生於腦，不能巾櫛，求知潁州。上以公名臣，有人望，兩守益部，政無及者，不當屈於小郡，以眞定府、青州皆大鎮也，聽公自擇。公皆不就。上曰：「昇州可乎？」公即拜命。

按：《長編》卷六五景德四年六月記載略同《韓碑》。

本集卷九《昇州到任謝表》：伏奉六月二十七日敕，差臣知昇州軍州，兼提舉江南東路兵馬巡檢捉賊公事，已於八月二十二日到州署事訖。作藩更委於兵權，赴任乃兼於水路。

《五朝名臣言行錄》卷三引王陶轉述之晏詹語：張公自蜀還，對眞宗言：「蜀中兵亂，朝廷處置緩急有失幾宜者。」因言如王旦乃太平宰相爾。眞宗默然。它日御便殿，召公對，謂公曰：「王旦眞太平宰相也。」仰視殿霤，無它言，公遂退。夫一語不合，大功盡棄，人之爲言，固難矣哉。

按：詠之出知昇州，或亦與此有關耶？然詠與王旦乃同年進士，又以之自豪，似不應有貶旦之語也。

八月，詔修太祖、太宗正史，宰相王旦監修國史，知樞密院事王欽若、陳堯叟，參知政事趙安仁，翰林學士晁迥、楊億並修國史（《長編》卷六六、《宋史》卷七《真宗紀》二）。

十月，議擇廣州知州，工部郎中、直史館馬亮薦詠，眞宗曰：「詠有疾，不可遠適。」察亮願行，遂以爲右諫議大夫，知廣州。

十一月，王欽若首倡封禪之說，眞宗可之，獨憚宰相王旦，曰：「王旦得無不可乎？」欽若曰：「臣請以聖意諭旦，宜無不可。」乘閒爲旦言之，黽勉而從。眞宗召王旦，飲於內中，歡甚，賜以尊酒，曰：「此酒極佳，歸與妻孥共之。」既歸，發視，乃珠子也。旦自是不復持異。天書、封禪等事始作（以上並見《長編》卷六七）。

宋真宗大中祥符元年戊申，六十三歲。

正月，天書下降，大赦，改元大中祥符（《長編》卷六八、《宋史》卷七《真宗紀》二）。

按：由此眞宗開始耗財力而演「天書

封祀」之鬧劇也，詳見《長編》卷六八、《宋史》卷七《眞宗紀》二。

太僕少卿、直秘閣錢惟演獻《祥符頌》，眞宗嘉之，擢司封郎中、知制誥（《長編》卷六八）。

十月四日，眞宗車駕君京師，二十日到達泰山，舉行封禪儀式。二十六日，大赦天下（《長編》卷七〇、《宋史》卷七《真宗紀》二）。

十一月，眞宗至曲阜縣謁孔廟，加孔子謚曰：玄聖文宣王。眞宗還至東京，扶持使丁謂奉天書歸大內（《長編》卷七〇、《宋史》卷七《真宗紀》二）。

上表賀東封禮畢。

本集卷十《賀東封禮畢表》：今月六日，密院遞到赦書一道，十月二十六日，皇帝封禪禮畢，大赦天下。

十二月，羣臣並以次覃恩。詠轉尚書左丞，加大中大夫，進封開國公，加食邑五百戶，勳實封賜如故。上表謝之。

按：此據本集卷十《謝加階封表》，時間據《長編》卷七〇及《宋史》卷七《眞宗紀》二。《韓碑》云：「東封，恩轉尚書左丞。」《錢銘》與《宋史》本傳所載同。而《宋狀》云：「改尚書右丞。」然《謝加階封表》卻未言轉官。考《長編》卷七〇與《宋史》卷七《眞宗紀》二，宰相王旦以下均加官，詠不應祇加階封，故進尚書左丞當爲事實。至《宋狀》所云，或係誤「左」爲「右」，《皇朝文鑑》卷一三六所錄《宋狀》即作「尚書左丞」，是知《宋狀》原不誤，乃傳抄刊刻中致誤也。

大中祥符二年己酉，六十四歲。

正月，御史中丞王嗣宗言：「翰林學士楊億、知制誥錢惟演、秘閣校理劉筠，唱和宣曲詩，述前代掖庭事，詞涉浮靡。」眞宗曰：「詞臣，學者宗師也，安可不戒其流宕！」乃下詔風勵學者：「自今有屬詞浮靡、不遵曲式者，當加嚴譴。其雕印文集，令轉運使擇部內官看詳，以可者錄奏。」（《長編》卷七一、《宋史》卷七《眞宗紀》二）。

四月，昇州火，眞宗遣使撫問，稱張詠在昇州，可無慮。

《長編》卷七一大中祥符二年四月：昇州火。己丑，遣入內高品郝昭信馳驛究劾，被傷者賑恤之，死者官爲瘞埋。他日，上語輔臣曰：「昇州民居，貧富相接，有倉庾間廁。聞火所及，唯富室蕩盡，公廩、貧舍一無所損，此亦異甚矣。」丙申，入內供奉官鄭志誠自茅山使還，言至昇州，見黃雀羣飛蔽日，往往從空而墜，又聞空中若水聲。上曰：「是皆異常，而州不以言，何也？」因出占書示王旦等曰：「此皆民勞之兆。若守臣知人疾苦，能防於未然，則可免禍。今張詠在彼，吾無慮矣。」先是，城中多火，詠廉得不逞之民潛肆燔爇者，折其足而斬之，由是遂絕。丁酉，遣侍御史趙湘至昇州設齋醮，訪民疾苦，被火家悉蠲屋稅，仍令本州正其地界，無使豪族輒有侵冒。

按：《錢銘》、《韓碑》、《東都事略》本傳，均載詠斬放火者事，《韓碑》尙載眞宗無慮語。

本集卷十一《謝傳宣撫問失火及安撫人

戶事狀》：今月十四日，得入內內侍殿頭郝昭信到州傳宣，王智家失火，卿何不早與救滅，致傷人口？仰安撫人戶者。當州經僞號之餘，庶事失酌中之理。街衢褊隘，諒車馬以纔通；屋宇低徊，復茅竹之相雜。一昨陽春始半，時雨稍愆，烈焰忽飛，狂風併作，人不及走，目不暇旋，一食之間，千室俱爐。

十月，眞宗遣內侍以御製《泰山銘》、《贊》賜編錄《封禪記》丁謂等，謂因援太宗賜蘇易簡故事，請就三司署集近臣同觀，又赴崇文院朝堂示百官。眞宗曰：「朕何敢上比先帝？」謂等固請，乃許之，又遍賜近臣（《長編》卷七二）。

十一月，得賜御製御書《封禪銘》、《贊》、《記》副本，上表謝之。

本集卷十《謝賜御製御書封禪銘贊記副本表》：進奏院遞到編錄《封禪記》丁謂等起請御製御書《泰山銘》、《贊》、《記》，抄錄副本一卷賜臣。

按：據《長編》卷七二，遍賜《泰山銘》、《贊》在十月乙巳（二十四），則詠上表當在十一月矣。

十二月，上《甘露賀表》。

本集卷十《甘露賀表》：當州自十一月八日甘露降鍾山太平興國寺松樹，大小約千株，經月尚在。

重修昇州轉運司公署，作記。

本集卷八《昇州重修轉運司公署記》：江南轉運司，開寶甲戌歲，取僞司會府爲之。大中祥符己酉春，民火因風，立焚千室，老屋承勢，化爲煨燼。某旣慚且懼，亟思繕全。末春經始，首冬畢功。皇宋大中祥符二年十二月二十二日記。

大中祥符三年庚戌，六十五歲。

正月三日，眞宗遣使到昇州傳宣撫問，上《表》謝之。

本集卷十《昇州謝傳宣撫問表》：今月三日，入內內侍高班陳文懿到州傳宣，賜臣御札劄子，撫問臣疾患。

按：此表在《甘露賀表》後，而《甘露賀表》明上於十二月八日後，故「今月三日」不當爲十二月三日明矣。此表又在《謝加工部尚書再任表》前，據《長編》卷七三，詠再任在大中祥符三年二月，故「今月」當爲正月矣。

二月，秩滿，昇州民願借留，授工部尚書，令再任，賜詔奬之。上《表》謝之。

《韓碑》：三年春，秩滿，昇民請留，遷工部尚書再任。

按：《宋狀》、《錢銘》所載略同。

《長編》卷七三大中祥符三年二月癸巳：昇州民以知州張詠秩滿，願借留，即授工部尚書，令再任，仍賜詔奬焉。

本集卷十《謝加工部尚書再任表》：今月日，入內內侍高品楊保政齎到官告一通、敕牒一道，蒙恩特授臣工部尚書，散官、勳封、食實封賜如故，仍放朝謝，兼奉敕，量留一任。

三月，眞宗遣入內內侍高品趙履信到昇州傳宣撫問，上《表》謝之。

按：此據本集卷十《昇州又謝傳宣撫問表》。表首言「三月」，又云「未期報政，忽復遷官，信使纔回，中貴又至」，故當在大中祥符三年二月遷工部尚書後之三月矣。

進文字百篇。

本集卷十《進文字表》：因接內侍高品趙

履信言話，履信謂臣曰：「多見朝臣言尚書文章高古，理道深遠。聖君好文，何不寫錄一本進呈」者。臣曾著《聲賦》一篇，妄紀皇王治亂之本；《擬富民侯傳贊》一篇，譏漢武不盡富民之術；《詹何對楚王疏》一篇，似近治身之要；過此片善，偶得一鱗，歌詩短章，稍免塵雜，其寫錄成百篇，昧死附進。

按：《聲賦》見本集卷一，《傳贊》與《疏》見本集卷六。今本《乖崖集》十二卷，除卷十二《語錄》外，共詩文二百二十二篇。此次所進文字，達百篇之多，可說是當時詠之大部份文字也。

眞宗見百篇文字後，下詔書獎諭。詠上《狀》謝之。

本集卷十一《謝進文字賜詔奬諭狀》：今月日，伏奉詔書一通，蒙恩特賜奬諭臣。

五月，知昇州張詠言：「當州水陸要衝，多有凶惡之輩，放火爲盜，準詔刺配潭、賀州充軍訖。檢會舊條，累犯惡迹者，禁身奏裁。請應自來凶惡之人，犯杖罪十次，徒罪七次，或犯徒杖、作賊、違戾父母者五次，及廂界與凶惡通情搔擾侵凌人者所犯杖罪三次，及犯侵擾人至徒一次者，並許刺配登、萊、沂、密、福建路州軍充軍。」詔：須累犯凶惡合申奏者，及放火盜財，杖訖配一千里外牢城（《宋會要》刑法四之五）。

八月，給昇州公用錢歲千貫。舊制五百貫，時張詠知州，故優之（《長編》卷七四）。

以江淮不稳，命昇、洪、揚、廬州長吏各兼本路安撫使。兼江南東路安撫使，上《狀》謝之。

《韓碑》：俄以江東旱，命兼昇、宣等十州安撫使。

《宋史》本傳：是秋，以江左旱歉，命充昇、宣等十州安撫使。

按：「江淮不稔」云云，據《長編》卷七四、《宋史》卷七《眞宗紀》二、《宋會要》職官四一之八三。《韓碑》、《宋史》本傳均繫此事於三年，而本集卷十一《昇州謝就差江東安撫使狀》置於《謝傳宣撫問失火及安撫人戶事狀》前，誤。

九月，罷江南和糴（《長編》卷七四）。十有，丁謂等上《大中祥符封禪記》五十卷，眞宗製序。藏秘閣，賜謂等器帛（《長編》卷七四、《宋史》卷七《真宗紀》二）。

是年，見王益文，奇之，爲改字舜良。

宋王安石《臨川先生文集》卷七一《先大夫述》：公諱某，字損之。年十七，以文干張公詠，張公奇之，改字公舜良。祥符八年得進士第。

又《題張忠定書》：先公年十七，以文見公，實見稱賞，遂易字舜良，時在昇州也。

按：據《宋史》卷三二七《王安石傳》，其父名益。據《先大夫述》，益死於寶元二年（一〇三九），年四十六，上推二十九年，則爲大中祥符三年（一〇一〇）。

大中符祥四年辛亥，六十六歲。

正月，眞宗奉天書發京師，西祀汾陰。

二月，在寶鼎縣祭后土地祇。大赦天下，文武官並遷秩（《長編》卷七五、《宋史》卷八《真宗紀》三）。詠上《賀祀后土禮畢大赦表》。

本集卷十《賀祀后土禮畢大赦表》：今月日，密院遞到祀后土禮畢赦書一道，臣當時集軍州官吏、僧道、百姓宣諭訖。

按：本集中，此表置於《謝除禮部尚書表》之後，然用二月赦書遷官，在四月，詠即因此進禮部尚書。故《賀大赦表》應在前，《謝除禮部尚書表》應在其後。觀《賀大赦表》中語，亦當在二月西祀汾陰後不久矣。二月十八日大赦天下，故賀表當在二月上。

三月，眞宗次陝州，召草澤魏野，辭疾不至。

四月，眞宗回至東京。羣臣用二月赦書，咸以次遷秩（以上見《長編》卷七五、《宋史》卷八《眞宗紀》三）。

進禮部尚書，上《表》謝之。

《長編》卷七八大中祥符五年七月乙酉注：詠爲禮書，乃四年四月也。

《錢銘》：祀汾陰，加禮部尚書。

本集卷十《謝除禮部尚書表》：蒙恩特授臣禮部尚書，加食邑三百戶。

按：《謝表》原注「東封恩」，而《錢銘》、《韓碑》均曰「祀汾陰，加禮部尚書」，則《謝表》注語誤矣，當作「西祀恩」。或系後人妄增妄改，抑未知也。

眞宗遣侍御史趙湘到昇州，撫問詠病，上《狀》謝之。

本集卷十一《昇州謝恩撫問狀》：四月日，待御史趙湘到州，奉傳聖旨，撫問臣：「治郡不易，頭上瘡子痊否？」

按：此《狀》不知其年，僅首云「四月」，在《謝進文字賜詔獎諭狀》後。三年二、三月連續遣使至昇州，詠進文字即三月使者之促。詠在《昇州又謝傳宣撫問表》中即言「信使纔回，中貴又至」，觀此《狀》無此等語言，當非三年四月所上也。且連續數月，月遣一使撫問，亦覺突兀。是以此《狀》必不作於三年也。此《狀》之後乃《謝賜衣襖狀》，云賜初冬衣襖；而詠於大中祥符五年八月罷任，是年不得賜初冬衣襖也。是故，此《狀》當上於四年也。

八月，得賜初冬衣襖，上《狀》謝之。

本集卷十一《謝賜衣襖狀》：今月日，某官至，伏奉詔書，賜臣簇四鵰兒細錦綿旋襴一領，大綾夾襪頭袴一腰，并屯駐駐泊本城軍員等初冬衣襖。

按：此《狀》不得年月，在《昇州謝恩撫問狀》後，故置於四年。既賜初冬衣襖，據《長編》卷五五咸平六年六月記事，當在八、九月間。

大中祥符五年壬子，六十七歲。

正月，命翰林學士晁迥同知貢舉。

三月，眞宗御崇政殿，親試禮部合格貢舉人，得進士建安徐奭而下及第者百人，同出身者二十六人，諸科及第者三百二十四人，同出身者五十二人（以上見《長編》卷七七）。

詠獎拔之彭乘，爲是年進士。

四月，令昇州葺茅山宮觀。

五月，祠部員外郎、直集賢院錢易等，坐所解國子監舉人有十不，責監諸州商稅（以上見《長編》卷七七）。

六月，詔：諸軍故斷手足以避征役及圖徙便郡者，自今決訖，並隸本軍下名，罪重者從重斷，傷殘甚者決配本鄉五百里外牢城。從知昇州張詠之請也（《長編》卷七八、《宋會要》刑法四之五）。

八月，罷知昇州，以薛映代之。

《錢銘》：厥疾增劇，乞還京，自草奏書，求分司洛下，詔不允。

《韓碑》：以瘍疾甚，上章求分司西京。上閔之，亟令代還。

《宋史》本傳：上聞詠腦瘍甚，憫之，令薛映馳驛代還。

《長編》卷七八大中祥符五年八月：知昇州張詠頭瘍甚，飲食則楚痛增劇。御下急峻，賓僚少不如意者，動加詬詈。通判成悅爲吏勤事，而詠性躁果，刑訟多出獨斷，悅嘗以法規正，無所阿順，詠不禮焉，人頗少之。詠累求分務西洛，壬寅，命工部侍郎、集賢院學士薛映代之。映告謝便坐，自言久歷外任，求領近職。翌日，授樞密直學士，仍令馳驛以往。映至昇州，言官有牛賦民出租，牛死，租不得蠲。上覽奏矍然曰：「此豈朝廷所知耶！」遂詔諸州條上，悉蠲之。

以下諸事，係詠在昇州時所爲，年月無考，附於罷任時。

《東軒筆錄》卷十：有范延貴者爲殿直，押兵過金陵，張忠定公詠爲守，因問曰：「天使沿路來，還曾見好官員否？」延貴曰：「昨過袁州萍鄉縣，邑宰張希顔著作者，雖不識之，知其好官員也。」忠定曰：「何以言之？」延貴曰：「自入萍鄉縣境，驛傳橋道皆完葺，田萊墾闢，野無墮農；及至邑，則廛肆無賭博，市易不敢諠爭；夜宿邸中，聞更鼓分明，以是知其必善政也。」忠定大笑曰：「希顔固善矣，天使亦好官員也。」即日同薦於朝。希顔後爲發運使，延貴亦閤門祗候，皆號能吏也。

《江鄰幾雜誌》：張詠知江寧府，僧陳牒出，公據判送司理院勘殺人賊。翌日，羣官聚廳，不曉其故。乖崖召僧至，訊云：「作僧幾年？」對曰：「七年。」復訊之云：「何故額上有繫頭巾痕？」僧惶怖服罪。至今案牘尚在。

按：《涑水記聞》卷七載此事，雖較此處爲詳，然未言詠在何處任何職。《五朝名臣言行錄》卷三載此事，注出《記聞》。元張光祖《言行龜鑑》卷七記此事，與《記聞》所載同，唯首句云「張忠定知益州時」，當誤。

宋祝穆《方輿勝覽》卷十四《建康府亭臺》：折柳亭，張忠定建，爲祖餞之所。

《宋史》卷二七二《曹克明傳》：遷供備庫使，江、淮、兩浙都大提舉捉賊。克明使人捕賊，輒出私錢資之，以故人人盡力。視賊中趫勇者，釋縛，使還捕其黨，前後獲千餘人。知江寧府張詠以其事聞，賜錢四十萬，領平州刺史，知辰州。

十月，眞宗言天尊下降，札示中外，大赦天下（《長編》卷七九、《宋史》卷八《真宗紀》三）。

十一月，眞宗於朝元殿恭謝玉皇，奉天書行事。內外文武官並進階，勳、爵、邑有差。授通奉大夫，加食邑五百戶，上《表》謝之。

按：此據《長編》卷七九與本集卷十《謝加階食邑表》。《謝表》無年月，然內中語有「仙祖來格」云云，故知當在此時。

十二月，作景靈宮。立德妃劉氏爲皇后（《宋史》卷八《真宗紀》三、《長編》卷七九）。

按：景靈宮乃爲供奉十月下降之天尊（聖祖趙玄朗）而建。劉后於眞宗死後，專權十年，卒謚章獻明肅，乃北宋第一個掌權的皇太后。直待其死後，仁宗方得親政。

大中祥符六年癸丑，六十八歲。

還京七月，因病不能朝謁。二月，上《狀》請知外藩。

《宋史》本傳：以疾未見，恨不得面陳所蘊，乃抗論言：「近年虛國帑藏，竭生民膏血，以奉無用之土木，皆賊臣丁謂、王欽若啓上侈心之爲也。不誅死，無以謝天下。」章三上，出知陳州。

《澠水燕談錄》卷二：忠定公後自金陵入，苦腦疽，未陛見，御史閤門屢有奏，上寬其告，俾養疾。公恨不得面陳所懷，乃抗論：「近年以來，虛國家帑藏，竭生民膏血，以奉無用之土木，皆丁謂、王欽若啓上侈心之所爲也。不誅死，無以謝天下。」章三上，不報，出知陳州。

按：《宋朝事實類苑》卷十六與《五朝名臣言行錄》卷三均載此事，均注出《澠水燕談錄》。

本集卷十一《病瘡乞任使狀》：臣賦分本微，長年多疾。昨因增劇，洪恩特賜於替歸。至此未瘳，中旨累加於存恤。而況千官事主，古有定規，百日不朝，理合去職。臣自到雙闕，已是半年，未能暫入於金門，未得一親於鳳扆，心緒若失，徊惶可知。乞降明敕，差知外藩。

按：本集卷十《陳州謝到任表》云「到闕七月，不赴朝參」；而此《狀》云「半年」。詠得知陳州在三月，故此《狀》當上於二月也。

三月十六日，差知陳州（今河南淮陽）。

本集卷十《辭赴陳州表》：三月十六日，中使傳宣安慰臣，及賜臣敕牒一道，差知陳州，仍放朝辭。

進奏院遞到官告三通，贈詠父景太常卿，母謝氏追封新昌郡太夫人，妻王氏進封太原郡夫人。上《表》謝之。

按：此據本集卷十《謝封贈表》。《謝表》無年月，在《謝加階食邑表》後，《辭赴陳州表》前。《辭赴陳州表》乃四月所上，則此《表》當上於五年十一月後，六年四月前。觀《表》內有「少寬南顧之憂」云云，則知陳州之命當已下矣，是故，此表當上於三月十六日後。故置於三月。

四月十四日，離開封，乘船赴陳州上任。臨行，上《表》辭之。

本集卷十《陳州謝到任表》：臣已於四月十六日到州署事訖。臣舉家順水，信宿到官。

又《辭赴陳州表》：今則見促，舟人已裝行具。

十六日，到陳州署事。上《表》謝之。

此據本集卷十《陳州謝到任表》。

六月，翰林學士楊億爲太常少卿，分司西京，仍許就所居養療，候損日赴任。億時在陽翟（《長編》卷八〇）。

八月，上言上狀祠部事。

《宋會要》職官四之二、儀制五之一〇、儀制七之二三：八月，禮部尚書、知陳州張詠言：「臣官忝尚書。祠部，本部子司，每有公事，並是申狀，體似未順。今請應丞郎、尚書知外州，除都省依舊申狀外，若本曹，欲止判檢，令以次官狀申。」從之。

《長編》卷七八大中祥符五年七月乙酉：詔：「尚書、丞郎、兩省給諫知州府，而本部郎中、員外郎及兩省六品以下官充本路轉運使副者，承前例須申報。雖職當統攝，方委於事權，而官有等差，宜明於品級。自今知制誥、觀察使已上知州府處所申轉運司狀，並止署按檢，令通判已下署銜供申。如轉運使官秩在上者，不用此令。」其後，張詠以禮部尚書知陳州，凡有祠部事，皆申公狀，詠因上言：「臣官忝六曹，祠部乃本行司局，而例申公狀，似未合宜。望自今尚書、丞郎知州者，除申省外，其本行曹局止署按檢。」從之。

按：此下原注：「張詠事，本志在六年，今並書。」又「知陳州」作「知昇州」，今據《宋會要》改正之。

王欽若等上新編修《君臣事迹》一千卷，賜名《冊府元龜》（《長編》卷八一、《十朝綱要》卷三、《宋史全文續資治通鑑》卷五）。

大中祥符七年甲寅，六十九歲。

正月，眞宗奉天書發京師，赴亳州太清宮。二月，眞宗回至東京，饗太廟，恭謝天地，大赦天下。三月，羣臣以次加恩。五月，命宰相王旦爲兗州景靈宮朝修使。六月，王旦辭行，赴兗州（《宋史》卷八《眞宗紀》三、《長編》卷八二）。

六月，罷樞密使王欽若、陳堯叟。兵部尚

書寇準爲樞密使、同平章事，王旦薦之也（《長編》卷八二、《宋史》卷八《真宗紀》三、卷二一〇《宰輔表》一）。

《長編》卷八四大中祥符八年四月壬戌：準之未爲樞密使也，旦嘗得疾，久不愈，上命肩輿入禁中，使其子雍與直省吏扶之，見於便殿，勞問數四，因曰：「卿今疾亟，萬一有不諱，使朕以天下事付之誰乎？」旦謝曰：「知臣莫如君，惟明主擇之。」再三問，不對。上曰：「張詠何如？」不對。又問：「馬亮何如？」不對。上曰：「試以意言之。」旦強起舉笏曰：「以臣之愚，莫若寇準。」上憮然有間，曰：「準性剛褊，卿更思其次。」旦曰：「他人，臣所不知也。臣病困，不任久侍。」遂辭退。

八月，秘書監分司西京楊億以疾愈求入朝。命億知汝州（《長編》卷八三）。

九月，眞宗嘗觀書龍圖閣，得王禹偁章奏，嗟美切直，因訪其後。宰相王旦、向敏中言，其子嘉言舉進士及第，爲江都尉，頗勤詞學，而家貧母老。召對，特授大理評事。

按：此據《長編》卷八三，宰相名據《宋史》卷二一〇《宰輔表》一。

以下事均在陳州所爲，不知年月，謹附於年末。

《苕溪漁隱叢話》前集卷二五引《陳輔之詩話》：蕭楚才知溧陽縣，時張乖崖作牧。一日召食，見公几案有一絕云：「獨恨太平無一事，淮陽閑殺老尙書。」蕭改「恨」作「幸」字。公出，視藁曰：「誰改吾詩？」左右以實對。蕭曰：「與公全身。公功高位重，姦人側目之秋，且天下一統，公獨恨太平，何也？」公曰：「蕭弟，一字之師也。」

按：詩見本集卷三，題爲《遊趙氏西園》，該句作「方信承平無一事」。《青箱雜記》卷七與《詩話總龜》卷三一亦載此事，二書略同。《青箱雜記》云：乖崖張公詠，晚年典淮陽縣，遊趙氏西園，作詩曰：「方信承平無一事，淮陽閑殺老尙書。」後一年捐館，亦詩讖也。是故繫有關此詩之事於詠死前一年的大中祥符七年。又明劉宗周《人譜類記》卷五《記警疏誕》第八所載，與《叢話》略同。據《叢話》所載，其時張詠知昇州，溧陽正爲屬縣。然詩中明言「淮陽閑殺老尙書」，淮陽即陳州，與昇州相距千里，溧陽非其屬也。《叢話》云云，恐系傳言也，趣則趣矣，未免失實。當以《青箱雜記》所載爲實。

《能改齋漫錄》卷十二：乖崖公張詠，嘗典陳州。漕使檢點米倉，見近納不當支者有新印。疑而詰主吏，吏答以月支官吏俸米。漕移文詰公，公批於後曰：「國家養賢，不與士卒同，付案不行。」即時遣送漕，自出衙門，坐於樓下，俟送漕使。漕使不得已，倉皇而行。

大中祥符八年乙卯，七十歲。

去年冬暮，楊億在汝州有書寄詠，有《答汝州楊大監書》。

按：本集卷七《答書》云「張老子今年七十矣」，故當在今年。億寄書乃「冬暮」，回書則當在年初矣。《儒林公議》卷上與《湘山野錄》卷中亦載此事，且均引其文，而不出本集卷七所載。《儒林公議》載：「張詠正直少合，與楊億頗相知善。」下即引詠答億書中語，繼曰：「億文詞侈博，落筆即成，生平纂集數百卷，其劬勞至矣；然皆聲韻偶麗，編組事物，鮮有及理之文。詠之書億，其眞益友之言歟！」《湘山野錄》則曰：「其語直氣勁，如乖崖之在目。干寶《晉書》稱王獻之嘗云：『吾於文章書札，識人之形貌情性。』眞所謂也。」

四月，以樞密使、同平章事寇準爲武勝軍節度、同平章事。準惡三司使林特姦邪，數與忿爭。特方有寵，眞宗不悅，謂王旦等曰：「準年高，屢更事，朕意其必能改前非。今觀所爲，似更勝於疇昔。」旦等曰：「準好人懷惠，又欲人畏威，皆大臣所當避，而準乃以爲己任，此其所短也。非至仁之主，孰能全之！」王欽若、陳堯叟竝爲樞密使、同平章事（《長編》卷八四、《宋史》卷八《眞宗紀》三）。

五月，命寇準知河南府，兼西京留守司事。廢內侍省黃門，其高班內品，改爲前殿祗候高班內品（《長編》卷八四）。

眞宗遣使到陳州傳宣撫問詠疾病，上《狀》謝之。

本集卷十一《陳州謝傳宣撫問狀》：今月，得內侍高品岑素到州傳宣撫問臣「頭上瘡子可殺疼痛？好自將治」者。今春已來，其候稍變。蓋由癖路漸滑，頭瘡益深，一飯霑唇，則終朝腦痛，勺水入口，則連夜血流。直緣漏脅之痾，莫責神醫之效，以至形容尫劣，步履艱難。

按：此《狀》無年月，從所言病情看，

當在卒年也。既曰「内侍高品」，又曰「今春已來」，則當在五月内侍高品改名之前矣。姑繫此。

七月，少時同學傅霖來訪。

《苕溪漁隱叢話》前集卷二五引《西清詩話》：張乖崖少與逸人傅霖同學。公既顯達，求霖，三十年不可得。作憶霖詩云：「寄語巢由莫相笑，此生終不羨輕肥。」晚年守宛丘（即陳州），有被褐騎驢，叩門大呼曰：「語尚書，青州傅霖。」閽吏走白，公曰：「傅先生天下士，汝何人，敢呼姓名！」霖笑曰：「别子一世，尚爾童心。是豈知世間有我哉！」公曰：「何昔隱今出？」霖曰：「子將去，來報子耳！」公曰：「詠亦自知之。」霖曰：「知復何言！」後一月，公薨。

《東都事略》與《宋史》本傳：初，詠與青州傅霖少同學，霖隱不仕。詠既中第，致位光顯，散遣親密，四方求霖者三十年不可得。詠守陳，一日，霖來謁，閽吏走白詠，詠責吏曰：「傅先生天下賢士，吾尚不得而友，汝何人，敢姓名乎？」霖笑曰：「别子一世，尚爾耶？是豈知世間有傅霖者乎？」詠且問：「昔何隱？今何出？」霖曰：「子將去矣，來報子爾。」詠曰：「詠亦自知之。」霖曰：「知復何言！」翌日而去。後一月而詠卒。

按：詩見本集卷五，題爲《寄傅逸人》。云詠求霖三十年不可得，誤矣。本集中，有寄傅逸人詩八首。本集卷三《每憶家園樂蜀中寄傅逸人》之二末注云：「淳化末，余直宥密，使人密誘傳，意勉之仕進。傳以爲薦己是相汙也，虛名何濟。遂止。」足證張詠與傅霖有聯繫。至云詠卒前霖來探望，則或有之矣。

八月一日戊寅，卒於陳州理所，年七十。六日癸未，陳州上報朝廷，贈尚書左僕射。

《宋狀》：以大中祥符八年八月一日齊終於理下，享年七十。嗚呼！景命弗究，宗工其萎，如仁均哀，殲我何贖？邦人改祠而爲諱，道路舉音以過喪。眞宗聞訃震嗟，追贈尚書左僕射。

《錢銘》：至大中祥符八年八月一日，棄館舍於理所，享年七十。詔贈尚書左僕射。

《長編》卷八五大中祥符八年八月癸未：陳州言，知州、樞密直學士、禮部尚書張詠卒。贈左僕射。

累階至正奉大夫，累勳至上柱國，累爵至開國公，累食邑至三千七百戶，食實封四百戶。

《錢銘》：公累階至正奉大夫，累勳至上柱國，累爵至開國公，累食邑三千七百戶，食實封四百戶。五福俱集。少多奇節，歷八座之重，受二聖之知，所恨者不至三事，晚嬰奇疾耳。

《宋狀》：公階至正奉大夫，勳上柱國，爵開國公，食封戶三千七百，實戶四百。

眞宗嘗稱詠才任將相，不盡其用，至是大痛惜之。

《長編》卷八五大中祥符八年八月癸未：上嘗稱詠才任將帥，以疾不盡其用。

《宋史》本傳：眞宗嘗稱其材任將帥，以疾不盡其用。

《宋狀》：惜其未極柄用，遽徂朘理，上欲以爲相者數矣，天之不慭也。悲夫！

《韓碑》：上嘗稱公有將相器，以疾未及用，至是大痛惜之，命優贈官。

臨終上疏，請斬丁謂以謝天下。

《長編》卷八五大中祥符八年八月癸未，詠臨終奏疏言：「不當造宮觀，竭天下之財，傷生民之命，此皆賊臣丁謂誑惑陛下，乞斬謂頭，置國門以謝天下，然後斬詠頭，置丁氏之門以謝謂。」上亦不以爲忤云。

按：此下注云：「斬丁謂事據《記聞》，所云臨終奏疏則歐靖《聖宋掇遺》及《國老閑談》所載也。」見《涑水記聞》卷七與《國老談苑》卷一。

或言在陳州頗營市產業，侵刻細民。

《長編》卷八五大中祥符八年八月癸未：詠素以介潔著稱，晚年在陳州，頗營市產業，或侵刻細民，時論惜之。

按：《後山談叢》卷三：「乖崖在陳，一日方食，進奏報至，且食且讀，既而抵案慟哭久之，哭止，復彈指罵詈久之。乃丁晉公逐萊公也。乖崖知禍必及己，乃延三大戶於便坐，與之博，袖間出彩骰子，勝其一坐，乃買田宅爲歸計以自汙。晉公聞之，亦不害也。余謂此智者爲之，賢者不爲也。賢者有義而已，寧避禍哉？禍豈可避耶？」《五朝名臣言行錄》卷三亦載此事，注出《談叢》。然宋洪邁《容齋隨筆》卷八《談叢失實》條辨此事云：「按張公以祥符六年知陳州，八年卒。後五年當天禧四年，寇公方罷相，旋坐貶，豈有所謂乖崖自污之事？」洪邁並指出《談叢》誤記之因：「蓋前輩不家藏國史，好事者肆意飾説爲美聽，疑若可信，故誤人紀述。」李燾《湖北漕司乖崖堂記》云：「舊史恨復之卞急躁競，此蓋當時奴婢小人私謗竊議，果不足信。」且極力推崇張詠。然《長編》載詠在陳州營市産業事。要之，詠晚年營市産業，事或有之；云爲避禍，則誤，洪邁所辯極是。

《容齋三筆》卷五《張詠傳》：張忠定詠，爲一代偉人，而治蜀之績，尤爲超卓。然實録所載，了不及之，但云出知益州，就加兵部郎中，入爲戶部；後馬知節自益徙延，難其代，朝廷以詠前在蜀，寇攘之後，安集有勞，爲政明肅，遠民便之，故特命再任而已。國史本傳略同，而增書促招安使上官正出兵一事。皆詆其知陳州營産業，且與周渭、梁鼎輩五人同傳。殊失之也。史氏發潛德之幽光，爲有負矣。

嘗自言幸生明時。

《東都事略》與《宋史》本傳：少學擊劍，好爲大言，喜事奇節。嘗謂其友人曰：「張詠幸生明時，讀《典》、《墳》以自律，不爾，則爲何人邪？」故其言曰：「事君者，廉不言貧，勤不言苦，忠不言己效，公不言己能，斯可以事君矣。」

蜀人聞其卒，罷市號慟，建大齋會，置遺像，事之如生。

《韓碑》：公之亡也，蜀民聞之，皆罷市號慟，得公遺像，置天慶觀之仙遊閣，建大齋會，事之如生，至今不懈。

《五朝名臣言行錄》卷三引《語錄》、《永

樂大典》卷一八二二三《封寄畫像》引宋張詠《語錄》：訃至，蜀人罷市號慟。（僧正）希白爲公設大齋會，請知府凌策諫議發開所留文字，乃公畫像，衣兔褐，繫條草裹，自爲《贊》曰：「乖則違俗，崖不利物，乖崖之名，聊以表德。」因號乖崖公。遂畫於天慶觀仙遊閣。又九曜堂皆畫公像，府衙之東南隅又有祠堂，皆後人思公而爲之。

年譜後録

宋真宗天禧元年丁巳，詠死後二年。

四月，王曙治蜀，民安其政，以比張詠，號前張後王（《長編》卷八九、《宋史》卷二八六本傳）。

《五朝名臣言行錄》卷四「王曙」條引《名臣傳》：公知益州，賊、盜、贓無輕重一切戮之，蜀中股栗。不數月，賊屏竄，列郡皆外戶不閉。先是，張詠守蜀，季春糶廩米，其價比時估三之一，以濟貧民；凡十戶一保，一家犯罪，一保皆坐不得糶，民以此少敢犯法。至是，獻議者改詠之法，窮民無所濟，復爲盜。公奏復之。

《東都事略》卷五三《王曙傳》：知益州，爲政嚴平而不可犯，人以比張詠，爲之謠曰：「蜀守之良，前張後王。惠我赤子，而無流亡。何以報之，俾壽而昌。」

按：王曙乃寇準女婿也。

天禧四年庚申，詠死後五年。

八月二十九日，權葬於陳州宛丘縣孝悌鄉謝村里（《錢銘》）。

《宋狀》：以天禧四年十一月二十七日，權窆於陳州宛丘縣孝悌鄉謝村焉，從宜也。

按：《銘》、《狀》所載，葬處同，而葬日則異。未知孰是。

宋仁宗天聖三年乙丑，詠死後十年。

八月，知益州薛田言：「本州發解舉人，自張詠以來，例給官劵至京師。今得三司移文，仍責吏人償所給官物，恐非朝廷之意！」仁宗曰：「漢貢士，皆郡國續食，今獨不能行之遠方耶？其令悉蠲之！」（《長編》卷一〇三，《宋會要》選舉一五之五）。

天聖四年丙寅，詠死後十一年。

三月，薛奎以樞密直學士知益州，至天聖六年三月。其臨事持重明決，蜀人以張詠比之（《長編》卷一〇四、一〇六，《東都事略》卷五三本傳）。

宋仁宗慶曆四年甲申，詠死後二十九年。

十二月，文彦博爲樞密直學士，知益州，至慶曆七年三月，爲右諫議大夫，除樞密副使（《長編》卷一五三、一六〇，《名臣碑傳琬琰集》下編卷十二實録《文彦博傳》，《宋史》卷二一一《宰輔表》二）。

《東齋記事》卷四：文潞公守成都，僧司因用張詠故事，請作大事，公許之。四路州軍人衆悉來觀看，塡溢坊巷，有踐踏至死者。客店求宿，一夜千錢。自張公至是，四五十年間，蕃滋不啻數千百倍。地不加廣而人衆如此，取之又日益多，可不慮哉！

《容齋三筆》卷五《張詠傳》：文潞公云：予嘗守蜀，覩忠定之像，遺愛在民，欽服已甚。

宋仁宗皇祐元年己丑，詠死後三十四年。

十二月，知益州田況撰《張尙書寫眞贊》，並張詠《自贊》，一同刊石，置於有詠畫像之天慶觀中（《全蜀藝文志》卷四四下）。

按，田況何時知益州，史未明載。《長編》卷一六四載，慶曆八年（一〇四八）四月，知益州、刑部郎中程戡落樞密直學士，知鳳翔府。《長編》卷一六九皇祐二年十一月載：「田況在蜀逾二年」，其時田況罷知益州。自慶曆八年至皇祐二年，恰「逾二年」，故田況當係接替程戡知益州的。

皇祐二年庚寅，詠死後三十五年。

十一月，召樞密直學士、給事中、知益州田況權御史中丞。益州自李順、王均再亂，人心易搖，守臣得便宜從事，多擅殺以爲威，雖小罪，猶並妻、子徙出蜀，至有流離死道路者。田況在蜀逾二年，拊循敎誨，非有甚惡，不使東遷。蜀人尤愛之，以繼張詠（《長編》卷一六九、《臨川先生文集》卷九一《田況墓誌銘》、《東都事略》卷七〇本傳）。

田況撰《儒林公議》卷上：張詠所臨之郡，無不完浹，前後民愛之如父母。再治蜀，恩威條敎，動皆可紀，益人至今謠慕，比戶畫像祠之，以謂諸葛武侯之後無逮之者。蜀人性遊侈，嘗親春以勤嗇教之，民皆感其意焉。

皇祐三年辛卯，詠死後三十六年。

追謚張詠忠定。

《韓碑》：仁宗朝，追謚忠定。

《湖北漕司乖崖堂記》：追謚忠定，則皇祐三年詔也。

劉敞《公是集》卷四一《張忠定謚議》：自宋興以來且百年，言治者甚衆，其直己以事上，盡心以撫下，生有榮名，死有遺愛者，尚書殆無與並焉。

又《巷議》：巴蜀再叛，百姓凋弊，盜賊滿野。時尚書受命治之，單車到府，城無居民，庫無金帛，倉無見粟，而羣孽在外。尚書能安而輯之，威而懷之，盜賊殄滅，善民得職，至今蜀之人稱之若神明，不可謂無功也。嗚呼！方尚書之時，乘亂敗剽劫之後，公私埽地。然尚書外禦寇，內治民，克成厥功。今居平地，因承平之資，盜賊發，輒更數十郡，殺官吏，辱士大夫，惡不忍言。長吏以下，或開門迎送，具牛酒過兵，可哀也。

按：其時宋廷錄功臣子孫，而不及趙普、寇準、張詠，劉敞因是而作《巷議》，認爲是「有司之失」。文內極贊趙、寇、張三人。今僅錄有關詠之部分。

宋仁宗嘉祐四年己亥，詠死後四十四年。

改茶法，收茶稅，崇陽民因不種茶而不交租，皆感詠之惠，因立廟祠之（《補筆談》、《宋史》卷一八四《食貨志》下六《茶》下）。

知成都府王素始大建張詠祠於府治之東，又取詠治蜀斷語可爲後法者，凡百三十首，圖於壁。落成之日，人無幼艾，爭捧牢酒，或喜或泣，列拜於庭（《全蜀藝文志》卷三七下王剛中《張忠定公祠堂記》）。

按：王素乃王旦季子，《宋史》卷三二〇有傳。

《方輿勝覽》卷五一《成都府·祠廟·張忠定祠》：嘉祐四年，建祠於馬務街。

龍圖學士劉公，又從而潔完之，庀事益光（《全蜀藝文志》卷三七下楊天惠《張忠定公祠堂記》）。

按：據《宋史》卷三三三《劉庠傳》，所謂「龍圖學士劉公」，當爲劉庠也。其事在神宗時，具體時間不明，姑附此。

宋英宗治平二年乙巳，詠死後五十年。

七月，韓絳爲權三司使。韓絳在成都凡再歲。始，張詠以券給貧民，令春糴米、秋糴鹽。歲久，券皆轉入富室。絳削除舊籍，召貧民別予券，且令三歲視貧富轉易之。豪右不得逞（《長編》卷二〇五、《宋史》卷三一五本傳）。

宋神宗熙寧三年戊申，詠死後五十三年。

七月，韓琦判大名府，至熙寧六年二月，徙判相州（《長編》卷二四二、《宋史》卷三一二本傳）。

判大名府期間，應詠曾孫、元城主簿堯夫之請，撰詠《神道碑銘》。

《韓碑》：某向守大名，其孫堯夫，主簿元城，一日，具書來告曰：「堯夫之曾祖，昔事太宗、眞宗朝，勤勞內外，有大名於天下。而自葬距今，歷年久矣，墓碑之刻，闕然未立，請書其實，以表神道，固祖烈之益光也。」某嘗總領史局，觀所載公文武大節，頗亦詳矣，然其絕異之政，與夫遺愛之迹，較然著於人聽者，猶未完悉。今得與鉅賢論次而發揚之，以昭示於後世，誠所願已。

按：韓琦此時已輔相仁宗、英宗、神宗三朝，以司空兼侍中判相州，再徙大名府。琦在「嘉祐、治平間，再決大策，以安社稷」，是名重天下的元老大臣。以此身份而爲詠撰《神道碑》，且推崇備至，可知詠之聲望矣。

宋神宗元豐三年庚申，詠死後六十五年。

九月，知崇陽縣王欲作《張忠定公祠堂記》。

《張乖崖事文錄》卷三王欲《張忠定公祠堂記》：流風善政，遺之至今，雖三尺童子能傳。公之祠不獨著邑人之不忘，而將廣其傳也。

宋徽宗崇寧四年乙酉，詠死後九十年。

知成都府虞策修張詠祠堂，以知華陽縣事李孟侯董匠事。凡葺屋七十楹，度堂十九，竭作十旬，百堵用成，寢宮閟清，牆戶鮮整，氣色明喜，靈觀忽還。

按：此據《全蜀藝文志》卷三七下楊天惠《張忠定公祠堂記》。原僅言「今大尹、前戶部尚書虞公」，而未言其名。考《宋史》卷三五五《虞策傳》：「歷刑部、戶部尚書，拜樞密直學士，知永興軍、成都府。」當即此人。近人吳廷燮《北宋經撫年表》卷五載，崇寧三、四年間，恰爲虞策知成都府，並引楊天惠《記》，爲四年虞策知成都之證。是知確爲虞策也。

宋徽宗宣和五年癸卯，詠死後一百零八年。

正月，臣僚言：「聞蜀父老謂，本朝名臣

治蜀非一，獨張詠德政居多。如賑糶米事，著在皇祐甲令，常刻石，遵守至今，行且百年。其法：一斗止糶小錢鐵錢三百五十文，人日二斗，團場給曆，赴場請糶，歲計六萬碩，始二月一日，至七月終。貧民缺食之際，悉被朝廷實惠。比年漕臣不職，米直漸增，或陳腐不堪，雜以糠粃，不獨損六萬之數，且幾察不嚴。乞賜施行。」詔漕臣檢會皇祐條，措置以聞（《宋會要》食貨六八之五五、五九之一九、五七之一六）。

《宋史》卷一七八《食貨志》上六：張詠之治蜀，歲糶米六萬石，著之皇祐甲令。

宋高宗紹興二十八年戊寅，詠死後一百四十八年。

九月，王剛中充龍圖閣待制、四川安撫制置使兼知成都府。

十月，王剛中至成都赴任（宋李心傳《建炎以來繫年要録》卷一八〇）。剛中在成都，遐思張詠風績，卓乎莫及，嘗躬奠祠下，徘徊周覽，惜其歷歲滋多，堂宇且弊，乃命悉舉而更新之，仍於祠後增接兩廊，建堂三間，築垣墉以周之，而稍植花木於堂北，以爲士大夫謁祠游息之所，且以稱邦人嚴奉之意（《全蜀藝文志》卷三七下王剛中《張忠定公祠堂記》）。

按：王剛中（一一〇三—一一六五），字時亨，《宋史》卷三八六有傳。紹興十五年（一一四五）進士第二人，官至同知樞密院，卒贈資政殿大學士、光祿大夫，謚恭簡。王剛中離蜀時間，本傳曰：「孝宗受禪，召赴闕。」孝宗即位，在紹興三十二年六月。據《宋史全文續資治通鑑》卷二四，隆興元年（一一六三）五月，四川安撫制置使已是沈介。如是，則王剛中在蜀，前後五年。其修張詠祠堂，未知確在何年。今附於其知成都府時。

宋孝宗乾道六年庚寅，詠死後一百五十五年。

李燾修湖北轉運使司乖崖堂，十二月甲子（十九日），爲之作《記》。堂中有從成都仙遊閣摹寫之畫像，畫像服飾，悉如隱者。堂在部刺史聽事後。

按：此據本集附錄《湖北漕司乖崖堂記》。《記》末署「上章攝提格則涂甲子」。「上章攝提格」乃庚寅，即乾道六年。「則涂」，據《爾雅·釋天》，乃十二月。

《輿地紀勝》卷六六《鄂州》上《古跡》：乖崖亭，在漕東衙曰義堂之後，李燾設張忠定公像於其上，有文記之。

按：王象之曰「亭」，李燾曰「堂」，二者不同。堂既爲李燾所修，當以其說爲正。

宋寧宗嘉定三年戊辰，詠死後一百九十五年。

正月，項安世爲崇陽縣重修之北峰亭作《記》。

本集附集卷三項安世《崇陽縣重建北峰亭記》：縣之西曰美美亭，縣之北曰北峰亭，皆公游賦之地。民舊以西亭祠公。隆興二年（一一六四），沼其前以牣魚鱉，移公置北亭上。亭久復廢。慶元初（一一九五），主簿王君田奉公像祠於學。六年（一二〇〇），知縣事任君希夷謂，祠於學良是，然亭乃公笞惰吪處也，敬隆而迹泯，士事而民弗瞻，則公之意其存者有幾？乃復亭於此山上，摹公像龕之。使來告曰：「幸丏我一記，俾君姓名，與榮其間。」嘉定三年正月十九日，江陵項安世記。

按：項安世在此記末，明署「嘉定三年」云云，而《宋史》卷三九七《項安世傳》云：「嘉定元年卒。」是《宋史》誤矣。或爲「六年」之誤歟？據其傳，項安世字平父，淳熙二年（一一七五）進士，歷光宗、寧宗二朝，曾任湖廣總領，權湖北安撫使，太府卿，直龍圖閣、湖南轉運判官等職。《宋會要》選舉四之四四載一事，年月不明，姑附於此：「項安世《擬對學士院試策》曰：如張詠當爲舉首，而以遜其鄉人，則猶有朋友之義也。」此可證安世甚熟悉張詠事迹。

《與地紀勝》卷六六《鄂州》上《古跡》：忠定祠，在崇陽縣北北峰亭。初，張忠定公宰是邑，有異政，去而思之，即公所建美美亭立生祠，春秋祭祠不絕。紹聖中，移置淨刹院。紹興中，重建美美堂，繪公像焉。

按：《輿地紀勝》之記載，正可補項安世記載之闕，使崇陽縣張詠祠堂之演變情況更爲清楚。

嘉定十七年甲申，詠死後二百零九年。

三月，知成都府崔與之被召還朝，任爲禮部尚書。與之不拜命，便道還家鄉廣州。蜀人思之，肖其像於成都仙遊閣，以配張詠、趙抃，名三賢祠（《宋史》卷四〇六《崔與之傳》）。

按：崔與之（一一五八—一二三九）字正子，廣州增城人。嘉定十三年（一二二〇），以煥章閣待制知成都府，兼本路安撫使。十四年十一月，除與之四川安撫制置使，盡護四蜀之師，至嘉定十七年罷任。與之前後在蜀五年，頗有善政。崔與之爲宋代嶺南名人，今有《崔清獻集》傳世，尚有《崔清獻公言行錄》，記載其事迹甚詳。宋魏了翁《鶴山集》卷四九《簡州三賢閣記》云，成都天慶觀仙遊閣之三賢祠，乃嘉定十四年（一二二一），即崔與之知成都府的第二年，由劉光祖（一一四二—一二二二）倡議，洪咨夔（一一七六—一二三六）等人所建，劉光祖且爲之作《贊》。十年後，紹定三年（一二三〇），家大酉知簡州，又在簡州勝會堂建三賢祠，祀張詠、趙抃、崔與之，並請貶靖州（今湖南靖縣）的魏了翁爲之作《記》。如此，則成都三賢祠乃建於崔與之知成都時，而非在其離任後。魏了翁（一一七八—一二三七）乃崔與之獎拔之四川士人，洪咨夔則爲崔與之門人。

宋理宗淳祐十年庚戌，詠死後二百三十五年。

知崇陽縣郭森卿刻印《乖崖集》十二卷，並爲之作《序》。

宋陳振孫《直齋書錄解題》卷十七《別集類》中：《乖崖集》十二卷，附錄一卷。近時郭森卿宰崇陽，刻此集。舊本十卷，今增廣並《語錄》爲十二卷。

本集卷首宋郭森卿《乖崖先生文集序》：森卿初至邑，會舊尹三山陳侯樸授一編書，乃公遺文，欲刊之縣齋而未果，屬使成之。舊本得之通城楊君津家，凡十卷，今爲十二卷。其會粹、訂證，實屬之尉曹孫君惟寅，而使學生存中參焉。

按：據今人陳樂素《略論直齋書録解題》（見《求是集》第二集三一二頁，廣東人民出版社一九八四年九月版）一文研究，陳振録《解題》成書約在淳祐十年或稍後。故置郭森卿刻《乖崖集》於十年，因此書不得遲於十年也，否則陳振孫《解題》無法收録。

宋度宗咸淳五年己巳，詠死後二百五十四年。

二月，知崇陽縣伊賡重刊《乖崖集》十二卷，朝散大夫、特差荆湖安撫大使司主管機宜文字、權澧州軍州事龔夢龍爲《序》（清黄丕烈抄補並跋《乖崖集》卷首龔夢龍序）。

元成宗大德六年壬寅，詠死後二百八十七年。

九月，趙孟頫與湯炳龍拜觀張詠畫像於北山書房，趙孟頫親書張詠《自贊》：乖則違衆，崖不利物，乖崖之名，聊以表德。徒勞丹青，繪寫凡質，欲明此心，服之無斁。乖崖翁《自贊》（《張乖崖事文録》卷首）。

大德七年癸卯，詠死後二百八十八年。

十月，崇陽縣令馬合馬在縣西美美亭前建成張詠祠。祠乃大德庚子（四年，一三〇〇）年改建，至此時建成。武昌路總管府治中察罕申寫《記》，刻石立於祠。

《張乖崖事文録》卷三《忠定張公祠記》：公之終更而去也，民思之，生祠公於所建美美亭，春秋祭祀不絕。紹聖中，移置靜刹。紹興，復祠於美美亭。隆興二年（一一六四），邑令陶楙以北峰亭亦公遺跡，乃徙焉，而命梵安浮屠主祠亭。《郡志》云爾。大德庚子，邑長改建祉壇於亭前。

明太祖洪武六年癸丑，詠死後三百五十八年。

崇陽縣新構張詠祠堂於北峰亭基，知縣親行《祭乖崖文》，明太祖作《張詠惠民記》。八年（乙卯，一三七五）雨水後五日，達彥廣作《跋乖崖祠堂記》（《張乖崖事文録》卷四）。

按：所謂「雨水」，即谷雨，時當陰曆三月二十一日，「後五日」乃三月二十六日矣。

洪武十七年甲子，詠死後三百六十九年。

在成都府治西南，建三公廟，祀秦蜀守李冰、漢守文翁、宋守張詠，歲時有祭。三人舊各有祠，至是重建，合爲一焉（《寰宇通志》卷六一《成都府·祠廟》）。

按：《寰宇通志》卷六一《成都府·名宦》：李冰，仕秦，爲蜀守，鑿離堆捍水以灌溉，於是沃野千里，號爲陸海，蜀人德之。文翁，仕漢，爲蜀郡守，開學校，以詩書教人，風俗丕變，後司馬相如、王褒、揚雄以文章名，張寬以博聞顯，嚴遵、李仲元以有道稱，何武入爲三公，皆文翁倡之也。

明宣宗宣德九年甲寅，詠死後四百十九年。

十二月，禮部主事劉球使蜀，至成都，謁三公廟。退得詠像，有詠《自讚》及趙孟頫《拜觀書》，遂命工善繪者臨摹上石，並繫之以辭（《張乖崖事文録》卷首《張忠定公像記》）。

明孝宗弘治三年庚戌，詠死後四百七十五年。

七月，山西左布政使劉忠與詠同郡，慕詠之爲人，因仕於蜀，見詠有惠於其人甚深，因輯錄其行事與其詩文，並後世記頌，通爲一帙，名爲《乖崖文行錄》，共四卷：卷一收《宋史》本傳、事實、傳霖贈詠詩，陳摶贈詠詩；卷二收《聲賦》、《擬富民侯傳贊》、《罵青蠅文》、《大名府請首薦張覃書》、《答王觀察書》及詩《勸學篇》、《悼蜀四十韵》、《勸酒惜别長短句》、《聞鷓鴣》、《答傅霖逸人》（兩首）、《秋雨》、《自成都詔還寄陳希夷》等八首；卷三收韓琦《神道碑銘》、王安石《題張忠定書》、劉敞《張忠定公謚議》、王欲《張忠定祠堂記》、李燾《乖崖堂記》、察罕申《忠定張公祠記》；卷四收御製《張詠惠民記》、《跋乖崖祠堂記》、《祭乖崖文》、祠像題詠（巡撫、都御史謝士元以下二十四人詩）。卷首有張頤、邢表兩《序》，卷末有楊光溥《後序》。卷首還有張詠像與宣德九年劉球撰《張忠定公像記》。

按：《張乖崖文行錄》刻本題名爲《張乖崖事文錄》。今有明弘治三年（一四九〇）刻本藏北京圖書館善本部，清康熙中刻本藏上海圖書館，均題名爲《張乖崖事文錄》。

清德宗光緒八年壬午，詠死後八百六十七年。

知上海縣莫祥芝依康熙間張青芝鈔本，校以明人影宋寫本，重刊《乖崖集》十二卷，立秋日（七月十三日）作《跋》（本集附集卷二莫祥芝《跋》）。

柳開年譜

祝尚書　編

據《宋代文化研究》第三輯訂補

柳開（九四七—一〇〇〇），字仲塗，自號東郊野夫，又號補亡先生，大名（今屬河北）人。喜讀韓愈文集，因此改名肩愈，字紹先；又慕王通經術，以爲能開聖賢之途，又改今名與字。開寶六年進士，歷宋州司寇、録事參軍。太宗討伐後晉，擢爲贊善大夫，知常州、潤州，拜監察御史。太平興國九年，加殿中侍御史。此後浮沉州縣多年，淳化元年入御史臺獄，貶滁州團練副使。又知環州、曹州、邢州、代州、忻州，移知滄州，兼兵馬鈐轄，赴任途中，以咸平三年卒於并州。

柳開是北宋古文運動的先驅，針對五代末浮艷卑弱的文風，他主張師法韓、柳，恢復儒家道統，作文應當明道垂教，力矯五代文弊。然其所作文，側重發展了韓愈『怪怪奇奇』的一面，不免『詞澀言苦』，矯枉過正，以致難以誦讀。所著《河東先生集》十五卷，有明吴氏叢書堂抄本、《四庫全書》本、四部叢刊影印本等。

柳開年譜，據謝巍《中國歷代人物年譜考録》，有柳子青《柳開集輯注》附録本（著者自藏）。本譜爲祝尚書所編，原收入四川大學古籍所編刊《宋代文化研究》第三輯，今據原編訂補修正收入本書。

本譜據張景《柳公行狀》、《宋史》卷四四〇本傳及《河東先生文集》等資料，鈎輯排比，編次柳開事迹，前叙世系，譜中側重於對讀書作文、仕歷、交游、軼事、詩文等繫年，對史傳及筆記之誤，時有考證，有助於理解柳開改革文風的歷程。

柳開，字仲塗，大名人。

張景《故如京使金紫光祿大夫檢校司空知滄州軍州事兵馬鈐轄兼御史大夫上柱國河東縣開國伯食邑九百戶柳公行狀》（柳開《河東先生集》卷一六，四部叢刊本，以下簡稱《行狀》）：「公諱開，字仲塗，……世居魏。」《宋史》卷四四〇《本傳》：「柳開，字仲塗，大名人。」又柳開《東郊野夫傳》（四部叢刊本《河東先生集》卷二。以下凡引此書，只注卷次）：「家於魏，居鄴其郭之門。」

按：柳開原名肩愈，字紹先，後改今名今字，詳後。魏州，又稱大名府，「慶曆二年升北京。治元城縣。」（《元豐九域志》卷一，參《宋史》卷八六《地理志》二）石介（一〇〇五—一〇四五）《送劉先之序》（《徂徠石先生文集》卷一八）：「聖朝大儒柳仲塗，實魏人，……魏之人猶能記識仲塗之居。」大名府，即今河北省大名縣。

祖以上家鄴，又家館陶。

柳開《宋故昭義軍節度推官試大理評事柳君（閔）墓誌銘》（卷一四）：「鄴中大族，我家也。」又《上叔父評事論葬書》（卷七）：「竊謂從於新塋，不如歸之舊域也。舊域，祖葬之地也，家本起之於彼。」所謂「舊域」，指館陶縣。《宋故穆夫人墓誌銘》（卷一四）：「我先人塋，館陶縣北三十里。周廣順中，始葬叔父大名府西南二十里，村曰馮杜。」按鄴故城在今河北臨漳縣北，館陶縣宋屬魏郡，在大名府北四十五里（《元豐九域志》卷一），今爲河北縣名。柳開祖上嘗屢徙家，蓋因唐末、五代戰亂之故。其父柳承翰五代時嘗任魏州錄事參軍，宋建隆初又得元城令，遂定居魏郡。

曾祖佺，祖舜卿，皆不仕。

《行狀》：「曾祖佺、祖舜卿，皆不仕。」柳開《宋故中大夫行監察御史贈秘書少監柳公（承翰）墓誌銘》（卷一四）：「開王父諱舜卿，隱居鄴，人號『柳長官』者，謂其德行，人伏若邑郡長官也。」

按：柳開曾祖以上世系，至柳開時已不詳，其《柳閔墓誌銘》曰：「或問某曰：『子家唐時爲昌宗，志諸父兄墓不錄其世系，何也？』某對曰：『唐季盜復兩京，衣冠譜諜燼滅，迄今不復舊物。以姓冒古名家己稱後者，淆混無別，吾寧學乎？』」然而柳開又自稱爲柳宗元之後，故早年字「紹先」，又稱唐相柳璨是其「大王父」（見《上主司李學士書》，卷七），似已近「冒」而不能免俗。

父承翰，官終於監察御史、泗州通判，贈秘書少監；母王氏。

《行狀》：「考承翰，爲監察御史，以公贈秘書少監。」《柳承翰墓誌銘》：「（父）諱承翰，字繼儒，天復癸亥歲中秋日生於開祖母劉夫人」。又引其父乾德初《上宰相書》，自述生平道：後唐莊宗同光年始任湯陰簿，後歷南樂簿。長興歲爲和順令，秩滿潛歸，除臨黃令，由魏州錄事參軍歷臨洺、南樂、冠氏三縣令。宋太祖建隆初，首得元城令。前後「考二十，絕有纖失；事十帝四十年」。《墓誌銘》又述曰：「年二十二學詩於隱者孟若水，從万俟生授字學，爲文章。瀛王

（馮）道幼識先君，止之曰：『君少爲令，有緋，何須舉進士乎？獲一第，不過作書記，向人案旁求殘食也。』先君納之。」承翰乾德元年向丞相上書，乃爲「求一通籍，官終其老」，果於次年拜監察御史。乾德三年，太祖召拜泗州通判，五月十日卒於任所。母王氏，承翰死時年五十九，後十八年卒。又柳開《宋故河南府伊闕縣令太原王公墓誌銘》（卷一五）叙其外祖道：「公諱承業，字紹祖。曾祖諱翰，祖諱佐，父諱珣，皆不仕。」承業之妻爲天水趙氏；子王信，宋初爲武將，掌戎於外十年，歸朝爲東頭供奉官。

諸父承昫、承贊、承遠、承陟。弟閏。

據柳開《宋故贈大理評事柳公（承昫）墓誌銘》（卷一四），其仲父諱承昫，字繼華，少承翰五歲。承昫原名承胤，建隆初以諱改。乾德三年七月卒，終天雄軍都教練使。夫人田氏，生肩吾、闞及二女；後夫人李氏，生問。太平興國七年，以肩吾官贊善大夫，追贈承昫爲大理評事，母氏追封京兆縣太君。又《宋故穆夫人墓誌銘》（卷一四），謂其叔父諱承贊，後漢開運元年卒，叔母穆氏嫠居四十五年，己丑（太宗端拱二年）五月卒於家，生閔（字肩回）、閱及二女。又《宋故河東郡柳公（承遠）墓誌銘》（卷一四），謂其父之異母弟諱承遠，後唐莊宗同光甲申年生，出於賈夫人，耳聾，乾德戊辰卒。妻趙氏，生閎及二女。又《宋故前攝大名府戶曹參軍柳公（承陟）墓誌銘》（卷一四），謂其叔祖夏卿生叔父承陟，十八歲病，後三十年，妻孟氏卒（時當在乾德三年）。先娶劉氏，生一女李氏。柳承翰死後八年，承陟卒，推之則承陟生於後梁末帝貞明四年，卒於太祖開寶六年。弟閏。《柳承翰墓誌銘》：「開、閏，嗣子也。」至道元年，柳閏官永濟簿，其他事迹不詳。據《報弟仲甫書》（卷七），疑「仲甫」即柳閏之字。

綜上，柳開家族可圖示如次：

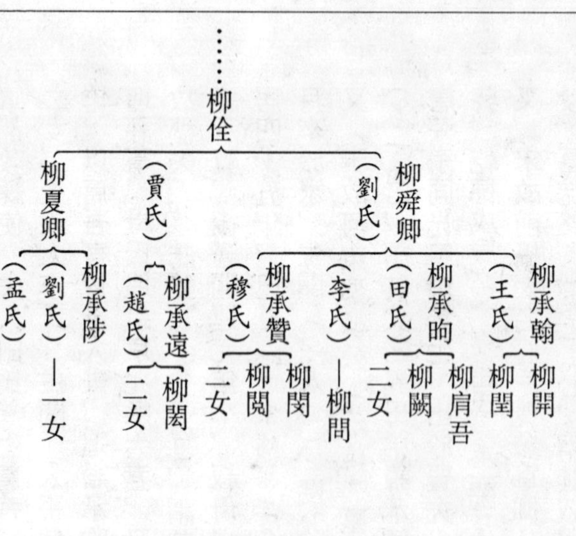

後漢高祖天福十二年丁未

柳開生。

《行狀》：「公生於晉開運末」，卒於眞宗咸平三年三月，年五十有四。逆推之，則當生於是年。

按：是年初後晉出帝雖已被遷，但遼兵亦隨即退去，至六月後漢方才建立，柳開或生於年初，故稱「開運末」。《宋史》本傳：咸平四年，「徙滄州，道病首瘍卒，年五十四」。逆推則在後漢高祖乾祐元年。《宋史》誤，辨詳譜末。

後周太祖廣順元年辛亥，柳開五歲。

開始讀書。

《上大名府王（祐）學士書》（卷五）：「自五歲而讀書。」

後周世宗顯德六年己未，柳開十三歲。

隨父居南樂，嘗斷盜兩足趾。

《行狀》：「幼而卓異，舉族奇之。周顯德末，少監（指其父）爲南樂令，公年十三，夜與家人衆立於庭廡間，有盜入其室，皆驚畏不能動。公呼走取劍，盜逾垣而出，公從而揮之，斷其足之二指，聞者嘆其膽略之異焉。」此事又見《宋史》本傳等。按：《柳承翰墓誌銘》謂其父顯德間授南樂令，時間吻合。南樂，魏郡屬縣，在大名府南四十四里（《元豐九域志》卷一），今屬河北省。

宋太祖建隆元年庚申，柳開十四歲。

父爲元城令。宋建國。

建隆二年辛酉，柳開十五歲。

始習章句。

《東郊野夫傳》：「年始十五六，學爲章句。」《行狀》：「初，唐末構亂，朱、李扼河相持，魏爲干戈之地，文儒蕩然，學者名爲儒，不知爲儒之謂。公凡誦經籍，不從講學，不由疏義，悉曉其大旨，注解之流，多爲其指摘，是從百家之説。漢、魏迄隋、唐間文史，悉能閲之。」此遂開宋代疑傳注、重義説風氣之先。

建隆三年壬戌，柳開十六歲。

始習韓文。

《東郊野夫傳》：「年始十五六，學爲章句。越明年，趙先生指以韓文，野夫（自號，詳後）遂家得而誦讀之。當是時，天下無言古者。野夫復以其幼而莫有與同其好者焉，但朝暮不釋於手，日漸自解之。先大夫（指其父）見其酷嗜此書，任其所爲，亦不責可不可於時矣。」《答梁拾遺（周翰）改名書》（卷五）曰：「年十六七時，得趙先生言指以韓文，遂酷而學之。」又《行狀》：「天水趙先生，老儒也，持韓愈文數十篇，授公曰：『質而不麗，意若難曉，子詳之何如？』公一覽不能舍，嘆曰：『唐有斯文哉，其餘不足觀也！』」按：柳開《昌黎集後序》（卷一一）又云讀韓文始於十七歲。天水趙先生，名字不詳，柳開《東郊野史》中有《趙先生傳》，早佚（見《答梁拾遺改名書》原注）。柳開外祖母及叔父承遠妻皆出天水趙氏，蓋趙先生爲柳氏外親。

此年或以後數年中，因慕韓、柳爲文，遂自名肩愈，字紹先。

《答梁拾遺改名書》：「始其愚之名肩愈也，甚幼耳，其所以志之於文也，有由而來矣。年十六七時，得趙先生言指以韓文，遂酷而學之，故慕其古，而乃名

『肩』矣。復以紹先字之（原注：以其韓、柳偕名於唐時，欲紹其子厚也），謂將紹其祖而肩其賢也。」又《行狀》：「因爲文章，直以韓爲宗尚。時韓之道獨行於公，遂名肩愈，字紹先，又有志於子厚矣。」

宋太祖乾德元年癸亥，柳開十七歲。

習韓文。父承翰上丞相書求官。

乾德二年甲子，柳開十八歲。

侍父赴京，父拜監察御史。

《柳承翰墓誌銘》：「上丞相疏明年，拜監察御史。」《與起居舍人趙晟書》（卷八）：「開年十八，從列考御史來京師，始與爲光（當為趙晟字）相遇，……一見甚相得，各自謂古人直不及我也。」

乾德三年乙丑，柳開十九歲。

年初，父拜泗州通判。四月，偕父母同赴泗州。五月十日，父卒，遂護柩歸京返魏。

《與河北都轉運樊諫議（知古）書》（卷八）：「開先父太祖朝乾德三年任監察御史，爲泗州兵馬鈐轄、通判州事。夏五月，得疾，卒於官舍。」《柳承翰墓誌銘》：拜監察御史之明年春，「破西川，太祖召上殿言曰：『聞爾治家嚴而平，如朕治天下也。居官處食井水外，無一有取。吏犯必責不貸，公事不枉而速。……淮泗居東南，水陸叢委，吳臣未來，越民未歸，郡刺史多惡政。朕方制創諸夏，州立通判，爾去爲朕先之區境，將用爾同理也。』……夏四月，開從之泗州。晦前夕，叔（承）陟至。五月朔，先君疾，十日代去。開困病甚，號擗絕死，叔撫而存之。即復護先君泝汴屆京師。」《柳承昫墓誌銘》：「乾德三年巳月，有愛犬躍仲父前死焉，發策占云：『家主遠喪至。』仲父惡之。午月，我皇考即世，我母與開等縗服至魏。」又《柳承陟墓誌銘》：「正月，夫人孟氏卒，乾德三年也。曰：『是當厄矣，我兄在，往辭之。』四月至泗州，五月我皇考歿。某先姑之婿、楚州團練使王遜書來，告叔父曰：『汴流湍猛，舟泝多壞，爾兄之柩當焚而歸。』叔父報曰：『我兄享祿四十年，乃爲天下知，無行負人，忍成煨燼還故園乎？汴若無神，舟有敗復，我期抱柩同溺乎！』即屆京師。」

是年始作古文，頗爲好事者譏議，而志意益堅。

《東郊野夫傳》：「迨年幾冠，先大夫以不諱稱。野夫深得其韓文之要妙，下筆將學其爲文。諸父有於故里浮屠復浴室者，令野夫爲記以記之。野夫時卧疾中，授其言期望矣，一旦征箋墨於病榻，出辭以作之，文無點竄而成，家人以爲異事，遂騰聞於外之好事者，咸曰：『不可當矣！』復有怒而笑之者曰：『癡妄兒！將我獨復其古，家何恣容乎？』聒然大遍於人口矣。諸父兄聞之，懼其實不譽於時也，誠以從俗爲急務。野夫略不動意，益堅古心，惟談孔、孟、荀、揚以爲企迹，咸以爲得狂疾矣。後日有制作出，於時衆或有下之者。」

《應責》或作於是時。

按：《應責》（卷一）謂「吾今悃悃草野，位不及身」，當在入仕之前，確年不可考，姑置於此。文略曰：「古文者，非在辭澀言苦，使人難讀誦之；

在於古其理，高其意，隨言短長，應變作制，同古人之行事，是謂古文也。」又曰：「吾之道，孔子、孟軻、揚雄、韓愈之道；吾之文，孔子、孟軻、揚雄、韓愈之文也。」本文是柳開早年號召古文的綱領，然而以文、道合一，偏重道統，持論偏頗。

宋太祖開寶元年戊辰，柳開二十二歲。

自號「東郊野夫」。著《東郊書》，隨又焚之。

《東郊野夫傳》：「家於魏，居鄰其郭之門左，故曰東郊也，從而自號之，故曰野夫也。」又曰：「乾德戊辰中，遂著《東郊書》百篇，大以機譎爲尚，功將餘半，一旦悉出焚之，曰：『先師所不許者也！吾本習經耳，反雜家流乎？』衆聞之，益不可謂測度矣，厚以化俗爲意焉。」按其自號之確年不詳，以是年作《東郊書》，姑繫之。

《東郊野史傳》始作於是年。

《東郊野夫傳》：「開寶初，又著《東郊野史傳》九十篇（按《答梁拾遺改名書》原注，《野史》凡九十三篇，總三十卷）。或曰：『子何以作《野史》？』對曰：『在其國史之外不書者，吾書爲《野史》也。』」

作《送高詵赴舉序》。

《序》（卷一二）曰：「宋因於周禮，取文、武之道則而行之。九年，萬方畢來，歸我太平。會八月，柳子病起東郊，來入於魏，得其人言宋之同姓大夫（趙）逢掌文衡也，……又言渤海人詵求試於京兆矣，柳子喜而頌曰：……」既言宋已九年，則知作於是年八月。據《宋會要輯稿》選舉一之一，開寶二年趙逢權知貢舉，與《序》所述合。《宋史》卷二七〇《趙逢傳》謂逢乾德六年（開寶元年）權知貢舉，當言其初授此職。

《上符興州書》、《贈麴植彈琴序》當作於是年或此後數年間。

《上符興州書》（卷六）略曰：「予性甚僻，氣甚古，不以細行累其心，直四海間求與知者，竟無一人。歸來鄉里，日益時病，常卧草堂下，自稱曰野夫。僕實非野夫，蓋不能苟與流俗輩拘，以自蕩其意，故是言耳。」按「符興州」當即符彥卿次子符昭願，周廣順中以蔭補天雄軍牙職，俄領興州刺史。開寶中，改領恩州，見《宋史》卷二五一《符彥卿傳》。此書當作於昭願改領恩州前。又《贈麴植彈琴序》（卷一二）稱「甘自放於東郊矣」，既謂「自放於東郊」，必在舉進士前，姑繫於此。

建來賢亭并作記。

《來賢亭記》（卷四）稱「乃構此亭在東郊」云云，當亦在著書東郊之數年間。

開寶二年己巳，柳開二十三歲。

作《昌黎集後序》。

《後序》曰：「余讀先生之文，自年十七至於今，凡七年，日夜不離於手，始得其一二者哉。」推之當作於是年。按：南宋方崧卿《韓集舉正叙錄》謂「河東先生本增修五千七百五十八字」，則知柳開早年嘗整理韓愈集，是序當即爲整理本而作。然其增修過多，「正恐其間豈無以意增損」（方氏語），故其本不爲宋人所重。

《天辨》等三篇，作於此年前後。

《東郊野夫傳》：「野夫以古之人不能究天地之眞，海之容納，經之所出，乃作《天辨》、《海說》、《經解》三篇，大能摭其事而證其非，昔賢所不能及者也。」三篇皆作於著《野史》之時，今繫於此。除《海說》今存（卷一）外，其餘兩篇早佚。又，《續師說》（卷一）不知何時所作，觀其稱引韓愈《師說》，蓋亦在早年讀《昌黎集》期間。

《送高詵下第序》當作於是年。

按：去年既作《送高詵赴舉序》，則下第當在是年，唯不知其另曾赴舉否。

開寶三年庚午，柳開二十四歲。

作《野史》成，補諸經亡篇，號補亡先生。改名開，字仲塗，著《名解》。

《答梁拾遺（周翰）改名書》：「自庚午歲，《野史》既絕筆，於東郊取諸經亡篇補之，後自賡其號曰補亡先生也。」《補亡先生傳》：「補亡先生舊號東郊野夫者，既著《野史》後，大探六經之旨，已而有包括揚、孟之心，樂爲文中子王仲淹齊其述作，遂易名曰開，字曰仲塗。其意謂將開古聖賢之道於時也，將開今人之耳目使聽且明也；必欲開之爲其塗矣，使古今由於吾也，故以仲塗字之，表其德焉。」又曰：「先生始盡心於《詩》、《書》，以精其奧，每當卷，嘆曰：『嗚呼！吾以是識先師之大者也，不幸其亡逸者哉，吾不得見也，未知聖人之言復加何如耳。』尤於餘經博極其妙，遂各取其亡篇以補之。凡傳有義者，即據而作之；無之者，復己出辭義焉，故號曰補亡先生也。」「先生乃手書九經，悉以細字寫之，其卷大者不過滿幅之紙，古謂其巾箱之者，亦不過矣。」《野史》及所補亡篇，至卒時已散佚不存。《行狀》：「《野史》、《補亡》雖且不存，而《野夫》、《先生》二傳（指《東郊野夫傳》、《補亡先生傳》）俱在，足以觀其志焉。」

連續上書王祜，求薦舉，並論道評文。《上大名府王（祜）學士書》（卷五）：「自五歲而讀書，以至於此，凡十九年矣。」則知作於是年。上王祜書今凡存四篇，時間當相去不遠。《上王學士第二書》曰：「當今取士之道，獨有禮部焉。每歲秋八月，士由鄉、縣而舉於州、郡，由州、郡而貢於有司，有司試其藝能，擇其行義得中者，後進名於天子，始得爲仕也。……今者不由鄉、縣、州、郡而亟得拜見於執事，執事復加之褒揚之賜，開未知從何而便至於此也，宜何以報執事耳！」則知上書王祜，乃爲求其薦舉以應進士試。《第三書》批評當時文風：「代言文章者，華而不實，取其刻削爲工，聲律爲能。」又論道與文之關係：「文章爲道之筌也，可妄作乎？筌之不良，獲斯失矣。女惡容之厚於德，不惡德之厚於容也；文惡辭之華於理，不惡理之華於辭也。」

按：王祜（九二四—九八七），字景叔，大名莘（今山東莘縣）人，歷仕後晉、後周，宋初知光州，乾德三年知制誥，後代符彥卿鎮大名。太宗謂其「清節文章兼著」，特拜兵部侍郎。《宋史》卷二六九有傳。又《宋史·柳開傳》謂「王祜知大名，開以文贄，大蒙賞激」。《行狀》曰：「故閣老王公祜方守魏，公以書謁之。時王公與陶谷、扈載齊名，未嘗以文許人，及得公書，謂公曰：『不意子之文出於今世，眞古之文章也！』學者益大信於公。」

作《代長兄閔上王舍人書》（卷六），亦求知以應舉。

《書》曰：「今年秋，遇執事假政是邦，振舉罷危，某復思而喜，將有幸於執事也。」按「王舍人」即王祜，時以中書舍人知大名府。

竭家資爲一士人襄葬，當在是年或此後數年間。

《行狀》：「公一日與所友者坐酒肆酣飲，其側有一士人亦與人酌，氣貌稍異，語言時若可聽，公問之，士人通姓名，即至自京師，以貧不能葬父母曁家之數喪，聞府主王公祜，名士也，將求之以襄其事。公召以與同席，審之得實，意甚可愍，謂之曰：『生之費將用幾也？』曰：『得二十萬錢爲可。』……（公）竭其資蓄，得白金百餘兩，錢數萬遣之。議者以郭元振之義，不能遠逼，以是四方之士游魏者畢歸之，故聲名喧赫於遠邇。」此事又見《宋史》本傳等。

開寶四年辛未，柳開二十五歲。

是年冬，代臧丙作《宋故和州團練使李侯墓誌銘》。

《墓誌銘》（卷一五）曰：「晉陽李氏者，侯之姓也；曰守節而得臣者，侯之名且字也。……歲辛未而春戊辰者，侯之薨曰開寶四年二月二日也。冬季庚寅而襄事者，侯之於是歲而封於墓也。……摭辭而書石者，侯之館客臧丙夢壽也。」

按：李守節乃李筠子，柳開另有《李守節忠孝論》（卷三），謂李筠謀叛死，「其子守節以潞下待罪，皇帝命舍之，反授單牧，國史載其事」，因責其「於君不見其義，於父不見其親」，當「殺之用謝其天下之忠臣孝子」。既言李守節事已載「國史」，「國史」疑指《太祖實錄》。據《宋會要輯稿》運曆一之二九，沈倫監修之《太祖實錄》成於太宗太平興國五年，錢若水等重修本成於眞宗咸平二年，則柳開此論當作於太平興國五年以後，確年不可考，因附於此。

《答臧丙》三書、《送臧夢壽序》作於是年或以後數年間。

《答臧丙第一書》（卷六）曰：「吾自梁復魏，從我者三人而已，請其教而尊於我，則往之數子依吾門而是居，未若吾子好我也。」按柳開「自梁復魏」之時間不詳，其未仕前曾於東郊教授門徒。臧丙爲李守節館客，其登柳開之門，或在李守節死後數年間。《第一書》謂「我之書，吾子亦常得而觀之耳」，亦當在柳開《野史》或《補亡篇》絕筆之後。又按：臧丙，舊名愚，字仲回，改名丙，字夢壽，與柳開同鄉。早年曾師事王祜，太平興國初舉進士，歷知遼州、河東轉運使、同知審官院、知江寧府，事迹詳王禹偁《諫議大夫臧公墓誌銘》（《小畜集》卷二八），《宋史》卷二七六有傳。《答臧丙》三書，全面闡述「道統論」，并以生而得「聖人之道」及「宋之夫子」自許，是其由學韓文轉爲「開道」後的代表作。

《韓文公雙鳥詩解》約作於是時。

《詩解》（卷二）序曰：「余居東郊，府

從事高公獨知予。開寶中，授以《昌黎詩》三百首，開與之會，即賡誦，評其尤至者。」按：「高公」指高頔，字子奇，先後任符彥卿及天雄軍掌書記，病免後居魏，《宋史》卷四四〇有傳，死後柳開爲作《墓誌銘》（卷一五）。

開寶五年壬申，柳開二十六歲。

《東郊野夫傳》、《補亡先生傳》當作於是年初。

按：《東郊野夫傳》謂作《野史》時年二十四，「後二年別立傳以書焉，號曰補亡先生也」，則《野夫傳》叙事已至二十六歲時，而所謂「別立傳」即《補亡先生傳》，亦當作於是年。又，作於是年四月的《答梁拾遺改名書》已引及二《傳》，則二《傳》應作於本年初。

閏二月，作《上竇僖察判》二書，求發解以應進士試。

《上竇僖察判書》（卷七）曰：「後二月五日，開再拜謹奉書於執事：今之所謂進士者，天下幾百人，凡所能中有司之選者，其道有三，非材、非力、非智，即不得從其列。……開本在魏東郊著書，以教門弟子，願有終焉之志。不幸邇來父兄以家貧，令求祿以養生，交朋以時亨，勉趨仕以專道，故束帶冠髮，編修簡策，欲陪士君子之下，有冀望於名焉。……開遂北走是來，願伏門下，以俟執事之知。」所謂「後二月」即閏二月，查開寶五年正有閏二月。「北走」未詳至於何地。竇僖乃竇儀之弟，太祖嘗謂其「亦中人材爾」（見《宋史》卷二六三《竇儀傳》）。《上竇僖察判第二書》（卷七）作於閏二月十七日。

《與范員外書》或作於是時。《書》（卷五）曰：「孟春晦日，東郊柳子言於范侯曰：『今之學者取小人而棄君子，則予常反於是，是以予也不得不窮爲一旅人。……謹以碑銘箴疏論等雜文共一十五篇獻於左右，間冀閣下知斯言之不佞也。』」此當是贄文以求知，蓋在欲舉進士時，因置於此。

是年夏初至京師，贄文翰林學士盧多遜，求於開封府發解。後到鄭州獲首薦。

《上盧學士書》（卷八）曰：「夏初，求先容以登於執事之門，直以惡文干於左右。洎乎面見執事，果執事不曰汝未可以進矣。凡近年舉進士者，唯開封爲盛，禮部升而中第者十居其五，所以天下之士群來而求薦焉，爭先而冀上焉。開實不忍棄之，大望其角勝矣。乃嘗拜而有謀於執事也，執事當是時，揚言而命開曰：『汝何必須開封解矣？去年李蔚解於鄭而成名，有司不遺其材，斯果在於開封乎。』……邇者遂西入鄭郊，果獲首薦。」按：盧多遜（九三四—九八五），後周顯德進士，宋初擢知制誥，屢知貢舉。開寶二年遷翰林學士，六年參知政事。太宗即位，拜平章事，後因事配流崖州。《宋史》卷二六四有傳。《上盧學士書》作於是年十一月，詳後。《行狀》曰：「及游場屋，攜文詣故兵部尚書楊公昭儉，楊公曰：『子之文章，世無如者已二百餘年矣。』崖相盧公（多遜）方在翰林，一見公，謂公奇士無敵。」又《宋史》本傳謂「楊昭儉、盧多遜并加延獎」，即在此時。

四月十五日，作《答梁拾遺改名書》。

按：《書》（卷五）題下原注：「周翰。開寶壬申年。」文首曰：「四月十五日，鄉貢進士柳開再拜。」《書》中述其改今名今字的原因，多引《東郊野夫傳》及《補亡先生傳》語。據《書》中自稱，是時已獲鄉貢矣。按：梁周翰（九二九—一〇〇九），字元褒，鄭州管城（今河南鄭州）人，後周廣順二年進士，入宋後歷判綿、眉二州，知蘇州，眞宗初知制誥，有文集五十卷。《宋史》卷四三九有傳，幷曰：「五代以來，文體卑弱，周翰與高錫、柳開、范杲習尙淳古，齊名友善，當時有『高、梁、柳、范』之稱。」

赴舉途中，殺臨淮令之僕以除害。

清潘永因《宋稗類鈔》卷四「豪曠」：「柳仲塗開，赴舉時宿驛中，夜聞婦人私哭，聲婉而哀。曉起詢之，乃臨淮令之女。令在任貪墨，委一僕主獻納。及代還，爲僕所持，逼其女爲室。令度勢難免，因許之，女故哭。柳往見令，詰之，得其實。怒曰：『願假此僕一日，爲子除害。』僕至柳室，即令往市酒果鹽梅等物。俟夜闌，呼僕入叱問曰：『脅主人女爲婦，是汝耶？』即奮匕首殺而烹之。翌日，召令及同舍飲，云：『共食僕肉。』飲散亟行，令追謝，問僕安在？柳曰：『適共食者乃其肉也。』」按柳開赴舉當在是年秋（次年應進士試），然此蓋小說家言，未必是實。考張詠亦有助人制僕事，與此略同，見《東都事略》卷四五《張詠傳》。

十一月，上書盧多遜，再乞援引。

《上盧學士書》：「十一月日，鄉貢進士柳開再拜奉書於執事」，下叙夏初登門求於開封發解事，已見前引。《書》又曰：「自秦漢已來，有名之士登用於民上者，誰不曰某因某而彰於時，某因某而獲於位乎？今由古也，弗可廢矣。開雖不敏，……願出於執事之門下，開實爲榮。」

開寶六年癸酉，柳開二十七歲。

曾贄文知貢舉李昉，二月又上書辯謗。

《上主司李學士書》（卷七）：「二月日，鄉貢進士柳開再拜獻書於執事。……開所納文中，有《東郊野夫》及《補亡先生》二傳，可以觀而審之。〔其〕爲人也，譽之聲從來既有矣，毀之者果不能無之也。竊聽近日嚚嚚成風，興謗之徒十或一二，譽開者斯既君子，毀開者斯必小人，度明公必不以小人之毀而易君子之譽開也。」按：「主司李學士」即李昉。昉（九二五—九九六），字明遠，後漢乾祐間進士，後周時知制誥，爲翰林學士。入宋加中書舍人，直學士院。開寶三年、五年知貢舉，太平興國末拜相。曾編《太平御覽》、《文苑英華》、《太平廣記》。《宋史》卷二六五有傳。

三月，登進士第。

《與鄭景宗書》（卷八）：「太祖皇帝開寶六年，命今僕射李公（昉）考試貢舉人，取士有不能盡。……（進士徐士廉）旦伏闕下，太祖夕召與之見，廉即具道貢舉人事，請太祖親試之，……太祖即命禮部試所中、不中貢舉人到於殿廷試之，得百有二十七人，賜登高第。開幸在其數。」《行狀》：「開寶六年，太祖御講武殿復試禮部貢士，公年二十有七，一舉登進士第。」按：葉夢得《石林燕語》卷八曰：「柳開少學古文，有盛名，而不工爲詞賦，累舉不第。開寶六年，李文正昉知舉，被黜下第。徐士廉擊鼓自訟，詔盧多遜即講武殿復試，於是再取宋準而下二十六人，自是遂爲故事，再試自此始。然時開復不預，多遜爲言開英雄之士，不工篆刻，故考校不及。太祖即召對，大悅，遂特賜及第。」謂柳開係「特賜及第」，不實，汪應辰《石林燕語辨》已言其非。又《宋稗類鈔》卷五「尚論」曰：「柳開少好任氣，大言凌物。應舉時以文章投主司於簾前，多至千軸，載以獨輪車。引試日，衣襴自擁車入，欲以此駭衆取名。時張景能文有名，惟袖一書簾前獻之，主司大稱賞，擢景優等。時人爲之語曰：『柳開千軸，不如張景一書。』」然據宋祁所作《故大理評事張公（景）墓誌銘》（《景文集》卷五九），張景生於開寶三年，柳開中進士時年方四歲，所云乖謬，自不待辨。

開寶八年乙亥，柳開二十九歲。

釋褐宋州司寇參軍。

《行狀》：「太祖方注意刑政，去州郡馬步使之號，新立司寇參軍。（開寶）八年，公釋褐，首其任於宋州。」柳開《上參政呂給事書》（卷八）：「開一舉中進士第，凡五年爲吏郡府而入朝。」又《知邠州上陳情表》（卷一〇）：「臣自太平興國四年，蒙聖恩與臣升朝官。」太平興國四年上推五年，亦當在開寶八年入仕。按：宋州，眞宗景德三年升應天府，大中祥符七年升南京，治今河南商丘。

開寶九年丙子，柳開三十歲。

遷宋州録事參軍。

《行狀》：「（開寶）九年，以治獄稱職，就遷録事參軍。」

宋太宗太平興國二年丁丑，柳開三十一歲。

在宋州録事參軍任。涉嫌盜庫金被拘，當在是年或明年。

《宋州龍興寺浴室院新修消災菩薩殿壁記》（卷四）：「道隱師居是宫，作是殿，立是像。柳子以王事繫於斯（原注：時任宋州録事參軍，有轉運使和峴誣奏予盜庫金，被制降使劾之，以居於寺中），見而問之。」按：和峴，字晦仁，後晉宰相和凝子，太平興國二年知兖州，改京東轉運使。《宋史》卷四三九有傳。此案審理結果如何不詳，蓋以不得其實而罷，故柳開後來仍得遷升。

太平興國四年己卯，柳開三十三歲。

三月，擢贊善大夫，從駕平北漢，督運楚、泗八州糧草。

《奏事宜表》（卷一〇）：「臣於太平興國四年任宋州録事參軍，太宗聖駕在鎮州，抽臣赴行闕。是歲三月二十四日，臣至洺州……臣開至行闕，授贊善大夫，從太宗。四月抵晉壘，五月六日（劉）繼元歸命。」又《行狀》：「太宗即位四年，親平晉，擢公爲贊善大夫。公從駕督楚、泗八州芻粟，皆先期集事，太宗嘉之。」然《宋史》本傳曰：「太平興國中，擢右贊善大夫。會征太原，督楚、泗八州運糧。」則似乎擢官在出征前，記事不確。

歸，與潘閬、寇準、宋白等游，潘閬有詩。

潘閬《中秋與柳贊善開宗贊善坦寇學士

準宿宋拾遺白宅不見月》：「共約中秋來看月，一輪終不見清輝。衆人眠後唯孤坐，翻憶無雲宿翠微。」（《逍遥集》）詩題既稱「柳贊善」，又宿宋白宅，當在京師，蓋爲班師之後。按：潘閬，祖籍大名，先世徙揚州，號逍遥子，有詩名。太宗時賜進士及第，尋以其狂妄追還詔命，後因事潛逃。眞宗時授滁州參軍，卒於泗州。與柳開爲莫逆之交（文瑩《續湘山野録》）。

命知常州，遷殿中丞。

《行狀》：「會常、潤二州群盜起，命公知常州。公至，使諭盜曰：『吾來，汝速歸，歸則生，又厚賞汝；不歸，將盡死矣。』遂設奇，多捕獲，咸戮之。賊懼，稍稍有歸者。公撫慰之，給府庫衣物，私出緡錢益之，自解衣加其酋首，皆致之左右。……不半歲，闔境肅寧。遷殿中丞。」

太平興國五年庚辰，柳開三十四歲。

是冬，移知潤州，拜監察御史。

《潤州重修文宣王廟碑文》（卷四）：「太平興國五年冬，開自常州知軍州事，授敕知此州。」《行狀》：「（知常州之）明年，移知潤州，拜監察御史。潤人熟公治常之迹也，畏公如神明。」潤州，治今江蘇鎮江。

太平興國六年辛巳，柳開三十五歲。

在潤州任。

《玉壺清話》卷三：「柳仲塗開知潤州，胡旦秘監爲淮漕，二人者俱喜以名驚於時。旦造《漢春秋編年》，立五始、先經、後經，發明凡例之類，切侔聖作。書甫畢，邀開於金山觀之，頗以述作自矜。開從其招而赴焉。方拂案開編，未暇展閲，開拔劍叱之曰：『小子亂常，名教之罪人也。生民以來，未有如夫子者，至若丘明而下，公、穀、鄒、郟數子，止取傳述而已。爾何輩，輒敢竊聖經之名冠於編首，今日聊贈一劍，以爲後世狂斐之戒！』語訖，勇逐之。且闊步攝衣，急投舊艦，鋒幾及身，賴舟人擁入，參差不免，猶斫數劍於舷，聊以快憤。」按：此事有無，難以言定，姑録之以見其人喜名、衛道之狀。又按：胡旦，字周父，太平興國三年狀元，累官左拾遺、直史館，眞宗時官至秘書監。著有《漢春秋》、《五代史略》等。《宋史》卷四三二有傳。

太平興國七年壬午，柳開三十六歲。

在潤州任。六月，丁母憂。

《柳承翰墓誌銘》：「先君歿年，我母萬年君年五十九，歸柳氏四十年矣。又十八年六月卒。……開爲監察御史時，封太原縣太君，今（指至道二年）追封萬年縣太君。」其父卒於乾德三年，下推十八年，則卒於是年。喪母後，蓋有詔起復（《與起居舍人趙晟書》即自稱「起復」，見下引），故未離任。

太平興國八年癸未，柳開三十七歲。

在潤州任。春，潘閬曾寄詩。

潘閬《舟中自吳之越寄潤州柳侍御開楊博士邁》詩（《逍遙集》），有「兩岸山光合，況當三月天」之句，不詳的在何年，姑置於此。詩題稱「侍御」，而柳開加侍御史在太平興國九年出知貝州時，疑傳寫誤。

八月，重修潤州孔廟成，爲作碑文。

《潤州重修文宣王廟碑文》曰：「（太平興國）八年，政事簡，秋八月哉生明，撤舊創新，告遷其廟。自顏子及孟子已下門人大儒之像，各塑繢配享於座。厥功成，乃刻辭於石以紀之。」十二月，趙晟前來代任，作《與起居舍人趙晟書》。《書》（卷八）略曰：「十二月日，從表弟、起復儒林郎、守監察御史、知潤州軍州事柳開，再拜奉書爲光足下」，「開來潤三年矣，……今而來也，代予之任矣。」

太平興國九年甲申，柳開三十八歲。

由潤州詔歸，出知貝州。

《行狀》：「太平興國九年，詔歸，出貝州，加殿中侍御史。」《上參政呂給事書》：「自知潤州得替歸京，以家在河北，曾具此二事（按指其父、叔父等喪未葬，弟妹婚嫁失時），白於政事堂中，蒙執事賜以貝州之命，開甚爲獲所願也。到治所後方經營婚葬，不三月，長兄閔卒於昭義軍節度推官。」按《柳閔墓誌銘》謂閔卒於太平興國九年八月，而趙晟往替在去年末，則柳開離潤當在是年初，到貝州任應在六月左右。貝州，治今河北淸河縣。

雍熙二年乙酉，柳開三十九歲。

正月，坐與兵馬都監紛爭，追削朝籍，貶爲上蔡令。五月，過大名南行。

《上參政呂給事書》：到貝州治所，「開以兵馬都監趙嘉進、監押翟廷玉以官事苦相侵逼，致各紛爭，天怒降威，追官作宰。」又《與河北都轉運樊諫議書》（卷八）：「至雍熙二年，開爲殿中侍御史，春正月，因同職者以王事忿爭，開追削朝籍，得上蔡縣令。」《行狀》同。又《宋故中大夫左補闕致仕高公頔墓誌銘》（卷一五）：「（雍熙二年）夏五月，開自貝貶逐南行，過公宇下（高頔晚居大名，見《宋史》本傳）。」按：上蔡縣，今屬河南。

作書與韓洎借盧仝詩，寫訖納還，再作書，頗以韓、柳子孫俱能古文自豪。

《與韓洎書》（卷九）謂「余今年自御史謫官到此」，知在是年。又曰：「近洪州李顧行秀才自許州來相訪，……因讀孟郊詩，言及足下有盧仝詩數十章」，「今欲請足下所有盧仝詩而一觀焉」。《再與韓洎書》（同上）：「唐有天下三百年間，稱能文者，唯足下與我兩家。……聞足下好爲古文，及近得足下序、書，讀之頗有吏部之梗概，所以自念韓、柳氏子孫，與足下幸同出於今世矣。」盧仝詩，「今寫訖納上」。按《宋史》卷四四〇《韓溥傳》：「韓溥，京兆長安（今陝西西安）人，唐相休之裔孫。……弟洎，亦進士及第。」

在上蔡，以興利愛民爲務。

《行狀》：「公即蔡，悉召父老與言，政有害民者，以利除之。民有辭訟，非故鬥致傷者，必盡其理而赦之。民皆曰：『公非不能震畏，實愛我之深也。』督租賦不以利勸，諭其約而已。民懷公仁，莫敢逋負。」

雍熙三年丙戌，柳開四十歲。

在上蔡任。年初，率縣民饋軍糧至京師，上書求牽復。

二月十一日作《上參政呂給事書》，以父母

等十四喪未葬，求其「以非常之善言開於上，乞行非常之恩」。又曰：「開聞當今大發師徒，必有征伐，是非常之時也；國家事繁務衆，文武要人，是非常之便也。執事若念開昨觸犯刑章，無毫髮臟賄，上不負國，下不侵民，止以王事與同職爭競，……乞於今時重難極處使之以贖前罪，如此是執事可以行非常之惠也。」按：「參政呂給事」當即呂蒙正，太平興國八年參知政事。三月六日，又作《上史館相公書》，略曰：「開負罪南遷，逐爲縣令，囚繫下位，愁憂日煎。……今來率領部民，饋輦軍食，路出天闕，迹達相門，即誠可陳，事可謀。開受恩門下，已十五年，相公豈不哀而念之哉！」按：「史館相公」指李昉，時拜同平章事、監修國史。柳開開寶六年舉進士時，李昉知貢舉，故言「受恩門下，已十五年」。

至軍中，識破敵人詐降之謀。

《行狀》：「初，王師將之涿州，數與契丹戰。有酋帥領萬餘騎與我軍帥米信相持不解，忽遣使來欲降。公知之，謂人（《宋史》本傳作「開謂信」）曰：『兵法云：無約而請和者，謀也。彼必有謀，急攻之必勝。』時米信遲（疑有脱文，《本傳》作『遲疑不決』），越二日，約未定，酋帥驟引騎來戰。後聞之，蓋矢乏，徵矢於幽州也。其見機如此。」此事又見《續資治通鑑長編》，附載於雍熙三年四月。

五月，作《高頔墓誌銘》。

《宋故中大夫左補闕致仕高公墓誌銘》：「（雍熙三年）春三月丁丑，開率縣民饋軍伐燕，路出大名，鄉之人語開曰：『公當去月辛酉歿矣。』夏五月庚寅，開隨兵回，使告其孤曰：『願銘公墓，以報公厚知於我也。』」潤、南金與鼎三子列公行事以請。」

過闕獻書，復殿中侍御史。

《與河北都轉運樊諫議書》：「（雍熙）三年，開逐曹師饋軍伐燕，自涿州回，過闕下，獻書乞從邊軍效死，上念開前罪無大故，情可憐惜，復得殿中侍御史。」

致書李宗諤，并評其文。

《與李宗諤秀才書》（卷九），中謂「去年春在貝州」，又曰：「開今來得復舊官，留於京邑，思與足下朝夕游處，各盡其所懷，以其事役劬劬，卒未得相見。數日前，崔秀才袖足下文一軸及《永泰門義井銘》石本一篇見貺，……足下之文雅而理明白，氣和且清，眞可貴也。足下若不廢於學，勤勤然即至於道，其不難矣。名稱祿位，必由己立。」按：李宗諤，李昉第三子，恥由父任得官，獨由鄉舉第進士。《宋史》卷二六五《李昉傳》有附傳。

使河北，曾飛章奏邊事，又上《陳情表》。

《與河北都轉運樊諫議書》：「奉使河北，（雍熙三年）冬十二月，値王師有瀛州之役，邊城陷賊。開以河北事機飛章疾奏，上恕而納之。」《行狀》：「使河北，多言邊事，太宗頗納之。又上書曰：『臣以幽州未歸，匈奴未滅，望陛下於河北用兵之地，賜臣步騎數千，令臣統帥行伍。況臣年今四十，膽氣方高，比之武夫，粗識機便。如此，則得盡臣子忠孝之道。』」《宋史》本傳所述略同。按：所上書見《河東集》卷一〇，然今存各本皆闕其篇題及前半文字，唯北京圖書館藏宋慶元三年書隱齋刻本《新刊國朝二百家名賢文粹》卷一四四尚存全璧，題作《上太宗皇帝陳情表》。

上書王承衍，主張以詐、奇、謀、勇敵遼兵。

《上王太保書》（卷六）謂「開今夏中隨兵饋糧，北抵涿州」。又曰：「用非詐也不能及其（北虜）心，出非奇也不能敵其衆，動非謀也不能防其奸，戰非勇也不能捍其力。輕而視之，易而行之，非所以利也。」末有「請明公相度乞聖駕行幸天雄軍駐蹕」云云，顯在是年，蓋爲使河北時作。按：「王太保」，即王承衍。《宋史》卷二五〇《王審琦傳》附《王承衍傳》：審琦子承衍，字希甫，尚太祖女昭慶公主，太平興國三年加檢校太保，雍熙中出知天雄軍府兼都部署，端拱初再知天雄軍。

雍熙四年丁亥，柳開四十一歲。

七月，知寧邊軍。

《與河北都轉運樊諫議書》：雍熙四年夏，由河北歸，「上於文吏中方求將兵者，開與（劉）墀、（趙）載輩首得預選，充崇儀使。秋七月，方在邢州訓練兵卒，急詔令知寧邊軍。」《行狀》：「詔文臣中有武略知兵者，公奉詔，改崇儀使，知寧邊軍。公至，治以仁，愛士卒，專訓練，明賞罰。」又《續資治通鑑長編》卷二八：雍熙四年五月乙丑，「以侍御史鄭宣、司門員外郎劉墀、戶部員外郎趙載幷爲如京使，殿中侍御史柳開爲崇儀使，左拾遺劉慶爲西京作坊使。……上亦欲幷用文武，勘定寇亂，乃詔文臣中有武略知兵者許換秩，故開與宣等俱被此命。」按《行狀》曰：「寧邊者，定州博野縣也，以其控要，始建軍，以莅之。」博野縣，今屬河北省。

赴邊時，潘閬有詩相贈。

潘閬《寄贈柳殿院開授崇儀使赴邊上》（《逍遥集》）：「從來長見說兵機，今來君恩志豈違？驄馬不騎騎鐵馬，綉衣休挂挂戎衣。雄師已聽心皆伏，勁敵將聞魄盡飛。應笑苦吟頭白者，二《南》章句轉衰微。」

十二月，上書郭守文，料契丹不至犯邊。

《行狀》：「冬十二月，沿邊州郡相馳告以契丹將犯邊，急設備。居數日，連受八十餘牒，公獨不告。時宣徽使郭公守文主軍陣，公馳書陳五事，料蕃賊必不犯邊。契丹果不動，其料敵如此。」按：《上郭太傅書》（卷八）謂「十二月十五日，崇儀使、知寧邊軍柳開謹再拜獻書於宣徽太傅旌旗之前」云云。《續資治通鑑長編》卷二八曰：「時上亦將議親征，河北東路轉運副使王嗣宗上疏言敵必不至之狀，上乃止。」按《宋史》卷二五九《郭守文傳》：雍熙四年，「拜宣徽北院使。又與田欽祚并爲北面排陣使，屯鎮州。」

端拱元年戊子，柳開四十二歲。

知寧邊軍。五月，詔替歸京，上書樊知古求留任河朔以營葬。

《與河北都轉運樊諫議書》：「五月七日，崇儀使柳開再拜獻書於諫議……柳，宫姓，今年歲得戊子，且利爲葬。開又復得在河北有上所賜中金，可爲充辦，方經營於秋冬以襄事。今者開詔替歸京，復不知千里萬里，東南西北而往矣，其葬事今敢決而爲望哉？……開復見魏、博、慈、相等州都巡檢使歲月過滿，開欲求而爲之，乞明公於府主太尉一言之，望府主太尉一奏之。」按《宋史》卷二七六《樊知古傳》：「端拱初，遷右諫議大夫、河北東西路都轉運使。」知古本名若水，太宗使改之。

廢策反白萬德事，抵京，出知全州。

《續資治通鑑長編》卷二八：「有白萬德者，眞定人，爲契丹貴將，統緣邊兵七百餘帳。寧邊有豪杰，即萬德姻族，往往出境外見之。柳開因使說萬德爲內應，挈幽州納王師，許以裂地封侯之賞。萬德許諾，來請師期，使未及還，會詔徙開知全州，事遂寢。」事又見《行狀》及《續湘山野錄》，略有異同。《長編》原注曰：「白萬德事《本傳》不載，《眞宗實錄》有之，蓋出張景所作《行狀》，詞太夸，《實錄》稍刪之，今從《實錄》。」

《塞上》詩或作於知寧邊軍時。

江少虞《皇朝事實類苑》卷三五引《倦游雜錄》：「馮太尉端嘗書一絕句云：『鳴鶻直上一千尺，天靜無風聲更乾。碧眼胡兒三百騎，盡提金勒向雲看。』顧坐客曰：『此可畫於屏障，乃柳如京塞上之作。』」是詩作年不詳，既云爲「塞上之作」，或在是時，姑繫於此（《詩話總龜》前集卷一〇引，作者為「柳彥塗」，蓋「仲塗」之誤）。

出知全州，自謂爲趙昌言所累。

《柳肩吾墓誌銘》：「明年（指端拱元年），今鳳翔趙公（昌言）適爲樞密副使，讁於隨，害趙者構開，及京，知全州。」按：趙昌言（九四五—一〇〇九），字仲謨，汾州孝義（今屬山西）人，太平興國三年進士甲科。雍熙四年爲樞密副使，次年因事貶爲崇信軍節度行軍司馬（治隨縣）。淳化四年參知政事。《宋史》卷二六七有傳。「害趙者構開」事不詳，蓋柳開與趙昌言交厚，因被牽連。吳處厚《青箱雜記》卷六曰：「柳崇儀開家雄於財，好交結，樂散施，而季父主家，多靳不與。時趙昌言方在布衣，旅游河朔，因以謁開，開屢請以錢乞趙，季父不與。開乃夜構火燒舍，季父大駭，即出錢三百緡乞趙。由此恣其所施，不復吝也。」此事不知其年，既謂趙昌言爲布衣時，當在太平興國三年之前，可見兩人早已定交。又按：全州，今爲縣名，屬廣西。

途出維揚，潘閬戲裝鬼怪以怖之。

文瑩《續湘山野錄》：「如京使柳開與處士潘閬爲莫逆之交，而尙氣自任，潘常嗤之。端拱中，典全州，途出維揚，潘先世卜居於彼，迎謁江涘，因偕往傳舍，止於廳事。見中堂扃鐍甚秘，怒而問吏，吏曰：『凡宿者多不自安，向無人居，已十稔矣。』柳曰：『吾文章可以驚鬼神，膽氣可以讋夷夏，何畏哉！』即啓戶掃除，處中而坐。閬潛思曰：『豈有人不畏鬼神乎？』乃托事告歸，請公獨宿。閬出門密謂驛吏曰：『柳公，我之故人，常輕言自炫，今作戲怖渠，無致訝也。』閬薄暮以黛染身，衣豹文犢鼻，吐獸牙，被髮執巨棰，由外垣而入，據廳脊俯視堂廡。是夕，月色倍霽，洞鑒毛髮，柳曳劍循階而行。閬忽變聲呵之，柳悚然舉目，再呵之，似覺惶懼，遽云：『某假道赴任，暫憩此館，非意干忤，幸賜恕之。』閬遂疏柳生平幽隱不法之事，厲聲曰：『陰府以汝積戾如此，俾吾持符追攝，便須急行。』柳忙然設拜，曰：『事誠有之，其如官序未達，家事未了，倘垂恩庇，誠有厚報。』言訖再拜，繼之以泣。閬速曰：『汝識吾乎？』柳曰：『塵土下士，不識聖者。』閬曰：『只我便是潘閬也！』柳乃速呼閬下。閬素知公性躁暴，是夕潛遁。柳以慚恧，詰朝解舟。」此似小說家言，姑錄以備覽。

鄭景宗寄文，作書答之。

《與鄭景宗書》（卷八）稱「開雍熙四年過大名府，始遇足下新於上前以文得名，而客來河北，暫得相識。今來南嶺之畔，蒙惠新文，捧讀三四」云云。按：《書》中有「今上凡八試天下士」語，考《宋會要輯稿》選舉七之二至七之五及《續資治通鑑長編》等，太宗太平興國二年、三年、五年、八年各試進士一次，雍熙二年試二次，端拱元年試三次（第三次在六月十一日），則是書當作於該年六月十一日前，而是時已抵全州（即所謂「南嶺之畔」）矣。

端拱二年己丑，柳開四十三歲。

在全州任。春，招撫溪洞粟氏，作《時鑒》刻於石。

《行狀》：「全西溪洞有粟氏者，聚族五百餘口，率常殺掠民，虜民婦女，以至戶無積糗，野無耕牛，皆爲粟氏攘奪。……公至，乃出府庫帛制衣，造銀帶暨巾幗數百副，選衙吏之勇力可使者得三人，俾入溪洞諭粟氏曰：『天子擇我來此，爾輩依山恃險，而害我民。爾出，當與爾賞，與爾屋，爲爾居；與爾田，爲爾業。不然，將益兵深入，盡滅爾類矣！』粟氏懼，……不月，攜老幼盡數百口俱至，公賞犒如一，遂營室而使聚居焉，作《時鑒》一篇，刻石以誡之。……太宗以公爲能，賜錢三十萬。」按《時鑒》（卷四）序曰：「雍熙三年，宜州山夷攻其州弗克，全之西鄙樂安里峒有粟氏固之。會其族南劫興安縣，敗入溪峒，連歲不寧，天子擇中貴臣二人莅全、邵以靜之。明年春，粟氏來歸，魁狡皆奉吏州庭，乃刻《時鑒》一篇於石以誡之。」序中所謂「明年春」，指「天子擇中貴臣莅全、邵」之次年春，即端拱二年春。

《諷虞嬪詩》，或作於是年。

詩《序》（卷一三）曰：「湘水導全州城下，北走州之境，又獨能產筠竹成紋。古書今俗，通謂舜二妃溺於沅、湘，揮淚爲竹斑者，在此也。復東南望九疑者，才可百數里。州岸佛寺旁有妃廟，因諷妃事，作七言十九句詩一章，刻石留於妃廟中。」是詩作於知全州之何年不詳，姑置於此。

淳化元年庚寅，柳開四十四歲。

由全州移知桂州。秋，作《玄風峒銘》。

《序》（卷四）曰：「出桂州東抵慶林觀，背山下有峒出風。淳化元年，開知州事，往避秋暑，因刻銘於峒傍。」按：桂州，今廣西桂林。

八月八日，作書與同年李巨源。是日夜，

袁姬卒，作《哀辭》。

《與郎州李巨源諫議書》（卷九）：「八月八日，開再拜寓書於郎州諫議。……開寶六年，今僕射李公（昉）爲翰林學士、知禮部貢舉事，始有庭試，開幸得與執事於上前登進士第，爲同年者二十有六人，……到今十八年矣。」推之在是年。

又《袁姬哀辭》序（卷一三）曰：「袁姬，良家子，父母成都人。開始知寧邊軍，在闕下娉得姬於其兄。從余來全州、桂州，生二子，一女一男，皆失之。淳化元年年二十，秋八月八日夜疾卒於桂州後堂。念其遠京師四千里，作哀辭一章，刻石留於桂州。」按：柳開妻爲誰氏不詳，袁姬當是其妾。

與劉昌言書，求其薦用。

《與廣南西路采訪司諫劉昌言書》（卷九）：「開於其儒爲文者，庶乎近於古人矣。……明公乘單車，走萬里，極炎荒之所僻遠，盡耳目之所見聞，爲天子別白善惡之於人，必不使開在於前數子（指王著、賈玄等）之後耳。若此時明公不爲之言，主上不得而知，即開悲恨爲儒不及於爲他者也。」按：廣南西路，端拱後分廣南路置，治臨桂縣（今桂林），故是書當作於知桂州時。又按：劉昌言，字禹謨，《宋史》卷二六七有傳，爲廣南西路采訪使事闕載。

《湘灕二水說》，當作於是年。

《說》（卷四）有云：「淳化元年，開自全州移知桂州，乘船泝湘水而抵嶺下，復以灕水達於桂州。問其嶺之名，即分水嶺也，分水是相離水也，二水異流也。謂其同出海陽，到此嶺分南北而離也。」

十二月，罷任歸京，作《新堂銘》。

《桂州延齡寺西峰僧咸整新堂銘》（卷四）序曰：「桂州西峰僧咸整，淳化元年，不下山十二年矣。……開與贊善大夫張洲爲整作新堂以居之。……冬十二月，堂成，開詔罷州任，得歸闕，留文堂下，爲整以銘之。」

淳化二年辛卯，柳開四十五歲。

春，由桂州啓程返京師。閏二月在潭州作《五峰集序》。

《五峰集序》（卷一一）：「淳化二年春，開自桂州詔歸京師，遇王次聖自交州使還於衡山廖畫家。次聖，廖之出也。廖世善詩，……（廖）圖善七言詩。……圖值馬之子不嗣，兵興國亂，多所散墜。開因次聖求圖詩於畫，得殘缺僅百篇，昔人遵度序之爲《五峰集》。閏月（按是年閏二月），畫抵潭，授余諷之，篇篇可愛重，恢然言胸臆間事，近世無比。……圖，畫祖也，仕馬氏爲天策府學士、道州刺史。畫之下學其業者餘十人，是以廖之族足爲詩家流也。」按：潭州，今湖南長沙。

又作《贈夢英詩》。

詩《序》（卷一三）曰：「過潭州，見夢英，高亦奇，不似今時所有，非常僧也。從予徵歌辭以爲好。歌亦詩也，故作一章七言二十五句詩以贈之。」

夏，抵京師，作《贈諸進士詩》。

詩《序》（卷一三）曰：「開淳化二年夏，歸自桂林，寄家於許州。抵京師，見諸進士之尤者，作詩贈之。」詩略曰：「今年舉進士，必誰登高第？孫傅（按詩題下原注：「孫傅改名何」）及孫僅，外復有丁謂。到京見陳訪，好尚同韓洎。館中諸仙郎，綸閣賢三字。翰林四主人，列辟群英粹。奔騰走大名，沏轟天色沸。……仲瞻爾數子，吾道終焉寄。無爲忽於予，斯文幸專繼。」按孫何《碑解》（《皇朝文鑒》卷一二五）曰：「五載前接柳先生仲塗，仲塗又具道前事（指以『碑』為文章名），適與何合，且大噱昔人之好爲碑者。」「五載前」不詳爲何年，姑附識於此。

約在是年冬，以全州黥徒事下獄四個月，勒停并追奪官職。《行狀》：淳化二年，詔歸。「初，公治全也，有僧暨吏教令人誣告公，公劾之，撻其背，黥而送京師。至是二人謂罪不至此，故公當之。」《在滁州上陳情表》（卷一〇）：「臣於淳化二年，爲先知全州日，招喚粟萬延一行溪峒公事，決送軍人吳忠等上京，在御史臺枷禁臣一百二十日，勘責招罪，勒停臣見任崇儀使，追奪臣前任殿中侍御史一任文書。」

淳化三年壬辰，柳開四十六歲。

三月，責授復州團練副使；四月，移滁州。

《在滁州上陳情表》：「至淳化三年三月，特蒙聖慈叙用，授臣復州團練副使。至四月，又蒙移授臣滁州團練副使。」并自辨非辜道：「無毫髮之贓污，爰屏除其奸訛。況於蠻夷，並繫軍寨，連群結黨，蠹物害民。本期去彼之根源，不謂陷臣於坑穽。」（此表作於淳化四年初，詳後）按：復州，治今湖北沔陽縣西；滁州，今安徽滁縣。

九月，作文祭知滁州孟玄喆。

《祭知滁州孟太師文》（卷一三）：「淳化

三年九月二十五日，團練使副、金紫光祿大夫、河東縣開國男柳開，謹以庶羞清酌之奠，致祭於太師、滕國公之靈。」

按孟玄喆乃後蜀降主孟昶長子，曾立爲僞蜀國皇太子，降宋後授檢校太尉、泰陵軍節度使，歷知貝、定、滑州，以功封滕國公。淳化初，以病求潁淮一小郡養疾，移知滁州，卒。見《宋史》卷四七九《世家》二。

淳化四年癸巳，柳開四十七歲。

年初，以大赦上表太宗乞牽復。

《在滁州上陳情表》：「伏以郊天大赦，布陛下至仁之恩；率土咸歡，荷陛下無爲之化。……伏望皇帝陛下念臣已蒙叙用，又經量移，頗困閑官，久居外地，特回睿眷，曲軫聖慈，舍臣已往之非，賜臣牽復之命，臣願銘肌鏤骨，守法奉公。」

詔還，復得崇儀使。

《行狀》：「明年（淳化四年），詔還，復得崇儀使。」

在京師，作《元藹自寫眞贊》及《眞贊》。

《內供奉傳眞大師元藹自寫眞贊》（卷一三）序曰：「藹公來自蜀，以寫眞事求見上，上愛之。自上而下，王公卿大夫士聞於時者皆寫之。上命曰：『若能自寫乎？』曰：『能！』既成，觀曰：『善！』柳開見之，爲作贊云。」又《眞贊》（同上）序云：「淳化四年，開爲藹師自寫眞與作贊，藹爲開作贊與寫眞。」

出知環州（通遠軍），平蕃漢市易斗秤，頗得蕃情愛戴。

《行狀》：「復得崇儀使，命公知環州。州與吐蕃接。先是，吐蕃常與環人貿易，環人悉詐其斗秤，其物直之增減，與漢價不類。蕃、漢民多以此門，官司黨漢而虐蕃，故蕃情常怨。於我公至，平其斗秤，一其物直，擒民之欺蕃者刑之。蕃情翕然愛公，每見公出，歡呼號喜。」按：環州，淳化四年尚稱通遠軍，五年方改環州（見《元豐九域志》卷三），即今甘肅環縣。

淳化五年甲午，柳開四十八歲。

春，由環州移知邠州，移書轉運使，罷州民輦饋。

《行狀》：「明年（淳化五年）春，移邠州，民方困輦饋。初運稍絕，再運又起，而發其半，富民大賈悉蕩其業。轉運使又遣使至，起第三運，皆赴環州。百姓惶駭，聚數千人，爭入州署號訴曰：『力已不逮，願就死於公矣。』與使者起立，厲聲諭之曰：『爾無慮，必爲爾罷之。』因命吏遺書於運使曰：『……如不罷，開即馳詣闕言於上前。』三日吏回，罷之，邠民大呼，叩頭感公，多泣下者，闔境圖公像而拜之。」按：邠州，治今陝西彬縣。

上《陳情表》，請求抽歸京師，換官近侍，以建功業。

《知邠州上陳情表》（卷一〇）：「臣仰陛下如天如地，乞回睿眷，抽歸神京，換臣一給諫卿監之官，列臣在股肱耳目之秩，必能助陛下行非常之好事，必能佐陛下固不拔之丕基。」

在邠州，傳說喜生膾人肝。

蔡絛《鐵圍山叢談》卷三：「江南徐鉉歸朝，後坐事出陝西，柳開時爲州刺史。開性豪横，稍不禮鉉。一日，太宗聞開喜生膾人肝，且多不法，謂尙仍五季亂習，怒盛，命鄭文寶將漕陝部，因以治開罪。（開）得此大懼，知文寶素師事鉉也，迨文寶垂至，遂求於鉉焉。鉉曰：『彼昔爲鉉門弟子，然時異事背，不能必其心如何，敢力辭也。』而開再拜曰：『先生但賜之一言足矣，毋恤其聽。』鉉始諾之。……（文寶至），鉉乃邀文寶上，立談道舊者久之，……文寶方力詢其所欲，鉉但言柳開甚相畏爾。文寶默出，則其事立散。始吾待罪輦下，時於士大夫間得此而爲悚，後又見陝右二三賢者猶能道其事。」按石介早有詩道及柳開食人肝事：「兩手拏人肝，大床橫斗肚。一飲酒一石，賊來不怕懼。」（《過魏東郊》，《徂徠石先生文集》卷二）有其事否不得而知，然柳開求徐鉉說情則斷非事實。按李昉《徐公墓誌銘》（《徐公文集》附録），徐鉉卒於淳化三年八月，其時柳開尚謫居滁州。

冬，詔歸。

《行狀》：「（淳化五年）冬，詔歸，邠民擁城門，不得出，因夜潛去。」

移邢州。

出知曹州。上書求近魏官謀葬，秋八月，

至道元年乙未，柳開四十九歲。

《行狀》：「時曹民多訟，屢構大獄。至道元年，以公知曹州。不數月，辭門感（疑作『咸』）息。公上書言祖、父暨叔母而下皆未定葬，願得近魏官謀葬也。許之，秋八月，賜錢二十萬（按《穆夫人墓誌銘》謂『賜錢三十萬』），移邢州。」《柳承翰墓誌銘》：「至道元年秋，上以開屢奏，去曹即邢，賜便葬於先人也。」按：曹州，治今山東菏澤縣；邢州，今河北邢臺。

是年嘗游湯陰天平山，作《游天平山記》。

《記》略曰：「至道元年，開寓湯陰，未幾，桂林僧惟深者自五臺山歸」，遂與同游。「惟深、契圓固請予留題，予懼景勝而才不敵，不敢形於吟咏，因述數日之間所見云」。此記本集未載，見《古今圖書集成》山川典卷四九、乾隆《彰德府志》卷二四等。韓琦嘗作《題柳仲塗天平山記後》（《安陽集》卷二三），略曰：「余侄婿柳材者，本朝大儒仲塗公之孫也。余嘗得公所撰《游天平山記》於材家，見其所叙游覽之勝，……於是予益欲往周訪其實，續爲說以明之。而院之主僧智因者，得美石，欲先以仲塗公之文刻而傳之，故余未克如其志……既刻石，余因舉其大略，以書於後。」天平山，在今河南林縣西二十六里，則游山當在移邢之後。

至道二年丙申，柳開五十歲。

求假歸魏葬喪。

《行狀》：「明年（至道二年），葬尊幼二十三喪，求假歸魏。公遍撫其柩，盡哀而聲不絕者數日，皆自志其墓。魏人以公孝愛之厚，可化於世也。」按其所作墓誌銘今存八篇，均載《河東先生集》卷一四。其中《宋故朝奉郎守太子左贊善大夫河東郡柳君（肩吾）墓誌銘》稱肩吾開寶年扈蒙典貢舉時以明法科及第，考《宋會要輯稿》選舉一之一，扈蒙於開寶三年、五年知貢舉，然唯五年有諸科，則柳肩吾登第當在開寶五年。柳開曾作《請家兄明法改科書》（卷七），勸肩吾改明法而舉進士并上試賢良，則該書當作於開寶五年以前。因不詳其確年，於此附及之。又，《知邠州上陳情表》中言「死不辦於還葬」的還有其妻，當亦葬於是時。葬諸喪時，「華州進士王焕襄其事」（《穆夫人墓誌銘》）。另，柳開曾作《上叔父評事論葬書》（卷七），評事叔父即柳承昫，據《墓誌銘》，承昫卒於乾德三年七月，太平興國七年以子肩吾爲贊善大夫，贈大理評事。是則承昫生前并無「評事」之官，該書篇題顯繫後來所補。又，承昫卒時，柳開正在家居父喪，年才十九，顯然不必作書論葬，則題《上叔父評事論葬書》殆誤。疑篇題乃張景編集時所加，蓋不知其所上何人耳。今按：書中所稱「叔父」，當指柳承陟（《柳承陟墓誌銘》即稱之為「叔父」）。承陟卒於開寶六年，書當作於此前。據《墓誌銘》，承陟曾攝大名府戶曹參軍，則書題似可擬作《上叔父戶曹論葬書》。是書因作年不詳，亦於此附及之。

十一月，又作《宋故左屯衛大將軍樂安郡侯孫公墓誌銘》。

《墓誌銘》（卷一五）曰：孫公「諱守彬，字得之」，其女爲太宗貴妃，「至道二年十一月日，公葬京東某處」。《宋會要輯稿》后妃三之一：「太宗貴妃孫氏，左金吾衛大將軍守彬之女，太平興國二年七月入宫，三年爲才人，又賜號貴妃。八年九月卒。」

至道三年丁酉，柳開五十一歲。

在邢州任。眞宗即位，加如京使。

《行狀》：「太宗升遐，加如京使。」

贈詩賀梁周翰知制誥。

《詩話總龜》卷三九引《閑居詩話》：「梁周翰在太宗朝爲館職，眞宗即位，乃除知制誥，柳開贈詩曰：『九重城闕新天子，萬卷詩書老舍人。』」按：贈詩本集未載，今僅存是聯。

爲焦邕作《字說》。

《字說》（卷一）略曰：「邕，和其至也，以世上之爲大賢人之德歟！太史令胡繼周（旦）樂焦生之好學，慨然異乎時之後進者，名生曰邕。至道三年，來自京師。邕文章外，通誦六經、諸史、百氏之言，請字於開，開字之云世和。世和，邕之義也。」「今天子新即位，紹二聖遺烈，世將用邕和也，邕其和諸世也。開愛生之爲人，作《字說》遺焉。」

宋真宗咸平元年戊戌，柳開五十二歲。

在邢州任。門人張景中進士第四名。

據宋祁《故大理評事張公墓誌銘》（《景文集》卷五九），張景字晦之，江陵公安（今湖北公安）人。幼喪二親，嗜學尤力，未冠涉通藝文。貧不治產，往從柳開，「開以文自名而薦寵士類，一見歡甚，悉出家書畀之，由是屬辭益有法度」。柳開遣其赴京師，「時富春孫僅、沛國朱嚴、成紀李庶幾號爲豪英，晦之斂衣與游，名聲籍籍」，遂中咸平元年進士第四名。柳開曾許以兄之女（柳閔之次女，見《柳閔墓誌銘》）妻之，未嫁而卒。

邢州秩滿，出知代州，上書言邊事等。

《行狀》：「今上改元咸平，公秩滿入覲，尋出知代州。既受命，又上書言邊事，及諫減省職官、訓練士卒。書奏，上頗悅之。」按所上書即《上言時政表》（卷一〇），薛應旂《宋元通鑑》卷一〇繫於是年冬十月丙午。表略曰：「特蒙重委，差知代州（按治今山西代縣），內省遭逢，深懷驚懼。近於便殿，得對宸聰，承陛下慰諭之言，認陛下眷注之意，蓋陛下未識臣面，是陛下已知臣心。……臣今發赴本職，去便累年。陛下方纘丕圖，天下爭觀聖政，臣有卑見，上瀆聖慈。」其下言八事，多主張更新軍事、政治，頗切時弊。

咸平二年己亥，柳開五十三歲。

在代州任。因力奏修葺壞城，遂召致諸將嫉恨，奏請一小郡治之。夏，移知忻州。

《行狀》：「公至代，代城多壞不葺，公曰：『皆太宗躬被戎衣，而有此地咫尺。寇亂至，何以御？』代之將帥恥不能先公之謀，皆沮其議曰：『邊寇不動，勞民不可。』公曰：『俟其動，何及也？』力奏而葺之。諸將怨公，公謂侄湜曰：『吾觀胡星有光，雲氣多從北來，犯我境上，寇將至也。吾聞師克在和，今諸將怨我，若有動，彼必構危於我也。』因奏曰：『代爲重地，臣不材，不可居，願得一小郡治之。』」明年（指咸平二年）夏，移忻州。」按：忻州，治今山西忻縣。

九月，上書乞眞宗駕幸河北。

《行狀》：「秋，契丹果動。九月，公上書乞聖駕起河北。」《續資治通鑑長編》卷四五以柳開上書繫於是年十月，蓋爲倒述。按所上書即《乞駕幸表》（卷一〇），略曰：「臣去年蒙陛下差知代州，今夏就差知忻州。每見北界投來人言契丹排比入界，次第甚大，亦未敢决然信之。伏自八月已來，聞河北邊上醜虜屯結甚衆，及於雁門、瓶行、寧化軍，侵犯往來。度其奸謀，必未輕退，深慮至十一、十二月大寒之際，并以賊騎奔冲。……臣今冒死乞陛下郊禋之後，慶賀才行，三兩日内，便下御札，克取五七日間，聖駕速起，徑至鎮州。……如或聖駕必起，臣望聖慈抽臣歸闕，乞隨聖駕，仍告陛下與臣精鋭兵士三五千人騎前驅，必獲勝捷。」

十二月，又上表乞行德政，則契丹不足憂。

按：《奏事宜表》（卷一〇）謂「今歲在己亥」，又謂「隨駕精兵，已次貝、魏」，則知作於眞宗啓駕之後。《表》略曰：「臣願陛下克儉克勤，至明至察，去不急之務，省無用之方，節聲色以娱心，專道德而爲意。……如此，則蠢兹螻蟻，何足堪憂！」

咸平三年庚子，柳開五十四歲。

二月，受命由忻州移知滄州。三月六日，卒於并州。録其子涉爲三班奉職。

《行狀》：「上以契丹入寇，皆由雄、霸、滄州路，詔公知滄州，兼兵馬鈐轄。（咸平三年）二月，公受命，疽發於其首，自忻乘肩舁至并州。三月六日，卒於并，年五十有四。公之仕也，積階至金紫，檢校至司空，兼秩至御史大夫，勛至上柱國，爵至河東縣伯，食邑至九百戶。」

按：滄州即今河北滄縣。《宋史》本傳曰：「（咸平）四年，徙滄州，道病首瘍卒，年五十四。録其子涉爲三班奉職。」然考之本集及《行狀》，謂卒於咸平四年，誤。按：《上太宗皇帝陳情表》

曰：「臣近隨天兵，深入賊界，雖則部領糧草，頗亦經涉陣場。……陛下驟加雨露，拔上煙霄，授臣以舊官，舍臣之深過，未經郊禋赦宥，便得叙用復資。」此指雍熙三年由上蔡令復官殿中侍御史、使河北事，詳前。《表》又曰：「况臣年今四十，膽氣方高。」以雍熙三年四十歲推之，咸平三年，年五十四。又《行狀》：「開寶六年，……公年二十有七，一舉登進士第。」以此下推至五十四歲，亦在咸平三年。文瑩《玉壺清話》卷三曰：柳開子涉，「及第於咸平三年陳堯咨榜，唱名日，眞宗召至軒第，親謂涉曰：『夜來報至，汝父已卒，今賜汝第。』給錢三萬，俾戴星而奔，給護旅櫬，特加軫悼。」則明載卒於咸平三年，益知《宋史》本傳誤。

以下四事不知其年，因不入前譜，錄以備考。

一、《宋史》卷二九四《胥偃傳》：「胥偃字安道，潭州長沙人。少力學，河東柳開見其所爲文曰：『異日必得名天下。』……」胥偃乃歐陽修岳父，仕至知制誥、翰林學士。

二、《邵氏聞見錄》卷七：「李文定公迪爲舉子時，從种放明逸先生學。將試京師，從明逸求當途公卿薦書，明逸曰：『有知滑州柳開仲塗者，奇才善士，當以書通君之姓名。』文定攜書見仲塗，以文卷爲贄，與謁俱入。久之，仲塗出，曰：『讀君之文，須沐浴乃敢見。』因留之門下。一日，仲塗自出題，令文定與其諸子及門下客同賦。賦成，驚曰：『君必魁天下，爲宰相。』令門下客與諸子拜之曰：『異日無相忘也。』文定以狀元及第，十年致位宰相。仲塗門下客有柳某者，後至侍御史，文定公命長子東之娶其女，不忘仲塗之言也。」《宋史》卷三一〇《李迪傳》僅云「嘗攜其所爲文見柳開，開奇之曰：『公輔材也。』」按：柳開未嘗知滑州，謂「有知滑州柳開」云云，誤。又，李迪中狀元在景德二年，則「將試京師」時，柳開已死數年矣。柳開奇李迪之文或有之，《聞見錄》所記，似多失實。

三、《湘山野錄》卷下：「僧錄贊寧有大學，洞古博物，著書數百卷。……柳仲塗開因曰：『余頃守維揚，郡堂後菜圃才陰雨則青焰夕起，觸近則散，何邪？』寧曰：『此燐火也。兵戰血或牛馬血著土，則凝結爲此氣，雖千載不散。』柳遽拜之，曰：『掘之皆斷槍折鏃，乃古戰地也。』因贈以詩，中有『空門今日見張華』之句。」按柳開未嘗守維揚（今江蘇揚州），所記有誤，所贈詩本集亦無。

四、韓琦《崔公（立）行狀》（《安陽集》卷五〇）：「公諱立，字本之，侍郎（崔汝礪）之次子也。少警悟博學，而尤長於古文。時柳公仲塗爲世大儒，學者師仰，一見公文而奇之，於公卿間比比延譽。咸平三年秋舉進士於開封府，試入高等，明年春及第。」按：其延譽崔立，當在崔欲舉進士之時，則應在晚年。

所著書，當時多已散佚，門人張景輯其遺文爲《河東先生集》十五卷。

張景《河東先生集序》：「今緝其遺文，得共九十六首，編成十五卷，命之曰《河東先生集》。」《郡齋讀書志》作一卷，趙希弁《附志》曰：「希弁所藏乃十五卷。……《行狀》附於後，亦張景所撰也。」則一卷當非完本。《直齋書錄解題》、《宋史》本傳及《藝文志七》并著錄爲十五卷。

王禹偁年譜簡編

黃啓方 編

《幼獅學誌》第十五卷第一期

王禹偁（九五四—一〇〇一）字元之，濟州鉅野（今山東巨野）人。世爲農家子，太宗太平興國八年進士，知長洲縣。端拱初擢右拾遺、直史館，歷知制誥。後坐事貶知滁、揚諸州。宋真宗咸平四年，卒於知蘄州任上。王禹偁爲宋初文學宗師，以變革五代浮艷文風爲己任，成就頗著。平生撰著極富，現存《王黄州小畜集》三十卷、《王黄州小畜外集》二十卷及《五代史闕文》一卷等。事迹見《宋史》卷二九三本傳。

王禹偁年譜，有徐規《王禹偁事迹著作編年》（一九八二年中國社會科學出版社版），全書十五萬餘字，對譜主生平事迹與著述，作了較全面的考證與繫年。本書所收爲臺灣學者黄啓方所編，較爲簡明。

王禹偁，字元之，史稱濟州鉅野（今山東鉅野縣）人，生於後周世宗顯德元年（九五四），卒於宋眞宗咸平四年（一〇〇一），僅四十八歲。其生平事蹟，略見於《隆平集》卷十三及《宋史》卷二九三本傳，然均有欠翔實（《隆平集》僅三百六十七字，《宋史》本傳共約三千五百六十餘字，若減除引用之奏疏，亦僅千餘字），殊有不足者。蓋禹偁在當時不僅爲忠清鯁亮之名臣，且於詩文均有承先啓後之成就，雖天不假年，壯歲云逝，其以文學名家，或不能與韓愈、柳宗元、歐陽修、蘇軾並肩，亦足與元結、李翺、蘇轍比美，乃頗爲世所忽，良可歎也！兹據其手編《小畜集》三十卷，及其曾孫王汾所輯《小畜外集》殘本七卷，並參考其他有關文獻，詳爲考訂，爲撰成年譜，既可詳其事而知其人，又可補史傳之闕失，並有助於宋初文學發展之考察。以詳於行誼而略於時事，故稱簡編。撰寫期間，雖反覆檢覈，再三補正，仍恐掛一漏萬之不免，則有待日後之隨時補正耳！再者，禹偁詩文，筆者別有繫年之作，譜中所列文篇，考證亦多從略。

後周世宗顯德元年甲寅，一歲。

九月十七日生於雷澤（今山東省雷澤縣）。

按：《小畜集》（以下稱本集）卷二《罔極賦》，禹偁自述生年月日云：「後周廣順太歲甲寅季秋戊子，實生吾身。」據《五代史·周本紀》，周太祖於甲寅年正月丙子（一日），改廣順爲顯德，後十六日，周太祖崩，周世宗即位，不改元。又是年季秋（九月）戊子爲九月十七日（《二十史朔閏表》）。

關於王禹偁之里籍，《宋史》本傳、《隆平集》十三、《東都事略》三十九、《宋史》新編八十三均謂「濟州鉅野」（即今山東鉅野縣），而禹偁自序本集則署「太原王禹偁」，又自號「太原生」（外集卷九《瘖髠傳》），其稱太原者，當是祖籍：據《廣韻》所記，王姓共二十一望，而以太原、瑯琊爲著（見《廣韻》下平聲十陽下）。禹偁自序文集在死前半年，令譽早具，固無取名地望以自炫之必要，而以其性格，亦不屑爲此也。《續資治通鑑長編》（以下稱《長編》）四十二宋太宗至道三年引是年五月十八日禹偁應詔言事疏，疏中禹偁自稱：「臣本魯人，占籍濟上。」又本集十九《送鞠仲謀序》云：「余因念家本寒素，宅於澶淵。梁季亂離，學族分散。叔父沒於兵而葬雷夏，伯父沒於客而葬博關，太夫人又旅葬於濟，當時未名，以乞丐自給，無立錐之地以息幼累。」本集三十《建谿處士贈大理評事柳府君墓碣銘》云：「博士之歸朝也，得雷澤令，雷澤，某之故里也，始以邑中進士見，博士厚於我。司直之從事於濟也，某寓家焉，司直善於我。」所提博士即柳永之父柳宜，司直即宜弟柳宣。據禹偁至道三年五月十八日所上疏云：「太平興國中，臣及第歸鄉，有……推官柳宣。」（據《宋文鑑》四十二，今《長編》誤作「李宣」）由以上可知禹偁先人本出太原，五代時居澶淵（今河北省濮陽縣西），因梁末避亂，遂由澶淵遷雷澤（即雷夏，又稱雷夏澤，在今山東省濮縣東南，鉅野之西），禹偁必在雷澤出生，後又遷鉅野，故自謂「臣本魯人，占籍濟上」，又稱「雷澤，某之故里也」。史傳稱其濟州鉅野人者，蓋由此也。又其由雷澤遷鉅野，最遲不晚於開寶三年（九七〇），《小畜外集》（以下稱《外集》）十三《別長沙彭暐序》云：「始予僦居於濟有年矣，室甚虛，庭甚蕪，鄰喧里卑，匪屠即沽，雖有豪宗俠族，皆詭道咈德，非吾輩徒。」味其文意，則徙居鉅野時，當已非童秩之年；開寶三年，禹偁十七歲，在此稍前徙鉅野，當是合理之推測。

禹偁之先世無從查考，由澶淵遷雷澤時，其伯父、叔父先後逝世。而又早年喪母，《罔極賦》云「痛吾母之早終」，然不知究在何時。其父亦名諱無考，但知頗享高年，卒於淳化五年（九九四），年七十七，贈太子中允致仕（見本集十五《畫記》、廿一《單州謝上表》及廿五《謝除翰林學士啓》）。由此上推其生年，是爲梁末帝貞明四年（九一八），距梁之亡僅四年，當時天下擾擾，梁與契丹連年交兵，禹偁所謂「梁季亂離，學族分散」者，當在此時。本集十八《與李宗諤書》有云「昆仲三院，妻女九人」，又本集八《謫居感事》述落第後有「唯慚親倚戶，敢望嫂停炊」一語，再者，《古今圖書集成》第六二七冊引丁謂《談錄》謂「王二丈禹偁」云云，知禹偁兄弟三人，而禹偁行二。其兄名字無考，有女（本集四《贈劉仲堪》）。弟名禹圭，至道三年，授將仕郎試秘書省校書郎，時年「漸及強仕」（見本集二十二《謝弟禹圭授試銜表》）。有三子（本集五《北樓感事》），長子嘉祐，仕不顯，咸平元年娶張詠女（見張詠《乖崖集》附錢易撰《張公墓誌銘》及韓琦撰《張公神道碑》）。長孫名壽，約生於至道三年（本集十二有《壽孫三日》詩）。次子嘉言，端拱二年（九八九）生，仕至殿中侍御史，卒年四十七（見劉攽《彭城集》三十七《贈兵部侍郎王公墓誌銘》）。三子名不詳。曾孫王汾，字彥祖，元豐中知兗州（《宋詩紀事補遺》廿五）。時蘇軾知徐州，汾以禹偁墓誌示之，軾爲作《王元之畫像贊》。汾又與蘇頌、黄庭堅相往來。

禹偁自稱「家本寒素」，《宋史》本傳謂其「世爲農家」，《隆平集》、《東都事略》、《宋史新編》均同。《宋名臣言行錄》九則云「以磨麵爲生」，畢仲游亦云「爲磨家兒」（見《西臺集》十六《丞相文簡公行狀》），則其家務農又兼磨麵耶！然禹偁七、八歲時已能文（《宋名臣言行録》），或其家本士族，因避亂遷移，遂以耕磨自養也。

禹偁曾三掌制誥，一入翰林，故所交均當時名臣，其關係較深者，並列於下：

徐鉉　三十八歲（《歷代人物年里碑傳綜表》，以下稱《碑傳表》）。

淳化二年，禹偁判大理寺，爲徐鉉辯誣，遂貶商州團練副使。徐鉉見《宋史》四四一《文苑傳》。

趙普　三十四歲（《碑傳表》）。

端拱二年，禹偁上禦戎十策，時趙普爲相，大爲嘉賞，禹偁且有《上太保侍中書》（本集十八），又本集廿三全部與廿四部份表奏，均爲代趙普作。本集九有趙普挽歌十首。普，《宋史》二五六有傳。

翟守素　三十三歲（《碑傳表》）。

淳化二年禹偁貶商州團練副使時，翟守素爲團練使。本集九有《翟使君挽歌》三首，本集廿九有《故商州團練使翟公墓誌銘》。守素，《宋史》二七四有傳。

李昉　三十歲（《碑傳表》）。

禹偁初入朝，李昉爲相。本集十有《司空相公挽歌》三首，即挽李昉。昉，《宋史》二六五有傳。

柴成務　廿一歲（《碑傳表》）。

禹偁於雍熙初知長洲縣時，柴爲蘇州郡守，本集中有詩酬應。柴成務，《宋史》三〇六有傳。

宋白　十九歲（《碑傳表》）。

禹偁舉進士時，宋白知貢舉，本集有詩酬應。宋白，《宋史》四三九有傳。

畢士安　十七歲（《宋人生卒考示例》）。

士安於開寶三年任濟州團練推官，賞識禹偁。《宋史》二八一有傳。

田錫　十五歲（《碑傳表》）。

錫以直言極諫聞名一時，禹偁曾與同在禁中，錫言事貶陳州，再貶海州，禹偁均有詩寄之（本集九）。《宋史》二九三有傳。

安德裕　十五歲（《碑傳表》）。

禹偁初遊詞場，安曾力爲延譽，本集十三有《酬安秘丞歌詩集》。《宋史》四四〇有傳。

趙昌言　十歲（《碑傳表》）。

禹偁由縣令擢詞職，趙昌言曾薦之，見《宋史》二六七《趙昌言傳》。

張詠　九歲（《碑傳表》）。

禹偁長子嘉祐娶張詠獨女，本集十九有

《送張詠序》。《宋史》二九三有傳。

柳開八歲（《碑傳表》）。

開與禹偁同時，而二人集中無往還迹象可考，唯禹偁之推賞孫何、孫僅、丁謂則與開相同。《宋史》四四〇有傳。

顯德四年丁巳，四歲。

王旦生（《碑傳表》）。

太宗淳化初，禹偁曾薦王旦之才任轉運使，本集十九有《送王旦序》。王旦《宋史》二八二有傳。

蘇易簡生（《碑傳表》）。

太宗淳化二年，禹偁爲左司諫知制誥，蘇易簡爲翰林學士、祠部郎中知制誥，二人合編羅處約《東觀集》，禹偁並作序文（見本集十七）。蘇易簡傳見《宋史》二六六。

宋太祖建隆元年庚申，七歲。

正月乙巳（五日），大赦改元，定有天下之號曰「宋」（見《宋史·太祖本紀》）。

禹偁能文。

《宋名臣言行錄》、《邵氏聞見錄》、《宋人軼事彙編》均云「年七、八，已能文」。本傳則云「九歲能文」，《東都事略》則云「九歲能爲歌詩」，《隆平集》同。又《詩話總龜》一引《古今詩話》云：「王元之內翰，五歲已能詩，因太守賞白蓮，倅言元之能，語於太守，因召而吟一絕云：『昨夜三更後，姮娥墮玉簪，馮夷不敢受，捧出碧波心』，又曰：『佳人方素面，對鏡理新粧。』守曰：『天授也。』」

錢若水生（《碑傳表》）。

本集廿五有《薦戚綸上翰林學士錢若水啓》，又錢若水於眞宗咸平元年奉詔重修

《太祖實録》，薦引禹偁與修。詳咸平元年下。錢若水傳見《宋史》二六六。

羅處約生（《碑傳表》）。

羅處約字思純，與禹偁爲太平興國八年同年進士，禹偁知長洲縣時，羅知吴縣，相與酬唱，聞名一時，又同時召入朝廷，於淳化元年十一月卒，年三十三歲。禹偁與蘇易簡輯其文爲《東觀集》，並爲之序。《宋史》四四〇有傳。

魏野生（《碑傳表》）。

建隆二年辛酉，八歲。

寇準生（《碑傳表》）。

寇準於端拱二年七月拜樞密直學士，係禹偁草制。本集廿五有《迴寇密直謝官啓》，禹偁是年三月知制誥。又本傳載禹偁死後，寇準讚賞禹偁長子嘉祐，謂「元之雖文章冠天下，至於深識遠慮或不逮吾子也」。《宋史》二八一有傳。

孫何生（《碑傳表》）。

孫何嘗遊禹偁門下，禹偁大加讚賞，太宗淳化三年狀元及第。本集十九有《送孫何序》。《宋史》三〇六有傳。

建隆三年壬戌，九歲。

丁謂生（《碑傳表》）。

丁謂嘗遊禹偁門下，禹偁以爲其詩如杜甫，而文章比韓、柳。本集十九有《送丁謂序》，十八有《薦丁謂與薛太保書》、《答丁謂書》。《宋史》二八三有傳。

乾德三年乙丑，十二歲。

李宗諤生（《宋人生卒考示例》）。

宗諤爲李昉子。禹偁淳化二年貶商州團練副使後，有《與李宗諤書》（本集十八）。《宋史》二五六《李昉傳》附《宗諤傳》。

乾德五年丁卯，十四歲。

林逋生（《碑傳表》）。

林逋《讀王黄州詩集》詩有句云：「放達有唐唯白傅，縱横吾宋是黄州。」見《和靖詩集》卷三。《宋史》四五七《隱逸傳》有傳。

開寶元年戊辰，十五歲。

秉筆爲賦。

本集二《律賦序》云：「禹偁志學之年，秉筆爲賦，逮乎策名，不下數百首。」按：《論語·爲政篇》孔子曰：「吾十有五而志於學。」志學之年蓋十五歲也。又本集二十《孟水部詩集序》云：「余總角之歲，就學於鄉先生，授經之外，日諷律詩一章。」按《禮記·内則》：「男女未冠笄者，拂髦總角。」注云：「總角，收髮結之。」則禹偁之就學於鄉先生，必在本年之前，以今年已能爲賦矣。本集八《謫居感事》詩亦云：「偶歎勞生事，因思志學時，讀書方睹奥，下筆便搜奇，賦格欺鸚鵡，儒冠薄駿鸃。」

姚鉉生（《碑傳表》）。

鉉與禹偁同爲太平興國八年進士，本集十二有《送姚著作之任宣城》，以鉉赴宣城通判任也，詩中贊鉉云：「學術縱横才磊落，當年雄揖第三名。」鉉編《唐文粹》一百卷，《宋史》四四一有傳。

開寶二年己巳，十六歲。

孫僅生（《碑傳表》）。

孫僅爲孫何弟，眞宗咸平元年（九九八）狀元及第。本集二十九《殿中丞贈户部員外郎孫府君墓誌銘》，即爲孫氏兄弟之父所作也。《宋史》三〇六《孫何傳》附。

開寶三年庚午，十七歲。

見畢士安於鉅野。

《宋史》二八一《畢士安傳》云：「開寶四年，歷濟州團練推官。」而士安曾孫畢仲游《西臺集》十六《丞相文簡公行狀》則云「開寶三年，選授濟州團練推官」。今從行狀。鉅野爲濟州治，故禹偁得見士安。畢仲游於士安行狀中載士安識拔禹偁之經過，較本傳、《隆平集》、《東都事略》均較詳細，今具引如下：「開寶三年，選授濟州團練推官，州民王禹偁爲磨家兒，年最少，數以事至推官廨中。禹偁貌不及中人，然公陰察禹偁，類有知者。問：『孺子識字乎？』曰：『識。』『嘗讀書乎？』曰：『嘗從市中學讀書。』『能舍而磨家事從我游乎？』曰：『幸甚。』遂留禹偁於推官廨中，使治書學爲文。久之，公從州守會後園中。酒行，州守爲令，囑諸賓客竟席對，未有工者。公歸，書其令於壁上，禹偁竊從後對，甚佳，亦書於壁。公見大驚，因假冠帶，以客禮見。（原注：州守令『鸚鵡能言難似鳳』，元之對『蜘蛛雖巧不如蠶』）由此，禹偁寖有聲，後遂登第，進用反在公前。」（方案：《永樂大典》卷二〇二〇四《丞相文簡公事蹟》即録行狀全文）。又，《宋名臣言行錄》云：「年七八已能文，畢文簡公爲郡從事，始知之。問其家，以磨麵爲生，因令作磨詩；元之不思以對：『不存心裏正，先愁眼下遲，若人輕著力，便是轉時身。』文簡大奇之，留於子弟中講學。」又，《西清詩話》下云：「王黄州禹偁，始居濟陽，父本行磨家，時畢文簡公士安爲州從事，元之七歲，一日代其父輸麵至公宇，立庭下，應對不懾，文簡方命諸子屬對云『鸚鵡能言爭似鳳』，文簡因曰：『童子口舌喧呶，顧能對此乎？』意犯分而譏之。元之抗首應聲曰：『蜘蛛雖巧不如蠶。』復涵諷意，報文簡。文簡嘆曰：『子精神滿腹，將且名世矣！』其後與公接武朝廷焉！」《西清詩話》三卷，無爲子楊傑所撰，所記元之事甚不符，錄以爲參考耳！

開寶四年辛未，十八歲。

劉筠生（《宋人生卒考示例》）。

開寶五年壬申，十九歲。

畢士安移任兗州，禹偁作序送之。

按：畢仲游所作士安行狀云：「公在濟州二年，太祖皇帝聞公名，詔赴闕，面授兗州管內觀察推官。」畢士安於開寶三年到濟州任，移兗州當在本年。《外集》十三有《送畢從事東魯赴任序》，兗州在濟州之東，故稱東魯，又爲孔子故鄉，故序中稱士安「有仲尼之德」、「法姬旦，師仲尼，手握憲章，心抱仁義」云云，於士安極見推崇之意。又序稱士安爲「東平畢公」者，以士安遠祖後漢畢諶曾任兗州別駕，居東平，遂爲東平人云，見行狀。

開寶七年甲戌，二十一歲。

楊億生（《宋人生卒考示例》）。

禹偁於雍熙二年由長洲令奉詔入闕時，楊億適以神童召。本集十一有《送正言楊學士億之任縉雲》詩，楊億於眞宗咸平元年九月八日出任縉雲，時禹偁在朝任刑部郎中知制誥，詩有「相送淚盈襟」之語，足見交誼之深。

九月，遣曹彬伐江南（南唐）（《太祖本紀》）。

開寶八年乙亥，二十二歲。

十一月，曹彬克金陵，南唐亡（《太祖本紀》）。

太宗太平興國元年丙子，二十三歲。

冬十月，太祖崩，弟晉王光義即位，是爲太宗，十二月大赦改元。

太平興國二年丁丑，二十四歲。

三月戊寅（十七）命李昉等編類書爲一千卷（即《太平御覽》），小説爲五百卷（即《太平廣記》）（《長編》十八）。

錢惟演生（《宋人生卒考示例》）。

太平興國四年己卯，二十六歲。

見安德裕於廣濟陶丘（今山東定陶）。

《宋史》四四〇《安德裕》傳：「太平興國中，累遷秘書丞知廣濟軍，時軍城新建，德裕作《軍記》及《圖經》三卷，俄改太常博士，八年通判泰州。」按：廣濟軍新建於太平興國二年（見《宋史》八五《地理志》），安德裕知廣濟軍或在去年，而禹偁今年見之。本集十三有《酬安秘丞歌詩集》、《酬安秘丞見贈長歌》二詩，第二首中有「去年始上芸香閣，出典陶丘滯鋒鍔」語，芸香閣即秘書省，陶丘即廣濟軍治，離鉅野甚近。又安傳云：「王禹偁、孫何皆初遊詞場，德裕力爲延譽。」而禹偁詩有「得君引上登天梯」之語，禹偁明年首試進士，由鉅野赴京，陶丘正在途上，當即赴京時過陶丘謁安德裕也。

作《弁誥》。

按：《宋史·太宗本紀》載本年二月甲子（十五日），帝發京師征北漢，五月甲申（六日），北漢平。庚子（廿二日），發太原還京。本集十四有《并誥》一文，并即指北漢所都太原，誥文有「惟四年，王歸自并，敷告并民，作并誥。」蓋仿《尚書》諸誥而作，據丁謂《談録》載：「王二丈禹偁，忽一日閣中商較元和、長慶中名賢所行詔誥，有勝於《尚書》者。衆皆驚而請益之，曰：『只如元稹行牛元翼制曰：「殺人盈城，汝當深戒；孥戮示衆，朕不忍聞。」且《尚書》云：「不用命汝於社。」又云：「予則孥戮汝。」以此方之，《書》不如矣！』其閱覽精詳也如此，衆皆伏。」（《古今圖書集成》六二七册）於此既可見禹偁之博學强識，又可知禹偁在文章上求自然明白之主張。

穆脩生（《碑傳表》）。《宋史》四四二有傳。

試禮部，獲首薦，閏三月，覆試殿廷，遭黜落。

太平興國五年庚辰，二十七歲。

本集廿二《請撰大行皇帝實録表》云：「臣太平興國五年，徒步應舉。」本集二十一《送薛昭序》云：「今上即位之五年庚辰歲，僕始隨計吏遊舉場，……有司考藝，俱登甲科，覆試殿廷，不中上旨。」又《外集》十三《送進士郝太沖序》云：「五年春三月，章旨下有司，校羣士之藝，預其試者八百人，縫掖之衣，雪晃貢部。生因歎而言：『大丈夫處世，當拔立羣萃，求明天子之知，惡能與闒茸輩叢試於禮闈哉！』擲毫裂牋，忿而不就。王公大人，爲之興歎，況同儕乎？洎予受知春卿，薦以甲科，喧喧我名，雷震人耳，廷試不利，前功併遺。……」一本集八《謫居感事》詩述其應舉前後情形甚詳，有「光陰常矻矻，交友常偲偲。步驟依班馬，根源法孔姬。收螢秋不倦，刻鵠夜忘疲，流輩多相許，時賢每見推。刁榮偕計吏，濫吹謁春司。僕疲途中病，驢寒雪裏騎。空拳入場屋，拭目看京師。技癢初調箭，鋒銛欲試錐。甲科登漢制（自注：太平興國五年予首中甲科），內殿識堯眉。數刻愁晡矣，三題亦勉之。先鳴輸俊彥，上第遂參差，罷舉身何託，還家命自奇。唯慚親倚戶，敢望嫂停炊。」按：《長編》二十一太平興國五年三月甲寅（十一日）載：「上御講武殿覆試權知貢舉程羽等所奏合格進士，得銅山蘇易簡以下百十九人。」程羽時以禮部侍郎權知貢舉。又《外集》八有《省試三傑佐漢孰優論》，自注「太平興國五年」，即本年禮部試獲首薦之作。

本年落第後有以下諸文：

《送進士郝太沖序》（《外集》十三）。

《送張詠序》（本集十九）。

《宋史》二九三《張詠傳》云：「太平興國五年登進士乙科，大理評事知鄂州崇陽縣。」序文云：「今春舉進士，一上中選，將我王命，莅乎崇陽。」與傳同。

《諭交趾文》（《外集》八）。

文首云：「皇上嗣位之五祀，國家將取交趾歲貢。」按《長編》二十一，本年七月丁未（六日）云：「以侯仁寶爲交州路水陸轉運使，並孫全興討之（交州）。」文當作於此時。

《送渤海吳倩序》（《外集》十三）。

序有「子英（案即倩字）洎予拔立寒素，自強於儒墨間，視金玉如長物，以文學爲己任，厥道未濟，俱爲旅人」之語，知尚未登第；又有「子英與予始會於濟北，再會於互鄉，復會於京師，今會於閭里……」之語，當是本年下第由京師返鄉後所作。

太平興國六年辛巳，二十八歲。

禹偁再至京師。

按：《外集》十《北狄來朝頌序》云：「臣旅寓帝里，榮觀國光。」知時在京師。又《太宗本紀》本年十一月甲辰（十日），女眞遣使來貢。《北狄來朝頌》緣此而作。

太平興國八年癸未，三十歲。

正月試禮部，獲首薦。

本集八《謫居感事》云：「禮闈冠多士，御試拜丹墀。」自注云：「八年，予忝春官首薦。」又《宋會要》選舉一之一二：「八年正月七日，以中書舍人宋白權知貢舉，知制誥賈黃中、呂蒙正、李至，直史館王沔、韓丕，秘書丞楊礪權同知貢舉，合格奏名進士王禹偁以下，……」《外集》九有《省試四科取士何先論》，自注「太平興國八年」，是本年獲禮部首薦之作。

三月，進士乙科及第。

本集十九《送鞠仲謀序》云：「王八年春，余第中乙科。」按《長編》二十四本年三月丙子：「上御講武殿覆試禮部貢舉人，擢進士長沙王世則而下百七十五人。」又按《長編》載本年兩京諸道州府貢士一萬二百六十人，而殿試只取百餘人，其不易可知。

四月二日，賜宴瓊林苑。

《宋會要》選舉二之二：「太平興國八年四月初二日，上賜新及第進士於瓊林苑，自是遂爲定制。」

七月，授成武（今山東成武縣）主簿。

本集八《謫居感事》自注云：「予釋褐授成武主簿。」按《長編》二十四本年：「六月戊申（二十四日）以進士王世則等十八人送中書門下，特授大理評事、知令錄事，餘送流內銓，並授判司簿尉。未幾，世則等移判諸州，爲簿尉者改試大理評事知令錄。明年郊禮畢，遷守大理評事。」又《太宗實錄》二十六：「八年六月戊申，新及第進士王世則以下十八人送中書門下處分，餘並送流內銓，命文明殿學士李昉、樞密直學士張齊賢、王沔，中書舍人王祜同於吏部注擬。」又云：「七月戊午（五日），以新及第進士王世則等十八人並爲大理評事，知令錄事參軍。」王世則等十八人爲甲科第進士，於本年七月五日授職，則王禹偁等乙科進士亦當於同月稍後授職也。《清一統志》曹州府城武縣條：「懷賢堂在城武縣治內，宋王禹偁嘗佐此邑，人思之，因構堂焉。」《東都事略》誤作武城。本集十九《送鞠仲謀序》述其初到成武之情形云：「庭有頑吏，土無秀民，或通刺而來者，皆腐儒也，以是供使職奉晨羞外，經旬浹未嘗與人語。」按：禹偁如七月授職，最遲應在八月到任。《長編》二十一載太平興國五年四月丁酉詔：「應勅除及吏部注授幕職令錄司理、判司簿尉，自令除，程給一月限，其川陝嶺南福建路，給二月，違者本州不得放上，護送至闕。」即授職後，必須在一月內到任。

本年及第後，有以下諸文：

《雙鸚志》（《外集》八）。文有「癸未歲，予策名輦下，與同年觴於旗亭」之語，知在此時作。

《送翟驥序》（本集二十）。序有「八年，復舉進士科中第，遷從事於廣陵」，是及第後相送之文。驥字士龍，史無傳。

《送鞠仲謀序》（本集十九）。序有「洎余解褐掌簿書於成武，……經旬浹未嘗與人語。居一日，生欵扉而來。」知爲初至成武所作。鞠仲謀，雍熙二年進士，《宋史》四四〇有傳。

《允淮海國王乞落大元帥批答》（本集二十七）。

按：吳越王錢俶於太平興國三年封淮海國王及天下兵馬大元帥，八年十二月凡三上表求罷爵號，詔准罷天下兵馬大元帥。詳見《宋史》四八〇《吳越世家》。此文亦擬作。

太平興國九年甲申，三十一歲。

十一月丁卯（二十一日）改元，是爲雍熙元年。由成武主簿改大理評事、知長洲縣（今併入江蘇吴縣）。

按：《長編》廿四，去年進士爲簿尉者，今年郊禮畢，改守大理評事。據《長編》二十五，本年十一月丁卯祀天地於南郊（《太宗本紀》則云十一月丁巳，丁巳為十一日。而《太宗實録》三十一亦作丁卯。知《本紀》誤），大赦改元。本集十八《答丁謂書》云「吾爲主簿一年」，禹偁去年八月蒞成武主薄，改試大理評事應在今在八月後，實授大理評事知長洲縣則在十一月二十一日後。本集七《赴長洲縣》詩二首，有「移任長洲縣，辭親淚滿衣」之語，知先隻身赴任。本集十八《與李宗諤書》則云：「頃年某爲長洲縣令，侍親而行，姑蘇名邦，號爲繁富，魚酒甚美，俸祿甚優。是時親年方逾耳順，子孫婦女，聚在眼前，尚念丘園，忽忽不樂。」是家人隨後俱迎往任所。又考本集、《外集》詩文，叙其家庭狀況者，即以此書爲最詳，書爲淳化三年（九九三）所作，其時禹偁父年七十五，則今年六十七，所謂「方逾耳順」也。且既云「子孫婦女，聚在眼前」，則禹偁長子嘉祐已生；書中又有「昆仲三院，婦女九人」之語，時其弟禹圭亦已娶婦，九人如爲三院人口總數，則除兄嫂弟婦妻子（時次子嘉言已生）及己身外，另一人即其兄之女。

本年在成武有以下諸文：

《單州成武縣行宮上梁文》（《外集》八）。

原注：太平興國九年。

《單州成武縣主簿廳記》（本集十六）。

記文有「某策名起家，作吏斯邑，到任之明年，屬歲豐政簡，因筆其志於屋壁」語，禹偁去年到任。

《擬封淮海國王可漢南國王冊文》（《外集》十三）。

吳越國王本年十一月壬子（六日）改封漢南國王。見《太宗實錄》三十一、《宋史》四八〇。

十一月癸酉（廿七日），以建州進士楊億爲

秘書省正字，時年十一歲（《長編》廿五）。

太宗雍熙二年乙酉，三十二歲。

在長洲。正月有《上許殿丞論榷酒書》（本集十八）。

《書》云：「某自前歲策名起家，作吏於成武，無功無過，偶歷一考，而國家有長洲之命。越江而來，涖事亦未旬浹。」旬浹，十日。禹偁抵長洲涖任，應在去年十二月廿一日前後，而此言前歲云云，知此書在本年正月作。又按《宋史》一六〇《選舉志》六「考課」云：「凡考第之法，內外選人周一歲爲一考，欠日不得成考。」禹偁既歷一考，則在成武主簿任上必滿一年矣。許殿丞即許袞（九四九—一〇〇五），時以殿中丞通判蘇州，生平事蹟見《范文正公集》十二《贈戶部郎中許公墓誌銘》。

長洲豐收。

本集十六《長洲縣令廳記》云：「到任之明年，大有年也。」禹偁去年底到任。

得目疾。

本集十八《答張扶書》云：「僕頃嘗爲長洲令，因病起抄書，得目疾。」

按：禹偁之由病而致目疾，約在今年，本集七《春日官舍偶題》詩有「鸚花愁不絕，風雨病先知」之語，《外集》七《潘閬詠潮圖序》有「會予卧病不果」，當亦此時事。而此次卧病，遂成目疾，故明年有《官舍書懷呈郡守》詩，自謂「藥債漸多醫宿疾」，此宿疾，其亦指目疾耶！

本年所爲文有：

《上許殿丞論榷酒書》（本集十八）。

《長洲縣令廳記》（本集十六）。

《送上官知十序》（本集二十）。

按序文所述，上官知十於去年圜丘禮後，由蘇州通判卸任，上書求改葬其先人於高密，禹偁等爲餞行，因有此序。上官知十，史無傳。

《批答處士陳摶乞還舊山》（本集二十六）。

按《長編》二十五雍熙元年冬十月：陳摶入見，賜號希夷先生，數月，遣還。《宋史》四五七《陳摶傳》同，則此文今年內擬作。

《送樂良秀才謁梁中諫序》（《外集》十三）。

梁中諫即梁周翰，《序》云：「自予作吏長洲，言交有日，……問其行，則曰謁梁公於淮楚也。……梁公與古爲徒，與時相戾，……顛躓官途三十年矣，以至自官僚分司，以貳車左降淮水之涘。……先是梁公之牧蘇也，……」今按《宋史》四三九《梁周翰傳》云：「周廣順二年舉進士，太平興國中知蘇州，……以本官分司西京，踰月，授左贊善大夫，仍分司，俄除楚州團練副使。雍熙中，宰相李昉以其名聞，召爲右補闕。」自廣順二年至今年爲三十四年，而雍熙共四年，故繫於今年。

雍熙三年丙戌，三十三歲。

在長洲。以下諸文在本年作：

《擬賜天下雍熙三年新曆詔》（《外集》十二）。

《擬陳王判開封府制》（《外集》十二）。

自署「雍熙三年在長洲」。按《太宗本紀》，本年十月甲辰（九日）以陳王元僖爲開封尹。

《神童劉少逸與時賢聯句詩序》（《外集》十三）。

序云：「其詩集吳縣尹羅君爲之序，逮十一歲，得三百篇。」按：《長編》二十九端拱二年三月：「越州進士劉少逸者，年十三中選，既覆試，又別試御題，賦詩數章，皆有趣，授校書郎，令於三館讀書。」劉少逸端拱二年爲十三歲，而禹偁序詩集則在其十一歲時，當在今年。又按《蘇州府志》云：「少逸，郡人，年十一，文辭精敏，有老成之體。從其師潘閬謁長洲令王禹偁、吳縣令羅處約，以所作爲贄。二令名重當時，疑其假手，未之信，因試與之聯句，略不涉思。禹偁曰：『一回酒渴思吞海。』少逸曰：『幾度詩狂欲上天。』凡數十聯皆敏妙，二公驚異，聞於朝，賜進士及第，官至尚書員外郎。」（《古今圖書集成》六二七册引）又《澠水燕談錄》卷四同，並稱禹偁贈之詩曰：「待學韓退之，矜夸李長吉。」

《潘閬詠嘲圖贊並序》（《外集》十）。

據序知圖爲李允所繪，羅處約序之，應與前文同時之作。

《崑山縣新修文宣王廟記》（本集十六）。

自署「大宋雍熙三年」。

雍熙四年丁亥，三十四歲。

八月，奉詔赴闕。

本集十八《答鄭褒書》云：「前年八月，僕自長洲令徵拜右正言直史館，既歲滿，遷左司諫知制誥。」書末自記月日、官稱爲「七月三十日，尚書工部郎中典滁陽郡王某」，按禹偁知滁州在至道元年乙未歲（九九五），是年六月蒞任，次年十一月移知揚州。又書中有「今春吾自西掖召拜翰林學士」語，禹偁拜翰林學士在至道元年正月廿八日左右（詳該年下），則《答鄭褒書》作於至道元年七月三十日。是所謂「前年八月」者，應作「前八年八月」，由今年至至道元年計八年也。準此，奉詔赴闕在今年八月。禹偁之奉詔，據蘇頌云係趙普所薦，《小畜外集》序云：「及策名從事，中書令趙韓王薦其文章，太宗皇帝旣已知名，命召試中書，宸筆賜題《詔臣僚和御製雪詩序》，奏篇稱善，自大理評事擢右拾遺，直史館。」（《蘇魏公集》六十六）按：試中書、擢拾遺俱在明年，則赴闕後即專職大理評事。

本年赴闕前在長洲有以下諸文：

《送柴侍御赴闕序》（《外集》十三）。

《送柴轉運赴職序》（《外集》十三）。

按序文有「雍熙紀號之四年夏四月，蘇州郡守平陽柴公受代江城，將歸憲府，翌日，詔以轉運使就加之，……梅雨初霽，麥秋尚寒」之語，知二序均作於本年四、五月間。

《送許製歸曹南序》（《外集》十三）。

本集七有《即席送許製之曹南省兄衮》詩，有句云「梅爛荷圓六月天」，知在六月作。許製兄許衮，雍熙初任蘇州通判，禹偁有書與論榷酒事，旋拜奉常博士領曹南郡。許製赴曹南，或在此時。

《桂陽羅君遊太湖洞庭詩序》（《外集》十三）。

即羅處約，序有「子見受代之日，盈編而歸」。按《宋史》本傳，處約與禹偁同時奉詔入闕，當即作於此時。

又自雍熙二年至此時在長洲縣令任上，於蘇州附近名勝古迹均有紀遊之作，如《惠山寺題留》、《遊虎丘》、《陸羽泉茶》、《南園偶題》、《題響屧廊壁》等，均見本集七。

葉夢得《石林詩話》卷下：姑蘇南園，錢氏廣陵王之舊圃也，老木皆合抱，流水奇石，參錯其間，最爲工。王翰林元之爲長洲縣宰時，無日不攜客醉飲，嘗有詩云：「他年我若成功後，乞取南園作醉鄉。」今園中大堂，遂以「醉鄉」名之。

按：《南園偶題》詩云：「天子優賢是有唐，鑑湖恩賜賀知章。他年我若功成去，乞取南園作醉鄉。」即葉夢得所引。又有詞作《點絳唇》一首，詞云：「雨恨雲愁，江南依舊稱佳麗，水村漁市，一縷孤煙細。天際征鴻，遥認行如綴。平生事，此時凝睇，誰會憑欄意。」（見《全宋詞》卷一）清麗可愛，與詩風相近。

奉詔入朝後有《待漏院記》（本集十六）。文末自署「棘寺小吏王某」，棘寺即大理寺也，禹偁既解長洲令，又未有新職，專任大理評事，故自稱小吏。

《歲暮偶寄蘇臺舊僚友》（本集七）。詩云：「吳門吏隱過三年，何事陶潛捧詔還。步武已趨龍尾道，夢魂猶憶虎丘山。花開茂苑誰同醉，雪滿梁園獨掩關。會待他年求郡印，劍池重遶碧潺潺。」當是本年年底所作。

十二月丁巳（廿九日），大雨雪。

《太宗本紀》：「十二月壬寅（十四日），

帝幸建隆觀相國寺祈雪，丁巳，大雨雪。」故禹偁明年應制序文有「繁雲翳空，密雪飄野，至誠攸感」之語。

端拱元年戊子，三十五歲。

正月庚申（初二），御製雪詩。

《太宗實錄》四十三端拱元年：「正月庚申，御製《喜雪》詩五言二十韻，贈宰相李昉等，令屬和。」按：《錦繡萬花谷》後集一錄有「宋太宗御製《大雪》詩賜學士云：『輕輕相亞如凝酥，宮樹花裝萬萬株。』」卻爲七言，姑錄之以爲參考。

正月丙寅（八日），拜右拾遺，直史館。

《長編》二十九端拱元年：「春正月丙寅，以大理評事王禹偁爲右拾遺，羅處約爲著作佐郎，並直史館（以上同《太宗實錄》四十三）。先是禹偁知長洲縣，處約知吳縣，相與日賦五題，蘇、杭間人多傳誦。上聞其名，召赴中書，命試《詔臣僚和御製雪詩序》稱旨，故皆擢用爲直史館，賜緋，舊止賜塗金帶，特擇犀帶寵之。」按：《外集》七有《哭羅三》詩，自注云：「僕早歲在蘇州與思純同爲縣令，每日私試五題，約以應制，必取兩制官，僕偶塵忝，而思純賫志以終。」又本集十九有《中書試詔臣僚和御製雪詩序》，本集廿五有《謝除右拾遺直史館啓》。

編修日曆。

本集二十二《請撰大行皇帝實錄表》云：「況端拱元年春季日曆，是臣編修。」編修日曆應在直史館後。

正月乙亥（十七日）帝親耕籍田，改元端拱。

本集一《籍田賦序》云：「皇家享國三十載，陛下嗣統十四年。」三十載、十四年均泛說也。田錫《咸平集》二十一《籍田頌序》即云：「國家嗣位之十三載。」《太宗本紀》、《長編》二十九均同。

二月乙未（八日）改左、右補闕爲左、右司諫，左、右拾遺爲左、右正言（《太宗本紀》、《長編》二十九）。

三月，告假赴江都迎親。

《外集》十三《贈別鮑秀才序》云：「皇家耕籍之歲，僕始自廷評擢補諫官，分直於太史氏，越三月，以家寄江都，告假迎侍。」又本集二十一《進端拱箴表》：「三月中，伏奉明詔，……是時臣方議迎親，已諧告假。」

迎親返京後上《端拱箴》。

《長編》二十九端拱元年：「上厲精圖治，欲聞讜論，以致太平，患羣下莫肯自盡以奉其上，三月甲子下詔申警之。其後上封事者頗衆。」甲子爲三月七日，是時禹偁「已諧告假」，將赴江都迎親，未及獻言。又據《進端拱箴表》所述，則在迎親返京後，始上《端拱箴》。而《宋史》本傳、《宋史新編》均言「擢右拾遺直史館，……即日獻《端拱箴》」，此蓋因禹偁至道三年五月十八應詔言事，自云「初拜右正言直史館，即日進《端拱箴》一篇」而來，實應在三月也。

本年所撰文有：

《中書試詔臣僚和御製雪詩序》（本集十九）。

《謝除右拾遺直史館啓》（本集二十五）。

《籍田賦》（本集一）。

《上史館呂相公書》（本集十八）。

據《宋史》二一〇《宰輔表》一，本年二月庚子（十三日），呂蒙正以昭文館大學士監修國史、同中書門下平章事。書有云：「某竊不自料，遂以書日曆爲請。」又薦安德裕、宋泌可爲修撰。

《代王侍郎讓官表》（本集二十四）。

《宋史·宰輔表》一：「二月庚子，王沔自樞密副使加戶部侍郎、參知政事。」表有「特授臣戶部侍郎參知政事」語，知爲代王沔作。

《贈別鮑秀才序》（《外集》十三）。

序有「皇家耕籍之歲，……三月，以家寄江都，告假迎侍」云云，知在三月間作。

《送榮禮丞赴宋都序》（《外集》十三）。

序有「端拱元祠春三月，詔以曲臺丞榮公出蒞於宋」之語，是在三月作。

《端拱箴》（《外集》十）。

三月上。

《進端拱箴表》（本集二十一）。

《送李巽序》（本集十九）。

序有「端拱元祠夏六月，詔以光祿寺丞李公督婺州關市之賦。」知在六月作。

《送王旦序》（本集十九）。

序有「聖人籍千畝之歲」語，據序文，旦是時以殿中丞通判鄭州。旦本傳同。

《送牛冕序》（本集十九）。

序有「語名郡者以丹陽爲重地」，按《宋史》二七七《牛冕傳》，冕本年召試文章，遷左正言直史館，出知潤州。丹陽即潤州也。

《謝宣賜御草書急就章並朱邸舊歌集》（本集十二）。

據文「元年十月近乾明節」，知作於本

年，乾明節即太宗誕日（十月十七日），而禹偁「元年」在朝廷者只本年與淳化元年，淳化元年已改乾明爲壽寧矣。

《放五坊鷹犬詔》（本集二十六）。

按：《長編》二十九本年十月癸未，太宗謂侍臣曰：「朕每念古人禽荒之戒，自今除有司順時行禮外，更不於近甸遊獵，五坊鷹犬悉解放之，庶表好生之意。」遂詔天下勿復以鷹犬來獻。

端拱二年己丑，三十六歲。

正月十二日，獻《禦戎十策》。

本傳云：「時北庭未寧，訪羣臣以邊事，禹偁獻《禦戎十策》，大略假漢事以明之。」《長編》三十本年正月癸巳（十一日）：「詔文武羣臣各陳備邊禦戎之策，……右拾遺直史館王禹偁奏議曰：（全文略）。上覽奏，深加歎賞，宰相趙普尤器之。」按《宰輔表》，趙普於去年二月庚子（十三日）後相。禹偁所獻十策，「外任其人」、「內脩其德」之道各五，具見《長編》，茲不贅。又禹偁既上疏，即有書上趙普，本集十八《上太保侍中書》云：「昨奉御札，以邊事未寧，許百官各上封事，爲諫官者得不內愧於心乎！某因詣上闕，陳所見十事，其五事言外任其人，其五事言內修其德，且以漢文時事迹以爲比類，所恨不知兵事，不遊邊土，則外任其人之事皆臆說也，適足資帷幄之歡笑矣。且念少苦寒賤，又嘗爲州縣官，人間利病粗知之，則內修其德之說，皆事實也，用之則朝行而夕效矣。然某道孤勢危，辭理切直，心甚懼焉，非大丞相論思之際，救援開釋之，以來天下言路，則斥而逐之，猶九牛之一毛也！敢露腹心，以乞嗟閔。」可見禹偁之忠謹，而此疏雖得君相之讚賞，然其後再三貶斥者，實皆由類此「切直」之言也。本集八《謫居感事》自注云：「端拱三年，詔百官各言邊事，因上封章極言，爲上容納。予論邊事，特爲趙許公所器。」二年訛作三年。

三月二十一日，應制作《皇帝親試貢士》詩，擢左司諫知制誥。

本傳云：「二年，親試貢士，召禹偁，賦詩立就，上悅曰：『此不逾月，當遍天下矣。』即拜左司諫知制誥。」《小畜外集序》亦云：「端拱二年，親試貢士，俾公面賦長歌，上覽而喜曰：『此不逾月，當遍天下。』」本集八《謫居感事》詩自注：「端拱二年，……是歲蒙上召予殿上作歌，遂有西掖之拜。」按《長編》三十本年：「三月壬寅，上御崇政殿試合格舉人。」壬寅爲二十一日，知由右拾遺直史館擢左司諫知制誥在此時。今本集十二有《應制皇帝親試貢士歌》，本集二十五有《謝除左司諫知制誥啓》。

五月，開寶宋皇后父邢國公薨，禹偁奉詔撰神道碑。

本集二十八有《右衛上將軍贈侍中宋公神道碑奉勅撰並序》。

七月己卯（初一），畢士安以越王府記室參軍考功員外郎爲知制誥（《長編》三十）。

按：畢仲游《西臺集》十六《文簡公行狀》云：「及（文簡）公除知制誥，禹偁先已爲舍人，其詞禹偁所行也。」今制詞不傳。又《宋名臣言行錄》引《聞見錄》謂「至文簡入相，元之已掌書命」者誤，畢士安拜相在眞宗景德元年八月，距禹偁之死已三年矣。

七月己卯，寇準拜虞部郎中、樞密直學士（《長編》三十）。

本集二十五有《迴寇密直謝官啓》，寇準此時始拜樞密直學士，其書命由禹偁所作，故有《謝官啓》。

七月戊子（十日），彗星見（《長編》三十）。

本集二十四有《爲宰臣以彗星見求退表》，又因彗星事，前後代宰相趙普上《謝恩表》、《乞差官通攝謁廟大禮使表》（本集二十四）、《賀罷謁廟大禮表》、《賀御樓肆赦表》（本集二十三），又代趙普別上《乞歸私第養疾表》、《爲乾明節不任拜起陳情表》、《謝降御札表》、《賀雨表》等，具見本集二十三。

十月，上疏言旱災，自願減俸。

本傳云：「是冬，京城旱，禹偁疏云：『……臣朝行中家最貧，俸最薄，然願首減俸以贖耗蠹之咎……』」《長編》三十同。按：旱災實自秋始，本集廿三《賀雨表》云：「自秋以來，時雨不降。」《賀雪表》云：「自秋徂冬，密雲不雨。」

十二月丙辰（九日），大雨雪（《太宗本紀》）。

本集廿三有代趙普上《賀雪表》云：「伏睹今月九日，臘雪應時。」九日，即十二月丙辰也。

十二月，作《爲宰臣上尊號表》。

《長編》三十本年十二月甲子（十七日）：「趙普率百官上表請復尊號，表凡再上，皆不許。戊辰（二十一日）又上『法天崇道文武』，詔去文武二字，餘許之。」今按本集二十三《賀冊尊號表》則云：「奉去年十二月二十四日批答，允百僚所上尊號內四字。」二十四日爲辛未。《太宗本紀》則云：「辛酉，上法天崇道文武皇帝。詔去『文武』二字。」辛酉十四日，當以辛未爲是，蓋《長編》三十載：十二月庚申（十三日）詔省尊號，辛酉（十四日）呂蒙正等奏請勿省，不聽，然後甲子（十七日）趙普始率百官再請復尊號，戊辰（二十一日）始上「法天崇道文武」，次第極明。《本紀》作辛酉，誤。

本年次子嘉言生，不詳生於何月

按：劉攽《彭城集》三十七《贈兵部侍郎王公墓誌銘》言嘉言「生十三歲，而丁翰林喪」。禹偁卒於咸平四年（一〇〇一），上推十三年，即今年也。

范仲淹生（《碑傳表》）。

淳化元年庚寅，三十七歲。

正月元日改元淳化，受尊號。

本集八《謫居感事》詩自注：「淳化元年立正，伏別上尊號，予攝中書侍郎，捧玉冊玉寶。是歲加柱國，謝，上面賜金紫。」《長編》亦載正月元日上尊號事。

本集二十四有《代賀冊尊號表》。

正月戊戌，以趙普爲中書令西京留守。

《長編》三十一及《宋史》卷二五六《趙普傳》均言：「普遂稱疾篤，三上表致政，上不得已，戊子以普爲西京留守兼中書令。」而本集二十三有代趙普《求致仕表》，表凡四上，其第四表云：「臣自今月五日至十四日凡三上封章，懇陳致仕，伏奉十七日批答不允。」又同卷《讓西京留守表》則云：「自今月五日至十五日，四上表章，懇求致仕，伏睹二十一日內降白麻，伏蒙聖恩，授臣守本官兼中書令行河南尹兼功德使充西京留守者。」按第三表批答不允既在十七日，則第四表不當在十五日上，「五」字疑訛。而授中書令、西京留守則在二十一日，二十一日爲戊戌，《長編》及本傳作戊子者誤。又本集二十三又有代趙普《讓西京留守表》，亦四上。

本年，爲弟禹圭娶婦。

本集十八《與李宗諤書》云：「家弟少失母愛，叙婚甚晚，前年某忝職閣下，始能爲娶一婦，今年聞有孫矣。」書作於淳化三年，知本年爲弟娶婦。

冬有《送孫何序》（本集十九）。

序有「會有以生之編集惠余者，凡數十篇，皆師戴六經，排斥百氏，落落然眞韓、柳之徒也」之語。

本年別有以下諸文：

《謝賜御書字樣錢表》（本集二十一）。

按：陳均《九朝編年備要》云：「淳化元年三月，鑄淳化元寶錢。」並稱：「國初錢文曰『宋元通寶』，後曰『太平通寶』，至是改鑄，上親書其文作眞草行三體。」本集八有《御書錢》詩云：「謫官無俸突無煙，惟擁琴書盡日眠，還有一般勝趙壹，囊中猶有御書錢。」

《重修北嶽廟碑奉勅撰》（本集十六）。

本集八《謫居感事》自注云：「淳化元年，奉勅重修北嶽，予撰碑。」

《李氏園亭記》（本集十六）。

自署本年九月作。

《送柳宜通判全州序》（本集二十）。

序有「淳化元祀，……改官芸閣，通倅

湘源」語。全州即今廣西全縣，而湘水源於廣西興安，流經全州入湘，故稱之爲湘源。

《代宰執慰公主薨表》（本集二十三）。按《皇宋十朝綱要》：徐國大長公主以淳化元年十月薨。表當在此時上。

淳化二年辛卯，三十八歲。

三月，瓊林苑侍宴賞花，作《詔臣僚和御製賞花詩序》。本集八《初出京過瓊林苑》詩云：「忽憶今春暮，宮花照苑牆。瓊林侍游宴，金口獨褒揚。立向句陳內，宣來帝座旁。丁寧問年紀，委曲叙行藏。屏息聞天語，酡顔醉御觴。近臣多健羨，睿眷豈尋常。」自注云：「以上並叙淳化二年三月實事。」本集二十有《詔臣僚和御製賞花詩序》，當是此時所作。按：《澠水燕談錄》卷二云：「王元之在翰林，太宗恩遇極厚，嘗侍燕瓊林，獨召至御榻殿閣顧問。帝語宰相曰：『王某文章獨步當代，異日垂名不朽。』」按禹偁拜翰林學士在至道元年。

四月己丑（二十日），上疏言：「請自今羣官詣宰相及樞密使，並須朝罷於都堂請見，不得於本廳延揖賓客，以防請託。」詔付施行，後旋又罷去。詳《長編》三十二。

七月，李繼遷請降，以爲銀州觀察使，賜名趙保吉（《長編》三十二），禹偁草制書。

按：《長編》三十五禹偁上言：「七月間在中書當直，（繼遷）曾得此官兼改姓名。」又《長編》三十七：「禹偁嘗爲繼遷草制，繼遷送馬五十匹，備濡潤。禹偁以狀不如式，卻之。」而歐陽修《歸田錄》云：「王元之在翰林，嘗草夏州李繼遷制，繼遷送潤筆物數倍於常，然用啓頭書送，拒而不納，蓋惜事體也。」禹偁爲翰林學士在至道元年初，當時無授繼遷職事，《歸田錄》誤。

判大理院。

本傳云：「拜左司諫知制誥，未幾，判大理院。」拜左司諫知制誥在去年三月，兼判大理院，不詳何時，姑繫於此。

九月二日，貶商州團練副使。

本傳云：「廬州妖尼道安誣訟徐鉉，道安當反坐，有詔勿治。禹偁抗疏雪鉉，請論道安罪，坐貶商州團練副使。」本集八《謫居感事》云：「書命猶無諂，評刑肯有欺？厚誣凌近侍，內亂疾妖尼（自注：妖尼道安誣告徐騎省）。丹書當無赦，金科了不疑。拜章期悟主，引法更防誰。萋萋終無已，雷霆遂赦斯。如弦傷訐直，投行覓瑕疵。衆鑠金須化，羣排柱不支。佞權迴北斗，讒舌簸南箕。」述其爲雪徐鉉罪而遭黜之情甚詳，而「佞權」、「讒口」之語，其人呼之欲出，由是知尼道安案只是導火線，禹偁因言事切直，書命無諱，遂得罪人而不自知。按《宋史·宰輔表》，當時刑部侍郎爲張齊賢，禹偁貶後次日（九月己亥三日），張齊賢即代呂蒙正入相，所謂「佞權」，豈指張齊賢乎！（參至道元年五月下）。按《宋史》四四一《徐鉉傳》：「淳化二年，廬州女僧道安誣鉉姦私下吏。道安坐不實抵罪，鉉亦貶靜難軍行軍司馬。」《東都事略》云：「二年，以廬州尼道安訟其弟與婦姜氏不養母姑，姜氏鉉妻之甥，且誣鉉與姜姦，鉉坐貶靜難軍行軍司馬，道安亦坐告姦不實抵罪。」尼道安案始末不詳，唯因案而受牽累被貶者，除王、徐外，又有宋白、張去華、宋湜等人，各見其本傳。又本集九有《詩序》云：「淳化二年八月晦日，夜夢於上前賦詩，既寤，唯省一句云『九日山州見菊花』，間一日有商於貳車之命，實以十月三日到郡。重陽已過，殘菊尚多，意夢已徵矣。」《長編》三十三引《太宗實錄》曰：「九月戊戌，王禹偁等始免官。」戊戌，初二日也，與《詩序》合。

十月三日，抵商州。

禹偁由京師經中牟、鄭州、滎陽，過鴻溝，再經新安、硤石，抵閿鄉，再由閿鄉南下三百里，始抵商州。沿途各有詩紀行，並有《與馮伉書》（本集十八），伉與禹偁爲同年，時爲商州通判，書有：「望閣下觀古人之行，敦同年之契，窮愁之中，少假氣焰，則遷客之幸也。」蓋禹偁兼判大理院時，曾譏馮伉之過，故親友爲之擔憂，懼馮伉藉機報怨也。在被貶前有《送薛昭序》（本集二十），在赴商州途中有《記蜂》（本集十四）、《弔稅人場文》（《外集》八），到商州後，謁四皓廟，有《四皓廟碑》（本集十六），有《商州福壽天王殿碑》（本集十六）。

淳化三年壬辰，三十九歲。

在商州。三月，孫何狀元及第，寄詩賀之。

《長編》三十三：「三月戊戌，上御崇政殿覆試合格進士，……得汝陽孫何以下凡三百二人。」本集八有《聞進士孫何及第因寄》云：「昨朝邸吏報商山，聞道孫何得狀元，爲賀聖朝文物盛，喜於初入紫微垣。」按柳開《河東集》十三《贈諸進士詩》云：「今年舉進士，必誰登高第。孫傳及孫僅，外復有丁謂。」（注云：孫傳改名何）知孫、丁在當時文名之盛，丁謂亦今年登第，孫僅登咸平元年狀元。柳開本年爲滁州團練副使。

七月己巳（十四日），趙普卒。禹偁作《挽歌》十首（本集九）。

八月，召种放，辭疾不赴（《皇宋十朝綱要》）。本集九有詩三首記之，有句云：「洛南遷客堪羞死，猶望量移近帝城。」

本年，弟禹圭得子，不知在何月（本集十八《與李宗諤書》）。

本年有以下諸文：

《馮氏家集序》（本集二十）。

序云「某去歲自西掖左宦來商」，自署「正月五日」。

《卮言日出賦》（本集二）。

本年殿試賦題。三月作。

《與李宗諤書》（本集十八）。

有「某待罪以來，思未及滿歲」語，當係在九月前作。

《答黄宗旦第一書》（本集十八）。

按《福建通志》：黄宗旦，惠安人，咸平元年進士第二人。

《商於驛記後序》（本集二十）。

十月十九日作。

《濟州龍泉寺修三門記》（本集十六）。

自署「淳化三年某月日記」。

《諫議大夫臧公墓誌銘》（本集廿八）。

臧丙卒於本年五月，年五十三。據銘文，禹偁試進士時，住臧丙家。

淳化四年癸巳，四十歲。

四月，量移解州。

《外集》七《鹽池十八韻》詩序云：「淳化四年孟夏日，始自商山（二字原缺）移於解梁。」又本集九有《量移自解》詩云：「商山五百五十日，若比昔賢非滯留。」禹偁以前年十月三日抵商山，五百五十日，約在今年四月十三日左右。四月孟夏也。考《解縣志》五《名宦》云：「元之淳化四年自商洛移刺解州，多善政，有題鹽池詩，原碑陷縣署壁。」按《鹽池十八韻》詩序言「宗人太常博士倜領池事」，又本集九量移後《留別仲咸》詩有「命薄甘閑副使」語，同卷《解梁官舍》有「副使量移豈是恩」，是禹偁移解梁仍是團練副使之職，並非「刺解州」也。

八月二十四日，由解州召還朝，拜左正言。

《長編》三十四淳化四年八月戊寅下云：「初，商州團練副使（商字訛作黄）王禹偁量移解州，因左司諫呂文仲巡撫陝西，疏言父老求徙東土。上即詔禹偁還朝。己卯，授左正言。謂宰相曰：『禹偁文章獨步當世，然賦性剛直，不能容物，卿等宜召而戒之。』命直昭文館。」己卯，二十四日。又《宋史》二百一十《宰輔表》，當時宰相爲李昉。太宗既知禹偁「文章獨步當世」，卻又因其「賦性剛直」而不能用，實亦可歎。《名臣言行錄》與《東都事略》所記同。

十一月，直昭文館。

本傳云：「淳化四年，召拜左正言，俄直弘文館，求補郡以便養親，時使曹州決獄，就知單州，賜錢三十萬（應是三十萬，見下引《單州謝上表》），至郡十五日，召爲禮部員外郎，復知制誥。」《長編》三十五引此注云：「直昭文館在四年十一月，改禮外、知制誥在五年四月。」按：禹偁既自解州召還爲左正言，有詩寄馮伉云：「重爲東掖垣中士，猶夢西暉旁下山。」又《幕次閑吟》云：「月入可供茶作俸，雨多還怯桂爲薪。懶求郡印緣何事，曾忝西垣侍從臣。」（本集十）又本集二十五《謝除禮部員外郎知制誥啓》有云：「去歲量移善地，甄叙通班，貼文館以讎書，奉皇華而按獄。屬以高堂垂老，懸磬屢空，懇求郡國之權……」則上表陳情在直昭文館按獄曹州後，即在明年正月二十一日後。又按本集二十一《陳情表》言：「臣聞改過自新，人臣之晚節，棄瑕責效，王者之舊章。伏念臣近自冗員，再叨諫署，……其如親寄解粱，身趣魏闕，四海無立錐之地，一家有懸磬之憂。……弟兄分散，迫於饑寒，若非內受職名，賜之實俸，外求差使，以救食貧，則何以養高堂垂白之親，備上國燃金之費！望雲就日，非無戀闕之心；玉粒桂薪，未有住京之計。伏望陛下念臣過而能改，進不因人，或西垣再命於演綸，或東魯且令於承乏，唯中外之二任，繫君親之一言。」當時汴京生活之昂貴可以想見。

淳化五年甲午，四十一歲。

春，上書言邊事。

《長編》三十五本年正月下：「左正言直昭文館王禹偁言：『伏覩國家出偏師討李繼遷，臣有便宜，比欲論奏，忽奉差使，仍放朝辭，奔命以來，在公少暇，必料天威大振，逆豎已擒，尚恐稽誅，敢伸前志。』」按《長編》詔討李繼遷在今年正月癸酉（二十日），忽奉差使，當即決獄曹州之命。禹偁之論，以爲不必多舉兵以擊賊，可用計而取之。同時又有宋琪上書，亦言宜守而俟機，不宜追擊。王夫之《宋論》二以爲太宗自歧溝一敗（雍熙三年五月），而「宋琪、王禹偁相奬以成乎怯懦」，蓋謂此也。

上表求補郡以養親。

據上引諸事，知上《陳情表》應在本年春，或與言邊事同時上。時在曹州。

四月知單州，在任十五日，五月召還爲禮部員外郎、知制誥。

本集二十一《單州謝上表》云：「今月九日，曹州進奏院遞到勅一道，伏蒙聖慈就差知單州軍州事，兼賜錢三百貫文，祇荷寵榮，不任感懼。臣已於今月十七日到本州上訖。」又云：「即時赴郡，不日迎親，本州以臣叨奉新恩，……亦將歌樂遠出郊坰，臣先以文書，並令止絕，蓋以壟麥未秀，……」知受命時仍在曹州決獄，而麥既未秀，當是四月，設表中所謂九日者爲四月九日，則四月十七日到任，過十五日，是五月初八召入爲禮部員外郎知制誥。《謝禮部員外郎知制誥啓》有「未遑布政，忽忝歸朝，十五日之專城，焉知民瘼」之語。又禹偁初及第時即任單州成武縣主簿一年，今又知單州，自是榮耀，故《單州謝上表》有云：「唯臣此任，最是殊恩。」當時感激歡欣之情，蓋有衣錦榮歸之意也。

丁父憂。

按：明年（至道元年）正月，禹偁拜

翰林學士後，有《謝除翰林學士啓》云：「去歲召自琴臺，再陞綸閣，驟荷一人之寵遇，果罹三歲之凶喪。雖勉就於奪情，實重違於素志，……止期卜兆於松楸，再請效官於符竹，豈意未諧私願，俄辱殊恩。」是今年除知制誥後遭父喪。又本集三十《柳府君墓碣銘》有注云：「時有詔，不聽吏守三年之喪。」是以禹偁仍「勉就於奪情」也。其父卒年七十七，贈太子中允致仕。

本年別有以下各文：

《單州謝上表》（本集二十一）。

《謝除禮部員外郎知制誥啓》（本集二十五）。

《謝僕射相公求致仕啓》（本集二十五）。

按《宰輔表》：李昉於本年五月二十一日致仕。

《迴司空相公謝官啓》（本集二十五）。

李昉以特進司空致仕。

《右衛將軍秦公墓誌銘》（本集二十九）。

秦羲之父，本年五月卒。

《故泉州錄事參軍贈太子洗馬陳君墓誌銘》（本集三十）。

文有「又請尚書禮部員外郎知制誥王某書墓表」，知在本年五月後作。

《迴孫何謝秘書丞直史館京西轉運副使啓》（本集二十五）。

據本集二十五《殿中丞贈戶部員外郎孫府君墓誌銘》序文，孫何任京西轉運副使當在本年下半年。

《諸朝賢寄題洪洲義門胡氏華林書齋序》（本集十九）。

自署「淳化五年十月十五日」。

至道元年乙未，四十二歲。

正月拜翰林學士，百日而罷。

《學士年表》云：「至道元年正月，以禮部員外郎知制誥拜。」按《長編》三十七本年五月甲寅：「禹偁坐輕肆罷知滁州。」而本集五《北樓感事》詩有「玉堂百日罷」之語，五月甲寅爲九日，上推百日，則在正月廿八日左右。本傳云：「至道元年，召入翰林爲學士，知審官院，兼通進銀臺封駁司。」此百日翰林，爲禹偁一生最得意之時。

二月，上言請祠五嶽不御署。

《長編》三十七本年二月：「甲申，命宰相及羣臣分於京城寺觀祠廟禱雨，又命中使分祠五嶽。故事：御署祝版以遣之。翰林學士王禹偁上言：『準禮：五嶽猶三公，今雖加王爵，猶人臣爾，天子稱名恐非古制，請自今更不御署，庶尊卑適序，典禮無差。』上親批其紙尾曰：『昔唐德宗猶屈拜風雨，且國朝典禮素定，豈可廢也。朕爲萬民祈福，桑林之禱，猶無所憚，至於親署，又何損焉。』」

五月九日，貶知滁州。

本集二十一《滁州謝上表》云：「奉五月九日制，伏蒙聖慈特授臣守尚書工部郎中知滁州軍州事，已於六月三日到本州上訖。」按本傳：「至道元年召入翰林爲學士，知審官院兼通進銀臺封駁司，詔命有不便者，多所論奏。孝章皇后崩，遷梓宮於故燕國長公主第，羣臣不成服，禹偁與客言，后嘗母儀天下，當遵用舊禮。坐謗訕罷爲工部郎中，知滁州。」《長編》三十七於「當遵用舊禮」下云：「或以告，上不悅，甲寅，禹偁坐輕肆罷爲工部郎中，知滁州。上謂宰相曰：『人之性分，固不可移，朕嘗戒勖禹偁，令自修飭，近視舉措，終焉不改，禁署之地，豈可復處乎？』」則此次罷黜實出太宗，又與開寶皇后之死有關。《澠水燕談錄》七云：「坐辨孝章皇后不實，謫滁州。」故禹偁於《謝上表》中，於得咎之緣由，深致憂惶之意，有云：「臣在内廷一百日間，五十夜次當宿直，白日又在銀臺通進司、審官院封駁司勾當公事，與宋湜、呂祐之閲視天下奏章，審省國家詔命，凡干利害，知無不爲。三日一到私家，歸來已是薄暮。先臣靈筵在寢，骨肉衰絰滿身，縱有交朋，無暇接見，不知謗議自何而興！」又云：「臣拜命以來，通宵自省，恐是臣所賃官屋在高懷德宅中，一昨開寶皇后權厝之時，便欲移出，未有去處，甚不遑寧，尋曾指約公人，不令呵喝，切恐貴僧出入，中使往還，相逢之間，難爲顧揖。……伏望陛下思直木先伐之意者，衆惡必察之言，曲予保全。」則是禹偁得罪權倖，遂遭讒謗也。又表中有「諸縣豐登，苦無公事；一家飽煖，共荷君恩」之語，後歐陽修守滁州，有《書王元之畫像側（在瑯琊山）》詩云：「偶然來繼前賢迹，信矣皆如昔日言。諸縣豐登少公事，一家飽暖荷君恩。想公風采常如在，顧我文章不足論。名姓已光青史上，壁間容貌任塵昏。」（《居士集》一）。又《宋大詔令集》二〇三冊收有《黜翰林學士尚書禮部員外郎知制誥王禹偁制》，有：「操履無取，行實有違，頗彰輕肆之名，殊異甄升之意。宜遷郎署，俾領方州，勉務省躬，聿圖改節。可工部郎中知滁州。」題「至道元年五甲寅」，史傳言以「輕肆」罷者，據此也。

八月，立三子元侃爲太子，改名恆。（《皇宋十朝綱要》）。

本集二十二有《賀冊太子表》。

本年有以下諸文：

《謝除翰林學士啓》（本集二十五）。

《代呂相公讓左僕射表》（本集二十四）。

《宰輔表》：至道元年四月癸未，呂蒙正以中書左僕射出判河中。

《滁州謝上表》（本集二十一）。

六月三日，抵滁州。

《滁州五伯馬進傳》（本集十四）。

《答黃宗旦第二書》（本集十八）。

《答張扶書》、《再答張扶書》（本集十八）。

《送江翊黃序》（本集二十）。

《答鄭褒書》（本集十八）。

《薦戚綸上翰林學士錢若水啓》（本集二十五）。

《賀冊皇太子表》（本集二十二）。

《賀皇太子牋》（本集二十五）。

《皇太子賀冬牋》（本集二十五）。

《滁州全椒縣寶林寺重脩大殿碑》（本集十七）。

至道二年丙申，四十三歲。

二月，加承奉郎，旋加朝散大夫。

本集二十一《謝加朝散大夫表》云：「臣自去年五月出職，今年二月加恩，承奉郎陛級未崇，朝散階遷陞不次。……遂使死灰之心，稍生於寒燄；戴盆之首，亦見於天光。」按正月己酉新饗太廟，辛亥合祭天地於圜丘，故表中有「禮成大祀，澤霈百僚」，蓋郊禮後必推恩賜於天下也。正月己酉爲八日，辛亥爲十日。

二月壬申（初一），李昉卒

本集十有《司空相公挽歌三首》。

十一月二十四日，移知揚州。

本集二十二《揚州謝上表》云：「去年自禁中出職滁上」，又云：「十一月二十四日樞密院馬遞勅牒一道至滁州，伏蒙聖慈就差臣知揚州軍州事，兼管內隄堰橋道事。……臣已於十二月四日到揚州上訖。」按禹偁《小畜集自序》云：「至道二年乙未歲（乙未歲為至道元年，「二」字誤），黜守滁上，得尙書工部員外郎。明年十二月，移知廣陵。」蓋十二月四日始到任，故云。

本年有以下諸文：

《賀南郊大赦表》（本集二十二）。

《謝曆日表》（本集二十一）。

《謝加朝散大夫表》（本集二十一）。

《畫記》（本集十五）。

記文云「淳化甲午歲，某小子實罹大罰」，又云「大祥已竟」。按淳化甲午即淳化五年，禹偁父約卒於是年五月，大祥爲二十五月之祭，則在今年七月作。

《答丁謂序》（本集十八）。

《送鄭褒序》（本集二十）。

有「官署曆閏在孟秋」，考《二十史朔閏表》，是年閏七月，七月即孟秋也。

《送徐宗孟序》（本集二十）。

《殿中丞贈戶部員外郎孫府君墓誌銘》（本集二十九）。

柳贊善寫眞贊（《外集》十三）。

《揚州謝上表》（本集二十二）。

至道三年丁酉，四十四歲。

三月五日終喪，有《謝落起復表》（本集二

十二)。《表》云:「今月五日進奏院遞到勅牒官告各一道,蒙恩落起復,授臣依前尚書工部郎中知揚州軍州事。喪紀爰終,朝恩遽至,泣血罔極,悼心失圖。伏以三年之喪,百王不易。墨衰急用,本因將帥之臣;腰絰從公,罔叶《春秋》之義。臣頃居近職,方執通喪,斷恩勉副於鴻私,達禮重違於素志,……日月有期,俄卒禫祥之制。」按此表在揚州上,表中又稱皇帝尊號,眞宗在咸平二年十一月始有尊號,而禹偁本年六月解揚州職,禹偁父卒於淳化五年五月,至今年三月,蓋即終喪矣,故言「喪紀爰終」云云。

三月癸巳(二十九日),太宗崩,眞宗即位柩前(《長編》四十一)。

四月乙未(一日),尊皇后爲皇太后,大赦天下(《長編》四十一)。

本集二十二有《賀皇帝嗣位表》、《賀冊皇太后表》均言「奉四月一日制書」。

弟禹圭授將仕郎,試秘書省校書郎。

本集二十二有《謝弟禹圭授試銜表》云:「臣某言,臣禹圭昨差押本州賀登寶位進奉,伏蒙聖慈授將仕郎,試秘書省校書郎。……先臣惜其幼子,……漸及強仕,未有出身。」知禹圭今年近四十歲。

五月丁卯(四日),詔御史臺告諭內外文武羣臣,自今人君有過,時政或虧,軍事臧否,民間利害,並許直言極諫,抗疏以聞(《長編》四十一)。

五月十八日,禹偁上疏言五事。

《宋文鑑》四十二錄全文,其所言五事:其一曰謹邊防,通盟好;其二曰減冗兵,併冗吏，三曰艱選舉，使入官不濫；四曰沙汰僧尼，使民無耗夫；五曰親大臣，遠小人。

五月丁亥（二十四日），立秦國夫人郭氏爲皇后（《長編》四十一）。

本集二十二有《賀册皇后表》。

六月己亥（六日）翰林學士承旨宋白上大行皇帝謚曰神功聖德文武，廟號太宗（《長編》四十二）。

本集二十二有《慰上大行皇帝謚號廟號表》。

是日，轉刑部郎中，旋解職歸京。

本集二十二有《謝轉刑部郎中表》，云：「今月六日，進奏院遞到勅牒一道、官告一通，伏蒙聖慈特授臣尚書刑部郎中，散官勳賜如故。……先帝登遐，奉諱之辰，號天罔極。」知在此日。又本集二十五《謝除刑部郎中知制誥啓》云：「尋以拜章言事，解印歸京，睹七月之園陵，魂銷弓劍。」此園陵指太宗陵寢永熙陵，太宗以十月己酉（十八日）葬，此時仍在營建中。然知禹偁必在此時卸知揚州職。

十月，上表請撰《太宗實錄》。

本集二十二《請撰大行皇帝實錄表》云：「今陵寢有日，論譔足資，儻得措一詞於帝典之中，署一名於國史之後，臣雖死之日，如生之時。」太宗於十月十八日葬，則表在此前上。

十一月己巳（八日），詔工部侍郎、集賢院學士錢若水修《太宗實錄》（《長編》四十二）。禹偁請預修，不果。《太宗實錄》原八十卷，今僅存二十卷。

十二月二十四日，復知制誥。

本集二十二《黃州謝上表》云：「伏奉去年十二月二十九日勅落知制誥，差知黃州軍州事。……伏念臣叨司帝誥，又歷周星。」是禹偁以刑部郎中知制誥在本年十二月，至明年十二月二十九日落職是「又歷周星」。《長編》四十二至道三年十二月甲寅：「以夏、綏、銀、宥、靜五州賜趙保吉，翌日命禹偁守本官復知制誥。」按：禹偁五月十八日上疏有「請赦繼遷之罪，復與夏臺」之議。十二月甲寅爲廿三日，則禹偁知制誥在二十四日。

本年別有以下各文：

《揚州建隆寺碑》（本集十七）。

《答晁禮丞書》（本集十八）。

《皇華集序》（本集二十）。

真宗咸平元年戊戌，四十五歲。

九月，上表乞賜种放孝贈。

《長編》四十三本年九月：「豹林谷隱士种放母死，貧不克葬，遣僮奴告於翰林學士宋湜等，湜與錢若水、王禹偁同上言。……壬申（十六日）優詔賜放粟帛緡錢。」

十月戊子（三日），張齊賢、李沆相（《宰輔表》）。

十二月二十九日，出知黃州。

本集十八《黃州新建小竹樓記》云：「戊戌歲除日，又有齊安之命，己亥閏三月到郡。」戊戌即本年。本傳云：「咸平初，預修《太祖實錄》，直書其事。時宰相張齊賢、李沆不協，意禹偁議論輕重其間，出知黃州。」《長編》四十三本年十二月：「刑部郎中知制誥王禹偁，預修《太祖實錄》，或言王禹偁以私意輕重其間，甲寅（廿九日）落職知黃州。」按本集廿二《黃州謝上表》云：「去年十二月二十九日敕落知制誥差知黃州軍州事，逼於日限，尋即朝辭，自後以改葬先臣，蒙恩給假，已於今月二十七日到州上訖。」又據《小竹樓記》，則明年閏三月二十七日始到黃州任。表又云：「臣叨司帝誥，又歷周星，既不曾上殿求見天顏，又不曾拜章論列時事，入直則閉閤待制，退朝則閉門讀書。雖每日起居，實經年抱疾，不敢求假，恐煩醫官。自後忝預史臣，同修實錄，晝夜不捨，寢食難忘，已盡建隆四年，見成一十七卷。雖然未經進御，自謂小有可觀，忽坐流言，不容絕筆。夫讒謗之口，聖賢難逃。」則被貶確與修史有關。重修《太祖實錄》在九月己巳（十三日）（《長編》四十三）。《宋史》二八三《李沆傳》：「咸平初，以本官平章事監修國史。」而張、李之不協，已非一日。葉夢得《石林燕語》云：「王元之初自掖垣謫商州團練副使，未幾復爲學士，至道中復自學士謫守滁州。眞宗即位，以刑部郎中召爲知制誥，凡再貶還朝不能無快快。時張丞相齊賢、李文定沆當國，乃以詩投之曰：『早有虛名達九重，官途流落漸龍鍾。散爲郎吏同元稹，羞見都人看李邕。舊日謬吟紅藥樹，新朝曾獻皀囊封。猶期少報君恩了，歸臥山林作老農。』然亦竟坐張齊賢不悅，繼有黃州之遷，蓋雖困而不屈也。」詩見本集十一《閤下言懷上執政三首》之二。又《外集》七有《出守黃州上史館相公（即李沆）》詩云：「出入西垣與內廷，十年四度直承明。又爲太守黃州去，依舊郎官白髮生。貧有妻賢須有祿，老無田宅可歸耕。未甘便葬江魚腹，敢向臺階請罪名。」足見其憤激不平之氣。又《澠水燕談錄》七載：「王元之謫黃州，實由宰相不悅，交親無敢私見，惟竇元賓握手泣言於閤門曰：『天使公屢出，豈非命耶！』士大夫高之。元之以詩謝之曰：『唯有南宮竇員外，爲我垂淚閤門前。』」又載：「禹偁前任翰林，作齊賢罷相麻，其辭醜詆。」（李心傳《舊聞證誤》一同）考禹偁爲翰林學士在至道元年正月至五月，張齊賢淳化四年六月免相，時禹偁在解州，無由草詔。又禹偁淳化二年九月貶商州時，張齊賢爲刑部侍郎，旋入相，本年貶黃州，均與張齊賢有關，可謂巧合。

赴任黃州之前，告假改葬亡父。

《黃州謝上表》云：「……逼於日限，尋即朝辭。自後以改葬先臣，蒙恩給假。」

按：禹偁以十二月二十九日奉詔知黃州，明年閏三月抵黃州，中間三個月，爲其父營葬。本集六《一品孫鄭昱》詩云：「卜葬得假告，南出安上門，鞭馬六十里，暮投中書村。」又按，《彭城集》三十七《賜兵部侍郎王公（嘉言）墓誌銘》云：「享年四十七，葬於開封府開封縣宰輔鄉鳳池里先塋之次」，所謂「中書村」，即「宰輔鄉」也。

本年有以下諸文：

《野興亭記》（本集十七）。

自署本年二月作。

《爲兵部向侍郎謝恩表》（本集二十四）。

《宰輔表》：咸平元年十月己丑，向敏中

自樞密副使加兵部侍郎，除參知政事。

《爲溫侍郎謝除禮部尚書表》（本集二十四）。

《宰輔表》：本年十月己丑，溫仲舒自吏部侍郎、參知政事以禮部尚書免。

《爲兵部張相公謝官表》（本集二十四）。

《宰輔表》：十月戊子，張齊賢自守戶部尚書、知安州加兵部尚書、同中書門下平章事。

《爲史館李相公讓官表》（本集二十四）。

《宰輔表》：十月戊子，李沆自戶部尚書、參知政事仍本官加同中書門下平章事、監修國史。

《殿中丞贈太常少卿桑公神道碑銘》（本集二十九）。

《三黜賦》（本集一）。

有「今去齊安，髮白目昏」語，是在赴齊安（即黃州）前作。

咸平二年己亥，四十六歲。

閏三月二十七日抵黃州，有《黃州謝上表》（已見前引）。

六月十三日，授朝請大夫，賜絹五十疋，銀五十兩，以預修《太祖實錄》故也。

《長編》四十四本年六月丁巳（六日）：「宰臣監修國史李沆等上《重修太祖實錄》五十卷。上覽之稱善，……仍降詔嘉獎，……錢若水而下又加散官食邑。」本集二十有《謝加朝請大夫表》。

十一月，黃州城南長圻村兩虎夜鬬，一虎死，食之殆半。欲密奏，值眞宗北征，以非吉祥，難聞行在，乃罷（見《宋史紀事本末》二十，詳明年十月）。按：禹偁生於寅年，生肖屬虎。

十一月乙未（十六日），詔以邊境繹騷，取

來月暫幸河北。十二月甲寅（五日），發京師（《真宗本紀》）。禹偁上《起居表》（本集二十二）。

本年別有以下諸文：

《黃州重修文宣王廟壁記》（本集十七）。

《謝衣襖表》（本集二十一）。

《黃州新建小竹樓記》（本集十七）。自署本年八月十五。

《黃州齊安永興禪院記》（本集十七）。自署本年八月十五。

《左街僧錄通慧大師文集序》（本集二十）。通慧大師釋贊寧，時年八十二歲。

《孟水部詩集序》（本集二十）。

著作佐郎贈國子博士鞠君墓誌銘》（本集三十）。

咸平三年庚子，四十七歲。

正月丁亥（九日），范廷昭大破契丹於莫州東三十里，斬首萬餘級。禹偁有《賀勝捷表》（本集二十二）。

正月辛卯（十三日），王均反益州。甲午（十六日），以雷有終討之（《長編》四十六）。

正月甲午（十六日），眞宗發大名，庚子（二十二日）抵京。禹偁有《賀聖駕還京表》（本集二十二）。

四月，上《謝宣賜表》。表云：「今月八日進奏院遞到宣頭一道，伏蒙聖慈以臣先撰《元德皇太后謚冊文》，特賜臣衣著五十匹，銀器五十兩。禮畢園陵，恩霑論譔。……今者謚冊入陵，神主祔廟。」按：《皇宋十朝綱要》：「元德皇后以至道二年三月十二日崩，咸平元年五月日謚曰元德。」又《長編》四十七本年四月乙卯（八日）：「改葬元德皇太后於永熙陵側，奉神主祔享別廟。」

十月，收復益州。

《長編》四十七本年十月辛亥：「雷有終遣使馳奏益州平」，《眞宗本紀》：「冬十月甲辰，雷有終大敗賊黨，復益州。」甲辰，十月一日，辛亥，十月八日。禹偁有《賀收益州表》，未言月日。按《長編》詳載王均於甲辰日兵敗自縊死，是甲辰日敗王均而辛亥日奏捷。

十月，上疏言黃州災異以自劾。

《宋史紀事本末》二十：「三年冬十月，知黃州王禹偁上疏曰：「……今年八月十三日、十四日夜，羣鷄忽鳴，至今時復夜鳴不止。又十月十三日，雷聲自西北起，與盛夏無殊。……」此疏全文又見於《宋名臣奏議》卷三十七，題《上眞宗論黃州虎斗鷄鳴冬雷之異》。按本傳及《長編》均將黃州災異事列於咸平四年六月，與禹偁之卒並敘，以說明其上應災異而死。《長編》言「仲冬震雷暴作」，仲字誤。又疏有：「臣又念古之循吏，政感神靈，……此皆臣化人無狀，布政失和。合置常刑，以當自劾。」眞宗覽奏，爲之憮然，遣內侍乘驛勞問，醮禳之，並詢日官，則言守土者當其咎，惜其才，遂命徙知蘄州（今湖北蘄春）。徙蘄州在明年。

十一月二十三日，張齊賢罷相。

《宰輔表》云：十一月丙申，門下侍郎張齊賢以朝會失儀守本官免。按李心傳《舊聞證誤》一云：「張忠定（詠）爲御史中丞，彈奏張丞相齊賢，齊賢深以爲恨，言於上曰：『張詠本無文，凡有申奏，皆婚家王禹偁代之。』禹偁前在翰林，作齊賢罷相麻，其詞醜詆，故並欲中傷之。公聞自辨，因以所作文進。上大悦。」又《澠水燕談錄》二載：「忠定公爲御史中丞，一日於行香所，宰相張齊賢呼參知政事溫仲舒爲鄉弟，及他語尤鄙。公以非所宜言，失人臣體，遂彈奏之。齊賢深以爲恨。後於上殿短公曰：『張詠本無文，凡有章奏，皆婚家王禹偁代爲之。』禹偁前任翰林，作齊賢罷相麻，其辭醜詆；及再入中書，禹偁亦再知制誥，故兩中傷之。公聞，自辨曰：『臣苦心文學，縉紳莫不知，今齊賢以臣假手於人，是掩上之明，誣臣之非罪也。』上曰：『卿平生著述幾多。可進來。』公遂以所著進。上閱於圖閣未竟，賜坐，曰：『今日暑甚。』顧黃門於御几，取常所執紅綃金龍扇賜公，且稱文善。公起再拜，乃納扇於几上，曰：『便以賜卿，美今日獻文事也』」。考禹偁未曾有作張齊賢罷相麻之事，說已見前。韓琦作張詠神道碑云：「咸平初，改御史中丞，承天節大臣主齋會，被酒不如禮，公彈奏之，無所憚。」按本傳張詠於咸平元年爲御史中丞，奏彈大臣亦在元年，咸平二年夏，即以工部侍郎出知杭州。又《宋史》二六五《張齊賢傳》則云：「與李沆同事不相得，坐冬至朝會被酒失儀免相。」是張詠所彈奏之大臣，恐未必是張齊賢，否則元年之事，何至三年始決。然張詠進文事則確有之，《乖崖集》卷十有《進文字表》，卷十一有《謝進文字賜詔獎諭狀》，但亦與張齊賢無關。《進文字表》云：「某因接內侍高品趙履信言語，履信謂臣曰：『多見朝臣言尚書文章高古，理道深遠，聖君好文，何不寫錄一本進呈者。』」按：張詠爲工部尚書已在大中祥符三年矣。

十二月，上疏言事。

《長編》四十七本年十二月壬申：「初，濮州有盜夜入城，略知州王守信、監軍王昭度。知黃州王禹偁聞之，以爲國家武備不修，故盜賊竊發近輔，因奏疏曰：（略）疏奏，上嘉納之。

十二月三十日，自序《小畜集》。

按：禹偁自編文集當自去年始，本集十三《還楊遂蜀中集》詩有「近令編綴《小畜集》，謫官詩什何紛如」，而序云：「咸平二年，守本官知齊安郡，四十有六，髮白目昏，居常多病，大懼沒世名不稱矣，因閱平生所爲文，散失焚棄之外，類而第之，得三十卷。」小畜之取義，序中言之甚詳。

本年別有以下諸文：

《江州廣寧監記》（本集九七）。

自署本年三月。

《潭州岳麓山書院記》（本集十七）。

自署本年某月。

《無慍齋記》（本集十七）。

自署十月二十一日。

咸平四年辛丑，四十八歲。

二月，令各路置病囚院，從禹偁之請。

《長編》四十八本年二月：「從知黃州王禹偁之請，令諸路置病囚院，持杖劫賊徒流以上有疾者處之。」

六月，徙知蘄州。

本傳云：「眞宗惜其才，遂命徙蘄州。禹偁上表謝有『宣室鬼神之問，不望生還，茂陵封禪之書，止期身後』，上異之，果至郡未踰月而卒。」《蘄州謝上表》今不見集中。

六月十七日，卒於蘄州。

按：本傳、《長編》、《東都事略》俱言移蘄未踰月而卒。踰月指踰當月，則徙蘄在六月初。《長編》繫卒日於六月辛巳，辛巳，六月十七日。又《澠水燕談錄》六云：「謝表有『茂陵封禪之書，止期身後』之語。帝深異之，促詔還臺，未行捐館。帝甚歎息之。」考它書均無「促詔還臺」之記載。又蘇軾謫黃州，作《五禽言》詩，自注云：「王元之自黃移蘄州，聞啼鳥，問其名。或對曰：『此名蘄春鬼。』元之大惡之，果卒於蘄。」見《東坡前集》十二。

六月戊午（十八日），訃聞。

本傳云：「訃聞，甚悼之，厚賻其家，賜一子出身。」按：禹偁次子嘉言今年才十三歲，賜出身者當爲長子嘉祐。禹偁卒，友人諫議大夫戚綸誄之曰：「事上不迴邪，居下不諂佞。見善若己有，嫉惡如讎仇。」人以爲知言。（《宋名臣言行録》九）。

本傳云：禹偁詞學敏贍，遇事敢言，喜臧否人物，以直躬行道爲己任。嘗云：「吾若生元和時，從事於李絳、崔羣間斯無媿矣！」其爲文著書，多涉規諷，以是頗爲流俗所不容，故屢見擯斥。所與遊必儒雅後進，有詞藝者，極意稱揚之。如孫何、丁謂輩，多遊其門。贊曰：「禹偁醇文奧學，爲世宗仰。」

蘇軾《王元之畫像贊》云：故翰林王公

元之，以雄文直道，獨立當世。方是時朝廷清明，無大姦慝，然公猶不容於中，耿然如秋霜夏日，不可狎玩，至於三黜以死。有如不幸而處於衆邪之間，安危之際，則公之所爲，必將驚世絶俗，使斗筲穿窬之流，心破膽裂，豈特如此而已乎！始余過蘇州虎丘寺，見公之畫像，想其遺風餘烈，願爲執鞭而不可得！（《東坡前集》二十）。

禹偁得後人崇仰，良有以也。

尊者年譜

（宋）釋宗曉　編
吳洪澤校點

大正新修大藏經卷四六

釋知禮（九六〇—一〇二八），字約言，號法智，俗姓金氏，鄞（今浙江寧波）人。年七歲出家，研習天台教觀，開創山家派，爲宋初天台宗著名高僧。宋真宗朝特賜法智大師之號，世稱四明尊者。著有《四明十義書》、《十二門指要鈔》、《金光明經文句記》等傳世。《尊者年譜》爲宗曉纂集《四明尊者教行録》時所編，成於嘉泰年間，並附於書後刊行。是譜紀述知禮事迹，較爲簡略。編者宗曉（一一五一—一二一四），字達先，自號石芝，明州王氏子。十八歲受戒。歷住昌國翠蘿、延慶。編著有《樂邦文類》五卷、《樂邦遺稿》二卷、《四明尊者教行録》七卷、《施食通覽》一卷等，事見《佛祖統紀》卷一八。

大宋太祖皇帝初登寶位，改周顯德七年為建隆元年，庚申。此年正月，太祖受周恭帝禪。

謹按：胡昉撰《塔銘》幷門人則全《實錄》，師壽六十九，示滅天聖六年戊辰歲。若準趙清獻公所作《行業記》，則云天聖五年歸寂，誤矣。今逆推甲子，師乃當庚申年降誕，豈非眞人應運而賢哲間生乎！

師諱知禮，字約言，眞宗特賜法智大師之號，時稱四明尊者。俗姓金，前漢金日磾之遠裔，《西漢書》曰：金日磾，匈奴休屠王之子。夷狄亡國，羈虜漢武而篤敬忠孝，七世內侍。本以休屠作金人，爲祭天主，故賜姓金氏。後代爲鄞人也。父諱經，母李氏。初以嗣息未生，誠志祈佛，偶夜夢梵僧遺一子，云是羅睺羅，洎生，因以爲名。

二年辛酉

三年壬戌

乾德元年癸亥

二年甲子

三年乙丑

四年丙寅，時年七歲。

《塔銘》曰：師年七歲，屬母喪，謂劬勞罔易報，且號泣而不絕。由茲厭俗，急於出家。其父異之，遂不奪其志。始投太平興國寺僧洪選爲弟子。

天竺作師《指要鈔序》云：師在童子受經，便能思義，天機特發，不曰生知之上性者乎。

五年丁卯

六年戊辰，是年改開寶元年

二年己巳

三年庚午

四年辛未

五年壬申

六年癸酉

七年甲戌，時年十五。

《塔銘》曰：師年十五受具戒，而專探律部。

八年乙亥

九年丙子，是年太宗皇帝即位，改太平興國元年

二年丁丑

三年戊寅

四年己卯，時年二十歲。

《行業記》曰：二十從本郡寶雲通法師，傳天台業觀。始三日，首座謂之曰：「法界次第，汝當奉持。」師曰：「何謂法界？」座曰：「大總法相，圓融無礙者是也。」師曰：「既圓融無礙，何有次第？」一座無對。居一月，自講心經，人皆駭聽而驚傳之。

五年庚辰

《實錄》曰：師在寶雲及二載，厥父偶夢其跪於通之前，通執瓶水注於口，自爾圓頓之旨一受即了。

六年辛巳，時年二十二。

《行業記》云：師居寶雲方三年，常代通師講，入文消義，益闡所學。

七年壬午

八年癸未

雍熙元年甲申

二年乙酉

三年丙戌

四年丁亥

端拱元年戊子

師聽讀寶雲十載，即值本講歸寂。《石塔記》云：通公壽六十二，端拱元年傾逝。

知禮、遵式，子衿之高者。

二年己丑

三年庚寅，是年改淳化元年

二年辛卯

師年三十二，即中選住持。《實錄》云：淳化辛卯，受請於乾符寺，綿歷四祀。於保恩院戒誓辭云：「予居寶雲，既值鶴林，始遷乾符寺西偏小院。乾符寺中改承天寺，今爲能仁寺。西偏小院即今法華也。有寢無廟，學徒爰止，盈十莫容。又觀其密邇闤闠，誠非久宜，遂徙此城東南隅。」《指要序》曰：師主乾符講席，諸子悅隨，若衆流會海。

三年壬辰

四年癸巳

至道元年乙未

二年丙申

《使帖》云：至道二年七月，內院主僧居郎顯通捨保恩院與知禮，永作十方住持，傳演天台智者教法。

《戒誓辭》云：院丙申秋承舊，越十年陳修，己酉告成，石公勒石紀之。逮壬子凡十七年，咸安來學。

三年丁酉

《保恩院記》云：先是此院締造年深，頹毀日甚。以至道三年，乃與餘釋異聞戮力經營。適值丹丘僧覺圓發心陳力，三載訖役。觀其土木瓌麗，金碧交輝。先佛殿而後僧堂，昭其序也；右藏教而左方丈，便於事焉。

真宗皇帝即位，改咸平元年，戊戌

二年己亥，時年四十歲。

《實錄》云：師自咸平二年已後，專務講懺，常坐不卧，足無外涉，修謁都遺。

三年庚子

是歲大旱，師與天竺懺主祈雨有感。

《行業記》云：歲大旱，師與遵式同修光明懺祈雨，約三日不降，當然一手以供佛。佛事未竟，雨已大浹。

《慈雲行業記》云：咸平三年，四明大旱，師入懺摩祈雨，約三日不雨當自焚，如期果應。太守蘇爲異之，題石紀其事。

四年辛丑

五年壬寅

六年癸卯

是歲，日本國師遣僧問難。本序曰：咸平六年癸卯歲，日本國僧寂照等齎本國天台山源信禪師於天台教門致相違問目二十七條，四明知禮憑教略答，隨問書之。

景德元年甲辰，時年四十五。

撰《十不二門指要鈔》，序紀歲月云：景德元年甲辰正月九日叙。

二年乙巳

三年丙午

是歲，師上錢唐昭公《十義書》，序曰：景德三年臘月，四明知禮謹用爲法之心，問義於浙陽昭上人。

四年丁未

是歲，上昭公《觀心二百問書》，序曰：景德四年，四明比丘知禮謹用法之心，問義於浙陽昭講主。

大中祥符元年戊申

二年己酉，時年五十歲。

建保恩院落成。《戒誓辭》云：「院己酉告成，石公紀之。」記末曰：「待問通守竹符，函親松柄，會兹院告厥成功，遂抽毫而爲識。時大中祥符二年己酉四月六日立。」

三年庚戌

是年恭奉聖旨，改保恩額爲延慶院。

據《四明圖經》曰：保恩院，周廣順二年建，皇朝大中祥符三年改爲延慶院，紹興十四年改院爲寺。

《使帖》曰：大中祥符三年七月，內僧知禮經使府陳狀乞申奏天聽，永作十方住持，長講天台教法。當年十月內，準中書劄子，奉聖旨依。

四年辛亥

是年，師再狀經州乞給使帖，備錄上項聖旨上石，永爲照據。

《使帖》曰：知禮續於大中祥符四年三月內經州著狀，乞備寫聖旨并前後使帖，鐫上石刻，永作十方傳教住持。

五年壬子

是年七月十七，給帖立石。

是年，師與異聞師撰《十方傳教住持戒誓辭》，立石永誡非理妄占。斯文眞是寺萬代十方住持之本也。

六年癸丑

是年二月十五日，創建念佛施戒會。師於祥符五年十月親製疏文，至今誘化，此會抵今凡一百九十載不廢。往古來今，其被化者不知幾何人哉。

七年甲寅

時製《觀經融心解》，序末題云「大中祥符七年甲寅重陽日叙」。

是年，師又有《教門雜問》七章，門人自仁答。

八年乙卯

九年丙辰，時年五十七。

《實錄》云：師年五十七，誓願修法華懺，三年懺滿，焚身供養妙經，誓生淨土。

天禧元年丁巳

《塔銘》曰：天禧改元之初，師年及耳順，乃謂其徒曰：「半偈亡軀，一句投火。聖人之心爲法如是，吾不能捐捨身命以警發懈怠，胡足言哉！」於是結十僧修華懺三年，懺滿共焚。

是時翰林學士楊億、駙馬都尉李遵勗皆當朝文雄勳盛，每嚮師通悟，必望風推挹。其年詔賜紫袈裟，皆二公論薦之所授也。又聞遺身，而楊公致書確請住世，往復數番，至於專委州將保護。由是願行不得而施矣。

又著《消伏三用章》、《出綘幃三十問》，門人仁岳答，皆紀於此年也。

二年戊午

三年己未

四年庚申

《實錄》云：天禧四年，駙馬李遵勗錄行實奏上，特賜法智大師號。

是年，京師僧職高流二十三人，各賦一詩紀贈於師。待制晁說之作序刊石，後擇鄰詩題曰「庚申季秋望日書」。

五年辛酉，時年六十二。

是年，朝廷宣賜命修懺法。

《行業記》曰：眞宗知師名，遣中貴至所居，命修法華懺法，厚有賜予。中貴，俞源清也。

師因俞子欲知懺法旨趣，爲述《修懺要旨》，人到於今受其賜。

又撰《別行玄疏記》，序題曰「天禧五年八月旦」。

又撰《觀經妙宗鈔》，序題曰「天禧五年重陽下筆序」。

乾興元年壬戌

二年癸亥，是年仁宗皇帝即位，改天聖元年

是年，製《光明拾遺記》，紀云「天聖元年四月望日序」。

師又爲潘屯田作《夢魚跋》。又出《問韓試問》四十二章考試學子，又答禪宗泰師《佛法十問》。

二年甲子

三年乙丑

眞宗天禧初，有詔天下立放生池。師欲廣聖化，每遇佛生朝，募衆行放生業，於是立《放生碑》。樞密劉筠撰文，太守殿撰曾會立石，天聖三年七月十五日，霅溪僧仁岳書。

師是年一夜，忽夢相公入院，翌日即曾太守之子到，後果符此夢，乃魯國宣靖公也。由此楚國黃夫人置恆產供衆。又上書曾太守，乞申奏後園地永在伽藍，亦此年也。

四年丙寅

是年，師有授辭授門弟子文璨。石刻見存。

五年丁卯

師製《光明文句記》六卷於是歲，題曰：天聖五年臘月三日記。然此記師迫歸寂，不及終帙，而後門人廣智尚賢法師續記《讚佛》一品，方爲足本。

六年戊辰

是年，師年六十九，示滅。

準《實錄》等：天聖六年正月五日戌時，師端身跏坐，召大衆說法畢，驟稱彌陀佛號數百聲，奄然而逝。露龕示身，經二十七日，爪髮俱長，顏貌如生。復過七日，遷於南門之外，將闍維次，先聞異香馥郁。火滅，得舌根不壞，舍利五色不知其數，舍利猶藏以瑠璃瓶，奉安大悲閣上。越五年至明道二年七月二十九日，奉靈骨起塔於崇法院之左。

宗曉伏讀《三朝僧傳》，十科選佛，西聖之法，取材盡矣。而吾祖法智以道供職，眇觀著述洪演，興起大教義解爲首，造寺造像營福次之。生於舌根舍利，滅後儼然，神異有餘。遺身之際，雖爲楊文公勸請而止，豈以一時固阻外其道耶？矧復嘗然三指以供佛，斯亦捨身之支派也。大哉！往古高僧十法，師其一而四焉。豈與夫事佛徒勞於百載者同日而語乎。

正惠公年譜

（清）佚名　編

吳洪澤校點

清抄本《宋侍郎胡正惠公集》卷首

胡則（九六三—一〇三九），字子正，婺州永康（今屬浙江）人。端拱二年進士，補許田縣尉，歷著作佐郎、三司度支副使，坐黨丁謂出爲京西、廣西轉運使，降知信州。後召權三司使，通京東西、陝西鹽法，人以爲便。累官工部侍郎知杭州，以兵部侍郎致仕。理宗淳祐間追贈正惠公。胡則果敢有材氣，爲詩清新閑逸，與范仲淹等交游唱酬。惜其文集久佚，清人胡敬輯其詩文爲《胡正惠公集》一卷，南京圖書館藏有抄本。《全宋詩》卷九六録其詩七首。《全宋文》卷一九六收其文五篇。

本譜僅一葉，載於《胡正惠公集》卷首，不題編者姓氏，當即胡敬所編。胡宗楙稱「庫川族人」所輯「《正惠公集》開卷有年譜，僅一葉，叙世系、生卒及開寶、太平興國、雍熙、端拱諸紀元，而事實悉未載」。胡則事迹可參見范仲淹《兵部侍郎致仕胡公墓誌銘》（《范文正公集》卷一二）及胡宗楙所編《胡正惠公年譜》。

宋太祖乾德元年癸亥

姓胡諱則，字子正。曾祖諱彭，五季仕錢氏，官至吳越令。公祖諱彥瀫，考諱承師，在鄉閭，以積善二十餘年。母應氏，於八月十三日誕生於永康之胡莊。既貴而仕，考蒙恩贈兵部員外郎，母蒙恩封永樂縣君，贈普寧郡太君。夫人陳氏、錢氏封潁川郡君。

開寶元年，公始六歲。

從師。

太宗太平興國元年丙子，年十四歲。

雍熙元年甲申，年二十有二歲。

往壽山寺側，築室讀書，節儉廉正。鄉民有鼠牙雀角之訟者，公與之剖，曲直立分，輸服無言。

端拱元年戊子，公年二十六歲。

此年赴舉，別寺僧，有詩。其功名政績，詳載傳記、碑銘。

公卒於寶元二年六月十八日酉時，享年七十有七。

子四人，長曰楷，次曰湘，次曰桂，次曰淮。

女二人，長適蘇，次適華。

胡正惠公年譜

胡宗楙 編
張尚英校點

一九三二年胡氏夢選樓叢稿本

是譜爲近人胡宗楙所編，有一九三二年夢選樓刊本、《夢選樓叢稿》本，徐文瀾輯入《胡正惠公彙録》。胡宗楙，字季樵，浙江金華人。輯有《續金華叢書》，撰有《永康人物志》、《金華經籍志》、《昭明太子年譜》、《張宣公年譜》、《胡正惠公年譜》及《説文雋言》等。

是譜考述其祖先胡則（九六三—一〇三九）事迹。自序稱「庫川族人」所輯「《正惠公集》開卷有年譜，僅一葉」，不載事實，因此别爲此譜，序末署「甲午孟冬」，甲午即清光緒二十年（一八九四）。是譜據本集及墓誌、宗譜、《宋史》、《長編》及縣志等鈎輯而成，前有世系，譜中記事，以仕歷、政績與詩文爲主綫。後有附録，採集筆記、野史、志乘，以紀後人崇祀，事涉靈怪，未可採信，然可資考見一方風俗及胡則在後世的影響，附而録之，宜矣。

自叙

先大夫歸自武昌，謁高伯祖祐順侯墓於西湖之龍井，礱石揭於其阡。時余年十有一，謹識之不敢忘。越十有三年，負笈湖上，詣祠行禮，松楸夾道，遺像清高，尊祖敬宗之思肅然以起。歸而網羅事實，見《胡公事輯》，讀之，苦其疏漏。嗣得《胡公墓録》於八千卷樓，特詳於墓事而已。今年春，偶檢行篋，見庫川族人所輯《正惠公集》，首《法輪院記》，次《紫霄觀》詩，次《别方巖》詩，次《及第》詩，次《和桂子》詩，次《和種桂》詩，次《致仕謝表》，次《水村》詩，次《奏免衢婺丁錢》詩，次《題嚴子陵祠堂》詩，凡十餘葉。前有嘉慶乙亥王登陛序，道光《永康縣志》因之，而以《夜坐聞竹聲示姪》詩增入焉。以余攷之，《致仕謝表》即《范文正公集》所載《代胡侍郎乞朝見表》，《水村》詩則俞紫芝作，《夜坐聞竹聲示姪》詩則鄭剛中作。俞、鄭皆南宋時人，占籍金華。兩詩見元吴師道《敬鄉録》中，其非公作明甚。然則公之遺箸，一文七詩而已。又按：《范文正公集》卷三有《依韻答胡侍郎見寄》詩，《别集》卷一有《依韻和胡使君書事》詩，今原韻兩詩俱佚，乃知公稾散失已多。生千百載以下，欲薈萃而甄録之，夫亦事之難能者矣。《正惠公集》開卷有年譜，僅一葉，叙世系、生卒及開寶、太平興國、雍熙、端拱諸紀元，而事實悉未載。棶不自揣，勉爲捃摭，首年譜，次附録，裒然成卷，付之剞劂，以免數典忘祖之誚云爾。甲午孟冬，季樵胡宗棶。

胡正惠公年譜卷上(一)

永康胡宗楙季樵

昔虞舜之後有胡公，周武王封於陳，蓋族望之來遠矣。公諱則，初名廁，母以如廁得則，故名。既臚傳，帝用御筆塗去「广」，曰廁非所名，始名則，字子正。永康胡莊人。少而倜儻，富宇量，高風義，果敢有才氣，往往臨事得法外意。性至孝，輕財好施，不爲私積。曾祖諱彭，仕吳越令。祖諱彥瀫，考諱承師，在鄉閭間以積善稱。因公而貴，皆至尙書比部員外郎，贈吏部郎中。妣應氏，封永樂縣太君，贈普甯郡太君。夫人陳氏，封上黨縣君，進封本郡君，沒贈潁川郡君。弟賑，字淑仁，官登仕郎。子四人，長曰楷，都官員外郎；次曰湘，太常寺太祝；次曰淮，次曰淮，虞部郎中。二女，長適泉州德化縣尉蘇璠，次適御史臺主簿華參。據范仲淹《胡侍郎墓誌銘》及《贈潁川郡君陳氏墓誌銘》、《宋史》本傳、《胡氏宗譜》、《永康詩録》。

宋乾德元年癸亥，一歲。

八月十三日，公生。

《正惠公集》云：以後稱本集。八月十三日，生於永康之胡莊。

《永康詩録》云：以後稱《詩録》。公生前一夕，母夢吳越王錢鏐飛一騎叩門，故論者謂公錢鏐後身。凡再守杭，潮爲之不至，以鏐嘗射退潮故也。

按：此說他書未載，似涉傳會。

乾德二年甲子，二歲。

乾德三年乙丑，三歲。

乾德四年丙寅，四歲。

乾德五年丁卯，五歲。

開寶元年戊辰，六歲。

開寶二年己巳，七歲。

開寶三年庚午，八歲。

開寶四年辛未，九歲。

開寶五年壬申，十歲。

開寶六年癸酉，十有一歲。

開寶七年甲戌，十有二歲。

開寶八年乙亥，十有三歲。

三月初一日，公祖父彥瀫卒。

《胡氏宗譜》云：以後稱《宗譜》。彥瀫，字從美，開寶乙亥年三月初一日未時卒。

按：范仲淹《兵部侍郎胡公墓誌銘》以後稱《墓誌》稱，王考諱瀫，與《宗譜》異。

太平興國元年丙子，十有四歲。

出外就傅。

本集云：年十四歲從師。

按：十四歲始從師，或指出外就傅而言。

太平興國二年丁丑，十有五歲。

四月初三日，公祖母徐氏卒。

《宗譜》云：太平興國丁丑年四月初三日辰時卒。

太平興國三年戊寅，十有六歲。

太平興國四年己卯，十有七歲。

太平興國五年庚辰，十有八歲。

太平興國七年壬午，二十歲。

太平興國八年癸未，二十有一歲。

雍熙元年甲申，二十有二歲。

讀書壽山寺。

本集云：雍熙元年，往壽山寺側，築室讀書。

《墓誌》云：錢氏爲國百年，士用補廕，不設貢舉，吳越間儒風幾息。公能購經史，屬文辭。

雍熙二年乙酉，二十有三歲。

十二月十五日，公曾祖父彭卒。《宗譜》云：雍熙元年十二月十五日卒。

雍熙三年丙戌，二十有四歲。

雍熙四年丁亥，二十有五歲。

端拱元年戊子，二十有六歲。

春，讀書方巖僧舍。八月，應鄉舉，別僧，有詩。

吳師道《敬鄉錄》以後稱《敬鄉録》載公詩序云：春，與湖湘陳生束書居方巖僧舍。八月朔，命駕求岳牧薦應天子舉，將與僧別，爲五言十二韻，書於屋壁下。詩云：「寓居峰頂寺，不覺度炎天。山叟頻爲約，林僧每出禪。虛懷思往事，宴坐息諸緣。照像龕燈暗，通宵磬韻傳。冥心資寂寞，琢句極幽玄。拾菌塞雲外，烹茶翠竹前。遠陰臨岳樹，清響落巖泉。僻道無來客，深秋足亂蟬。松風生井浪，溪雨長苔錢。自省浮塵世，終難住永年。偏遊曾宛轉，欲別重留連。明日東西路，依依獨黯然。」

按：《敬鄉錄》又載公《紫霄觀詩》云：「綺霞重叠武陵溪，鶯嶺相將路不迷。白石洞中人乍到，碧桃花下馬頻嘶。深傾玉液琴聲細，旋煮胡麻月色低。猶恨此身閑未得，好同劉阮灌芝畦。」未載年月，姑綴於此。

十月十八日，公曾祖母應氏卒。《宗譜》云：端拱元年十月十八日巳時卒。

端拱二年己丑，二十有七歲。

三月，公登陳堯叟榜進士，賦及第詩。道光《永康縣志》以後稱《縣志》云：胡則登堯叟榜進士。

李燾《續資治通鑑長編》以後稱《長編》云：三月壬寅，上御崇政殿，試合格舉人，將進士閬中陳堯叟、晉江曾會等一百八十六人並賜及第。

《敬鄉錄》載公《及第詩》云：金榜名傳四海知，太平時合稱男兒。五言似劍裁鱗角，七字如刀斫桂枝。御苑得題朝帝日，家鄉佩印拜親時。小花橋畔人人愛，一帶清風雨露隨。

淳化元年庚寅，二十有八歲。

淳化二年辛卯，二十有九歲。

補許州許田尉。是年，丁謂客許田，公厚遇之。

《長編》云：第三人以下分授職事州縣官。《宋史》本傳云：以後稱本傳。補許州許田尉。又云：初，丁謂舉進士，客許田，則厚遇之。

按：丁謂本傳稱淳化三年登進士甲科，故知是年爲許田尉，爲公釋褐之始。

淳化三年壬辰，三十歲。

淳化四年癸巳，三十有一歲。

淳化五年甲午，三十有二歲。

補蘄州廣濟宰。

《墓誌》云：公補蘄州廣濟宰。

按：本傳未叙補宰，亦未見有設施，疑在淳化五年間補，或未赴任耶。

至道元年乙未，三十有三歲。

至道二年丙申，三十有四歲。

調憲州錄事參軍，索湘命以督隨軍糧草事入奏，並陳邊防，稱旨。記姓名中書。

《墓誌》云：至道中，公在憲州，時西寇梗邊，朝廷命師五路入討。詔具三十日糧以從之，索湘命公督隨軍糧草事。公曰：「爲百日計，猶或不支，奈何？」索公乃遣公入奏，召對逾刻。公陳邊事，如指之掌，上顧左右曰：「一州縣中有如此人。」遂可其奏，且示甄拔之意。

按：《宋史·太宗本紀》：至道二年四月，命李繼隆等討李繼遷，故知公督糧在是年。

至道三年丁酉，三十有五歲。

咸平元年戊戌，三十有六歲。

咸平二年己亥，三十有七歲。

改祕書省著作佐郎，簽署貝州節度觀察判官公事。

《墓誌》云：以本道計使諫大夫索公湘之舉，改祕書省著作佐郎，簽署貝州節度觀察判官公事。

按：《長編》：至道三年，索湘以右諫議大夫任河北轉運使。貝州屬於河北，故知改、簽等在此數年。

李繼隆移文問糧，公請索湘以有備報之。

《墓誌》云：李繼隆果與寇遇，十旬不解。索公曰：「微子，幾敗吾事。」一日，其（師）〔帥〕移文曰：「兵將深入，糧可繼乎？」公曰：「師老矣，矯問我糧，爲歸師之名耳，請以有備報之。」索從其議，彼即自還，無以咎我，其先見如此。

按：《長編》：「九月，王超、范廷召自烏臼池，與敵遇，大小數十戰，雖頻克捷，而諸將失期，卒困乏，終不能擒敵」云云，殆即指此。

公行河北道，奉朝命省冗役。

《墓誌》云：及索公主河北計，又奏辟之。遂以貝州之行，朝廷遣賜省天下冗役，就命公行河北道。凡去籍者僅十萬數，民用休息。

咸平三年庚子，三十有八歲。

三月，公弟賑登陳堯咨榜進士。

《縣志·選舉門·進士》云：咸平三年，陳堯咨榜胡賑。

《長編》云：咸平三年三月甲午，上御崇政殿親試，賜陳堯咨以下二百七十一人進士及第。

五月丙寅，公奏河北州縣課種榆柳，以備材用。

按：《長編》稱咸平三年五月丙寅，著作佐郎胡則上言云云。故知公是年尚爲著作佐郎。

咸平四年辛丑，三十有九歲。

咸平五年壬寅，四十歲。

咸平六年癸卯，四十有一歲。

景德元年甲辰，四十有二歲。

景德二年乙巳，四十有三歲。

景德三年丙午，四十有四歲。

景德四年丁未，四十有五歲。

升本省丞，知潯州。患虎，禱於神，虎斃。

《墓誌》云：升本省丞，知潯州。

又云：在潯州，人有虎患，公齋戒禱城隍神，翼朝得死虎於廟中。

改太常博士，提舉二浙榷茶事，兼知睦州。

《墓誌》云：拜太常博士，提舉二浙榷茶事，兼知桐廬郡。

按《長編》：咸平三年五月，公尚爲祕書省著作佐郎。則升本省丞、知潯州、改太常、提舉榷茶、知睦州當在此數年間。又按：「本省丞」三字，《金華府志》作「著作丞」，蓋本省即指祕書省，前爲祕書省著作佐郎，後升本省著作丞也。

公賦《嚴子陵釣臺詩》。

本集《嚴子陵釣臺》詩云：占斷煙波七里漢，漁簑輕拂漢衣冠。高蹤磨出雲涯碧，清節照開秋水寒。澤國幾家供廟食，客星千載落雲墩。我來亦有沙洲興，願借先生舊釣竿。

大中祥符元年戊申，四十有六歲。

是年，公以太常博士在睦州任。丁永樂縣君應太夫人憂，公廬墓終喪，有草木之祥，本郡表之。

《墓誌》云：自曲臺丁太夫人憂。

又云：廬於墓側，以終喪紀，有草木之祥，本郡表之。

大中祥符二年己酉，四十有七歲。

大中祥符三年庚戌，四十有八歲。

是年，服除，以朝奉郎行太常博士，知溫州軍事兼管内勸農事。

六月一日，《法輪院記》成，歸之重禮上人。

按：《法輪院記》云法輪院爲重禮上人主領，記尾標題知溫州銜名，故知公知溫州在是年。

記云：夫巖谷窮邃，或生龍蛇；雲泉高潔，或居聖賢。廬岳虎溪之間，法音靡墜；天台石梁之外，神應無方。皆所以拯濟衆生，登迴向地，誘掖羣品，趣歸依門，大千世界，實繫於兹。婺州東陽縣峴峰勅賜法輪寺，即其一也。始建之曰峴峰禪院，其峰峭怪，逾數千尋，其上砥平，廣十餘里，佳氣蓊蔚，迭爲形勝，飛泉激越，散作清涼。爰有神僧，環草而處，猛獸馴擾，常護左右，居人瞻仰，罔知名號。檀越章鐸親訪靈跡，深加諦信，遂崇法宇，以廣金田。唐乾符三載丙申歲，締建既圓，誠請於上，果以峰名爲額矣。霜星易換，緇流履更，梵刹峨峨，千古如一。太宗太平興國八載，本院傳法僧久修、檀越章從紹同士庶之心，操邑宰之命，恭召金華山智者寺重禮上人主領之。上人，餘杭人也，潔白僧行，通明佛果。學者參尋，若闇投燭；檀信親附，如渴就飲。於是堂集毳侶，廚豐天供。上人以悲心慨羣心，以智力勸衆力，與門弟子文懿、文鼎、文湛、文寵、嗣聰，重建僧堂、法堂，尊三寶也；次崇廚院、庫院，濟二時也；高大其門，專啓閉也；嚴潔其室，備澡浣也。以至道（歲）元年乙未歲始就。復有本邑信人胡細、厲號俱捐巨賂，同誓淨緣，營立釋迦尊殿一門兩廈，咸平五年壬寅歲告畢。輪奐相宣，金碧交映，憧憧往來，目不暫舍。而又梵貝時作，香花間設，我慢者生精進心，調伏者證菩提果，得非神僧肇開於前，上人嗣興於後，聖賢居上，靈效昭然。大中祥符元年，詔改峴峰禪院爲法輪院，善矣哉。郡邑改觀，道俗增信，植福之地也，垂於無窮。則以永樂縣君哀制，居苫凷間。靈泉院繼初上人鄉關碩德，布素舊交，三訪倚廬，請述記誡，且云重禮上人集本院僧誦《大乘金剛般若經》五千八十四卷，爲永樂縣君之冥薦，而啓予述作之誠心。荼苦之際，嘉彼精意；禫除之日，愧此鄙辭。聊記堅珉，用貽來者。大中祥符三年六月朔，朝奉郎、行太常博士、知溫州軍事兼管內勸農事某記。

大中祥符四年辛亥，四十有九歲。

遷屯田員外郎，提舉江南路銀銅場、鑄錢監。

本傳云：徙溫州，歲餘，提舉江南路銀銅場、鑄錢監。

大中祥符五年壬子，五十歲。

大中祥符六年癸丑，五十有一歲。

三月甲寅，公上書言鉛山坑港事，詔有司分別治罪，其役徒休息之。

《長編》云：大中祥符六年三月甲寅，胡則上書言信州鉛山縣開放坑港，兵卒死傷甚衆。詔遣使劾轉運使規畫乖當及提點刑獄司不即聞奏之罪，其役徒休息之。

是年，按池州永豐監吏匿銅數萬斤，籍爲羨餘，釋之。

按：《墓誌》所云按池州永豐監，即江南路所轄。《長編》於大中祥符六年，公言鉛山坑港事後，即叙嘗爲鑄錢監，得吏所匿銅數萬斤。吏懼且死，公曰：「馬伏波哀重囚而縱亡之，吾豈重貨而輕數人之命乎？」籍爲羨餘，釋弗誅。故知按池州永豐監在是年。

大中祥符七年甲寅，五十有二歲。

公以戶部郎中充江淮制置發運使，尋陞三司度支副使，賜金紫。

《長編》云：祥符七年正月庚戌，車駕發衛眞縣，次亳州。

《墓誌》云：公在江淮制置日，眞宗皇帝奉祀景亳，公實主其供億，千乘萬騎，至於禮成，無一毫之闕。帝深愛其才，面加奬勞，遂進秩，登於計相之貳。

本傳云：眞宗幸亳還，擢三司度支副使。

公領江淮制置發運使。嘗居杭州，知州戚綸嫉之。

《長編》云：大中祥符七年，公嘗居杭

州，戚綸惡之。通判吳耀卿伺綸動靜，密以報則，則又厚結李溥。因共捃摭綸過。

按：《宋史·戚綸傳》稱江潮爲患，綸立埽岸以易柱石之制，雖免水害，而衆頗非其法云云。是此事實關輿論，非公有意捃摭，明甚。又按：《宋史·陳堯佐傳》載此事，與丁謂爭議，蓋堯佐及綸同議變法，丁謂先徙綸，繼徙堯佐，或遂以此疑公所爲耶？

九月，公長子楷登服勤詞學科。

《宗譜》云：大中祥符七年，楷登服勤詞學科。

《長編》云：是年九月戊戌，上御景福殿，試亳州南京路服勤詞學、經明行修舉人，得進士張觀等二十一人，諸科二十一人，賜及第，除官如東封西祀例。

大中祥符八年乙卯，五十有三歲。

大中祥符九年丙辰，五十有四歲。

公出爲京西轉運使，遷禮部郎中。陛辭，乞貤贈考妣，上特許之。

本傳云：丁謂罷政事，出則爲京西轉運使，遷禮部郎中。

《墓誌》云：及西京之行，以家君朱紱爲請。上曰：「胡某爲孝，雖非其例，與以明勸也。」縉紳先生榮之。

按：《長編》大中祥符九年九月，丁謂罷參知政事，故知公往京西當在是年。

天禧元年丁巳，五十有五歲。

天禧二年戊午，五十有六歲。

公在京西，部民訛言相驚，未及奏，奉詔詰責。

《長編》云：五月丙戌，河陽三城節度使

張旻言：「近聞西京訛言有物如帽蓋，夜飛入人家，又變爲大狼狀，微能傷人，民頗驚恐。」詔使體量，又命侍御史呂言馳往，按本府長吏洎轉運使、提點刑獄司不即奏聞之故。

本傳云：部內民訛言相驚，至遣使安撫乃定。坐是徙廣西路轉運使。

天禧三年己未，五十有七歲。

正月，公爲進士楊世質等試卷被擯，付通判看詳，被旨詰責坐罪。

《長編》云：是年正月，公在京西，上言滑州進士楊世質等訴本州黜落，即取元試卷付許州通判崔立看詳。立以爲世（賢）〔質〕等所試不至紕繆，已牒滑州依例解發。詔轉運使具析不先奏裁、直令解發緣由以聞，其試卷仰本州繳進，世質等仍未得解發。及取到試卷，詔貢院定奪，乃言詞理低次，不合充薦。詔落世質等，而劾轉運使及崔立之罪。

徙廣西路轉運使。番舶遭風瓊州，來告食乏，公命貸以帑錢。已而償所貸如期，奏聞奉獎。

《墓誌》云：徙廣西路轉運使，有大舶困風於遠海，食匱資竭，久不能進。夷人告窮於公，公命瓊州出公帑錢三百萬以貸之。吏曰：「夷本無信，又海舶乘風，無所不之。」公曰：「遠人之來，不恤其窮，豈國家之意耶？」後夷人卒至，輸上之貨十倍其貸。朝廷覽奏而嘉焉。

是年，按宜州重辟，多所平反。

本傳云：按宜州重辟十九人，爲辨活者九人。

按：本傳稱謂罷政事，出則京西轉運使，部內民訛言相驚，至遣使安撫乃定，坐是徙廣西路轉運使云云。以《長編》考之，天禧三年正月公尚在京西，則徙廣西或在是年正月以後耳。

天禧四年庚申，五十有八歲。

天禧五年辛酉，五十有九歲。

公以戶部郎中復爲江淮制置發運使。

《墓誌》云：天禧中，公尚居郎署，朝廷擬公諫議大夫知廣州，公以家君八十歲懇辭於政府，乃復有制置之行。

按：本傳於徙廣西後接叙復爲發運使，又以《宗譜》考之，公父〔師〕承〔師〕生於天福壬寅，至天禧辛酉爲八十歲，故知公辭廣州復爲江淮制置當在是年。

是年，以詩寄范公仲淹，范公自泰州依韻和之。

按：《范文正公集》有《依韻和胡使君書事詩》，首二句云：「都督再臨橫海鎮，集仙遙綴內朝班。」蓋指以戶部郎中再爲江淮制置使也。又按《范文正公年譜》，天禧五年，監泰州西溪鎮鹽倉，故頸聯云「清風又振東南美，好夢多親咫尺顔」。公是年以家君八十懇辭，復有制置之行，故末二句云「太平天子尊耆舊，八十王祥未賜閑」。

乾興元年壬戌，六十歲。

轉吏部郎中，改太常少卿。

二月，丁父〔師〕承〔師〕公憂。

《宗譜》云：乾興壬戌年二月十一日子時卒。

天聖元年癸亥，六十有一歲。

天聖二年甲子，六十有二歲。

服除，知信州。

按：《墓誌》云：「終制，知玉山

郡。」又云：「公實被議，出玉山郡。」本傳云：「乾興初，坐丁謂黨，降知信州。」以《長編》攷之，乾興元年六月丁謂即降職，是公此時坐累，待服除仍知信州。

是年，丁謂在崖州，公遣人饋問如平生。

《墓誌》云：暨丁有朱崖之行，昔之賓客無敢顧其家，公實被議，出玉山郡，尙屢遣介夫不遠萬里而往遺焉。

按：《長編》：「乾興元年七月，丁謂貶崖州。」丁謂本傳稱在崖州踰三年徙雷州，知「饋問」當在是年。

天聖三年乙丑，六十有三歲。

移知福州。

《福建通志》云：自信州移福州。

奏減官莊田值，章凡三上。詔允減半交納。

《墓誌》云：在福唐，有官田數百頃，民輸租食利舊矣，至是計臣上言請就鬻之，責其估二十萬貫，民不勝弊。公奏之，未報，章三上，且曰：「百姓疾苦，刺史宜言之而弗從，刺史可廢矣。」乃有兪詔減其直之半，而民始安。

《福建通志》云：時計臣張希顏奏請福州官莊田納二稅外，仍輸租米。公奏官田多瘠，濱海有風潮患，不宜增稅。從之。

按：《長編》：天聖六年甲申，除福州官莊錢。初，王氏據福州時，有田千餘頃，謂之官莊。自太平興國中授券與民耕，歲輸賦而已。天聖二年，發運使方仲荀言此公田也，鬻之可得厚利，凡售錢三十五萬餘緡，詔減緡錢三之一，期三年畢償云云。《墓誌》所言計臣，或即指張希顏。天聖二年，仲荀上言。洎天聖三年公涖任奏減，天聖六年始俞詔減其值之半。

公以俸金贖龍昌期罪，仍厚遺之。

《墓誌》云：福唐前郡將被詔去官，嘗延蜀儒龍昌期與郡人講《易》，率錢十萬，遺之以歸。事在訟中。及公下車，昌期自益都械至。公曰：「斯何罪耶？」遽命釋之，見以賓禮。法當償其所遺，公代以俸金，仍厚遺而還。

天聖四年丙寅，六十有四歲。

四月，拜右諫議大夫，知杭州。

本傳云：以右諫議大夫知杭州。

《乾道臨安志·牧守》胡則下云：天聖四年戊午，徙太常少卿、知福州胡則爲諫議大夫、知杭州。

按：《乾道臨安志·牧守》周起下云：「天聖元年九月丁亥，徙知揚州、祕書監周起知杭州。」又馬亮下云：「天聖四年三月庚辰，徙知亳州、工部尚書、集賢院學士馬亮知杭州，未行，復知亳州。是年四月戊午，徙周起知應天府兼南京留守司。」然則《牧守》胡則下「天聖四年」下似脱「四月」二字，蓋四年係丙寅，非戊午也。

天聖五年丁卯，六十有五歲。

以右諫議大夫入權吏部流內銓。

遷知永興軍。四月，改陝西都轉運使，仍留吏部流內銓任。

《長編》云：四月丙戌，改新知永興軍胡則爲陝西都轉運使，涇原路鈐轄兼知渭州劉平自言：「臣與謂有隙，今隸則部，慮掎摭致罪。」詔徙平知汝州。然則亦竟不赴陝西也。

天聖六年戊辰，六十有六歲。

移書婺州牧，請頒義烏上清資聖院額，朝

旨從之。

《金華黃先生文集·上清資聖院復田記》云：舊記稱後唐清泰二年，順德大師道忞因古伽藍遺地建院，號上清。宋天聖六年所賜今額，蓋郡人兵部侍郎胡公則守杭時，爲住山贊甯僧統移書州牧而得請於朝。

十二月，坐失舉，復爲太常少卿，知池州。未行。

《長編》云：十二月壬申，右諫議大夫權判流內銓胡則坐失保任，降爲太常少卿，知池州。未行。

按：《長編》「四月改新知永興軍」，而本傳叙權吏部流內銓在知永興軍之前。蓋改新知永興軍尚未赴任，又改陝西轉運使，仍未赴，是以十二月尚任流內銓也。

天聖七年己巳，六十有七歲。

復以諫議大夫知永興軍。

按：《墓誌》云：復諫議大夫、知永興軍。蓋以前之新知永興軍，今始赴任，故曰復也。

天聖八年庚午，六十有八歲。

領河北都轉運使。九月，以給事中權三司使。

按：本傳於知永興軍後接叙徙河北轉運使，以給事中權三司使。

《長編》云：天聖八年九月丙寅，河北轉運使、給事中胡則權三司使。侍御史知雜事鞠詠言則不可復以利權任之，不聽。

公和慈雲大師《桂子》詩，並和《種桂》詩。

本集《和桂子》詩云：孤峰聳高桂，千載同一日。秋氣正飛霜，天風落丹實。

紛紛寶砌傍，顆顆露珠密。始自月中來，又從驪領出。香浮古佛刹，光照高僧室。吳越饒珍異，金玉非儔匹。嘗詠賢人詩，未載史臣筆。至矣天竺山，山靈誕奇物。

又《和種桂》詩云：纍纍丹桂子，秋落古禪關。乍到圓蟾窟，潛依靈鷲山。始知塵外有，會向月中攀。千載孤峰上，清陰與客閒。

按：本集此詩序稱「呈慈雲大師，給事中胡則上」云云。公以是年九月官給事中，故綴於此。

十月，詔議京東西、陝西鹽法。公畫通商五利，上之。

《墓誌》云：公領三司使，寬於財利，不以刻下爲功。時上方以兩京、陝西官鹽歲久，民鮮得食，而日以犯法，命通商。有司重其改作，公首請奉詔，其事遂行。

《長編》云：十月，有上書言縣官榷鹽得利微而爲害博，請通商平估以售，少寬百姓之力。乃詔盛度、王隨議更其制。度、隨與權三司使胡則畫通商五利上之。

天聖九年辛未，六十有九歲。

出知陳州。

《長編》云：七月丁卯，降權三司使、給事中胡則知陳州，殿中侍御史王沿候服闋與僻小處知州。初，則爲河北都轉運使，沿嘗就則假官船販鹽，又以其子爲名求買酒場，張宗誨擿發之。朝廷雖責宗誨，復下其事。轉運司按得實，故則與沿並坐責。

按：《長編》云：天聖九年三月癸亥，徙河北轉運使胡令儀知涇州。初，宗誨爲開封府判官，監察御史王沿奏宗誨嗜酒廢職。至是，沿丁母喪在衛州，宗誨乃發沿假官舟賈販，朝廷惡之，因以與令儀等俱黜云云。然則宗誨爲報復計耳。又按：范仲淹作《胡令儀神道碑》云：令儀爲借民飛輓以實邊郡，人或媒孽其不便，朝廷惑之，徙守回中。既而代者復行前議，令儀得辯，改知鳳翔府。然則公之心迹可昭雪矣。

范公仲淹通判陳州，公以國士遇之。

《范文正公年譜》云：天聖九年，移通判陳州。

《墓誌》云：嘗倅宛邱郡，會公爲二千石，以國士見遇。

明道元年壬申，七十歲。

八月，授工部侍郎、集賢院學士。

《長編》云：八月壬申，知陳州給事中胡則爲工部侍郎、集賢院學士。侍御史知雜事劉隨奏則知池州不肯行，爲三司使以罪去，驟加美職，何以風勸在位。殿中侍御史郭勸請追則除命，皆不報。

按：《敬鄉錄》稱「再知杭州，踰月授工部侍郎」，與《長編》異。

奏免衢、婺身丁錢。

《永康縣志》載公《奏免衢婺身丁錢》詩云：六十年來見弊由，仰蒙龍勅降南州。丁錢永免無拘束，苗米常宜有限收。青嶂瀑泉呼萬歲，碧天星月照千秋。臣今未恨生身晚，長喜王民紹見休。

按：《金華黃先生文集·胡侍郎廟陰記》稱公嘗奏免衢、婺身丁錢，傳與墓誌銘皆無登載，姑俟博雅君子考質云云。以余攷之，此事一見於宋趙善括《應齋雜箸》，其卷一載《乞免臨安府丁錢》，有云：「兩浙稅丁之重，至有生子不舉，長不裹頭者。丁謂爲相，蘇、秀獲免；胡則在朝，衢、婺遂蠲。」再見於宋胡廷直《方巖廟記》，言公被天子知遇，中命進秩，乃奏免衢、婺身丁錢。三見於元吳師道《敬鄉錄》，言今之方巖廟食甚盛，郡志以爲公嘗奏免衢、婺丁身錢云云。其非無據明甚。至於奏免時期，以胡廷直《廟記》攷之，所云中命進秩似即指進工部侍郎也，事在明道元年。公詩首句云「六十年來見弊由」，按：丁身錢肇自馬埜，初本計口授鹽而錢是納，後遂不給鹽徵錢，錢謬效尤，宋初無申說者。自宋初至明道元年，恰六十餘年，奏免當即在此時。又按：《宋史·仁宗本紀》：明道元年三月，除婺、秀州丁身錢，殆就蘇、秀、衢、婺渾括言之。惟清盧標《婺志粹》言明道二年公執奏爲衢、婺人除之，不知何據。殆以公再知杭州在明道二年，故臆測爲在任時奏免乎，不知（沈）〔趙〕善括奏章固明有「胡則在朝」四字，其爲明道元年任集賢院學士時奏免，似無疑義。

明道二年癸酉，七十有一歲。

四月，進刑部侍郎，再知杭州。上《乞朝見表》。

《墓誌》云：進刑部，再牧餘杭郡。

《咸淳臨安志·牧守》胡則再除下云：明道二年四月甲子，徙知陳州、尙書刑部侍郎胡則知杭州。

《范文正公集·代胡侍郎乞朝見表》云：臣某言：今月日奉勅就差臣知杭州，仍放朝辭，取便路發赴本任者。祇膺寵命，伏積震兢。臣某中謝。竊以寧海鉅邦，生聚十萬，牧守之重，豈臣克堪。矧爲晝繡之行，再領宵衣之寄，始終極幸，進退甚榮。臣方理輕裝，即趨便道，敢有再三之瀆，庶傾萬一之誠。竊念臣才不逮人，遭逢有素，束帶從事，四十餘年。荷三朝之獎知，歷二省之清要，職參仙殿，位亞秋卿。祿賞被於子孫，名級顯於中外，報國無狀，殺身何辭。今復還父母之鄉邦，逼桑榆之晷刻，解冠告老，決在此行。久事朝廷，乍越江海，無復瞻望咫尺，對敭清光。雖小人之心，固多懷土；而疲馬之志，寧莫戀軒。臣欲於京城就兩浙舟船，載家赴任。伏望聖慈暫許臣入謝雲天，少叙平生之感；退歸鄉里，永爲萬足之心。賴君父之推恩，庶人臣之畢願。干冒宸極，臣無任云云。

是年，杭州無江潮患。

《咸淳臨安志》云：天聖丙寅、明道癸酉嘗再守杭，有惠政，在郡時獨無潮患。

捐修天竺靈山教寺門廡。

《金華黃先生文集·天竺靈山教寺大殿記》云：兵部侍郎胡公繼典州事，爲輟俸資以營三門兩廡。

奏請依天雄軍、江甯府，特賜州學名額。

《范文正公集·代胡侍郎奏乞餘杭州學名額表》云：竊以三代右文，四郊立學，尊嚴師道，教育賢材，被服禮樂之風，準繩仁義之行，切磨國器，標率人倫，式致用於薦紳，乃助成於聲教，俊造以之富盛，基業由是綿昌。至於唐家，中外建學，文物之盛，三代比隆。國家衘鐸敷文，舞干布化，四方庠序比比而興，萬國英翹拳拳以勸。臣伏見餘杭郡素爲善地，蔚有秀民，宜恢正始之風，丕變輕揚之俗。前知州李諮在任日，重修宣聖廟，置學舍數十廈，面勢顯敞，允爲儒宮，足容絃誦之流，迥處雲山之勝。臣自出守此郡，延見諸生，據衆狀舉請曾到御前進士楊希堂領文會。有二十餘人，日課藝業，其來不已，所益居多。臣欲乞朝廷依天雄軍、江甯府特賜州學名額，用明勸導，庶獲修長。歲時不瘝，方俗可厚。顏、閔德行，遠侔洙泗之間；唐虞文章，廣及江湖之上。臣無任祈天俟命激切屏營之至。

按：《咸淳臨安志》：天聖六年正月戊午，以李諮爲給事中知杭州。此表言前知州李諮在任日，則爲公再知杭州時所奏無疑。

四月，加兵部侍郎致仕。退居西湖。

《咸淳臨安志·牧守》胡則下云：景祐元年四月甲辰，除兵部侍郎致仕。

《墓誌》云：踐更中外凡四十七年，得請加兵部侍郎致仕。

又云：退居西湖，乘畫船，擊清波，深樽雅絃，左子右孫，與交親矢歌於歲時之間，浩如也。

《范文正公集·賀胡侍郎致政狀》云：伏審侍郎進清崇之爵，諧高尚之風，耆老尊隆，睿恩深厚，榮映之下，慶仰居多。恭以侍郎誠明自天，進退由德。宣三德於夙夜，被四紀於龍光，赫有華名，密多陰施。艱難險阻，盡力乎三朝；富貴崇高，致身乎五福。而乃起達人之觀，引大夫之年，聰明不衰，止足自處。國家興廉讓之節，流渙汗之仁，寵數優賢，休聲載路。耀錦南國，邑子榮太守之歸；掛冠東門，都人藹大夫之歎。爲儒及此，其樂何涯！伏惟上爲聖朝，倍報崇重。舜好淸問，方禮貌於宿賢；國有老成，尙彌縫於顯道。某久荷鈞錄，卑情無任，榮觀景仰，抃躍之至。

《范文正公集·西湖筵上贈胡侍郎》詩云：官秩文昌貴，功名信史褒。朝廷三老重，鄉黨二疏高。涯業盡圖籍，子孫皆俊髦。西湖天下絶，今日盛游遨。

按：《范文正公年譜》：是年，出守睦州。《文正公集》卷三自《謫守睦州》詩下，皆在睦州作。內有《依韻答胡侍郎見寄》詩云：「千年風采逢明主，一寸靈襟慕昔賢。待看朝廷興禮讓，天衢何敢鬬先鞭。」殆亦是年作。

公長子楷調錢塘通判。

《墓誌》云：朝廷命長子通判錢塘以就養。

景祐二年乙亥，七十有三歲。

景祐三年丙子，七十有四歲。

景祐四年丁丑，七十有五歲。

寶元元年戊寅，七十有六歲。

九月，公配陳夫人卒。奉朝命贈潁川郡君。

《范公文正集·胡公夫人陳氏墓誌》云：《詩》稱「采蘩，夫人不失職也」。夫人之職莫先乎舅姑，甘旨以事居，蘋蘩以事往，故可以配君子、正家道也。夫人姓陳氏，金華郡之令族。曾祖諱晦，祖諱賫，父諱文諭，皆樂善於家，不從仕宦。夫人幼賢，父母篤愛，擇公而妻之。及公中科第，累調遠方，二親樂閭里，與姻族遊。夫人願侍左右，不從公行。凡二十年，縫衣爨餐必躬親之。至舅姑之終，與公執喪三年，然後就公官所。此夫人大節，無媿天下之爲人婦者，有聲詩之義焉。又性好禮，自少至老，對公如賓客。加以純儉而仁，笄服之餘，皆均於親之貧者。夫人自公登朝，封上黨縣君。公爲諫議大夫，進封本郡君。寶元元年秋九月寢疾，乃齋沐易衣，怡怡而終，享年七十有九。以三年二月十一日，與公合葬於履泰鄉龍井源，禮也。子四人：長曰楷，都官員外郎；次曰湘，曰桂，曰淮，並太常寺太祝。二女習夫人之教，柔淑有禮，宗黨稱焉，長適蘇氏，次適華氏。銘曰：惟孝惟禮，作配君子，伊夫人兮至矣。

按：《范文正公年譜》：康定元年二月，有《兵部侍郎胡公墓誌銘》。康定二年二月，有《胡公夫人陳氏墓誌銘》。以余攷之，康定元年公未薨，且夫人墓誌明稱寶元元年卒，公墓誌並稱夫人先以壽終，則《年譜》年月或有舛誤，明甚。

寶元二年己卯，七十有七歲。

六月十有八日，公薨於餘杭私第。事聞，天子震悼。長子楷進都官員外郎。

《宗譜》云：公卒於寶元二年六月十八日酉時。

《范文正公集·兵部侍郎致仕胡公墓誌銘》云：寶元二年六月十八日，尚書兵部侍郎致仕胡公薨於餘杭郡之私第。明年二月十有一日，葬於杭之錢塘縣南山履泰鄉龍井源，以夫人潁川郡君陳氏祔焉，禮也。孤子楷泣血言於友人范某：「禮經謂稱揚先祖之美，以明著於後世，此孝子孝孫之心也。然而言之不文，行而不遠，處喪之言，嗚呼能文？今得浙東簽書寺丞俞君狀先人之事，而敢請誌焉。」某曰：「孔子見齊衰者必作，重其孝於親也，敢不唯命！」公諱則，字子正，婺之永康人也。昔虞舜之後有胡公，武王封於陳，蓋族望之來遠矣。皇考諱彭，王考諱瀫，皆隱於唐季，其道不顯。考諱承師，在鄉閭間以積善稱。因公而貴，官至尚書比部員外郎，贈吏部郎中。妣應氏，封永樂縣太君，贈普寧郡太君。公少而倜儻，負氣格。錢氏爲國百年，士用補廕，不設貢舉，吳越間儒風幾息。公能購經史，屬文辭。及歸皇朝，端拱二年，御前登進士第。釋褐爲許州許田尉。以幹自聞，補蘄州廣濟宰，又補憲州錄曹。以本道計使諫大夫索公湘之舉，

改秘書省著作佐郎，簽署貝州節度觀察判官公事。升本省丞，知潯州。拜太常博士，提舉二浙榷茶事，兼知桐廬郡。丁太夫人憂。服除，以本官知永嘉郡。遷屯田員外郎，提舉江南路銀銅場鑄錢監。擢任江淮制置發運使，轉戶部員外郎。入爲三司度支副使，賜金紫。除禮部郎中、京西轉運使，又移廣南西路轉運使。以戶部郎中復充江淮制置發運使，轉吏部郎中，改太常少卿。丁先君憂。終制，知玉山郡，移福唐郡。拜右諫議大夫，知杭州。入判流內銓。以舉官累，責授少常，知池州。未行，復諫議大夫、知永興軍，領河北都轉運使、給事中，入權三司使。拜工部侍郎、集賢院學士，知陳州，進刑部，再牧餘杭郡。踐更中外凡四十七年，得請加兵部侍郎致仕，

朝廷命長子通判錢塘以就養。又六年而終，享齡七十有七。天子聞而悼之，進一子官。初，至道中，公在憲州時，西寇梗邊，朝廷命師五路入討，詔具三十日糧以從之。索公方引公督隨軍糧草事，公曰：「爲百日計，猶或不支，奈何？」索公乃遣公入奏，召對逾刻。公陳邊事，如指之掌。上顧左右曰：「州縣中有如此人！」遂可其奏，且示甄拔之意。後大帥李繼隆果與寇遇，十旬不解。索公曰：「微子，幾敗吾事！」一日，其帥移文曰：「兵將深入，糧可繼乎？」公曰：「師老矣，矯問我糧，爲歸師之名耳，請以有備報之。」索從其議，彼即自還，無以咎我。其先見如此。及索公主河北計，又奏辟之，遂以貝州之行。朝廷遺賜省天下冗役，就命公行河北道。

凡去籍者僅十萬數，民用休息。在潯州，人有虎患，公齋戒禱城隍神，翌朝得死虎於廟中，其誠之效歟！按池州永豐監，得匿銅數萬斤，吏懼當死，公思之曰：「昔馬伏波哀重囚而縱之，前史義焉。今銅尚在，吾忍重其貨而輕數人之生耶？」咸以羨餘籍之，不復爲坐。在江淮制置日，會眞宗皇帝奉祀景亳，公實主其供億。千乘萬騎，至於禮成，無一毫之闕。帝深愛其才，面加獎勞，遂進秩登於計相之貳。在廣南西路，有大舶困風於遠海，食匱資竭，久不能進，夷人告窮於公。公命瓊州出公帑錢三百萬以貸之，吏曰：「夷本亡信，又海舶乘風，無所不之。」公曰：「遠人之來，不恤其窮，豈國家之意耶？」後夷人卒至，輸上之貨十倍其貸，朝廷省奏而嘉焉。又宜州繫重辟十九人，時有大水，公不慮患而特往辨之，活者九人焉。在福唐，有官田數百頃，民輸租食利舊矣。至是計臣上言，請就鬻之，責其估二十萬貫，民不勝弊。公奏之，未報，章三上，且曰：「百姓疾苦，刺史當言之而弗從，刺史可廢矣。」乃有僉詔減其直之半，而民始安。公領三司使，寬於財利，不以刻下爲功。時上方以兩京、陝西官鹽歲久，民鮮得食，而日以犯法，命通商。有司重其改作，公首請奉詔，其事遂行。公性至孝，自曲臺丁太夫人憂，廬於墓側，以終喪紀，有草木之祥，本郡表之。及京西之行，以家君朱紱爲請。上曰：「胡某爲孝，雖非其例，與以明勸也。」搢紳先生榮之。又天禧中，尚居郎署，朝廷擬公諫議大夫、知廣州。公以家君八十歲，懇辭於政府，乃復有制置之行。尋以哀去職，得盡心於喪葬。公富宇量，篤風義，往往臨事得文法外意，人或譏之，公亦無悔焉。其輕財尚施，不爲私積，士大夫又稱之。福唐前郡將被訟去官，嘗延蜀儒龍昌期與郡人講《易》，率錢十萬，遺之以歸。事在訟中。及公下車，昌期自益部械至。公曰：「斯何罪耶？」遽命釋之，見以賓禮。法當償其所遺，公代以俸金，仍厚遺而還。又濟陽丁公爲舉子時，與孫漢公客許田，公待之甚厚。及其執政，而雅故之情不絕，若休戚士人而未嘗預。曁丁有朱崖之行，昔之賓客無敢顧其家，公實被議出玉山郡，尙屢遣介夫不遠萬里而往遺焉。此又人之難矣。及退居西湖，乘畫船，擊清波，深樽雅絃，左子右孫，與交親笑歌於時歲之間，浩如也，人不謂之賢乎！夫人潁川郡君，有慈和之德，先以壽終。令子四人：長曰楷，都官員外郎，前知睦州，祥符七年秋，登服勤詞學科，所至政能，有先君風度；次曰湘，好學有志識，朋友多之；次曰桂，俊異，居喪而亡；次曰淮，孝謹有成人風。二女：長適泉州德化縣尉蘇播，次適御史臺主簿華參而亡。其閨門之範，見其潁川之誌。某非特爲重齊衰之情，嘗倅宛丘郡，會公爲二千石，以國士見遇；且與都官布素之游，誠可代孝子而言焉。銘曰：進以功，退以壽。義可書，石不朽。百年之爲兮千載後。

按：《墓誌》稱明年二月十月一日葬於杭州之錢塘縣南山履泰鄉龍井源，以夫人潁川郡君陳氏祔葬焉云云。此明年即指康定元年。又范文正公撰《夫人陳氏墓誌銘》稱「以三年二月十一日與公合葬」云云，此「三年」殆指寶元之第三年，亦即康定元年。是年，公長子楷得浙東簽書寺丞俞君所撰行狀，請誌於范文正公，文正公於合葬之前同時撰成兩墓誌銘，此皆有歲月可稽者也。

《范文正公集·祭胡侍郎文》云：維寶元二年六月日，具位某，謹致祭於故侍郎安定公之靈。惟公出處三朝，始終一德。或雍容於近侍，或偃息於外邦。動惟至誠，言有名理。卓茂以禮樂率下，黃憲以度量過人。靡尚威刑，積有陰德。安車以謝，正寢而終。老成云亡，薦紳興慕。某辱知深厚，聞訃驚哀。官守所縻，不皇躬事。嗚呼悲哉，伏惟尚饗！

〔一〕此題「卷上」，後無「卷下」，僅有「附録」，且本譜末題「胡正惠公年譜終」，疑「卷上」二字爲衍文。

胡正惠公年譜附録

永康胡宗楙季樵

宋沈括《夢溪筆談》云：工部胡侍郎則爲邑日，丁晉公爲游客見之，胡待之甚厚，丁因投詩索米。胡延晉公，常日所用樽罍悉屏去，但陶器而已。丁失望，以爲厭己，遂辭去。胡往見之，出銀一篋，遺丁曰：「家素貧，惟此飲器，願以贐行。」丁始喻設陶器之因，甚媿德之。

《咸淳臨安志·牧守》胡則再除下云：少有清名，尚風義，眞宗、仁宗擢用焉。

《咸淳臨安志》云：顯應廟在風篁嶺龍井衍慶寺側，神姓胡名則，婺之永康人，天聖丙寅、明道癸酉嘗再守杭，有惠政，在郡時獨無潮患。以兵部侍郎致仕，葬錢塘龍井山中。建炎間，方寇猖獗，聚永康方巖山。賊夜夢紫袍金帶神人現赤幟於空中，隨就勦滅。朝廷褒嘉，爲建廟封顯應侯。自後累加封，其龍井墳賜「顯應墓」。神之赫宣，著於方巖，此不悉載。

宋周密《武林舊事》云：胡侯墓，名則，知杭州，廟在墓前。

宋吳自牧《夢粱錄·仁賢祠》云：顯慶廟在龍井衍慶寺側，神姓胡名則，婺之永康人，兩曾尹杭，有惠政，在郡無江潮之患。疾告於朝，以兵部侍郎葬龍井山。其本里方巖山，有方寇聚衆，夜夢紫袍金帶神人現赤幟於空中，隨即勦滅。朝省褒嘉，建廟賜額封，賜爵顯靈侯，仍賜墳額顯應。神之赫靈，鄉民著於方巖矣。

宋吳自牧《夢粱錄·古含忠烈孝義賢士墓》云：杭州胡則侍郎墓，在龍井廣福寺之麓。

宋胡廷直《赫靈廟記》云：廷直四世從祖尚書兵部侍郎保定公，於婺州爲鄉里。其生也，利有以惠之；其沒也，功有以庇之。婺之人廟公於方巖，歲時奉祭甚謹。鄰境別祠又甚多，而秩文未克耀。紹興三十有一年，廷直爲建安縣丞，有請於上，朝廷可之，賜廟額曰赫靈。明年二月命下，廷直跪拜伏讀，至於感泣。聚族敬睹，咸曰：「此盛事也，盍不書。」又明年隆興元祀秋，廷直自州丹陽東歸婺，以拜公之廟，謹齋祓稽首而記之曰：生當封侯，死當廟食，大丈夫平生之志也。能禦大災，祀之；能捍大患，祀之，朝廷報神之典也。論撰其先祖之美而著之後世子孫，明其善之義也。先保定公由儒業登顯仕，八典藩郡，爲良二千石；七按錢穀，爲能刺史；出入禁闥，爲名從臣。開國建功，生有榮焉。始公被天子知遇，申命進秩，乃奏免衢、婺民身丁錢，到於今受其賜。自公之薨，謀報無從，即絃誦之所，廟而食之。歿有靈焉，公於平生之志，可謂盡矣。宣和中，盜起清溪，保險方巖，弄兵踰月，王師不能下。首惡夜夢神人飲馬於巖之池，是池盜實怙之以濟朝夕。平明往視，已涸矣。其徒駭亂，大兵一臨，即日蕩平。由是邦人事公有加於他日，若水、若旱、若疫、若癘，有求無不應，有禱無不答，跡實表表，滿人耳目。赫靈之賜，於義爲大。公蒙報祀之典，可謂至矣。先是賊平，廉訪使王導以聞，封祐順侯，倉卒不審，止用方巖神奏，逸其名氏。衢、婺之人，凡厥祀事，板祝旗幟皆實公爲祐順侯，從舊也。繼而闔邑之士，狀於有司。廷直於公爲孫也，詎宜緘默。於是詳述始末，力請正名，自天發號，繄公之神，載祈載享。顧廷直才不卲，不敢自任論撰，亦庶幾由此以見拳拳明其善之萬一也。嗚呼，公始官，能以文章知孫、丁於許田。既出守，能以功名知范公於宛邱，其識度必有大過人者。蘇東坡頌韓昌黎，謂其在天爲星辰，在地爲河嶽，明而爲人，幽而爲鬼神，蓋天下之士，高明瑰傑，理所必有也。廷直於公亦云。

宋吳遂《方巖讀書堂記》云：方巖讀書堂者，故兵部侍郎胡公肄業之所，里人王氏之所重建也。按：公先朝名臣，退老西湖，死葬龍井，後百餘年，神於方巖。今發靈之所，即舊日講習之地也。

歲久事殊，址存堂廢，里人不忍其壞也，舉而新之。堂成，寺僧具石，請記其事，余不敢辭。時景定三年十月也。

宋吴遂《重修龍井祠堂記》云：淳祐四年秋，兩浙轉運判官章公大醇，新侍郎胡公之祠於錢塘龍井之源，衍盛典也。公生婺之永康，再牧錢塘，因退老而終焉。康定改元，敕旨葬於龍井，賜墓田五十一畝，歲久荒蕪。紹定初，婺州有雲溪吕公皓訪公墓荒蕪中，得斷碑。參政葛公洪、尚書錢公行簡、侍郎林公楷、安撫趙公立夫、計使陳公宗仁籍田致奠，具有程式。已復迷溫弗省，寺僧並緣爲利，籍毁碑仆。會公之宗人新差知韶州佺俾其從子居敬、甥禮部貢士章斌龍聚鄉人之在朝者，鳴於省、於部及轉運司，章公矍然驚曰：「有是哉！」乃屬幕客廣文吕遇龍閲厥貢，正厥疆畝，釐厥位向，爲精舍，爲大塗，爲石梁，爲隧門，皆復其舊。祠既成，吾黨之士相與言，宜特書深刻以遺來者。遂，公邑生也，不敢辭，是爲記。其年十月既望，承直郎、添差督視江淮東西湖北軍馬行府準備差遣事吴遂記。

《金華黄先生文集·胡侍郎廟碑陰記》云：胡公仕宋，爲時名卿，婺之永康，實公鄉邑。公嘗讀書方巖山中，沒而爲神，發祥其處，宣和間封祐順侯。紹興末，乃賜廟額曰「赫靈」者，初封誥命中語也。祐順之號，既累加以「嘉應福澤靈顯」，極於八字。淳祐間，遂進爵爲公，更號「顯應」，尋加正惠。寶祐初，再加忠祐。杭之南山龍井原，公墓次有顯應廟，敕命在焉。廟不書賜額，而以「顯應」名者，因初進封之號也。公本以助王師殄巨寇，廟食於一鄉，而其光靈無遠勿被，能出雲爲風雨，農人咸以望歲者望於公。凡村墟里社必爲祈報之所，故公之別廟布滿於郡境，不啻數十百區。其在吾烏傷之稠巖者，里人方氏倡衆爲之也。宋初，婺之第進士者自公始。至其季年，方氏有大冶丞應龍以進士起家，而族日益大，其子孫相率致力於祠事，彌久弗懈者，蓋亦視公爲鄉先達而知所敬慕，不徒效俚俗徼福於公而已。廟之創造以至元二十六年，重興以至正九年。新廟告成，以記來謁於溍曰：「公之陰祐乎斯民，而變化不測，有以驚動其耳目者，庸夫孺子皆能言之。至於公之奮由一第，逮事三朝，十握州符，六持使節，選曹計省，歷踐要途，晚以徒官全身而退，其有德於人，有功於國，與夫出處之大致，非搢紳先生莫能言也，願備著。」溍竊惟公之官代治行，有傳在魏國韓公所修《宋實錄》，而文正范公所撰公墓銘論次尤悉，謹書而俾之，使刻諸石，且爲之記其作廟之顛末，附見於石背。若郡志言公嘗奏免衢、婺身丁錢，民被其賜，而爲之立廟，則傳與墓誌皆無所登載，姑俟博洽之君子而考質焉。

《金華黄先生文集·南山題名記》云：婺之宦學於杭者，每歲暮春，必相率之南山，展謁鄉先達故宋兵部侍郎胡公墓，仍即其廟食之所致祭焉。竣事，遂飲於西湖舟中，以叙州里之好。大德八年春三月癸亥，會者四十有四人。魏國趙文敏公時方以集賢直學士領儒臺，溍幸獲從先生長者之後，而趨走於公履屐之末。逮今三十有九年，乃以非才補公故處。暇日從鄉僧遊龍井，睹公舊題而與道其故事，咸謂不可久廢而莫之舉。亟以白於宣政副使王公，合同郡大夫士暨方外交四十有一人，以至正二年春二月癸亥復會於南山，雨弗克前，艤舟望拜。而追數向之四十有四人，存者殆無幾，或顯榮於中朝，或隨牒調補於遠方，或已倦遊，歸休於家林。惟溍忝有食祿於此，而得與茲盛集，未知後三十有九年，今之四十有一人重會者誰歟？古人云：「後之視今，亦猶今之視昔。」此題名之所爲作也。諸公謂溍宜題識其首，是用弗讓，而直書其歲月，以俟後之覽者焉。

元吳師道《敬鄉錄》云：胡則，字子正，永康人。宋端拱二年進士，調許州許田尉，以幹聞。

補蘄州廣濟宰，又補憲州録曹，辟貝州節度觀察判官。改知潯州，尋提舉二浙榷茶事兼知睦州。又知溫州，遷提舉江南銀銅場、鑄錢監，江淮制置發運使。入爲三司度支副使，除京西轉運使、廣南西路轉運使、江淮制置發運使，累遷太常少卿。乾興初，坐丁謂黨，降知信州，徙福州，以右諫議大夫知杭州。入判流內銓，以舉官累責知池州，未行，復知永興軍，領河北都轉運使。以給事中入權三司使，出知陳州，再知杭州。踰月，授工部侍郎，再遷兵部侍郎致仕。所臨皆有惠績，事具范文正公所爲墓誌。墓在杭州錢塘縣南山龍井源，夫人陳氏祔，亦范公誌。今縣之方巖，廟食甚盛，郡志以爲公嘗奏免衢、婺丁身錢，民被其惠所致云。

明應廷育《永康縣志》云：方巖距縣四十五里，將至頂，有兩石對峙，其上屋之曰透關。入關，地更平曠，約數百畝，中有池可畝餘。臨池有廟曰赫靈，祀宋侍郎祐順侯胡則。侯少時讀書此巖，既仕，嘗奏免衢、婺二州身丁錢，人德之，遂因其地立廟祀焉。又云：並廟有寺曰廣慈，廟久而圮，侯像遷寺中。又云：巖腰有小石洞，人指爲胡侍郎讀書堂。

吳之器《婺書》云：宣和中，方臘寇永康，民避地於此。賊顧絕澗，緣大籐欲度，忽有赤蛇嚙籐中斷，賊皆墮死。又有千人坑者，兩石並起百仞，去不盈尺。絕頂有泉可汲，賊緣間道據之。其魁夢神人策白馬飲泉，次日泉遂涸，大懼，遂降。守臣聞於朝，賜祠額曰「赫臨」。

《溫州通志》云：胡則知溫州，寬賦除苛，郡人祀之。

《山西通志》云：仁宗初，權三司使，通京東西、陝西鹽法，便之。

《廣西通志》云：按宜州重辟十九人，爲辨活者九人。

《福建通志》云：天聖三年，自知信州移任福州。時計臣張希顔奏請福州官莊田納二稅外，仍輸租米。則奏官田多瘠，且濱海常有風潮之患，不宜增税。詔從之。又官田數百頃，已佃爲民業，計臣上言鬻之，可責其估三十萬緡，民不勝累。則章三上，竟得報，減其直之半。

許昌梅公年譜

（宋）陳天麟 編
刁忠民校點

清初鈔二梅公年譜本

梅詢（九六四—一〇四一），字昌言，宣城（今屬安徽）人。端拱二年進士，爲利豐監判官。歷知仁和縣，擢著作佐郎，咸平三年除直集賢院，遷三司户部判官。出通判杭州，歷任知州、轉運使。寶元元年爲翰林侍讀學士，遷給事中，出知許州，卒於官。賜謚文肅。梅詢爲宋初大詩人梅堯臣叔父，也有詩名，詩風清新淡雅，迥異於以濃艷著稱的楊劉西崑體詩。著有《許昌集》，已佚。事迹見歐陽修《梅公墓誌銘》（《歐陽文忠公集》卷二七）、《宋史》卷三〇一有傳。

本譜爲梅詢同鄉陳天麟撰，自叙稱「鄉先正許昌梅公以文章事功名天下」，「誠江左之偉人」，「予嘗慕其人而因論其世」，蓋亦表彰先賢之作。末署「淳熙丁巳三月」，考淳熙無丁巳，或爲乙巳（一一八五）之誤。陳天麟（一一一六—？）字季陵，嘗從周紫芝學詩（陳天麟《太倉稊米集序》）。年三十三登紹興十八年進士，歷知饒州、襄陽、贛州，有政績。累官集賢殿修撰。著有《攖寧居士集》，不傳。事見《紹興十八年同年小録》、嘉靖《寧國府志》卷八中。

本譜至明萬曆年間，梅一科取與《宛陵先生年譜》合刊，并輯《詩略》與《附録》置於後。萬曆原刻今已難覓，此本爲清初鈔進呈四庫本，《四庫全書總目》卷五九《傳記類存目》一有著録，《四庫存目叢書》所收即此本。

刻二梅公年譜序

宣城阻山帶江，產多才賢。二梅公接迹起咸平、嘉祐間，名韡然垂世，亦偉矣。余讀《居士集》，見歐陽文忠志二梅公詳，又每至悼慨，若謂一時官位不究二梅公才用。噫，魁壘特傑之士淪没草間者代有之，即其名逮身後猶稱之人人，則視彼樹勛庸當世者足相當也。二梅公又奚忝哉！文肅公少以英儻受上知，時期政府可致。諤諤出靈州之議，請以身往，一何壯也。真宗又從之數訪時事，陳西陲方略者累牘，頗切舉刺，自知迴翔州郡，訖老不得窺三省堂署。論者謂時宰側目，枝柱其間，竟弗果柄用，豈君子不爲天下愛才耶？迄天聖朝，號稱右文，歐、蘇、曾、王輩競以文章衣被海内，稍經剪拂，便穫軒翥。乃聖俞公詩名籍甚，最爲歐陽所知，酬贈簡寄，集中並可考見。聞其卧疾委巷，牙纛沓至，驚里中。卒之日，縉紳奔哭屬路，丞相以下咸賻䘏之，可以卜人情矣。顧其仕止都官郎，而人共惜焉。夫以瑋文之士，而反窮於右文之朝，此又何耶？豈國運之隆替，士類之通塞，抑皆有數耶否耶？嗟乎！士之遇不遇夫固有數也，非人也。昔晁、賈志弘經國，李、杜藻發掞天，終以薄仕瘴秩，詘於當時。所幸者嘉聲華聞，不能抑之後世。二梅公迹殊類之，以故四百年所名炯不少衰。諺曰力田不如逢年，夫偶獲之利，孰與所自致者有永雋哉。梅氏之族，蕃衍於宣城二梅公。後代有顯者，不逮二梅公之著。至嘉靖間，參政宛谿公文望碩膚，光乃前烈，始與二梅先後輝相映。宛谿之從子一科，少領鄉薦，有顯庸之漸，又相似二梅公踵起之迹。於是益徵二梅之澤世未斬也，其亦有無窮之聞哉。余曩叨校士，得一科者簡之，知梅氏有後。一科乃不忘二梅公世休之懿，出其家藏年譜搉正之，將梓以傳，以揚二梅公平生所得名之實，志可嘉矣。問謁余請爲之序，因論次歸之。時嘉靖癸亥孟冬之吉，賜進士第、中議大夫、欽差總理糧儲、提督軍務兼巡撫應天等府地方、都察院右僉都御史、前奉敕提督南畿學校姚江周如斗撰。

年譜叙

夫干將莫邪沉蝕土中，其光隱隱上灼斗牛之墟，不可遏抑。迺若五侯七貴，勢嘗燀赫矣，一旦淪謝，遂就澌滅，如泡漚然。蓋造化陶冶萬品，莫不有真精妙理保合而凝。是故形色之肖，精完而理具，雖物亦神也。神則可以不朽而常新，不則徒張大於形色飾焉耳已，外雖隆隆，中寔没没，謂之虛物，奚足語神，又奚論於得失之故哉。然則吾宣二梅公之風流韻澤，更數百年如一日，其中之所存，詎微眇耶？爰稽許昌公自少穎異，秀拔不群，登第躋膴，謇諤論事，邊防國計之重大，琅琅明若觀火。時遇投艱，輒挺然自任，有鞠躬盡瘁之志。雖卒老州郡，勳庸未究厥施，而忠讜之奮發，誠經濟之訏謨也。都官郎性情冲澹，思致雋永，其稱詩不事靡麗雕刻，獨翛然塵𡏖之表。要之，充養既邃，含咀悉醇，振藻吐葩，宣靈闡蘊，而自得乎風雅之趣，庶幾握一世之奇珍，揚前代之絶響，而非可以英華聲調淺近窺之。嗟乎！若二公者，其人往，其神固存也。又觀許昌公之在當時，眷倚於天子，信嚮於士林，敭歷建明，所至動色。都官郎與歐陽文忠知己莫逆，迨後文山諸偉人，亦皆景行仰止，稱頌嘖嘖，是必有真精妙理融浹於其間，而其光貫之穹窿，將與天壤俱敝，不誣矣。且干將莫邪之劍之神，賞鑒於博物君子，猶然多方採取，不使其終於韜伏。矧爲二公之神之所寄也，寧能已於慕而愛、愛而傳哉。噫，子賢氏亟梓二公年譜，意不在兹與？萬曆二年甲戌秋孟，賜進士第、中憲大夫、河南按察司副使、前吏部驗封司郎中邑里後學唐汝迪譔。

編許昌梅公年譜序

鄉先正許昌梅公以文章事功名天下久矣，至今猶不忘，誠江左之偉人。予嘗慕其人而因論其世，乃知幼能取敬於里翁，壯能見奇於天子，治郡謂能興讐，立朝謂能敢言，此皆大過於人，而使人人可述以傳諸後者，顧不偉哉！顧不偉哉！太史公曰：「古者富貴而名磨滅，不可勝紀。」嘻！若公者，遇明主，歷顯宦，不可謂不富貴也，而名不磨。又曰：「鄙沒世而文采不表於後。」嘻！若公者，詩文紀諸誌傳，奏議紀諸史官，文彩翩翩，與天壤相敝，其名盛可述矣。當時親炙者誠爲有幸，惟聞風而繼來者，與其泛然而稱，泛然而慕，何若以詳以悉，開卷一覽，儼乎升公之堂而拜公之影也爲可乎。是故竊爲據其出處，推其源流，叙其始終，著其言行，具次於歲月之下，而題曰《許昌梅公年譜》。嗚呼！九原可起，公與天麟否乎？時淳熙（丁）〔乙〕巳三月朔，集英殿修撰同邑陳天麟書。

許昌梅公年譜

郡人陳天麟編次

公諱詢，字昌言，宣城人。祖諱超，父諱邈，皆不仕。父以公贈刑部侍郎，母李氏贈隴西郡夫人。

宋太祖乾德三年乙丑 南唐後主四年

二月壬寅朔，公生於州城之東門泮宮之西街第。先是，母李方妊公時，亟夢有鳳來集其肩。既而置室，見一異禽類鷄而大，具五色，尾長數尺，飛止於中庭之脊，雝雝然鳴十餘聲而去。遂誕公，呱聲遠聞，舉視則眉目秀豁，頷額皙然，而風骨迥殊於凡子也。是雖彰其家之積善致祥，抑以吾宣山川之降靈，風氣之開淑故爾。

開寶元年戊辰 唐主李煜七年

四年辛未 唐主李煜十年

公時年七齡，穎敏秀發，以父侍郎公命，就傅啓蒙於里塾，輒能日記數百言，漸知對偶。一日，里翁人戲試之云：「汝知敬老乎？」即斂襟應曰：「予樂親賢也。」翁愕然，詣廬謂侍郎曰：「賢郎神峻，怎不早發科第，光若家門戶耶？」其取愛於鄉閭類如此。

九年丙子 是年唐亡

春正月，南唐主李煜以國降，由是宣之士宇人民悉歸於宋。公時猶童子，嘗逐諸少游城中陽坡，適見朝廷遣使來詔諭，因（日）（口）占小詩曰：「宋禪周天下，神兵懾四夷。况兹蕞爾國，敢不率先歸。」自是人知公才之捷。

太宗太平興國二年丁丑

公入郡齋，補弟子員，時年十三矣。聞上親試舉人，擢呂蒙正狀元，一榜五百餘人，盡賜進士及第，皆綠袍靴笏，錫宴於開寶寺，御製詩二章賜之。公聞之喜，謂群彥曰：「臣輩幸際聖主在位，得爲盛世士，曷不相率振作，以副求治之具乎？」遂下帷講習，孜孜靡倦，慨然有用世之志矣。

七年壬午

時公年十八，領秋闈鄉薦。

八年癸未

春試下第歸，讀書郡城東乾明寺僧舍，有《賦寺松》古風一篇寓志。厥後兄子聖俞嘗有詩云：「昔年吾叔讀書處，夜半聚螢暗復明。」意若懷感云爾。

雍熙元年甲申

二年乙酉

入京應春試，以彭城郡公劉繼元弟繼明奉朝請，一見公於國門，深器之，遂妻以女。時公年二十一，夫人方踰笄，公子五人，皆其所出焉。

四年丁亥

長子鼎臣生。

端拱元年戊子

二年己丑

年二十五，登陳堯叟榜進士第，試校書郎、利豐監判官。

五月，子得臣生，官至殿中丞。得臣生子宰，嘉祐二年章衡榜進士，調涇縣令。元豐中通判大名府，後官朝散大夫，呂好問有詩贈。辛子成和，紹興二年登張九成榜進士第，筮仕鄂州江夏縣尉。賑饑、平江寇有功，調授舒州太湖宰，興學易俗。嘗取唐人父慈子孝、兄良弟悌、夫義婦聽、長惠幼順、君明臣忠合於十義者，悉爲繪像刻名，刊印數千萬紙，頒賜閭里下民以示化。高宗聞其名，不欲令在外，特詔召入臺省爲侍從。幼時大母李乃含章之女孫也，每以先世許昌公而下諸公事業敎勉踵之，且指以語人曰：「此兒性質不凡，吾家之千里駒。他日必復光大梅門也。」至是人咸賢其義方之敎，而服其識會之明云。

淳化元年庚寅

二年辛卯

擢將作監丞。

三月，子寶臣生。幼穎拔，好讀書，善屬文，領鄉薦，早卒。

三年壬辰

出宰臨安仁和縣。境有白樂天遊覽勝跡題詠石刻，公治邑，政尙簡靜，多休暇遊樂，徜徉吟詠，不減樂天風致焉。

至道元年乙未

三年丁酉

以治有能聲，召入爲監察御史。

二月，以帝不豫，決事便殿，百司皆得入內祇奉。公以爲非宜，乃上疏曰：「臣不佞，荷憑光寵，具位風憲。每值百官起居日，分立於廷，糾察不如儀者奏劾之。因獲仰瞻陛下天威，霽慈宥容，侍臣論政，綸音往返，極涉煩勞。至於有司職官，承意將順，文書叢脞，悉以上聞，豈惟狎瀆聖躬，實有輕紊國體。況帝王舊典，動則左史書之，言則右史紀之，布在汗青，用爲世法，不可不愼也。至乃當今急務，顧在契丹未殲，烽火猶熾；氣候未節，賦稅猶虧；厚德未歸，澆風猶在；王澤未洽，流民猶多；刑政未平，禁網猶密；墜典未舉，封祀猶虛。此皆今日所急者焉。仰乞陛下自今以始，萬機之暇，聽一得之言，專意禮貌大臣，與之商確，俾沃心造膝，精一論思，則治體化源，何所不至。臣嘗幼讀《唐書》，記貞觀初年，特開崇文館，命學士耆儒更直互進。聽朝之暇，則引入内殿，顧問訓謨，商確時政，或日宴未休，或宵分方息，紀諸史官，垂爲不朽。矧陛下前後左右皆善士正人，幸願端拱凝旒，旋觀回聽，去尋常之細務，養浩然之元氣，深詔近侍，發揮直風，上爲藝祖張無（彊）〔疆〕之休光，下爲翼子定不拔之大業。則三王高致，不獨專美於昔時；二帝無爲，自可追蹤於今日。與凡區區較量金穀，剖析毫釐，以有限之精神，任無端之細務者，安可與之同歸哉！」帝嘉納之。

真宗咸平元年戊戌

二年己亥

春二月，以御史與考進士於崇政殿，會帝臨軒試士，過殿廡，一見以爲奇才，遂注意焉。是時天子以公爲天授，公以天子爲知己，君臣相遇，殆猶唐文皇之馬周也。是時舉人集都下者，計一萬四千五百六十二人。詔敕吏部尚書陳恕、禮部尚書溫仲舒同知貢舉，學士董龜年、黄涉同考試官，取中格者，依太宗初年呂蒙正榜例，奏額五百六人，以王曾爲狀元。帝以恕等取額大多，仲舒因請覆試。時公受詔爲御試官侍御考校，及唱名，曾復得第一，於是中外翕然，以公爲得人，上亦甚悦焉。

八月，子輔臣生，後官將作監丞。

三年庚子

是年有御製詩賜，復有詔諭。

春正月，扈從駕幸澶州。還京，詔試中書，待制、直集賢院學士，賜緋衣銀魚。

四年辛丑

初，帝以公人物修偉，文才穎拔，諭宰相欲用掌知制誥以寵異之。向敏中請如諭出制，李沆以爲進用太驟，不可。因遂改制，以左司諫楊億、禮部郎中薛映、兵部員外郎梁鼎並受命，而公仍直集賢院學士。

五年壬寅

春三月，趙保吉寇陷靈州，時裴濟知州事，州城被圍急，濟刺指血染奏求救。大軍不至，城遂陷，濟死之。初，保吉兵衆日盛，有圖朔方之意，靈州孤危，帝詔群臣議棄守之宜。楊億奏以爲北虜方黠，其財猶豐，未可以歲月破也。須廢棄靈州，退保環慶，然後以計困之爾。帝又訪於左右輔臣，公奏曰：「靈武最西北關隘之區，戰兵控扼之處，尤爲重地。若一旦遽輕委之，則是自撤藩障之所，他日戎馬侵軼，雖我有百萬甲兵，亦莫能當。臣竊以爲棄之非便。」而衆亦咸以爲靈武乃必爭之地，苟失之，則緣邊諸州城寨亦不可保，由是帝頗然之。獨宰相李沆奏如億議，以公等所奏爲不可。然公奏雖寢，議者竟謂公言爲是，而以沆、億之言爲非也。

又，先是契丹數寇河北，李繼遷急攻靈州，公乃上封事曰：「河北、河西沿邊將帥未甚得人，乞精選材官。代州猶不可輕授，夏州次焉。緣代州近雲、應，而夏州近靈、武，皆道途平坦，今昔最爲艱難控扼之場。太宗朝以驍將楊業守代州，業歿，以今宰相前給事中張齊賢繼守之，而夏州則委智將尹憲以專制，其愼重用人乃如此。自後兩邊稍寧，然亦用武臣中有才略者。今朝廷委任非人，必恐敗事，貽當宁憂。且西北二寇已相連盟，蓋欲合兵協勢，以圖我朔方，而爲中國莫支之患也。以今觀之，釁端已兆，廟堂之上所宜察於未萌，而預爲國家意外之遠慮則可。今天下不患乏人，患在不能用人。用人之道，不必別文武之科，拘崇卑之秩，限貴賤之等，分汙潔之名，在其材之何如耳。如其材，雖劫囚奴虜，苟推誠信，結恩寵，亦未爲不可也。但當考以應敵制勝之略，策以安邊禦衆之宜，觀其辭氣之瑰奇，舉動之方重者，擢而任之，則用人之要，無過於此。臣又念契丹先國家而起，久與我爲敵國，今無如之何矣。惟河西事體與彼不同，保吉新叛，殺害我官吏，寇掠我州城，朝廷累行招諭及進兵攻討，至今猖獗益甚。况地據要害，境接敵界。兼聞北虜屯兵界上，以防獵爲名，則我靈、夏諸軍，可不急以宿將重兵鎭守控扼，預備侵軼之患乎？且兵家之法，惟務拙速。若用兵進取，則鋒鋭難攖，降敕招諭，則狼心未信。倘不別議措置，必恐變患難測，此誠事機危迫之秋也，固不可以尋常容易處之。欲乞聖鑒於近臣中選擇素有才辨可任者，令齎密詔徑往西蕃，以朔方節度使授六國首領潘羅支，其靈州西面都巡檢使以授其部將慶香，結以深恩，推以大信，自然德我而讎彼。使自攻取，在兵法是謂以夷攻夷也。昔唐之中葉，安、史首叛河北，朝廷累命出師，未能收復，乃因吐蕃、回紇、僕固懷恩等以進討，未久而安、史敗亡，河北、朔方竟平。此乃前事之明驗。若但虛詔遙授，此輩未審朝廷確然推誠信之恩渥，適致其張虛聲，馳實績，苟延日月而靡有成功，且將別生他虞，事體不小，在陛下不可不深計也。以臣熟慮，不若恤臣之言而速行之，則事必可濟，而於理亦便也。惟陛下留神省察。」書奏，帝深然之，問誰可使者，因請自行。帝方眷注之，不欲使蹈兵間。公跪拜謝，舉手起對曰：「苟活靈州而罷西兵，此係天下百萬生靈大事，詢一人何足惜耶！」帝曰：「壯哉！固知卿之才略議論也。」遂命中書省出書授之。因遣行，且謂曰：「俟卿還，當居卿兩府。」公拜辭曰：「國難效忠，自是臣子分內事爾，敢受賞乎！」既上道，馳驅促行，未至西涼，而靈州被賊陷沒矣。帝手敕召還，擬拜知制誥，宰相李沆固止之，遂改命，遷太常丞，明年遷三司戶部判官。

是年十月，季子清臣生。官衛尉寺丞，後遷尚書司門郎中。

六年癸卯

時公雖不得遷兩制，猶得留佐三司，未離侍從之列。帝眷以加，數訪以時事。公於是備言西北事宜，以思報稱。時邊將皆守境，不能出兵速圖收復。公建議請大臣自臨邊督戰，募游兵以擊賊，則威靈氣焰自舒，而敵當悔禍可平也。又嘗極論邊將傅潛、楊瓊敗績當誅，而田紹（彬）〔斌〕、王榮等可責立效，以贖其過。凡數十條，其言甚壯，帝益韙之。

春二月，潘羅支遣蕃官吳福聖臘來貢方物，且奏言感朝廷恩信，已集騎兵六萬於界上，乞會王師收復靈州。詔許之。遂如公前議，加羅支以朔方節度使。

夏四月，趙保吉寇洪德砦，蕃將慶香敗之。又陷西涼府，羅支集六國蕃部兵合擊之，保吉爲流矢所中而死。其子德明立，上表請降。帝降詔釋其罪，西河平。噫！其事果如公所料也。公之才智如此，宜見奇於天子哉！

景德元年甲辰

公在三司爲戶部判官。先是，三司使陳恕以疾固求罷去，詔以寇準代。準以公多才辨，屬爲檢尋恕所前後改革興立之事以爲範。公輒忻然領意，極力爲之，綱挈條陳，纖悉備具，類冊呈準。準因喜曰：「有寮如此，何患政不修乎！」

二月，帝念去年趙保吉爲潘羅支所殪，以公嘗力主其謀，卒有成功，手詔出飛龍廄馬一疋，鍍金鞍轡一副，人皆榮之。後公歿，以此馬遺其猶子堯臣。馬老死，堯臣以詩傷之云。

附記：公爲人修潔，性喜薰香。居侍從時，晨起必焚香兩爐，以公服罩之，斂袖方起。入朝候班定，以兩袖微展，則薰香旁出襲人，故當時以梅香目之，至今猶稱香公云。《朝野僉載》亦有曰：「盛肥丁瘦，梅香竇臭。」詩家多采以爲題詠。

四月，公以上眷顧日加，志切圖報。時西寇雖平，而北虜尚熾，因上封事論北虜機宜，以爲：「臣伏見近來事勢，西賊雖稱納款，北虜復爲猖獗。顧北虜先因西賊背叛以來，侵軼未見少止，其機謀可揣。臣訪問虜中，官俸所給太薄，軍餉所與太微，故自將相而下以及族帳，久生南牧之心。所未及行者，特制於其主耳，非其甲兵之不犀利，部落之不和睦，其力固爲有餘，其算固爲有優也。

所以然者，疑我中國之財尤富、土尤大，兼以無釁之可乘，亦知加兵不祥，不欲曲在彼耳，非能存仁義，行德讓也。其貪而好利之心如老狼，忍而好殺之心如乳虎，強而驕傲如鷹揚之冲天，弱而卑順如燕雀之投人，夷狄之常性也。故先王以禽獸畜之，來則羈而縻之，去則備而守之，然無世不爲中國之患。議者或以四夷爲肢體瘡痍之疾，且肢體膿血臃瘇之漸甚，未有不傳於心腹者。苟肢體疾痛未瘳，則心腹安能無害？自今左右言事，有以虜中無事以安聖心，謂不必過爲隄防、萬無一失，而爲是說者，臣恐大誤於陛下。信矣，兵家有云：『無恃其不來，恃吾有以待之也；無恃其不攻，恃吾之不可攻也。』況邇來地震幷、代之境，此蓋陰盛之象。夷狄者中國之陰，又震於純陰之地，上天示戒，豈無故哉？必有潛謀耀兵之志，尤不可不深慮也。臣嘗行邊，竊見延邊諸將，所任皆非其人。一旦急用，必先事而敗。況河朔地方千有餘里，列郡數十，與虜界接連，深入之患，甚可畏也。郡無良將，營無勝兵，猝有來如掣電，奔如脫兔，緩急之際，何以當之！臣每興言及此，則毛髮灑淅。觀今之事勢，乃深入必然之兆，乞陛下速召執政大臣與總戎將帥，預爲措置，庶幾無敵來城下之警。不然，恐貽陛下宵旰無涯之憂。」書奏，不省。

冬十二月，扈從大駕幸澶州。時苦寒在道，左右輔臣朝夕見帝，因目公曰：「卿本書生，何料敵之神也！惜朕違言，狼狽至此。今復奈何？」公愧謝，且對曰：「臣雖百輩，無能爲者，丞相寇準在軍，雄略不凡，當宣扶日行天之力，展挽河先甲之才矣。陛下不必過虞，但祈勉強進輦，駐蹕行宮，張幄權飲，少待須臾，以觀其折箠撻敵之成功。然後徐命班師，（推）〔椎〕牛犒士，笑聽壯士長歌入大都，正在此時爾。」帝始莞然。是月，帝以曹利用定和議，南朝爲兄，北朝爲弟，交誓約，各解兵歸。人知爲寇公專決之大利，而不知公在其中與力亦多。

二年乙巳

南北弭兵，天下太平。公優游侍從之間。王欽若等以公與楊大年輔贊寇公，心甚惡之，每於上前交擠，因遂見疏不用。

三年丙午

坐斷田訟失實，謫杭州通判。未幾徙知蘇州。

四年丁未

授兩浙轉運使。陳文惠公以詩送之。是年有勑褒諭。

大中祥符元年戊申

判三司（門折）〔開拆〕司，遷太常博士。冬十月，帝以西北寇平，海內無事，天書屢降，而醴泉出，蒼龍現，遂爲薦功盛舉，東封泰山，南禪（祀）〔社〕首。時公以文章見用，常扈從賡歌其間。是月大赦，用封禪恩進遷爲祠部員外郎。十一月，扈駕如曲阜祀孔子，命分奠七十二弟子。還京師。

三年庚戌

坐事出知濠州。先是，公扈從封禪，集禧宿齋宮。公嘗夙戒作詞，投泰山神祈夢，夜夢入一公衙，廳宇明敞，前廷有三石牛。俄而吏白有宰相入謁，公迎至，則乃一美少年，姿儀豐偉，紫衣金魚，相與握手，如平生交。因喜極遂寤，公時未知何占。至是公被謫，政府方□授任處，時文正王公旦在相位，素愛公才，欲任以要地。公預知，入請欲得濠州，王曰：「濠僻在幽處，何欲往焉？」公曰：「正欲往彼溫故耳。」曰：「必欲往，吾當選一好伴讀與矣。」未幾，王公以進士呂夷簡多才，故授以推官，令往與公俱。既入濠，所見悉如夢中。三石牛者，古時以州有水患，故作此於廷以壓之。呂來佐州，乃專以講讀爲事，至今州治有梅、呂讀書臺遺址在。由此觀之，人生出處得喪，豈偶然哉！

四年辛亥

夏四月，以帝祭后土於汾陰，大赦，遷公刑部員外郎。

五年壬子

冬閏十月，以刑部員外郎爲荆湖北路轉運使。

六年癸丑

二月，請賑給百姓，略曰：「臣蒙擢授荆湖北路轉運使，以去年冬到任，迄今從事近半年，訪知轄下諸軍州，緣去秋亢旱，田禾災傷，故今米價湧貴，民食甚艱，不速救濟，必至流亡。強壯者必將起爲盜賊，而老羸者不免轉死溝渠，因此作孽，貽患非輕。各州除軍糧、常平倉外，別無準備。竊見李迪所請起，義倉所在見儲米數稍多，州縣未敢專輒支用。若一一取候朝廷指揮，往復數月，當此艱食之際，恐無所逮。乞下州縣勘會災傷去處，如委人戶缺食，即約日將義倉米速行賑濟，免致流亡及結成群黨。如允臣所奏，即乞早賜指揮。」

六月，坐擅給驛馬與人奔喪而馬死，奪級，通判襄州。

八年乙卯

徙知鄂州。

九年丙辰

徙知蘇州。

天禧元年丁巳

復爲刑部員外郎、陝西轉運使。

秋八月，上封事言：「臣伏見陝西一路連年災異，天久旱枯。竊惟彌災消禍，要在朝廷自修。比年費用侈廣，倉庫出納不嚴，內中採辦既多，有司憑文上供，然亦無緣鈎較虛實。臣敢請凡乘輿所費，宮中所用，宜取太祖、太宗朝以爲準。況今宿師要害，力戰重傷，所獲功賞，計惟廉薄。何爲內官、醫官、樂官略無功勛，反享厚賜？故天下目以爲三官，亦或指以爲三害。願少裁損，無厚賚予。惟專以勵戰功，則寇虜不足平也。」奏入，不報。

三年己未

時靈州廢棄已久，公爲總輪在關中，遂與秦州大將曹瑋尋得胡蘆河一路平坦無沙，可以出兵趨靈州，因上封事，請移曹瑋居環慶，以圖出師討賊。其略曰：「臣以庸懦之職，荷總輪之任，才輕責重，不能稱職。進退顚越，莫知所措。伏自明賊納款以來，西鄙無警十七年，守備之具，因循浸久；將領之選，未甚得人；卒伍之輩，復多驕惰。若不擢將擇才，一旦緩急用人，以庸常之將，總驕惰之卒，必先事而敗。雖有犀甲利兵，何所施哉！況虜終有機詐，作怪百端，不可謂降表慑服定盟，永無背德。往年之事，足爲明驗。人亦有言：『寧我乘人，毋爲人所乘；寧我勝人，毋爲人所勝。』而兵法亦以先登者無敵也。若邊鎮將領得有才之士委而用之，則內懷外畏，庶幾可成收復河朔之大功。臣前待罪侍從，未嘗不論列及此。今叨國輸邊餉之寄，安敢循默而不傾竭愚慮，圖所以爲報哉！臣竊見秦州大將曹瑋，沉勇有謀，善撫士卒，綏安邊人，夷夏畏懷。自少捍禦西陲，熟察羌戎之情，周知河朔之事，屢出奇計，所向大捷。行有父風，動增士氣。伏望解其秦州之輕任，授以環慶之重符，則得以經營措置，方可伺機而疾掩，乘便而深入，即成收復不難矣。仍乞宣諭兩府大臣，參議可否，莫爲中制，銳意而預圖之，天下幸甚。」書奏，會朝廷詔瑋入爲宣徽使而止。

四年庚申

春正月，遷工部郎中。是年，巡檢朱能反於咸陽，兵勢甚張。朝廷以公知兵，詔往捕之，爲元戎不戒，坐兵敗，貶爲懷州團練副使。未幾，公復以計捕斬之。朝廷責其在前爲玩愒，再貶池州。

在州有《遊崇教院》詩云：「鳳刹岧嶤掛斷霓，凫雲沮洳暗窗扉。江風曉定釣人出，山月夜隨禪客歸。」

乾興元年壬戌

仁宗天聖元年癸亥

拜度支員外郎，知廣德軍事。本州橫山，在州西五里許，有廣德王張公祠，唐天寶中封祠山。山之上有臺曰集仙，亭曰攀蘿，皆公所建。公後在朝，《送王屯田出守廣德》詩云：「家山東畔古桃州，往歲分符作懿遊。碧瓦萬家煙樹密，清溪一道瀑泉流。簟欹郎埠水生枕，茶煮鴉山雪滿甌。我有集仙經始在，勞君一到爲重修。」

二年甲子

公長子鼎臣是年登宋祁榜進士，官至殿中丞，遷翰林侍讀學士。飛白書「墨莊」二字以賜之，曰：「美卿世居文翰之地也。」故其族世稱爲墨莊梅氏。

四年丙寅

遷兵部員外郎，知壽州。

五年丁卯

知陝府。

六年戊辰

復直集賢院，遷工部郎中。

夏五月，奏乞罷雇珠玉匠云：「臣近者伏見傳降聖旨，差雇玉工珠匠。微臣疏賤，罔知內造服用。然職在監管，苟有愚見，不敢噤伏無言。恭惟陛下自陟元以來，聲律身度，日謹一日，邇無貪好之玩，遠無追索之勞。雖古之聖帝明王，未易能過。唯今水旱相仍，公私俱困，北有契丹之抗敵，西有德明之兇背，尤宜恭儉，齊紀律，厲嚴明，惜國用以豐實，制兵威而震耀。臣愚以爲不急之服玩，實亡國之妖媒；近奢之器物，誠喪邦之怪孽，宜悉屏絕以勸天下。《書》曰：『不矜細行，終累大德。』《禮》曰：『無作淫巧，以蕩上心。』伏願陛下視珍奇爲棄物，以奢侈爲覆車，則天下幸甚。」疏上，帝納之，敕罷珠玉局工匠。

八年庚午

改直昭文館學士。

九年辛未

夏六月，契丹主隆緒殂，太子眞宗立，冊

其母蕭耨斤爲太后。

秋七月，詔遣公等如契丹，王隨致祭，王礪與公弔慰，范諷賀即位，孔道輔賀其太后册禮。道出眞定府，時曹瑋爲眞定總管，公等過之。瑋出郊迎入館，握公手謂曰：「西北事宜，公獨與吾嘗任之，奈爲人沮，未獲成功，惜哉！」又顧謂礪曰：「君異日當柄用，願留意邊防。」礪曰：「何以教之？」曰：「吾嘗遣人覘之，明賊之子元昊形貌異常，他日必爲邊患。」礪不以其言爲然。後瑋以老病去國，礪果入樞府大用。元昊反叛，兵勢孔熾。帝數訪以邊事，礪不能對，始嘆瑋之明識。

明道元年壬申

知判南府事。

二年癸酉

有勑追贈父遜爲刑部侍郎，母錢氏爲臨安郡夫人。

景祐元年甲戌

秋九月，召爲龍圖閣待制，糾察在京刑獄，判流内銓。

三年丙子

改龍圖直學士，知并州。未行，加權兵部尙書以往。黃覺贈以詩云：「交龍旂外豎紅旗，學士新聞掌六師。出去暫開貔虎幕，歸來須占鳳凰池。裴公不係兵家子，杜預當原桂籍兒。莫訝儒林增壯氣，往年天子亦稱奇。」

四年丁丑

遷右諫議大夫，入知通進銀臺司，復判流内銓。

二月，進劄子論帝王爲學之本，其略曰：「臣竊仰觀自古才哲之君，固有務學以爲先者。然而學非其本，則失所以爲學，而終不足以成帝王之高致也。先儒揚子雲曰：『學之爲王者事其已久矣，堯、舜、禹、湯、文、武汲汲。』夫堯、舜、禹、湯、文、武是爲二帝、三王，皆萬世所仰以爲帝王之師者也，尙汲汲於學而不敢怠，爲人君者其可以忽此乎！恭惟陛下天資聖神，群臣莫及，方且收召名儒入侍講讀，咨訪讜論，用廣聰明，固已卓然知所務矣。惟所以爲學，更望深思察焉。雖處深宮之中，常若對越天神，則知人安民，自如帝堯；能察邇言，自如帝舜；身爲法度，自如大禹；不邇聲色，自如成湯；卑服即田功康功，自如文王；端拱而天下治，自如武王。其事豈不至約，而其功豈不至博哉！陛下不以臣愚而廢其言，則不勝幸甚。」帝嘉納焉。

寶元元年戊寅

改翰林侍讀學士，兼群牧使。

遷給事中，知審官院。

二年己卯

二月，上謂侍臣曰：「今天下民籍幾何？」公對曰：「自五代之季，生齒彫耗。太祖受命，而太宗、眞宗繼聖承祧，休養百姓。今天下戶口之數，蓋增於前矣。」詔三司及編修檢閱以聞。於是編修院上歷代戶口之數，謂太祖朝二百五十萬八千九百六十五，太宗朝三百五十七萬四千二百五十七，眞宗朝八百六十六萬九千七百九十九，寶元元年一千一十六萬四千二百九十。帝喜曰：「庶矣哉！」公復奏曰：「前代戶口之數，未有若今日之盛者也。蚩蚩生聚，蕃息衰耗，皆由時政之所陶化。故明主知其然也，必爲薄賦歛，寬力役，救荒饉，三者無失，然後幼有所養，老有所終，無夭札之傷，無征役之苦。此由陛下日愼一日，以致其盛。若益與之休養，則可封之俗，當無減於二帝之時矣。」上然之。

秋七月，朝廷以夏竦知涇（川）〔州〕，兼涇原秦鳳經略安撫使，公作詩以送其行，而警句有曰：「亞夫金鼓從天下，韓信旌旗背水陳。」好事者爲刻於同安石壁云。

十一月，以老疾求外任，上書曰：「臣以老羸樗朽之質，過叨甄擢，猥參近侍，仍預諫垣，才微責重，何以云補？伏惟陛下以英睿之德，兼夷曠之度，延訪讜議，容納愚直，此誠臣百千載之奇逢也。然形表無神，垂垂已老，足中有鬼，進進難前。上則有負陛下求治之心，下則有妨諸賢進用之路。且忠良在下既不能進，不肖居中又不能退，官局非養老之堂，諫垣非迎醫之地。公議日迫，無所逃責，久玆忝冒，實不遑寧。伏望陛下恤以老癃，矜乎不逮，寬其罪譴，賜以保全，裨出領於單麾，庶少圖於薄效。臣欲乞許昌知州任使。臣無任懇願激切之至。」書奏得請，出知許州。

康定元年庚辰

公在許州，以足疾轉劇，每因撫摩而嘆曰：「足中有鬼，不能令我至兩府，豈非命也哉！」

二年辛巳復改慶曆元年

六月初十日，以疾卒於許之官廨，年七十有八。州以聞，仁宗悼惜久之，遣使贈賻封謚。詔以前翰林侍讀學士、權兵部尚書、正奉大夫、行給事中、知許州軍州事兼管堤（慪）〔堰〕橋道勸農使梅詢，可加上柱國、南昌郡開國公，食邑二千三百戶，食實封六百戶，賜紫金魚袋，謚文肅，仍給錢幣備葬祭。

以明年秋八月二十九日，葬宣州宣城縣長安鄉西山里嶧山之原。大參政歐陽公撰墓誌銘，丞相王荆公述神道碑。考之，公爲人嚴毅修潔而才辨明敏，少能慷慨。見奇眞宗，自爲君臣不世之遇。已而失職，逾二十年。比登侍從，而門生故吏或至宰相，王公沂曾或至膴仕矣。故其視時輩，常以先生長者自處，論事尤多發憤。及在許，李繼遷孫元昊以河西叛，朝廷出師西方，而公已老，不復言兵矣。

性喜爲詩，有《許昌集》，王平甫爲之序。又別有文集二十卷。歐陽公稱其勇義敢爲，且謂：「識昌言雖晚，其詞氣尙足以動人也。」

許昌梅公詩略

全集凡二百九十篇，今散逸莫攷。檢家藏獲其什一，若或有不容泯者，存之爲梅氏餼耳。博古君子幸念諸。不肖一科識。

過陰陵懷古

霸王西失利，東來向此行。迷卻長安道，枉爾重瞳睛。高皇奮天鉞，烏騅具郊牲。楚歌聲徹夜，溪月色將明。始聞若猶豫，再聞乃大驚。縱有拔山力，無奈虞姬情。帳中流淚別，眼前厲階成。攘臂斬關出，冒矢突圍征。天亡非力弊，漢興以蹶生。自此天下定，一作「定于二」。無復二龍爭。

送夏子喬招討西夏

丹墀曾獨繹絲綸，御札親題第一人。鶯喜上遷張筆力，馬諳西討伏威靈。亞夫金鼓從天下，韓信旌旗背水陳。耆定爾功還奏闕，圖形仍許上麒麟。

登金陵吳故城懷古

炎靈靡重光，雲暗龍鬭野。當天缺眞人，霸圖忘久假。龍蟠鍾山高，虎踞石城間。誰令卯金刀，碎分躍於冶。鼎鑄若天成，隅峙爲三椵。顧雖漢室英，畏長上短下。襟帶限天（塹）〔塹〕，謨謀任儒雅。雲長阿蒙圖，赤壁周郎赭。一戰劾敵逋，四顧無來者。服冕即郊禋，玉瓚奠灌斚。文物極三吳，聲名震中夏。黃屋眼前軒，赤符手中把。直欲千祀王，不圖屋遽社。天命難忱斯，一統歸司馬。雄圖悵若茲，王氣在何也。

奉使入契丹界道中偶成

旌節張皇鼓吹鳴，遼軍道上宋官行。和戎利益三儀宴，遣使交通兩國盟。酣寢驛亭紅線屏，冒行沙漠日題迎。旋車言邁遄歸日，不辱欽茲聖明。

扈從（東）〔車〕駕東封

郊禮畢已薦成功，復此東動泰岱封。璞玉篆文祈壽永，泥金作表禱年豐。四夷入貫威靈顯，萬國追陪禮貌隆。天鑒聖明親有道，千秋萬歲樂無窮。

登封泰時禪云亭，聖主多儀百辟刑。天下太平開白道，宮中長樂誦黃庭。山呼萬歲天顏喜，王灌三靈帝德馨。事訖請從車駕轉，丹墀舞蹈佩玎玎。

齋宮集

太平時世享無爲，功薦天神與地祇。柴望昊升隆漢制，金聲玉振濂唐儀。常羞武帝開空藏，不效明皇浪費貲。大抵舉行巡狩典，特來假此一條施。

巍巍喬岳與天齊，聖德神功許並兮。貝冕珠旒恭嬌頻，金根玉輅速登躋。扇開鸞鳳雙花翅，策進麒麟五隻蹄。沐浴齋宮端夙戒，萬年壽享萬年禔。

挽張丞相知白

挺生名世一高標，聲滿華夷壯本朝。龍虎榜中同及第，端拱二年，公與同登陳堯叟榜進士第。鳳凰池上獨昂霄。紫微躔履星辰順，黃道行扶日月昭。無可奈何天速奪，百寮號慟淚珠跳。

濠邸與呂倅夷簡

小作山州又水州，州中山水正淸幽。黄埃逈絕衙如洗，綠野寬平駕可遊。齋寂官閒搬百甕，庭空訟簡卧三牛。勞君伴讀良多益，請築書臺讀大猷。

哭冠萊公準

相君文美武英兼，壁立岩岩衆具瞻。正論回天天子式，明謀懾虜虜師潛。雷陽竹活威靈顯，日轂驂扶氣焰炎。大命惜終南海極，禍機近起拂髭髯。

哭王文正公旦

斷斷措天一个臣，好賢愛士滿腔春。不將富貴凌寒畯，唯事謙恭接縉紳。深（虜）〔慮〕懸懸西北虜，先憂切切東南民。玆還造化乘雲去，慟哭誰憐廡下賓。公元注：結尾云：「遺言削髮披緇斂，悔附天書屈未伸。」

中秋月

海蟾湧上太玄穹，萬里淸光一鑑空。舉子偸香丹桂窟，嫦娥煽艷廣寒宮。望僊人物水壺裏，如浸樓臺水國中。假使三郎環子在，玉容花影惜匆匆。

遊齊山寺守池州日

鳳刹岧嶢掛斷霓，皃雲沮洳暗窗扉。江風曉定釣人出，山月夜高禪客歸。牆外蔓藤移過密，院中杉子落來稀。老僧獨坐蒲團穩，自在晴簷補衲衣。

濠州四望亭閒眺

南北舟行互擲梭，長淮混混接天河。石梁景絕虹垂渚，桐栢春深雪作波。四望空明無俗翳，數聲欸乃有漁歌。誰言此地殊幽僻，自我今來風味多。

眞廟挽詞

愁煙暗鼎湖，龍馭入清都。陟降紅雲陛，陪歆赤帝雩。亮陰眞聖嗣，遺詔盡嘉謨。尙鑿孤臣泣，蒙知直殿廬。

陰陵

龍虎相馳逐，干戈事戰爭。千重漢圍合，一夜楚歌聲。空竭烏騅力，速成白馬盟。凄涼七十戰，漫散八千兵。失道欺田父，窮途遇灌嬰。天亡終不悟，覽古亦傷情。

江樓晚眺

潮落蚌栟洲，霞天雨盡收。月來山寺候，雲駐海門秋。野鶩馴舟遶，江魚逐餌遊。欣然乘此興，呼酒醉高樓。

春夜贈別

剪燭散輕煙，催花鬧綺筵。嘯歌延永夜，離別定西川。莫我留華月，愁人報曉天。臨行一長揖，馬着祖生鞭。

西湖

吳越江城外，煙霞隔斷塵。鍾聲諸寺曉，花艷六橋春。地有桃源景，人猶閬苑賓。太平遊賞樂，忘卻宦途身。

吳興道中

野闊多桑柘，湖平槩沃田。採蓮花樣女，載酒葉兒船。黄犢青山下，綠楊古道邊。行行頻北望，戀闕意懸懸。

聖旦早朝應制

拜祝列千官，山呼各竭丹。龍顔天上喜，獸舞殿前歡。壽酒香瓊液，仙桃獻玉盤。太平多聖制，恩賜近臣看。

明妃曲

絕色如花壓漢宮，萬枝綠裏一枝紅。可憐出塞和戎去，悔不當初賂畫工。

舟回江上夜興

滿天明月滿江風，誰笑歸船一任空。明月清風隨受用，一場富貴一時雄。

蕭相樓

樓中九華峰，天削冰蒼玉。賓主何參差，來雲自聯續。我相唐蕭家，八人居宰錄。朱欄幾興廢，下視寒江曲。吳侯來居邦，事事見窘束。休日一鳳臨，風月咏觴足。安得附黄鵠，一舉遺塵俗。

香山寺避暑

有客乘新霽，雲林共扣扃。輕舟過下渡，遠水漲前汀。原隰含幽靄，峰嵐入香冥。誰知得眞趣，獨坐石苔青。

題竹山寺

亂山幽藹隔招提，祇許相邀入剡迷。山樹風泉爲誰響，春城一夜到鳴鷄。

叠嶂樓

謝公城上謝公樓，百尺闌干掛斗牛。碧瓦萬家煙樹密，蒼崖一檻瀑泉流。波光灩灩前溪滿，刹影亭亭古寺幽。此地近除新太守，緑窗明月爲君留。

附録

許昌梅公詩集序

王安國

志有動乎氣，則言出於不得已而可以嗣後世之法者，此詩之所以訓也。先王沐浴天下以德，而無不能言者，則推之於君臣父子之際，而情有不盡者乎。故曰「可以怨」，又曰「止怒莫若詩」。陵夷乎後世，羈臣逐妾，仁人君子，勢絀身危，失國窮處，方徬徨睠顧之時，仰而視星辰日月，風雨霜露，所以爲四時之相代；俯而視山川草木，鳥獸蟲魚，所以爲萬物之相生。其感於外者得其理於中，遇千人者安其命於天，是以怨出於性而不悖於理，怒同於人而卒復以命。盛哉！餘澤之入人也。澤竭而人自爲言，雖然不繫乎時之治亂，因其言亦可以見其志矣。翰林侍讀學士、給事中許昌梅公，仕於景德、咸平之時，始以文章見用。方海内無事，眞宗皇帝薦功天地，東封泰山，預扈從，賡歌太平，君臣之間，自爲知己。公又嘗慨然論朝廷之事，逆策西人之變，欲以身蹈不測之虜，而指日以就功名，不能如其志，而播從萬里江湖淮海之上。後雖入帷幄，而公已白首，無所施爲。故其褒揚人主盛德之餘，而寫元元懽忻之意，被之絃歌，所以爲一時之樂；而中自放於山崖水濱，隱約之觀遊，以去國愛君之思寓之翰墨，所以爲一身之憂者，見之二百九十篇矣。宜其聲昭於時，而搢紳之士望之若不及焉，餘尚何足以爲公之重哉。公子湑臣見屬以叙，故爲之書。

翰林侍讀學士給事中梅公墓誌銘

歐陽脩

翰林侍讀學士、給事中梅公既卒之明年，其孤及其兄之子堯臣來請銘以葬，曰：「吾叔父病且亟矣，猶卧而使我誦子之文。今其葬，宜得子銘以藏。」公之名在人耳目五十餘年。前卒一歲，余始拜公於許，公雖衰且病，其言談詞氣尚足動人。嗟余不及見其壯也，然嘗聞長老道公咸平、景德之初，一遇眞宗，言天下事合意，遂以人主爲知己，當時縉紳之士望之若不可及。已而擯斥流離，四十年間，白首翰林，卒老一州。嗟夫！士果能自爲材耶？惟世用不用爾。故余記其始終，至於咸平、景德之際，尤爲詳焉，良以悲其壯也。公諱詢，字昌言，世家宣城。年二十六進士及第，試校書郎、利豐監判官，遷將作監丞、知仁和縣，又遷著作佐郎，舉御史臺推勘官，時亦未之奇也。咸平三年，與考進士於崇仁殿，眞宗過殿廬中，一見以爲奇材，召試中書，直集賢院，賜緋衣銀魚。是時，契丹數寇河北，李繼遷急攻靈州，天子新即位，銳於爲治。公乃上書請以朔方兵授潘羅支，使自攻取，是謂〔以〕蠻夷攻蠻夷。眞宗然其言，問誰可使羅支者，公請自行。天子惜之，不欲使蹈兵間，公曰：「苟活靈州而罷西兵，何惜一梅詢！」天子壯其言，因遣使羅支，未至而靈州沒於賊。召還，遷太常丞、三司戶部判官。數訪時事，於是屢言西北事。〔時〕邊將皆守境，不能出師，公請大臣臨邊督戰，募遊兵擊賊，論傅潛、楊瓊敗績當誅，而田紹斌、王榮等可責其效以贖過，凡數十事，其言甚壯。天子亦器其材，數欲以知制誥，宰相有言不可者，乃已。其後繼遷卒爲潘羅支所困，而朝廷以兩鎭授德明，德明頓首謝罪，河西平。天子亦再幸澶淵，盟契丹，而河北之兵解，天下無事矣。公既見疏不用，初坐斷田訟失實，通判杭州，徙知蘇州，又徙兩浙轉運使，還判三司開拆司，遷太常博士。用封禪恩，遷祠部員外郎。又坐事，出知濠州。以刑部員外郎爲荆湖北路轉運使，坐擅給驛馬與人奔喪而馬死，奪一官，通判襄州，徙知鄂州，又徙蘇州。天禧元年，復爲刑部郎、陝西轉運使。靈州棄已久，公與（奉）〔秦〕州曹瑋得胡盧河路無沙，可出兵趨靈州，遂請瑋居環慶以圖出師，會瑋入爲宣徽使，不克而止。遷工部郎中。坐朱能反，貶懷州團練副使，再貶池州。天聖元年，拜度支員外郎、知廣德軍，徙知楚州，遷兵部員外郎、知壽州，又知陝府。六年，復直集賢院，又遷工部郎中，改直昭文館、知荆南府。召爲龍圖閣待制，糾察在京刑獄，判流内銓。改龍圖閣直學士、知并州，未行，遷兵部郎中、樞密直學士以往，就遷右諫議大夫，入知通進銀臺司，復判流内銓。改翰林侍讀學士、群牧使，遷給事中、知審官院。以疾出知許州，康定二年六月某日，卒於官。

公喜爲詩，爲人嚴毅修潔，而材辯敏明，少能慷慨。見奇眞宗，自初召試，感激言事，自以謂君臣之遇。已而失職，逾二十年，復直於集賢。比登侍從，而門生故吏、曩時所考進士，或至宰相，或居大官，故其視時人，常以先生長者自處，論事尤多發憤。其在許昌，繼遷之孫復以河西叛，朝廷出師西方，而公已老，不復言兵矣。享年七十有八以終。梅氏遠出梅伯，世久而譜不明。公之皇曾祖諱遠，皇祖諱超，皆不仕。父諱邈，贈刑部侍郎。夫人劉氏，彭城縣君。子五人：長曰鼎臣，官殿中丞；次曰寶臣，皆先公卒。次曰得臣，太子中舍；次曰輔臣，前將作監丞；次曰清臣，大理評事。公之卒，天子贈賻，拜得臣殿中丞、清臣衛尉寺丞。明年八月某日，葬公宣州之宣城縣長安鄉嶧山之原。銘曰：士之所難，有藴無時。偉與梅公，人主之知。勇無不敢，惟義之爲。困於翼飛，中垂一斂。一失其塗，進退而坎。理不終窮，既晚而通。惟其壽考，福祿之隆。

梅侍讀神道碑銘

王安石

宋翰林侍讀學士、正奉大夫、行給事中、知許州軍事、兼管内堤堰橋道勸農使、上柱國、南昌郡開國公，食邑二千三百户，食實封六百户，賜紫金魚袋梅公之墓，在宣州宣城縣長安鄉西山里。公有五子：鼎臣、得臣、寶臣、輔臣、清臣。清臣今獨在，爲尚書司門郎中，以公行〔後〕〔狀〕及樂安歐陽公之銘，來請銘以刻墓碑，時熙寧元年八月四日也。銘曰：公先梅伯，後氏其國。彌周涉秦，不見史策。有鋗有福，著漢名籍。公福之孫，詢字昌言。三世弗仕，陵陽之里。公第廷中，判官利豐。再歲而擢，以丞將作。以宰仁和，人譽用多。主推御史，侍考進士。一見天子，以爲知己。詔曰試哉，遂試中書。館之集賢，賜服緋魚。於時繼遷，兵我西鄙。老弱饋守，丁強多死。靈州告危，帝視不怡。公請擇人，使潘羅支。兵法所謂，以夷攻夷。帝曰：「誰可？」「無如臣者。」曰「予汝嘉，穽陷奈何？」公拜且跪，颺言而起：「苟紓西師，臣不愛死。」璽書授之，「往訖爾謀」。至(彊)〔疆〕敕還，會棄靈州。帝察公藝，可盡帝制。相或止之，留佐三司。其後羅支，果窘西賊。論將料敵，皆如所策。或從或違，或擠或推。牾合阻夷，神者公尸。黜之倅州，用獄一眚。去杭而蘇，列國來屏。漕輸浙河，就付將領。三年告功，僅得故省。又以讉投，守彼淮州。有僚許公，相得於此。與之欣然，樂以忘徙。使於(漢)〔湖〕北，遷自濠梁，又奪一官，往裨於襄。坐發驛馬，給奔喪者。於鄂於蘇，剖將之符。握節關中，使總其輸。煌煌金章，厥賜特殊。謀復靈武，度兵胡盧，秦有將瑋，詔公與俱。會瑋召還，公復淪胥。有反咸陽，能名氏朱。始難弗察，後捕而誅。自(環)〔懷〕徂池，再副戎車。仁宗新陟，罪垢皆滌。爲郎度支，以將廣德。外更四州，楚、壽、陝、荆。乃還待制，中糾獄刑。有龤龍圖，其堂殖殖。就以學士，專其閣直。輟之銓衡，乘傳臨幷。超遷郎秩，進直樞密。趣歸封駁，考國中失。申命選事，得權進黜。加職侍讀，改司群牧。移之審官，審是在服。伐閱積遷，給事於中。出守於許，鼓歌從容。方公少壯，志立人上。談辭慨然，帝悅而嚮。及後晚出，皆爲將相。公則老矣，將歸田里。康定辛巳，六月十日，公七十八，以其公卒。公開南昌，勳爵第一。夫人曰劉，不及郡封。封君彭城，其卒先公。公卒明年，季秋浹日，於州西山，卜祔而吉。公有五子，伯爲進士，丞於殿中，與仲前死，仲賜科名，叔也皆丞，將作殿中，或廢或興。有顯惟（李）〔季〕，（氏）〔時〕丞衛尉，今爲郎中，論序初終，實來求詩，刻示無窮。

以事入嶧山詣項王祠經梅翰林墓上有王介甫所製神道碑　木待問

風歆翰林老，埋玉嶧山陽。中天飛白日，下土開玄堂。野花空向笑，長夜迥無光。樛松悲唳鶴，高梧慘孤凰。荆關迷艸徑，山刺牽人裳。下馬爲公拜，拂石覷銘章。伊誰當作者，大手筆荆王。

政暇齋居閲郡乘見有王前輩經梅翰林墓詩遂和

宋興堯舜理，五星羅聚奎。兆爲人文瑞，黼黻太平禔。賢哲著龜出，立朝如拔荑。楊梅翰林傑，帝視以天雞。采色天雞具，文名二子齊。梅公遽承寵，衆仰天際霓。天子奇材謂，至今好品題。嶧陽埋玉處，想見草萋萋。

奉和昌言番宿翰林夜涼漫興韻　楊億

絲綸閣下掌王言，鳳翥蛟騰勢捷翻。入仕莫過爲學士，居身何幸在詞垣。地如蓬島多清雅，人似神仙少俗煩。天付才華均我輩，故常番直侍金門。

同前　劉筠

肅聽綸音草玉言，縱横筆勢若風翻。自矜顯宦依黄屋，誰信精光近紫垣。恆願傾陽忠竭盡，不勝補袞龍頻煩。玉堂直宿淸無限，曾有威風到北門。

奉和題竹山寺韻　謝方叔州守

載酒肩隨不用提，尋幽忘卻醉魂迷。禪牀一覺遊僊夢，驚起聞啼山下鷄。

奉和梅侍讀送王屯田守廣德韻　方回

占好山川第一州，幾年夢想幸來遊。院中叅鶴聞風唳，牆下飛花下水流。僻處孤吟貯錦囊，公餘衆賞勸金甌。集仙壯觀勞先哲，舊貫堪仍豈必修。元注：集仙，臺名，在州治西五里許。有廣德王張公祠，天寶中封爲祠山。山之上，有臺曰集仙，有亭曰攀蘿。天聖間，太守、翰林侍讀學士梅公詢所建。後至元乙亥，回時爲廣德路總管兼府尹而作也。

寇準年譜簡編

王曉波　編

據巴蜀書社一九九五年版删訂重編

寇準（九六一—一〇二三），字平仲，華州下邽（今陝西渭南）人。太平興國五年進士，授大理評事，知巴東縣。歷右正言、樞密直學士，直言敢諫，太宗以魏徵比之。景德元年拜同中書門下平章事，力主真宗親征，抗遼兵於澶州，終得議和。後罷相貶道州司馬，再貶雷州司户，卒於貶所。十一年後，復太子太傅，贈中書令、萊國公，又賜謚忠愍。寇準爲宋初名相，《宋史》有傳。又能詩詞，著有《寇忠愍公集》三卷。詩宗晚唐，「野水無人渡，孤舟盡日横」之句，備爲詩家所賞，有「寇巴東」之稱。其詞藻麗，有《花間》氣象（《詞潔》卷一）。

據謝巍《中國歷代人物年譜考録》，今人王德毅撰有寇準年譜，爲稿本。本書所收爲王曉波所撰，原以專書出版（巴蜀書社一九九五年）。此次重刊，原編者有所修訂，删繁就簡，存其菁華。

寇準字平仲，華州下邽（今陝西渭南北）人。

孫抃《寇忠愍公準旌忠之碑》（以下簡稱《碑》，見《名臣碑傳琬琰集》上集卷二）：公諱準，字平仲。其先出上谷昌平，蓋春秋時司寇蘇公有勞於王室，因官以命氏。後世率多聞人，若東漢恂子翼漕河內，破蘇茂，畫像雲臺，爲中興功臣。曾孫侍中榮以辨絜亡匿，宗黨潛散它土，故譜牒亡傳。又數世，有徙居馮翊者，籍於三峰下，遂爲華州下邽人（《名臣碑傳琬琰集》，以下簡稱《琬琰集》）。

陳彭年《鉅宋廣韻》卷四侯韻：寇，……姓出馮翊、河南二望。《陳留風俗傳》云：「浚儀有寇氏，黃帝之後。」《風俗通》云：「蘇忿生爲（周）武王司寇，後以官爲氏。」

曾祖寇賓，祖寇延良，生唐末，皆不仕。因寇準貴，追封賓爲燕國公，延良爲陳國公。贈官至太師（《碑》）。

寇準《忠愍公詩集》（《四部叢刊》三編本，以下簡稱《詩集》）卷上《述懷》詩云：「吾家嗣儒業，奕世盛冠裳。」寇賓、寇延良當爲儒士。

曾祖母白氏、祖母鄭氏，分別被追封爲許、陳國太夫人（《碑》）。

父寇湘，追封爲晉國公，贈官尚書令。

《碑》：曾祖賓，祖延年，以唐末亂，不仕。父湘，博古嗜學，有文章名。晉開運中，登甲科，冠多士，後應辟爲魏王記室，終焉，知人者惜之。以公貴封燕、陳、晉三國公，贈官至太師、尚書令。

按《文獻通考》卷三〇《五代登科記

總目》：後晉開運間，科舉考試共設二科：開運二年進士十五人，諸科八十八人；三年進士二十人，諸科九十二人。寇湘舉進士似在開運二年。魏王，當指符彥卿。說並見拙文《寇準入仕前事迹考略》（《宋代文化研究》第五輯）。

母趙氏，追封曹國太夫人（《碑》）。

有弟雍，官大理寺丞。

楊億《代集賢寇相公謝賜生辰禮物表》（《武夷新集》卷一五）：臣某言：臣今月某日，伏蒙聖慈，差臣弟大理寺丞雍押賜生辰禮物者。

前妻許氏，給事中仲宣之女。早卒（《碑》）。

再娶宋氏，故右衛上將軍宋偓之女，封晉國夫人（《碑》）。

葉夢得《石林燕語》卷七：寇萊公、王武恭公（王德用）皆宋偓婿，其夫人明德（按：當作孝章）皇后親妹也。

按：宋偓（九二六—九八九），《宋史》卷二五五有傳。《宋公神道碑》列述其婿而未及寇準，然《長編》卷一〇一亦稱「其妻宋氏」，則寇準再娶宋氏當在撰此神道碑之端拱二年以後。

有一妾名蒨桃（阮閱《詩話總龜》前集卷二二引《翰府名談》）。

宋太祖建隆二年辛酉，一歲。

是年七月十四日，寇準生於大名府。

《碑》云：「天聖元年閏九月，……是月七日，以疾終於貶所，年六十三。」逆推六十三年，則寇準生於建隆二年。

魏泰《臨漢隱居詩話》：寇萊公七月十四日生。魏野詩云：「何時生上相，明日是中元。」

按：《碑》云：準「年十九，一舉擢進士第，……時太平興國五年也。」《述懷》（《詩集》卷上）云：「十九中高第，弱冠司國章。」今人徐規《王禹偁事迹著作編年》據此上數十九年，定其生年爲建隆三年，疑「年六十三」爲「年六十二」之誤刊，蓋忽準生於七月，中進士在太平興國五年閏三月（《長編》卷二一），上距建隆二年尚未滿二十周歲，故可稱「年十九」，《碑》前後所記皆不誤。其出生地，說亦見拙文《寇準入仕前事迹考略》。

準始生，風骨峻爽，兩耳垂有肉環（《碑》）。

釋文瑩《湘山野錄》卷下：寇萊公嘗曰：「母氏言吾初生兩耳垂有肉環，數歲方合。」自疑嘗爲異僧，好游佛寺，遇虛窗靜院，惟喜與僧談真。公歷富貴四十年，無田園邸舍，入覲則寄僧舍，或僦居。

開寶三年庚午，十歲。

寇準少時事難於確切繫年者，總附於此。

司馬光《涑水紀聞》卷七：寇萊公少時不修小節，頗愛飛鷹走狗。太夫人性嚴，嘗不勝怒，舉秤錘投之，中足流血，由是折節從學。

《碑》：及從師入學校，翹隅占對，毅然有成人風采。既冠，讀《左氏》、《公羊》、《穀梁傳》，不俟講說，不循注疏，三家異同之說，輒援筆剖析以辨明之，辭遒理正，沛若大手。

《宋史》卷二八一本傳：準少英邁，通《春秋》三傳。

開寶九年丙子，十六歲。

有《春日懷張曙》詩（《詩集》卷中）。又詩云：「不見張夫子，巖花幾度新。」又云：「應嗟年未冠，已作異鄉人。」按題下原注：「時年十六歲」。

太平興國四年己卯，十九歲。

上書太宗疑在是年二月。

佚名《萊公遺事》（《歷代小史》卷七二）：太宗幸魏，公年十有六，以父陷蕃，上書行在，辭色激昂，舉止無畏。上壯之，命有司記姓名。後二年，遂進士及第，寖以貴顯。

按《長編》卷二〇太平興國四年二月，太宗始因北伐於是月壬申日駐次大名，自即位至此之前皆無「幸魏」記載。疑《遺事》所記時間有誤，姑繫於此。「以父陷蕃」，即指寇準之父曾降於契丹。見拙文《寇準入仕前事迹考略》。又，《宋史》卷二〇三《藝文志》二注錄有佚名「《寇準遺事》一卷」，與《萊公遺事》當爲同一書。

秋，張詠來大名府參加發解試，與寇準雅相推重，皆上書府尹，薦張覃爲解首（《乖崖先生文集》附錢易《張公墓誌銘》、《琬琰集》中集卷四四宋祁《張忠定公詠行狀》）。

陳師道《後山談叢》卷三：張、寇，布衣交也。萊公兄事之，忠定常面折不少恕，雖貴不改也。

寇準入仕前所作詩，有《秋夜獨書勉詩友》、《塞上》、《閑夜圍棋作》、《鄴北旅中懷友人》、《雜言》等詩，不能準確繫年，姑繫於此。

《成安感秋》（《集》卷中）詩云：「貧居

負勝事，壯歲傷羈遊。」當作於少年游學時。

太平興國五年庚辰，二十歲。

閏三月，寇準進士及第，中乙科，列名第三十五。

《宋史》本傳：年十九，舉進士。太宗取人，多臨軒顧問，年少者往往罷去。或教準增年，答曰：「準方進取，可欺君邪？」

《國朝二百家名賢文粹》（以下簡稱《文粹》）卷一九五邵博《書寇萊公巴東秋風亭記後》：（太平興國）五年，取天下所進士百二十一官之，以蘇公易簡爲首，至三十五人，得寇公焉。

按：寇準其時未滿二十，故稱十九，參前建隆二年譜文。據洪邁《容齋續筆》卷一三、《文獻通考》卷三〇，是榜進士爲一百二十一人，始分甲乙科，同榜進士有李沆、宋湜、向敏中、王旦、張詠、晁迥、謝泌、陳若拙、康戩（高麗人，附國子學肄業）、李逢、李含章等人（邵博《書寇萊公巴東秋風亭記後》、《宋史·向敏中傳》、《宋史·王旦傳》、《詩集》卷中《和李逢同年水閣閑望》、汪澤民《宛陵群英集》卷五、卷七）。

有《瓊林苑應制》詩（《詩集》卷上）。

按：此詩當爲瓊林宴中所作。《宋史·選舉志》一載太平興國二年進士及第後，「錫宴開寶寺」，八年，「進士始分三甲，自是錫宴就瓊林苑」，而於五年不言賜宴事。上引《長編》雖曰「賜宴」，但未言何處。據寇準詩，進士及第後賜宴瓊林苑，當已行於是科。

釋褐，授大理評事，知巴東縣（《碑》）。

王禹偁《小畜集》卷一九《送張詠序》：宋天王嗣位之五載，親選貢士，分甲乙科。中甲科者，通理郡事，乙科者，專任縣政。

按：王闢之《澠水燕談録》卷七：「初，寇萊公十九擢進士第，有善相者曰：『君相甚貴，但及第太早，恐不善終。若功成早退，庶免深禍，蓋君骨類盧多遜耳。』後果如其言。」盧多遜（九三四—九八五），太宗朝累官中書侍郎、平章事。後以秦王廷美獲罪，奪官配崖州（今廣東海南島南部）。《宋史》卷二六四有傳。寇準與盧多遜晚年皆遭貶至死，故此當爲好事者於後來所編造，録之以資博聞。

疑寇準釋褐後再次回過家鄉下邽，有《再歸秦川》一詩（《詩集》卷中）。

秋，赴任途中，有《途中作》詩（《詩集》卷中）。

在驛站，又有《書山館壁》詩（《詩集》卷中）。詩云：「秋作西南使，千林覆去程。四時無日影，終夜有猿聲。路入溪雲過，人穿鳥道行。不堪孤驛望，風雨動鄉情。」按題下原注：「時年十九」。

探詩意，似已入峽。

郡守唐謂迎勞，寇準與之初識。

彭乘《墨客揮犀》卷一：寇忠愍初登第，授大理評事、知歸州巴東縣。時唐郎中謂方爲郡，夕夢有人告云：「宰相至。」唐思之，不聞朝廷有宰相出鎮者。晨興視事，而疆吏報寇廷評入界。唐公驚喜，出郡迓勞，見其風神秀偉，便以左輔待之，且出諸子羅拜。

按「夕夢」云云，近於荒誕，當出於後人傅會。寇準有《南亭晨望寄唐知郡》、《書懷寄唐工部》（《詩集》卷中）二詩贈唐謂。又，歸州治秭歸縣（今湖北秭歸縣）（《元豐九域志》卷六）。秭歸在巴東下游，寇準此次赴任巴東，當是泝江而上，至秭歸而後到任。如果確如以上所疑曾回陝西，則寇準此次赴任當由長安經藍田、武關、襄州而至荊門，再入長江而上至巴東。

抵巴東任，有《庚辰歲將命至巴東時已秋序霜荷索然偶賦是章用遣幽恨》（《詩集》卷上）、《秋夜感興寄吳順之》詩（《詩集》卷中）。

太平興國六年辛巳，二十一歲。

知巴東縣。寒食節，有《巴東寒食》詩（《詩集》卷中）。

按：寇準在巴東過寒食節約有二次，姑繫此詩於首次。

手植二株栢樹於縣庭，人稱「萊公柏」（《澠水燕談録》卷九、朱熹《宋名臣言行録·前集》卷四引《宋朝政要》）。

建白雲、秋風二亭，又作《秋風亭記》（《文粹》卷一九五邵博《書寇萊公巴東秋風亭記後》、王象之《輿地紀勝》卷七四）。

爲政不出符移（《宋名臣言行録·前集》卷四引《宋朝政要》、《長編》卷三〇）。

太平興國七年壬午，二十二歲。

知巴東縣。春，有《峽中春感》詩（《詩集》卷中）。

太平興國八年癸未，二十三歲。

知巴東縣。春，有《月夜懷杜陵友生》詩（吴本《詩集》）。

離任巴東，有《和趙監丞春江送別》詩（《詩集》卷中）。

經峽口，有《東歸再經峽口》詩（《詩集》卷中）。

寇準在巴東任上，曾自擇其詩一百五十六首，編爲《巴東集》。

趙希弁《讀書附志·拾遺》：《巴東集》一卷。右，萊國忠愍公寇準之詩也。《讀書志》云：「《寇忠愍詩》三卷。」希弁所藏《巴東集》，乃公自編而爲之序，凡一百五十有六篇，《秋風亭記》附。……集後有范文忠諸公題秋風亭詩。然東坡亦有詩曰：「萊公昔未遇，寂寞在巴東。聞道山中樹，獨餘手種松。」惜不之載焉。

按：陸游《跋巴東集》（《渭南文集》卷二八）：「予自乾道庚寅入蜀，至淳熙戊戌東歸，九年間兩過巴東。登秋風、白雲二亭，觀萊公手植檜，未嘗不悵然流涕，恨古人之不可作也。又十有七年慶元丙辰，六月二十四日，山陰陸某書，時年七十二。」近人張元濟《忠愍公詩集跋》（《詩集》後附）亦云：「寇萊公詩，先自擇百餘篇刊於巴東，爲《巴東集》。」疑希弁所藏之《巴東集》，即陸游所跋之本，希弁爲宋理宗前後人，此集當爲仁宗後至理宗前這期間內的重刊本。

寇準在巴東時創作之詩可考而不能確切繫年者總繫於下：《秋興呈裴李二同年》、《暇日遊建平三閭故里廟貌荒涼慘動耳目噫賢者之祀世不絕享郡無正人遺棄若是感事傷俗因留斯句》、《水閣晨起》、《晚望有感》、《感興》（以上皆見《詩集》卷上）。

又《春日登樓懷歸》　按：《宋名臣言行錄·前集》卷四引《宋朝政要》云：「知歸州巴東縣，……嘗賦詩，有『野水無人渡，孤舟盡日橫』之句，時以爲若得用，必濟大川。」又，曾鞏《寇準傳》（《隆平集》卷四）云：「巴東有秋風亭，準析韋應物一言爲二句云：『野水無人渡，孤舟盡日橫。』識者知其必大用。」王稱《東都事略》卷四一《寇準傳》所載亦同。葛立方《韻語陽秋》卷一八引此二句，謂寇準「固以公輔自期矣，奈何時未有知者」。如此等等之說，皆牽強附會，寇準乃化用韋應物句寫眼前之景爾。

又《冬夜旅思》、《夜泊江上》、《楚江夜懷》、《題巴東寺》、《春晝偶書》。

按：以上諸詩，嘉靖《歸州志》卷五、嘉靖《巴東縣志》卷三《藝文紀》，皆引錄，并於詩後按曰：「舊《誌》載數詩，寇公令巴東時作也。雖不繫巴東事亦必錄之者，如錄屈子《離騷》之例也。」又，《夜泊江上》，二《志》皆題作《江上夜話》。此外，二《志》有明顯誤繫於巴東之詩，已辨別未錄。

又《送左眉州之任》、《秋夜懷歸》、《宿江西寺》、《聞杜宇》、《春晚書事》、《歸州留別傅君》、《縣齋春書十二韻》、《春望書事》、《巴東有感》、《喜吉上人至》、《巴東驛秋日晚望》、《巴東書事》、《巴東縣齋秋書》、《書懷寄郝監軍》（以上詩皆見《詩集》卷中）、《楚江有弔》、《秋雨懷友生》（以上二詩見吳本《詩集》）。

又《秋夕書懷》、《秋晚閑書》、《秋日懷友生》、《春初夜書》、《江上》、《池上秋書》、《江上晚望》、《春日閑望有感》、《江上聞鷓鴣》諸詩（以上皆見《詩集》卷中），或言「楚江」，或言「水國」，或言「南征」等，與其他所寫景物，皆似在巴東時作。

是年，以著作佐郎知大名府成安縣。

《碑》：後三歲，補大名府成安宰。

王禹偁《小畜集》卷一九《送寇密直西京遷葬序》：洎平仲十九登進士第，三遷得佐著作，尹成安縣。

按：曾鞏、王稱二人所作《寇準傳》，皆曰其在巴東「五年不得代」，當誤，不取。

有《成安感秋》詩（《詩集》卷上）。又《成安秋望》、《贈惠政上人》詩（吳調元辨義堂刻本《詩集》），亦疑作於是年。

雍熙元年甲申，二十四歲。

遷殿中丞，調兵食於西北。

王禹偁《送寇密直西京遷葬序》：「越明年，遷殿中丞，循恩例也。時夏師未復，兵食頗艱，乃詔平仲使西北邊。

《碑》：三遷殿中丞，調兵食於西夏。

按：陳師道《後山談叢》卷二云「寇萊公準少時嘗爲淮漕，有方士爲治丹砂」云云，雖言近荒誕，然淮漕軍糧，當即爲西北之軍事，與上引可互相補充印證，則準之足跡，非止於西北矣。

《長編》卷二五雍熙元年三月丁巳條：太宗對宰相言及「前後遣師將」於夏州，又言：「朕亦慮轉餉勞擾，止令齎茶於蕃部中貿易，以給軍食，未嘗發民輸送也。」同卷九月條，知夏州尹憲與巡檢使曹光實發兵襲擊李繼遷於地斤澤，斬首五百級，燒四百餘帳，獲繼遷母、妻及羊馬器械萬計，繼遷僅以身免。寇準即爲夏州之軍調度糧草。《宋史·呂端傳》謂是時太宗欲誅繼遷母，「以寇準居樞密副使，獨召與謀」云云，當誤，《長編》卷二五是年九月條内辯之甚詳，可資參考。

自西北歸，差任鄆州通判（《碑》）。

雍熙二年乙酉，二十五歲。

通判鄆州。

雍熙三年丙戌，二十六歲。

通判鄆州。

雍熙四年丁亥，二十七歲。

通判鄆州。

端拱元年戊子，二十八歲。

《述懷》（《詩集》卷上）詩曰「十九中高第」，繼曰「奉使安殊方」，下言「步武親玉陛」，當作於自西北出使返回後至此前。

太宗召見，試《禦戎論》，稱旨。閏五月戊戌（十三日），授右正言、直史館（王禹偁《送寇密直西京遷葬序》）。

中謝日，太宗賜寇準緋袍銀魚，充任三司度支推官（《碑》）。

是秋，贈潘閬詩，潘閬有《謝寇員外準見示詩卷》（《逍遥集》）回贈，詩曰：「一軸新詩意轉深，幾迴看了又重尋。最憐積水浮秋漢，閑望滄溟盡日吟。」

轉任鹽鐵判官亦當在是年。

薦舉李仕衡之材（《宋史·李仕衡傳》）。

端拱二年己丑，二十九歲。

寇準上疏言北邊事當在正月（《長編》卷三〇）。

初夏，作《奉聖旨賦牡丹花》（《詩集》卷

上題注）。

七月己卯（一日），擢虞部郎中，充樞密院直學士，賜金紫，判吏部東銓（《碑》）。

《長編》卷三〇：初，左正言、直史館下邽寇準承詔極言北邊利害，上器之，謂宰相曰：「朕欲擢用準，當授何官？」宰相請用爲開封推官。上曰：「此官豈所以待準者耶？」宰相請用爲樞密直學士，上沉思良久，曰：「且使爲此官可也。」秋七月己卯，拜虞部郎中、樞密院直學士。

奏用士人任刑部、大理寺、三司法直官（《長編》卷六〇）。

時張洎爲吏部考功郎中，寇準兄事之，於太宗前極口薦舉（《太宗實録》卷八〇）。

釋文瑩《玉壺清話》卷八：寇一日忽作《庭雀》一詩玩洎，略曰：「少年挾彈多狂逸，不用金圓用蠟圓。」蓋譏洎頃在江南重圍中爲李煜草詔於蠟圓中、召上江救兵之事也。洎不免强顔附之。後稍親暱，其辯誦談笑横飛於席間，寇胸中素蘊養畜不發者，盡爲洎藉而取之，因是大伏，遂推挽於朝，力加薦擢。

按《宋史·錢俶傳》，俶卒於端拱元年八月，是時張洎已掌考功。而《長編》卷三一淳化元年四月乙未條，載張洎是日遷授太常（僕）少卿，當與寇準薦舉有關。

母趙氏卒，詔贈太君。父贈少卿（《碑》）。

王禹偁《送寇密直西京遷葬序》：既而有司以平仲貴爲侍臣，當贈父母，故少卿、太君之並命行焉。

寇準與王禹偁書信往來當於是年七月之後。

按：王禹偁《小畜集》卷二五《迴寇

密直謝官啓》云：「而又南面聽朝，特頒金紫，東銓求理，專委品題。……豈謂學士曲迴謙柄，俯賜華箋。」據文意，寇準與禹偁往來書信皆在是年七月後。禹偁時任左司諫、知制誥（《東都事略》卷三九本傳）。

是年，有《江南春》、《追思柳惲汀洲之詠尚有遺妍因書一絶》（《詩集》卷上）詩。

按：王君玉《國老談苑》卷二云：「寇準初爲密學，方年少得意，偶撰《江南》曲云：『江南春盡離腸斷，蘋滿汀洲人未歸。』又云：『日暮江南一望時，愁情不斷如春水。』意皆悽慘，末年果南遷。」范雍《忠愍公詩序》云「嘗爲《江南春》二絶」，下引即此二詩。又云：「人曰少貴無不足者，其攄辭綺靡可也，氣焰可也，惟不當含悽爾。今而思之，乃暮年遷謫流落不歸之意。詩人感物，固非偶然。」此范雍引寇準女婿王曙之言。《詞苑萃編》卷四引《詞苑》，云「寇萊公準《夜度娘》曲云」，即指後一首，個別字句略有不同。二首乃詩而非詞。

淳化元年庚寅，三十歲。

正月，寇準遷葬父母於洛陽，王禹偁有《送寇密直西京遷葬序》。

寇準在大名之家族當於此時遷往洛陽。

按：《宋會要輯稿》（以下簡稱《宋會要》）選舉三二之一三載後「明道三年十一月六日，詔令河南府勘會寇準本房兒孫見有幾人，食祿未食祿，具官名以聞。……」寇準父母葬於洛陽，其弟兄本房因守墓當以隨遷。

暮春，作《應制賞花》（參王禹偁《小畜集》卷二〇《詔臣僚和御制賞花詩序》）。

當於是年中秋夜，與柳開、宗坦、潘閬宿宋白家賞月（潘閬《逍遥集·中秋與柳贊善開宗贊善坦寇學士準宿宋拾遺白宅不見月》）。

按寇準次年四月即改官，詩稱「學士」，故當於是年中秋。

薦錢若水等五人爲文學高等，十月乙巳（三日），召試於學士院，任若水爲祕書丞、直史館（《宋史·錢若水傳》）。

薦舉查道亦當於是年（《宋史·查道傳》）。

淳化二年辛卯，三十一歲。

李沆與寇準同判吏部銓（《宋史·李沆傳》）。

大旱，寇準奏言朝廷刑罰偏頗（《宋名臣言行録·前集》卷四引劉攽《萊公傳》）。

四月辛巳（十二日），官左諫議大夫，與張遜、溫仲舒並任樞密副使（《長編》卷三二）。

王沔數爲寇準所詆，九月丁酉（一日），與參知政事陳恕並罷（《宋會要》職官七八之五）。

準以失實之辭劾奏宋白納賄。

《宋史·宋白傳》：（白）又女弟適王沔，淳化二年，沔罷參知政事。時寇準方詆訐求進，故沔被出，復言白家用黄金器蓋舉人所賂，其實白嘗奉詔撰錢惟濬碑，得塗金器爾。」準劾宋白月日不詳，姑附於此。

按《萊公遺事》云：「惟公性樸忠，喜直言，苟有可言者，無所顧避，故當時曰：『寇某上殿，百僚股栗。』即對以上事而發。

甲辰（八日），與溫仲舒同知樞密院事

（《長編》卷三二）。

《宋史·溫仲舒傳》：仲舒自爲正言至貳樞密，皆與寇準同進，時人謂之「溫寇」。

封上谷縣開國男。

按：寇準同知院事《碑》既誤繫於淳化改元，封男爵亦顯爲淳化二年之誤。

準輕慢樞密使王顯。

淳化三年壬辰，三十二歲。

張士遜舉進士，寇準與之遊東京相國寺。

范鎮《東齋記事》卷三：張鄧公嘗謂予曰：某舉進士，時（與）寇萊公同遊相國寺，前詣一卜肆。卜者曰：「二人皆宰相也。」既出，逢張相齊賢、王相（旦）隨復往詣之。卜者大驚曰：「一日之內，而有四人宰相。」相顧大笑而退。因是卜者聲望日消，亦不復有人問之，卒窮餓以死。四人其後皆爲宰相，共欲爲之作傳，未能也。是時鄧公已致仕，猶能道其姓名。今予則又忘其姓名矣，其人亦可哀哉！

按：張士遜，《宋史》有傳。寇準《夜坐有懷寄張士遜》（《詩集》卷中）詩有云：「不見張夫子，誰人共往還。」可見二人曾有交誼。

淳化四年癸巳，三十三歲。

六月壬申（十五日），寇準罷同知樞密院事，守左諫議大夫本官。

《長編》卷三四淳化四年：六月壬申，宣徽北院使、知樞密院事張遜責授右領軍衛將軍，左諫議大夫、同知院事寇準罷守本官。遜素與準不協，數爭事上前，上將罷之。他日，準與溫仲舒同出禁中歸私第，道逢狂人迎馬首呼萬歲。右羽林大將軍、判左金吾王賓故與遜俱事晉邸，遜嘗保舉賓，雅相厚善，又知遜與準有隙，因奏言：「民迎準馬首呼萬歲。」既而遜等奏事，上詰之，準自辯云：「實與仲舒同行，而遜令賓獨奏臣。」遜執賓奏斥準，辭意甚厲，因互發其私。上怒，故貶遜而罷準。

按：《宋會要》職官七八之五所記較略。《宋史·寇準傳》云「遜嗾（賓）上其事」，與《長編》略異。《宋宰輔編年錄》卷二《寇準罷樞副制》亦有「交構是非，煩黷公上。所宜罷免，勿忘省循」之語。

九月丙午（二十一日），太宗詔寇準等舉薦京官（《長編》卷三四）。

十月壬申（十八日），出知青州（《長編》卷三四）。

《長編》卷三四淳化四年六月壬申條後李燾引僧贊寧作《王得一行狀》云：「堂吏蘇允淑者，受朝旨沙汰年高選人，七十以上當授散官。有唐州團練判官掌宣與允淑有憾，宣年始三十五，被允淑夾帶高年輩中奏名，授宣爲唐州司馬。宣與僧法燈素友善，以此事爲訴。法燈夙承公厚眷，一日，言此不平於公，公令法燈引至，具得見黜之由。公奏聞，太宗令中使尋訪，召而賜對，仍令上殿，俯邇天顏，問其被抑之故，面轉著作郎，復賜錢百萬，宣諭爲壓驚之貺，授大理法直官。送允淑御史臺，鞫問所因。允淑路由本第，給其押者，言略入見家人輩，押者令入，允淑得便遂自刎，卒。太宗疑及參政寇準，出準爲青州守，其信用皆如此類。」（燾）按準罷政，乃緣狂人山呼，與《得一行狀》不同，當考。

按：贊寧與寇準雖爲同時人（贊寧事跡見王禹偁《小畜集》卷二○《右街僧録通惠大師文集序》），然其言「太宗疑及」，所據當爲傳聞，未必實有其事，當以史傳爲正。又言「參政寇準」亦誤，寇準爲參政在次年。青州屬京東路，治益都縣（今山東青州市）。

王禹偁作詩相送，有云：「花好詩難惜，梨甘酒易醒。徵還都幾日，莫愛妓娉婷。」（《小畜集》卷一○《送寇諫議赴青州》）。

寇準在青州常宴飲，尤喜《柘枝舞》。太宗思念之，有譖準縱飲者。

《長編》卷三四淳化四年十月壬申條附：上顧準厚，既行，念之常不樂，語左右曰：「寇準在青州樂否？」對曰：「準得善藩，當以爲樂也。」累數日，輒復問，左右對如初。其後有揣帝且復召用準者，因對曰：「陛下思準不少忘，聞準日置酒縱飲，未知亦念陛下否？」上默然。

按葉夢得《石林燕語》卷四也載此事，知太宗左右言寇準之語有所自，而非憑空捏造。柘枝舞，沈括《夢溪筆談》卷五云：「《柘枝》舊曲遍數極多，如《羯鼓録》所謂『渾脱解』之類，今無復此遍。寇萊公好《柘枝舞》，會客必舞《柘枝》，每舞必盡日，時謂之『柘枝顛』。今鳳翔有一老尼，猶是萊公時柘枝妓，云：『當時《柘枝》尚有數十遍，今日所舞《柘枝》，比當時十不二三。』老尼尚能歌其曲，好事者往往傳之。」今人胡道靜注引近人王國維《唐宋大曲考》：「《柘枝》，本唐大曲，至宋猶存。」云云，注解甚詳。又引有歌詞四首，足供參考，茲不贅錄。寇準知鳳翔見本譜後咸平三年，據《夢溪筆談》所載，寇準後知鳳翔時此愛好仍舊，此一並述及，後略。其他有關寇準「豪侈」的記載尚多，參後至道三年譜文。然《碑》云寇準「不置私第，不營田園，所得俸賜，皆分給宗黨故舊，去之日，家無餘資。及朝廷許葬洛師，獲還之費，僅能完給」，《萊公遺事》云其「終身不畜財產，後雖出入將相，所得俸祿唯務施予。又外奢內儉，無聲色之娛，寢處一青幃二十年，時有破損，益命補葺。或以公孫弘之事靳之，笑曰：『彼詐我誠，雖弊何愛，且不忍處之久而一旦以弊獲棄也。』靳者愧之。故處士魏野賦詩曰：『有官居鼎鼐，無宅起樓臺。』」邵伯溫《河南邵氏聞見前錄》卷七與《萊公遺事》以上所記略同，而又曰：「蓋公多典藩，於公會宴設則甚盛。亦退之所謂『甌石之儲，嘗空於私室；方丈之食，每盛於賓筵』。余得於公之甥王公丞相所作公墓誌，公遺事如此。」魏野詩見後景德四年譜文。以上矛盾行爲兼於寇準一身，實與其受禪宗思想影響有關。

是年在青州，曾旌表趙賀之能（《宋史·趙賀傳》）。

淳化五年甲午，三十四歲。

在青州，有《青州西樓雨中閑望》詩（《詩集》卷中）。

九月，寇準自青州召還（見下引《碑》文）。

太宗與寇準謀立嗣君，壬申（二十三日），以襄王元侃爲開封尹，改封壽王（《長編》卷三八）。

乙亥（二十六日），除參知政事，進上谷郡開國侯。次日，詔呂端位立寇準上（《碑》、《宋會要》儀制三之四）。

《長編》卷三六：九月乙亥，以左諫議大夫寇準參知政事。上因謂宰相呂蒙正曰：「寇準臨事明敏，今再擢用，想益盡心。朕嘗諭之以協心同德，事皆從長而行，則上下鮮不濟矣。」

十一月丙辰（八日），太宗賜寇準飛白草書一十八軸（《長編》卷三六）。

奏事切直，太宗怒，寇準嘗牽太宗衣請復坐決事，太宗嘆曰：「眞宰相才也。」（《東都事略》卷四一）。

按：《宋史》本傳載此事雖未言確年，然顯謂在淳化二年前，與《東都事略》繫年不合。司馬光《涑水紀聞》卷二、石承進《三朝聖政錄》、孔平仲《談苑》卷三謂發生在寇準爲員外郎時，則此事當在端拱元年至二年七月之間。《長編》卷三八至道元年八月壬辰條附載此事後，李燾注云：「《三朝聖政錄》謂準牽帝衣請決事，乃爲員外郎時，蓋誤也，今從《本傳》。」《續資治通鑑》卷一八引同《長編》，蓋意亦同《東都事略》本傳，認爲事在寇準任參知政事期間，今據以繫於是年之末。

至道元年乙未，三十五歲。

正月丁卯（二十日），寇準對太宗君子小人問（《長編》卷三七）。

按：太宗與寇準之問對，乃因太宗處罰趙贊、鄭昌嗣二人而發。趙、鄭數日後「並賜死於路」。事又見《宋史》卷四七二《佞幸傳》、《續資治通鑑》卷一八。

寇準與張洎同執政，事一決於準（《長編》卷三七）。

太宗聽從呂端進言，四月戊子（十二日），詔參知政事與宰相均任政事，亦以此撫慰寇準（《長編》卷三七）。

五月，太宗與呂端、寇準論錢穀利病當垂詢吏人（《長編》卷三七）。

丙寅（二十一日），奏對邊事，論及用將帥（《長編》卷三七）。

八月壬辰（十八日），立元侃爲皇太子，改名恒。京師之人贊太子，太宗不悅，寇準開導之（《長編》卷三八）。

秋，有《中書秋日有懷青社舊遊因書一首》（《詩集》卷中）。

至道二年丙申，三十六歲。

正月辛亥（十日），合祭天地於圜丘，大赦天下，中外文武加恩（《宋史·太宗紀》二、《長編》卷三九）。官吏加恩進秩，寇準以自己喜惡爲輕重，抑馮拯（《長編》卷四〇、《宋史·寇準傳》）。

二月庚辰（九日），因郊祀覃恩，加封寇準、張洎（《太宗實錄》卷七六）。

富州刺史向通漢上表乞封贈，寇準奏言爲罔冒（《宋會要》蕃夷五之七四）。

三月二十八日，遣寇準祠祀社稷。

《太宗實錄》卷七七至道二年三月戊辰條：詔以給事中、參知政事李昌齡祠北郊，張洎祠太廟，寇準祠社稷。

按：《宋會要》禮一八之四記爲是月十五日。此從《太宗實錄》，是月辛丑朔，戊辰則爲二十八日。

侍宴，太宗賜戴異花，曰：「寇準年少，正是戴花喫酒時。」（吴曾《能改齋漫録》卷一三）。

四月，一日暮歸，馬驚躍幾墜（江少虞《事實類苑》卷四九）。

五月，開封府判官楊徽之等上民田旱甚者所蠲免租數，寇準奏論應區別對待，御史因請遣使覆按，王欽若因此受知於眞宗（《長編》卷三九）。

六月，寇準奏論魏仁浦不當改封（《長編》卷四〇）。

七月，張洎奏劾寇準誹謗（《太宗實録》卷八〇至道三年正月己丑條附）。

按：據《長編》卷三九，張洎上疏議靈州事在是年五月。從「旬日罷」推知張洎奏劾寇準在是年七月。

馮拯、康戩交章彈劾寇準，丙寅（二十八日），寇準坐除馮拯、彭惟節官不平罷免參知政事（《長編》卷四〇、《太宗實録》卷七八、《宋史·太宗紀》）。

閏七月己巳（一日），出知鄧州（《太宗實録》卷七八、《碑》）。

辛未（三日）因寇準罷政，廢至道元年四月戊子詔令（《宋會要》儀制五之五）。

《石林燕語》卷三：參知政事班，舊不與宰相同行，至道中，呂正惠公（端）與寇萊公同爲參知政事，正惠先相，恐萊公意不平，乃請進與宰相同行。萊公罷，復如舊。

至道三年丁酉，三十七歲。

是年，遷尚書工部侍郎（《碑》）。

在鄧州，相傳曾造花燭法。

歐陽修《歸田錄》卷上：鄧州花蠟燭名著天下，雖京師不能造。相傳云是寇萊公燭法。公嘗知鄧州，而自少年富貴，不點油燈。尤好夜宴劇飲，雖寢室亦燃燭達旦。每罷官去後，人至官舍，見廁溷間燭淚在地，往往成堆。

咸平元年戊戌，三十八歲。

五月，移知河陽軍（《碑》）。

咸平二年己亥，三十九歲。

八月，改知同州（《碑》）。

是年，有《予頃從穰下移涖河陽洎出中書復領分陝惟茲二鎮俯接洛都皆山河襟帶之地也每凭高極望思以詩句狀其物景久而方成四絶句書於河上亭壁》詩（見《詩集》卷中）。

咸平三年庚子，四十歲。

在同州，有《左馮寺樓閑望》詩（《詩集》卷下）。

五月丁亥（十一日），爲通判劉拯所訟，徙知鳳翔府（《長編》卷四七）。

秋，有《岐下秋書》、《岐下西園秋日書事》詩（《詩集》卷中）。

十一月，張齊賢以失儀罷相（《長編》卷四七）。《宋史·張齊賢傳》謂其居相日與寇準相傾，疑非事實。

是年，有《寓居有懷》詩（《詩集》卷中）。

咸平四年辛丑，四十一歲。

是年秋，因事入蜀，經閬州，有《過新井邵博〈書寇萊公題詩後〉》（《文粹》卷一九五）云：右，寇忠愍萊公以咸平四年題此詩於閬州新井縣慈光寺。公昔爲歸州巴東縣，其一時所賦詩，世尚傳之，所謂《巴東集》是也。新井縣當山谷窮絶之地，慈光寺尤僻陋，不知公以何事至此也。……普慈王咨官於閬，將模刻於石，命博爲之記，不敢有辭云。

知鳳翔府期間，曾薦舉燕肅（《宋史·燕肅傳》）。

咸平五年壬寅，四十二歲。

五月，寇準權知開封府（《碑》、《長編》卷五二）。

七月甲午（一日），詔冬至南郊合祀天地。次日，命寇準爲南郊橋道頓遞使（《長編》卷五二、《宋會要》禮二八之七八）。

寇準疏治丁岡古河泄導開封積潦（《長編》卷五二、《宋會要》方域一六之二二）。

九月一日，寇準上言乞常朝立班仍舊在陳恕之下（《宋會要》儀制三之五）。

咸平六年癸卯，四十三歲。

權知開封府。三月乙卯（二十五日），上奏乞選人充軍巡判官（《長編》卷五四）。

與王嘉祐論外議。

《長編》卷五五：嘉祐，禹偁子也。嘉祐平時若愚騃，獨寇準知之。準知開封府，一日，問嘉祐曰：「外間議準云何？」嘉祐曰：「外人皆云丈人旦夕入相。」準曰：「於吾子意何如？」嘉祐曰：「以愚觀之，丈人不若未爲相，爲相則譽望損矣。」準曰：「何故？」嘉祐曰：「自古賢相，所以能建功業澤生民者，其君臣相得，皆如魚之有水，故言聽計從，而功名俱美。今丈人負天下重望，相則中外以太平責焉，丈人之於明主，能若魚之有水乎？嘉祐所以恐譽望之損也。」準喜，起，執其手曰：「元之雖文章冠天下，至於深識遠慮，殆不能勝吾子也。」

釋眞宗之疑訝。

孔平仲《談苑》卷一：張詠自益州寄書

與楊大年，進奏院監官竊計之云：「益州近經寇亂，大臣密書相遺，恐累我。」發視之，無它語，紙尾批云：「近日白超用事否？」乃繳奏之。眞宗初亦訝之，以示寇準。準微笑曰：「臣知開封府有伍伯，姓白，能用杖，都下但翹楚者，以白超目之。每飲席，浮大觥，遂以爲况。」眞宗方悟而笑。

按：此乃張詠書信中頑笑語，似有規勸寇準節制飲酒意。

六月丁亥（二十九日），轉兵部侍郎、爲三司使，進封上谷郡開國公（《長編》卷五五）。

寇準檢匯陳恕在三司改創條例，多循其舊（《長編》卷五五）。

按李燾原注云：「恕使三司，前後踰十年，咸平四年正月遂改它官。」則陳恕「嘗薦寇準可用」在咸平四年初甚明。又《東都事略》卷三六《陳恕傳》：「恕事母孝，居喪絶葷茹，哀毁過禮，以故得疾，不任治劇，遷尚書左丞、知開封府。」時隔二年餘，眞宗才因其患病「不任治劇」與寇準調任。事迹甚明。又呂希哲《呂氏雜記》卷下謂張佖曾薦舉寇準爲三司使，云：「寇萊公知開封府，張給事佖判三司都勾院，眞宗欲用佖爲三司使，辭以不能。帝曰：『誰能之？』曰：『理財之任，舉朝未見其人，姑取名望可以壓人，則寇準可。』乃以寇爲三司使，張知開封府。張亦卒，不拜命。」張佖，字子澄，常州人。《十國春秋》卷三〇有傳。據《呂氏雜記》，其或當卒於是年，然似當在河南任上。又所載其薦舉寇準事僅見於此，且史傳皆未見張佖有判三司都勾院之記載。事有可疑，俟再考。

景德元年甲辰，四十四歲。

舉薦鄭文寶任邊事（《長編》卷五六）。

七月，眞宗欲相寇準，乃先任畢士安爲吏部侍郎、參知政事。畢士安亦薦寇準爲相（《琬琰集》下集卷四畢仲游《畢文簡公士安傳》、《長編》卷五六）。

李沆爲相期間，寇準屢薦丁謂於沆（《宋史·李沆傳》）。

按：沆自咸平元年拜相，至是年七月卒於位，爲相凡七年。魏泰《東軒筆錄》卷二述此事較本傳爲詳，可參。

八月己未（七日），與畢士安並任爲宰相，以集賢殿大學士位畢士安之下（《長編》卷五七）。

寇準三上表辭讓，詔旨不允（楊億《武夷新集》卷一四《代寇相公讓恩命第一表》、《第二表》、《第三表》）。

奏請防備契丹（《碑》）。

張詠聞準入相，謂僚屬曰：「寇公奇材，惜學術不足爾。」（《宋史·寇準傳》）。

陳師道《後山談叢》卷三：張公忠定（詠）守蜀，聞萊公大拜，曰：「寇準眞宰相也。」又曰：「蒼生無福。」幕下怪問之，曰：「人千言而盡，準一言而盡。然仕太早，用太速，不及學爾。」

建議諸州幕職官選人齎所試書判奏御（《長編》卷五七、《宋會要》選舉二四之一〇）。

九月丁酉（十六日），眞宗與寇準等大臣商議親征。

《長編》卷五七：上謂輔臣曰：「累得邊

奏，契丹已謀南侵。國家重兵多在河北，敵不可狃，朕當親征決勝，卿等共議，何時可以進發？」畢士安等曰：「陛下已命將出師，委任責成可也。必若戎輅親行，宜且駐蹕澶淵。然澶淵郛郭非廣，久聚大衆，深恐不易。况冬候猶遠，順動之事，更望徐圖。」寇準曰：「大兵在外，須勞聖駕暫幸澶淵，進發之期，不可稽緩。」王繼英等曰：「禁衛重兵，多在河北，所宜順動以壯兵威，仍督諸路進軍，臨事得以裁制。然不可更越澶州，庶合機宜，不虧謹重。所議進發，尤宜緩圖。若遽至澶州，必不可久駐。」詔士安等各述所見，具狀以聞。

按：畢仲游《畢文簡公士安傳》（《婉琰集》下集卷四）所記多同，然云「（畢）公既與萊公爲相，始議請上幸澶淵親征」，與《長編》稍異。宋人於澶淵之役記載頗夥，多以親征爲寇準首先建議。魏泰《東軒筆錄》卷一云：「澶淵之役，王超、傅潛兵力弗支，遂至中外之議不一，至有以北戎狃開運之勝聞於上者。唯寇萊公準首乞親征。」高晦叟《珍席放談》卷上云：「寇萊公當國，契丹入境，河朔戒嚴，朝論二三，未知適從。獨公勸上親征澶淵，得以振士氣。」等等，不勝其錄，當有所自。

閏九月己未（八日），契丹侵宋。與宋軍多處接戰，癸酉（二十二日），契丹軍至唐河，攻定州。宋軍於威虜軍、順安軍、北平寨、保州四處，皆擊敗契丹軍（《長編》卷五七）。寇準催促眞宗親征，眞宗召羣臣再議。

《宋史·寇準傳》：是冬（景德元年之冬），契丹果大入。急書一夕凡五至，準不發，飲笑自如。明日，同列以聞，帝大駭，以問準。準曰：「陛下欲了此，不過五日爾。」因請帝幸澶州。同列懼，欲退，準止之，令候駕起。帝難之，欲還內。準曰：「陛下入則臣不得見，大事去矣，請毋還而行。」帝乃議親征，召羣臣問方略。

按：又見《續資治通鑑》卷二四景德元年閏九月丁卯（癸酉）條附，而內容則顯係抄自《宋史·寇準傳》。議親征，陳方略，已見前九月丁酉條。契丹大入之後，亦當有再議，此時寇準催促親征，亦與其九月丁酉之論相合，然必不如本傳上述之記載矣。如「令候駕起」等，殊不合情理，類小說、戲劇家之言。陳師道《後山談叢》卷一亦有以上記載，唯個別字句稍異。其末云：「公曰：『陛下既入，則臣不得到，又不得見，則大事去矣。請無還內而行也。』遂行。六軍百司追而及之。」更具戲劇性。疑《宋史》本於《後山談叢》而有所刪改。俟再考。

上《議澶淵事宜》（《國朝諸臣奏議》卷一三〇）。

按：王得臣《麈史》卷上稱此疏作於閏九月，《長編》卷五七節錄奏文附於是月癸酉條後，與事實大致相合，今仍此。陳師道《後山談叢》卷一謂此奏始得於嘉祐間云：「萊公既逐死，家無遺文，嘉祐中，始得奏章一紙。憂其復失而幷記之，使後者有考焉。」云云。

力主親征，反對遠徙楚、蜀。

《長編》卷五七：先是，寇準已決親征之議，參知政事王欽若以寇深入，密言於上，請幸金陵，簽書樞密院事陳堯叟請幸成都。上復以問準，時欽若、堯叟在旁，準心知欽若江南人，故請南幸，堯叟蜀人，故請西幸，乃陽爲不知，曰：「誰爲陛下畫此策者？罪可斬也。今天子神武，而將帥協和，若車駕親征，彼自當遁去。不然，則出奇以撓其謀，堅守以老其衆。勞逸之勢，我得勝算矣，奈何欲委棄宗社，遠之楚、蜀耶！」上乃止，二人由是怨準。

按：又見王珪《烈武高衛王（瓊）神道碑銘》（《華陽集》卷四九）、《宋史·寇準傳》、《碑》、《宋會要》帝系九之二六。諸書所記，意思大同小異。然契丹「抵瀛州城下」在是年十月丙戌（六日），轉攻貝、魏約在十餘日後（《長編》卷五八），欽若早於閏九月乙亥（二十四日）除知天雄軍（《長編》卷五七）。《宋史·寇準傳》述此事的時間在「契丹圍瀛州，直犯貝、魏」後，《碑》述此事的時間在契丹「直抵澶、魏」後，皆誤。而據前後所載，此事當發生在欽若受命知天雄軍前。又，上引《長編》卷五七閏九月乙亥條後，李燾按云：「其實準先已決澶淵之議，欽若與堯叟潛沮之，準因斥言其過，雖斥言其過，蓋未嘗面斥欽若等，固亦不於上前公獻此策，本傳遂云準斥欽若等，恐未必然爾。」李燾云云，與《宋史·畢士安傳》所記暗合，云：「時已詔巡幸，而議者猶閧閧。二三大臣有進金陵及成都圖者，士安亟同準請對，力陳其不可，惟堅定前計。」此之二三大臣，顯指王欽若和陳堯叟等人而未嘗面斥矣。記述不同，待考。

乙亥（二十四日），因寇準言，以王欽若判天雄軍府兼都部署，提舉河北轉運司（《長編》卷五七）。

十月丙午（二十六日），曹利用使契丹講和。

《長編》卷五八：先是，王繼忠得上手詔，即具奏附石普以聞，言契丹已領兵圍瀛州，蓋關南乃其舊疆，恐難固守，乞早遣使議和好。丙午，上覽其奏，謂輔臣曰：「瀛州素有備，非所憂也。欲先遣使，固亦無損。」乃復賜繼忠手詔，許焉。……王繼英言殿直曹利用自陳，儻得奉君命，死無所避。……乃授利用閤門祗候，假崇儀副使，奉契丹主書以往，又賜繼忠手詔。

十一月初，畢士安有書信與寇準，勉以北征大計（《琬琰集》下集卷四畢仲游《畢文簡公士安傳》）。

十一月庚午（二十日），眞宗離東京北征；辛未（二十一日），次長垣縣；壬申（二十二日），次韋城縣（《長編》卷五八、《續資治通鑑》卷二五）。

再駁南逃之論，眞宗遂決意北征（《長編》卷五八）。

甲戌（二十四日），契丹統軍撻覽中床子弩死。眞宗自韋城縣赴澶淵（《長編》卷五八）。

按：《長編紀事本末》卷一五、《宋史·眞宗紀》、《皇宋十朝綱要》卷三、《宋會要》兵七之一三繫日與《長編》

同。而《遼史·聖宗紀》、《續資治通鑑》卷二五所繫撻覽中伏弩死之日期則異，爲壬申（二十二日）。繫日有異，或因宋遼各用曆法之差異而致。撻覽之死，爲澶淵之盟的關鍵因素之一。相參宋遼雙方記載，撻覽死於兩軍將戰前「按視地形」時，而撻覽之死，客觀上避免了兩軍的一場大戰。

丙子（二十六日），眞宗至澶淵南城，寇準固請過黃河至北城（《長編》卷五八）。與楊億痛飲，以安眞宗之心（《宋史·寇準傳》）。

按《宋名臣言行錄·前集》卷四引劉攽《萊公傳》，謂「既至澶州，上御城北門，準居上前，上盡以軍事委準」云云。知事在眞宗過黃河後。又《長編》卷五八景德元年十二月戊戌條附有：「時人比之謝安」句。

戊寅（二十八日），曹利用自契丹軍中議和還，契丹使韓杞與俱（《長編》卷五八）。

十二月庚辰朔，宋與契丹議和。寇準反對賂貨財議和，晝策進奏，後不得已而許之（《長編》卷五八）。

《續資治通鑑》卷二五景德元年十二月戊戌條附此事後之《考異》云：「準所晝之策，今不可聞。《宋史》乃云準欲邀使稱臣，且獻幽州地，則誣甚矣。準意在禦敵，使當日能鼓勇決戰，其勝負誠非後人所能料。如欲於口舌之間邀其稱臣獻地，準豈昧於事機若此哉！今削去。」此言近是。然寇準所晝之策雖不可聞，以情理推，當是主張以戰促和，以求體面之和平。

是日（十二月一日），曹利用再赴契丹議

和，行前，寇準召見，戒所許不得過三十萬（《長編》卷五八）。

癸未（四日），和議始定，契丹請立誓。丙戌（七日），眞宗遣西京左藏庫使、獎州刺史李繼昌持誓書與姚東之往契丹報聘。

十二日，契丹回致誓書。戊戌（十九日），眞宗還至東京。寇準以違旨事向眞宗謝罪（《長編》卷五八）。

二十一日，賜近臣宴於寇準宅（《宋會要》禮四五之四）。

寇準上表謝賜宴（楊億《武夷新集》卷一七《代集賢寇相公謝就宅賜宴狀》）。

戊申（二十九日），寇準與畢士安、王旦上表待罪（《長編》卷五八）。

寇準用人不以資序，又喜用寒畯（《宋史》本傳）。

景德二年乙巳，四十五歲。

正月，奏乞許民入粟受爵（《宋會要》職官五五之二九）。

三月，畢士安、寇準各爲下第所親求科名，眞宗不得已從之。辛酉（十三日），詔他人不得援例（《長編》卷五九）。

楊億譽薦王曾，寇準特召試於政事堂（《長編》卷五九、葉夢得《石林燕語》卷七）。

布衣申宗古詣登聞院告寇準與安王元傑謀反，畢士安請治宗古。四月丙戌（九日），宗古坐誣告罪被處斬（《琬琰集》下集卷四畢仲游《畢文簡公士安傳》）。

王欽若罷參知政事，寇準貶其班位（《長編》卷五九）。

五月庚申（十三日），眞宗於崇政殿親試，賜進士、諸科及第、出身有差（《長編》卷六〇、《續資治通鑑》卷二五）。

寇準以進士晏殊爲南方人，欲抑之而進用大名府進士姜蓋（《長編》卷六〇）。

六月己卯（三日），下詔重頒寇準以士人任法直官的建議（《長編》卷六〇）。

七月，眞宗與寇準論制科之設（《長編》卷六〇）。

眞宗賜寇準生日禮物，準上表稱謝當於是年（楊億《武夷新集》卷一五《代集賢寇相公謝賜生辰禮物表》）。

按：寇準兩次入相。第二次在後天禧三年六月，然除集賢殿大學士在十二月，次年六月即罷相。因此，楊億代作之謝表當在寇準第一次入相時。寇準拜相在景德元年八月，罷在三年初，在其任宰相兼集賢殿大學士而又恰逢七月生日，只有此年。

九月十一日，寇準等上表請加眞宗尊號（《宋會要》禮四九之一〇）。

十月乙酉（十日），宰相畢士安卒，寇準等隨眞宗臨哭，時止領集賢殿大學士（《長編》卷六〇、卷六六）。

十一月癸亥（十九日），寇準以兵部侍郎、平章事加中書侍郎兼工部尚書（《宋史·真宗紀》二、《碑》、《長編》卷六一）。

以侄女嫁庫部郎中高士宏之子是科進士高清（《長編》卷八六）。

多召兩制於私宅會飲。

《長編》卷七六：初，寇準在中書，多召兩制會飲私第。酒酣氣盛，必閉關苛留之，往往侵夜，畏謹者甚憚焉。（李）宗諤嘗預會，日既夕矣，而關不可啓，遂於門扉下竊出，得馬以走。於是上勸宗諤酒（按：此指大中祥符四年十月戊辰日），宗諤堅辭以醉，且云日暮，上令中使附耳語云：「此間不須從門扉下出。」

按：寇準於景德元年八月拜相，其時軍情孔棘，或不當有此。意必在宋與契丹和盟之後，故姑繫於此年。兩制，此指翰林學士與以他官知制詔者。翰林學士起草之詔令叫內制，他官知制詔起草之詔令叫外制。故代稱。《文獻通考》卷五四引《容齋隨筆》曰：「治平以前，謂翰林學士及知制詔爲兩制。」參見趙升《朝野類要》二《兩制》。

王欽若向眞宗譖毀寇準，以澶淵之舉爲城下之盟（《宋史·寇準傳》）。

按：宋人皆以澶淵之役爲寇準之功，而未有贊同欽若之論者。如胡仔《苕溪漁隱叢話》後集卷二〇苕溪漁隱曰：澶淵之役，王介甫以爲丞相萊公功第一，張文潛則謂「可能功業盡萊公」，大抵人之議論，各有所見，故爾不同，今具載二詩，識者當能辨之（詩略）。

寇準嘗建議雕印郊禮赦書（《長編》卷六一）。

眞宗賜寇準《晉書》，準上表稱謝（楊億《武夷新集》卷一八《代集賢寇相公謝賜晉書狀》）。

按：程俱《宋麟台故事·校讎》：「咸平三年十月，詔選官校勘《三國志》、《晉書》、《唐書》。……五年，校畢，送國子監鏤板。」據此，《晉書》當在寇準任宰相的景德間刊印成書，故置於此。

景德三年丙午，四十六歲。

二月丁亥（十四日），樞密使王繼英卒，眞

宗對寇準稱贊繼英（《長編》卷六二）。

寇準爲相，嬾於命詞。

宋敏求《春明退朝錄》卷下：唐宰相奉朝請，即退延英（殿），止論政事大體，具進擬差除，但入熟狀畫可。今所存有《開元宰相奏請狀》二卷，鄭畋《鳳池稿草》內載兩爲相奏擬狀數卷，秘府有《擬狀注制》十卷，多用四六，紀其人履歷、性行論請。皆宰相自草；五代亦然。寇萊公謂楊文公曰：「予不能爲唐時宰相，」蓋嬾於命詞也。今中書日進呈差除，退即批聖旨，而同列押字，國初范魯公始爲之。

準在中書，曾薦舉雷孝先（《宋史·雷孝先傳》）。

靳湘爲避寇準父諱改名靳懷德（按《宋史·靳懷德傳》）。

寇準曾出上聯語，楊億應聲而對。

歐陽修《歸田錄》卷下：寇萊公在中書，與同列戲云：「水底日爲天上日，」未有對。而會楊大年適來白事，因請其對，大年應聲曰：「眼中人是面前人。」一坐稱爲的對。

戊戌（二十五日），寇準罷相。同日，王旦拜相（《長編》卷六二）。

寇準上表稱謝（楊億《武夷新集》卷一五《代刑部寇相公謝表》）。

三月庚申（十八日），出知陝州（治今陝西陝縣）。眞宗謂其「多許人官，以爲己恩」，言當深戒之（《長編》卷六二、《宋史·寇準傳》）。

張詠還京經陝州，寇準爲其送行，求教於詠。

《宋史·寇準傳》：及準出陝，詠適自成

都罷還，準嚴供帳，大爲具待。詠將去，準送之郊，問曰：「何以教準？」詠徐曰：「《霍光傳》不可不讀也。」準莫諭其意，歸取其傳讀之，至「不學無術」，笑曰：「此張公謂我矣。」

按：宋祁《張忠定公詠行狀》（《琬琰集》中集卷四四）云詠「景德三年罷歸。

七月，高瓊卧疾，知樞密院王欽若恨瓊附寇準，且沮準澶淵之功，諫止眞宗臨問（《長編》卷六三）。

十一月己未（二十日），眞宗與馮拯論寇準。

《長編》卷六四：十一月己未，上謂輔臣曰：「執政之地，百僚具瞻，品藻擬倫，當務公共，輕諾寡信，怨是用長，不可不戒也。寇準之居相位，多致人言，豈不由此？」馮拯曰：「呂蒙正嘗云：準輕脱好取聲譽，不可不察。」

寇準出訪魏野，魏野《謝知府寇相公降訪》（《鉅鹿東觀集》卷一）有云：「中書兩入寇尙書，出鎭雄藩半載餘。」

《長編》卷七五：野居州之東郊，不求聞達，趙昌言、寇準來守是州，皆賓禮焉。

景德四年丁未，四十七歲。

二月己巳（二日），眞宗至西京洛陽朝祭諸陵，詔從官先塋在洛者，賜告祭拜（《宋史·眞宗紀》二、《長編》卷六五）。

戊寅（十一日），寇準至西京朝見。

二十日，寇準、張齊賢、溫仲舒等隨侍眞宗游觀洛陽內苑（《宋會要》崇儒七之四〇）。

三月乙巳，在東京應召隨眞宗登太清樓，寇準有《應制太清樓觀書》（見《詩集》

卷上）紀其事（《長編》卷六五）。

甲寅，赴後苑宴，有《應制賞花釣魚》詩（見《詩集》卷上）。

寇準在陝州，終日宴遊。

《長編》卷六五：先是，舊相出鎮者，多不以吏事爲意，寇準雖有重名，所至終日宴遊。所愛伶人或付與富室，輒厚有所得，然人皆樂之，不以爲非也。張齊賢儻蕩任情，獲劫盜，或時縱遣之，所至尤不治。上聞之，皆不以爲善。惟敏中勤於政事，所至著稱。上曰：「大臣如臨方面，不當如向敏中耶？」

春暮，召魏野宴集，魏野有詩紀其事。

魏野《謝呈寇相公召宴》（《鉅鹿東觀集》卷一）：「兩度爲霖六鎭臨，春殘公暇宴棠陰。……野人每喜陪樽俎，三入唯愁阻訪尋。」又有《上知府寇相公》（引同上）詩：「文武稟全才，何人更可陪。有官居鼎鼐，無宅起樓臺。聖主詩方和，親王狀始迴。鎭臨求二陝，調燮輟三台。鳳閣須重去，龍旌暫擁來。下車三度雨，上事數聲雷。未暇瞻珪璧，先蒙訪草萊。幾思趨相府，恐懼復徘徊。」

寇準有《贈魏野處士》詩（見《詩集》卷中），魏野有《和呈寇相公見贈》詩（《鉅鹿東觀集》卷一）。

七月，寇準生日，魏野有《寇相公生辰》二首（《鉅鹿東觀集》卷一）。

按：寇準與魏野在陝府逸事多有記載。吳處厚《青箱雜記》卷六云：「世傳魏野嘗從萊公游陝府僧舍，各有留題。後復同游，見萊公之詩已用碧紗籠護，而野詩獨否，塵昏滿壁。時有從行官妓頗慧黠，即以袂就拂之。野徐曰：

『若得常將紅袖拂，也應勝似碧紗籠。』萊公大笑。」事又見今人郭紹虞《宋詩話輯佚》卷上引《古今詩話》。而釋文瑩《續湘山野錄》所記爲孫僅、魏野與長安名姬添蘇之間事，且更具故事性。事屬傳聞，似不足深考。孫僅字鄰幾，孫何之弟。《宋史》有傳。

大中祥符元年戊申，四十八歲。

四月甲午（四日），詔以今年十月有事於泰山，遣官告天地、宗廟、嶽瀆諸祠（《宋史·真宗紀》二、《長編》卷六八）。八月庚戌（二十二日），寇準上表請從祀泰山（《長編》卷六九）。

十一月，從祀孔廟，撰《南宮縚字子容魯人贈郯伯今進封龔丘侯贊》、《公晳哀字季次齊人贈杞伯今進封曲阜侯贊》。

十二月甲辰（十八日），寇準遷官爲戶部尚書（《宋史·真宗紀》二）。

十二月辛亥（二十五日），徙知天雄軍（《長編》卷七〇）。

大中祥符二年己酉，四十九歲。

召魏野至大名。因府會，令妓張八乞詩於野（《墨客揮犀》卷三）。

大中祥符三年庚戌，五十歲。

正月，寇準上言給振武軍士裝錢援送契丹使過境，眞宗謂其「好收人情，以求虛譽」，命備錢償官（《長編》卷七三）。寇準與知雄州兼河北安撫使李允則鬬宴（《長編》卷七三）。

大中祥符四年辛亥，五十一歲。

二月辛酉（十七日），眞宗奉天書詣汾陰脽上祀后土地祇（《長編》卷七五）。寇準遣官候問起居（《宋會要》儀制七之一）。有《和御製祀后土》詩（《詩集》卷上）。

按：眞宗作《祀汾陰禮成詩》，見《長編》卷七五大中祥符四年二月丙寅條。時寇準在大名，和詩當在此之後，而未必作於是月，姑附於所和之詩後。下首同。

三月，眞宗在洛陽作《喜雨述懷歌》（《長編》卷七五），寇準有《奉和御製奉祀述懷歌》（《詩集》卷上）。

四月，改兵部尚書（《碑》）。

九月，河決棣州（治今山東惠民縣），寇準請徙州治河（《宋史·孫沖傳》）。

按《宋史·河渠志》一：大中祥符四年「九月，棣州河決聶家口。」故寇準奏請明在是年九月。又據上引《河渠志》，棣州河堤屢塞屢決，次年本州亦屢請遷徙州治。孫沖，《宋史》本傳：字升伯，趙州平棘人。

大中祥符五年壬子，五十二歲。

九月癸酉，詔寇準爲都大提舉河北巡檢（《長編》卷七八）。

十二月，寇準奏獄空（《長編》卷七九）。

在大名，曾出題試貢士。又因早春宴客，撰詞一首。

《湘山野錄》卷下：在大名日，自出題試貢士，曰《公儀休拔園葵賦》、《霍將軍辭治第詩》。此其志也。詩人魏野獻詩曰：「有官居鼎鼐，無地起樓臺。」采詩者以爲中的。遼使至大名，問公曰：「莫是無地起樓臺相公否？」公因早春宴客，自撰樂府詞，俾工歌之，曰：「春早。柳絲無力，低拂靑門道。暖日籠啼鳥，初坼桃花小。遙望碧天淨如掃。曳一縷、輕煙縹緲。堪惜流年謝芳草，任玉壺傾倒。」

按：大中祥符六年停貢舉，則準試貢士當在二至五年間。準守大名非一載，撰詞於何年之春季，難以確考。又，自撰樂府詞，清張宗橚《詞林紀事》卷三引《湘山野錄》作「自撰《甘草子》詞」。《甘草子》爲此詞詞調。《國老談苑》卷一云：「寇準出入宰相三十年，不營私第，處士魏野贈詩，曰：……洎準南遷，時北使至內宴，宰執預焉，使者歷視諸相，語譯導者曰：『孰是無地起樓臺相公？』畢坐無答者。」所記時間不同。

《談苑》卷四：寇萊公守北門，遼使經由，問曰：「相公望重，何以不在中書？」答曰：「主上以朝廷無事，北門鎖鑰，非準不可。」對遼使問。

大中祥符六年癸丑，五十三歲。

七月，元德皇后升祔太宗廟室（《長編》卷八一）。寇準有《御製慶先后升祔禮成七言六韻奉和》（《詩集》卷上）。

寇準在大名府，異待朝城縣縣令張存（《宋史·張存傳》）。

與侍妾蒨桃有唱和。

阮閱《詩話總龜·前集》卷二三引《翰府名談》：寇萊公有妾曰蒨桃。公因會，贈歌者以束綾，蒨桃作二詩呈公，曰：「一曲清歌一束綾，美人猶自意嫌輕。不知織女螢窗下，幾度拋梭織得成？」「風勁衣單手屢呵，幽窗軋軋度寒梭。臘天日短不盈尺，何似燕姬一曲歌！」公和曰：「將相功名終若何，不堪急景似飛梭。人間萬事何須問，且向尊前聽艷歌。」

十二月丙寅（九日），權東京留守（《長編》卷八一）。

奏請宣示丁謂上貢芝草（《長編》卷八一）。

大中祥符七年甲寅，五十四歲。

二月五日，眞宗自亳州還京，寇準迎對於幄殿（《宋會要》禮五一之六）。

王旦薦寇準可任樞密使（《長編》卷八四）。

六月乙亥（二十一日），除樞密使、同平章事（《長編》卷八二）。

彈劾廣南西路轉運使高惠連嚴酷無廉譽（《長編》卷八三）。

十二月庚午（十八日），以上玉皇聖號奏告玉清昭應宮，命宰臣王旦爲奏告大禮使，宰臣向敏中爲儀仗使，樞密使寇準爲鹵簿使，參政丁謂爲禮儀使，樞密副使王嗣宗爲橋道頓遞使（《宋會要》禮五一之八、《長編》卷八三）。

是年，因吐蕃李立遵言願破夏州趙德明，寇準對其厚加賜予（《長編》卷八五）。

大中祥符八年乙卯，五十五歲。

正月，徙棣州於陽信縣（今山東陽信縣）八方寺，議當出於寇準（《宋史·孫沖傳》）。

三月戊戌（十八日），趙安仁等上禮部合格人數姓名。眞宗謂宰相曰：「今歲舉場，似少謗議。」王旦曰：「條式備具，可守而行，至公無私，其實由此。」（《長編》卷八四、《續資治通鑑》卷三二）

癸卯（二十三日）殿試，賜蔡齊以下一九十七人進士及第。寇準素惡南人輕巧，喜謂同列曰：「又與中原奪得一狀元。」（《長編》卷八四）。

寇準任樞密使期間未可確切繫年事，總述於下：與樞密副使王嗣宗、曹利用二人不叶（《長編》卷九五、《宋史·王嗣宗傳》）；多次向眞宗上報和稱説王旦過失（《長編》卷八四）；數次與三司使林特忿爭（《長編》卷八四）；使人通王旦求爲使相，王旦明拒而暗薦之（《長編》卷八四）。

四月壬戌（十三日），罷樞密使，授同中書門下平章事、持節鄧州諸軍事、行鄧州刺史、充武勝軍節度使、鄧州管内觀察處置使（《碑》、《長編》卷八四）。

寇準上表辭使相恩命（《宋會要》禮五九之三），又上表請罷免迎受禮儀（《宋會要》禮五九之三）。

五月甲申（四日），命知河南府兼西京留守司事（《長編》卷八四）。

二十五日，離京赴任。行前，宴餞於崇政殿（《宋會要》禮四五之九）。

八月，奉命照管故相呂端之子呂藩、呂荀（《宋會要》選舉三二之一二）。

薦范雍爲河南通判（《琬琰集》上集卷二六范鎮《范忠獻公雍神道碑》）。

奏留燕肅於河南府（《宋史·燕肅傳》）。

奏辟張子皐爲記室（尹洙《河南先生文集》卷一七《直史館柱國賜緋魚袋張公墓誌銘》）。

按：據上引《墓誌銘》，子皐後爲寇準女婿，《宋史·張齊賢傳》後有附傳。

在洛陽，有《洛陽有懷岐山舊遊》（《詩集》卷中）詩。《憶岐下舊遊》（《詩集》卷中）疑亦作於洛陽任上。

三邀魏野，野不至，寇準訪之（蔡正孫《詩林廣記》後集卷九引《古今詩話》）。

按：《詩林廣記》引於魏野《謝寇萊公見訪》（當作《謝知府寇相公降訪》）

一詩下，誤。《宋詩話輯佚》卷上所引《古今詩話》，則與此詩無涉。又見本譜前景德三年譜文。

大中祥符九年丙辰，五十六歲。

二月壬午（六日），徙判永興軍（《長編》卷八六）。

向敏中《寄寇平仲》（《古今合璧事類備要》前集卷三九）云：「九萬鵬霄振翼時，與君同折月中枝。細思淳化持衡者，得到於今更有誰！」寇準《和向相公見寄》（《詩集》卷中）云：「玉殿登科四十年，當時交友盡英賢。歲寒唯有君兼我，頭白猶持將相權。」（吴處厚《青箱雜記》卷五）

到任，有《初到長安書懷》（《詩集》卷中）詩。

三月乙丑（二十一日），寇準前姪女婿高清以受賕枉法流配沙門島（《長編》卷八六）。

四月，寇準上言嚴責永興軍高利貸豪民（《長編》卷八六）。

時李福爲永興軍都部署，善事寇準（《長編》卷九六）。

劉平以寇準薦舉爲殿中丞、知瀘州，當在是年（秦觀《淮海集》卷三四《録壯愍劉公遺事》）。

按永興軍治京兆府，即三國時魏雍州治所。《遺事》言「雍帥」，知薦劉平時在永興任内。而據《長編》卷八九，劉平於次年（天禧元年）五月，以殿中丞被召，任命爲監察御史。是遷官爲殿中丞在次年五月前，故繫寇準薦劉平於是年之末。劉平字士衡，開封祥符人。《東都事略》卷一一〇、《宋史》卷三二五有傳。

奏舉張子皋知萬年縣（尹洙《河南先生文集》卷一七《直史館柱國賜緋張公墓誌銘》）。

天禧元年丁巳，五十七歲。

二月，除山南東道節度使、判襄州（《長編》卷八九）。

七月，在永興軍上言部内蝗蟲多抱草死（《長編》卷九〇）。

四明知禮法師結僧修懺，期以三載，并趨火化。寇準薦賜紫服勸其留世（《湘山野録》卷下）。

薦舉彭乘當於是年（《宋史·彭乘傳》）。

天禧二年戊午，五十八歲。

七月，寇準慶生辰，因服用僭侈爲人所劾（王鞏《聞見近録》、《宋史·王旦傳》）。

《送轉運梅學士詢巡邊郡四首》（《詩集》卷中）絶句當作於是年冬。

天禧三年己未，五十九歲。

三月，寇準奏天書降乾祐山中（《續資治通鑑》卷三四）。

寇準在永興軍任内事迹無確定年月者，并繫於下：寛宥王凱並薦其爲官（《宋史·王全斌傳》附《王凱傳》）；薦舉隱士高懌（《宋史·高懌傳》）；爲王遵誨平息家事（《長編》卷九三）；黥有罪者徙湖南，有人密告其謀叛（《宋史·吕夷簡傳》）；嘲丁謂奏記仙鶴事（魏泰《東軒筆録》卷二）；寇準所愛惜之鼓鐶脱落，燕肅爲之固定（歐陽修《歸田録》卷下）；曾強人飲酒（吴曾《能改齋漫録》卷一八）。

在長安期間，有《憶洛陽》、《春日長安故苑有懷》、《遊花巖寺》、《長安春望感懷》（《詩集》卷中）、《長安春書》、《長安春日》、《宮詞》、《柳》、《杜陵》（《詩集》卷下），似皆作於此期間。

四月己亥（十二日），召寇準赴闕（《長編》卷九三）。

五月甲申（二十八日），寇準至東京朝見。臨行前，門生有勸阻者（《長編》卷九三）。

六月戊戌（十三日），寇準再拜相（《長編》卷九三）。

有《判都省感懷》（《詩集》卷下）詩。

七月戊辰（十四日），爲天書同儀衛使（《宋會要》禮二八之八〇）。

寇準生辰，魏野贈有《寇相公生辰因有寄獻》（《鉅鹿東觀集》卷一）詩。

按《詩林廣記》後集卷九引《古今詩話》云：「及公再秉鈞軸，野游門下，獻詩云：『好去上天辭富貴，卻來平地作神仙。』公得詩不悅。後二年貶通州，每題前詩於窗，朝夕吟哦之。」《國老談苑》卷一云：「寇準再入中書，魏野貽詩曰：『好去上天辭富貴，卻來平地作神仙。』未幾南遷，常誦此詩句。」而《苕溪漁隱叢話》後集卷二〇引《蔡寬夫詩話》則云「萊公自永興被召，魏野以詩送之」云云，與時間不合。寇準離開永興在五月，魏野不當預作七月間的生辰詩。所記蓋誤。當以《古今詩話》所載爲是。

八月，寇準上言京城內外犯盜賊人刺配事（《宋會要》刑法四之九）。

是月，言官麴事（《宋會要》食貨二〇之五）。

九月丙子（二十三日），眞宗召寇準等於清景殿觀書，并賜寇準等詩（《宋會要》禮六二之三六、《長編》卷九四），寇準有《御製乃眷儲闈方崇學術錫羣書於冊府勵至業於承華日命近班同觀盛事七言十韻詩一首奉聖旨次韻》（《詩集》卷上）紀其事。

辛巳（二十八日），寇準、李迪與真宗論皇太子嚴重溫裕、勤道力學（《長編》卷九四）。

黄河在滑州決口後，大興力役，道殍相望，右正言劉燁上奏請罷宰相，疑在是年八、九月間（《長編》卷九六）。

按：又見《宋史·劉溫叟傳》附。據《宋史》附傳及《長編》卷九三、九四，河決滑州在是年六月，州邑被患者三十二。八月庚戌，遣使安撫水災州軍，劉燁出使負責京西路，滑州即其所屬。十月辛亥，朝廷「詔滑州修河兵夫，方屬凝寒，宜令官吏常切存撫，無令失所。」疑當與劉燁上奏有關，故姑附於此。又，時向敏中與寇準並相，劉燁似偏重於針對寇準。

十月己酉（二十六日），知審刑院盛度言在京及諸路止有斷案三道，寇準上言稱賀（《長編》卷九四）。

十一月辛酉（九日），寇準等面陳太子不可謙抑大禮序位（《宋會要》儀制三之一一）。

寇準爲女婿王曙改變封母、妻舊制，議者非之（《長編》卷九四）。

二十五日，在天安殿上真宗尊號冊文（《宋會要》禮四九之一一、《宋大詔令集》卷六）。

丁謂爲寇準拂鬚，爲準所笑，甚感羞愧（《長編》卷九三）。

十二月辛卯（九日），南郊畢，除尚書右僕射、集賢殿大學士（《宋宰輔編年録》卷三）。

是年，薦李淑（《宋史·李淑傳》）。

薦狄棐爲益州通判（《宋史·狄棐傳》）。

天禧四年庚申，六十歲。

知制誥李諮積憤於寇準，乞外任，二月乙巳（二十三日），出知荆南府（《長編》卷九五）。

是月，眞宗與周懷政、寇準等共謀以太子監國（《長編》卷九六）。

寇準與李迪、丁謂議太子監國（《宋史·李迪傳》）。

按：又見《長編》卷九六天禧四年十一月庚午條附。據此，議太子監國初非密謀，乃大臣公議之事。據《宋史》本傳及《東都事略》卷五一本傳：李迪字復古，濮州鄄城人。

四月，薦任布知越州（《宋史·任布傳》）。

寇準素惡王嗣宗爲人，五月庚申（十日），特命致仕（《長編》卷九五）。

寇準再入相期間不能確繫時日事，幷繫於下：陳從易以父老求鄉郡，寇準惡其疏己，改除他州（《宋史·陳從易傳》）；與樞密副使周起赴簽署樞密院事曹瑋家醉飲（《長編》卷九六）。

五月二日，寇準劾奏劉美受賕，請行法勘治（《長編》卷九五）。

司馬光《涑水紀聞》卷七：劉氏宗人横於蜀中，奪民鹽井，上以后欲捨其罪，萊公固請必行其罪。

按：據此，寇準劾奏劉美當不誤，故繫。又，劉美原名龔美，與劉皇后本爲夫妻，眞宗納劉后爲美人時，龔美遂改姓劉，與劉后爲兄妹相稱。事見《長編》卷五六景德元年正月條。

太子監國密謀洩漏，六月丙申（十六日），寇準罷相，以太子太傅歸班，封萊國公（《長編》卷九五）。

按：以太子監國，原爲宰輔中公議之事，因丁謂反對，寇準等乃轉而密謀。又，《長編》言密謀爲寇準酒醉所洩，一說爲楊億洩漏。蘇轍《龍川別志》卷上云：「眞宗晚年得風疾，自疑不起，嘗卧枕宦者周懷正股與之謀，欲命太子監國。懷正，東宮官也。出與寇準謀之，遂議立太子、廢劉氏、黜丁謂，使楊億草具詔書。億私語其妻弟張演曰：『數日之後，事當一新。』稍洩，丁謂夜乘婦人車與曹利用謀之，誅懷正、黜寇準」云云。李燾注云：「不知《別志》何所據。」立太子、廢劉后，爲寇準罷相後周懷正之謀，與準無涉，億所草乃太子監國表爾。李燾於《長編》中已詳辨之，蓋《別志》誤將二事混而爲一。參《寇準罷相以太子太傅歸班封萊國公制》（《宋大詔令集》卷六六）。

寇準女婿王曙，將楊億所草太子監國奏稿付妻子密藏（《長編》卷一一四）。

六月二十五日，閤門乞七月一日先天節依僕射例賜寇準筵壽帶縷（《宋會要》禮五七之三一）。

七月辛酉（十二日），應召觀御苑嘉穀，宴於玉宸殿（《長編》卷九六），《瑞慶園觀稼奉聖旨次韻》（《詩集》卷上）詩疑爲此而作。

癸亥（十四日），錢惟演在眞宗前又詆寇準

交結中外以求再用（《長編》卷九六）。

壬申（二十三日），寇準入對，既而又與李迪於眞宗前論辯。丁謂奏請令寇準出外，眞宗不許。

《長編》卷九六：上既從錢惟演之言，擢丁謂首相，加曹利用同平章事，然所以待寇準者猶如故。謂等懼，謀益深。是日，準入對，具言謂及利用等交通蹤跡，又言：「臣若有罪，當與李迪同坐，不應獨被斥。」上即召迪至前質之，兩人論辨良久，上意不樂，迪再三目準令退。及俱退，上復召迪入對，作色曰：「寇準遠貶，卿與丁謂、曹利用並出外。」迪言：「謂及利用須學士降麻，臣但乞知一州。」上沈吟良久，色漸解，曰：「將取文字來。」迪退，復作文字卻進，上遽洒然曰：「卿等無他，且留文字商量。」更召謂入對，謂請除準節鉞，令出外，上不許。

次日，楊崇勳等密告周懷政作亂，二十五日，懷政伏誅（《長編》卷九六）。

丁丑（二十八日），寇準坐與周懷政交通，降知相州（治今河南安陽市），連坐者甚衆。

《長編》卷九六：丁丑，太子太傅寇準降授太常卿、知相州。翰林學士盛度、樞密直學士王曙並落職，度知光州，曙知汝州，皆坐與周懷政交通，而曙又準婿也。準親吏張文質、賈德潤並黜爲普寧、連山縣主簿，及朱能敗，又除名，配隸封、貴州。朝士與準親厚者，丁謂必斥之。楊億尤善準，而請太子監國奏又億所草也。及準敗，丁謂召億至中書，億懼，便液俱下，面無人色。謂素重億，無意害之，徐曰：「謂當改官，煩公爲一好詞耳。」億乃稍安，卒保全之。當時宰相愛才如此，謂雖姦邪，議者亦以此稱焉。

寇準被逐，時京師有民謠云：「欲得天下寧，當拔眼中丁；欲得天下好，莫如召寇老。」（《長編》卷九九）。

劉燁爲王曙餞行（《長編》卷九六）。

丁謂等不愿寇準居内郡，八月甲申（五日），徙知安州（治今湖北安陸縣）（《長編》卷九六）。

經方城縣，有《途次方城》（《詩集》卷下）詩。

永興軍朱能帥所部兵叛逸，詔發兵追捕。朱能入桑林自縊死（《長編》卷九六天禧四年八月甲申條）。壬寅（二十八日），寇準坐朱能叛，貶道州司馬。次日癸卯，衛尉卿慎從吉爲光祿卿致仕，司封郎中、兼侍御史知雜事杜堯臣改衛尉少卿知陝州，皆坐與寇準親善（《長編》卷九六）。

其餘受寇準及此案牽連之人，附記於下：閤門祗候穆介、知永興軍府朱巽、轉運使梅詢、劉楚、知鳳翔府臧奎等坐與周懷政、朱能交結相稱薦，皆論罪。凡朝士及永興、鳳翔官吏與寇準厚善者，悉降黜焉（《宋史·周懷政傳》、《宋史·梅詢傳》）。徙任布於建州（《宋史》本傳），出燕肅知越州（《宋史》本傳）。寇準女婿張子皋坐姻戚出監西京監院（尹洙《河南先生文集》卷一七《直史館柱國賜緋魚袋張公墓誌銘》）。

寇準行次棗陽（今屬湖北），接八月壬寅貶道州司馬詔書（《碑》）。

過襄州（今湖北襄樊），有《題驛亭》詩

（葉夢得《石林詩話》卷中）。

途經鼎州（今湖南常德）甘泉寺，題於東檻曰：「平仲酌泉經此，回望北闕，黯然而行。」（《湘山野録》卷上、魏泰《臨漢隱居詩話》）。

過永興（今屬湖南），有《經郴州永興驛》（《詩集》卷下）詩。

過零陵（今湖南永州），行李被溪洞土人抄掠，其酋長急遣人送還（《碑》）。

九月己未（十一日），樞密副使周起、簽署樞密院事曹瑋被指爲寇準同黨罷出（《長編》卷九六、《宋史·周起傳》、《宋史·曹瑋傳》）。朝廷爭鬭愈演愈烈，十一月，李迪入對，彈劾丁謂等人，言寇準無罪（《長編》卷九六）。

十二月，眞宗與丁謂、馮拯、王欽若議寇準（《長編》卷九六引徐度《國紀》）。

天禧五年辛酉，六十一歲。

在道州貶所。道州當權者謂準逾禮，準拒駁之（《國老談苑》卷二）。

在道州起樓，閑時讀書，或接待賓客（《長編》卷九六）。

按：《宋名臣言行錄·前集》卷四引張師正《倦遊錄》：公始謫道州司馬，素無公宇，百姓聞之，競荷瓦木，不督而會，公宇立成，頗亦宏壯。守土者聞於朝，遂再有海康之行。」與《長編》、《碑》所載不同，俟考。江少虞《皇朝事實類苑》卷一一亦引《倦遊録》，較上引前多二句，云：「袁抗大監嘗言曾守官營道，聞吏言，寇萊公始謫爲州司馬」云云。海康，今廣東海康縣，爲雷州治所（《元豐九域志》卷九），寇準貶雷州見次年。

在道州，有《春陵聞雁》（中《詩集》卷中）二首。

罷黜歲餘，眞宗有「目中久不見寇準」之嘆（《長編》卷九六）。

乾興元年壬戌，六十二歲。

在道州貶所。

陳從易爲荆湖南路轉運使，言當以故相奉事寇準（《長編》卷九八）。

二月戊辰（二十九日），寇準坐與周懷政交通，再貶爲雷州司戶參軍。李迪坐與寇準朋黨，貶爲衡州團練副使（《長編》卷九八）。

《歸田錄》卷上：時丁晉公與馮相拯在中書，丁當秉筆，初欲貶崖州，而丁忽自疑，語馮曰：「崖州再涉鯨波，如何？」馮唯唯而已，丁乃徐擬雷州。及丁之貶也，馮遂擬崖州。當時好事者相語曰：「若見雷州寇司戶，人生何處不相逢。」

丁謂欲逼死寇準、李迪。寇準鎮靜以待，丁謂計不得逞；李迪賴幕客鄧餘得免於難（《長編》卷九八）。

寇準過臨海縣，有《臨海驛夏日》（《詩集》卷下）詩。

冒炎瘴，日行百里至雷州（《長編》卷九八）。

七月辛卯（二十四日），丁謂再貶爲崖州司戶參軍，責詞爲宋綬所草（《長編》卷九九）。

寇準派遣人在雷州境內迎候丁謂，饋送一只蒸羊（《長編》卷九九）。

按：《碑》載丁謂貶經雷州，無寇準饋羊一節，云：「無幾何謂敗，得竄，道由海康。準從者有欲釋憾，謀不利於謂，準知之，陳大席一廡間，設戲具，悉召坐，且命之博奕，因隱几觀焉。聞謂行，乃罷。」疑《碑》載近實。

天聖元年癸亥，六十三歲。

在雷州貶所。有《海康西館有懷》（《詩集》卷下）詩。

賈同上書言寇準無罪（《宋史·賈同傳》）。

閏九月戊戌（七日），寇準卒於雷州，享年六十三歲（《碑》、《長編》卷一〇一）。

癸卯（十二日），詔令寇準爲衡州司馬（《碑》、《宋會要》職官七六之九、《長編》卷一〇一）。

許歸葬寇準於洛陽，途經湖北公安縣，縣人皆路祭（《墨客揮犀》卷一）。

寇準著述：文章於生前已散佚。《全宋文》卷一八二收其文九篇。

《碑》：平生著述，於章疏尤工，國政民事無巨細，鈎校利害，爲上悉陳之，其旨粹，其言簡，故多所開益，餘稿即焚滅棄去，雖至戚不得見。

本譜所輯可繫年之佚文，已略述如上，此外尚有《六悔銘》（《小學紺珠》卷一〇、《永樂大典》卷八二六九），難以繫年。

有詩集三卷傳世，爲范雍所編。

按：見范雍《忠愍公詩序》（《詩集》卷首附）據文意，此集當編輯於景祐二年追謚寇準稍後，爲《忠愍公詩集》的最早編本。《四庫全書總目》卷一五二云：「後河陽守范雍裒合所作二百餘篇，編爲此集。」近人張元濟《忠愍公詩集跋》（《詩集》後附）云：「寇萊公先自擇百餘篇刊於巴東，爲《巴東集》。後知河陽軍州事范雍增輯爲二百四十首，類而第之，分爲上中下三卷，特未著刊版年月。」《宋史·藝文志》七注錄有「《寇準詩》三卷，又《巴東集》一卷。」今本《忠愍公詩集》三卷共有詩二百五十二首（組詩以一首計），北京大學古文獻研究所編纂之《全宋詩》冊二寇準卷，另輯得佚詩十五首，尚不包括若干殘句。較之范雍所編之「共二百四十首」（范雍《詩序》中語），多出二十七首。其原因或如《四庫全書總目》所言，「雍殆有所持擇，特爲刪汰，非遺漏也」。又按：范雍所編之本，即爲現存各種版本寇準詩之祖本。現存各種版本繁夥，玆不一一列錄。《全宋詩》卷八九至九二編其詩爲四卷。

有不可繫年之佚詞三首。即《陽關引》（《苕溪漁隱叢話》後集卷九）、《踏莎行令》（《樂府雅詞拾遺》卷上）、《點絳脣》（《詞徵》卷五）。《全宋詞》第一冊收其詞四首，《全宋詞補輯》錄其詞一首。

寇準後代：準無子，過繼寇隨爲子（《碑》）。《宋史·藝文》七注錄有「《寇隨詩》一卷」。

有女四人，長適樞密使、尚書吏部侍郎、同中書門下平章事王曙，次適太府卿畢慶長，次又爲畢氏繼室，次適司封員外郎、直史館張子皋（《碑》）。

有孫男四人：長寇譓，贊善大夫；次寇誦、寇誠，並大理評事；次寇諭，未仕（《碑》）。

四世孫可考者有一女。

王明清《揮麈餘話》卷二云：陳彥育序，丹陽士子，從後湖蘇養直學詩，造其三昧。向伯恭爲浙漕，訪養直於隱居，彥育適在座，一見喜之，邀與之共途，益以契合，遂以其愛姬寇氏嫁之。攜歸逾年，伯恭登從班。乃啓於思陵，云：「寇氏萊公之玄孫，其後獨有此一女，乞以一官與其夫陳序。」遂詔特補和州文學。

按：此女即寇隨之曾孫。陳序字彥育，號碧巖居士，金壇人。紹興二十六年改勑令所删定官。有《碧巖集》。見《京口耆舊傳》卷六。蘇庠字養直，號青翁，又號後湖居士，泉州人。有《後湖集》。見《京口耆舊傳》卷四。向子諲字伯恭，臨江人，向敏中玄孫。紹興間仕至戶部侍郎。《宋史》有傳。思陵指宋高宗。

仁宗明道二年癸酉三月，追復寇準太子太傳舊官（《長編》卷一一三）。

十一月甲戌（十二日），贈中書令，復萊國公。其婿張子皋特復直史館，齎詔赴洛陽祭酹寇準。并詔河南府勘會其本房兒孫（《長編》卷一一三、《宋會要》選舉三二之一三）。

景祐二年乙亥七月甲申（三日），賜謚曰忠愍（《長編》卷一一七、《續資治通鑑》卷四〇）。

景祐四年丁丑閏四月，賜寇準之孫爲守將作監主簿（《宋會要》選舉三二之一四）。

嘉祐二年丁酉五月十六日，寇諲上其祖寇準所著文集十卷（《宋會要》崇儒五之二四）。

哲宗紹聖二年乙亥，爲寇準建祠廟於雷州。

高宗紹興五年乙卯，賜廟額曰旌忠（《宋會要》禮二〇之三九）。

丁謂年譜

（日本）池澤滋子 編

巴蜀書社一九九八年版《丁謂研究》附

丁謂（九六六—一〇三七），字謂之，後更字公言，蘇州人。少與孫何友善，王禹偁極賞其文，人稱「孫丁」。淳化三年登進士，爲大理評事，通判饒州。累官至樞密使、同中書門下平章事，封晋國公。仁宗時爲爲真宗山陵使，坐與内侍勾結，再貶爲崖州司户，徙雷州。明道中以秘書監致仕，居光州。景祐四年卒。丁謂爲人機敏多智，善揣摩人意，真宗朝興建宫觀，大興祥異，丁謂與王欽若難辭其咎。至傾陷寇準，媒孽尤甚。其人其事不足稱，而以詩文有聲於後世。其四六文言辭婉約，尤工歌詩，嘗參預西崑派詩人唱酬，風格不全與西崑派相同，王禹偁稱其詩「效杜子美，深入其間」。著有《丁謂集》八卷、《虎丘録》五十卷等，今僅存《丁晋公談録》一卷。事迹見《宋史》卷二八三本傳。

鄭再時《西崑唱和詩人年譜》、曾棗莊《西崑酬唱集詩人年譜簡編》中均有丁謂年譜，係合譜。本譜爲專譜，由日本池澤滋子所編，原爲《丁謂研究》附録。此次重刊，有所釐訂。

譜前

丁謂，蘇州長洲人。

《宋史》卷二八三《丁謂傳》：丁謂字謂之，後更字公言，蘇州長洲人。

《中吳紀聞》卷一《丁晉公》：公諱謂，字謂之。家世於冀，其祖仕錢氏，遂爲吳人。

少負才名，善爲古文，尤工詩什。

《郡齋讀書志》卷一九：（丁謂）幼聰敏，書過目輒記不忘。善爲古文章，尤工詩什。

《歸田錄》卷上：丁晉公……少以文稱，晚年詩筆尤精。

《宋史·丁謂傳》：文字累數千百言，一覽輒誦。……善談笑，尤喜爲詩，至於圖書、博奕、音律，無不洞曉。每休沐會賓客，盡陳之，聽人人自便，而謂從容應接於其間，莫能出其意者。

祖父，丁守節。

《中吳紀聞》卷一《丁陳范謝》：錢武肅王鏐之子廣陵王元璙，廣陵王之子威顯王文奉：皆爲中吳軍節度使，開府於蘇。時有丁、陳、范、謝四人同在賓幕：丁諱守節，陳諱贊明，范諱夢齡，謝諱崇禮，職中吳軍節度推官，俱以長者稱。守節者，丞相謂之祖。

爲王禹偁所盛稱，認爲他「文類韓、柳，詩類杜甫」。

王禹偁《送丁謂序》：其詩效杜子美，深入其間；其文數章，皆意不常而語不俗，若雜於韓、柳集中，使能文之士讀之，不之辨也。由是兩制間咸願識其面而交其心，翰林賈公尤加嘆服。

《郡齋讀書志》卷一九：憸巧險詖，世鮮其儔。

《宋史·丁謂傳》：謂機敏有智謀，憸狡過人。

處變不驚，榮辱兩忘，人服其量。

《東軒筆錄》卷三：後移道州，旋以秘書監致仕，許於光州居住，流落貶竄十五年，髭鬢無斑白者，人亦伏其量也。在光州，四方親知皆會，至食不足，轉運使表聞。有旨給東京房錢一萬貫，爲其子珙數日呼博而盡。臨終前半月，已不食，但焚香危坐，默誦佛書，以沉香煎湯，時時呷少許。啓手足之際，付囑後事，神識不亂，正衣冠，奄然化去。其能榮辱兩忘，而大變不怛（畏懼，驚嚇），眞異人也。

乾德四年丙寅，一歲。

又《薦丁謂與薛太保書》：有進士丁謂者，今之巨儒也，其道師於六經，汎於群史，而斥乎諸子；其文類韓、柳，其詩類杜甫，其性孤特，其行介潔，亦三賢之儔也。

又《答鄭褒書》：天下舉人，日以文湊吾門，其中傑出群萃者，得富春孫何、濟陽丁謂而已。

又《贈孫何丁謂》：三百年來文不振，直從韓、柳到孫、丁。如今便合教修史，二子文章似六經。

爲人憸巧險詖，立朝無所建明，而貽天下之禍。

李覯《答李觀書》（《盱江集》卷二八）：彼孫、丁之文，舉人之雄者耳，其立朝不聞有所建明，而貽天下之禍，爲吾徒羞。

八月己亥，丁謂生。

《續資治通鑑長編》卷一二〇景祐四年丁丑四月己亥：光州言秘書監致仕丁謂卒。《隆平集》卷四《丁謂傳》：卒年七十二。自景祐四年（一〇三七）上推七十二年，丁謂當生於此年。

《續資治通鑑長編》卷八七大中祥符九年八月己亥：「丁謂面陳，生日蒙降賜生餼、酒、樂，令就私第宴會，優異之禮，非臣敢當。」本此，可知丁謂生於此年八月二十八日。

乾德六年、開寶元年戊辰，三歲。

行冠禮。

《後村詩話》後集卷一引丁謂《青衿集自序》云：謂三歲欲齒諸兄，行冠禮，祖母云：「汝能諷五七言詩數十章，當汝從。」至翌日能誦之，遂免總角。

開寶四年辛未，六歲。

讀《華嚴經》。

《後村詩話》後集卷一引丁謂《青衿集自序》云：六七歲，侍祖母讀《華嚴經》，即解句讀，辨難字。

太平興國四年己卯，十四歲。

爲前輩所推。

《後村詩話》後集卷一引丁謂《青衿集自序》云：十四五舉業，爲前輩推賞，擢高第，登貴仕，皆早學之力。

端拱二年己丑，二十四歲。

作《大蒐賦》。

丁謂《大蒐賦序》：今國家大蒐，行曠古之禮，辭人文士不宜無歌詠，故作《大蒐賦》。賦云：若陛下自膺寶命，臨萬方，動必法度，舉皆故常。……九年三月，升於糾壇；十有三年，躬耕籍田。

按：序中「陛下」指太宗，太宗即位爲九七六年，加十三年，「國家大蒐」當在此年。

淳化元年庚寅，二十五歲。

作《書異》。

《書異》：淳化元年，許夏旱，五月乙卯，震，雨雹，大風拔木，屋瓦悉飄。

淳化二年辛卯，二十六歲。

謁王禹偁，王以韓愈、柳宗元、杜甫比之。

《宋史·丁謂傳》：少與孫何友善，同袖文謁王禹偁，禹偁大驚重之，以爲自唐韓愈、柳宗元後，二百年始有此作。世謂之孫、丁。

王禹偁《送丁謂序》（《小畜集》卷一九）：「是秋（孫）何訪僕，既與之交，又得生（丁謂）之履行甚熟，且渴其惠顧於我也。今春生果來，益以新文二編，爲書以投我。」可見是王先認識孫何，後認識丁謂，而非《宋史》所說的孫、丁「同袖文謁王」。又見王禹偁《薦丁謂與薛太保書》（《小畜集》卷一八）。

贄文求見龔穎，穎亦以韓、柳許之。

《青箱雜記》卷二：（龔）穎自負文學，少許可，又談論多所折難。太宗朝知朗州，士罕造其門，獨丁謂贄文求見。穎倒屣延迓，酬對終日，以至忘食。曰：「自唐韓、柳後，今得子矣。」異日，丁獻詩於穎，穎次韻和酬曰：「膽怯何由戴鐵冠，祇緣昭代奬孤寒。曲肱未遂違前志，直指無聞是曠官。三署每傳朝客說，五溪閑憑郡樓看。祝君早得文場雋，況值天堦正舞干。」

按：《中吳紀聞》卷一《丁晉公》，以此詩爲其「先叔祖端公」作，穎謚端。

淳化三年壬辰，二十七歲。

登進士第，通判饒州。

柳開《贈諸進士詩並序》（《河東先生集》卷一三）：開淳化二年夏，歸自桂林，寄家於許州。抵京師，見諸進士之尤者，作詩贈之：「今年舉進士，必誰登高第。孫傳及孫僅（孫傳後改名何），外復有丁謂。」

《中吳紀聞》卷一《丁晉公》：淳化三年，公登進士科，名在第四，與孫何俱有聲。當時王黄州有詩云：「三百年來文不振，直從韓、柳到孫、丁。如今便合教修史，二子文章似六經。」

《宋史·丁謂傳》：登進士甲科，爲大理評事、通判饒州。（又見《隆平集》卷四）。

在饒州遇異人。

《宋史·丁謂傳》：謂初通判饒州，遇異人曰：「君貌類李贊皇。」既而曰：「贊皇不及也。」

按：「李贊皇」指唐代宰相李德裕，「拜中書門下平章事，封贊皇縣伯」。（《新唐書》卷一八〇《李德裕傳》）。

作《戲答白稹》詩。

《湘山野錄》卷下：丁晉公釋褐授饒倅，同年白稹爲判官。稹一日以片幅假緡於公……晉公笑曰：「是給我也。榜下新婚，京國富室，豈無半千質具邪？懼余見撓，固矯之爾。」於簡尾立書一闋，戲答曰：「欺天行當吾何有，立地機關子太乖。五百青蚨兩家闕，白洪崖打赤洪崖。」

淳化五年甲午，二十九歲。

直史館，以太子中允爲福建路採訪。

《宋史·丁謂傳》：淳化三年……踰年直

史館，以太子中允爲福建路採訪。

至道元年乙未，三十歲。

爲福建轉運使。

《宋史·丁謂傳》：（自福建路採訪）還，上茶鹽利害，遂爲轉運使，除三司戶部判官。（又見《隆平集》卷四）。

王禹偁爲詩送之。

《小畜集》卷一一《送丁謂之再奉使閩中》：繡衣直指東南夷，入奏風謠受聖知。持節又從三殿出，演綸還較一年遲。朝中謬拜推賢表，江畔空吟惜別詩。郡印喧卑文會少，爲君搔首落花時（自注：予在西掖嘗舉謂之）。

據「再」字，此詩當作於丁謂任福建轉運使時。按：本傳載丁謂爲福建路轉運使的時間不具體，還應該考慮幾個可能性。比如說，在徐規《王禹偁事迹著作編年》裏，王這首詩繫至道三年（九九七）揚州任內作。但是目前徐氏依靠的資料尚不清楚，而採訪使爲臨時差遣，所以本篇認爲丁謂在淳化五年（九九四）爲福建路採訪，第一次去福建，還，第二年春天，王禹偁正在朝廷，此時丁又被任命爲福建轉運使，再去福建。

作《贈方江二君》詩。

按：詩有「偶向嚴堂弔子陵」語，子陵臺在浙江桐廬縣，故疑爲福建任內作。

將命甌閩，始與白蓮詩社交往。

孫何《白蓮社記》：（丁謂）頃歲將命甌閩，息肩鄉里，復又寫二林之幽勝，集群彥之歌詩，作爲冠篇，鼎峙蘭若。

作《詠泉州刺桐》及有關茶的詩文。

《詠泉州刺桐》：「聞得鄉人説刺桐，葉先花發始年豐。我今到此憂民切，祇愛青青不愛紅。」又作《以詩送宣賜進奉紅綃封龍字茶與璉禪師》、《煎茶》等詩和《進新茶表》。

按：此數事均與福建及貢茶事有關，當作於任官福建時。

歲貢龍茶，作《建陽茶録》三卷。

蔡襄《進茶録序》：昔陸羽《茶經》不第建安之品，丁謂《茶圖》獨論採造之本。

丁謂《北苑焙新茶並序》云：建州出茶有焙，……工甚大，造甚精，皆載於所撰《建陽茶録》（《建陽茶録》已佚，少數佚文見於《宣和北苑貢茶録》和《東溪試茶録》），仍作詩以大其事。（又見《宣和北苑貢茶録》、《鶴林玉露》、《郡齋讀書志》、《宋史》卷二〇五《藝文志》等）。

丁謂歲貢龍茶，多爲後人所譏。

蘇軾《荔枝嘆》：君不見武夷山邊粟粒芽，前丁後蔡相籠加（自註：大小龍茶，始於丁晉公，而成於蔡君謨）。

王禹偁爲《答鄭褒序》稱鄭褒之道與孫、丁同。

《答鄭褒序》（《小畜集》卷二〇）：今春，吾自西掖召拜翰林學士，……是生（鄭褒）之道與孫、丁同。而今命未偶。

按：王禹偁於淳化五年再知制誥，至道元年兼翰林學士。

至道二年丙申，三十一歲。

王禹偁作《答丁謂書》（《小畜集》卷一八），勸丁謂勿「與世浮沉，自墜於名節」。書有「今四十有三矣」語，王於至道二年爲四十三歲。

至道三年丁酉，三十二歲。

三月，太宗崩，眞宗即位。丁謂奉使閩中還，過揚州，與王禹偁同赴京。

王禹偁作《揚州道中感事兼簡史館丁學士》、《次韻和丁學士途中偶作》、《次韻和史館丁學士赴闕書懷見示》詩。《揚州道中感事兼簡史館丁學士（自注云：時與丁同赴京）》詩：淮邊爲郡再相逢，又得同途赴九重。顧我尙騎天廄馬，共君搖想鼎湖龍。賈生北望朝文帝，白傅何期哭憲宗。攜手驛橋殘照裏，斷魂空對隔江峰。

咸平二年己亥，三十四歲。

王禹偁謂丁謂必不忠。

《優古堂詩話·詩可以觀人》：呂獻可誨嘗云：丁謂詩，有「天門九重開，終當掉臂入」。王元之禹偁見之，曰：「入公門猶鞠躬如也，天門豈可掉臂入乎？此人必不忠。」後果如其言。（又見吴曾《能改齋漫録》卷一一）。

按：此事具體時間不詳，但必作於王禹偁咸平四年去世前，今姑繫於此。

八月，至峽路體量公事。

《續資治通鑑長編》卷四五八月戊寅：戶部判官、太常博士丁謂……分至西川及峽路體量公事。

領峽路轉運使，改夔州路轉運使。

《宋史·丁謂傳》：峽路蠻擾邊，命往體量。還奏稱旨，領峽路轉運使，累遷尙書工部員外郎，會分川峽爲四路，改夔州路。（又見《隆平集》卷四）。

作《夔州移城記》。見嘉慶《四川通志》卷五九。

咸平三年庚子，三十五歲。

時爲夔州路轉運使。十一月丙戌，益州亂，召高州刺史田彦伊，曉以禍福，田作誓，刻石立境上。

《續資治通鑑長編》卷四七十一月丙戌：益州之亂。議者恐賊緣江下峽，乃集施黔及高州溪蠻子弟爲捍禦計，群蠻既熟漢路，因時出寇掠。轉運使丁謂始至，召高州刺史田彦伊，論以禍福，且言有詔赦不殺。彦伊感泣，悉歸漢口，願世供奉不敢慢，乃作誓刻石立蠻境上。戊子，彦伊遣其子來貢方物，且輸兵器，自言不敢犯邊。

《隆平集》卷四：措置蠻事，作誓刻石柱境上。其後又入寇，止委其酋領討平之。（又見《宋史·丁謂傳》）。

在蜀期間，作《廣利》和《遊卧龍山》詩。

《輿地紀勝》卷一五五《潼川府路·遂寧府》：「廣利寺在小溪縣西五里。」又記「卧龍山，在府治梵宇山之西二里廣利寺之左有佛現嶺，每雲霧蔽合，光相現其中」。廣利寺在卧龍山，丁謂《遊卧龍山》很有可能是在同處作的詩篇。

咸平五年壬寅，三十七歲。

時爲夔州路轉運使，正月，以綏撫有方，特遷刑部員外郎。

《續資治通鑑長編》卷五一正月甲辰：夔州路轉運使、工部員外郎、直史館丁謂，加刑部員外郎，賜白金三百兩，以其綏撫有方，蠻人安堵故也。

《宋史·丁謂傳》：蠻地饒粟而常乏鹽，謂聽以粟易鹽，蠻人大悦。先時，屯兵施州而饋以夔、萬州粟。至是，民無轉餉之勞，施之諸砦，積聚皆可給。特遷刑部員外郎，賜白金三百兩。

七月，寇瑊請行和糴之法，丁謂奏沒瑊謀。

《續資治通鑑長編》卷五二七月己亥：「施州屯兵備溪蠻，歲仰它州饋餉，峽民甚苦之，權知州事臨汝寇瑊請行和糴之法，而償以鹽，兵食遂足。轉運使丁謂因言：『溪蠻入粟實緣邊寨栅，頓息夔、萬諸州饋餉之弊。臣觀自昔和戎安邊，未有境外運糧給我戎兵者，請以其事付史館。』先是蠻人數次擾邊，上召問巡檢使侯延賞曰：『蠻人何欲？』延賞曰：『蠻無他求，所欲唯鹽耳。』上曰：『此亦常人所須也，何以不與之。』乃詔諭謂。謂即取詔傳告陬落，群蠻感悅，因相與盟約曰：『自今有入寇者，衆殺之。』且曰：『天子濟我以鹽，我願輸以兵食。』自是，邊穀有三年之積焉。其謀蓋自瑊發之。」注引《寇瑊傳》：「施州蠻叛，轉運使以瑊權知施州。先是，戍兵仰它州餽糧，而多不給。瑊至，請行和糴之法，而償以鹽，軍遂足。而丁謂所奏，遂沒瑊謀。」

咸平六年癸卯，三十八歲。

二月癸亥，時爲夔州路轉運使，請市黔州蠻族善馬。見《續資治通鑑長編》卷五四、《宋會要輯稿》蕃夷五之七五。

奏高州義軍田承進擒獲「生蠻」。見《續資治通鑑長編》卷五四、《宋史·丁謂傳》。

與王挺同規度蠻洞事，互相違戾。

《續資治通鑑長編》卷五四四月庚午：荆湖北路轉運使王挺與夔州路轉運使丁謂同規度蠻洞事，互相違戾，朝議從謂之請。先是，殿中侍御史任中正按盛梁獄，梁坐竄流。既而有與梁善者不喜也。時中正判三司憑由司，於是命中正出使，代挺西路。

乞補給招降的少數民族頭首以職名。

《續資治通鑑長編》卷五五十月辛未：夔州路轉運使丁謂言，施州蠻酋譚仲通等三十餘人先叛去，各已招降，請加職任。上曰：「群蠻妄希恩澤，若姑息太過，亦不可也。」詔悉補寨將。仍詔自今蠻人殺賊有功，就加賜賚。其合補職任者，具名以聞，勿復部送赴闕。

按：《宋會要輯稿》蕃夷五之七五繫此事於五年十月，《長編》原注已辨其誤。

答詔論邊防寧帖。

《續資治通鑑長編》卷五五十一月甲戌：上手詔問夔州路轉運使丁謂，如何得邊防久遠寧帖，蠻人不敢爲非。乙亥，謂上言：「若所委之官不邀功，不生事，以安靜爲勝，凡所制置，一依前後詔條，則群蠻必不敢抵冒，妄干天誅矣。」上然之。

景德元年甲辰，三十九歲。

時爲夔州路轉運使，二月被召還朝。

《續資治通鑑長編》卷五六二月壬午：夔州路轉運使丁謂，招撫溪洞夷人，頗著威惠，部民借留，凡五年不得代。乃詔謂舉自代者，謂以國子博士薛顔爲請。癸未，擢顔虞部員外郎、夔州路轉運使，召謂入朝。

擢三司鹽鐵副使，擢知制誥，判吏部流內銓。

《宋史·丁謂傳》：居五年，不得代，乃詔舉自代者，於是入權三司鹽鐵副使。未幾，擢知制誥，判吏部流內銓。（又見《隆平集》卷四）。

作《除知制誥謝時宰啓》。

《東軒筆録》卷一四：丁謂留滯外郡甚久，及爲知制誥，以啓謝時宰，有「效縝密於孔光，不言溫樹；體風流於謝安，但詠蒼苔」是也。

《歸田録》佚文：（丁晉公）自夔漕召還知制誥，《謝二府啓》：「二星入蜀，雖分按察之權；五月渡瀘，皆是提封之地。」後云：「謹當揣摩往行，軌躅前修。效慎密於孔光，不言溫樹；體風流於謝傳，且詠蒼苔。」（又見《宋朝事實類苑》卷四十一、《湘山野録》卷上）。

眞宗幸澶淵，以謂知鄆州兼齊、濮等州安撫使。

《續資治通鑑長編》卷五八十月庚寅：命……知制誥、知鄆州丁謂兼鄆、齊、濮安撫使，並提舉轉運及兵馬。又令（張）齊賢、謂具管内諸州山河道路廣狹形勢，畫圖以聞。既而敵騎稍南，民大驚，趨楊流渡，舟人邀利，不時濟。謂給取死罪囚斬河上，舟人懼，民悉得濟。乃立部分，使並河執旗幟、擊刁斗以懼敵，呼聲聞百餘里。敵遂引去。（又見《隆平集》卷四、《宋史·丁謂傳》）。

請下諸路分捕契丹諜者。

《續資治通鑑長編》卷五八十二月庚辰朔：鄆、齊等州安撫使丁謂言，擒獲契丹諜者馬珠勒格，即斬之。鞫問其人，稱徒侶甚衆，今各具形貌年齒，請下諸路分捕。從之。

景德二年乙巳，四十歲。

五月癸丑，刑部員外郎、知制誥丁謂爲右諫議大夫、權三司使事，仍詔謂内殿起居立知制誥上。見《續資治通鑑長編》

卷六〇、《宋史·丁謂傳》、《隆平集》卷四。

奏請以鹽易絲帛。

《續資治通鑑長編》卷六〇五月戊辰：權三司使丁謂言，往者川峽諸州屯兵，調發資糧頗擾，而積鹽甚多，募南人輸粟平其價，償之以鹽。今儲粟漸充，請以鹽易絲帛。詔諸軍糧及二年，溪洞州及三年，從其請。

薦段煜，煜入朝。

《續資治通鑑長編》卷六〇六月癸巳：詔知鄭州、太常博士管城段煜入朝，賜五品服，遣還任。煜前通判鄆州，會知州丁謂入權三司使，既以煜知州事，謂且薦煜之才，故有是命。

九月癸亥，上《三司新編敕》十五卷，詔雕印頒行之。見《續資治通鑑長編》卷六一。

上《景德農田敕》五卷。

《續資治通鑑長編》卷六一十月己卯：詔權三司使丁謂，取戶稅條目及臣民所陳農田利害，編爲書。謂乃與戶部副使崔端、鹽鐵判官張若谷、度支判官崔曙、樂黃目、戶部判官王曾，參議删定，成《景德農田敕》五卷。庚辰，上之，令雕印頒行，民間咸以爲便。

是年，作《代意》詩，收入《西崑酬唱集》。

按：據曾棗莊老師《論西崑體》第二章《西崑酬唱集的起迄時間》。

景德三年丙午，四十一歲。

時爲權三司使，交日僧寂昭。

《楊文公談苑·寂昭》：三司使丁謂見寂昭，甚悅之。謂，姑蘇人，爲言其山水可見，寂昭心愛，因留止吳門寺。其徒不願住者，遣數人歸本國。以黑金水瓶寄謂，並詩曰：「提攜三五載，日用不曾離。曉井斟殘月，春爐釋夜澌。鄱銀難免侈，萊石自成虧。此器堅還實，寄君應可知。」謂分月俸給之，寂昭漸通此方言，持戒律精至，通內外學，三吳道俗以歸向。

請知州、轉運等並兼勸農使。

《續資治通鑑長編》卷六二二月丙子：權三司使丁謂等言，唐宇文融置勸農判官，檢戶口田土僞濫等事，今欲別置，慮益煩擾。而諸州長吏，職當勸農，乃請少卿監、刺史、閤門使已上知州者，並兼管內勸農使，餘及通判並兼勸農事，諸路轉運使、副並兼本路勸農使。

丁謂作《西湖結社詩序》。

《序》云：謂愛常師能樹立其事，指名其境，而爲當世名公鉅賢依歸趣向之若是，眞所謂不可多得之人也。既作詩以貽之，又命予爲序，意若十八人中，使遺民著述爲多。景德三年春三月十日序。

是年作《荷花》、《再賦》、《又贈一絶》、《梨》詩，收入《西崑酬唱集》。

按：據曾棗莊老師《論西崑體》第二章《西崑酬唱集的起迄時間》。

景德四年丁未，四十二歲。

正月，以權三司使事丁謂爲隨駕三司使。

《續資治通鑑長編》卷六五正月乙巳：以權三司使事丁謂爲隨駕三司使，鹽鐵副使林特副之。

乞詔令較戶口賦入。

《續資治通鑑長編》卷六六七月丙子：權三司使丁謂言，……欲望特降詔旨，自今以咸平六年戶口賦入爲額，歲較其數，具上史館。從之。

上《景德會稽錄》六卷，詔獎之，加樞密直學士。

《續資治通鑑長編》卷六六八月丁巳：權三司使丁謂上《景德會稽錄》六卷，詔獎之，以其書付秘閣。

《宋史·丁謂傳》：上《會計錄》，以景德四年民賦戶口之籍，較咸平六年之數，具上史館，請自今以咸平籍爲額，歲較其數以聞。詔獎之。尋加樞密直學士。

論運糧米當有耗。

《續資治通鑑長編》卷六七十一月甲戌：先是，軍士所得，斛纔八九斗，頗以爲言。上問三司使丁謂，謂曰：「前詔條制太倉納諸州運糧無得增受，諸軍月給無得減刻，違者至死。今此減刻，誠合嚴誅。但運糧米當有耗，舟卒盜食其中，若太倉輸納稍難，則恐綱運不繼。」上曰：「然。月廩不可虧少。」故復約束之。

大中祥符元年戊申，四十三歲。

時爲樞密直學士，權三司使，答上問。

《續資治通鑑長編》卷六八正月甲戌：時京城金銀價貴，上以問權三司使丁謂，謂言爲西戎、回鶻所市入蕃。乙亥，下詔約束之。

詔丁謂申明衣服器玩舊制。

《續資治通鑑長編》卷六八：上語輔臣曰：「京師士庶，邇來漸事奢侈，衣服器玩，多鎔金爲飾，雖累加條約，終未禁止。工人鍊金爲箔，其徒日繁，計所費歲不下萬兩，既壞不可復，浸以成風，良可戒也。」乃詔三司使丁謂申明舊制，募告者賞之，自今乘輿服御塗金繡金之類，亦不須用。

二月，上眞宗乞禁銷金。見《國朝諸臣奏議》卷九八。

詔丁謂計度泰山路糧草。

《續資治通鑑長編》卷六八四月乙未：初，議封禪未決，上以經費問權三司使丁謂，謂曰，大計固有餘矣。議乃決，即詔謂計度泰山路糧草。（又見《隆平集》卷四、《宋史·丁謂傳》）。

請留李士衡於澶州管勾東封事。

《續資治通鑑長編》卷六九五月壬戌：河北轉運使李士衡奏罷內帑所助錢八萬緡。於是，又請輦本路金帛芻粟四十九萬赴京東，以助祀事。上曰：「士衡臨事有心力，可獎也。」遂賜褒詔。丁謂因請留士衡於澶州管勾東封事。

五月甲戌，上召謂，出扈駕兵籍示之。見《續資治通鑑長編》卷六九。

五月癸未，爲天書扶侍使。見《續資治通鑑長編》卷六九。

奏雙鶴度天書輦。

《續資治通鑑長編》卷七十九月庚申：皇城使劉承珪詣崇政殿上新製天書法物，有鶴十四來翔，天書扶侍使丁謂奏雙鶴度天書輦、飛舞良久。翌日，上顧謂曰：「昨所睹鶴，但於輦上飛度，若云飛舞良久，文則文矣，恐不爲實，卿當易此奏也。」謂再拜曰：「陛下以至誠奉天，以不欺臨物。正此數字，所繫尤深，皇帝徽猷，莫大於此，望付中書載於《時政記》。」上俛然許之。

請置隨駕使錢頭子司。

《續資治通鑑長編》卷七十九月壬午：

始，丁謂請置隨駕使錢頭子司，每賜諸軍鞋錢，但給頭子，指定於某處支錢，軍士各使其家人往請。乃詔殿前都指揮使曹璨問諸軍可否，士皆曰：「隨駕得錢，難以將行，骨肉住營，得錢濟用，聖恩厚矣。」遂置使錢頭子司，車駕往還支賜，略無闕誤。

奏自京至泰山錢糧有羨餘。

《續資治通鑑長編》卷七十十一月丙午：行在三司使丁謂言，自京至泰山，金帛、糧草咸有羨餘。又民間以官司無所配率，芻藁每圍不及三五錢，粟麥每斗不及十錢。

奉天書歸大內。

《續資治通鑑長編》卷七十十一月丁丑：車駕至自泰山。扶侍使丁謂奉天書歸大內。

十一月壬午，奏乞編排祥瑞並各撰贊頌。

《宋會要輯稿》瑞異一之十一載丁謂奏：自天書降後，凡有祥瑞，欲望編排，各撰贊、頌兼序，仍於昭應宮圖寫。（又見《續資治通鑑長編》卷七十）。

是年作《陰獄》詩。

《詩話總龜》前集卷三四引《古今詩話》丁謂：扈從東封，嘗聞奈何、黑水，人間陰獄也，感其事而爲詩曰：「黑水溪旁聊駐馬，奈河岸上試回頭。高崖昏處是陰獄，須信人生到此休。」非佳兆也。

大中祥符二年己酉，四十四歲。

二月甲寅，以樞密直學士、權三司使事丁謂爲三司使。見《續資治通鑑長編》卷七一。

四月己亥，以三司使丁謂爲修昭應宮使。見《續資治通鑑長編》卷七一。

《宋史·丁謂傳》：初，議即宮城乾地營玉清昭應宮，左右有諫者。帝召問，謂對曰：「陛下有天下之富，建一宮奉上帝，且所以祈皇嗣也。群臣有沮陛下者，願以此（論）〔諭〕之。」王旦密疏諫，帝如謂所對告之，旦不復敢言。迺以謂爲修玉清昭應宮使，復爲天書扶侍使，遷給事中，眞拜三司使。

五月，以昭應宮興工，宴丁謂以下，仍賜役卒緡錢。見《續資治通鑑長編》卷七一。

六月，請三伏不賜休假。

《續資治通鑑長編》卷七一六月丁酉：詔，修昭應宮役夫三伏日執土作者，悉罷之。自餘工徒，如天氣稍涼，不須停作。時修宮使丁謂欲宮速成，請三伏不賜休假，王旦言當順時令，上曰：「理固然。」乃降是詔。

昭應宮初相地，丁謂等請增衍之。

《續資治通鑑長編》卷七一六月己酉：昭應宮初相地，止盡內殿直班院。丁謂等請增衍之，凡東西三百一十步，南北四百三十步，多黑土疏惡，乃於東京城北取良土易之，自三尺至一丈有六不等，日役工數萬。上以道里稍遠，憫其負擔之勞，令謂等規畫。有言載以橐駝驢車，有言自新城北壕舟運，由廣濟河入舊城，可直抵宮門者，謂等請用車載爲便。上曰：「挽舟止役千人，校之負畚，省十倍之力，而土可速致，用舟爲便也。」壬子，詔三司以空船給昭應宮運土，仍浚治渠道。

十月，眞宗御製《太山銘》、《贊》賜丁謂。

《續資治通鑑長編》卷七二十月乙巳：遣

內侍以御製《太山銘》、《贊》賜編錄《封禪記》丁謂等，謂因援太宗賜蘇易簡故事，請就三司署集近臣同觀，又赴崇文院朝堂示百官。上曰：「朕何敢上比先帝?」謂等固請，乃許之，又遍賜近臣。

十二月辛丑，上《泰山封禪朝覲祥瑞圖》一百五十幅。見《續資治通鑑長編》卷七二。

撰《曾點字子晳魯人贈宿伯今進封萊蕪侯贊》、《左丘明今封瑕丘伯贊》、《顏無繇字子路魯人贈杞伯今進封曲阜侯贊》，見《山左金石志》卷一五，又見雍正《山東通志》，卷一一。

按：《山左金石志》題下原署：三司使、修玉清昭應宮使、朝請大夫、給事中、護軍、賜紫金魚袋臣丁謂。此事爲三司使、修玉清昭應宮使任內作，故置於此。

大中祥符三年庚戌，四十五歲。

時爲三司使。二月戊子，請承天節禁刑罰、屠宰。見《續資治通鑑長編》卷七四、《宋會要輯稿》禮五七之三四。

奏府庫充盈。

《續資治通鑑長編》卷七三七月甲寅：詔近臣觀書龍圖閣。上閱元和國計簿，三司使丁謂進曰：「唐朝江、淮歲運米四十萬至長安，今乃五百餘萬，府庫充牣，倉庫盈衍。」上曰：「民俗康阜，誠賴天地宗廟降祥，而國儲有備，亦自計臣宣力也。」謂再拜謝。

十月庚申丁謂等上《大中祥符封禪記》五十卷，上爲製序，賜謂等器帛。見《續資治通鑑長編》卷七四。

十二月乙巳朔，丁謂計度糧草還，特召謂預內殿曲宴。見《續資治通鑑長編》卷七四。

十二月丙辰，爲行在三司使。見《續資治通鑑長編》卷七四、《宋史·丁謂傳》。

十二月丁卯，被命參與詳定奉事天書儀制。見《續資治通鑑長編》卷七四

丁謂奏改唐長壽寺爲承天萬壽禪院。

朱長文《吳都圖經續記·寺院》：承天萬壽禪院，在長洲東南。錢氏時，中吳從事丁守節，即晉公之祖也，於其所居東南隅唐長壽寺之舊基，鋤荒架宇。祥符中，晉公請改賜今額。

宋濂《蘇州萬壽寺重構佛殿碑》：萬壽寺在蘇之長洲東北二里，晉義熙中沙門曰法愔建寺。梁時更名安國。唐更名長壽。宋大中祥符三年（《姑蘇志》作二年），丁晉公奏改萬壽。元至正毀。

大中祥符四年辛亥，四十六歲。

時爲三司使、修玉淸昭應宮使。三月丁亥，奏鶴翔天書殿上，又飛集太淸樓。見《續資治通鑑長編》卷七五。

六月庚辰，被命參與禮官詳定五嶽衣冠制度及崇飾神像之禮。見《續資治通鑑長編》卷七六。

奏恐有司經費不給。

《續資治通鑑長編》卷七六八月丙辰：三司使丁謂言，東封及汾陰賞賜億萬，加以鑾復諸路租賦，除免口算，聖澤寬大，恐有司經費不給。

十月戊辰，被命視內殿功德及御書，因命宴，上作詩賜謂等。見《續資治通鑑長編》卷七六。

大中祥符五年壬子，四十七歲。

六月壬子，奏天書閣望柱起直氣。《續資治通鑑長編》卷七八六月壬子：修玉清昭應宮使丁謂言，天書閣望柱起直氣千餘條，青紫黄白相間，又吐白光若銀絲，上有輕白雲覆之，俄變五色。上作《瑞應》詩賜近臣。

主和市。《續資治通鑑長編》卷七八六月壬子：諸州言歲豐穀賤，咸請博糴，上慮傷農，即詔三司使丁謂規畫以聞。謂言莫若和市，而諸州積鏹數少，癸丑，出内藏庫錢百萬貫付三司以佐用度。

七月戊辰，被命就奉節、致遠三營地及塡乾地之西偏興築五嶽觀。見《續資治通鑑長編》卷七八。

五日，請命良工鑄造尊像。《宋會要輯稿》禮五一之一三七月五日：修玉清昭應使丁謂言，本宫將來正殿設玉皇大天帝像，又於别殿設聖祖天尊大帝、太祖皇帝、太宗皇帝像，營繕將就，請命良工鑄造尊像。

八月，與李溥相爲表裏，附會帝意。《續資治通鑑長編》卷七八八月丙午：（李）溥奏道場有神雀、異光、慶雲之瑞，詔修宫使丁謂馳往醮謝，宴犒官吏、將校、耆老，賜役夫緡錢。溥與謂相爲表裏，多載奇木怪石，盡括東南巧匠以附會帝意。謂復言溥監鑄聖像，蔬食者周歲，詔奬之。

九月，爲戸部侍郎，參知政事，仍領修玉清昭應宫使。見《續資治通鑑長編》卷七八，又見《隆平集》卷四、《宋史·丁謂傳》。

宋綬《丁謂除參知政事制》（《宰輔編年録》卷三）：具官丁謂風猷茂遠，識慮幾深。蘊經國之懿文，負佐王之宏略。爰自奮庸昭代，席寵近班。總會府之利權，克臻豐阜；貳中樞之柄用，備罄謨明。繕秘館以成功，相鴻儀而振古。向者輟於鈞軸，授以麾幢，化洽勾吴，心馳象魏。爰赴追鋒之召，恭修執玉之儀。方且圖任舊勞，疇咨嘉話，復委代工之任，允資成務之才。陞命秩於天官，峻寵章於堂陛。爰田眞食，併示優隆。噫！股肱之良，於以同乎君體；師尹之重，所以副於民瞻。爾其啓迪精衷，浚明懿德，祗服厥位，無替前猷。

十月庚子，李宗諤以丁謂參知政事，請差降等威。見《續資治通鑑長編》卷七九。

己未，被命定崇奉天尊儀制。見《續資治通鑑長編》卷七九。

十一月，賜太宗御筆。

《續資治通鑑長編》卷七九十一月丙辰：內出太宗御集並法帖三百六十卷示輔臣。……上謂向敏中、丁謂曰：「太宗所用筆，卿等獨未見。」因各賜一雙。

被命擇地修景靈宮。

《續資治通鑑長編》卷七九十二月丙寅：先是，詔丁謂等於京城擇地建宮，以奉聖祖。謂等奏：「司天少監王熙元言，按《天文志》，太微宮南有天廟星，乃帝王祖廟也，宜就大內之丙地。」乃得錫慶院吉地，即令謂等與內侍鄧守恩修建。戊辰，詔上新宮名曰景靈。

答上問唐酒價。

《玉壺清話》卷一：眞宗嘗曲宴群臣於太清樓，君臣歡浹，談笑無間。忽問：

「壚沽尤佳者何處?」中貴人奏有南仁和者。亟令進之，遍賜宴席。上亦頗愛，問其價，中貴人以實對。上遽問近臣曰:「唐酒價幾何?」無能對者，唯丁晉公奏曰:「唐酒每升三十錢。」上曰:「安知?」丁曰:「臣嘗讀杜甫詩曰:蚤來就飲一斗酒，恰有三百青銅錢。是知一升三十錢。」上大喜曰:「甫之詩自可爲一時之史。」《中吳紀聞》卷一《丁晉公》:祥符中，爲參知政事，上問:「唐酒價幾何?」公曰:「每斗三百。」按杜甫詩:「速宜相就飲一斗，恰有三百青銅錢。」又侍宴賞花釣魚，公詩云:「鶯驚鳳輦穿花去，魚畏龍顏上釣遲。」上賞詠再三，群臣皆以爲不及。

按:是年丁謂爲參知政事，故繫於此。

大中祥符六年癸丑，四十八歲。

時爲參知政事、修玉清昭應宮使。二月，奏請賜聖製歌詩。

《續資治通鑑長編》卷八〇二月癸亥朔:丁謂等言，自今聖製歌詩，望各賜一本，從之。先是，每賜惟及班首，故敏中等有是請。

三月乙卯，建安軍鑄玉皇、聖祖、太祖、太宗尊像成，丁謂爲迎奉使。見《續資治通鑑長編》卷八〇。

四月庚辰，爲李士衡辯解，士衡爲河北都轉運使。見《續資治通鑑長編》卷八〇。

五月辛亥，請以恭孝太子、魏懿王院增建景靈宮。見《續資治通鑑長編》卷八〇。

六月，議冊皇后，上欲得楊億、草制，命丁謂諭旨。

《續資治通鑑長編》卷八〇六月己巳:及

議冊皇后，上欲得億草制，使丁謂諭旨，億難之。因請三代，謂曰：「大年勉爲此，不憂不富貴。」億曰：「如此富貴，亦非所願也。」乃命他學士草制。

丁謂贊陳彭年全才。《續資治通鑑長編》卷八〇六月己巳：……丁謂曰：「彭年，全才也，豈止以文雅雍容侍從，至如參酌時務，詳求物理，皆出人意表。」

八月辛酉，爲奉祀經度制置使，仍判亳州。見《續資治通鑑長編》卷八一、《宋史·丁謂傳》。

丁丑，上《新修祠汾陰記》五十卷。見《續資治通鑑長編》卷八一。

九月六日，奏圜城頓隘陋，請免扈從群官迎駕起居。見《宋會要輯稿》禮五一之二。

十月二十四日，奏太清宮太上老君寶冊封藏事。《宋會要輯稿》禮五一之二：太清宮封藏太上老君寶冊，請用玉匱各一副，長廣一尺，高如之。檢厚一寸二分，長廣如匱。刻金繩道五，封處深二分，方取容受命寶。請下中書門下省修製。石匱三層，各長五尺三寸；闊四尺三寸。下層高二尺，刻牙道一周，闊四寸，深五分，中容玉匱處，鑿深一尺二寸，長二尺五寸，闊一尺三寸，中層高一尺，南北刻金繩道三，相距各五寸，闊一寸，深五分，繫金繩處各深四分，方取容天下同文寶，四角安牙道；上層爲盝頂蓋，蓋下刻用印處。請下三司製造。（又見《宋史》卷一〇四《禮志》七）。

十一月甲寅，自亳州來朝，獻芝草三萬七

千餘本。見《續資治通鑑長編》卷八一。

十二月辛未，內出丁謂所貢芝草，列文德殿庭。見《續資治通鑑長編》卷八一。

大中祥符七年甲寅，四十九歲。

正月丙午，時判亳州，獻白鹿一，靈芝九萬五千本。見《續資治通鑑長編》卷八二，又見《宋史·丁謂傳》。

二月庚辰，以參知政事判禮儀院。見《續資治通鑑長編》卷八二。

《宋史·丁謂傳》：還，判禮儀院。

三月，丁謂以奉祀之勞當進秩，固讓不受，但加階勳爵邑。見《續資治通鑑長編》卷八二。

五月，因錢塘江隄之事，與陳堯佐相爭。

《續資治通鑑長編》卷八二五月壬辰：初，錢塘江隄以竹籠石，而潮嚙之，不數歲，輒壞而復理。轉運使陳堯佐曰：「隄以捍患，而反病民。」乃與知杭州戚綸議易以薪土。有害其政者言於朝，以爲不便。參知政事丁謂主言者以絀堯佐，堯佐爭不已。謂既徙綸揚州，癸未，又徙堯佐京西路。發運使李溥請復籠石爲隄，數歲功不就，民力大困，卒用堯佐議，隄乃成。

乙未，爲天書刻玉副使，表請御製本宮碑頌及御書額。見《續資治通鑑長編》卷八二、《宋史·丁謂傳》。

六月，捧持天書。

《續資治通鑑長編》卷八二六月丙寅：詔天書刻玉使副等詣內殿觀待詔盛亮摹寫本三函，上皆跪受置案。……（丁謂）捧持。

八月甲子，爲修景靈宮使。見《續資治通鑑長編》卷八三、《宋史·丁謂傳》。

十月，修玉清昭應宮使丁謂令以夜繼日，竭盡豪侈，七年而宮成。

《續資治通鑑長編》卷八三十月甲子：以玉清昭應宮成，詔賜酺，在京五日，兩京三日，諸州一日。宮宇總二千六百一十區。初料功須十五年，修宮使丁謂令以夜繼日，每繪一壁給二燭，遂七年而成。（又見《宋史·丁謂傳》）。

十一月己丑，加工部尚書。見《續資治通鑑長編》卷八三。

丁謂欲大治城西磩場，釃金水，作后土祠，以擬汾陰脽上。

《續資治通鑑長編》卷八三十一月己酉：初，丁謂欲大治城西磩場，釃金水，作后土祠，以擬汾陰脽上。林特欲跨元武門。爲複道，以屬玉清昭應宮。李溥欲致海上巨石於會靈池中，爲三神山，起閣道，幾遇神仙之屬。群臣亦爭言符瑞。竦獨抗疏，皆以爲不可，其事遂罷。及爲判官，居月餘，乃奏寶符閣奉神果實，且起視之無有，渣滓狼藉左右，殆神食之。

十二月，被命爲奏告禮儀使。

《續資治通鑑長編》卷八三十二月庚午：命……向敏中爲儀仗使，……丁謂爲（奏告）禮儀使。……故事，禮儀使爲四使之首，贊道行事，敏中衰疾，故讓謂，以便於陟降也。

大中祥符八年乙卯，五十歲。

時爲參知政事。四月戊午，上奏《會靈觀頌》、《記》，望賜御製御書。見《續資治通鑑長編》卷八四。

爲大內修葺使。

《續資治通鑑長編》卷八四四月壬申：命

參知政事丁謂爲大內修葺使。

《宋史·丁謂傳》：大內火，爲修葺使。

六月壬子，修葺大內諸殿畢功。見《續資治通鑑長編》卷八四。

自陳度支經費宜知常數。

《續資治通鑑長編》卷八五閏六月庚辰：詔，諸司庫務，如中使宣取金帛錢物，但依往例 晝時應副，不得以見管都數供報。如違，主典處死，監官除名決配。舊制，庫務都數，雖三司使不得知之。丁謂充使日，自陳度支經費宜知常數，上勉從其請，仍令副使已下不得預聞。而主藏攸司，不詳條禁，每內臣有所宣索，必盡數報之，或具列名物之籍以供。故特申警焉。

論茶法利害。

《續資治通鑑長編》卷八五閏六月庚寅：上謂輔臣曰：「屢有人言所改茶法不便，錢額增損，茲亦常事，如聞不利小商。」王旦等曰：「改法已來，亦未見不便事，所降元敕無釐革小商之文。如上言者實有所長，則望付中書施行。或欲杜絕群言，則須別命朝臣較量利害。」……丁謂曰：「河北、陝西入得芻糧，即是官物入庫，緣江榷場無剩茶，即是法行也。其餘瑣細風傳之詞，不足憑信。或有章奏，望一一宣示，可以商榷。大抵未改法日，官中歲虧本錢九千餘貫，改法之後，歲所收利常不下二百餘萬貫，邊防儲蓄不闕，榷場無陳積，此其大較也。」乃詔刑部尚書馮拯、翰林學士王曾與三司同詳定。

閏六月壬申，奏葺大內功畢。見《續資治通鑑長編》卷八五。

辨博易新法。

《續資治通鑑長編》卷八五七月乙亥：馮拯、王曾等受詔同詳定博易新法，皆以謹重敦信爲言，而上封者猶競陳改法之弊，內臣藍繼宗等亦屢陳其不便。上以問輔臣，丁謂對：「臣夙知利害，願得與之辨。」尋召繼宗等詢其始末，悉不能對，謂亟以聞。

張詠臨終，奏丁謂奸邪。

《續資治通鑑長編》卷八五八月癸未：（張）詠臨終奏疏言：「不當造宮觀，竭天下之財，傷生民之命。此皆賊臣丁謂誑惑陛下，乞斬頭置國門以謝天下，然後斬詠頭置丁氏之門以謝謂。」

答上問，言愼從吉之是非。

《續資治通鑑長編》卷八五十月丙戌：及（愼）從吉領府事，謗者甚多。上以問輔臣，丁謂曰：「從吉好言人過，故積衆怨耳。」上曰：「當官宜守常道，或強爲善以取名，則毀讟必隨至矣。」

大中祥符九年丙辰，五十一歲。

正月，時爲參知政事、修景靈宮使。丙辰，爲會靈觀使，仍加刑部尚書。

《宋史·丁謂傳》：建會靈觀，謂復總領之。（又見《續資治通鑑長編》卷八六）。

二月，奏茶引錢增加情況，言改法非不便。

《續資治通鑑長編》卷八六二月庚辰：上謂輔臣曰：「提舉諸司庫務藍繼宗言，榷貨務去年茶引錢一百五十萬緡。」……丁謂曰：「比遞年及新額雖少，比未改法則利且倍矣。自大中祥符已後，歲及二百萬緡，六年至三百萬緡，七年又增九十萬緡，故八年止有此數。然以今年正月比去年，已贏三十萬緡。由是校之，改法非不便也。」

甲辰，時爲修景靈宫使，請選軍士三百隸兖州景靈宫太極觀，給掃除之役。從之。見《續資治通鑑長編》卷八六。

五月，加兵部尚書。見《續資治通鑑長編》卷八七。

乙丑，爲上寶册南郊恭謝扶持使，修奉寶册及參詳儀制使。見《續資治通鑑長編》卷八七。

七月，論河東無綿絹可自備。

《續資治通鑑長編》卷八七七月戊午：河東轉運使陳堯佐言：「本路屯兵，舊以兩川輦運帛匹充衣賜，今請於本路自備。今年冬衣，計省綿絹五十餘萬，以爲上供。」丁謂曰：「河東本無綿絹，非可籌畫。此蓋轉運司每歲大計其數，故積羨爾。」

九月甲辰，罷兵部尚書、參知政事，爲平江節度使。尋命謂知昇州。

丁謂《眞宗皇帝御製賜詩跋》天禧元年：去年秋九月甲辰，忽奉制命，遙登將壇，進崇秩於上公，建高牙於故里。

《續資治通鑑長編》卷八八九月甲辰：兵部尚書、參知政事丁謂罷爲平江節度使。謂上章請外，既授本鎮旄鉞以寵其行，尋命謂知昇州。謂請歸拜墓，許之。（又見《隆平集》卷四、《宋史·丁謂傳》）。

十一日，和御製《入謝日》，作七言四韻詩一首。

丁謂《眞宗皇帝御製賜詩跋》九月：十一日，復對於宣和門，賜御製《入謝日》七言四韻詩一首。

《吴郡志》卷一〇：大中祥符九年，丁謂知昇州。……眞宗賜以御製詩，尤爲盛事。眞宗詩、丁謂次韻和進眞宗七言四韻詩，同見《吳郡志》卷一〇。

十九日，和御製《寵行》，作五言十韻一首。

丁謂《眞宗皇帝御製賜詩跋》九月：十九日，朝辭於長春殿，賜御製《寵行》五言十韻一首，皆俾和進。丁謂《又五言十韻》、眞宗詩，同見《吳郡志》卷一〇。

蘇州雲章亭中有眞宗賜丁謂的御製詩。見范成大《吳郡志》。丁謂嘗爲鄉里請於朝，特免丁錢，鄉人德之，祠於萬壽寺。見《姑蘇志·人物六·名臣》。

丁謂之宅在蘇州大郎橋。

《姑蘇志》卷一七《坊巷》：東北隅巷六十八……丁晉公巷，俗名丁家巷，甫橋北。

《姑蘇志》卷三十一《第宅》：丁晉公宅在大郎橋，堂甚古，有層閣數間臨其後，號晉公坊。（又見《中吳紀聞》卷一《丁晉公》）。

作《虎丘》詩。

詩云：「久塵黃閣侍威顏，忽擁高牙出帝關。玉佩乍辭文石陛，錦衣重到虎丘山。仙飆時傍潺湲起，珍羽多從杳靄還。官大寵深難得暇，林泉懷舊是偷閑。」據此詩內容，當作於「尋命謂知昇州，謂請歸拜墓」時。

又有《垂虹亭》詩。垂虹亭在江蘇吳江縣東，疑亦作於同時。

十月，謂罷政後，關於茶鹽新法，群議復起。

《續資治通鑑長編》卷八八十月壬辰：先是，丁謂力庇李溥，主行新法，言不便者雖衆，謂持之益堅。及謂罷政，群議復起，上謂王旦等曰：「茶鹽之利，要使國用贍足，民心和悅。卿等宜熟思之。」

寇準譏丁謂。

《東軒筆錄》卷二：丁晉公爲玉清昭應宮使，每遇醮祭，即奏有仙鶴盤舞於殿廡之上。及記眞宗東封事，亦言宿奉高宮之夕，有仙鶴飛於宮上。及陞中展事，而仙鶴迎舞前導者，塞望不知其數。又天書每降，必奏有仙鶴前導。是時寇萊公判陝府，一日，坐山亭中，有烏鴉數十飛鳴而過，萊公笑顧屬僚曰：「使丁謂見之，當目爲玄鶴矣。」又以其令威之裔，而好言仙鶴，故但呼爲「鶴相」，猶李逢吉呼牛僧孺爲「丑座」也。

按：據《續資治通鑑長編》卷八六，寇罷徙判永興軍（在陝西）在大中祥符九年，天禧三年再拜相，今姑繫於此。

天禧元年丁巳，五十二歲。

正月九日，作《翼祖加謚册文》，見《宋會要輯稿》禮五八之二〇。

按：《宋會要輯稿》禮五八之一四載，大中祥符五年閏十一月十八日詔丁謂撰此册文。

時知昇州，作《眞宗皇帝御制賜詩跋》。

《跋》署「大宋天禧元年歲次丁巳，正月二十六日，推誠保德翊戴功臣、金紫光祿大夫、檢校太尉、使持節蘇州諸軍事、蘇州刺史、充平江軍節度、蘇州管內觀察處置隄堰橋道等使、知昇州軍州事兼御史大夫、上柱國、濟陽郡開國公、食邑三千五百戶、食實封一千二百戶臣丁謂。」

丁謂曾繪太清宮圖以聞，及是修天淨宮畢。

《續資治通鑑長編》卷八九二月甲戌：亳州言修天淨宮畢。初，宿州臨渙縣有天淨宮，言李母感星之所也。上將朝謁太清宮，丁謂繪圖以聞，遣內侍詣宮設醮，遂詔重修，及是畢工。

請復城北後湖。

《宋會要輯稿》食貨七之五：天禧元年六月十一日，知昇州丁謂言：「城北有後湖，因旱，百姓請佃，計七十六頃，鈕租五百五十餘貫。今請依前蓄水種植菱蓮，或遇亢旱，（次）〔決〕以溉田，仍用蒲魚之利，旁濟饑民。望量遣軍士開修，其租錢特與減放。」（又見《續資治通鑑長編》卷九十、《宋史》卷九六《河渠志》六）。

徙保信軍節度使。

《宋史·丁謂傳》：天禧初，徙保信軍節度使。

天禧三年己未，五十四歲。

正月丙戌，時知江寧府，上奏啓承天節道場，甘露降，仍獻五言詩，有詔褒答，又和詩賜焉。見《續資治通鑑長編》卷九三。

四月丁酉，奏茅山鶴翔。見《續資治通鑑長編》卷九三。

六月戊子，時爲保信軍節度使，被召入朝。見《續資治通鑑長編》卷九三。

六月戊戌，保信節度使丁謂爲吏部尙書、參知政事。見《續資治通鑑長編》卷九三。

丁謂爲寇準拂鬚，被準所笑，甚感羞愧。

《續資治通鑑長編》卷九三六月戊戌：謂

在中書，事準謹甚。嘗會食，羹污準鬚，謂起，徐拂之。準笑曰：「參知，國之大臣，乃爲官長拂鬚耶。」謂甚愧之，由是傾誣始萌矣。

引薦林特爲尚書左丞、玉清昭應宮副使。

《續資治通鑑長編》卷九三六月丁未：以同玉清昭應宮副使、吏部侍郎林特爲尚書左丞、玉清昭應宮副使。特性邪險，善附會，故丁謂始終善特，亟引用之。

七月戊辰，爲天書儀仗副使。見《續資治通鑑長編》卷九四。

九月甲戌，引薦段曄爲太常少卿、知廣州，尋加右諫議大夫。見《續資治通鑑長編》卷九四。

十二月，以吏部尚書、參知政事丁謂爲樞密使。

《續資治通鑑長編》卷九四十二月辛卯：宣徽北院使、知樞密院事、檢校太尉曹利用，吏部尚書、參知政事丁謂，並爲樞密使。時輔臣以郊恩俱進官。故事，嘗爲宰相而除樞密院，始得遷僕射。乃以謂檢校太尉兼本官充使。樞密使舊兼御史大夫，自利用、謂始去之。（又見《宋史·丁謂傳》、《隆平集》卷四）。

天禧四年庚申，五十五歲。

二月，乞增益昇州營壘。見《宋會要輯稿》兵六之一三。

寇準奏丁謂爲佞人，不可以輔少主。

《續資治通鑑長編》卷九五六月丙申：準嘗獨請間曰：「皇太子人望所屬，願陛下思宗廟之重，傳以神器，以固萬世基本。丁謂，佞人也，不可以輔少主，願擇方正大臣爲羽翼。」上然之。

寇準使楊億草請太子監國表，漏所謀。謂

等力譖準，請罷準政事。

《續資治通鑑長編》卷九五六月丙申：準乃屬翰林學士楊億草表，請太子監國，且欲援億以代謂。億畏事泄，夜屏左右爲之辭，至自起剪燭跋，中外無知者。既而準被酒，漏所謀。謂等益懼，力譖準，請罷準政事。

五月二日，謂奏乞罷寇準。

《續資治通鑑長編》卷九五六月丙申條引《錢惟演日記》：五月二日，寇公將制院文字上，事連劉馬軍，寇請赴臺勘，上怒曰：「管軍自前豈有此例，卿要送臺，但送下。」寇惶恐而退。曹、丁並奏：「天旱不宜更起冤獄，中傷平人。」乞罷之。上云：「便罷，便罷。」

《宋史·丁謂傳》：時寇準爲相，尤惡謂，謂媒蘖其過，遂罷準相。

以樞密使、吏部尚書丁謂爲平章事。

《續資治通鑑長編》卷九六七月戊辰：惟演入對曰：「馮拯故參知政事，今拜樞密使，當矣。但中書不當止用李迪一人，盍遷曹利用或丁謂過中書？」上曰：「誰可？」惟演曰：「丁謂文臣，過中書爲便。」又言：「玉清昭應宮未有使，謂首議建宮，宜即令領此。」又言：「曹利用忠赤，有功國家，亦宜與平章事。」上曰諾。庚午，以樞密使、吏部尚書丁謂平章事，樞密使、檢校太尉曹利用加同平章事，皆用惟演所言也。

《宋史·丁謂傳》：既而拜謂同中書門下平章事、昭文館大學士、監修國史、玉清昭應宮使。

上擢丁謂首相，謂請除寇準節鉞，令出外。

《續資治通鑑長編》卷九六七月壬申：上

既從錢惟演之言，擢丁謂首相，加曹利用同平章事，然所以待寇準者猶如故。謂等懼，謀益深。……召謂入對，謂請除準節鉞，令出外，上不許。越明日，楊崇勳等遂告變，周懷政伏誅。又三日，準乃遠貶。

周懷政陰謀殺謂等，復相準，被誅。

《續資治通鑑長編》卷九六七月甲戌：昭宣使、英州團練使、入內副都知周懷政伏誅。……丁謂等因疏斥懷政，使不得親近，然以上及太子故，未即顯加黜責。懷政憂懼不自安，陰謀殺謂等，復相準……前是一夕，崇勳、懷吉夕詣謂第告變，謂中夜微服乘婦人車，過曹利用言之，及明，利用入奏於崇政殿。懷政時在殿東廡，即令衛士執之。詔宣徽北院使曹瑋與崇勳就御藥院鞫訊，不數刻，具引伏。上坐承明殿臨問，懷政但祈哀而已。命載以車，赴城西普安佛寺斬之。

寇準降授太常卿、知相州。朝士與準親厚者，丁謂必斥之，但未害楊億。

《續資治通鑑長編》卷九六七月丁丑：太子太傅寇準降授太常卿、知相州。……朝士與準親厚者，丁謂必斥之。楊億尤善準，而請太子監國奏又億所草也。及準敗，丁謂召億至中書，億懼，便液俱下，面無人色。謂素重億，無意害之，徐曰：「謂當改官，煩公爲一好詞耳。」億乃稍安，卒保全之。

言李迪擅改聖旨以庇準。

《續資治通鑑長編》卷九六八月辛巳：初，李迪與準同在中書，事之甚謹，及準罷，丁謂意頗輕迪。於是謂等不欲準居內郡，白上欲遠徙之，上命與小州，謂退而署紙尾曰：「奉聖旨，除遠小處知州。」迪曰：「向者聖旨無遠字。」謂曰：「君面奉德音，欲擅改聖旨，以庇準耶？」二人忿鬬，蓋自此始。

寇準貶道州司馬。

《續資治通鑑長編》卷九六八月壬寅：太常卿、知安州寇準坐朱能叛，再貶道州司馬。……上崩，乃責雷州。

《宋史·丁謂傳》：周懷政事敗，議再貶準，帝意欲謫準江、淮間，謂退，除道州司馬。同列不敢言，獨王曾以帝語質之，謂顧曰：「居停主人勿復言。」蓋指曾以第舍假準也。

九月己未，謂惡樞密副使周起、簽書樞密院事曹瑋，並指爲準黨，俱罷。見《續資治通鑑長編》卷九六。

從謂所乞，其子丁珝爲內殿崇班。《續資治通鑑長編》卷九六。

十一月戊午，奏請以聖製文論歌詩鏤板以傳。見《續資治通鑑長編》卷九六。

加門下侍郎兼少師。

《續資治通鑑長編》卷九六十一月乙丑：自寇準貶斥，丁謂浸擅權，至除吏不以聞。李迪憤懣，嘗慨然語同列曰，迪起布衣，十餘年位宰相，有以報國，死且不恨，安能附權臣爲自安計乎。及議兼職時，迪已帶少傅，欲得中書侍郎、尚書，謂執不可，遂草熟狀，謂加門下侍郎、兼少師。（又見《宋史·丁謂傳》）。

丙寅，與李迪相爭，同罷相，謂知河南府，迪知鄆州。謂復留，仍進尙書左僕射、門下侍郎、平章事兼太子少師。

《續資治通鑑長編》卷九六十一月乙丑：故事，兩省侍郎無兼左右丞者，而迪舊人亦當遷尚書，謂專意抑迪，迪不能堪，變色而起。丙寅，晨朝待漏，謂又欲以特爲樞密副使，仍領賓客。迪曰：「特去歲遷右丞，今年改尚書，入東宮，皆非公選，物議未息，況已奏除詹事，何可改也。」因詬謂，引手板欲擊謂，謂走得免。同列極意和解，不聽，遂入對於長春殿。內臣自禁中奉制書置榻前，上曰：「此卿等兼東宮官制書也。」迪進曰：「臣請不受此命。」因斥「謂姦邪弄權，中外無不畏懼，臣願與謂同下憲司置對」，且言：「昨林特子在任，非理決罰人致死，其家詣闕訴冤，寢而不理。蓋謂所黨庇，人不敢言。」又曰：「寇準無罪罷斥，朱能事不當顯戮，東宮官不當增置。又錢惟演亦謂之姻家。臣願與謂、惟演俱罷政柄，望陛下別擇賢才爲輔弼。」又曰：「曹利用、馮拯亦相朋黨。」利用進曰：「以片文隻字遭逢聖世，臣不如迪。奮空拳，捐軀命，入不測之敵，迪不如臣也。」上顧謂曰：「中書有不當事耶？」謂曰：「願以詢臣同列。」乃問任中正、王曾，皆曰：「中書供職外，亦無曠闕事。」頃之，謂、迪等先退，獨留樞密使副議之。上怒甚，初欲付御史臺，利用、拯曰：「大臣下獄，不惟深駭物聽，況丁謂本無紛競之意，而與李迪置對，亦未合事宜。」上曰：「曲直未分，安得不辨！」既而意稍解，乃曰：「朕當即有處分。」惟演進曰：「臣與謂姻親，忽加排斥，願退就班列。」上慰諭久之，乃命學士劉筠草制，各降秩一級，罷相，謂知河南府，迪知鄆州。制書猶未出，丁卯，迪請對於承明殿，又請見太子於內東門，其所言蓋不傳。而謂陰圖復入，惟演亦恐謂出則己失援，白上欲留之，並請留迪，因言：「契丹使將至，宰相絕班，馮拯舊臣，過中書甚便。若別用人，則恐生事。」上可之。《宋史·丁謂傳》：故事，左右丞非兩省侍郎所兼，而謂意特以抑迪也。謂所善林特，自賓客改詹事，謂欲引爲樞密副使兼賓客，迪執不可，因大詬之。既入對，斥謂姦邪不法事，願與俱付御史雜治，語在《迪傳》。帝因格前制不下，乃罷謂爲戶部尙書，迪爲戶部侍郎，尋以謂知河南府，迪知鄆州。明日，入謝，帝詰所爭狀，謂對曰：「非臣敢爭，乃迪忿詈臣爾，願復留。」遂賜坐。左右欲設墩，謂顧曰：「有旨復平章事。」乃更以杌進，即入中書視事如故。仍進尙書左僕射、門下侍郎、平章事兼太子少師。（又見《隆平集》卷四）。

十二月，以皇太子親政行慶，賜丁謂銀五千兩。《續資治通鑑長編》卷九六。

眞宗久不豫，謂乞寬聖慮，勉近醫藥。《續資治通鑑長編》卷九六十二月辛未：上久不豫，前二日因餌藥泄瀉，前後殿罷奏事。乙亥，力疾御承明殿，召輔臣語其狀。……丁謂等進曰：「陛下微爽康和，即當平愈。況元儲已親庶政，克固海內之心，宮闈內助，事皆平允，特寬聖慮，勉近醫藥，以寧祉福。」

天禧五年辛酉，五十六歲。

上奏慶聖體康復。《續資治通鑑長編》卷九七正月丁丑朔：御延慶殿見輔臣。丁謂進曰：「伏承聖躬已遂康復，臣等不勝大慶，然中外無事，望寬宵旰之憂。」上欣納之。

二月丙寅，雨，謂等稱賀，奏請賜酺，與人共樂。見《續資治通鑑長編》卷九七。

以丁謂爲司空。

《續資治通鑑長編》卷九七三月壬寅：輔臣以天章閣成，並進秩。丁謂爲司空。（又見《宋史·丁謂傳》、《隆平集》卷四）。

八月丙午，其子珙爲太子中允，賜緋。見《續資治通鑑長編》卷九七。

上《箋注釋教御集》三十卷。

《續資治通鑑長編》卷九七九月丙戌：宰相丁謂等上《箋注釋教御集》三十卷，詔賜謂及翰林學士晏殊、管勾使臣器幣有差。

十一月丁丑，應譯經三藏法護等請依唐制命宰臣充使，故以司空、兼門下侍郎、太子少師、平章事丁謂爲譯經使兼潤文。見《續資治通鑑長編》卷九七。

謂略施小計，王欽若父子責官。

《續資治通鑑長編》卷九七十一月甲申：山南東道節度使、同平章事、判河南府王欽若有疾，詔遣中使將太醫診視。先是，欽若累表請就醫京師，未報，丁謂密使人紿欽若曰：「上數語及君，甚思一見，君第上表徑來，上必不訝也。」欽若信之，即令其子右贊善大夫從益移文河南府，輿疾而歸。謂因言欽若擅去官守，無人臣禮。命御史中丞薛映就第按問，欽若惶恐伏罪。戊子，責授司農卿，分司南京，奪從益一官。

謂徙張知白知亳州。

《續資治通鑑長編》卷九七十二月壬戌：徙知應天府、翰林侍讀學士、兵部侍郎張知白知亳州。初，知白在中書，與王欽若不協，於是欽若分司南京，丁謂欲知白修怨也，已而知白待欽若加厚，謂怒，故徙之。

乾興元年壬戌，五十七歲。

二月，時爲宰相，封晉國公。

《續資治通鑑長編》卷九八二月甲辰：內外官並加恩，宰臣丁謂封晉國公。（又見《宋史·丁謂傳》）。

戊午，眞宗崩，仁宗即位，皇太后權處分軍國事。

《續資治通鑑長編》卷九八二月戊午：上崩於延慶殿。仁宗即皇帝位。……初，輔臣共聽遺命於皇太后，退，即殿廬草制，軍國事兼權取皇太后處分。丁謂欲去權字，王曾曰：「政出房闥，斯已國家否運，稱權尚足示後，且言猶在耳，何可改也。」謂乃止。

以丁謂爲山陵使。見《續資治通鑑長編》卷九八、《宋史·丁謂傳》。

丁謂奏請以鎭陵爲眞宗皇帝陵名。

丁謂《請以鎭陵爲眞宗皇帝陵名》（《宋大詔令集》卷一四三）：伏以龍駕登眞，奄纏悲於厭世；鮒隅卜遠，方度竁於因山。聿遵同軌之期，將蕆祖庭之禮。恭循茂典，仰薦表稱。大行皇帝陵名，伏請以鎭陵爲名。

丁謂上《請立乾元節表》，表文見《宋大詔令集》卷一。

加司徒。

《續資治通鑑長編》卷九八二月丙寅：宰臣丁謂加司徒……並兼侍中。……王曾謂丁謂曰：「自中書令至諫議大夫平章事，其任一也，樞密珥貂可耳。今主幼，母后臨朝，君執魁柄，而以數十年曠位之官一旦除授，得無公議乎？」謂不聽。（又見《隆平集》卷四、《宋史·丁謂傳》）。

謂嫌寇準責詞不切，以己意改定。

《續資治通鑑長編》卷九八二月戊辰：貶道州司馬寇準爲雷州司戶參軍，戶部侍郎、知鄆州李迪爲衡州團練副使，仍播其罪於中外。準坐與周懷政交通，迪坐朋黨傅會也。始議竄逐，王曾疑責太重，丁謂熟視曾曰：「居停主人恐亦未免耳。」蓋指曾嘗以第舍假準，曾蹴然懼，遂不復爭。知制誥宋綬當直，草責詞，謂嫌其不切。顧曰：「舍人都不解作文字耶？」綬遜謝，乞加筆削，謂即因己意改定。詔所稱「當醜徒干紀之際，屬先皇違豫之初，罹此震驚，遂致沈劇」。皆謂語也。（又見《宋史·丁謂傳》）。

謂必欲置寇準、李迪於死地，遣中使賫敕賜二人。

《續資治通鑑長編》卷九八二月戊辰：謂惡準、迪，必欲置之死地，遣中使賫敕賜二人。中使承謂指，以錦囊貯劍揭於馬前，示將有所誅戮狀。至道州，準方與客宴，客多州吏也，起逆中使，中使避不見，問其所以來之故，不答。衆惶恐不知所爲，準神色自若，使人謂之曰：「朝廷若賜準死，願見敕書。」中使不得已，乃受以敕。準即從錄事參軍借綠衫着之，短纔至膝，拜敕於庭，升階復宴，至暮乃罷。及赴貶所，道險不能進，州縣以竹輿迎之。準謝曰：「吾罪人，得乘馬幸矣。」冒炎瘴，日行百里，左右爲之泣下。既至，吏獻以圖經，首載州東南門至海岸十里，準恍然曰：「吾少時嘗爲詩曰：到海祇十里，過山應萬重。今日思之，人生得喪，豈偶然耶？」中使至鄆州，迪聞其異於他日，即自裁不殊，其子東之救之乃免。人往見迪者，中使輒籍其名，或饋之食，留至臭腐，棄捐不與。迪客鄧餘怒曰：「豎子欲殺我公以媚於丁謂耶？鄧餘不畏死，汝殺吾公，我必殺汝。」從迪至衡州，不離左右，迪由是得全。或語謂曰：「迪若貶死，公如士論何？」謂曰：「異日好事書生弄筆墨，記事爲輕重，不過曰天下惜之而已。」

曹瑋責授左衛大將軍，命韓億馳往收其兵。

《續資治通鑑長編》卷九八二月戊辰：宜徽南院使、鎮國軍留後曹瑋責授左衛大將軍、容州觀察使、知萊州。瑋時任鎮定都部署，丁謂疑瑋不受命，詔河北轉運使、侍御史韓億馳往收其兵。先是億嘗受詔爲向敏中諸子析私財，丁謂使所親謂億，欲市向氏長安華嚴川田。億至向第，面戒諸子曰：「土田，衣食之原，決不可鬻。」由是忤謂意。謂欲緣是並中億。而瑋得詔，即日上道，弱卒十餘人，不以弓韔矢箙自隨，謂卒不能加害。

三月，皇太后垂簾以見輔臣，安撫謂等。

《續資治通鑑長編》卷九八三月庚寅：初御崇德殿聽朝，皇太后設幄次於承明殿，垂簾以見輔臣。丁謂等奏曰：「屬者太后受遺總政，群情協寧，實天命所定。」太后遣內侍答曰：「先帝陟遐，內外晏然，皆卿等夙夜盡忠。」謂等各再拜。

以雷允恭擅移山陵，太后責之。謂庇允恭。

《續資治通鑑長編》卷九八六月庚申：三

月己亥，允恭馳至陵下，判司天監邢中和爲允恭言：「今山陵上百步，法宜子孫，類汝州秦王墳。」允恭曰：「如此，何不用？」中和曰：「恐下有石若水耳。」允恭曰：「先帝獨有上，無他子，若如秦王墳，當即用之。」中和曰：「山陵事重，按行覆驗，時日淹久，恐不及七月之期。」允恭曰：「第移就上穴，我走馬入見太后言之，安有不從。」允恭素貴横，衆莫敢違，即改穿上穴。及允恭入白太后，太后曰：「此大事，何輕易如此？」允恭曰：「使先帝宜子孫，何爲不可？」太后意不然之，曰：「出與山陵使議可否。」允恭見謂，具道所以。謂亦知其不可，而重逆允恭意，無所可否，唯唯而已。允恭不得謂決語，入誑太后曰：「山陵使亦無異議矣。」既而上穴果有石，石盡水出，工役甚艱，衆議藉藉。步軍副都指揮使、威塞節度使夏守(思)〔恩〕爲修奉山陵部署，恐不能成功，中作而罷，奏以待命。時五月辛卯也。謂庇允恭，猶欲遷就成之，不敢以實聞。癸巳，入内供奉官毛昌達還自陵下，具奏其事。太后即使問謂，謂始請復遣按行使藍繼宗、副使王承勛往參定。乙未，太后又遣内侍押班楊懷玉與繼宗等俱。丙申，又遣入内供奉官羅崇勳、右侍禁閤門祗候李惟新就鞏縣劾允恭罪狀以聞。允恭欲自持所畫山陵圖入奏，詔不許。四月辛丑，又遣内殿承制馬仁俊同鞫允恭。癸卯，又遣龍圖閣直學士權知開封府吕夷簡、龍圖閣直學士兼侍講魯宗道、入内押班岑保正、入内供奉官任守忠覆視皇堂，既而咸請復用舊穴，乃詔輔臣會謂第議。明日，特命王曾再往覆視，並祭告。謂請俟曾還，與衆議不異，始復役。詔復役如初，唯皇堂須議定乃修築。曾卒從衆議。（又見《宋史·丁謂傳》）。

六月，雷允恭伏誅。

《續資治通鑑長編》卷九八六月庚申：西京作坊使、普州刺史，入內押班雷允恭伏誅。允恭既與丁謂交結，謂深德之，允恭倚謂勢，日益驕恣無所憚。（又見《宋史·丁謂傳》）。

王曾欲因山陵事並去謂，獨奏太后，言謂包藏禍心。謂失太后之意。

《續資治通鑑長編》卷九八：初，丁謂與雷允恭協比專恣，內挾太后，同列無如之何。太后嘗以上卧起晚，令內侍傳旨中書，欲獨受群臣朝。謂適在告，馮拯等不敢決，請謂出謀之。及謂出，力陳其不可，且詰拯等不即言，由是稍失太后之意。又嘗議月進錢充宮掖之用，太后滋不悅。允恭既下獄，王曾欲因山陵事並去謂，而未得間。一日，語同列曰：「曾無子，將以弟之子爲後，明日朝退，當留白此。」謂不疑曾有異志也。曾獨對，具言謂包藏禍心，故令允恭擅移皇堂於絕地，太后始大驚。謂徐聞之，力自辨於簾前，未退，內侍忽捲簾曰：「相公誰與語，駕起久矣。」謂皇恐不知所爲，以笏叩頭而出。

謂獨不與輔臣會食，知得罪，頗哀請。

《續資治通鑑長編》卷九八癸亥：輔臣會食資善堂，召議事，謂獨不與，知得罪，頗哀請。

因勾結宦官罪罷相，以太子少保分司西京。

《續資治通鑑長編》卷九八：及對承明
殿，太后諭拯等曰：「謂身爲宰相，乃
與允恭交通。」因出謂嘗託允恭令後苑匠
所造金酒器示之，又出允恭嘗干謂求管
勾皇城司三司衙司狀，因曰：「謂前附
允恭奏事，皆言已與卿等議定，故皆可
其奏，近方識其矯誣。且營奉先帝陵寢，
所宜盡心，而擅有遷易，幾誤大事。」拯
等奏曰：「自先帝登遐，政事皆謂與允
恭同議，稱得旨禁中，臣等莫辨虛實。
賴聖神察其姦，此宗社之福也。」太后怒
甚，欲誅謂，拯進曰：「謂固有罪，然
帝新即位，亟誅大臣，駭天下耳目。且
謂豈有逆謀哉，第失奏山陵事耳。」太后
少解，令拯等即殿隅議降黜之命。任中
正言：「謂被先帝顧託，雖有罪，請如
律議功。」曾曰：「謂以不忠，得罪宗
廟，尚何議耶。」乃責謂爲太子少保，分
司西京。故事，宰相罷免皆降制，時亟
欲行，止召當直舍人草詞，仍牓朝堂，
布諭天下。謂所坐但私庇允恭，不忍破
其妄作，未必眞有禍心也。然天資險狡，
多陰謀，得政歲久，要不可測，雖曾以
計傾之，而公論不以爲過也。（又見《宋
史·丁謂傳》）。

丙寅，參知政事任中正等因救謂，罷爲太
子賓客。見《續資治通鑑長編》卷九八。

七月，謂子珙落職，珝、玘、珷各追一官，
並勒停隨父。其弟誦、説、諫悉降黜。
《續資治通鑑長編》卷九九七月戊辰朔：
降丁謂子太常丞、直集賢院珙爲太子中
允，落職，監郢州税，珝、玘、珷各追
一官，並勒停隨父。知河南府薛顏素與
丁謂厚善，庚午，命知應天府趙湘與顏

易任。

《宋史·丁謂傳》：追其子珙、珝、玘、珷一官，落珙館職。先是，女道士劉德妙者，嘗以巫師出入謂家。謂敗，逮繫德妙，內侍鞫之。德妙通款，謂嘗教言：「若所爲不過巫事，不若託言老君言禍福，足以動人。」於是即謂家設神像，夜醮於園中，允恭數至請禱。及帝崩，引入禁中。又因穿地得龜蛇，令德妙持入內，紿言出其家山洞中。仍復教云：「上即問若，所事何知爲老君，第云：『相公非凡人，當知之。』」謂又作頌，題曰「混元皇帝賜德妙」，語涉妖誕。遂貶崖州司戶參軍。諸子並勒停。玘又坐與德妙姦，除名，配隸復州。籍其家，得四方賂遺，不可勝紀。其弟誦、說、諫悉降黜。坐謂罷者自參知政事任中正而下十數人。

七月壬申，丁謂黨林特等坐累。

《續資治通鑑長編》卷九九七月壬申：玉清昭憲應宫副使、翰林侍讀學士、刑部尚書林特落職歸班，禮部郎中、知制誥、史館修撰祖士衡落職知吉州，降侍御史、知宣州章頻爲比部員外郎、監饒州酒稅，淮南江浙荆湖制置發運使、禮部郎中蘇維甫知宣州，權戶部判官、工部郎中黃宗旦知袁州，權鹽鐵判官、工部郎中孫元方知宿州、周嘉正知金州，戶部判官、度支員外郎上官佖知晉州，金部員外郎、權磨勘司李直方知淄州，並坐丁謂黨也。

詔眞宗陵名曰永定。

《續資治通鑑長編》卷九九七月戊寅：詔眞宗陵名曰永定。始丁謂請名陵鎮陵。及謂貶，馮拯謂三陵皆有永字，故易曰永定陵。

丁謂女婿潘汝士和錢致堯坐累。

《續資治通鑑長編》卷九九七月己卯：降工部員外郎、直集賢院、權判鹽鐵勾院潘汝士知虔州。汝士，謹修子，丁謂女婿也。殿中丞、集賢校理、知開封縣錢致堯落職，監池州酒稅。始，丁謂知江寧，致堯爲府從事，及謂入相，擢爲館職，知赤縣，倚謂勢納賄。謂敗，並黜之。

壬辰，詔中外臣僚有曾與丁謂往來者，一切不問。見《續資治通鑑長編》卷九九。

宋綬草《丁謂貶崖州司戶敕》。

文見《宋大詔令集》卷二〇四：敕：無將之戒，舊典甚明；不道之辜，常刑罔捨。苟露挾邪之迹，宜申去惡之文。具官丁謂，早踐台司，備隆朝眷。曾靡圖於爲報，乃公肆於非心。昵彼妖巫，館於私舍，潛通詭計，假託神靈。與孽寺以連謀，幸先皇之違豫。將逞姦回之志，妄談禍福之端。屬朕纘臨，覬專威柄。僻違之狀，兹見於反常；毀讟之言，更彰於無上。比從罷免，猶示矜寬。既蒐慝之旋聞，且閱實而具在。背恩棄德，一至於斯，竄處遐方，實乃自取。可貶授將仕郎、守崖州司戶參軍，員外置，同正員。

《續資治通鑑長編》卷九九七月己卯：始，謂命宋綬草寇準責詞，綬請其故，謂曰：「春秋無將，漢法不道，皆證事也。」綬雖從謂指，然卒改易謂本語，不純用。及謂貶，綬猶當制，即草詞曰：「無將之戒，舊典甚明；不道之辜，常刑罔赦。」朝論快焉。

謂貶崖州司戶參軍，道出雷州。寇準遣人以一蒸羊逆之境。

《續資治通鑑長編》卷九九七月己卯：謂初逐準，京師爲之語曰：「欲得天下寧，當拔眼中丁；欲得天下好，莫如召寇老。」不半歲，謂亦貶，人皆以爲報復之速，天道安可誣也。謂竄崖州，道出雷州，準遣人以一蒸羊逆之境上，謂欲見準，準拒絕之。聞家僮謀欲報仇，亟杜門使縱博，毋得出，伺謂行遠，乃罷。

按：王曉波氏《寇準年譜》按云「《碑》（孫抃《寇忠愍公準旌忠之碑》）無寇準饋羊一節」。

八月，謂敗後，太后改自稱。

《續資治通鑑長編》卷九九八月乙巳：初，謂定太后稱予。謂敗，中書與禮儀院參議，每下制令稱予，而便殿處分事稱吾。太后詔止稱吾。

十月己亥，丁謂黨陳靖等人坐累。

《續資治通鑑長編》卷九九十月己亥：左諫議大夫、集賢院學士、知泉州陳靖爲秘書監致仕。靖雅善丁謂，及謂貶，黨人皆逐，提點刑獄、御史王耿乃言靖老病無政事，不宜反爲鄉里官，故有是命。知邵武軍江拯、知興化軍楊令問亦責監杭州樓店務、南劍州酒稅，皆坐耿劾章也。

十一月丁卯朔，丁謂黨錢惟演坐貶。

《續資治通鑑長編》卷九九十一月丁卯朔：樞密使錢惟演罷爲保大軍節度使，知河陽。初，惟演見丁謂權盛，附離之，與爲姻。謂逐寇準，惟演與有力焉。及序樞密直學士題名石，獨刊去準名，曰：「逆準削而不書。」謂禍萌，惟演慮並得罪，遂擠謂以自解。馮拯惡其爲人，因言：「惟演以妹妻劉美，實太后姻家，不可預政，請出之。」乃出惟演爲鎮國留後，即日改今命。惟演至河陽，嘗請曲賜鎮兵特支錢，太后將許之，侍御史知雜事蔡齊曰：「賞罰者，上之所操，非臣下所當請。且天子新即位，惟演連姻后家，乃私請偏賞以自爲恩，必搖衆心，不可許。」即劾惟演，罷賜錢。《續資治通鑑長編》卷一〇一亦云天聖元年八月甲寅：先是，錢惟演自河陽赴亳州，因朝京師，圖入相。詠奏：「惟演憸險，嘗與丁謂爲婚姻，緣此大用。後揣知謂姦狀已萌，懼牽連得禍，因出力攻謂。今若遂以爲相，必大失天下望。」太后遣內侍持奏示之，惟演猶顧望不行。詠語左正言劉隨曰：「若相惟演，當取白麻廷毀之。」惟演聞，乃亟去。

貶官嶺南途中，作《途中盛暑》詩。

《途中盛暑》詩有「山木無陰驛路長，海風吹熱透蕉裳」語，可知作於貶官崖州途中。

南遷途中，過潭州，作《飯僧疏》。

丁謂《飯僧疏》：某，白衣干祿，叨冢宰之重權；丹陛宣恩，忝先皇之優渥。補仲山之袞，雖曲盡於寸心；和傅說之羹，實難調於衆口。……蓋以智未周身，事乖遠慮，既禍臨而不測，誠災及以非常。……惟願天回南睠，澤賜下臨。免致邊夷，白日便同於鬼趣；賜歸中夏，黃泉亦感於君恩。

《歸田錄》卷上：丁晉公之南遷也，行過潭州，自作《齋僧疏》。

彭元瑞《宋四六話》卷一一：丞相濟陽

公丁謂夢懶瓚師訓以覺悟之理，及覺，憶夢之像，坐一山庵中，俾畫工圖之。其年丁貶崖州司戶，道經潭州，宿雲蓋山海會禪寺，因縱步，見一山庵歷歷如昔日之夢，訪彼僧，則曰南岳懶瓚大明禪師庵。嗟惋久之，遂捨白金五十兩建道場，供千僧，以答夢中之訓，自撰疏云。

貶官海南期間，作《天香傳》。

丁謂《天香傳》：上聖即政之六月，授詔罷相，分務西洛，尋遣海南。憂患之中，一無塵慮。越惟永晝晴天，長霄垂象，爐香之趣，益增其勤。素聞海南出香至多，始命市之於閭里間，十無一假。

《東軒筆錄》卷二：丁晉公至朱崖……作《天香傳》，叙海南諸香。

貶官海南期間，作《山居》詩。

《冷齋夜話》卷五：韓子蒼曰：丁晉公《海外》（即《山居》）詩曰：「草解忘憂憂底事，花能含笑笑何人。」世以爲工。讀東坡詩曰：「花非識面嘗含笑，鳥不知名時自呼。」便覺才力相去如天淵。

貶官海南期間，作《有感》詩。見《方輿勝覽》卷四三。

在朱崖作《答胡則侍御書》。

《四六話》卷上：丁晉公文字，雖老不衰。在朱崖《答胡則侍御書》曰：「夢幻泡影，知既往之本無；地水火風，悟本來之不有。」

道士劉遁往崖州見丁謂。

《詩話總龜前集·留題門下》引《古今詩話》：丁晉公舊有園，在保康門外。園內有仙游亭、仙游洞，與道士劉遁往來。遁作《仙游亭詩》贈公云：「屢在仙游亭上醉，仙游洞裏杳無人。他時鳴鶴歸滄海，同看蓬萊島上春。」公莫曉其詩。後公南遷，遁往見公於崖，方思其詩，知爲異人也。

天聖元年癸亥，五十八歲。

時爲崖州司戶參軍，嘗戲對客問。

《中吳紀聞》卷一《丁晉公》：在海上對客，問：「天下州郡孰大？」客曰：「唯京師。」公曰：「朝廷宰相只作崖州司戶，則崖州爲大。」衆皆大笑。

六月己丑，黜丁謂之黨寇瑊。

《續資治通鑑長編》卷一〇〇六月己丑：給事中、集賢院學士寇瑊知鄧州。初，上封事者言瑊與丁謂厚善，故自成都代還，特黜之。上謂王曾曰：「瑊有吏幹，毋深譴也。」乃有是命。

八月乙未，黜丁謂之黨劉平。

《續資治通鑑長編》卷一〇一八月乙未：以鹽鐵判官、侍御史劉平爲尙衣庫使、環慶路鈐轄兼知邠州。初，眞宗欲用平，丁謂乘間曰：「平出將家，第宜任邊耳。」於是太后思謂言，故有此命。屬羌明珠、磨糜族數反覆，平潛兵殺數千人，以功領賓州刺史。

天聖三年乙丑，六十歲。

時爲崖州司戶參軍，集崖州所作爲《知命集》。

《詩話總龜前集·警句門中》引《古今詩話》：丁晉公在朱崖，有詩數十篇，號《知命集》。有曰：「草解忘憂憂底事，花名含笑笑何人。」

在崖州未嘗廢筆硯，作《青衿集》等。

《東軒筆錄》卷三：丁晉公至朱崖，作詩曰：「且作白衣菩薩觀，海邊孤絕寶陀山。」作《青衿集》百餘篇，皆爲一字題，寄歸西洛。又作《天香傳》，叙海南諸香。又作州郡名配古人姓名詩，又集近人詞賦而爲之序，及佗記述題詠，各不下百餘篇，蓋未嘗廢筆硯也。

《後村詩話》後集卷一：鶴相在海外，效唐李嶠爲單題詩，一句一事，凡一百二十篇，寄洛中子孫，名《青衿集》，徐堅《初學記》之類也。貶所無書籍，而默記舊讀，歷歷不忘，且篇篇用李韻。……《青衿集》自序又云：「家僕至，得珙書，筆札精麗，字字可愛。又得諸孫簡牘，各言日夕所學。知患難之門，不廢素業，曠然忘遷謫之意。」今之貴人，位望稍通顯，便放下書冊，子弟怙勢奢侈，爲不肖而已。鶴相處禍患遷謫，乃能以學自娱，又能以學勵其子孫，有過人者，不可以人廢言也。坡公《書》、《易》、《論語》注成於儋耳，胡明仲《讀史管見》作於新州，又非鶴相口耳記誦之學所及。

十二月，徙雷州司戶參軍。

《續資治通鑑長編》卷一〇三十二月癸亥：徙崖州司戶參軍丁謂爲雷州司戶參軍。謂家寓洛陽，嘗爲書自克責，叙國厚恩，戒家人毋輒怨望。遣人致於西京留守劉燁，祈付其家，戒使者伺燁會衆僚時達之。燁得書，不敢私，即以聞。上見之感惻，故有是命。謂雅多智，是猶出於揣摩也。宰相言：「謂，天下不容其罪而竄之，今不緣赦宥，未可内徙。」上曰：「謂斥海上已數年，欲令生還嶺表耳。」

《宋史·丁謂傳》：在崖州踰三年，徙雷

州。（又見《隆平集》卷四）

按：丁謂以流人無因達章奏，託爲執政書，度以上聞，因蒙寬宥。類似資料還見《墨客揮犀》、《孫公談圃》卷下、楊囦道《雲莊四六餘話》、《中吳紀聞》卷一《丁晉公》、《邵氏聞見錄》卷七。

作《雷州顯震廟記》。見《輿地紀勝》卷一一八。按：此文亦有南遷途中，道出雷州時作之可能性。

天聖五年丁卯，六十二歲。

時爲雷州司戶參軍。南郊肆赦，中外以爲丁謂將復還，陳琰上奏請更不原赦。

《續資治通鑑長編》卷一〇五十二月甲午：是歲，南郊肆赦，中外以爲丁謂將復還，殿中侍御史陳琰上書曰：「亂常肆逆，將而必誅；左道懷姦，有殺無赦。丁謂因緣憸佞，竊據公台，賄賂苞苴，盈於私室，威權請謁，行彼公朝。引巫師妖術，厭魅宮闈；易神寢龍崗，冀消王氣。今禋柴展禮，渙汗推恩，必慮謂潛輸琛貨，私結要權，假息要荒，冀移善地。李德裕止因朋黨，不獲生還；盧多遜曲事王藩，卒無牽復。請更不原赦。」上然之。

天聖六年戊辰，六十三歲。

時爲雷州司戶參軍。四月丙戌，黜丁謂之黨胡則。見《續資治通鑑長編》卷一〇六。

天聖八年庚午，六十五歲。

時爲雷州司戶參軍。十二月壬辰，以雷州司戶參軍丁謂爲道州司戶參軍。

《續資治通鑑長編》卷一〇九十二月壬辰：以雷州司戶參軍丁謂爲道州司戶參

軍。始，南郊肆赦，中外疑謂必將內徙，刑部員外郎、兼侍御史知雜事劉隨言：「彼擅移於陵域，將不利於君親。只合取彼頭顱，置諸郊廟。」殿中侍御史張錫言：「謂姦邪弄國，罪當死，無可憐。且大臣竄逐，本與天下棄之，今復還，是違天下意。」由是止徙道州。

《宋史·丁謂傳》：在崖州踰三年，徙雷州，又五年，徙道州。（又見《隆平集》卷四）

《東軒筆錄》卷三：丁晉公既投朱崖，幾十年。天聖末，明肅太后上仙，仁宗獨覽萬幾，當時仇敵多不在要地，晉公乃草一表，極言策立之功，辨皇堂誣搆之事，言甚哀切。自以無緣上達，乃外封題云：「啓上昭文相公。」是時王冀公欽若執政，丁自海外遣家奴持此啓入京，戒云：「須候王公見客日，方得當面投納。」其奴如戒，冀公得之，驚不敢啓對，遽以上聞。仁宗拆表，讀而憐之，乃令移道州司馬。晉公有詩數首，略曰：「君心應念前朝老，十載飄流若斷蓬。」又曰：「九萬里鵬容出海，一千年鶴許歸遼。且作瀟湘江上客，敢言瞻望紫宸朝。」天下之人，疑其復用矣。穆修聞丁有道州之徙，作詩曰：「卻訝有虞刑政失，四凶何事亦量移？」謂之失人心如此。

上《北遷道州謝表》。

《四六話》卷上：丁晉公文字，雖老不衰。……在海外十四年，及北遷道州，謝表云：「心若傾葵，漸暖長安之日；身同旅雁，乍浮楚澤之春。」（又見《堯山堂外紀》卷四十四）。

天聖十年、明道元年壬申，六十七歲。

時爲道州司戶參軍。十一月丙申，詔蘇州所沒丁謂莊田，逐給其家，仍以其子前內殿承制玘爲供奉官。見《續資治通鑑長編》卷一一一。

明道二年癸酉，六十八歲。

自道州司戶參軍授秘書監致仕，居安州，徙居光州。

《續資治通鑑長編》卷一一二三月庚寅：以皇太后不豫，大赦，除常赦所不原者。……乾興以來貶死者復其官，謫者皆內徙，丁謂特許致仕。

《隆平集》卷四：秘書監致仕，居安州，徙光州。

《宋史·丁謂傳》：明道中，授秘書監致仕，居光州。

作謝權臣啓。

《歸田錄》佚文：丁晉公貶崖時，權臣實有力焉。後十二年，丁以祕監召還光州致仕，時權臣出鎮許田，丁以啓謝之，其略曰：「三十年門館游從，不無事契；一萬里風波往復，盡出生成。」其婉約皆此。

上《謝復祕書監表》。

《四六話》卷上：《謝復祕書監表》云：「炎荒萬里，歲律一周。傷禽無振羽之期，病樹絕沾春之望。」人亦哀之。（又見《堯山堂外紀》卷四十四）。

作《癸酉仲夏自□道□華嚴山主正師上人□□相遇今忽至縣且云□□□□□□□攜酒□□□□□□□□□□□□□□》詩（《金石萃編》卷一三二）。按：癸酉即明道二年。

在浮光教導後生。

《苕溪漁隱叢話前集·丁晉公》引《潘子眞詩話》：（丁）晉公自朱崖內徙浮光，清逸尙幼，侍曾祖母壽安縣君歸寧，陶商翁其族侄也，亦自義郴來。晉公一日循江湄散步，見船行，戲爲語曰：「舟移水面凹。」令諸甥對之，陶應聲云：「雲過山眉展。」丁以謂水實有面，眉以況山，虛實不等，當作「雲過山腰細」。規模雖出一時，不甚超卓，然前輩屬詞之切，教導後生亦自有方。

景祐四年丁丑，七十二歲。

時居光州，閏四月去世。

《續資治通鑑長編》卷一二〇閏四月己亥：光州言秘書監致仕丁謂卒。王曾聞之，語人曰：「斯人智數不可測，在海外猶用詐得還。若不死，數年未必不復用。斯人復用，則天下之不幸可勝道哉。吾非幸其死也。」

《隆平集》卷四：卒年七十二。詔賜錢十萬，絹百疋。（又見《宋史·丁謂傳》）。

《邵氏聞見錄》卷七：僧海妙者謂余言：「昔出入丁晉公門下，公作相時，鑿池養魚，覆以板，每客至，去板釣鮮魚作膾，其餚饌珍異不可勝數。」後自朱崖以秘書少監移光州，海妙往見之，公野服仗屨行山中，觀村民採茶，勞其辛苦，人不知爲晉公也。公與海妙相別曰：「吾不死，五年當復舊位。」後五年，趙元昊叛，邊事起，朝廷更用大臣矣。公無疾，沐浴衣冠，卧佛堂中而薨。

譜後

丁謂之妻是參知政事竇偁之女。

王禹偁《薦丁謂與薛太保書》：參政竇公撫頂歎異，以女妻之。偉乎竇公，能知人也如是。

丁謂弟、子。

《隆平集》卷四：弟誦、說、諫，子珙、玥、玘、珷。

丁謂之妹，嫁陳贊明之孫陳之奇。

丁謂外甥陳之奇之父陳質，以道德著於鄉。

《中吳紀聞》卷一《陳君子》：陳之奇，字虞卿。鄉人以其有賢德，故以君子稱之……道德著於鄉，雖閭巷小兒，亦知愛敬。

又《陳君子父殿丞》：殿中丞陳質德行著於鄉里。其死也，范文正公挽之云：

「……幾世傳清白，滿鄉稱孝慈。賢哉生令嗣，遺秀在蘭芝。」

丁謂愛其甥，欲官之，丁氏固辭。

《中吳紀聞》卷一《丁氏賢惠錄》：晉公鍾愛其甥，欲官之，丁氏固辭，俾其以學術進，晉公竦然稱歎。已而同其弟繼登進士科。觀此，足以知夫人之賢矣。

丁謂孫。

《中吳紀聞》卷一《丁晉公》：「予嘗至其第，與公之孫德隅游。德隅善篆，亦工於四六。」

歸葬華山。

《中吳紀聞》卷一《丁晉公》：歸葬華山。所居在大郎橋，號晉公坊。堂宇甚古，有層閣數間臨其後。予嘗至其第，與公之孫德隅游。德隅善篆，亦工於四六。

後人詠丁謂故第舊園。

宋庠《丁晉公故第東池上作》（《元憲集》卷一四）：薛縣高臺已半傾，碧波遺甃自盈盈。池蛙不辨興亡意，猶學當年鼓吹聲。

劉攽《過丁晉公舊園》（《彭城集》卷一〇）：寧知陵谷變，遂見曲池平。喬木祇益老，儲胥空復情。廢墀盈疊蘚，頹榭迹微行。桑霍爲厚戒，千秋餘歎聲。

丁謂一生著述甚富。

計有《泰山封禪朝覲祥圖》一百五十卷（《續資治通鑑長編》卷七二），《箋注釋教御集》三十卷（同上卷九七），《丁晉公集》四卷（《郡齋讀書志》卷一九），《丁給事集》四卷。又丁晉公《青衿集》三卷，《丁謂四六》二卷（《通志》卷七〇《藝文略八》），《大中祥符封禪記》五十卷，《大中祥符祀汾陰記》五十卷（以上兩種為丁謂等人合編），《大中祥符奉祀記》五十卷、目二卷，《大中祥符迎奉聖像記》二十卷、目二卷，《大中祥符祀汾陰祥瑞贊》五卷、目二卷，《降聖記》三十卷，《景德會計錄》六卷，《談錄》一卷，《農田敕》五卷，《北苑茶錄》三卷，《天香傳》一卷、《丁謂集》八卷，《虎丘集》五十卷，《刀筆集》二卷，《青衿集》三卷，《知命集》一卷（《宋史》卷二〇三至二〇九《藝文志》二至八）。據《東軒筆錄》卷二載，丁晉公至朱崖，作有《青衿集》一百餘篇，又作《天香傳》，州郡銘名配古人姓名詩，又集近人詞賦而爲之序，及他記述題詠，各不下一百餘篇，已詳前引。今所存者《談錄》一卷，《天香傳》一卷。

錢惟演年譜

（日本）池澤滋子 編

錢惟演（九七七—一〇三四），字希聖，杭州臨安（今浙江杭州）人，吴越王錢俶子。歸宋，爲右屯衛將軍，改太僕少卿，歷給事中、翰林學士，擢樞密副使，累遷工部尚書。仁宗即位，拜樞密使。惟演初附丁謂，逐寇準，後又擠謂以自解，宰相惡其爲人，乃罷職知河陽。逾年，加同中書門下平章事，判許州。景祐元年卒，年七十三。初謚思，改謚文僖。惟演在北宋文學史上的貢獻有三，一是雖生長豪貴之家，而博學能文，著述甚富，著有《典懿集》、《樞廷集》、《擁旄》前後集、《伊川集》、《漢上集》，《金坡遺事録》、《飛白書叙録》、《逢辰録》、《奉藩書事》、《錢文僖集》等，惜多已失傳。二爲他是西崑派三大領袖之一，詩文清麗典雅，與楊億、劉筠共同開創了西崑體。三是喜奬拔人才，他留守西京時，北宋詩文革新的代表作家謝絳、尹洙、歐陽修、梅聖俞等齊集其幕府，待之甚厚，爲他們提供了較爲自由的文學活動環境。

鄭再時《西崑唱和詩人年譜》、曾棗莊《西崑酬唱集詩人年譜簡編》均含有錢惟演年譜，係與楊億、劉筠等人合譜。本譜爲錢氏專譜，由日本池澤滋子編，作爲《錢惟演研究》的附録。原譜較詳，兹節録成簡譜，先行刊佈，以就教於方家。

錢惟演字希聖，吳越王俶之十四子。

《隆平集》卷一二《錢惟演傳》（下簡稱《隆平集》本傳）：錢惟演字希聖，忠懿王十四子也。又見《東都事略》卷二四《錢惟演傳》（下簡稱《東都事略》本傳）、《宋史》本傳（下簡稱《宋史》本傳）、《十國春秋》卷八三等。

幼名敏惠。

《宋會要輯稿》禮五八之八六：惟演幼名敏惠。

幼有俊才。

《東都事略》本傳：幼有俊才，俶嘗使賦《遠山》詩，有「高爲天一柱，秀作海三峰」之句。俶深器之。

志於學，平生好讀書，善文章。

《歸田錄》卷上：錢思公雖生長富貴，而少所嗜好。在西洛時，嘗與僚屬言，平生惟好讀書，坐則讀經史，臥則讀小說，上廁則閱小詞，蓋未嘗頃刻釋卷也。

《隆平集》本傳：志於學，有文章，與楊億、劉筠齊名。家儲文籍侔秘府。

《東都事略》本傳：惟演少富貴，能志於學，有文章，與楊億、劉筠齊名。嘗曰：「學士備顧問，不可不該博。」故其家聚書，侔於秘府，又多藏古書畫在館閣。

《書史會要》卷六：錢惟演，字希聖，忠懿王俶之子。官至同中書平章事，謚文僖。文辭清麗，於書無所不讀。家儲文籍侔秘府，書帖亦平平。

爲人少誠信。

《東都事略》本傳：其爲人少誠信。初附丁謂力排寇準，其後逐謂亦有力焉（又見《隆平集》本傳等）。

《十國春秋》卷八三：錢惟演文辭清麗，名與楊億、劉筠相上下，於書無所不讀。家儲文籍侔秘府。其爲人少誠信。

性儉約。

《歸田録》卷上：錢思公生長富貴，而性儉約。閨門用度，爲法甚謹。子弟輩非時不能輒取一錢。公有一珊瑚筆格，平生尤所珍惜，常置之几案。子弟有欲錢者輒竊而藏之，公即悵然自失，乃牓於家庭，以錢十千贖之，居一二日，子弟佯爲求得以獻，公欣然以十千賜之。他日有欲錢者，又竊去，一歲中率五七如此。公終不悟也。餘官西都在公幕，親見之，每與同僚嘆公之純德也。

喜獎勵後進。

《十國春秋》卷八三：尤喜獎勵後進。

宋太宗太平興國二年，一歲。

錢惟演生。

《續資治通鑑長編》（以下簡稱《長編》）卷一一五景祐元年（一〇三四）七月乙巳：隨州言崇信軍節度使錢惟演卒。

按：據《長編》，從錢惟演卒到隨州言當還有一些時間，但大體可肯定即卒於七月。而據《隆平集》本傳、《東都事略》本傳，均言卒年五十八。從一〇三四年上推五十八年，即當生於太平興國二年（即九七七年），故定錢惟演生於是年。又按：唐圭璋《全宋詞》第一冊錢惟演小傳，謂生於建隆三年（九六二），惜未言所據。但此說已爲王德毅《宋人傳記資料索引》及《中國歷史大辭典·宋史》等工具書採用，影響頗大。因《長編》卷一八於太平興國二年（九七七）正月丙寅言：

「吳越國王俶遣其子溫州刺史惟演來修貢，賀登極。」又《續資治通鑑》卷八太平興國元年（九七六），有「二月庚午，帝數召俶及其子惟演射苑中」之記載，如果推定錢惟演生於太平興國二年，則「修貢」之年纔當生年，「射苑中」之時尚未出世。這樣，《隆平集》、《東都事略》所謂錢惟演卒年五十八，顯然不足信了，而生於建隆三年之說，似與錢之事迹無抵捂，因此更易爲人接受。但此說亦並非全無可疑，如《續資治通鑑》所稱『俶及其子惟演射苑中』，據《長編》卷一七，「惟演」當作「惟濬」；《長編》所載惟演修貢事，《吳越備史》不載，而載太平興國元年十一月遣惟渲（惟演兄）「詣闕以賀」，二年八月遣「世子惟濬入朝修覲禮」。何況《長編》卷二九端拱元年（九八八）八月戊寅載錢俶卒，《宋史》卷四八〇《吳越錢氏世家》明言錢俶卒時「子惟演、惟濟皆童年」，如謂生於建隆三年，則時年已二十七歲，不當稱「童年」？且《宋會要輯稿》禮五八之八六載錢曖乞改謚奏，明言「先臣遭遇三朝，踐揚四紀」，如惟演生於太祖建隆三年，則當言「遭遇四朝」（即太祖、太宗、真宗、仁宗四朝）。可見，生於建隆三年之說，與錢惟演生平事迹實有抵捂，不可信。

太平興國三年，二歲。

五月乙酉，吳越王錢俶入朝，上表獻所管十三州、一軍。俶朝退，將吏僚屬始知之，千餘人皆慟哭曰：「吾王不歸矣。」（《長編》卷一九）。

五月丁亥，父錢俶爲淮南國王，惟演爲團練使。

《吳越備史·補遺》太平興國三年五月：十三日，賜王淮海國王金印一面，仍賜禮賢宅爲永業。十五日，又授王子惟演、惟灝及未官者子弟并麾下將校孫承祐、沈承禮並爲節度使等官有差。

《宋史》卷四八〇《吳越錢氏世家》：丁亥，詔曰：「漢寵功臣，聿着帶河之誓；周尊元老，遂分表海之邦。其有奄宅勾吳，早綿星紀。包茅入貢，不絕於累朝；羽檄起兵，備嘗於百戰。適當輯瑞而來勤，爰以提封而上獻。宜遷內地，別錫爰田，彌昭啓土之榮，俾增書社之數。吳越國王錢俶天資純懿，世濟忠貞，兆積德於靈源，書大勳於策府。近者慶沖人之踐阼，奉國珍而來朝，齒革羽毛既修其常貢，土田版籍又獻於有司，願宿衛於京師，表乃心於王室。眷茲誠節，宜茂寵光。是用列西楚之名區，析長淮之奧壤，建茲大國，不遠舊封，載疏千里之疆，更重四征之寄。疇其爵邑，施及子孫，永夾輔於皇家，用對揚於休命，垂厥百世，不其偉歟！其以淮南節度管內封俶爲淮海國王，仍改賜寧淮鎮海崇文耀武宣德守道功臣，即以禮賢宅賜之。」惟濬爲節度使兼侍中，惟治爲節度使，惟演爲團練使，錢惟（願）〔灝〕暨郁、昱並爲刺史，弟儀、信并爲觀察使，將校孫承祐、沈承禮并爲節度使。體貌隆盛，冠絕一時。

七月丙辰，知杭州范旻與惟演等皆赴闕。壬申，賜衣帶等。

《長編》卷一九：（八月辛未）初，淮南

王俶入朝，命其子鎮國節度使惟治權知吳越國事。一夕廄中火，惟治率兵臨高下視，令親信十數輩，仗劍申令，敢後顧者斬，頃之火息。妻族有隸帳下者恃親犯法，惟治命杖背於府門。於是惟治悉奉兵民圖籍、帑廪管籥授知杭州范旻，與其弟惟演、惟灝等皆赴闕。詔遣內侍護諸司供帳迎勞於近郊。壬申，對於長春殿，各賜衣帶、鞍馬、器幣。

少補牙門將，從俶歸朝，爲右屯衛將軍，累遷右神武將軍（《隆平集》卷十二本傳、《宋史》卷三一七本傳、《十國春秋》卷八三）。

太平興國六年，五歲。

《宋會要輯稿》崇儒四之一五：（十二月）詔開封府及諸道轉運徧下管內州縣，搜訪鍾繇墨迹，聽於所在進納。……是歲，鎮國軍節度使錢惟演以鍾繇、王羲之、唐明皇墨迹凡七軸獻。

按：據《長編》卷一九，時任鎮國軍節度使者爲錢惟治。又據《宋史》卷四八〇《吳越錢氏世家》所載，「惟治嘗以鍾繇、王羲之、唐玄宗墨迹凡七軸爲獻，優詔褒答」，則《會要》「鎮國軍節度使錢惟演」云云，顯誤。

端拱元年，十二歲。

錢俶卒。太宗召見慰勞，起家諸衛將軍。

《宋史》卷四八〇《吳越錢氏世家》：自鏐至俶，世有吳越之地僅百年，管內諸州皆子弟，將校授任而後請命於朝，有至使相者。俶任太師、尚書令兼中書令四十年，爲元帥三十五年。及歸朝卒，子惟演、惟濟皆童年，召見慰勞，并起家諸衛將軍。

宋真宗咸平三年，二十四歲。

時任右神武軍將軍，五月丁酉，獻《咸平聖政錄》，召試學士院，爲太僕少卿。

《長編》卷四七：（五月丁酉）右神武軍將軍錢惟演爲太僕少卿。惟演，俶之子也。幼好學，於是獻所爲文，召試學士院，而有是命。

《宋會要輯稿》選舉三一之一二：（五月十五日）「右神武軍大將軍錢惟演獻所著文及《咸平聖政錄》，召試學士院，命爲太僕少卿。」按：《宋會要輯稿》崇儒五之二〇所記時間不一：咸平六年……八月太僕少卿直秘閣錢惟演，上《咸平聖政錄》二卷。

十月，被詔校勘《三國志》。

《宋會要輯稿》崇儒四之二：（十月）詔選官校勘《三國志》、《晉書》、《唐書》，以直秘閣黃夷簡、錢惟演、直史館劉蒙叟、崇文院檢討直秘閣杜鎬、直集賢院宋皋、秘閣校理戚綸校《三國志》。

咸平四年，二十五歲。

時爲太僕少卿。二月五日，上表獻《東京賦》，詔直秘閣（《宋會要輯稿》選舉三三之二）。

景德元年，二十八歲。

十月己亥，時爲太僕少卿、直秘閣。明德皇后發引前夕，不至，罰贖銅三十斤（《長編》卷五八）。

景德二年，二十九歲。

時直秘閣，九月丁卯，預修《歷代君臣事迹》，詔與楊億分爲之序。

《長編》卷六一：（九月丁卯）令資政殿學士王欽若、知制誥楊億修《歷代君臣事迹》，欽若請以直密閣錢惟演等十人同編修。初令惟演等各撰篇目，送欽若暨億參詳，欽若等又自撰集上進，詔用欽若等所撰爲定，有未盡者奉旨增之。又令宮苑使、勝州刺史、勾當皇城司劉承珪，內侍高品、監三館秘閣圖書劉崇超典掌其事，編修官非內殿起居當赴常參者免之，非帶職不當給實俸者特給之，其供帳飲饌，皆異常等。

《隆平集》本傳：與修《策府元龜》千篇，特詔與楊億分爲之序（又見《東都事略》本傳、《宋史》本傳等）。

參與西崑唱和，其《南朝》詩可能作於是年冬或次年春。此詩收入楊億編的《西崑酬唱集》。

景德三年，三十歲。

正月，獲賜方物。

《長編》卷六二：（正月癸酉）賜編修《君臣事迹》官太僕少卿、直秘閣錢惟演等菸蓉。舊制，方物之賜止及近臣，至是，優禮此職故也。

參與西崑酬唱，作《禁中庭樹》、《休沐端居有懷希聖少卿學士》、《再次首唱題和》、《槿花》、《代意二首》、《漢武》、《館中新蟬》、《夜宴》、《鶴》、《公子》、《宣曲二十二韻》、《夜意》、《明皇》、《別墅》、《無題三首》、《荷花》、《再賦》、《再賦七言》、《又贈一首》、《梨》、《淚二首》、《七夕》、《成都》、《秋夜對月》、《小園秋夕》、《始皇》、《初秋屬疾》、《寄靈山觀舒職方學士》、《宋玉》、《送客不及》、《夕陽》、《樞密王左丞宅新菊》、《直夜》諸詩。

按：楊億等於景德二年九月受詔修《冊府元龜》，西崑酬唱起於是年冬。

（楊億《西崑酬唱集序》）除《受詔修書述懷感事三十韻》因其內容重要特作開篇外，《西崑酬唱集》皆按寫作時間先後編排。《西崑酬唱集》凡七十篇（二百五十首），除第二首《南朝》可能作於上年冬外，此年自《禁中庭樹》至《直夜》多達三十八篇，是西崑唱酬最多的一年。

景德四年，三十一歲。

八月丁未，上《聖德論》。

《長編》卷六六：（八月丁未）：惟演上《聖德論》，上覽之，謂宰臣曰：「惟演文學可稱，且公王貴族而能留意翰墨，有足嘉者，可記其名，并以論付史館。」因曰：「錢氏繼世忠順，子孫可念，如聞惟治頗貧乏。尤可軫恤也。」遂有是命（又見《宋會要輯稿》職官五七之二六、《宋史》卷四八〇《吳越錢氏世家》）。

被命求錢惟治書。

《宋史》卷四八〇《吳越錢氏世家》：惟治好學，聚圖書萬餘卷，多異本。慕皮、陸爲詩，有集十卷。書迹多爲人秘藏，晚年雖病廢，猶或揮翰。眞宗嘗語惟演曰：「朕知惟治工書，然以疾不欲遣使往取，卿爲求數幅進來。」翌日，寫聖製詩數十章以獻，賜白金千兩。

參與西崑唱酬，是年作有《柳絮》、《與客啓明》、《無題》、《譯經光梵大師》、《霜月》、《此夕》、《勸石集賢飲》諸詩，均收入《西崑酬唱集》。

大中祥符元年，三十二歲。

獻《祥符頌》，擢司封郎中、知制誥。

《長編》卷六八：（正月癸未）太僕少卿、直秘閣錢惟演獻《祥符頌》，上嘉之。甲申，擢司封郎中、知制誥。

以靈瑞紛集，上贊頌以美盛德。

《宋會要輯稿》禮二二之一五：（九月七日）是日，有黄雲迎日若橋梁狀，五色雲如錦。錢惟演、黄宗旦、宋綬、劉筠、邵焕、晏殊以靈瑞紛集，咸上贊頌以美盛德。

十二月二十一日，被詔班位依舊，在知制誥孫僅之下（《宋會要輯稿》儀制三之八）。

參與西崑酬唱，作《燈夕寄内翰虢略公》、《懷舊居》、《許洞歸吴中》、《上巳玉津園賜宴》、《致齋太一宫》、《苦熱》、《清風十韻》、《戊申年七夕五絶》、《秋夕池上》諸詩，均收入《西崑酬唱集》。

是年楊億編成《西崑酬唱集》，并撰《西崑酬唱集序》，序文末署爲翰林學士、戶部郎中、知制誥楊億述。案《宋史》卷三〇五《楊億傳》，億於咸平中拜左司諫、知制誥，景德三年爲翰林學士，大中祥符初即大中祥符元年加兵部員外郎、戶部郎中。序文結銜表明，編成《西崑酬唱集》和撰寫《西崑酬唱集序》皆在大中祥符元年。《西崑酬唱集》中凡收參與唱酬的作者共十七人，錢惟演唱酬詩凡四十八首，居《西崑酬唱集》中的第三位（楊億六十六首，劉筠六十一首），成爲《西崑酬唱集》三大首領之一。

《儒林公議》卷上：楊億在兩禁變文章之體，劉筠、錢惟演輩皆從而效之，題曰《西崑酬唱集》。當時佻薄者謂之西崑體。其他賦頌章奏，雖頗傷於雕摘，然五代以來蕪鄙之氣，由兹盡矣。

《六一詩話》：陳舍人從易，當時文方盛

之際，獨以醇儒古學見稱，其詩多類白樂天。蓋自楊、劉唱和，《西崑集》行，後進學者爭效之，風雅一變，謂西崑體。由是唐賢諸詩集幾廢而不行。《漫堂說詩》：唐以後詩派，歷宋、元、明至今，略可指數：宋初晏殊、錢惟演、楊億號西崑體。

大中祥符二年，三十三歲。

正月己巳，御史中丞王嗣宗言，《宣曲》詩，述前代掖庭事，詞涉浮靡。《長編》卷七一：（正月己巳）御史中丞王嗣宗言：「翰林學士楊億、知制誥錢惟演、秘閣校理劉筠唱和《宣曲》詩，述前代掖庭事，詞涉浮靡。」上曰：「詞臣，學者宗師也，安可不戒其流宕！」乃下詔風厲學者：「自今有屬詞浮靡、不遵典式者，當加嚴譴。其雕印文集，令轉運司擇部內官看詳，以可者錄奏。」附注：「江休復云：上在南衙，嘗召散樂伶丁香畫承恩幸，楊、劉在禁林，作《宣曲》詩，王欽若密奏，以爲寓諷。遂著令戒僻文字。」

遣知制誥錢惟演等祠太一宮。《宋會要輯稿》禮一八之六：（二月十八日）愆雨，遣知制誥錢惟演、直史館高伸、職方員外郎高冕祠太一宮。初，禮院言太一宮兩廊有十精太一十六神幷主風雨，望增遣官分拜故也。

大中祥符三年，三十四歲。

翰林學士錢惟演請自今賜外國使宴，令舍人院、館閣官撰樂人詞語。《宋會要輯稿》禮四五之一〇：（十二月十四日）翰林學士錢惟演上言，伏見每賜契丹、高麗使御筵，其樂人白語多涉淺俗。請自今賜外國使宴，其樂人詞語，教坊即令舍人院撰，京府衙前令館閣官撰，從之。既而知制誥晏殊等，上章援典故，求免拱撰，遂仍舊令教坊撰訖，詣舍人院呈本。

大中祥符四年，三十五歲。

被命祭告一品墳。

《宋會要輯稿》禮三七之三：（正月二十八日）車駕幸汾陰，次西京，遣知制誥錢惟演詣一品墳，以香幣酒脯祭告，仍詔俟朝拜諸陵日，差官以少牢致祭。

以錢惟演爲南嶽奉冊副使。

《長編》卷七八：（九月辛卯）工部侍郎、集賢院學士薛映爲南嶽奉冊使，給事中錢惟演副之。

十一月，獻芝草。

《宋史》卷六三《五行志》二上：十一月……南岳奉冊使薛映、副使錢惟演過荆門軍，神林石上獲芝草以獻。

大中祥符六年，三十七歲。

被命押當太上老君寶冊，先車駕二日進發（《宋會要輯稿》禮五一之四）。

被命編次迎駕父老及州縣繫囚。

《長編》卷八一：（十二月辛巳）以翰林學士王曾攝御史大夫爲考制度使，刑部員外郎兼侍御史知雜事段曄攝中丞副之。知制誥錢惟演等編次迎駕父老及州縣繫囚，右諫議大夫愼從吉等詳定詞狀。惟不置編次貢奉。

大中祥符七年，三十八歲。

於武成王廟，試經明行修、服勤詞業舉人。

《宋會要輯稿》選舉一九之四：（八月十七日）命翰林學士王曾、知制誥錢惟演，於武成王廟，試經明行修、服勤詞業舉人。

《長編》卷八三：（八月丙子）詔：「自今差發解知舉等授敕訖，即令閤門祗候一人引送鏁宿，無得與僚友交言，違者閤門彈奏。如所乘馬未至，即以廄馬給之。」先是，翰林學士王曾、知制誥錢惟演受敕於武成王廟，試經明行修、服勤詞學人，與翰林學士李維偶語長春殿閣，又至審刑院伺候所乘馬，遲留久之。維、曾同在翰林，曾妻，維姪也，時曾妻將產子，故曾屬維以家事。東上閤門副使魏昭亮，意曾受維請托，密以聞，押伴閤門祗候曹儀亦具奏。即令曾、惟演分析，詞與維同，特釋曾等，因有是詔。

大中祥符八年，三十九歲。

命王欽若知通進銀臺司兼門下封駁事，代錢惟演等。

《宋會要輯稿》職官二之二八：（三月）命吏部尚書王欽若知通進銀臺司兼門下封駁事，代李維、馮起、錢惟演。時欽若罷樞密使、同平章事，因有是詔。

獻禮賢宅，賜錢五十萬。

《長編》卷八四：（五月癸巳）知制誥錢惟演獻其父所賜禮賢宅，優詔獎之，賜惟演錢五十萬，令均給六房，仍各賜宅一區（又見《宋史》卷四八〇《吴越錢氏世家》）。

學士院草賜錢惟演詔誤。

《宋會要輯稿》職官六之五〇：（閏六月）學士院草賜錢惟演詔，誤書祭爲癸，詔劾，孔目吏決杖，待詔贖銅十斤。學士王曾特釋之。

七月十四日，爲儀仗使、給事中（《宋會要輯稿》禮二八之八〇）。

九月，賜冬服。

《宋會要輯稿》儀制九之三一：（九月）詔同玉清昭應宮副使、戶部侍郎、給事中、知制誥、同知審官院錢惟演冬服，并依學士例給錦袍。（注：時自三司使授，惟演嘗知通進銀臺司，因上言，故給之。）

爲翰林學士。

《宋史》本傳：大中祥符八年，爲翰林學士。

陳彭年起請，令錢惟演等舉覆校勘官。

《宋會要輯稿》崇儒四之四：（十二月）詔樞密使王欽若都大提舉抄寫校勘三館秘閣書籍，翰林學士陳彭年副之。……時彭年又起請，以直館校理及吏部試中選人，分爲校勘官，又令翰林學士晁迥、李維、王曾、錢惟演、知制誥盛度、陳知微，於館閣京朝官中，各舉服勤文學者一人爲覆校勘官。

大中祥符九年，四十歲。

知開封府從吉子鈞、銳受賕，事連錢惟演，罷翰林學士。

《長編》卷八六：（三月壬子）給事中愼從吉削一任，翰林學士給事中錢惟演罷學士。初，咸平縣民張贇妻盧訴姪質被酒詬悖。張，豪族也，質本養子，而證左明白。質納賄胥吏，從吉子大理寺丞銳時督運石塘河，往來咸平，爲請求縣宰。本縣斷復質劉姓，而第令與盧同居。質暨盧迭爲訟，縣聞於府。會從吉權知府事，命戶曹參軍呂楷就縣推問。盧之從叔虢略尉昭一納白金三百兩於楷，楷久而不決，且以俟追劉族爲名即還府。盧兄太子中舍文質又因進士吳及納錢七十萬於從吉長子大理寺丞鈞，以其事白父，而隱其受賄之狀。盧又詣府列訴，即下其事右軍巡院。昭一兄澄嘗以手書達惟演，云寄語從吉，事逮鈞、銳，請緩之。時及已亡命，軍巡請搜捕，且曰，「未得及，則獄不具。」從吉亟召軍巡判官祝坦至聽事後詢之，毀所請狀，又令銳密問坦獄情何若，頗自疑懼。因密作奏，請付御史臺，未報。糾察刑獄王曾、趙稹詣便殿以聞，且言事涉從吉，慮軍巡顧避。稹方知雜，請不以付臺。乃命殿中侍御史王奇，戶部判官、著作郎、直史館梁固鞫治，仍遣中使譚元吉監之，逮捕者百餘人。獄成，奪楷、鈞二官，配隸衡州、郢州，銳、坦、文質皆奪一官，坦貶濠州參軍。盧澄者，陳留縣大豪也，嘗入粟，得曹州助教，殖貨射利，侵牟細民，頗結貴要，以是益橫。劉綜知府日，嘗犯法。綜憤其豪橫，繩之，奪官，配郢州，仍請後有過不以贖論。詔可其奏。至是，與昭一并決杖，澄配隸江州，昭一特除名。從吉、惟演并坐責，自餘決罰有差，情重者配隸外州。

天禧元年，四十一歲。

奏乞弟惟濟至京師。

《長編》卷八九：（四月庚辰）惟濟兄惟演在禁林，嘗奏曰，「惟濟久在外，願得一至京師，以慰兄弟之思。」上嘉其友愛，即日召之。

天禧二年，四十二歲。

正月遷尚書工部侍郎，復爲學士、會靈觀副使。

《學士年表》：正月以工部侍郎拜。

《宋史》本傳：坐私謁事罷之。尋遷尚書

工部侍郎，再爲學士、會靈觀副使。

子錢曖進士及第。

《宋會要輯稿》選舉九之二：（九月十四日）賜太常寺奉禮郎錢曖進士及第。（注：曖，翰林學士錢惟演之子，獻《醴泉賦》，詔試命之。）

錢惟演等再試開封府得解舉人。

《長編》卷九二：（十一月甲戌）命翰林學士錢惟演、盛度，樞密直學士王曙，龍圖閣待制李虛己、李行簡，於祕閣再考定開封府得解舉人試卷，令祕閣校理王準封彌，定爲三等，具名以聞。乃詔從上解百五十人。準，質子也。

賜錢惟演以千葉牡丹。

《長編》卷九三：十一月己未，曲宴宜聖殿內，出牡丹百餘盤，千葉者惟十餘蒂，以賜親王。上顧（晁）迥與學士錢惟演，亦皆賜焉。

再考定試卷以聞。

《宋會要輯稿》選舉九之二：（十二月二日）惟演等再考定試卷以聞，詔從上依定百五十人與解。

天禧三年，四十三歲。

權同知貢舉。

《宋會要輯稿》選舉一之七：（正月九日）以翰林學士錢惟演權知貢舉，樞密直學士王曙、工部侍郎楊億、知制誥李諮權同知貢舉，合格奏名進士程戡已下二百六十四人（又見《長編》卷九三）。

坐知舉失實，降給事中。

《長編》卷九三：（三月癸未）翰林學士錢惟演、樞密直學士王曙、工部侍郎楊億、知制誥李諮、直史館陳從易，并降一官。進士陳損、黃異等五人，并決杖配隸諸州，其連狀人并殿一舉。初，損、異等率衆伐登聞鼓，訴惟演等考校不公。命龍圖閣直學士陳堯咨、左諫議大夫朱巽、起居舍人呂夷簡於尚書省召損、異等，令具析所陳事及閱視卷以聞。堯咨等言，惟演等貢院所送進士内五人文理稍次，從易別頭所所送進士内三人文理荒謬，自餘合格，而損、異等所訟有虛妄，故并責焉（又見《宋會要輯稿》職官六四之二四）。

詔錢惟演親戚胥偃送舍人院試。

《長編》卷九四：（七月辛酉）學士院言：「準詔，大理評事胥偃與試，偃乃盛度婿，又錢惟演親戚，欲乞下別處。」詔送舍人院試。自是有親嫌者并如例。

按：《宋會要輯稿》選舉三二之六，七月辛酉作九月六日。

爲南郊儀仗使。

《長編》卷九四：（七月戊辰）詔以十一月十九日有事於南郊，命向敏中爲天書儀仗使、南郊大禮使，寇準爲天書同儀仗使，丁謂爲副使，李迪爲扶持使，翰林學士承旨晁迥爲南郊禮儀使，學士錢惟演爲儀仗使。……自封禪已來，特命輔臣兼五使之職。及是，始復舊制。

言皇太子盛德。

《長編》卷九四：（十一月戊辰）翰林學士錢惟演言：「正陽門習儀，皇太子立於御坐之西，左右以天氣暄煦，持繖障日，太子不許，復遮以扇，太子又以手卻之。文武在列，無不瞻睹。有司設馬臺於太廟内，太子乘馬至門，命移出蕭屏外，下馬步進。及南郊壇，前驅者解青繩將入外壝，太子亟止之，將及外壝，即下馬。伏以太子英叡之德，既自天資，謙恭之志，實遵聖訓。雖漢儲被詔不絕馳道，五官正服見侍臣，此茲巨美，不可同日而語矣。昔桓榮以儲宮專精博學，謂之國家福祐，書於史冊。今太子持謙秉禮，發自至誠，士民傳說，充溢都邑。伏望宣付史館，以彰盛德。」詔獎皇太子，仍優答惟演。

十二月，奏請舍人院館閣官分撰樂人詞語（《宋會要輯稿》禮四五之一〇）。

天禧四年，四十四歲。

四月，奏自今於丞郎、諸司三品內遣官，或闕官，即差兩省諫舍以上。

《長編》卷九五：（四月壬午朔）翰林學士錢惟演言：「伏以春秋朝陵，載於舊式，公卿親往，蓋表至恭。歷代以來，國章斯在。……今年以來止遣宗正寺官，人輕位卑，實虧舊制。望自今於丞郎、諸司三品內遣官，或闕官，即差兩省諫舍以上。所冀仰副至孝之心，以成稽古之美。」詔付有司詳定，且言：「按唐顯慶五年詔，三公備滷簿分行二陵，太常卿爲副。長慶元年，通取尚書省四品以上清望官，及諸司五品以上清望官充。開寶通禮，差太常、宗正卿。今請以禮三陵用太常、宗正卿，如闕官，即差尚書省四品以下、兩省五品以上，諸司三品或卿監。其分拜官二員，用尚書省五品以上。」（又見《宋會要輯稿》禮三九之六、《宋史》卷一二三《禮志》二六）。

詔楊億序班於錢惟演下，惟演望升億班在上。

《宋朝事實類苑》卷二九：天禧四年四月，楊億再入翰林，詔億班在錢惟演之下，盛度之上，惟演奏讓云：「竊見太祖朝，竇儀自工部尚書再入翰林，班在舊學士之上。太宗朝，王旦以禮部郎中再知制誥，在呂祐之上。況楊億在景德中已爲學士，今來官位與臣并是丞郎，伏乞聖慈特升楊億班在臣之上。」遂降詔從之。故億謝表云：「更篤相先之義，俄煩得請之文。」

《宋會要輯稿》儀制三之一一：（四月三日）詔翰林學士楊億序班於錢惟演下，盛度之上。惟演言，億景德中已爲學士，今并爲丞郎，望升億班在上。從之。

見丁謂權盛，附之，與講姻好。

《長編》卷九五：（六月丙申）翰林學士錢惟演，見謂權盛，附離之，與講姻好，而惟演女弟實爲馬軍都虞候劉美妻。時上不豫，艱於語言，政事多中宮所決，謂等交通詭秘，其黨日固。劉氏宗人橫於蜀，奪民鹽井，上以皇后故，欲赦其罪。（寇）準必請行法，重失后意，謂等因媒孽之。準嘗獨請問曰：「皇太子人望所屬，願陛下思宗廟之重，傳以神器，以固萬世基本。丁謂佞人也，不可以輔少主，願擇方正大臣爲羽翼。」上然之。既而準被酒，漏所謀。謂等益懼，力譖準，請罷準政事。上不記與準初有成言，諾其請。會日暮，召知制誥晏殊入禁中，示以除目，殊曰：「臣掌外制，此非臣職也。」乃召惟演。須臾，惟演至，極論準專恣，請深責。上曰：「當與何官？」惟演請用王欽若例，授準太子太保，上曰：「與太子太傅。」又曰：「更與加優禮。」惟演請封國公，出袖中具員冊以進，上於小國中指「萊」字。惟演曰：

「如此，則中書但有李迪，恐須別命相。」上曰：「姑徐之。」（又見《宋史》卷二八一《寇準傳》）。

錢惟演答上問，又力排寇準，請早令出外。《長編》卷九六：（七月癸亥）上對參知政事李迪、兵部尙書馮拯、翰林學士錢惟演於滋福殿。寇準罷，上欲相迪，迪固辭，於是又以屬迪。有頃，皇太子出拜上前曰：「蒙恩用賓客爲相，敢以謝。」上顧謂迪曰：「尙復何辭耶？」是日，惟演又力排寇準曰：「準自罷相，轉更交結中外，求再用，曉天文卜筮者皆遍召，以至管軍臣僚，陛下親信內侍，無不著意。恐小人朋黨，誑惑聖聽，不如早令出外。」上曰：「有何名目？」惟演曰：「聞準已具表乞河中府，見中書未除宰相，兼亦聞有人許以再用，遂不進此表。」上曰：「與河中府何如？」惟演乞召李迪諭旨，上曰：「李迪何如？」惟演言：「迪長者，無過，只是才短，不能制準。」因言中書宜早命宰相。上難其人。惟演對：「若宰相未有人，可且用三兩員參知政事。」上曰：「參政亦難得人。」問：「今誰在李迪上？」惟演對：「曹利用、丁謂、任中正幷在李迪上。」上默然。惟演又言：「馮拯舊人，性純和，與寇準不同。」上亦默然，旣而曰：「張知白何如？」惟演言：「知白清介，使參政則可，恐未可爲宰相。」上頷之。惟演又言：「寇準宜早令出外。準朋黨盛，王曙又其女婿，作東宮賓客，誰不畏懼？今朝廷人三分，二分皆附準矣。臣知言出禍從，然不敢不言。惟陛下幸察。」上曰：「卿勿憂。」惟演再拜而退。後三日，拯遂拜樞密使，蓋用惟演之言也（又見《東都事略》本傳）。

錢惟演答上問，推薦丁謂、曹利用。

《長編》卷九五：（七月戊辰）先是馮拯以兵部尚書判都省，上欲加拯吏部尚書、參知政事，召學士楊億使草制，億曰：「此舍人職也。」上曰：「學士所職何官？」億曰：「若樞密使、同平章事，則制書乃學士所當草也。」上曰：「既以此命拯。」拯既受命樞密，領使者凡三人，前此未有，人皆疑怪。曹利用、丁謂因各求罷。上徐覺其誤，召知制誥晏殊語之，將有所易置，殊曰：「此非臣職也。」遂召錢惟演入，對曰：「馮拯故參知政事，今拜樞密使，當矣。但中書不當止用李迪一人，盍遷曹利用、丁謂過中書。」上曰：「誰可？」惟演曰：「丁謂文臣，過中書爲便。」又言：「玉清昭應宫未有使，謂首議建宫，宜即令領此。」又言：「曹利用忠赤，有功國家，亦宜與平章事。」上曰：「諾。」庚午，以樞密使、吏部尚書丁謂平章事，樞密使、檢校太尉曹利用加同平章事，皆用惟演所言也（又見《東都事略》本傳）。

八月乙酉，爲樞密副使（《長編》卷九六）。

令樞密副使錢惟演等編次《聖政錄》。

《長編》卷九六：（十一月壬戌）：宰臣等……又言：「陛下臨御以來，功業隆盛。望令中書、樞密院取《時政記》中盛美之事，別爲《聖政錄》。」從之，仍令樞密副使錢惟演、參知政事王曾編次，丁謂等參詳。

撰樞密院直學士題名記，希丁謂意，獨削

去寇準名。

《宋史》卷二八六《蔡齊傳》：錢惟演附丁謂，樞密題名，輒削去寇準姓氏，云「逆準不書」。齊言於仁宗曰：「寇準忠義聞天下，社稷之臣也，豈可爲奸黨所誣哉！」仁宗遽令磨去（又見張方平《樂全集》卷三七《蔡公神道碑銘》、《長編》卷九九、《清波雜志》卷八）。

李迪言錢惟演等奸邪弄權，願與之俱罷政柄。

《長編》卷九六：（十一月乙丑）錢惟演加兵部侍郎……故事……内臣自禁中奉制書置榻前，上曰：「此卿等兼東宮官制書也。」迪進曰：「臣請不受此命。」因斥謂奸邪弄權，中外無不畏懼。臣願與謂同下憲司置對。且言：「昨林特子在任，非理決罰人致死，其家詣闕訴冤，寢而不理。蓋謂所黨庇，人不敢言。」又曰：「寇準無罪罷斥，朱能事不當顯戮，東宮官不當增置。又錢惟演亦謂之姻家。臣願與謂、惟演俱罷政柄，望陛下別擇賢才爲輔弼。」

十一月乙丑，惟演願退就班列，上慰諭久之。

《長編》卷九六：（十一月乙丑）……頃之，謂、迪等先退，獨留樞密使、副議之。上怒甚，初欲付御史臺，利用、拯曰：「大臣下獄，不惟深駭物聽，況丁謂本無紛競之意，而李迪置對，亦未合事宜。」上曰：「曲直未分，安得不辨！」既而意稍解，乃曰：「朕當即有處分。」惟演進曰：「臣與謂姻親，忽加排斥，願退就班列。」上慰諭久之，乃命學士劉筠草制，各降秩一級，罷相，謂知河南府，迪知鄆州。

請留丁謂、李迪。

《長編》卷九六：（十一月丁卯）制書猶未出，丁卯，迪請對於承明殿，又請見太子於內東門，其所言蓋不傳。而（丁）謂陰圖復入，惟演亦恐謂出則已失援，白上欲留之，幷請留迪，因言：「契丹使將至，宰相絕班，馮拯舊臣，過中書甚便。若別用人，則恐生事。」上可之。

草丁謂復相制。

《龍川別志》卷上：眞宗既疾，甚殆，不復知事。李迪、丁謂同作相。內臣雷允恭者，孌臣也，自劉后以下，皆畏事之。謂之進用皆允恭之力。嘗傳宣中書，欲以林特爲樞密副使，迪不可，曰：「除兩府須面奉聖旨。」翌日，爭之上前，聲色俱厲。謂辭屈，俛首鞠躬而已。謂既退，迪獨留，納劄子。上皆不能省記，而二相皆以郡罷。允恭傳宣謂家，以中書闕人，權留謂發遣。謂由此入直中書，見同列，召堂吏喩之，索文書閱之。來日與諸公同奏事，上亦無語。衆退，獨留。及出，道過學士院，問院吏今日學士誰直。曰：「劉學士筠。」謂呼筠出，口傳聖旨令謂復相，可草麻。筠曰：「命相必面得旨，今日必有宣召，麻乃可爲也。」謂無如之何。它日再奏事，復少留，退過學士院，復問誰直。曰：「錢學士惟演。」謂復以聖旨語之，惟演即從。

爲會靈觀使兼太子賓客。

《長編》卷九六：（十一月戊辰）命謂以戶部尚書、迪以戶部侍郎歸班。事頗迫遽，其制詞，舍人院所草也。筠所草制訖不行。是日，惟演及中正、曾等并如初議遷秩，領東宮官，而太子議政詔書及拯、利用等制皆格（又見《宋史》卷一六二《職官志二》、卷三一七《錢惟演傳》）。

十一月己巳，都大管勾祥源觀公事（《長編》卷九六）。

眞宗不豫，皇后預政，惟演以王曾之言進告，皇后、太子益親。

《長編》卷九六：（十一月辛未）時太子雖聽事資善堂，然事皆決於后，中外以爲憂。錢惟演，后戚也，王曾說惟演曰：「太子幼，非中宮不能立；中宮非倚皇儲之重，則人心亦不附。后厚於太子則太子安，太子安乃所以安劉氏也。」惟演以爲然，因以白后，兩宮由是益親，人遂無間（又見《宋史》卷三一〇《王曾傳》）。

以皇太子親政行慶，賜銀三千兩（《長編》卷九六）。

天禧五年，四十五歲。

進右丞。

《長編》卷九七：（三月壬寅）輔臣以天章閣成，并進秩。……錢惟演爲右丞。

九月庚子，請以其侄錢僊芝充館閣校勘（《長編》卷九七）。

十月戊申，加工部尚書（《長編》卷九七）。

乾興元年，四十六歲。

二月眞宗崩，仁宗即位，進兵部尚書。

《長編》卷九八：（二月戊午）上崩於延慶殿。仁宗即皇帝位。

《東都事略》本傳：眞宗崩，仁宗即位，進兵部尚書。

建言眞宗宜兼謚武。

《宋史》本傳：初，眞宗謚號稱文，惟演曰：「眞宗幸澶淵，盟契丹，而服之，宜兼謚武。」下有司議，乃加謚武定。丁謂敗，錢惟演謂其無大憂。《長編》卷九八：（三月癸亥）允恭既下獄，王曾欲因山陵事幷去謂，而未得間。一日，語同列曰：「曾無子，將以弟之子爲後，明日朝退，當留白此。」謂不疑曾有異志也。曾獨對，具言謂包藏禍心，故令允恭擅移皇堂於絶地，太后始大驚。謂徐聞之，力自辨於簾前，未退，内侍忽卷簾曰：「相公誰與語？駕起久矣。」謂惶恐不知所爲，以笏叩頭而出。癸亥，輔臣會食資善堂，召議事，謂獨不與，知得罪，頗哀請。錢惟演遽曰：「當致力，無大憂也！」馮拯熟視惟演，惟演踧踖（又見《宋史》卷二九五《馮拯傳》）。

七月，爲樞密使（《宰輔編年録》卷四《錢惟演樞密使制》）。《長編》卷九九：（七月丙子）樞密副使錢惟演爲樞密使。惟演舊位王曾上，曾既入相，亦正惟演使名。故事，樞密使必加檢校官，惟演但以兵部尚書充使，有司失之也。

十一月丁卯朔，罷爲保大軍節度使，知河陽（《宰輔編年録》卷四《錢惟演罷樞密使制》）。《長編》卷九九：（十一月丁卯朔）樞密使錢惟演罷爲保大軍節度使，知河陽。初，惟演見丁謂權盛，附離之，與爲婚姻。謂逐寇準，惟演與有力焉。及序樞密直學士題名石，獨刊去準名，曰「逆準削而不書」。謂禍既萌，惟演慮幷得罪，遂擠謂以自解。馮拯惡其爲人，因言：「惟演以妹妻劉美，實太后姻家，不可預政，請出之。」

《宋史》本傳：宰相馮拯惡其爲人，因言，惟演以妹妻劉美，乃太后姻家，不可與機政，請出之。乃罷爲鎭國軍節度觀察留後，即日改保大軍節度使、知河陽。

惟演至河陽，嘗請曲賜鎭兵特支錢，蔡齊劾之。

《長編》卷九九：（十一月丁卯朔）惟演至河陽，嘗請曲賜鎭兵特支錢，太后將許之，侍御史知雜事蔡齊曰：「賞罰者，上之所操，非臣下所當請。且天子新即位，惟演連姻后家，乃私請偏賞以自爲恩，必搖衆心，不可許。」即劾惟演，罷賜錢。

詔保大軍節度使錢惟演班靜難節度使柴宗慶之上。

《長編》卷九九：（十一月辛未）詔保大軍節度使錢惟演班靜難節度使柴宗慶之上。惟演、宗慶幷檢校太傅，而宗慶先爲節度使，上以惟演嘗歷樞府，特升之。

宋仁宗天聖元年，四十七歲。

正月庚寅，贈侍中劉美妻吳興郡夫人錢氏（惟演妹）越國夫人（《長編》卷一〇〇）。

二月，奏請錢俶配享太宗廟庭。

《續資治通鑑長編》卷一〇〇：（二月庚申）樞密使錢惟演言：「眞宗皇帝將祔太廟，有司議以功臣配享，臣先臣尚父秦國忠懿王俶勳隆奕葉，位重累朝。親率王徒，平百年之僭僞；躬持國籍，獻千里之封疆。忠誠格於皇天，茂績昭於惇史，所以太祖、太宗命無下拜，賜以不名。自先聖之纂承，念遺勳而益厚，舉諸殊渥，萃此一門，在乎皇朝，誠居第一。伏望依體降詔，配享祖宗廟庭。」詔兩制與崇文院檢討、禮官同共詳議以聞。翰林學士承旨李維等奏議，請錢俶配享太宗廟庭。奏入，不下（又見《宋會要輯稿》禮一一之二、禮一一之三、禮五九之一四）。

撰《春雪賦》。

《皇朝文鑑》卷一《春雪賦》：癸亥歲二月晦訖季春旦，霧霰雪雜下，平地二尺。寒威於是凌厲，陽和爲之潛伏。問諸農，曰「田有傷矣」；問諸圃，曰「果不實矣」；考諸史，曰「陰陽戾矣」。予守土者，豈不以民爲心？因愴然而賦。

六月，徙知亳州。

《長編》卷一〇〇：（六月丙申）徙河陽保大節度使錢惟演知亳州。

天聖二年，四十八歲。

七月，撰《通惠大師影堂記》（《國朝二百家名賢文粹》卷一四五）。

天聖三年，四十九歲。

正月壬子，追封越國太夫人錢氏爲鄆國太夫人（《長編》卷一〇三）。

加同平章事、判許州。

《長編》卷一〇三：（十二月乙丑）保大節度使錢惟演加同平章事、判許州。

按：《長編》卷一〇〇，八月甲寅，因朝京師，圖入相。加同中書門下平章事、判許州。未即行，冀復用，侍御史鞠詠奏劾之，惟演乃亟去。又卷一〇一，（八月甲寅）先是，錢惟演自河陽赴亳州，因朝京師，圖入相。

（鞠）詠奏：「惟演憸險，嘗與丁謂爲婚姻，緣此大用；後揣知謂奸狀已萌，懼牽連得禍，因出力攻謂。今若遂以爲相，必大失天下望。」太后遣內侍持奏示之，惟演猶顧望不行。詠語左正言劉隨曰：「若相惟演，當取白麻廷毀之。」惟演聞，乃亟去。原注：《實錄》、《國史》惟演傳并不記惟演自河陽徙亳州，乃云在河陽踰年，請入朝，加平章事，判許州，未即行，冀復用，侍御史鞠詠奏彈之，始亟去。按惟演乾興元年十一月知河陽，天聖元年六月徙亳州，七月自河陽徙亳州，因朝京師。惟演圖入相，蓋元年七、八月間也。其自亳州來朝即加平章事，則天聖三年十二月，此時鞠詠已罷臺職矣。《實錄》、《正史》皆誤，今不取。詠本傳載論奏惟演在觀芝前。按劉隨以八月十四日始除諫官，乙卯，二十四日也，今附論奏惟演於觀芝後，庶不失實事。

天聖四年，五十歲。

乞次男晦換內殿承制。

《宋會要輯稿》職官六一之七：（二月十二日）保大軍節度使錢惟演言，次男大理評事晦乞換內殿承制，詔授內殿崇班。晦娶駙馬都尉李遵勗女，即冀國大長公主所生也。故特從其請。

奏諸科額三十人，添進士額十五人。

《宋會要輯稿》選舉一五之七：（十月六日）知許州錢惟演言，本州準條解進士三十一人、諸科百六人。今試到進士三十一人、諸科八人外，進士王寅等十五人，辭理可采，欲試諸科額三十人，添進士額十五人，自今爲定。詔與寅等數中選八人委合格者解發，餘不行。

天聖六年，五十二歲。

被詔舉曉邊事者。

《宋會要輯稿》選舉二七之二一：（八月）詔錢惟演、曹瑋、李迪、晏殊及令御史臺告報宋綬等五十五人，限一月內，各同罪保舉人才機略、諳歷邊事或精熟武藝，殿直已上，不曾犯贓罪使臣一人，曾經監押巡檢或知縣寨主一任者并許奏薦，當議相度任用。其所舉人，明言是與不是親戚故舊及有無親戚見任。中外文武職事，即不得舉兩府臣僚親戚并走馬承受閤門祗候。

十二月，奏戶絕莊田差官估價承買事。

《宋會要輯稿》食貨六一之六〇：（十二月）判許州錢惟演言：「本州準敕，戶絕莊田，差官估價，召人承買。今有陽翟縣戶絕莊三十一頃，已有人戶承買，遂差人監勒交割。據本莊現佃戶稱要承買。緣準天聖元年詔，戶絕莊或見佃人無力收買即問地鄰。五年六月敕，只云召人承買收錢入官，即不言問與不問見佃。伏乞明降指揮。」事下有司詳定。三司言：「五年所降敕命，只是爲戶絕莊估價高重，別估計召人承買，即不即前敕，望以此意曉諭諸州，遵稟施行。」從之。

築亭於許州西湖中，名曰清暑。

胡宿《文恭集》卷三五《流杯亭記》：許昌之右，其水曰西湖。……前後諸公構亭環其上者甚夥。……其規摹宏大者，有若湖中之堂，曰「清暑」，錢思公之所作也。

按：此事年月不詳，當在判許州時。姑繫於此年。

天聖七年，五十三歲。

曹利用責授崇信軍節度副使、房州安置，詔並劾惟演等（《宋會要輯稿》職官六四之三〇）。

改武勝軍節度使。

《宋史》本傳：天聖七年，改武勝軍節度使。

天聖八年，五十四歲。

求赴京師。

《長編》卷一〇九：（五月辛亥）武勝軍節度使、同平章事、判許州錢惟演來朝。惟演以疾求赴京師也。

《宋史》本傳：（天聖七年，改武勝軍節度使）明年來朝，上言先壠在洛陽，願守宮鑰。

八月丁未，徙判陳州，知平寧府（《長編》卷一〇九）。

天聖九年，五十五歲。

改判河南府。

《長編》卷一一〇：（正月辛未）改新判陳州錢惟演判河南府。時惟演託疾久留京師，既除陳州，遷延不赴，且圖相位。天章閣侍制范諷奏曰：「惟演嘗爲樞密使，以皇太后姻屬罷之，示天下以不私，今固不可復用。」郭勸請督趣惟演上道，且乞罷其弟惟濟兵權。

《長編》卷一一〇：（正月辛未）殿中侍御史郭勸亦請督惟演上道。惟演自言：「先壠在洛陽，願司宮鑰。」遂命惟演守河南，促其行。他日，諷入對，太后謂曰：「惟演去矣。」諷曰：「惟演奴僕皆得官，不去尙奚以爲。」時惟演弟處州觀察使、知定州惟濟亦遷武昌留後、知澶州，尋復知定州。勸又言：「惟演不當爲其弟求遷，且求總兵權，乞罷之。」不報（又見《宋史》卷二九七《郭勸傳》）

判河南府，再改泰寧軍節度使。

《東都事略》本傳：又徙泰寧，惟演意在柄用，嘗謂人以不得於黃紙後署名爲恨。及屢徙鎭，鬱鬱不得志。

《宋史》本傳：即以判河南府，再改泰寧軍節度使。惟演雅意柄用。抑鬱不得志。

劉從德卒，惟演子集賢校理曖緣遺奏遷官。

《長編》卷一一〇：（十一月乙未）初，蔡州團練使、知相州劉從德以病召還，道卒，年四十二。……太后悲憐之尤甚，錄內外姻戚門人及僮隸幾八十人。從德姊婿龍圖閣直學士馬季良、母越國夫人錢氏兄惟演子集賢校理曖及妻父王蒙正，皆緣遺奏，各遷兩官（又見《宋史》卷四六三《劉從德傳》）。

欲作《花品》，驛貢牡丹。

《苕溪漁隱叢話前集》卷三〇：（歐陽修）《花品序》又云：「予居府中時，嘗謁思公，見一小屛立坐後，細書字滿其上，思公指之曰：『欲作《花品》，此是牡丹名。』凡九十餘種。然予所經見，而今人多稱者纔三十許，不知思公何從而得之多也？」思公即錢惟演。東坡云：「惟演爲西都留守，始置驛貢花。識者鄙之，此宮妾愛君之意也。」故於《荔支歌》亦云：「洛陽相君忠孝家，可憐亦進姚黃花。」蓋爲思公惜之也。

錢惟演留守西京，歐陽修及尹洙爲官屬，惟演待之甚厚。

《長編》卷一一四：（閏六月乙卯）始，錢惟演留守西京，修及尹洙爲官屬，皆有時名，惟演待之甚厚。修等游飲無節，惟演去，曙繼至，數加戒敕，常厲色謂修等曰：「諸君知寇萊公晚年之禍乎？正以縱酒過度耳。」衆客皆唯唯。修獨起對曰：「以修聞之，寇公之禍，正以老而不知止耳。」曙默然，終不怒，更薦修及洙，置之館閣，議者賢之（又見《宋史》卷二八六《王曙傳》）。〔考異〕李燾曰：修、洙得館職，據《會要》，皆王曙所薦。或稱責歐陽修等乃王曾，非也。錢惟演以明道二年九月去西京，曙即繼之。曙尋拜樞密使。景祐元年正月，王曾始爲留守，度其至時，修已不在西京矣。今從本傳。然曙既死，是年九月，洙初除館閣校勘，蓋曙先薦之也。

起雙桂樓，建臨轅驛，命歐陽修等作記。

《湘山野録》卷中：錢思公鎮洛，所辟僚屬盡一時俊彦。時河南以陪都之要，驛舍常闕，公大創一館，榜曰臨轅。既成，命謝希深、尹師魯、歐陽公三人各撰一記，曰：「奉諸君三日期，後日攀請水榭小飲，希示及。」三子相掎角以成其文，文就出之，相較，希深之文僅五百字，歐公之文五百餘字，獨師魯止用三百八十餘字而成，語簡事備，復典重有法。歐、謝二公縮袖曰：「止以師魯之作納丞相可也，吾二人者當匿之。」丞相果召，獨師魯獻文，二公辭以他事。思公曰：「何見忽之深，已礱三石奉候。」不得已俱納之。然歐公終未伏在師魯之下，獨載酒往之，通夕講摩。師魯曰：「大抵文字所忌者，格弱字冗。諸君文格誠高，然少未至者，格弱字冗爾。」永叔奮然持此說別作一記，更減師魯文廿字而成之，尤完粹有法。師魯謂人曰：「歐九眞一日千里也。」思公兼將相之位，帥洛，止以賓友遇三子，創道服、笻杖各三。每府園文會，丞相則壽巾紫褐，三人者羽氅攜笻而從之。

宴於後圃，歐陽修與妓晚來，使歐陽修作詞，稱善，遂令公庫償妓失釵。

《錢氏私志》：歐文忠任河南推官，親一妓。時先文僖罷政爲西京留守。梅聖俞、謝希深、尹師魯同在幕下。……一日宴於後圃，客集而歐與妓俱不至。……公責妓云：「末來何也？」妓云：「中暑，往涼睡着，覺而失金釵，猶未見。」公曰：「若得歐陽推官一詞，當爲賞汝。」歐即席云：「柳外輕雷池上雨，雨聲滴碎荷聲，小樓西閣斷虹明，欄杆倚遍，待得月華生。燕子飛來棲畫棟，玉鈎垂下簾旌。涼波不動簟紋平，水晶雙枕，旁有墮釵橫。」坐皆稱善。遂命妓滿酌賞歐，而令公庫償其失釵。

賦《竹》詩，唱《踏莎行》。

《能改齋漫錄》卷一一《錢文僖賦竹詩唱踏莎行》：錢文僖公留守西洛，嘗對竹思鶴，寄李和文公詩云：「瘦玉蕭蕭伊水頭，風宜清夜露宜秋。更教仙驥傍邊立，盡是人間第一流。」其風致如此。淮寧府城上莎，猶是公所植。公在鎭，每宴客，命廳籍分行剗襪，步於莎上，傳唱《踏莎行》。一時盛事，至今稱之。

《宋詩精華錄》卷一評《對竹思鶴》云：有身分，是第一流人語。

爲晏殊作牡丹絕句。

《能改齋漫錄》卷一一《錢思公寄晏元獻牡丹絶句》：元獻晏公爲丞相時，作新第於城南。時錢思公鎮西洛，晏求牡丹於思公。公以絶句并花寄晏云：「名花封殖在秋期，翠石丹萱幸可依。華館落成和氣動，便隨桃李共芳菲。」

率僚屬訪隱者郭延卿。

《東軒筆錄》卷三：錢文僖公惟演生貴家，而文雅樂善出天性。晚年以使留守西京，時通判謝絳、掌書記尹洙、留府推官歐陽修，皆一時文士，游宴吟詠，未嘗不同。洛下多水奇花，凡園囿之勝，無不到者。有郭延卿者，居水南，少與張文定公、呂文穆公游，累舉不第，以文行稱於鄉閭。張、呂相繼作相，更薦之，得職官，然延卿亦未嘗出仕，葺幽亭，藝花卉，足迹不及城市，至是年八十餘矣。一日，文僖率僚屬往游，去其居一里外，既屏騎從腰輿張蓋而訪之，不告以名氏。洛下士族多，過客衆，延卿未始出，蓋莫知其何人也。但欣然相接，道服對談而已。數公疏爽闓朗，天下之選，延卿笑曰：「陋居罕有過從，而平日所接人，亦無若數君者。老夫甚愜，願少留，對花小酌也。」於是以陶罇果蔌而進，文僖愛其野逸，爲引滿不辭。既而吏報申牌，府史牙兵列庭中，延卿徐曰：「公等何官而從吏之多也。」尹洙指而告曰：「留守相公也。」延卿笑曰：「不圖相國肯顧野人。」遂相與大笑。又曰：「尚能飲否?」文僖欣然從之，又數盃。延卿之禮數盃盤，無少加於前，而談笑自若。日入辭去，延卿送之門，顧曰：「老病不能造謝，希勿訝也。」文僖登車，茫然自失。翌日，語僚屬曰：「此眞隱者也，彼視富貴爲何等物耶？」嘆息累日不止。

謝絳、歐陽公同游龍門，錢惟演遣吏以廚傳歌妓勞之。

《容齋五筆》卷九《燕賞逢知己》：謝希深、歐陽公官洛陽，同游嵩山歸，暮抵龍門香山，雪作，留守錢文僖公遣吏以廚傳歌妓至，且勞之曰：「山行良勞，當少留龍門賞雪，府事簡，無遽歸也。」……味此三游（按：另二游為白居易、蘇軾）之勝，今之燕賓者寧復有之？蓋亦值知己也。

督修天津橋。

《宋史》卷二九九《孫祖德傳》：孫祖德字延仲，濰州北海人。父航，監察御史、淮南轉運。祖德進士及第，調濠州推官、校勘館閣書籍。時校勘官不爲常職，滿歲而去。改大理寺丞、知楡次縣，上書言刑法重輕。以尚書屯田員外郎通判西京留守司。方冬苦寒，詔罷内外工作，而錢惟演督修天津橋，格詔不下。祖德曰：「詔書可稽留耶？」卒白罷役。

宋仁宗明道元年，五十六歲。

爲西京留守。見通判謝絳子景初，歎爲「奇童」。

范純仁《范忠宣公集》卷一三《朝散大夫謝公墓誌銘》：公少奇俊，七歲能屬文，十三從師受《禮》，通其義，講解無滯。陳留公語陽夏公（謝絳）曰：「此兒必大吾門。」時陽夏公通判河南，歐陽文忠公、梅聖俞見公所爲文，相顧而驚，持以示留守錢文僖公，文僖公歎曰：「眞奇童也！」

明道二年，五十七歲。

三月壬申，初耕籍田，求侍祠，許之，命爲景靈宫使，留京師（《長編》卷一一二）。

詔還河南。

《長編》卷一一二：（四月癸丑）以景靈宫使、泰寧節度使、同平章事錢惟演判河南府。

《宋史》本傳：太后崩，詔還河南。

請以莊獻、莊懿皇太后幷祔眞宗室。

《長編》卷一一二：（五月丁卯）判河南府、泰寧節度使、同平章事錢惟演言：「母以子貴，廟以親升，蓋古今之通義也。莊懿皇太后輔佐先帝，誕育聖躬，德冠掖庭，功流宗社。陛下感深罔極，追薦尊名。既復寢園，將崇廟室。謹按唐武宗韋太后以追尊升祔穆宗之室，皇朝孝明、孝章皇太后幷祔太祖之室，懿德、明德、元德幷祔太宗之室。今眞宗一室止祔莊穆皇后，典禮未稱，請俟園陵畢，以莊獻、莊懿皇太后幷祔眞宗之室。」詔太常禮院詳定以聞。惟演既罷景靈宫使，還河南，不自安，乃建此議，以希帝意（又見《宋史》卷二四二《后妃傳》上）。

五月十七日，詔呂夷簡起居立位在錢惟演之下、柴宗慶之上（見《宋會要輯稿》儀制三之一五）。

八月，河南府司錄張汝士卒，年三十七。張爲惟演幕下士之一。

《歐陽文忠公集》卷二四《河南府司錄張君墓表》：初，天聖、明道之間，錢文僖公守河南，公主家子，特以文學仕至貴顯，所至多招集文士，而河南吏屬，適皆當世賢材知名士，故其幕府號爲天下之盛，君其一人也。文僖公善待士，未嘗責以吏職，而河南又多名山水，竹林茂樹，奇花怪石，其平臺清池上下，荒墟草莽之間，余得日從賢人長者賦詩飲酒以爲樂。……自君卒後，文僖公得罪，貶死漢東，吏屬亦各引去。

九月，御史中丞范諷劾錢惟演，錢落平章事，爲崇信軍節度使，歸本鎮。

《長編》卷一一三：（九月丙寅）崇信節度使、同平章事、判河南府錢惟演落平章事，赴本鎮。初，惟演欲爲自安計，首建二后并配議。既與劉美爲親，又爲其子曖娶郭皇后妹，至是又欲與莊懿太后族爲婚。御史中丞范諷劾奏惟演不當擅議宗廟，又言惟演在莊獻時權寵太盛，與后家連姻，請行降黜。上諭輔臣曰：「先后未葬，朕不忍遽責惟演。」諷即袖告身入對曰：「陛下不聽臣言，臣今奉使山陵，而惟演守河南，臣早暮憂刺客，願納此，不敢復爲御史中丞矣！」上不得已可之，諷乃趨出（又見《宋史》本傳、《宋史》卷三〇四《范諷傳》）。

《宋大詔令集》卷二〇五《責錢惟演崇信軍節度赴本鎮詔》：錢惟演蚤以藝文，歷更華要。罔知富貴之愼，乃貽負乘之譏。歷言茲多，爲善何有？三星之媾，姑務結於戚藩；百兩所迎，率相依於權利。乃復妄議宗廟，越侵宮常，執憲以聞，於法奚逭？朕念昔祖考，嘗著勳勞，尙曲示於寬恩，止改從於別鎭，黜其兼領，聊以繩違。

奪其子曖一官，落集賢校理，聽隨惟演行。

《長編》卷一一三：（九月丁卯）復奪曖

一官，落集賢校理，聽隨惟演行，諸子皆補外州監當。

謫居漢東（隨州），作《玉樓春》詞。

《湘山野錄》卷上：錢思公謫居漢東日，撰一曲曰：「城上風光鶯亂語，城下煙波春拍岸。綠楊芳草幾時休，淚眼愁腸先已斷。　情懷漸變成衰晚，鸞鑑朱顏驚暗換。昔年多病厭芳樽，今日芳樽惟恐淺。」每歌之，酒闌則垂涕。時後閣尚有故國一白髮歌姬，乃鄧王俶歌鬟驚鴻者也，曰：「吾憶先王將薨，預戒挽鐸中歌《木蘭花》引紼爲送，今相公其將亡乎？」果薨於隨。鄧王舊曲亦有「帝鄉煙雨鎖春愁，故國山川空淚眼」之句，頗相類。

《唐宋諸賢絕妙好詞選》卷二黃昇評《玉樓春》云：此詞暮年作，詞極悽惋。

《草堂詩餘》正集卷一沈際飛評：思公暮年作此，極盡悽惋，然後歌姬已知其半亡矣，歌姬知言哉！芳樽恐淺，已斷腸處，情尤眞篤。

景祐元年，五十八歲。

五月，撰《寧海縣新建衙樓記》（《赤城集》卷四）。

七月，卒，特贈侍中，追封英國公。

《長編》卷一一五：（七月乙巳）隨州言崇信軍節度使錢惟演卒，特贈侍中，命官護葬事。惟演始以父歸國，故亟顯，然自以才能進。文辭淸麗，名與楊億、劉筠相上下。嘗曰：「翰林學士備顧問，司典誥，於天下之書一有所不觀，何以稱職！」故益儲文籍，侔祕府。又多藏古書帖名畫。喜獎勵後進，歐陽修、尹洙皆出幕下。

《隆平集》本傳：卒年五十八，特贈侍中（《東都事略》本傳所載同）。

十月，初謚文墨，改謚曰思。

《長編》卷一一五：（十月辛酉）改崇信節度使、贈侍中錢惟演謚曰思。先是太常博士、祕閣校理、同知禮院張瓌議曰：「惟演歷清華，升宥密，博學業文，此其所優也。自母后助治，逮主上躬政，而附援求益，迎合輕議，爲執法所糾，左降偏郡。夫位兼將相，不爲不達矣。任易中外，不爲不用矣。宜引滿覆之誡，而貪慕權要，釁生不足，此其所劣也。前史稱沈約昧於榮利，有志臺司，元稹大爲賂遺，經營相位，惟演之謂矣。謚法，敏而好學曰文，貪而敗官曰墨。請謚文墨。」其家訴於朝，詔判太常禮院章得象等覆議，以惟演無貪黷狀，而晚節率職自新，有惶懼可憐之意，取謚法追悔前過，改謚曰思。詔可。仍詔自今定謚，須禮院集官衆議之（又見《宋會要輯稿》禮五八之八六、《東都事略》本傳、《宋史》本傳）。

錢惟演以不歷中書爲恨。

《長編》卷一一五：（七月乙巳）雖官兼將相，階、勳、品皆第一，而終不歷中書，故常謂人曰：「吾生平不足者，惟不得於黃紙尾押字耳。」又見《歸田錄》卷下等。

康定二年

子錢暧上其父惟演《掖垣集》，送學士院召試。

《宋會要輯稿》選舉三二之七：（八月二十八日）光祿寺丞錢暧上其父惟演《掖垣集》，送學士院召試。詔自今後臣僚子孫所藏家集，已經進獻外，餘人不得再進。

慶曆三年

子曖復訴，乃改謚曰文僖。

《宋會要輯稿》禮五八之八六：慶曆三年行升祔之禮。其子曖等又訴於朝，故改謚。錢曖奏云：「先臣遭遇三朝，踐揚四紀，本以文學，遍歷兩制。真宗朝曾任樞近，兼陛下東宮日賓客。先祖效順，勳冠諸藩。先臣昨以憲司彈劾，坐擅議祔廟及連姻戚里，蒙朝廷止解臺司，退守侯服。亡歿之後，贈官賜賻，遣使護輤，哀榮之恩，並越彝等。此乃聖上追錄勳舊、原有過失之深意也。而禮官定謚，曲多惡名。乞別令詳議。」（又見《東都事略》本傳、《宋史》本傳）

惟演著述甚富。

《隆平集》本傳：所著有《典懿集》二十卷，《樞廷》、《擁旄》前後集，《伊川》、《漢上集》，《金坡遺事錄》、《飛白書叙錄》、《逢辰錄》、《奉藩書事》。

《東都事略》本傳：所著有《典懿集》、《樞庭擁旄前後集》、《伊川漢上集》、《金坡遺事錄》、《飛白書叙錄》、《逢辰錄》、《奉藩書事》。

《直齋書錄解題》卷一七：《擁旄集》五卷、《伊川集》五卷，樞密使思公吳越錢惟演希聖撰。……惟演文集甚多，此特其二集爾，出鎮河南、河陽時所作也。全集未見。

《文獻通考》卷二三四：《擁旄集》五卷、《伊川集》三卷。

《宋史》卷二〇八《藝文志七》：錢惟演《擁旄集》五卷。

又卷三一七《錢惟演傳》：所著《典懿集》三十卷，又著《金坡遺事》、《飛白書叙錄》、《逢辰錄》、《奉藩書事》。

《通志》卷七〇《藝文略八》：《錢文僖集》十卷（錢惟演）。又《伊川集》五卷，又《典懿集》三十卷，又《擁旄集》五卷。

《十國春秋》卷八三：所著《典懿集》三十卷、又著《金坡遺事》、《飛白書叙錄》、《逢辰錄》、《奉藩書事》若干卷。有子曖、晦、暄等，從弟易。

《隆平集》本傳：子暖、晦、昕、昉、曦、昞、曄、曈、眈、喚、曜。

《宋會要輯稿》帝系八之四九：熙寧九年十二月十六日，以崇信軍節度使錢惟演孫景臻爲左軍衛大將軍、駙馬都尉，選尚許國大長公主。從弟易，易子彥遠、明逸父子兄弟相繼登科。

《東都事略》本傳：有子暄，爲寶文閣待制。暄子景臻，尚仁宗女許國大長公主，拜左領軍衛大將軍、駙馬都尉，官至少師、安武軍節度使，封康國公。

《十國春秋》卷八三：子曖、晦、暄，從弟易。孫景臻爲左軍衛大將軍、駙馬都尉，選尚許國大長公主。又：從弟易，易子彥遠、明逸父子兄弟相繼以制策登科，爲錢氏一時之盛。

柳永年譜稿

劉天文　編

據成都大學學報一九九二年第一、二期增訂

柳永（九八四？—一〇五四？），初名三變，字景莊，后改今名，字耆卿，崇安（今福建武夷山）人。景祐元年進士，爲睦州推官，嘗官曉峰鹽場監，歷泗州判官，改著作郎，授靈臺縣令，官至屯田員外郎。一生潦倒，浮沉州縣，鬱鬱不得志而卒。柳永以詞知名，成就顯著，一變五代宋初小令詞爲長調，自創新腔，題材也有所拓展，反映了當時繁榮安閑的社會環境，所謂能道「太平景象」（黃裳《書樂章集後》）。其詞在情景點畫、俗語應用、音律諧暢上自成特色，影響較大。著有《樂章集》九卷，後人彙爲一卷。今人薛瑞生有《樂章集校注》（中華書局一九九四年版）。《宋史》無傳，事迹散見宋人筆記小説，及今人儲皖峰《柳永生卒考》、唐圭璋《柳永事迹新證》、李思永《柳永家世生平新考》等。

本譜考述柳永生卒、生平仕歷、詞作繫年，在利用前人與今人研究成果的同時，也不乏考證。原發表於成都大學學報。本次再版，編者補充了世系等資料，訂補了一些明顯的錯誤。

柳永家族世系表

- **柳冕** 奧季父，唐文史家，原籍河東，曾官福州刺史，與柳宗元爲同輩兄弟。
  - **柳奧** 隨季父冕宦游入閩，定居崇安。
    - **柳誕**
      - **柳瓊**
        - **柳祚**
          - **柳璒**
            - **柳崇**
              - **柳宜** 南唐監察御史，宋雷澤縣令。後官工部員外郎。
                - **柳三復** 宋真宗天禧三年進士。
                - **柳三接** 宋仁宗景祐元年進士，官至都官員外郎。
                  - **柳淇** 仁宗皇祐四年鄭獬榜進士，官太常博士。書法家。
                - **柳三變(永)** 與三接同榜進士，歷睦州團練推官。定海曉峰場鹽官、泗州判官、著作郎、西京靈臺令、太常博士、屯田員外郎。
                  - **柳涚** 宋仁宗慶曆六年進士。
                    - **柳彥輔** 日者
              - **柳宣** 南唐大理評事，宋濟州團練推官、大理司直、天平軍節度判官。
              - **柳寘** 宋真宗大中祥符八年蔡齊榜進士。
              - **柳宏** 宋真宗咸平元年孫僅榜進士。
              - **柳寀** 官禮部侍郎。
              - **柳察** 檢校尚書兵部員外郎。

柳永，原名三變，字耆卿，排行第七，又稱柳七，因官至屯田員外郎，世稱柳屯田。今福建崇安縣五夫里人。《歷代詩餘》及朱彝尊《詞綜》均以永爲樂安人，故有人據此謂永爲江西樂安人，實誤。崇安，北宋屬建州管轄，當時即是文風昌盛之邦。據《嘉靖建寧府志》卷四稱：「建州至宋而諸儒繼出，蔚爲文獻名邦……家有詩書，戶藏法律，其民之秀者狎於文。」又《崇安縣志》載：南宋學者劉子翬贊家鄉崇安之地靈人杰，作歌曰：「屯田詞，考工詩，白水之白鐘此奇，勾章棘句凌萬象，逸性高情俱一時。」詩中之屯田即指柳永，考工是指北宋詩人翁挺，二人皆是崇安縣五夫里白水一帶的人。

據宋初詩人王禹偁《小畜集》卷三十載：柳永先世原籍河東（今山西省），七世「祖奧從季父冕（唐代著名文史家）。廉訪閩川，因奏署福州司馬，建州長史，遂家焉。」（《建谿處士贈大理事柳府君墓碣銘并序》）

柳永之祖父名崇，字子高，王禹偁曾爲他撰有《柳府君墓碣銘》，（以下簡稱「墓碣」）對其立身行事有所評述：「王審知據福州，以公（崇）補沙縣丞，時審知殘民自奉，人多衣紙，公曰：『此豈有道之轂耶？』即以就養引去，因自誓終身御布衣、稱處士而已。」并又稱頌柳崇「以行義著於州里，以兢嚴治於閨門，鄉人有小忿爭，不詣府官，決其曲直，取公一言。諸子諸婦，勤修禮法。雖從宦千里，若公在旁，其修身訓子有如此者。」按：《墓碣》中所記王審知當爲王延政之誤。據《福建通志》卷一七五稱：「太平興國五年，崇始渡江覲二子」，於同年十一月，病逝於濟州次子柳宣之官舍（時柳宣為濟州團練推官），終年六十三歲。

柳永之父柳宜，字無疑，與王禹偁善，王對其爲人從政亦有評述：「河東柳無疑，江左之聞人也。在霸國時，褐衣上疏，言時政得失，李國主器之。累遷監察御史，多所彈射，不避權貴，故秉政者尤忌之。繼出爲縣宰，所在有理聲。皇家平吳之明年，隨僞官得雷澤令。雷澤，僕之故里也，始與之交。」（見《小畜集》卷二十《送柳宜通判全州序》以下簡稱「序」）柳宜入宋後，曾官至工部侍郎，以孝行聞名。（見《福建通志》）。

柳永有叔五人：宣、寘、宏、寀、察，有科第功名於時，有兄二人，名三復、三接，「皆工文藝，號柳氏三絕」（見《崇安縣志》、《宋詩紀事·小傳》）。

太宗雍熙元年，柳永生。一歲。

按：永之生年，當今學術界衆說紛紜，尚無定論，《年譜稿》從唐圭璋、金啓華、林新樵三氏以永於冠年寫《望海潮》贈孫何之說爲依據(二)。

是年以前，或在太平興國四年，永父柳宜由雷澤移任沂州費縣，時年四十六歲。另據《墓碣》有「諸子諸婦，勤修禮法，雖從宦千里，若公在旁」的記述推斷，永母是隨夫赴任的，永當生於費縣任所。

本年，王禹偁三十歲，楊億十六歲，林逋十七歲，溫庭筠已卒十八年，李煜已卒六年。

按：王禹偁《序》稱：「皇家平吳之

明年（即太平興國元年），（宜）隨僞官得雷澤令。」可知柳宜入宋後，首任職爲山東雷澤縣令。另據王禹偁於淳化元年（九九〇）寫《送柳宜通判全州序》云：「雷澤，僕之故里也，始與之交，逮今凡十五載。」由九九〇年上推十五年，正是太平興國元年（九七六），即柳宜到任雷澤之年，亦即柳王訂交之年。再據《福建通志》卷一七五稱：「太平興國五年，（柳）崇始渡江視二子（柳宜、柳宣）」，王禹偁在《墓碣》中寫柳崇渡江省諸子的路綫是「自沂至濟，自濟至京師，得疾，肩輿以歸。」可知是年柳宜已移任費縣。另在《墓碣》中又有「公（柳崇）之捐館也，博士（柳宜）方按獄於沂，聞訃號絕」。由此可知，柳崇於太平興國五年十月病逝濟州時，柳宜已由雷澤移任沂州費縣令。以上所據，皆可爲柳宜入宋首任雷澤次任費縣之明證。李思永先生《柳永家世新考》文中説，「柳宜首任縣令在沂州費縣」[二]，明顯有誤。

太宗雍熙二年，柳永二歲，在費縣。

是年，柳宜進士及第。（見《崇安縣志》）[三]

太宗雍熙三年，柳永三歲。

柳宜由費縣移任濮州任城令或在此年。永偕往。

太宗淳化元年，柳永七歲。

本年有可能見王禹偁於汴京。王禹偁判大理寺，在汴京。

柳宜除全州通判。

王禹偁《送柳宜通判全州序》云：「淳

化元祀，（宜）始以任城宰來抵闕下，攜文三十卷，叫閽上書，且請以文筆自試，天子壯之。」（《小畜集》卷二十）後，即除全州通判。其由汴京去全州之路綫是「沿汴達淮，浮江湖入湘潭」（引文同上）。柳永偕往（從白敦仁氏説〔四〕）。

是年，張先生。李清照《詞論》説：張先、宋祁爲繼永而起之輩。考張先小柳永七歲，宋祁小柳永十五歲，就年齡看，確可稱是後起之輩。

太宗淳化二年，柳永八歲，在全州。

晏殊生。

淳化三年，柳永九歲，在全州。

孫何登進士第，通判陝州，時年三十一歲。楊湜《古今詞語》説「柳耆卿與孫何爲布衣交」，實誤。

太宗淳化五年，柳永十一歲。

是年，柳宜以贊善大夫調揚州。永偕往。

太宗至道二年，柳永十三歲，在揚州。

其習作《勸學文》或作於本年，文云：「學則庶人之子爲公卿，不學，公卿之子爲庶人。」（見《建寧府志》卷三十三）。

柳宜請僧人神秀爲己畫像，時年五十八歲。十二月，王禹偁自滁州改知揚州，與柳宜在揚州相晤，且爲宜畫像寫《柳贊善寫眞頌幷序》云：「河東柳宜，開寶末以江南僞官歸闕下，於後吏隱者二十年，年五十有八矣。堂有母思見其面，而不得歸，浮圖神秀爲寫其眞，使其弟持還，以慰倚門之望，又從予乞贊。」云云。

太宗至道三年，柳永十四歲，在揚州。

是年初，柳宜由贊善大夫遷殿中丞。故王禹偁本年贈柳宜《寒食》詩，稱宜爲殿省柳丞。（見《小畜集》卷六）三月二十九日，太宗趙光義卒，太子恆即位，是爲眞宗。五月，眞宗詔求直言，王禹偁在揚州上疏陳冗官冗兵之弊。

同月前後，因眞宗始政，新皇御極，舉國稱賀。據《宋史·眞宗本紀一》至道三年四月，有「丁未中外群臣進秩一等」記載，因此柳宜又遷國子博士。故王禹偁於是年中秋前後，有和柳宜《喜晴》詩，題爲《和國子博士喜晴見贈》（見《小畜集》卷十一）。同時，又應柳宜之請，爲其父柳崇撰《墓碣銘》，因銘中有「今宜爲國子博士」之句可證（見《小畜集》卷三十）。是年，王禹偁亦由工部郎中遷刑部郎中。

秋後，柳宜遣弟（其弟為誰，無考）攜宜之畫返福建崇安故里，「寄獻高堂，足慰親老」（王禹偁《寫真》贊語），并命柳永隨叔同行，回老家省視祖母，極有可能，否則便無由解釋，柳永少年時，確在家鄉崇安，有過數年的讀書生活。

《宋史·王禹偁傳》稱：禹偁陳政見後，「疏奏召還，復知制誥」[五]。

真宗咸平元年，柳永十五歲，在崇安。

是年，永叔柳宏與孫何之弟孫僅同榜登進士第，兩家遂有交往。

年初，王禹偁在京預修太祖實錄。「咸平初，預修太祖實錄，直言其事」（見《宋史》本傳）。

同年，柳永游家鄉名勝中峰山、中峰寺。中峰山在建寧府屬松溪縣境（今福建省松溪縣），被譽爲「一峰奇秀，特出衆山之表」，而中峰寺在中峰山之麓，是唐景福元年（八九二）建造。永有《題建寧中峰寺》詩（按：此詩的寫作時間，從李思永、李國庭系永少年「總角學詩」之説〔六〕），其詩云：「板夢躡石路崖嵬，千萬峰中梵皇開。僧向半天爲世界，眼看平地起風雷。猿偷曉果升松去，竹逗清流入檻來。旬月經游殊不厭，欲歸回首更遲回。」（引自《嘉靖建寧府志》卷十九。又見《宋詩紀事》卷十三）。

咸平三年，柳永十七歲，在崇安。

或在是年，永讀無名氏《眉峰碧》，始悟作詞章法。其詞云：「蹙破眉峰碧，纖手還重執。鎮日看來未足時，忍便使，鴛鴦只。　薄暮投村驛，風雨愁通夕。窗外蕉芭窗里人，分葉上，心頭滴。」《古今詞話》載：柳永，少讀書時，以無名氏《眉峰碧》詞題壁，後悟作詞章法。一妓向人道之，永曰：「某於此亦頗變化多方也。」然遂成屯田蹊徑。（引自《詞林紀事》卷十八）。

咸平四年，柳永十八歲，在崇安。

是年，永有《巫山一段雲》詞寫家鄉景物。其詞云：「六六眞游洞，三三物外天。九班麟隱破非煙。何處按雲軒？昨夜麻姑陪宴。又話蓬萊淸淺。幾回山腳弄雲濤。仿佛見金鰲。」

據林新樵、李國庭兩先生考證，詞中「六六眞游洞」系指武夷山的三十六峰；「三三物外天」系指武夷山的九曲溪〔七〕。可從其説。

李調元《雨村詞話》云：詩有游仙，詞亦有游仙。人皆謂柳三變《樂章集》工於闈帳淫媟之語，羈旅悲怨之辭，然集中《巫山一段雲》詞，有飄飄凌雲之意，人所未知也。

是年，孫何由東京轉運副使徙兩浙轉運使，

加起居舍人。駐杭州。王禹偁卒。

咸平五年，柳永十九歲。

是年，永可能參加鄉試後，即離開崇安家鄉，去汴京應禮部試，取道水路入錢塘江來杭州。因迷戀其湖山美好，都市繁華，遂沉醉於聽歌買笑的浪漫生活中，而滯留杭州。

咸平六年，柳永二十歲，在杭州。

是年秋，永有《望海潮》詞贈孫何。

按：從唐圭璋先生「永冠年寫詞贈孫何」之說。

其詞云：東南形勝，三吳都會，錢塘自古繁華。煙柳畫橋，風簾翠幕，參差十萬人家、雲樹繞堤沙，怒濤卷霜雪，天塹無涯。市列珠璣。戶盈羅綺竞豪奢。

重湖疊巘清嘉。有三秋桂子，十里荷花。羌管弄晴，菱歌泛夜，嬉嬉釣叟蓮娃。千騎擁高牙。乘醉聽簫鼓，吟賞煙霞。異日圖將好景，歸去鳳池夸。

楊湜《古今詞話》云：「孫知杭州，門禁甚嚴，耆卿欲見之不得，作《望海潮》之詞，往謁名妓楚楚曰：『欲見孫相，恨無門路，若因府會，愿借朱唇，歌於孫相公之前。若問誰爲此詞，但說柳七。』中秋府會，楚楚婉轉歌之，孫即日延耆卿預坐。」據《宋史·孫何傳》，謂何「樂名教，勸接士類，後進之有詞藝者，必爲稱揚」。考孫何與柳永父輩有世誼，又系晚輩，獻詞孫何幷受禮遇，是可能的。

永《望海潮》詞一出，廣爲時人傳誦，遂名噪一時。據羅大經《鶴林玉露》載：「此詞流播，金主亮聞歌，欣然有慕於『三秋桂子，十里荷花』，遂起投鞭渡江之志。」

真宗景德元年，柳永二十一歲，仍流寓杭州。

是年春，孫何還京太常禮院，永寫有《玉蝴蝶》詞贈別，詞中有，「漸覺芳郊明媚」，「隼輿前後，三千珠履，十二金釵」，「且追陪，鳳池歸去，那更重來」之句，極似孫何離杭前，永追陪孫何游樂情事。

是年前後，永又有《長壽樂》詞云：「太平世，少年時。少年時，忍把韶光輕棄，況有紅妝，楚腰越艷，一笑千金何啻。」寫在杭州時的浪子生活。

是年冬，孫何卒於汴京。晏殊，本年以神童召試，賜進士出身，時年十四歲。

景德二年，柳永二十二歲。

或在此年秋天，柳永沿汴河離杭東去蘇州。在蘇州寫有《雙聲子》詞云：「晚天蕭索，斷蓬蹤迹，乘興蘭棹東游。三吳風景，姑蘇臺榭，牢落暮靄初收。夫差舊國，香經沒，徒有荒丘。」發思古之幽情。又寫《玉蝴蝶》詞，有「選得芳容端麗，冠絕吳姬。……綺羅叢里，知名雖久，識面何遲。……美人才子，合是相知」之句，似抒寫少年浪漫情懷。

景德三年，柳永二十三歲。

或在此年，永由蘇州前往曾是他少年時寓居之地的揚州。永父柳宜已遷升工部侍郎，或已離開揚州去汴京。永在揚州寫《臨江仙》詞，有「揚州曾是追游地，酒臺花徑仍存。鳳簫依舊月中聞」之句。

景德四年，柳永二十四歲，在揚州。

楊湜《古今詞話》有則記述：「柳耆卿嘗在江淮眷一官妓，臨別以杜門爲期，既來京師，日久未還，妓有異圖，耆卿聞之怏怏。會朱儒林往江淮，柳因作《擊梧桐》以寄之曰：『香靨深深，姿姿媚媚，雅格奇容天與。自識伊來，便好看承，會得妖嬈心素。臨歧再約同歡，定是都把，平生相許。又恐恩情，易破難成，未免千般思慮。近日書來，寒喧而已，苦沒忉忉言語。便認得，聽人教當，擬把前言輕負。且說蘭臺宋玉，多才多藝善詞賦。試與問，朝朝暮暮，行雲何處去。』妓得此詞，遂負愧竭產，泛舟輦下，遂終身從耆卿焉。」元人關漢卿據此寫成《錢大尹智寵謝天香》雜劇。

以上所記，固屬傳聞附會，但與柳永青年時在揚州一帶的浪漫生活不無關係。

是年冬，永可能由揚州抵汴京，擬參加禮部考試。

真宗大中祥符元年，柳永二十五歲，在汴京。

柳宜官工部侍郎似在京，年已六十九歲。

柳永初到汴京之生活，宋人葉夢得《避暑錄話》卷三有段記述：「柳耆卿爲舉子時，多游狹邪，善爲歌辭，教坊樂工，每得新腔，必求永爲辭，始行於世，於是聲傳一時。」

當日帝都因太平日久，物阜民康，城市繁華，達於極盛。據孟元老《東京夢華錄》記述：「舉目則青樓畫閣，繡戶珠簾，雕車競駐於天街，寶馬爭馳於御路。金翠耀目，羅綺飄香，新聲巧笑於柳陌花衢，按管調弦於茶房酒肆。」耆卿留連於此，多有詞作，將「承平氣象，形容曲盡」（陳振孫語，《直齋書録解題》）。

是年正月，宋王朝詐稱有「天書」降於承天門，舉國稱賀。又六月乙未，天書再降於泰山醴泉北（見《宋史·真宗本紀二》卷六），永有《巫山一段雲》詞，稱頌其事：「昨夜紫微詔下，急喚天書使者，令賫瑤階降彤霞，重到漢皇家。」此詞亦爲柳永是年已在汴京之明證。

正月元宵燈節，永有頌聖詞《傾杯樂》，寫眞宗與民同樂情景：「變韶景，都門十二，元宵三五，銀蟾光滿」，「龍鳳燭，交光星漢。對咫尺鼇山開羽扇。會樂府兩籍神仙，梨園四部管弦。向晚色，都人未散，盈萬井，山呼鼇抃。愿歲歲，天仗裏，常瞻鳳輦。」

三月清明，有寫京都男女郊外踏青歡樂場面的《木蘭花慢》詞：「傾城，盡尋勝去，驟雕鞍，紺幰出郊坰。風煖繁弦脆管，萬家竟奏新聲。……盈盈斗草踏青……向路旁往往遺簪墜珥，珠翠縱橫。」這首詞與孟元老《東京夢華錄》所記可相印證：「清明節……四野如市，往往就芳樹之下，或園囿之間羅列杯盤，互相勸酬。都城之歌兒舞女，遍滿園亭，抵暮而歸。」

也還寫有龍舟競渡的汴京風情《破陣樂》：「露花倒影，煙花蘸碧，靈沼波暖，金柳搖風樹樹，系彩舫龍舟遙岸……時見，鳳輦宸游，鸞觴禊飲，臨翠水，開鎬宴。兩兩輕舫飛畫楫，競奪錦標霞爛。」這首詞與《東京夢華錄·三月一日開金明池瓊林苑》亦相印證：「三月一日，州西順天門外，開金明池，瓊林苑，每日教習……士庶許重賞，御史臺有榜不得彈劾……有面北臨水殿，車駕臨幸，觀爭標，賜宴於此。」

同一時期，柳永也寫自己「多游狹邪、善爲歌辭」風流不羈的浪漫生活，如《合歡帶》：「莫道千金酬一笑，便明珠萬斛須邀。檀郎幸有，凌雲詞賦，擲果風標，況當年，便好相攜，鳳樓深處吹簫。」上引《傾杯樂》、《木蘭花漫》、《破陳樂》、《合歡帶》四首詞，在寫作時間上雖無明載，但從描寫的影物、風情及寫作時心態看，當是柳永青年時初到汴京之作，繫於此兩年前後，或無大錯。

大中祥符二年，柳永二十六歲，在汴京。

是年春闈前，有《長壽樂》云：「對天顏咫尺，定然魁甲登高第，待恁時，等着回來賀喜」之句，對試舉成功，頗自負自信。穆修進士及第。

柳永第一次考試落第。據《宋史·眞宗本紀》卷七載，是年正月庚午有詔：「讀非聖之書，及屬辭浮靡者，皆嚴譴之。」因此永初試落第，當勢所必然。落第後，永有《如魚水》詞云：「浮名利，擬拚休，是非莫挂心頭。富貴豈由人，時會高志須酬。」寫下第情懷，對舉試仍抱希望。

蘇洵生。

大中祥符三年，柳永二十七歲，在汴京。

據《宋史·五行志》一上記：「大中祥符三年十一月丁酉，陝西河清。十二月乙巳河再清。」時集賢校理晏殊獻《河清頌》（事亦見《宋史·真宗本紀三》）。永有《巫山一段雲》詞，亦頌其事，所謂「人間三度見河清」即指此。

大中祥符五年，柳永二十九歲。

在汴京。

是年十月，眞宗於延恩殿設道場，并稱「天尊下降」，大事慶賀。永寫有《玉樓春》詞，咏禁中夜醮，「昭華夜醮連清曙，金殿霓旌籠瑞霧」、「香羅薦地延眞馭，萬乘凝旒聽秘語」即道其事。

大中祥符八年，柳永三十二歲，在汴京。

是年初，永與相好的歌女蟲娘的關係似有裂痕，寫有《征部樂》表現失戀情緒，如「雅歡幽會，良晨可惜虛拋擲。每追念，狂蹤舊迹，長祇恁，愁悶朝夕……但願我，蟲蟲心下，把人看待，長似初相識。况漸逢春色，便是有舉場消息。待這回，好好憐伊，更不輕離拆」。從「况漸逢春色，便是有舉場消息」句看，柳永再一次參加了禮部考試，此詞或寫於是年即將應試前。

范仲淹進士及第。

柳永第二次落第。

真宗天禧二年，柳永三十五歲，在汴京。

柳三復進士及第。柳永第三次落第。憤慨之下有《鶴冲天》詞云：「黃金榜上，偶失龍頭望。明代暫遺賢。始何向，未遂風雲便，爭不恣狂蕩。何須論得喪。才子詞人，自是白布卿相。　煙花巷陌，依約丹青屏障。幸有意中人，堪尋訪。且恁偎紅翠，風流事，平生暢，青春都一餉，忍把浮名，換了淺斟低唱。」這首詞明顯的在發泄屢試不第的憤懣情緒。但從「偶失龍頭望」、「明代暫遺賢」句觀之，永對試舉雖有牢騷和不滿，但還未完全絕望。

是年八月，趙禎被立爲太子，時年九歲。

天禧三年，柳永三十六歲，在汴京。

是年，永寫有頌聖詞《玉樓春》云：「星闈玉笏金章貴，重委外臺疏近侍。百常天閣舊通班，九歲國儲新上計。」

據林新樵先生考證「重委外臺疏近侍」系指本年六月王欽若有罪罷，以寇準同平章事，再度入相。「九歲國儲新上計」系頌眞宗立趙禎爲太子事(八)。從其說。

天禧四年，柳永三十七歲，在汴京。

是年二月，眞宗有疾，劉太后乘機干預國事。「天禧四年，帝久疾，居宮中，事多決於后」(《宋史》卷二四二《章獻明肅劉皇后傳》)。寇準請皇太子監國，被讒罷相。

天禧五年，柳永三十八歲，在汴京。

王安石生。

真宗乾興元年，柳永三十九歲。

是年二月，眞宗崩，仁宗趙禎即位，時年僅十三歲，由劉太后掌權，垂簾聽政。

仁宗天聖二年，柳永四十一歲，在汴京。

是年，宋庠、宋祁兄弟同榜登進士第。原禮部奏請列宋祁第一，劉太后以「弟不可先兄」，乃擢庠第一，而寘祁第十。其事分別見宋人晁公武《郡齋讀書志·宋景文集小傳》，陳振孫《直齋書錄解題·宋景文集小傳》(九)。

柳永應試第四次落第。

吳曾《能改齋漫錄》卷十六載：「仁宗留意儒雅，務本理道，深斥浮艷虛美之文。初，進士柳三變，好爲淫冶謳歌之曲，傳播四方，嘗有《鶴冲天》詞云：『忍把浮名，換了淺斟低唱。』及臨軒放榜，特落之，曰：『且去淺斟低唱，何要浮名？』」

按：筆者以爲：臨軒放榜，黜落柳永者，恐非仁宗，或是劉太后。從史實上看，仁宗在名義上雖即位，但章獻擅權，以仁宗年幼，不能親政，國事皆決於太后，另從「弟不可先兄」爲由的調換宋庠、宋祁兄弟列榜名次觀之，卻也可稱是「留意儒雅，務本理道」的「長幼有叙」的儒家人倫之道。當其臨軒放榜時，劉太后又何能容「好爲淫冶謳歌之曲」的柳三變？此據情理推測，未敢確斷，姑志於此，以請教高明。

據《宋史·樂志》載：「仁宗洞曉音律，每禁中度曲，以賜教坊。」又宋人陳師道《後山詩話》載有宋仁宗有關柳永詞的記述，其前段當堪引人注意：「柳三變游東都南北二巷，作新樂府，骫骳從俗，天下咏之，遂傳禁中。仁宗頗好其詞，每對酒，必使侍從歌之再三。」說柳永在東都游南北二巷，作新樂府，天下咏之，與葉夢得說「柳耆卿爲舉子時，多游狹邪，善爲歌辭……始行於世，於是聲傳一時」正同，皆是柳永未登第出仕前，青壯年時事。在柳永「及第已老」釋褐爲官後，人已不在京都，且狹邪冶游亦爲宋制所禁，何況年老「已減盡風情」？至爲改官獻《醉蓬萊慢》詞，「語不稱旨」，忤仁宗，事在二十餘年之後，時永年已六十。說仁宗頗好其詞，當是仁宗尚未親政的青少年時事。如果是在二十三歲親政掌權之後，以其帝王之尊，即使心悅其詞，恐不便再讓這不堪登大雅之堂的俗詞，要「侍從歌之再三」吧。又據《苕溪漁隱叢話》後集卷三十九引嚴有翼《藝苑雌黃》云：「當時有薦其才者，上曰：按：或亦系劉太后。有史料記，太后垂簾期間，京師有不少人得官系直接出自太后手令：據《續資治通鑑》卷三十八載，明道二年

「陳州太常博士范仲淹以京師多不關有司而署官賞者，乃附驛上奏，以唐中宗敕斜封官爲戒。」仲俺奏書中所喻之「斜封官」，即指唐中宗時的宫廷中女人依勢用事所封授之官之稱謂。『得非塡詞柳三變乎？』曰：『然。』上曰：『且去塡詞。』由是不得志，日與猬子縱游娼館酒樓間，無復檢約。自稱云：『奉聖旨塡詞柳三變』。」從此，柳永便與樂工、歌女合作，走上了專業作詞的道路。

此年前，永父柳宜想已去世，由是已無家庭經濟來源供其揮霍，亦爲專業作詞之一因。又據宋人羅燁《醉翁談錄·丙集》卷二稱：「耆卿居京華，暇日遍游妓館，所至妓者愛其詞名，能移宫換羽，一經品題，聲價十倍。妓者多以金物資給之。」是年秋，永因屢試不第，幷遭統治者挫辱，憤而離開汴京，去江南漫游。

此後約近十年未參加禮部科舉考試。

按：此據情理推測，史料無明載，且漫游的具體時間、地點，僅知其大概，姑記此以待考。

離京時，有《雨霖鈴》詞寫與情人（或是蟲娘）傷别情景：「執手相看淚眼，竟無語凝噎，念去去，千里煙波，暮靄沉沉楚天闊。多情自古傷離别，更那堪，冷落清秋節。今宵酒醒何處？楊柳岸，曉風殘月。」

在離京去江南水程中，又寫有《引駕行》詞云：「虹收殘雨。蟬嘶敗柳長堤暮。背部門，動消黯，西風片帆輕舉……忍回首，佳人漸遠，想高城，隔煙樹。」「南顧，念吳邦越國，風煙蕭索在何處。」由「暮靄沉沉楚天闊」、「南顧，念吳邦越國，風煙蕭索在何處」等句可測知，柳永此行之目的地，當是江淮蘇杭等舊地。

天聖三年，柳永四十二歲，在江南漫游。

或在此年，有《鳳銜杯》詞二首：「有美瑤卿能染翰，千里寄小詩長簡……常珍重，小齋吟玩。更寶若珠璣，置之懷袖時時看。」（其一）「經年價，兩地成幽怨，任越水吴山，似屏如障堪游玩……更時展丹青，強拈書信頻頻看。」（其二）詞中之瑤卿當爲在汴京與之合作塡詞度曲之歌女，或善畫。在《樂章集》中，常有對能詩善詞歌妓之贊美。如「最愛學宫體梳妝，偏能做文人談笑」（《兩同心》）、「文談閑雅……不堪在風塵」（《少年游》）、「屬和新詞多俊，敢與我勍敵。恨少年，枉費疏狂，不早與伊相識」（《惜春郎》）等。

天聖四年，柳永四十三歲，在蘇杭漫游。

有詞《兩同心》云：「竚立東風，魂斷南國……想别來，好景良時，也應相憶。」揣其詞意，似寫於蘇州。又有《西施》詞發思古之情云：「苧蘿妖艷世難偕。善媚悦君懷。後庭恃寵，盡使絶嫌猜。正恁朝歡暮宴，情未足，早江上兵來。捧心調態軍前死，羅綺旋變塵埃。至今想，怨魂無主尚徘徊。夜夜姑蘇城外，當時月，但空照荒臺。」對夫差之所以亡國，頗有見地，對西施之慘死，滿懷深情。

天聖五年，柳永四十四歲，似在杭州一帶漫游。

有《夜半樂》詞云：凍雲黯淡天氣，扁舟一葉，乘興離江渚。渡萬壑千巖，越溪深處。怒濤漸息，樵風乍起，更聞商旅相呼。

林新樵氏謂「此詞系柳永在會稽曹娥江游剡溪之作，「越溪」「樵風」皆會稽典故，且謂「渡萬壑千巖」亦系從顧愷之描繪會稽山川「千巖竟秀，萬壑爭流」詩句點化而來[一〇]。且從其說。

又據宋施宿《嘉泰會稽志》卷八載：柳永曾在會稽廣慈禪院會影亭題有「分得天角，織成山四圍」之句。詩、詞之作或同在此年游曹娥江時。

天聖六年，柳永四十五歲。仍在蘇杭漫游。

柳永漂泊江南日久，自感身心疲憊，有《輪臺子》詞云：「嘆斷梗難停，暮雲漸杳，但黯黯魂消，寸腸凭誰表。恁驅驅，何時是了。」其詞或寫於此年。

天聖七年，柳永四十六歲。

是年翰林學士宋綬請仁宗「獨對群臣」，忤劉太后，出知應天府。秘閣校理范仲淹請太后還政於仁宗，出爲河中府通判[一一]。

是年，柳永一爲思念故人，二因長期漂泊疲困，便由江南返回汴京。有詞《笛家弄》云：「別久。帝城當日，蘭堂夜燭……豈知秦樓，玉簫聲斷，前事難重偶。」「觸目傷懷，盡成感舊。」又有《滿朝歡》云：「花隔銅壺，露晞金掌，都市十二清曉。帝里風光爛漫，偏愛春杪……別來歲久，偶憶歡盟重到。人面桃花，未知何處，但掩朱扉悄悄。盡日竚立無言，贏得凄涼懷抱。」看來久別汴京之後，昔日的故友情人，多已零落離散，從「玉簫聲斷，前事難重偶」、「人面桃花，未知何處」等句可知，盡管帝都仍然繁華，風光依舊，但物是人非，觸目傷懷，因而只落得「盡日竚立無言，贏得凄涼懷抱」了。

天聖八年，柳永四十七歲。

是年，或因知交零落，心情不佳，永又離汴京去西北漫游。有《臨江仙》詞，云「上國、去客、停飛蓋、促離筵、長安古道綿綿」，寫自汴京出發西游情景。又有《引駕行》詞云：「紅塵紫陌，斜陽暮草長安道，是離人斷魂處，迢迢匹馬西征。」寫離京西行途中情景。是年歐陽修、張先進士及第。

天聖九年，柳永四十八歲，在關中一帶漫游。

是年，有《少年游》，其一云：「長安古道馬遲遲。高柳亂蟬嘶。夕陽鳥外〔一二〕，秋風原上，目斷四天垂。」其二云：「參差煙樹霸陵橋。風物盡前朝。衰楊古柳，幾經攀折，憔悴楚宮腰。」在秋風落葉滿長安的漫游中，頗有凄涼之感。

仁宗明道元年，柳永四十九歲。

是年，柳永似在渭南一帶漫游，有《曲玉管》詞云：「隴首雲飛，江邊日晚。煙波滿目憑欄久，一望關河，蕭條千里清秋。」又《八聲甘州》詞有云：「漸霜風凄緊，關河冷落，殘照當樓。」極似描寫渭南風光。另從「別來錦字終難偶」和「想佳人，妝樓顒望，誤幾回，天際識歸舟」句看，兩詞或是懷內之作（從謝桃坊、唐圭章二氏説）〔一三〕，其寫作時間或在本年前後。

據《續資治通鑑》卷三十八載，明道元年十二月，党項族首領元昊被遼冊封爲夏國王，時稱西夏。「既陷甘州，復舉兵攻拔西涼府」，對宋王朝西北方構成嚴重威脅。

明道二年，柳永五十歲。

是年春，永由渭南抵成都，有詞《一寸金》云：「井絡天開，劍嶺雲橫控西夏。地勝異，錦里風流，蠶市繁華，簇簇歌臺舞榭……當春晝，摸石江邊，浣花溪畔景如畫。」盛贊成都的都市繁華和古跡名勝的旖旎風光。由詞中「仗漢節，攬轡澄清，高掩武侯勳業，文翁風化。臺鼎須賢久，方鎮靜，又思命駕。空遺愛，兩蜀三川，異日成佳話」之句來看，此詞或系贈益州知州王曮之作。考王曮於明道二年至景祐四年知益州。「其爲政有大體，不爲苛察，蜀人愛之……景祐五年參知政事，明年遷尚書工部侍郎知樞密院事。」（《宋史》卷二九二）。

是年三月，劉太后卒。遺詔仁宗尊楊太妃爲皇太后，「與皇帝同議軍國事」（見《宋史·楊淑妃傳》卷二四二）後遭執政大臣反對，以皇帝「已知天下情僞」爲由，將遺詔擱置，於是仁宗始親政，時年二十三歲。

是年秋，永沿長江出三峽，過巫山，有《離別難》詞云：「望斷處，杳杳巫峰十二，千古暮雲深。」（從唐圭璋氏説〔一四〕）。

繼沿江東下，過湖南時，柳永似曾游過洞庭、湘江一帶舊地，有詞《玉蝴蝶》云：「望雨收雲斷，凭欄悄悄，目送秋光。晚景蕭疏，堪動宋玉悲涼……故人何在，煙水茫茫。難忘。文期酒會，幾孤風月，屢變星霜，海闊山遙，未知何處是瀟湘。」詞中抒發了對昔日湘中故人懷念之情，以及自己潦倒淪落的身世之感。又有《輪臺子》句云：「九嶷山畔才雨過，斑竹作，血痕添色。」「九嶷山」「斑竹血」均湘地風物，皆可爲永曾重游湘地之明證。

繼抵鄂州（湖北武昌），曾寫有《竹馬子》詞云：「登孤壘荒涼，危亭曠望，靜臨煙渚……漸覺一葉驚秋，殘蟬噪晚，素商時序……蕭索江城暮。南樓畫角，又送殘陽去。」詞中之「江城」、「南樓」皆是湖北景物。

按：柳永江南漫游後返京，又於登第前去西北漫游，此《樂章集》中可覓踪迹，但具體年份無考，《年譜稿》繫此行於天聖八年至明道二年（一〇三〇—一〇三三）的四年時間內，或近事實。

仁宗景祐元年，柳永五十一歲。

仁宗親政後，立疏劉太后親信舊臣，起用曾奏請太后還政而遭到排斥的名臣范仲淹、宋綬等人，於時「中外大悅」（見《宋史·仁宗本紀》），似有更新政局的氣象，這對久不見用於眞宗、劉后的柳永當受到很大的鼓舞。同時仁宗爲了延攬聲譽、籠絡士子，決定擴大開科取士名額，且又特開「恩科」，澤惠於歷屆科場沉淪之士，對他們錄取，格外放寬尺度。從而使柳永再一次萌發了參加本年試舉的念頭。

是年正月癸未，仁宗有詔云：「朕念士向學益蕃，而取人之路尙狹，或栖遲田里，白首而不得進，其令南省就試進士、諸科，十取其二。進士五舉年五十，諸科六舉年六十；曾經殿試，進士三舉，諸科五舉；及嘗預先朝御試，雖試文不合格，毋輒黜，皆以名聞。」（見李燾《續資治通鑑長編》卷一一四）而柳永正符合「進士五舉，年五十」這一條件。

是年初春，永聞訊後，即從鄂州起程趕赴汴京參加恩科考試，途中寫有《輪臺子》詞云：「匆匆策馬登途，滿目淡煙衰草……冒征塵遠況、自古凄涼長安道。行行只歷孤村，楚天闊，望中未曉。」詞中「自古凄涼長安道」之長安，系借指汴京；「楚天闊，望中未曉」系寫由楚地去汴京，黎明早行時情景。這首詞抒發了他奔波於坎坷仕途，前途未卜的迷惘心情。

是年春闈，永與其兄三接同榜登進士第。吳曾《能改齋漫錄》卷十六謂永「至景祐元年方及第」。又據《崇安縣志》云：「柳三變與兄三接同登景祐元年張唐卿榜進士第。」

仁宗爲擴大親政影響，景祐元年春，這場科舉取士特多。據《續資治通鑑長編》卷一一四記載：「戊寅，御崇政殿試禮部奏名進士。己卯，試諸科。辛巳，試特奏名。已而得進士張唐卿、楊察、徐綬五百一人，諸科二百八十二人，特奏名八百五十七人，賜及第、出身。」是科共取士一千六百四十人。這樣寬大的開科取士在唐宋以來的科舉史上也是罕見的。

宋鳳翔《樂府餘論》謂：「耆卿蹉跎於仁宗朝，及第已老。」景祐元年，柳永登進士第時，已年五十有一，確可稱「及第已老」。柳永登進士第後，寫有《柳初新》詞云：「別有堯階試罷。新郎君成行如畫。杏園風細，桃花浪暖，竟喜羽遷鱗化。遍九陌，相將游冶，驟香塵，寶鞍驕馬。」極寫登第後的喜悅心情。

范仲淹因諫止仁宗廢郭皇后事，是年初，被貶知睦州，并在睦州修建嚴陵祠，寫有《桐廬郡嚴先生祠堂記》一文。

景祐二年，柳永五十二歲，在睦州。

永釋褐後，調任睦州團練推官。據宋人葉夢得《避暑錄話》說：永「舉進士登科，爲睦州掾。」又於《石林燕語》稱：「景祐中，柳三變爲睦州推官。」於是，柳永首任職爲睦州推官當無誤。其授官時間，當在景祐元年某月，到睦州任或在本年三月前後。

柳永景祐元年登第後授官，於本年春始由汴京起程赴睦州團練推官任，二月經蘇州時，曾拜謁知州范仲淹（從豐家驊氏說）[一五]。時范仲淹即將還朝，任尚書禮部員外郎，永有詞《瑞鷓鴣》獻仲淹云：「吳會風流。人煙好，高下水際山頭……方面委元侯。致訟簡時豐，繼日歡游。襦溫袴暖已扇民謳。且暮鋒車命駕，重整濟川舟。當憑時，沙堤路隱，歸去難留。」據語意來看，說《瑞鷓鴣》是柳永獻范仲淹的詞或無錯。

景祐元年六月，范仲淹移知蘇州後，繼知睦州者爲宰相呂端第三子呂蔚，呂蔚因愛柳永才華，曾向朝廷舉薦。葉夢得《石林燕語》曾載：「祖宗時，選人初任薦舉，本不限於成考。景祐中，柳三變爲睦州推官，以歌詞爲人所稱，到官才月餘，呂蔚知州事，即薦之。郭勸爲侍御史，因言釋褐到官始逾月，善狀安在，而遽爲論。因詔州縣官，初試未成考，不得舉，後遂爲法。」又《宋史·仁宗紀二》於景祐二年六月內亦有「詔幕職官，初試未成考，毋薦」之記載。而李燾《續資治通鑑長編》卷一一六記景祐二年六月事更詳：「先是，侍御史知雜事郭勸言，睦州團練推官柳三變釋褐到官才逾月，未有善狀，而知州呂蔚遽薦之，蓋私之也。故降是詔。」以上所記，可能是正史記述柳永事迹惟一的一條。并與《石林燕語》、《能改齋漫錄》所記皆合。由是，亦可確知柳永登進士第當在景祐元年。而王闢之《澠水燕談錄》謂永「景祐末登進士第」之説有誤。

是年九月，永因呂蔚舉薦受阻，鬱鬱不快，有《滿江紅》詞云：「桐江好，煙漠漠，波似染，山如削。繞嚴陵祠畔，鷺飛魚躍。游宦區區成底事，平生況有雲泉約。歸去來，一曲仲宣吟，從軍樂。」據文瑩《湘山野錄》記載：「范文正公（仲淹）謫睦州，過嚴陵祠下，會吳俗歲祀，里巫迎神，但歌（柳永）《滿江紅》，有『桐江好，煙漠漠，波似染，山如削』之句。」

按：目前學術界對這則記載的眞僞有不同意見。一見唐圭璋《柳永事迹新證》，一見羅忼烈《話柳永（一）》。唐文認爲：「其中所歌《滿江紅》一首全詞，今見柳永《樂章集》，可見范仲淹謫睦州時，已有柳永的《滿江紅》詞流傳民間。」羅文認爲《湘山野錄》所載非實：「嚴陵祠是范仲淹始建的，并撰有《桐廬郡嚴先生祠堂記》，明言『某來守是邦，始構堂而奠焉。』在這之前，根本沒有嚴陵祠，何來『謫睦州過嚴陵祠下』聽里巫唱柳永詞？」羅先生之説有理有據，但也不能完全排除後來范仲淹有再次游桐廬之可能。筆者以爲，柳永《滿江紅》詞當作於景祐二年九月，呂蔚舉薦受挫阻之後是肯定的。因詞中有「游宦區區成底事，平生況有雲泉約」句，表現有厭宦的牢騷情緒，不然無由解釋，一個追求仕進多年，剛釋褐做官的人，竟有如此消極心情！至於范仲淹過嚴陵祠下聞歌，或不在景祐元年初謫睦州時。考仲淹明道二年十二月，因諫阻仁宗廢郭皇后事被貶睦州，此後又相繼謫蘇州、潤州、趙州、杭州，除一次短暫還朝外，前後十餘年，皆輾轉在江浙一帶。文瑩所稱范仲淹「謫睦州過嚴陵祠下」，或系對這段謫居生活的泛指。因此，仲淹亦有再游桐江，於嚴陵祠下聞人唱柳詞之可能，況仲淹自景祐元年六月離睦州後，還有「重入白雲尋釣瀨，更隨明月宿詩家」（《范文正公集》卷四《依韻酬章推官見贈》）的心愿。此說或有不當，記於此，以就教於羅先生。

景祐四年，柳永五十四歲。

是年，永由睦州團練推官調任餘杭縣令。

據《嘉慶餘杭縣志》卷二十一載：「柳永字耆卿，仁宗景祐間餘杭縣令，長於詞賦，爲人風雅不羈，而撫民清靜，安於無事。百姓愛之，建翫江樓於溪南，公餘嘯咏。」該志還將柳永列入名宦類。永本人亦說：「又豈知名宦拘檢，年來減盡風情。」（《長相思》）

景祐五年，寶元元年，柳永五十五歲，在餘杭。

是年，蘇軾生。

是年，司馬光、范鎮進士及第。據宋人謝

維新《古今合璧事類》稱：「范蜀公（鎮）少與柳耆卿同年。」故近人詹亞園先生據此認爲「范鎮既與柳永爲『同年』，則柳永的登第當在此年。」（見詹著《柳永二題》載《文學遺產》一九八四年二期）實誤。

仁宗寶元二年，柳永五十六歲。

是年，永由餘杭調任浙江定海曉峰鹽場監官。宋人祝穆《方輿勝覽》卷七云：「名宦柳耆卿嘗監定海曉峰鹽，有題咏。」又羅濱《寶慶四明志》卷二十，亦有柳永曾爲定海曉峰鹽場鹽官的記述。永在定海寫有《留客住》詞。詞中「遙山萬叠雲散，漲海千里，潮平波浩渺」句，即寫在舟山列島觀大海漲潮的宏大景象（據《定海縣志》）。另據元馮福京《昌國州圖志》卷六載，永官鹽場寫有《煮海歌》長詩一首，詩題下有小序，云「憫亭戶也」。對鹽工的艱苦勞動有極深刻的描寫：「年年春夏潮盈浦，潮退刮泥成島嶼。風干日曝鹽味加，始灌潮波溜成鹵。鹵濃鹽淡未得閑，采樵深入無窮山。豹踪虎迹不敢避，朝日出去夕陽還。船載肩擎未遑歇，投入巨灶炎炎熱。晨燒暮爍堆積高，才得波濤變成雪。」而鹽工一年辛勤勞動的結果又是如何？「周而復始無休息，官租未了私租逼；驅妻逐子課工程，雖作人形俱菜色。」最後詩人發出了沉痛的吶喊：「煮海之民何苦辛，安得母富子不貧！」對鹽工抱有極大的同情。故清人朱緒曾認爲此詩：「洞悉民瘼，實仁人之言。」幷作詩贊云：「積雪飛霜韻事添，曉風殘月畫圖兼。耆卿才調關民隱，莫認紅腔昔昔鹽。」（見《昌國典咏》卷五）今人錢鍾書評此詩也說：「這首詩就表示《樂章集》并不能概括柳永的全貌，也夠使我們對他的性格和對宋仁宗的太平盛世都另眼相看了。」（見《宋詩選注》三三頁）

又《昌國州圖志》亦將柳永列入《名宦》。今人葉嘉瑩先生說：「綜觀有宋一代前後三百餘年，而被此書記入《名宦》者，不過寥寥四人，而柳永獨居其一，亦足見柳永在當地的政績之爲人民所懷念了。」（見繆鉞、葉嘉瑩合撰《靈谿詞說》一四九頁）

宋人葉夢得《避暑錄話》卷三稱「永亦善爲他文辭」。惜今僅存《中峰寺》、《贈內臣孫可久》和《煮海歌》這首長詩。

又，宋人周煇《清波雜志》亦謂：「柳耆卿爲文甚多，皆不傳世。」

仁宗慶曆二年，柳永五十九歲。

是年，王安石進士及第。

慶曆三年，柳永六十歲。

是年初，永調任泗州判官。按宋制，永任地方官已歷三任，逾九年，「三任六考」已屆期滿，且在餘杭、定海皆有政績，譽爲名宦，理應磨勘改官，竟然未成，可謂「久困選調」（王闢之《澠水燕談錄》語）。

春，永沿汴河北上赴泗州任，過蘇州時寫有《木蘭花慢》詞贈蘇州太守呂溱（從羅忼烈氏說）。其詞云：「古繁華茂苑，是當日帝王州……晴景吳波練靜，萬家綠樹朱樓。凝旒，乃眷東南，思共理，命賢侯。繼夢得文章，樂天惠愛，布政優優。鰲頭，況虛位久，遇名都勝景阻淹流。」〔一六〕考呂溱於仁宗寶元元年（一〇三八）登進士榜首，故柳詞中有「鰲頭」稱譽。慶曆三年二月至次年三月，曾任蘇州太守。歐陽修對呂頗器重，稱賞他「首登詞科」、「素有文學」，曾薦以自代，故柳詞以唐代曾任蘇州太守的劉禹錫、白居易和呂相比，而有「繼夢得文章，樂天惠愛，布政優優」之句，以稱頌其才。

另寫詞《瑞鷓鴣》有「全吳嘉會古風流，渭南往歲憶來游」一句，道及在渭南時憶及過去曾游蘇州的心情。

是年三月，晏殊拜相。據《宋史·仁宗本紀三》載：是年五月「忻州地大震，虎翼卒王倫叛於沂州」，殺巡檢使朱進，轉戰於密、青二州。

是年夏，永經淮水赴泗州任，途中寫有《過澗歇近》云：「淮楚，曠望極，千里火雲燒空，盡日西郊無雨」。「厭行旅……此際爭可，便憑奔名兌利去。九衢塵裏，衣冠冒炎暑。回首江鄉，月觀風亭，水邊石上，幸有散髮披襟處。」又有《公安子》云：「長川波瀲灩，楚鄉淮岸迢遞……當此好天好景，自覺多愁多病，行役心情厭。」以及《迷神引》云：「一葉扁舟輕帆卷，暫泊楚江南岸……舊賞輕拋，到此成游宦。覺客芳程，年光晚。」皆有「游宦成羈旅」的喟嘆。

是年秋，據王闢之《澠水燕談錄》載：永因「久困選調，入內都知史某愛其才而憐其潦倒。會教坊進新曲《醉蓬萊》，時司天臺奏老人星見，史乘仁宗之悅，以耆卿應制，耆卿方冀進用，欣然走筆，甚自得意，詞名《醉蓬萊慢》。比進呈，上見首有『漸』字，色若不悅。讀至『宸游鳳輦何處』，乃與御製眞宗挽詞暗合，上慘然。又讀至『太液波翻』，曰：『何不言波澄？』乃擲之於地。永自此不復進用。」

按：柳永作《醉蓬萊慢》獻詞仁宗事，見於宋人筆記至少有五處：一見王闢之《澠水燕談錄》（前已録引）；二見黃昇《花庵詞選》附記，大抵與王說相同，想系從《澠水燕談》錄出；三見葉夢得《避暑錄話》，云「後因晚秋張樂，有使作《醉蓬萊》詞以獻，語不稱旨」；四見陳元靚《歲時廣記》卷十七引《古今詞話》，云「柳耆卿祝仁宗皇帝聖壽，作《醉蓬萊》一曲。此曲一傳，天下皆稱妙絕」（考《宋史·本紀九》，仁宗生於大中祥符三年四月十四日，於時正是初夏，而詞中所寫乃是清秋景象，顯然非祝壽之作）；五見陳師道《後山詩話》，「三變聞之，作宮詞號《醉蓬萊》，因內官達後宮，且求其助。仁宗聞而覺之，自是不復歌其詞矣」。以上五說，內容多不盡同，在寫作時間上，除王闢之說寫於皇祐中外，其餘皆無明載。筆者認爲《醉蓬萊》作於皇祐中之說有誤，如結合其潦倒仕途。「久困選調」，「方冀進用」，再證以宋人張舜民「柳三變既以詞（《醉蓬萊》）忤仁廟，吏部不放改官」之說，繫此詞作於本年初秋柳永詣政府謁晏殊之前，較爲妥當。

是年八月，永獻《醉蓬萊》詞後，磨勘改官事仍無結果，即詣政府謁晏殊，進狀投訴。據張舜民《畫墁錄》卷一載：

「柳三變既以詞忤仁廟，吏部不放改官。三變不能堪，詣政府，晏公曰：『賢俊作曲子麼？』三變曰：『祗如相公亦作曲子。』公曰：『殊雖作曲子，不曾道「綵綫慵拈伴伊坐」。』柳遂退。」

按：晏殊爲相以「益務進賢材」著稱（《宋史》本傳），又同是詞人，何拒柳永之合理請求？蓋其時似已知仁宗不悦《醉蓬萊》詞，未便明告，委以他故耳。

是年八月，范仲淹參知政事，銳意改革。十月，向仁宗提出「慶曆新政」方案，重定磨勘法，對京朝官選人的進狀，要求一一復審，作出公正處理。仁宗準予施行，下詔曰：「中外有陳叙勞績，或申雪罪狀，中書批送有司者，謂之『送煞』，更不施行。自今宜令主判官詳其可行者，別奏聽裁」（見《續資治通鑑長編》卷一四四，參考吳熊和《從宋代官制考證柳永的生平仕履》一文）。《宋史·仁宗本紀》慶曆三年十月亦有詔二府頒新定磨勘式的記載，這是柳永申雪過犯，通過磨勘的一個重要機會。

是年冬，柳永經申雪投訴，改官著作佐郎。據萬明曆《鎮江府志·宋故郎中柳公墓誌》稱：「叔父永，博學，善屬文，尤精於音律。爲泗州判官，改著作郎（應為著作佐郎）。既至闕下，召見，仁廟寵進於庭，授西京靈臺令，爲太常博士。」

柳永改官著作佐郎爲寄錄官，非實際職務。《宋史·職官志七》：「初改官人必作縣，謂之『須入』。」「作縣」或「親民」當是柳永改官後的首任差遣（從吳熊和氏説）(一七)。柳永改官後授西京靈臺令，即是按制「作縣」或「親民」之職。

查《元豐九域志》卷三陝西路華陰郡，下屬鄭、下邽、蒲城、華陰、渭南五縣中無靈臺縣，僅在渭南縣下有注曰「靈臺山」。考柳永行踪，確曾到過長安和渭南，且渭南與華陰相鄰。羅燁《醉翁談錄》有段記載，謂柳永曾爲華陰縣令：「柳耆卿宰華陰日，有不羈子挾僕從游妓，張大聲勢。妓意其豪家，縱其飲食，僅旬日，後攜妓首飾走，妓不平，訟於柳，乞判執照狀捕之。」

近人詹亞園先生據此認爲：「華陰地當渭南，又近長安。《醉翁談錄》謂柳永曾『宰華陰』，其說當是可信的〔一八〕。」吳熊和先生亦謂「故或可以『靈臺』代稱渭南，《宋故郎中柳公墓誌》謂柳永『授西京靈臺令』，『西京』乃依漢唐舊稱，實指長安，而『靈臺令』，其或指柳永嘗宰渭南華陰歟〔一九〕？」謝桃坊先生亦稱：「羅燁所說『柳耆卿宰華陰』是較爲可信的〔二〇〕。」茲從詹、吳、謝三氏之說。

慶曆四年，柳永六十一歲。

是年九月，晏殊罷相。

慶曆五年，柳永六十二歲。

是年正月，范仲淹罷參知政事，「慶曆新政」失敗。黃庭堅生。

慶曆六年，柳永六十三歲。

是年，永之子柳涚登進士第。（見《嘉靖建寧府志》卷十五）。

按：如以柳涚三十登第，可知柳永到汴京後曾結婚，有妻室。《樂章集》中亦見有懷內之詞，但無事迹可考。

柳永轉官著作郎。

慶曆七年，柳永六十四歲。

是年正月初，柳永曾再度游蘇州。有《永遇樂》贈蘇州知府滕宗諒（從羅忼烈氏説）。

其詞云：天閣英游，内朝密侍，當世榮遇。漢守分麾，堯庭請瑞，方面憑心膂，風馳千騎，雲擁雙旌，向晚洞開嚴署。擁朱幡，喜色歡聲，處處竟歌來暮。

吴王舊國，今古江山秀異，人煙繁富。甘雨車行，仁風扇動，雅稱安黎庶。棠郊成政，槐府登賢，非久定須歸去。且乘閑，孫閣長開，融尊盛舉。

從永詞「天閣英游」「漢守分麾」「竟歌來暮」等句推測，「這個太守大概是滕宗諒，因爲在仁宗一朝，曾知蘇州而又符合這些條件的只有他一人而已」〔三二〕。據明成化《姑蘇志》卷三云：「滕宗諒，慶曆六年八月庚午自岳州徙蘇，七年正月到任，未逾月卒。」由是，永贈滕宗諒之詞，當寫於是年正月初，宗諒去世前。

仁宗皇祐元年，柳永六十六歲。

是年，永轉官太常博士。秦觀生。

皇祐四年，柳永六十九歲。

是年，永轉官屯田員外郎。《福建通志》稱：「皇祐中（一〇四九—一〇五四），（永）歷任屯田員外郎。」

按：永由著作佐郎遷著作郎，再遷太常博士，轉屯田員外郎，均系按宋代京朝官三年一磨勘制度次第逐級升遷的。

王闢之《澠水燕談録》卷八記有皇祐中柳永作《醉蓬萊慢》獻仁宗事（前已著録），考這則記述，謬誤頗多：一，查《宋史·天文志》皇祐中無老人星現；二，本年永按制已轉官屯田員外郎，亦不能稱「久困選調」；三，永已年將七十，按宋制即將致仕（退休），不可能「方冀進用」。筆者以張舜民《畫墁錄》卷一稱：「柳三變既以詞（即《醉蓬萊慢》）忤仁廟，吏部不放改官」爲據，繫《醉蓬萊慢》寫於慶曆三年永晉謁晏殊之前。

是年，柳永侄柳淇登進士第（見《嘉慶建寧府志》）[三三]。

皇祐五年，柳永七十歲。

按宋代官制，年七十當致仕。據《宋史》卷一七〇載：咸平五年（一〇〇二），「詔文武官七十以上求退者，許致仕」，景祐四年（一〇三七），侍御史知雜事司馬池更奏請「文武官年七十以上不自請致仕者，許御史臺糾劾以聞」。《宋史·仁宗本紀》，皇祐三年有詔，「文武官七十以上未致仕者，更不考課遷官」。

是年，柳永退休後，定居潤州（今鎮江市）。

皇祐六年（至和元年），**柳永七十一歲。**

是年，柳永卒於潤州。

據葉夢得《避暑錄話》卷三云：「永終屯田員外郎，死，旅殯潤州僧寺。王和甫爲守時，求其後不得，乃出錢葬之。」又葛勝仲《丹陽集》記王葬柳永事與葉說基本相同。

考王和甫系王安石二弟，名安禮，守潤州事在神宗熙寧八年（一〇七五）。又據明萬曆《鎮江府志》載柳永之侄柳淇所撰《墓誌》云：「歸殯不復有日矣，叔父之卒，殆二十餘年云。」熙寧八年去皇祐六年，計時爲二十一年，與「叔父之卒，殆二十餘年」之記述基本相符。

楊湜《古今詞話》稱：柳永不見用於仁宗朝，「由是淪落貧窘，終老無子。掩骸僧舍，京西妓者鳩錢葬於棗陽縣花山。既出郊原，有浪子數人戲曰：『這大伯做鬼也愛打哄。』（胡鬧）其後遇清明日，游人多狎飲墳墓之側，謂之吊柳七。」祝穆《方輿勝覽》載：「（永）卒於襄陽，死之日，家無餘產，群妓合葬於南門外，每春月上冢，謂之吊柳七。」曾敏行《獨醒雜志》卷四載：「柳耆卿風流俊邁，聞於一時，既死，葬於棗陽花山，遠近之人，每遇清明，多載酒肴，飲於耆卿墓側，謂之吊柳會。」上述楊，祝、曾三人之說，雖是民間傳聞，且葬地及終老無子之說皆誤，但從清明吊柳已成民俗觀之，柳永在時人心中之影響可謂深矣！

明萬曆《鎮江府志》所載柳永墓誌銘稱永爲「郎中」，考柳永生前不曾授任此職。但在宋人筆記中，對柳永亦有「郎中」稱謂，如俞文豹《吹劍續錄》載：「東坡在玉堂，有幕士善謳，因問：『我詞比柳詞如何？』對曰：『柳郎中詞只好十七八女孩兒，執紅牙拍板唱「楊柳岸曉風殘月」。學士詞須關西大漢，執鐵板唱「大江東去」。』公爲之絕倒。」柳官屯田員外郎時已年近七十，遷「郎中」已無可能，想是死後爲朝廷所贈[三]。

[二]唐圭璋據宋人羅大經《鶴林玉露》有「孫何帥錢塘，柳耆卿作《望海潮》詞贈之」的記載，考孫何（九六一—一〇〇四）曾任兩浙轉運使，「柳永就在孫何死的一年做《望海潮》詞送他，至少也應是冠年了」。并又據

宋人吴曾《能改齋漫録》卷十六稱「張先與柳永齊名」，由此，也可以從側面證明柳永和張先同時，可能比他大一些，因而推斷柳永當生於九八七年左右（見《柳永事迹新證》載《文學研究》一九五七年第三期。惟在「冠年」的推算上略有差錯，而在後來唐先生與金啓華先生合寫《論柳永詞》一文時予以更正。文載《詩詞論叢》，湖北人民出版社一九八四年）。又林新樵先生從唐冠年寫詞贈孫何之説，并參以宋翔鳳《樂府餘論》「耆卿蹉跎於仁宗朝，及第已老」，考柳永於仁宗景祐元年及第，因是「已老」，估計爲五十歲，而其寫《望海潮》送孫何剛好二十歲……故柳永約生於雍熙元年（九八四）或更早一些（見《柳永生年小議》載《福建師大學報》一九八一年四期）。《年譜稿》採唐、金、林三家之説，定柳永生於雍熙元年（九八四）。

〔二〕李思永《柳永家世新考》，文載《文學遺産》一九八六年一期。

〔三〕《崇安縣志》有柳宜於太宗雍熙二年進士及第的記載，近人羅忼烈先生表懷疑：「如果柳宜是太宗雍熙二年進士，五年之後王禹偁於淳化元年寫的《送柳宜通判全州序》斷無不説之理。……而且明《嘉靖建寧府志》卷十五進士題名根本没有柳宜」（見羅著《詞學雜俎》二二六頁，巴蜀書社一九九〇年）。唐圭璋先生也説：「《墓碣銘》中，未記柳宜中進士，不知志書所據」（《宋詞論叢》五九五頁）。

〔四〕見白著《玉蝴蝶》賞析一文稱：「柳永之父柳宜在太宗淳化中嘗任全州通判，柳永青少年時代可能隨父到過湘中。故《樂章集》中每每提到湘中情事。如《輪臺子》『九疑山畔才雨過，斑竹作，血痕添色。』《如魚水》『乍雨過，蘭芷汀州，望中依約瀟湘。』」皆可爲證（《柳永詞賞析集》一八〇頁，巴蜀書社）。

〔五〕李思永先生《柳永家世新考》文説：王禹偁和柳宜《喜晴》詩寫於咸平元年秋。有誤。本年前，王已還朝復知制誥，人已不在揚州。詩當寫於至道三年秋。

〔六〕見李思永《柳永家世生平新考》，文載《文學遺産》一九八六年一期；李國庭《柳永》一文，載《中國歷代著名文學家評傳》卷三，山東教育出版社八四年出版。

〔七〕見林新樵《柳永詞初探》，載《文學遺産》增刊十六輯，李國庭《柳永生年及行踪考辨》，載《福建論壇》一九八一年五期。惟林文説，「此詞當寫於宋真宗大中祥符中柳永弱冠之時」，則與其生年的推算有矛盾，似有誤。

〔八〕林新樵據《續資治通鑑》載，天禧三年（一〇一九）夏六月，王欽若有罪罷，以寇準同平章事。在此前的大中祥符八年（一〇一五）五月，曾廢内侍省，此爲「重委外臺疏近侍」句所本。見林著《柳永詞初探》一文，載《文學遺産》增刊十六輯。

〔九〕《郡齋讀書志》宋景文集一百五十卷：「右皇朝宋祁字子京，與其兄郊（庠）同舉進士，奏名第一，章獻以爲弟不可先兄，乃擢郊第一，而以祁爲第十。」《直齋書録解題》宋景文集一百卷：「（祁）庠弟也。自布衣名動場屋，號二宋。天聖二年同登第，祁本首唱，章獻謂弟不可先兄，以爲第十人，而庠遂魁天下。」

〔一〇〕見林新樵《夜半樂》詞賞析一文，載《柳永詞賞析集》一五頁，巴蜀書社一九八七年出版。

〔一一〕見《宋史》卷二九一《宋綬傳》、《宋史》卷三一四《范仲淹傳》。

〔一二〕「高柳亂蟬嘶」與「夕陽鳥外」兩句，有的本子作「高柳亂蟬栖」和「夕陽島外」，今人葉嘉瑩先生認爲「蟬嘶」「鳥外」爲佳（見葉著《靈谿詞説·論柳永詞》，載《四川大學學報》一九八四年二期）。

〔一三〕分別見《柳永詞賞析集》二六二頁和二〇頁。

〔一四〕見唐圭璋《唐宋詞學論集·論柳永詞》五八頁。

〔一五〕豐家驊《瑞鷓鴣》賞析一文，載《唐宋詞鑒賞辭典》二三七頁，江蘇古籍出版社出版。

〔一六〕羅忼烈《柳永詞考辨三題》一文第二節「《木蘭花漫》或是頌吕溱之作」，載《南都學壇》一九八八年四期。

〔一七〕〔一九〕吴熊和《從宋代官制考證柳永的生平世履》一文中「柳永改官後先爲縣令」一節，載《文學評論》一九八七年三期。

〔一八〕詹亞園《柳永二題》，載《文學遺産》一九八四年二期。

〔二〇〕見謝桃坊著《柳永》三五頁，上海古籍出版社出版。

〔二一〕引文同（一五）中第三節，「《永遇樂》或是頌滕宗諒之作」。

〔二二〕另據《崇安縣志》載：「皇祐元年己丑馮京榜：柳淇字潤之，三接子，太常博士。」登第年分兩者不同，未知孰是（轉引羅忼烈《詞學雜俎》二三六頁）。

〔二三〕從吴熊和柳永卒後贈郎中之説，見吴著《從宋代官制考證柳永的生平仕履》一文。

後記

柳永是開有宋一代詞風，并爲宋詞的昌盛奠定基礎的人，就是這樣有重大影響的大家，《宋史》没有立傳，其平生事迹，僅散見於宋人筆記和地方志中，且有不少是傳聞異辭或相互牴牾之處。所幸，自建國以來，在黨的「雙百」方針指引下，國内外研究柳永的人多起來了，不僅對柳永的家世生平有新的發現和考證，且以歷史唯物主義觀點評價其人其詞，可以説對柳永的研究有了突破性的進展。在此借助前人研究成果的基礎上，特别是在研究柳詞卓有成就的學者如唐圭璋、金啓華、葉嘉瑩、羅忼烈、吴熊和與林新樵几位教授們的宏文論著，爲我撰寫《年譜稿》提供了重要的資料和啓示。這是首先要説明的，也是十分感謝的。

其次，本《年譜稿》採用的某些資料和論點，目前在學術界仍有争議，如柳永的生年，儲皖峰先生定生於宋太宗至道元年（九九五），李國庭先生定生於宋太宗太平興國五年（九八〇）左右，吴熊和先生認爲定生於宋太宗雍熙四年（九八七）似嫌稍遲，李思永先生則認爲其生年還應更早，當在宋太祖開寶四年（九七一）左右，衆説紛紜，各有所見。筆者采用了唐圭璋、金啓華先生以柳永於冠年寫《望海潮》詞贈孫何爲依據，并在具體年份上同意了林新樵先生定永生於宋太宗雍熙元年（九八四）之説。理由是：柳永寫《望海潮》詞贈孫何，不僅《古今詞話》有記述，且柳永少年時確曾在家鄉崇安讀過書，舉業習成之後，亦當近弱冠之年，自然要赴京應考，由水路取道錢塘，杭州便是他必經之地，這個有「三秋桂子」，十里荷花」的美麗城市，對具有音樂天賦和浪漫性格的風流才子柳永，滯留杭州與歌女厮混是很可能的。當其時，孫何正以兩浙轉運使駐杭州，孫本人又是「勤接士類」與柳永父輩有世誼的人，而柳永獻詞晋謁，也是情理中事。這樣把時間、地點、人物三者聯繫起來進行考察，説柳永二十歲時在杭州寫《望海潮》贈孫何當是比較可信的。

再就是柳永何時登進士第，《年譜稿》采用了吴曾《能改齋漫録》謂柳永「至景祐元年（一〇三四）方及第」之説。前段時期，學術界對這個問題也有争議，後經查考《宋史·仁宗本紀》、《續資治通鑑長編》都記有景祐二年六月，睦州知州吕蔚舉薦柳永事，以「釋褐到官才逾月，未有善狀」爲由未準，還有仁宗爲此下「詔幕職官初任未成考，毋薦」的記載。有了這兩條史料，柳永於景祐元年登第，已無庸置疑。現在的問題是，宋翔鳳説：「耆卿蹉跎於仁宗朝，及第已老。」這一「老」字，有學者認爲：唐代即有「三十老明經，五十少進士」之説，謂五十歲不算老，「柳永登第至少應在五十五歲至六十歲之間」。《年譜稿》采柳永年滿五十登第之説，這不僅是宋代科舉異於唐代，殊難類比，如與柳永年代相近的宋代作家、像揚億、王禹偁、晏殊、范仲淹、柳開、張先、歐陽修、蘇軾弟兄比較，十人中除張先及第較晚外，其餘九人均在二十多歲便登進士第（楊億、晏殊十四歲便賜同進士出身）即可説明。并且宋人稱老的觀念，也與唐人大不相同：如歐陽修在《醉翁亭記》中描繪自己説：「蒼顔白發，頹然乎其間者，太守醉也。」這樣老態龍鐘的「醉翁」，時年也僅三十九歲；蘇軾密州出獵的《江城子》詞，起首一句，便是「老夫聊發少年狂」，而這位「老夫」當時的年齡僅三十八歲；秦觀的《望海潮》詞有「蘭苑未空、行人漸老，重來是事堪嗟」，這位嘆老嗟衰的詞人，時年也才三十九歲。由上可知，説柳永年五十及第，謂「及第已老」應是符合事實的。更何況這一「老」字還是清人宋翔鳳的觀念。

關於柳永的卒年，唐圭璋先生據《嘉定鎮江府志》説：王安禮於宋神宗熙寧八年（一〇七五）守潤，而柳永侄所作墓誌説，這時柳永已死二十餘年，由此上推，他的卒年可能在仁宗皇祐五年（一〇五三）。這一推斷，目前學術界似無異議，林新樵先生説：「這個卒年和葬地大概可以肯定了。」《年譜稿》原則上採納此説，并以葉夢得有謂「永終屯田員外郎」的話，以宋制年七十致仕，將永卒年具體定在再後一年的皇祐六年，似更爲恰當。

總之，《年譜稿》的綫索是以柳永冠年寫詞贈孫何，以年五十登進士第，以年七十終屯田員外郎，退休後定居潤州下世等，作爲撰寫年譜在時間上的三個基點，再追其行踪，考其仕履，三點一綫，似可貫通柳永一生。這一思路的探索，多得力於唐圭璋先生對柳永事迹的《新考》、羅忼烈先生的三《話柳永》及兩首詞的《考辨》和吴熊和先生對柳永仕歷上的《考證》所給予我的啓示和幫助。

最後，這個《年譜稿》的錯誤之處一定不少，雖有前人研究成果爲基礎，但由於取舍欠當，錯誤在所難免。特别是採諸家之説多爲概數，而年譜在時限上又要求具體，如此差前錯後的情况定有不少。好在這是一篇試作，或稱「初稿」，其目的是借以引起對柳永研究討論的進一步深入。希海内外專家學者，不吝賜教。

范文正公年譜

（宋）樓鑰 編 范之柔 補
刁忠民校點

張氏約園刊本《四明叢書》第三集

范仲淹（九八九—一〇五二），字希文，吴縣（今江蘇蘇州）人。大中祥符八年進士。寶元初，爲陝西經略安撫副使兼知延州，防禦西夏，與韓琦齊名。慶曆三年，入爲樞密副使，旋拜參知政事，推行新政，獻《十策》，而爲夏竦等排擠罷政。歷宣撫使、知州，終知潁州，卒謚文正。仲淹爲北宋名臣，慷慨有大節，明達政體。又有文名，作文以經世致用爲本，鋪陳叙事，駢儷工整。其詞描寫邊塞生活，擺脱香艷之氣，意境凄清，辭語悲愴，被人戲稱爲『窮塞主』（《東軒筆録》卷一一）。著有《范文正公集》二十卷等。

本譜爲樓鑰（一一三七—一二一三）所編，范之柔補遺。樓鑰字大防，自號攻媿，鄞縣（今浙江寧波）人。累官參知政事，有《攻媿集》一百二十卷傳世。范之柔字叔剛，吴縣人，徙居崑山，純祐曾孫。乾道八年進士。慶元中知富陽縣。嘉定初拜監察御史，四年爲左司諫兼侍講，五年爲中書舍人，嘗請樓鑰爲《忠宣公文集》作序。歷禮、刑二部尚書、太子詹事。卒謚清憲。事迹見《南宋館閣續録》卷九、《淳祐玉峰志》卷二。

本譜多附於《范文正公集》後刊行，有元歲寒堂刻明修本、明毛一鷺刻《二范合集》本、清宣統三年歲寒堂刊本等。此次校點，以《四明叢書》所刻爲底本，並據文集及所附年譜校訂。

本譜之後，有清張伯行《范文正公年譜》一卷、清崔廷璋《范文正公言行摘録》一卷，並據本譜删訂而成。清楊希閔有《范文正公年譜》一卷，收入《五朝先賢十九家年譜》。今人申時方撰有《范仲淹先生年譜初稿》，一九七九年臺北唯勤出版社出版。

序

有宋一代，通儒輩出。吾鄉諸先生以道學文章傳者，往往而有。若攻媿樓先生之博洽，其尤也。然宋初文章，實原自穆參軍，道學氣節則文正范公爲之魁。參軍之傳，其後有歐、曾。文正之學，則明復孫先生、横渠張先生首傳之。孫先生始以索游秀才謁公，公哀其遇，爲補學職，資餼廩，畀使竟學，且授以《春秋》。異日，孫先生果以《春秋》教授泰山，爲北宋大儒。康定初，公治兵延州，横渠先生年猶少，上書謁公，論軍事。公語之曰：「儒者自有名教，何事於兵！」因勸讀《中庸》。横渠之學，實基於此。然則公之學蓋可知矣。且吾聞之，公作《嚴先生祠堂記》，其歌之三章，原作「先生之德」，以示李泰伯。泰伯易「德」字爲「風」字。公凝視頷首，殆欲下拜，所謂一字師也。則公之於文事，其矜嚴又如此。公事業之見於天下者，率能道其彷彿。至於公之學術文章，真能知者蓋寡。攻媿先生爲公年譜，頗詳密。公迕吕夷簡事，歐公作墓誌，述記最真。今傳本已逸，蓋出堯夫删節。而此譜記之殊詳，則亦宋代黨禁之史實也。余既取此譜校刊之，復剌取公軼行，載之篇端，以見事功必原於學術，學術必原於師承也。至《年譜補遺》，稽諸清《四庫存目》，謂不知何人所作。而元天曆戊辰范氏歲寒堂刻本已著之，且有八世孫國儁識於《年譜補遺》之後，是爲天曆以前之作可無疑也。明萬曆戊申毛一鷺刊范集，竟題曰毛一鷺彙編，其冒焉可知。且毛一鷺魏閹黨也，張溥作《五人墓碑記》所謂「大中丞撫吴」者，又曰「吴之民方痛心焉」，即斯人也，何得以其名污文正公乎！讎校所及，並發其覆。民國二十四年四月，後學張壽鏞序。

四庫全書提要

《范文正公年譜》一卷、《補遺》一卷、附《義莊規矩》一卷。《年譜》一卷，宋樓鑰撰。鑰字大防，鄞縣人。隆興元年進士，官至參知政事，除資政殿大學士，提舉萬壽觀。卒，謚宣獻。事蹟具《宋史》本傳。《補遺》一卷，不知何人所作。前有自識一條，謂取舊譜所未載者，見之各年之下。所摭前譜闕遺頗多，亦足以互相考證。元天曆三年，仲淹八世孫國儁與文正奏議同刊行之。其《義莊規矩》一卷，則仲淹嘗買田置義莊於蘇州，以贍其族，創立規矩，刻之版牓。後其法漸墮，治平中，其子純仁知襄邑縣，奏乞降指揮下本州許官司受理，遂得不廢。南渡後，其五世孫左司諫之柔復爲整理，續添規式。其本爲范氏後人所録，凡皇祐二年仲淹初定規矩十條，又熙寧、元豐、紹聖、元祐、崇寧、大觀間純仁兄弟續增規矩二十八條，其慶元二年十二條，則之柔所增定。書中稱二相公者謂純仁，三右丞者謂純禮，五侍郎者謂純粹，皆其子孫之詞也。

壽鏞案，此書《四庫全書存目》未著録也。原附《義莊規矩》一卷，今刻删之。

范文正公年譜序

君子之道常得以行於天下後世者，以君子扶樹之也。何也？舉朝皆君子焉，則朝無異道；舉國皆君子焉，則國無異道；舉天下後世皆君子焉，則天下後世無異道。奈之何不能皆君子也，則其道異，其道異則其心異，其心異則其趨不能以相一矣，而可望其道之行哉。茲其所以不能不待君子之扶樹也。然而君子論道，生乎前也，率仰前之君子。不前後而異揆焉，則亦此心之相感乎爾。吾友無錫秦公國聲以御史中丞經略全楚，入澧境，謁文正公祠，即復道士所侵祭田。已乃屬州刺史葉君邦彦、州倅歐陽君崇珍録公年譜，刻梓藏之祠，俾論公之世者考焉。美哉乎，其爲君子之道謀也！顧公之道，非後學所能窺測。然其在臺諫則爲天下靖大奸，在邊徼則爲天下禦大敵，在宰物之地則爲天下恢張大治理。而表裏始終，粹然一出於正。譬則晴空不雲，澄江不波，人人得而知也。伊洛、横渠、安定諸儒皆有稱述，而考亭尤極其尊仰，其答周益公之言曰：「范公心量廣大高明，可爲百世師表。」由是觀之，公於諸儒，雖其造詣淺深不敢妄議，然公卓然爲有道君子，則不當復疑矣。中丞公所以拳拳講求公之道者，詎容已哉。梓刻既成，邦彦輩求予爲序。大中丞公之於范公，亦猶范公之於狄、李二公也。公嘗謁狄梁公仁傑祠，退而論撰其行業，刻石立之。又嘗謁李衛公德裕祠，病其湫隘，遷於南樓，且求其本傳，刻梓藏之。二公皆唐純臣，衆口畢詞以爲君子，故公究心焉。公而有神，其不喟然曰：鄉也吾爲狄、李二公究心，今秦公乃爲我究心乎！是可見君子之道同，則其心也趨也無或間然也。范公非爲二公謀也，爲二公之道謀也；秦公亦非爲范公謀也，爲范公之道謀也。秦公非循范公之故事也，君子之心，曠百世而相感，無非扶樹此道，使其常得以行於天下後世也。於戲！君子之道一而已矣，其不能以相一者道不同也。道不同者邪正之所由分也。如是而爲正，如是而爲邪，如是而爲君子，如是而非君子，不迷其途，不爽其趨，君子之道，不在兹乎。君子哉，君子哉！人病不爲耳。公之道具年譜中，其行之已者可則而效，施之人者可訓而行。後進之士論公之世，仰公之風而興起焉，則公之道常在天下後世而無恙矣。兹刻裨益，可勝既乎哉！秦公領兹雄鎮，惠洽威行，合境華夷，翕然率俾，故能以其餘閒尚友前哲，究心雅道如此。論者謂其安攘方略，得於景行文正之功，吾固以文正公之道望之。則邦彦輩之求吾序也，其奚宜辭。正德十二年丁丑夏四月甲子，後學西蜀劉武臣序。

范文正公年譜

宋·鄞縣樓鑰大防編次

壽鏞案，元天曆三年本《文正公集》，已將年譜刻入。《郘亭知見傳本書目》僅言《年譜補遺》一卷，實誤。

公昔遠祖博士范滂爲清詔使，裔孫履冰爲唐丞相鸞臺鳳閣平章事，世居河内。四世祖上柱國，唐懿宗朝咸通二年任幽州良鄉主簿，誥書猶存。至十一年，遷處州麗水縣丞。一支渡江，中原亂離，不克歸，子孫遂爲中吴人。曾祖夢齡，仕吴越，中吴節度判官，宋贈太師、徐國公。祖贊時，仕吴越，九歲童子出身，終秘書監，宋贈太師、唐國公。父墉，從錢俶歸宋，任武寧軍節度掌書記，武寧軍即徐州。封太師、周國公。文正公即書記第三子也，諱仲淹，字希文。端拱二年己丑八月癸酉二日丁丑，以辛丑時生。二歲而孤，母夫人謝氏貧無依，再適淄州長山朱氏，亦以朱爲姓，名説，上長白山僧舍修學。醴泉寺内有祠。後居南都郡庠五年，大通六經之旨，爲文章論説必本於仁義孝弟忠信。祥符八年，年二十七歲，舉進士禮部選第一，遂中乙科，初任廣德軍司理。後迎侍母夫人至姑蘇，欲還范姓，而族人有難之者，公堅請云：「止欲歸本姓，他無所覬。」始許焉。至天禧元年，爲亳州節度推官，始奏復范姓。其後名益大，位益顯，嘗語諸子弟曰：「吾吴中宗族甚衆，於吾固有親疏。然以吾祖宗視之，則均是子孫，固無親疏也。吾安得不恤其饑寒哉？且自祖宗來，積德百餘年而始發於吾，得至大官，若獨享富貴而不恤宗族，異日何以見祖宗於地下，亦何以入家廟乎？」故恩例俸賜嘗均族人，盡以俸餘買田於蘇州，號曰義莊。贍養宗族，無間親疏，日有食，歲有衣，嫁娶凶葬咸有贍給。錢公輔爲撰《義田記》，趙雍書石，在本祠。公爲人外和內剛，樂善汎愛。喪母時尚貧，終身非賓客食不重肉。臨財樂施，意豁如也。及退而視其私，妻子僅給衣食。其於富貴、貧賤、毀譽、歡戚，不一動其心，而慨然有志於天下。常自誦曰：「士當先天下之憂而憂，後天下之樂而樂也。」其事上遇人，一以自信，不擇利害爲趨捨。凡有所爲，必盡其方，曰：「爲之自我者當如是，其成與否，有不在我者，雖聖賢不能必，吾豈苟哉！」公爲政所至，民多立祠畫像。其行己臨事，自山林處士、里閭田野之人，外至夷狄，莫不知其名字而樂道其事。仕至參知政事，謚文正。道德博洽曰文，經天緯地曰文，內外賓服曰正。有《文集》二十卷，《別集》五卷，蘇軾作序。《政府論事》三卷，《奏議》十七卷，韓琦作序。娶李氏，參政昌齡女也。公有四子。長曰純佑，歷守將作監主簿。自幼讀書爲文章，籍籍可稱。嘗侍公城馬鋪寨，率兵馳據其地，西戎兵衆大至，且戰且督，不數日而成其城，一路恃以爲安。次曰純仁，字堯夫，皇祐元年進士。相哲宗，謚忠宣，御書世濟忠直之碑。高宗朝贈太師，追封許國公。次曰純禮，字彝叟，仕至尚書右丞。次曰純粹，字德孺，仕至龍圖閣學士，戶部侍郎，知河南府。

太宗皇帝端拱二年己丑

秋八月丁丑，公生於徐州節度掌書記官舍。

按：公《神道碑》及國史皆云年六十四，薨於皇祐四年也。

淳化元年庚寅

丁父太師憂，年二歲。

真宗皇帝大中祥符元年戊申，年二十歲。

按：公譔《鄠郊友人王鎬墓表》云：君之父贊善公衮，慷慨有英氣，善爲唐律詩，歷著作、通判，會太守不法，憤而辱之，失官。居長安中，與豪士游，縱飲浩歌，有嵇、阮之風，人特駭之。公不安其高，復起家就禄，得請監終南山上清太平宫，從吏隱也，時祥符紀號之初載。某薄游至止，及公之門，因與君交，相與嘯咏於鄠、杜之間。

二年己酉，年二十一歲。

讀書長白山。醴泉寺。是歲改科舉取士。

按：《言行録》載《涑水記聞》曰：范公少冒朱姓，舉學究，嘗同衆客見姜諫議遵。遵素以剛嚴著名，與人不款曲。衆客退，獨留范公，引入中堂，謂其夫人曰：「朱學究年雖少，奇士也。他日不惟爲顯官，當立盛名於世。」參坐置酒，待之如骨肉，人莫測其何以知之也。

三年庚戌，年二十二。

讀書長白山。

按：《東軒筆録》：公與劉某同在長白山醴泉寺僧舍讀書，日作粥一器，分爲四塊，早暮取二塊，斷虀數莖，入少鹽以啗之，如此者三年。

四年辛亥，年二十三。

詢知世家，感泣去，之南都，入學舍，掃一室，晝夜講誦。其起居飲食，人所不堪，而公自刻益苦。

按：《家錄》云：公以朱氏兄弟浪費不節，數勸止之。朱兄弟不樂，曰：「吾自用朱氏錢，何預汝事？」公聞此疑駭，有告者曰：「公乃姑蘇范氏子也。太夫人攜公適朱氏。」公感憤自立，決欲自樹立門戶。佩琴劍，徑趨南都。謝夫人亟使人追之，既及，公語之故，期十年登第來迎親。

五年壬子〔二〕，年二十四。

以朱說名舉進士禮部第一。

七年甲寅，年二十六。

有《睢陽學舍書懷》詩。在南都學舍。

《家錄》云：眞宗謁太清宮，幸亳，駕次南京。皆往觀之，獨公不出，或以問公，公曰：「異日見之未晚。」留守有子居學，見公食粥及不出觀駕，歸告其父，以公廚食饋公。既而悉已敗矣，留守子曰：「大人聞公清苦，故遺以食物。而不下筯，得非以相浼爲罪乎？」公謝曰：「非不感厚意，蓋食粥安之已久，今遽享盛饌，後日豈能啗此粥乎？」

又按《遺事》云：公處南都學舍，晝夜苦學，五年未嘗解衣就枕。夜或昏怠，輒以水沃面。往往饘粥不充，日昃始食。

八年乙卯，年二十七。

登蔡齊榜中乙科〔秦刻作「二十八」，誤。又無「登蔡齊榜」四字。〕第九十七名。試《置天下如置器賦》、《君子以恐懼修省》詩、《順時知微何先論》。登第後，有詩云：「長白一寒儒，名登二紀餘。百花春滿路，二月雨隨車。鼓吹迎前道，煙霞指舊廬。鄉人莫相羨，教子讀詩書。」調廣德軍司理參軍。

按：張唐英撰公傳云：「祥符八年登進士第，朱説者是也。」

又按：汪藻撰《祠堂記》云：公以進士釋褐，爲廣德軍司理參軍，日抱具獄與太守爭是非。守數以盛怒臨之，公不爲屈，歸必記其往復辯論之語於屏上。比去，字無所容。貧止一馬，鬻馬徒步而歸。非明於所養者能如是乎？獄官有亭，以公名之者舊矣。公既登仕版，始迎其母以養。初，廣德人未知學，公得名士三人爲之師，於是郡人之擢進士第者相繼於時。

天禧元年丁巳，年二十九。

遷文林郎，權集慶軍按《九域志》，亳州也。節度推官，始復范姓。其表略云：「名非霸越，乘舟偶效於陶朱；志在投秦，入境遂稱於張祿。」用事最爲親切。

二年戊午，年三十歲。

爲譙郡從事。亳州也。

《祭龍圖楊給事文》曰：余歲三十兮從事於譙，獨棲難安兮孤植易搖。公方監郡兮風采翹翹，一顧而厚兮甚乎神交。

又《太子中舍上官融墓銘》云：余天禧中爲譙之從事。

三年己未，年三十一。

秋八月，進《皇儲資聖頌》。

四年庚申，年三十二。

除秘書省校書郎。

是歲校書芸省，守官集慶。

五年辛酉，年三十三。

監泰州西溪鎮鹽倉。有《西溪見牡丹》詩，《西溪書事》。

按《皇朝類苑》云：初，吕文靖嘗官於此，手植牡丹，有詩刻。後公復題一絶。後人以二公詩故，題咏極多，而花亦爲人重，護以朱闌，歲久益茂，爲西陵奇觀。

乾興元年壬戌，年三十四歲。

按《文集》，冬十二月有《上張知白右丞書》，稱文林郎、試秘書省校書郎、權集慶軍推官、監泰州西溪鎮鹽倉。

仁宗皇帝天聖元年癸亥，年三十五。

公在西溪上言寇準被誣事，除興化令。時富鄭公弱冠來謁，公識其遠大，力敎戒而激勸之，故其祭文略云：「昔弱初冠，識公海陵，顧我譽我，謂必有成。我稔公德，知己服膺。自是相知，莫我公比。一氣殊息，同心異體。始未聞道，公實告之。未知學文，公實敎之。肇復制舉，我憚大科，公實激之。既舉而仕，政則未諭，公實飭之。」

徙楚州糧料院。

二年甲子，年三十六。

遷大理寺丞。

子純佑生。

三年乙丑，年三十七。

夏四月二十日，上書請救文弊，復武舉，重三館之選，賞直諫之臣，及革賞延之弊。

四年丙寅，年三十八。

丁母夫人憂。有書與發運使張綸，言復海堰之利。

按：李燾《通鑑長編》：泰州海堰久廢不治，歲患海濤，冒民田疇。公言於發運副使張綸，請修復之。綸遂奏以公知興化縣，總其役。難者謂濤患不息，則積潦必爲災，綸曰：「濤之患十九，而潦之患十一，獲多亡少，豈不可乎！」役遂興。會大雨雪，驚濤洶湧，役夫散走，旋濘而死者百餘人。衆讙言曰：「堰不可成。」復詔遣中使按視，將罷之。又詔淮南轉運使胡令儀同公度其可否，令儀力主公議，而公尋以憂去。綸表請身自督役。踰年堰成，民至今享其利。

又按：《記聞》：通、泰、海州皆濱海，舊日潮水皆至城下，田土斥鹵，不可稼穡。文正公監西溪鹽倉，建白於朝，請築捍海堤於三州之境。長數百里，以衛民田。朝廷從之，以公爲興化令掌斯役，發通、泰、楚、海四州民夫治之。既成，民享其利，興化之民，往往以范爲姓。

五年丁卯，年三十九。

夏六月丁亥，子純仁生。時公寓南京應天府。

按：公《言行錄》云：時晏丞相殊爲留守，遂請公掌府學。公嘗宿學中，訓督學者皆有法度，勤勞恭謹，以身先之。由是四方從學者輻湊，其後以文學有聲名於場屋、朝廷者，多其所教也。

是年有《上執政書》，略云：「蓋聞忠孝者，天下之大本也。其孝不逮，忠可忘乎？所以冒哀上書言國家事，不以一心之戚而忘天下之憂。請擇郡守，舉縣令，斥游惰，去冗僭，遴選舉，敦教育，養將材，保直臣，斥佞臣，使朝廷無過，生靈無怨，以杜姦雄。」凡萬餘言。

《東軒筆錄》云：公在睢陽（按《九域志》，南京應天府睢陽郡。），掌學，有孫秀才者索游上謁，公贈一千。明年，孫生復謁，公又贈一千。因問何爲汲汲於道路，孫生戚然動色，曰：「母老無以養，若日得百錢，則甘旨足矣。」公曰：「吾觀子辭氣非乞客，二年僕僕，所得幾何，而廢學多矣。吾今補子爲學職，月可得三千以供養，子能安於學乎？」孫生大喜。於是授以《春秋》，而孫生篤學，不舍晝夜，行復修謹，公甚愛之。明年，公去睢陽，孫亦辭歸。後十年間，泰山下有孫明復先生，以《春秋》教授學者，道德高邁。朝廷召至，乃昔日索游孫秀才也。

有《送李紘殿院赴闕》詩。

六年戊辰，年四十歲。

上書言朝政得失、民間利病。宰相王曾見而偉之。時晏殊在樞府，薦一士爲館職，曾諭之曰：「公知范仲淹，舍而他薦乎？」晏公遂以狀舉公，其略云：「臣伏以先聖御朝，羣才效用，惟小大之畢力，協天人之統和。凡有位於中朝，願薦能於丹扆，不虞進越，用廣詢求。臣伏見大理寺丞范仲淹爲學精勤，屬文典雅。略分吏局，亦著清聲。前曾任泰州興化縣，興海堰之利。昨因服制，退處睢陽，日於府學之中，觀書肄業，敦勸徒衆，講習藝文，不出户庭，獨守貧素儒者之行，實有可稱云云。欲望試其詞學，奬以職名。庶參多士之林，允洽崇丘之詠。」

是歲服除。冬十二月甲子，以公爲祕閣校理，晏丞相殊之薦也。

又《文集》有《南京府學生朱從道名述》，有《南京書院題名記》，又《奏乞王洙充南京講書狀》。

七年己巳，年四十一歲。

按：《長編》：是年十一月癸亥冬至，上率百官上皇太后壽於會慶殿，乃御天安殿受朝。公上疏言：「天子有事親之道，無爲臣之禮[二]；有南面之位，無北面之儀。若奉親於內，以行家人禮可也。今顧與百官同列，虧君體，損主威，不可爲後世法。」疏入，不報。

《東坡志林》云：先君奉詔修《太常因革禮》，求之故府，朝正案牘具在，考其始末，無諫止之事，而有已行之明驗。質之於文忠公，公曰：「范公實諫而卒不從，墓碑誤也，當以案牘爲正。」

今按：《涑水記聞》亦但云奏以爲不可，而不言見從與否。則蘇公所記，疑若可信。但諸書皆云冬至，而蘇公獨云朝正，則誤也。

晏公所薦公爲館職，聞之大懼，召公詰以狂率邀名，且將累朝薦者。公正色抗言曰：「某緣屬公舉，每懼不稱，爲知己羞。不意今日反以忠直獲罪門下。」殊不能答。公退又作書遺殊，申理前奏，不少屈，殊卒媿謝焉。

又奏疏請皇太后還政，亦不報。遂乞補外，尋出爲河中府通判。

八年庚午，年四十二歲。

按：《長編》：上疏論職田不可罷，其略曰：眞宗初賜職田，實遵古制，蓋大賚於多士，俾無蠹於生民。無厭之徒或冒典憲，由濫官之咎，非職田之過。若從而廢罷則吏困於廉，收而均給則民受其弊。天下幕職、州縣官、三班使臣俸祿微薄，全藉職田濟贍。曩其無職田處，持廉之人例皆貧窘。曩時士員尙少，凡得一任，必五六年方有交替，到闕即日差除，復便請給。當時條例未密，士寡廉隅，雖無職田，自可優足。今物貴與昔不同，替罷之後，守選待闕動踰二年，官吏衣食不足，廉者復濁，何以致化？天下受弊，必如臣言。乞深加詳軫，不以一時之論廢經遠之制，天下幸甚。

上疏論士人寄貫開封府。上疏論太后復辟，其略云：「陛下擁扶聖躬，聽斷大政，日月持久。今皇帝春秋已盛，睿哲明聖，握乾綱而歸坤紐，非黃裳之吉象也。豈若保慶壽於長樂，卷收大權，還上眞主，以享天下之養。」疏入，不報。

是歲三月，三司言方建太乙宮等處，乞下陝西市材，詔可。公在河中府上言：「昭應、壽寧，天戒不遠，今復侈土木，破民產，非所以順人心、合天意也。宜罷修宮觀，減定常歲市木之數，蠲除積負，以彰聖治。」

夏四月，轉殿中丞。

五月，有《上時相議制舉書》。

六月十五日，有《與周騤推官書》。

七月十二日，有《與歐靜書》。

上疏言減郡邑以平差役，其略云：「天下郡縣至密，吏役至繁，奪其農時，遺彼地利，是以邊廩或窘，民財未豐。臣觀漢光武朝併合四百餘縣，吏職減損，十置其一。今欲去煩苛之役，致富壽之俗，當施此令，以寬兆民。如河中府倚郭二縣，惟河東縣主戶四千，不至逼迫。河西縣主戶一千九百，內八百餘戶屬鄉村。本縣尙差公吏三百四十人，內一百九十五人於鄉村差到。緣鄉村中等戶只有一百三十戶，更於已下抽差，是使堪役之家無所休息。以臣管見，其河西縣宜併入河東。及大名府縣分極多，甚可省去。或謂縣邑之中有榷酤關征之利，臣謂所廢之縣，止可爲鎮，而坊市仍舊。所貴吏役稍減，農時不奪，地利無遺，民財可阜也。」

有《上資政晏侍郎書》。

十二月，《與唐處士書》。

《邵氏聞見錄》云：富鄭公初游場屋，穆修伯長謂之曰：「進士不足以盡子之才，當以大科名世。」公果禮部試下。時太師公官耀州，公西歸次陝，范文正公遣人追公曰：「有旨以大科取士，可亟還。」公復還見文正，辭以未嘗爲此學，文正曰：「已同諸公薦君矣。久爲君闢一室，皆大科文字，可往就館。」時晏元獻公判南京，公以大理寺丞丁憂，權西監。一日，晏謂范曰：「吾一女及笄，仗君爲我擇婿。」范曰：「監中有二舉子，富皋、張爲善，皆有文行，他日皆至卿輔，并可婿也。」晏曰：「然則孰優？」范曰：「富修謹，張疏俊。」晏曰：「唯。」即取富皋爲婿，後改名，即富公弼也。爲善後亦更名方平云。按《登科記》，天聖八年，富弼中制科。然按國史，范文正公是時當在陳州，薦舉求婚之事未詳。

九年辛未，年四十三歲。

春三月辛巳，子純禮生。

公遷太常博士，移通判陳州。上疏乞將磨勘轉官恩澤移贈考妣，其略曰：臣自蒙恩改授京官，到今七年，不敢僥求磨勘。今爲遷奉在邇，未曾封贈父母。竊念臣襁褓之中，已丁何怙。鞠養在母，慈愛過人，卹臣幼孤，憫臣多病，夜叩星象，食斷葷血，踰二十載，至於其終。又臣遊學之初，違離者久，率嘗殞血，幾至喪明。而臣仕未及榮，親已不逮。既育之恩則重，罔極之報曾無。今欲將磨勘轉官恩澤，乞先移贈考妣，所貴安厝之日，得及追榮。臣在壯年，序進未晚。伏望特降曲成之造，用覃廣愛之風。

奏《致仕分司官乞與折支全俸狀》。

明道元年壬申，年四十四歲。

在宛邱。聞京師多不關有司而署官賞者，乃附驛奏，疏甚懇至，願以唐中宗朝上官婕妤、賀婁氏賣墨敕斜封官爲戒。又屢上疏言內降之弊，引韋后爲戒。

二年癸酉，年四十五歲。

是年三月甲子，太后崩。帝始親政，裁抑僥倖，中外大悅。時公爲陳州通判、太常博士。

四月，公被召赴闕，除右司諫。公初聞遺誥以楊太妃爲皇太后，參決國事，亟上疏言：「太后，母號也，未嘗因保育而代立者。今一太后崩，又立一太后，天下且疑陛下不可一日無母后之助也。」時已刪去參決等語，然太后之號訖不改，止罷其冊命而已。時太后既崩，言者多追斥垂簾時事。公言於上曰：「太后受遺先帝，保佑聖躬十餘年矣。宜掩其小故，以全其大德。」上大感悟。

五月，降詔曰：「大行皇太后保佑冲人十有二年，恩勤至矣。而言者罔識大體，務訐一時之事，非所以慰朕孝思也。其垂簾日詔命，中外毋輒以言。」行公之言也。

六月，同審刑院、大理寺詳定天下當配隸罪人刑名。

秋七月甲子，以公同管勾國子監。是歲以江淮京東災傷，公奏請遣使巡行，未報。公請間曰：「宮掖中半日不食，當何如？今數路艱食，安可置而不恤？」八月甲申，遂命公安撫江淮。所至開倉廩，賑乏絕，禁淫祀，奏蠲廬、舒折役茶，江東丁口鹽錢。饑民有食烏昧草者，擷草進御，請示六宮貴戚，以戒侈心。又陳救弊八事，上嘉納之。又薦知崇州吳遵路爲郡得古人風，乞以遵路救災事迹頒諸州，并付史館。

十二月，奏請天下諸郡縣弓手七週年者，聽歸農，從之。時郭皇后廢，率諫官、御史伏閤諫。先是美人向氏於上前有侵皇后語，后不勝忿，批其頰。上自起救之，誤批上頰，上大怒。內侍閻文應因與上謀廢后，且勸上以爪痕示執政。上乃示宰臣呂夷簡，且告之故。夷簡以前罷相故怨后，而范諷方與夷簡相結，乘間言后九年無子當廢，夷簡贊其言。上意未決，外人籍籍，頗有聞者。公因對，極言不可，且曰：「宜早息此議，不可聞於外也。」居久之，乃定議廢后。夷簡先敕有司無得受臺諫章疏。詔稱皇后以無子願入道，特封淨妃、玉京沖妙仙師，賜名清悟，別居長寧宮。臺諫章疏果不得入。公即與中丞孔道輔率知諫院孫祖德等詣垂拱殿門，伏奏皇后不當廢，願賜對以盡其言。守殿門者闔扉不爲通，道輔撫銅環大呼曰：「皇后被廢，奈何不聽臺諫入言？」尋有詔，宰相召臺諫，諭以當廢狀。道輔等悉詣中書，語夷簡曰：「人臣於帝后，猶子事父母也。父母不和，固宜諫止，奈何順父出母乎？」

夷簡曰：「廢后自有故事。」道輔及公曰：「公不過引漢光武勸上耳。是乃光武失德，何足法也！自餘廢后，皆前世昏君所爲。上堯舜之資，而公顧勸之效昏君所爲，可乎？」夷簡不能答，拱立曰：「諸君更自見上力陳之。」道輔與公等遂退，將以明日留百官揖宰相廷爭，而夷簡即奏臺諫伏閤請對，非太平之美事。遂詔出道輔知泰州、公知睦州，祖德等罰金，詔諫官、御史自今毋得相率請對。於是御史楊偕請與道輔等俱貶，御史郭勸復言廢后及不許請對之說爲非是。河陽簽判富弼亦言：「朝廷一舉而二失，縱不能復后，宜還范仲淹，以來言路。」疏入，不報。

景祐元年甲戌，年四十六。

是歲春正月，出守睦州。有《睦州謝上表》及《出守睦州》詩，《赴桐廬淮上遇風三首》，《出守桐廬道中十絕》。

公在桐廬，與晏尚書書，略云：「罪有餘責，尙叨一麾。敢不盡心，以求疾苦。二浙之俗，躁而無剛。豪者如虎，示之以文；弱者如鼠，示之以仁。吞奪之害稍稍而息，乃延見諸生，以博以約，非某所能，蓋師門之禮訓也。」又云：「郡之山川，滿目奇勝。且有章、阮二從事，俱富文能琴，夙宵爲會，交迭唱和。爲郡之樂有如此者，於君親之恩，知己之賜，宜何報焉！」

在郡有《瀟灑桐廬郡十絕》、《新定感興五首》、《遊烏龍山寺詩》、《桐廬郡齋書事一首》、《依韻酬周騤太博同年》詩。

建嚴先生祠堂，復其子孫四家而奉祠焉。以從事章岷往構堂，召會稽僧悅躬圖其像於堂，自爲文以記之，與邵餗先生求篆額。又圖唐處士方干像於堂之東壁。洎移守姑蘇，道出嚴祠下，見東嶽絶壁，白雲徐生，云方干處士之舊隱，遂訪焉。其家子孫尚多儒服，有楷者新策名而歸，因留二十八言，又圖處士像於嚴堂之東壁，楷請刊詩於其左。

夏六月壬申，徙蘇州。蘇爲公鄉郡，地濱震澤，田多水患。募游手疏五河，導積水入海。

有《上呂相公并呈中丞諮目》，言水利事。

秋八月，徙明州。轉運使上言公治水有緒，願留以畢其役。

九月，詔復知蘇州。有《與曹都官書》。《與孫明復書》略云：某至新定，江山清絶，自謂得計。及來姑蘇，卻修人事，斯亦勞矣。今在海上部役開決積水，俟寒而罷之。足下未嘗游浙，或能枉駕與吴中講貫經籍，教育人材，是亦先生之爲政。買山之圖，其在中矣。以來者衆，未易他謀也。

《與晏尚書書》云：某自睦改蘇，首捧鈞翰，屬董役海上。至還郡中，災困之氓，其室十萬，疾苦紛沓，夙夜營救。智小謀大，厥心惶惶，久而未濟。

在郡有《蘇州十詠》、《用韻謝晏尚書近著示及》詩，又有《奉酬晏尚書見寄》詩、《天平山白雲泉》詩、《題常熟頂山上方院僧居》詩。

二年乙亥，年四十七歲。

是年公在蘇州，奏請立郡學。先是公得南園之地，既卜築而將居焉，陰陽家謂當踵生公卿，公曰：「吾家有其貴，孰若天下之士咸教育於此，貴將無已焉。」遂即地建學。既成，或以爲太廣，公曰：「吾恐異時患其隘耳。」今學明倫堂東西有公手栽樹二株，郡縣各建一石坊樹下，題曰：「范文正公手植。」元祐四年，公之子純禮出自奉常，制置江淮六路漕事，持節過鄉郡，即學拜公像。睹學之弊，復請於朝，新而廣之。吳學至今甲於東南。

五月八日，有《朝賢送定惠大師詩序》。

八月，有《祭謝賓客文》。

冬十月，除尚書禮部員外郎、天章閣待制，有謝表，見《文集》。

召還，判國子監。時朝廷更定雅樂，詔求知音，公薦白衣胡瑗，對崇政殿，授校書郎。

公進除吏部員外郎，權知開封府。公自還朝，論事益急。宰相陰使人諷公：「待制侍臣，非口舌任也。」公曰：「論思正侍臣事，余敢不勉？」宰相知不可誘，乃命知開封府，欲撓以繁劇，使不暇他議，亦幸其有失，即罷去。公決事如神，京邑肅然稱治。都下謠曰：「朝廷無憂有范君，京師無事有希文。」

十二月，郭皇后暴薨，中外疑內侍閻文應置毒。公劾奏其事，即不食，悉以家事屬其長子曰：「吾不勝，必死之。」上卒聽其言，竄文應嶺南，尋死於道。

三年丙子，年四十八歲。

春正月，公上太宗尹京日所判案牘，遂命崇政殿說書賈昌朝[三]、王宗道同編次。

三月，《應制賞花釣魚》詩。

夏五月戊寅朔，公論建都事，其略謂：「洛陽險固，而汴爲四戰之地。西洛帝王之宅，絕無儲備，宜以將有朝陵爲名，漸營廩食。陝西有餘，可運而下；東路有餘，可運而上。數年之間，庶幾有備。太平則居東京通濟之地，以便天下；急難則居西洛險固之宅，以守中原。陛下內惟修德，使天下不聞其過；外亦設險，使四夷不敢生心，此長世之策也。」

上嘗以遷都事訪諸夷簡，夷簡謂公迂闊，務名無實。公聞之，又上四論以獻，一曰帝王好尚，二曰選賢任能，三曰近名，四曰推委，大抵譏指時政。

又爲《百官圖》以獻，因指其遷進遲速次序，曰某爲超遷，某爲左遷，如是爲公，如是爲私，意在丞相。又言：「漢成帝信張禹，不疑舅家，故有王莽之亂。臣恐今日朝廷亦有張禹，壞陛下家法，以大爲小，以易爲難，以未成爲已成，以急務爲閒務者，不可不蚤辯。」夷簡大怒，以公語辯於上前，且訴公越職言事，薦引朋黨，離間君臣。公亦交章辯折，辭益切，遂罷黜，落職知饒州。

時朝士畏宰相，無敢過公者，獨龍圖閣直學士李紘、集賢校理王質出郊餞飲之。時質以病在告，扶病祖宴都門，獨留語累夕。大臣謂之曰：「子有疾可辭，何爲自陷朋黨？」質曰：「范公天下賢者，質何敢忘之？若得爲其黨人，公之賜質厚矣。」聞者爲之縮頸。

公既貶，諫官、御史莫敢言，祕書丞、集賢校理余靖上言，謂公所言事在陛下母子夫婦之間，猶以合典禮，故加優奬；今坐刺譏大臣，重加譴謫。倘其言未協聖慮，在陛下聽不聽耳，安可以爲罪乎？陛下自專政以來，三逐言事者，恐非太平之政也。請速改前命。靖遂落職，監均州酒稅。

太子中允、館閣校勘尹洙言：臣常以范仲淹直諒不回，義兼師友。自其被罪，朝中多云臣亦被薦論，范某既以朋黨得罪，臣固當從坐。况余靖素與范某分疏，猶以朋黨〔被罪。臣不可苟免，願從降黜，以昭明憲〕〔四〕。〔貶〕洙爲崇信軍節度掌書記、監郢州酒稅。

館閣校勘歐陽修移書責右司諫高若訥曰：「范希文平生剛正，好學通古，今班行中無與比者。其立朝有本末，天下所共知。今以言事觸宰相得罪，足下既不能爲辯其非辜，又畏有識者之責己，遂隨而詆之，以爲當黜，是可怪也。今皇帝即位以來，進用諫臣，容納言論。足下幸生此時，遇納諫之聖主如此，猶不敢一言，何也？前日又聞御史臺牓朝堂，戒百官不得越職言事，是可言者惟諫臣爾。若足下又遂不言，是天下無得言者也。足下在其位而不言，便當去之，無妨他人之堪其任者也。《春秋》之法，責賢者備。今修區區，猶望足下之能一言，不忍便絕足下而以不賢者責。若猶以希文不賢而當逐，則予今所言如此，乃是朋邪之人爾。願足下直攜此書於朝，使正予罪而誅之，亦諫臣之一效也。」若訥得書，忿，乃言：「范某貶職之後，臣諸處察訪端由，參驗所聞，與勑牓中意頗同，固不敢妄有營救。今歐陽修移書詆臣，言范某平生剛直，好學通古，今班行中無與比者。責臣不能辯其非辜，猶能以面目見士大夫，出入朝中，稱諫官，及謂臣不復知人間有羞恥事。仍言今日天子與宰臣以迕意逐賢人，責臣不言。臣謂賢臣者，國家恃以爲治也，若陛下以迕意逐之，臣合諫；宰相以迕意逐之，臣合爭。臣愚以范某頃以論事切直，亟加遷用；今玆狂言，自取譴辱。豈得謂之非辜？恐中外聞之，謂天子以迕意逐賢人，所損不細。請令有司召修戒諭。」修坐罪貶爲夷陵令。西京留守推官仙游蔡襄作《四賢一不肖詩》傳於時，四賢指公、靖、洙、修，不肖指若訥也。是時契丹使至，密市以歸。張中庸使虜，過幽州，見燕山館中已有書永叔書於壁者。

秋八月，饒州有《謝上表》，略曰：「守土非輕，報天無所。臣出自畎畝，階於縉紳。驟陞天閣之游，親委王畿之政。至孤難立，屢請弗諧。眷寵既渥，補報宜異。必將危墜，猶或建明。情雖匪他，罪實由己。然而有犯無隱，惟上則知；許國忘家，亦臣自信。此時爲郡，陳優優布政之方；必也立朝，增蹇蹇匪躬之節。」

公又遷建饒之郡學。饒之山水大率秀拔，公識其形勝，曰妙果院，一塔高峙，當城之東南，屹起千餘尺。城之下枕瞰數湖，水胍連秀，於是名之曰文筆峰硯池。學既建而生徒浸盛，由公遷指學基而興建也。且曰：「二十載後，當有魁天下者。」逮治平乙巳，彭汝礪果第一人及第。公沈幾遠識如此。其《題芝山院》詩有「偶臨西閣坐，五老夕陽開」之句[五]。五老峰有亭，饒人踏青而至，必曰范公五老亭。又饒有九賢堂，自開寶迄紹聖，郡守六十八人，而在九賢之序者，公一人而已。饒人爲立祠頒春堂、天慶觀。州學之講堂凡三所，由景祐距此六十載，牲牢日盛。凡禱晴雨及州官之到罷，皆致禮焉。講堂每上丁具禮祝。

有《滕公夫人刁氏墓誌銘》，有《靈烏賦》，《和謝希深學士見寄》詩。在郡有《依韻酬黃灝秀才》詩，《鄱陽酬泉州曹使君見寄》詩。《郡齋即事》詩云「三出專城鬢似絲」，蓋公先歷睦、蘇二郡也。

四年丁丑，年四十九歲。

十二月壬辰，公徙知潤州，上諭執政令移近地故也。先是京師地震，直史館葉清臣上疏，因言公與余靖以言事被黜，天下之人齚舌不敢議朝政者，行將二年。願陛下深自咎責，詳延忠直敢言之士，庶幾明威降鑒而善應來集也。書奏數日，公等皆得近徙。公既徙潤州，讒者恐其復用，遽誣以事。語入，上怒，亟命置之嶺南。參政陳琳辯其不然，公訖得免。自公貶而朋黨之論起，朝士牽連出語及公者，皆指爲黨人。琳獨爲上開說，上意解乃已。

有《潤州謝上表》，《移丹陽郡先游茅山》詩、《京口即事》詩、《滕子京魏介之二同年相訪丹陽郡》詩。

寶元元年戊寅，年五十歲。

春正月十三日，赴潤州。道由彭澤，謁狄梁公廟，慨慕名節，爲之作記立碑。至郡，謁甘露寺李衛公祠，以其湫隘，遷於南樓，并以本傳刻之祠下。

《與李泰伯書》云：今潤州初建郡學，可能屈節教授？又慮遠來，難爲將家。蘇州掌學胡瑗祕閣校理見《明堂圖》，亦甚奉仰。或能挈家，必有經畫，請先示音爲幸。

《與胡安定屯田書》略云：近改丹徒，併獲雅問，豈君之心不易改棄而然耶？某念入朝以來，思報人主，言事太急，貶放非一。然僕觀《大過》之象，患守常經。九四以陽處陰，越位救時，則王室有棟隆之吉；九三以陽處陽，固位安時，則天下有棟撓之凶。非如艮止之時，思不出位者也。吾儒之職，去先王之經，則茫乎無從矣。又豈暇學人之巧，失其故步？但惟精惟一，死生以之。

冬十一月，徙知越州。

按：公《文集》有《刻唐祖先生墓誌於賀監祠堂序》，題曰：「寶元元年，知越州范某序。」係元年知越州。《長編》卻稱二年三月丁未，當考。

是冬，元昊僭號。元昊性兇鷙猜忌，通漢文字，嘗諫父德明毋臣中國，德明曰：「吾族三十年衣錦綺，此聖宋天子恩，不可負也。」元昊曰：「英雄之生，當霸王耳，何錦綺爲？」明道元年，德明死，朝廷遂命元昊襲父爵。元昊雖嘗奉貢，然居國中益僭侈。景祐元年春，始寇邊，犯府州。秋七月，又寇環慶，因下詔約束之。元昊既悉有夏、銀、綏、靜、宥、靈、鹽、會、勝、甘、涼、瓜、肅之地，仍居興州，阻河依賀蘭山爲固，始大補僞官，創十六司以統衆務。又置十八監軍司，委酋豪分統其衆，總十五萬。又選豪族善弓馬三千人迭直，僞號六班直。至是用其黨楊守素之謀，築壇受冊僭號，始受英武興法建禮仁孝皇帝，國稱大夏，改天授禮法延祚元年。點兵蓬子山，遣使奉表來告僭號，納旌節敕告。鄜州通判富弼請斬其使。尋詔削元昊官爵，除屬籍，絕互市，牓沿邊有能擒元昊，除定難節度使。

寶元二年己卯，公年五十一歲。

在越。有《諸暨道中》詩、《越上聞子規》詩。

春二月，有《兵部侍郎胡公墓誌銘》，有《贈兵部尚書田公墓誌銘》，有《題翠峰院》詩。有《與李泰伯書》，其略云：「此地比丹陽又似閒暇，可以卜居，請一來講説，因而圖之，誠衆望也。兒子在蘇州，今年欲行鄉飲酒，俟先生講求也。」公在越有《清白堂記》。

六月，有《祭胡侍郎文》，又有《祭蔡侍郎文》。

康定元年庚辰，年五十二歲。

春二月，有《胡公夫人陳氏墓誌銘》，《節度掌書記沈君墓誌銘》。

三月，公復天章閣待制，知永興軍，用陝西安撫使韓琦之言也。未至永興，又改陝西都轉運使。

五月甲戌，西方用兵，公上疏言守邊城、實關中之計：「近邊城砦有五七分之備，而關中之備無二三分者。昊賊深入，乘關中之虚，或東阻潼關，隔兩川貢賦，則朝廷不得安枕矣。爲今之計，莫若且嚴戒邊城，使持久可守；實關内，使無虚可乘。若寇至，使邊城清野，不與大戰，關中稍實，豈敢深入。既不得大戰，又不能深入，二三年間，彼自困弱，此上策也。又聞邊臣多請五路入討，臣恐未可輕舉。太宗朝以宿將精兵，而西討艱難，終未收復。況今承平歲久，無宿將精兵，一旦興深入之謀，臣謂國之安危未可知也。惟陛下緩而圖之。」

七月己卯，公除龍圖閣直學士，與韓琦並爲陝西經略安撫副使，同管句都部署司事。初，公與吕夷簡有隙，及議加職，夷簡請超遷之，上悦，以夷簡爲長者。

既而公入謝，上諭公使釋前憾，公頓首曰：「臣向所論蓋國事，於夷簡何憾也。」

八月庚戌，兼知延州，有《延州謝上表》。先是，詔分邊兵，部署領萬人，鈐轄領五千人，都監領三千人，有寇則官卑者先出。公曰：「不量賊衆寡而出戰以官爲先後，取敗之道也。」乃分州兵爲六將，將三千人，分部教之，量賊衆寡，使更出禦賊，賊不敢犯，既而諸路皆取法焉。賊相戒曰：「無以延州爲意，今小范老子腹中有數萬甲兵，不比大范老子可欺也。」大范蓋指雍也。

是歲橫渠先生張載來謁，勸讀《中庸》。呂與叔作《橫渠先生行狀》云：「康定用兵時，先生方年十八，慨然以功名自許，上書謁范文正公。公知其遠器，欲成就之，反責之曰：『儒者自有名教，何事於兵？』因勸讀《中庸》。」即是年也。

築青澗城，復承平、永平廢砦。《神道碑》云：公爲將務持重，不急近功小利，於延州築青澗城，墾營田，復承平、永平廢寨，屬羌歸業者數萬户。牒种世衡等：無牛具者，官與量借糧收買；缺乏糧食者，計户口數目量支借貸祿粟。

有《舉張問孫明復狀》、《乞修京城》二劄子。

慶曆元年辛巳，年五十三歲。

朝命以正月出兵討元昊，公上疏，其略云：「正月起兵，塞外雨雪大寒，暴露僵仆，我師可憂。萬一有失，噬臍何及！春深漸暖，方賊馬瘦人饑，其勢易制，此得天時之便，又可以擾其耕作。

且元昊謂國家太平忘戰，邊城無備，是以桀驁。今邊鄙漸飭，賊至則爭。願許臣稍以恩信示之，或可招納。不然，臣恐情意阻絶，偃兵無期。若用臣（等）〔策〕歲月無效，徐圖舉兵，先取綏、宥，據其要害，屯兵營田，爲持久之計，則横山人戶挈族來歸。拓疆禦寇，莫此之利。」上用其議，於是公固守鄜延。

有《答趙元昊書》。是年元昊遣塞門寨主高延慶還延州，令見公約和。公不聞之朝廷，乃自爲書遺元昊，諭以禍福。

二月，元昊寇渭州。始朝廷既從陝西都部署司所上攻守策，經略安撫判官尹洙以正月丙子至延州，與公謀出兵。越三日，公徐言已得旨聽兵勿出。洙留延州幾兩旬，公堅持不可。辛丑，洙還至慶州，乃知任福等敗績，賊侵劉璠堡未退。因遣權環慶路都監劉政將鋭卒數千來援，未至，賊引去。夏竦尋劾奏洙擅發兵，降通判濠州。始韓周等持公書入西界，逆者禮意殊善。行兩日，聞山外諸將敗亡。周等抵夏州，留四十餘日。元昊俾其親信野利旺榮爲書報公，別遣使與周俱還，且言不敢以聞兀卒，書辭益慢，公對使者焚其書，而潛錄副本以聞。書凡二十六紙，其不可以聞者二十紙，公悉焚之，餘又略刪改。書既達，大臣皆（為）〔謂〕公不當輒與元昊通書，又不當輒焚其報。宋庠因言於上，謂公可斬。杜衍謂公本志蓋忠朝廷，欲招納叛羌爾，何可深罪。夷簡亦徐助衍言，知諫院孫沔又上疏爲公辯，上悟，乃薄其責。

夏四月癸未，公以陝西經略副使兼知延州、龍圖閣直學士、戶部郎中降爲戶部員外郎、知耀州，職如故。有《謝降官知耀州表》及《耀州謝上表》。

五月壬申，公徙知慶州，兼管句環慶路都部署司事。初，元昊反，陰誘屬羌爲助。環慶酋長六百人約與賊爲鄉導，後雖首露，猶懷去就。公至部，即奏行邊，以詔書犒賞諸羌，閱其人馬，立條約，明賞罰。諸羌受命悅服，始爲漢用。

九月辛酉，公復戶部郎中。

十月，公以龍圖閣直學士、戶部郎中、管句環慶路部署司事、兼知慶州，爲左司郎中。是月，梁適自陝西還，公附奏攻守二議。

是歲有《舉滑州節度判官歐陽修充經略安撫司掌書記狀》，又《舉天雄軍通判張方平充經略安撫司掌書記狀》。

是歲築大順城。

《神道碑》云：於慶州城大順以據要害，又城細腰、胡盧，於是明珠、滅臧等大族皆去賊，爲中國用。

又曰：其城大順也，一旦引兵出，將不知所嚮。軍至柔遠，始號令告其地處，（所）〔使〕往築城。至於版築之用，大小畢具，而軍中初不知。賊以三萬騎來爭，公戒諸將，戰而敗走者追勿過河。已而賊果走，追者不渡，而河外果有伏。賊失計，乃引去。於是諸將服公爲不可及。

有《兵部尚書蔡公墓誌銘》、《太常少卿賈公墓誌銘》、《舉邱良孫應制科狀》。

二年壬午，年五十四歲。

三月癸丑，公請給樞密院空名宣及宣徽院頭子各百道，以備賞功，從之。巡邊至環州，州屬羌陰連虜，爲患邊上。公謂種世衡素得屬羌心，而青澗城已堅固，乃奏世衡知環州以鎮撫之，詔從其請。

四月癸亥，除鄜州管內觀察使，辭不受。其讓表略云：「觀察使班待制下，臣守邊數年，羌胡頗親愛臣，呼臣爲龍圖老子。今改觀察使，則與諸族首領名號相亂，恐爲賊所輕。且無功不應更增厚祿。」辭甚切，表三上，乃命復爲龍圖閣直學士、左司郎中。有《謝守舊官表》。傳宣：「候將來邊事稍寧，詔卿用在兩地。非出擬議，亦非臣僚奏舉，特出朕意，宣諭卿知。」兼令密舉臣僚代邊任奏聞，先差入內內侍省高班陳舜封至傳宣，又差入內西頭供奉官麥知微至傳宣旨撫問，賜鳳茶一合。

有《上呂相公》三書。

十月辛亥，以公爲樞密直學士、右諫議大夫、鄜延路都部署、經略安撫招討使，有讓表。

元昊寇邊，葛懷敏戰死，賊大掠至潘原，關中震恐。公自將兵由邠涇援之，知賊已出塞，乃還。上始聞定川事，按圖謂左右曰：「若仲淹出援，吾無慮矣。」奏至，上大喜曰：「吾固知仲淹可用。」亟加職進官。公以西（帥）〔師〕久無功，密疏乞賜貶降，以謝邊陲。辭不受命，不聽。

十一月，復置陝西四路都部署、經略安撫兼沿邊招討使，命公及韓琦、龐籍分領之。公與琦開府涇州，而徙文彥博帥秦，滕宗諒帥慶，皆從公之請也。

十二月壬戌，詔韓琦、范仲淹、龐籍已帶四路都招討使，其諸路招討使副並罷，從知慶州滕宗諒請也。有《舉滕宗諒狀》。

是歲有《書環州馬嶺鎮夫子廟碑陰》，乃正月書也。

三年癸未，年五十五歲。

正月辛卯，詔陝西沿邊招討使韓琦、范仲淹、龐籍，凡軍期申覆不及，皆便宜從事，用安撫使王堯臣議也。上親擢公與富、韓諸賢而黜夏竦，國子監直講石介作《慶曆聖德詩》以美之，指夏竦爲大姦。公聞之不樂，蓋恐其召禍於後日也。

二月乙卯，公與韓琦上疏，言元昊如大言過望，爲不改僭號之請，則有不可許者三；如卑辭厚禮，從兀卒之稱，亦有大可防者三。

《神道碑》云：公待將吏，必使畏法而愛己。所得賜賚，皆以上意分賜諸將，使自爲謝。諸蕃質子縱其出入，無一人逃者。蕃酋來見者，召之臥內，屏人徹衛，與語不疑。公居三歲，士勇邊實，恩信大洽。乃決策謀取橫山，復靈武，而元昊數遣使稱臣請和，上亦召公歸矣。

按：《名臣傳》曰：公與韓琦協謀，必欲收復靈、夏、橫山之地，邊上謠曰：「軍中有一韓，西賊聞之心膽寒；軍中有一范，西賊聞之驚破膽。」元昊大懼，遂稱臣。

四月甲辰，公與韓琦並除樞密副使，皆以西事未寧，凡五辭不許而後就道。有《除樞密副使召赴闕陳讓五表》。有《與朱校理書》云：「十六日被旨赴闕，至二十五日，與韓公同上五章，爲邊事未寧，防秋在近，乞且留任，必得俞允。入則功遠而未濟，後有邊患，咎歸何人？軍民億萬，生死一戰，得爲小事耶？」

諫官歐陽修言公與韓琦久在陝西，備諳邊事，才識不類常人，宜時御便殿訪問，使其盡陳西邊事宜合如何措置。

是歲自春至夏不雨，上言六事，其略云：「臣親聞德音，謂屢有災異，當修德以及民，幷詔臣等謹省刑法，此實見聖人憂畏之心，合於天意。今條奏數事：一，降詔罪己；二，遣使決獄；三，詔州縣賑卹；四，存養陣亡之家；五，邊民被戎狄驅虜者，量支官物贖還；六，已該赦除放欠負，官司不得催理。」

諫官歐陽修、余靖、蔡襄咸言公有宰輔才，不宜局在兵府，願罷王舉正，以公代之。舉正亦自求罷，上從其請。

（六）〔七〕月丁丑，除參知政事，固辭不拜。甲申，以公爲陝西宣撫使。公既辭參政，願與韓琦迭出行邊。上因付以西事，而公又言河東亦當爲備，任師中常守幷州，上即命使河東。兩人留京師，第先移文兩路。公又請近臣同使，每事議而後行(六)，詔命田況爲副使。

按：公《尺牘》載《與中舍家書》略云：某近蒙恩擢貳樞府，此蓋祖宗之慶下及家世，累讓不允。今月二日，已簽署句當。至十二日，蒙恩改參大政。尋面陳利害，已得旨依讓，且在西府，相次必出巡邊。諸骨肉各安吉，互相戒約，勿煩州縣。如輒興詞訟，必奏乞深行。請旨揮兒姪知委。

八月丁未，公自樞密副使、右諫議大夫復除參知政事。知諫院蔡襄言已差公宣撫陝西，又除參政，未有巡邊之日。切以西賊遣使入朝，其言驕慢，必無可從之理。原其狡心，本無欲和之意。朝廷既罷遣之，其勢必須用兵。邊將雖多，莫如朝廷輟柄臣以臨之。又謂柄臣之中莫如公自行，望於西人未行之前，早遣巡邊，無使後時，以失大計。

先是，公與任師中分路宣撫，踰月皆未行。韓琦言賊恐乘忿盜邊，當速遣某河東。臣方壯年，可備奔走。師中宿舊大臣，毋勞往。乃詔琦宣撫陝西，師中卒不行。

九月庚辰，命同修中書時政記。有《述寶諫議陰德錄》、《祭石曼卿學士文》、《祭吳龍圖文》。

上擢任公與韓琦、富弼，每進見，必以太平責之，數令條奏當世之務。公語人曰：「上用我至矣。然事有先後，且革弊於久安，非朝夕可能也。」上再賜手詔督促曰：「比以中外人望，不次用卿等。今琦暫往陝西，仲淹、弼與宰臣章得象盡心國事，毋或有所顧避。其當世急務有可建明者，悉爲朕陳之。」既又開天章閣，召對賜坐，給筆劄，使疏於前。公與弼皆皇恐避席，退而列奏十事，一曰明黜陟，二曰抑僥倖，三曰精貢舉，四曰擇官長，五曰均公田，六曰厚農桑，七曰修武備，八曰減徭役，九曰覃恩信，十曰重命令。上方信嚮公等，悉用公說，當著爲令者，皆以諸事畫一次第頒下，獨府兵輔臣共以爲不可而止。

十月丙午，詔中外有陳叙勞績或訴雪罪狀，中書批送有司者，謂之送殺，更不施行。自宜令主判官詳其可行者，別奏聽裁。行公之奏也。

是歲，劫盜張海横行數路，剽劫淮南，將

過高郵。知軍晁仲約度不能禦，諭富民出金帛牛酒，使人迎勞。盗悦，徑去，不爲暴。事聞，朝廷大怒。樞副富弼議欲誅仲約，公時爲參政，欲宥之，爭於上前。弼曰：「盗賊公行，守臣不能戰，不能守，而使民醵錢遺之，法所當誅也。聞高郵之民疾之，欲食其肉，不可釋也。」公曰：「郡縣兵械足以戰守，遇賊不禦，而又賂之，此法所當誅也。今高郵無兵與械，雖仲約之義當勉力戰守，然事有可恕，戮之恐非法意也。小民之情，醵出錢物而得免於殺掠，或喜之，而云欲食其肉，傳者過也。」上釋然，從之，仲約由此免死。既而弼愠甚，謂公曰：「方今患法不舉，舉法而多方沮之，何以整衆？」公密告之曰：「祖宗以來，未嘗輕殺一臣下，此盛德之事，奈何欲輕壞之？且吾與公在此，同僚之間同心者有幾？雖上意亦未知所定，而輕導人主以誅戮臣下，他日手滑，雖吾輩亦未敢自保也。」弼終不以爲然。其後兩人不安於朝，相繼出使。弼還自河北，及國門，不許入，未測上意。比夜，彷徨不能寐，遶牀歎曰：「范六丈，聖人也。」又《遺事》亦載此事，但云淮南盗王倫，與此不同。又載公與富公爭於上前之語曰：「寇至無備，若守臣死之，則民盡塗炭。今吏雖不死節，而民之完者數萬家，誠國家實事，所存不細。乃與有備而縱賊者例行誅罰，恐非陛下寧失不經之意。」退至政事堂，昌言曰：「朝廷異時以四方無事，不肯爲郡縣設備。吏敢以治城隍、閲兵卒爲請者，以狂妄坐之。一旦事生不虞，吾輩不自引咎，專以死責外臣，誠有愧於青史也。」

按：《言行錄》載遺事曰：公爲參政，與韓、富二樞幷命，銳意天下之事，患諸路監司不才，更用杜杞、張溫之輩。公取班簿，視不才監司，每見一人姓名，一筆句之，以次更易。富公素以丈事公，謂公曰：「范六丈公則是一筆，焉知一家哭矣。」公曰：「一家哭，何如一路哭耶！」遂爲罷之。

四年甲申，年五十六歲。

四月，上與執政論及朋黨事，公對曰：「方以類聚，物以群分。自古以來，邪正在朝，未嘗不各爲一黨，不可禁也，在聖上鑒辨之耳。誠使君子相朋爲善，其於國家何害？」

五月壬戌朔，公與韓琦對於崇政殿，上四策：一曰和，二曰守，三曰戰，四曰備。請朝廷力行七事：一，密爲經略；二，再議兵屯；三，專於遣將；四，急於教戰；五，訓練義勇；六，修京師外城；七，密定討伐之謀。是日公與琦指陳於上前，數刻乃罷。

六月，公與琦又奏陝西八事，河北五事。已而公又奏：「今防秋事近，願賜罷臣參政，知邊上一郡，帶安撫之名，足以照管邊事。乞更不帶招討、都部署職任。」遂以公爲陝西、河東宣撫使。

先是，公嘗言契丹、元昊事可疑者六，可憂者三。始公以忤呂夷簡放逐數年，士大夫持二人曲直，交指爲黨。及陝西用兵，天子以公士望所屬，拔用護邊。及夷簡罷，召還，倚以爲治，中外屬望，公亦感激眷遇，以天下爲己任。遂與富弼日夜謀慮興致太平，然規模闊大，論者以爲難行。及按察使多所舉劾，人心不自安，任子恩薄，磨勘法密，僥倖者不便。於是謗毁浸盛，而朋黨之論滋不可解，然公與弼等所議不變。先是石介奏記於弼，責以伊、周之事。夏竦怨介斥己，又欲因是傾弼等，乃使女奴陰習介書。久之習成，遂改伊、周曰伊、霍，而僞作介爲弼撰《廢立詔草》，飛語上聞。上雖不信，而公與弼恐懼，不敢自安於朝，皆請出按西北邊，未許。適有邊奏，公因固請行，乃有是命。

初，公之出也，過鄭州，因見呂夷簡，問何事遽出，公對以暫往經撫兩路，事畢即還。夷簡曰：「君此行正蹈危機，豈復再入！」又《龍川志》云：范公以參知政事出使，呂公已老居鄭，范公往見之。呂公欣然，相與語終日，問曰：「何爲亟去朝廷？」范公言：「欲經制西事耳。」呂公曰：「經制西事，莫如在朝廷之爲便。」范公爲之愕然。公遂去。自公出使，讒者益深。而王益柔者，亦公所薦，王拱辰因其作《傲歌》事劾奏之，力言其罪當誅，蓋欲因益柔以累公也。時賈昌朝陰主拱辰等議，及輔臣進白，琦獨言：「益柔少年狂語，何足深治。天下大事固不少，近臣同國休戚，置此不言，而攻一王益柔，此其意有所在，不特爲《傲歌》事可見也。」上悟，乃寬之。

夏六月，有《上呂相公書》。

八月辛卯，命公領刑法事，賈昌朝領天下農田〔七〕，有利害，其悉條上之。初，公援唐故事，請以輔臣分總其務。雖嘗降敕，然其後弗果行。有《上呂相公書》。

冬十月丙申，命公提舉三館祕閣寫書籍。

上疏乞罷政事，知邠州，詔不許。

十一月四日，又有《上呂相公書》，有《舉

許渤簽署陝府判官事狀》。

十二月，公議築古細腰城，檄知環州种世衡與知原州蔣偕共幹其事，又檄偕築大蟲堡。

是歲有《陳乞邠州狀》。十二月，有《祭呂相公文》、《祭陳相公文》，有《舉張伯玉應制科狀》。

五年乙酉，年五十七歲。

正月乙酉，公自右諫議大夫、參知政事除資政殿學士、知邠州，兼陝西四路緣邊安撫使，可賜推誠保德功臣。有《謝授邠州表》、《邠州謝上表》，有《祭韓少傅文》。

二月癸卯，公請以新建細腰城隸原州，從之。有《邠州建學記》，有《論復併縣劄子》。

閏五月，有《祭環州种染院文》。

八月，有《祭陝府王待制文》。

自公與韓琦出使，讒者益甚，兩人在朝所施爲亦稍沮止，獨杜衍左右之，上頗惑焉。公愈不自安，因奏乞罷政事。上欲聽其請，章得象謂公素有虛名，今一請遽罷，恐天下謂陛下輕黜賢臣，不若且賜不允。若即有謝表，則是挾詐要君，乃可罷也。上從之。公果捧表謝，上愈信得象言。於是富弼自河北還，將及國門，右正言錢明逸希得象等意，言弼過，又言公去年受命宣撫河東、陝西，聞有詔戒勵朋黨，心懼彰露，稱疾乞醫。纔見朝廷別無行遣，遂拜章乞罷政事知邠州，欲固己位，以弭人言。欺詐之迹甚明，乞早廢黜，以安天下之心，使姦詐不敢效尤，忠實得以自立。明逸疏奏，即降詔罷公及弼，并鎖學士院草制罷衍。

十一月，詔以邊事寧息，盜賊衰止，罷公陝西四路安撫使，并罷富弼安撫。其實讒者謂石介謀亂，弼將舉一路兵應之故也。公先引疾求解邊任，遂改知鄧州。

有《陳乞鄧州表》。

是月乙未，轉給事中、資政殿學士、知鄧州。《謝轉給事中知鄧州表》，《鄧州謝上表》。

六年丙戌，年五十八歲。

秋七月丙戌，子純粹生。

公在鄧。是年鄧人賈內翰黯以狀元及第，歸鄉謁公，願受教。公曰：「君不憂不顯，惟不欺二字可終身行之。」內翰不忘其言，每語人曰：「吾得於范文正者，平生用之不盡也。」

二月，有《祭謝希深舍人文》。

九月十五日，作《岳陽樓記》，中有「先天下之憂而憂，後天下之樂而樂」之句，蓋公平日允蹈之言也。

有《依韻酬答邠州通判王稷》詩，《依韻酬太傅張相公見贈》詩，《依韻酬李光化見寄》詩，《依韻答王源政憶百花洲》詩，《中元夜百花洲》詩，《覽秀亭》詩，《答提刑張太博嘗新醞》詩，《喜雪》詩，《資政殿學士謚忠獻范公雍墓誌銘》，《依韻和安陸孫司諫》詩，《送河東提刑張太博》詩，《种世衡墓誌銘》。

七年丁亥，年五十九歲。

公在鄧。二月，有《祭龍圖楊給事中文》，有《祭尹師魯舍人文》。

按：《尺牘》載《與韓魏公書》略云：師魯去赴均州時，已覺疾作。至均，寢食或進或退，僅百餘日，得提刑司文字，舁疾來鄧，以存歿見託。

至五日而啓手足，苦痛苦痛！至終不亂，初相見時，卻且著灸，不談後事。疾勢漸危，遂中夜詣驛看他，告伊云：「足下平生節行用心，待與韓公、歐陽公各做文字，垂於不朽。」他舉手叩頭。又告伊云：「待與諸公分俸贍家，不令失所。」他舉手云：「渭州有一兒子。」即就枕，更不語。來日與趙學士看他，云：「夜來示諭，並記得，已相別矣。」顧家人云：「我自了當，不復管汝。」略無憂戚。又兩日，猶能扶行，忽索灌漱訖，憑案而化。衆人無不悲泣，無不欽服其明也。別趙學士云：「不恒化。」別韓倅云：「少年樹德。」別賈狀元云：「亦無鬼神，亦無煩惱。」尋常於兒女多愛，不謂能了了如此。又云：「已去安州孫之翰處作行狀，待送永叔作墓誌。某不敢作，恐知當年事不備故也。卻待作文集序，明公可與他作墓表也。」

十一月，有《祭故相太傅李侍中文》，有《乞召還王洙及就遷職任事劄子》(八)。

八年戊子，年六十歲

春正月丙寅，徙知荆南府。鄧人愛之，遮使者請留，公亦願留，從其請也。有《謝依舊知鄧州表》。公守鄧凡三歲，求知杭州。

二月，有《十六羅漢因果識見頌序》。

皇祐元年己丑，年六十一歲。

正月乙卯，公知杭州。有《杭州謝上表》。公守杭日，林逋隱孤山。公過其廬，贈詩曰：「巢由不願仕，堯舜豈遺人。風俗因君厚，文章到老醇。」其激賞如此。

《與人約訪林處士阻雨見寄》詩，《和沈書記同訪林處士》詩。

時孫甫爲兩浙轉運，公以大臣或便宜行事，孫曰：「范公，貴人也。吾屈於此，不得不伸於彼。」由是一切繩以法，而常以監司自處。范公遇之無倦色，公遇范公不少下，退而未嘗不稱其賢也。

按《文集》，《天竺山日觀大師塔記》云：皇祐元年，余至錢塘。

正月，帝御便殿，訪近臣以備禦之策。權三司使葉清臣言詔問輔弼之能，今爲社稷之固者莫如公，又謂公深練軍政。

公在杭有《過餘杭白塔寺》詩、《西湖筵上贈胡侍郎》詩、《和僧湖居五絶》、《和運使舍人觀湖二首》、《和蘇州蔣密學》詩并《謝賜鳳茶表》、《和孫之翰對雪》詩、《和并州鄭宣徽見寄二首》。

秋七月癸卯，除尚書禮部侍郎。《舉張昪自代》云：伏見工部郎中、集賢殿脩撰、知潤州張昪，筮仕以來，清介自立。精思劇論，有憂天下之心；純誠直道，無讓古人之節。朝野推服，臣所不如。乞回臣所授，以允公論。

十月庚申朔，有《祭葉翰林文》。置義莊於蘇州。

按：《言行録》云：公在杭，子弟以公有退志，乘間請治第洛陽，樹園圃以爲逸老之地。公曰：「人苟有道義之樂，形骸可外，况居室乎？吾今年踰六十，生且無幾？乃謀治第樹園圃，顧何待而居乎？吾之所患在位高而艱退，不患退而無居也。且西都士大夫園林相望，爲主人者莫得常游，而誰獨障吾游者？豈必有諸己而後爲樂耶？俸賜之餘，宜以賙宗族。若曹遵吾言，毋以爲慮。」

又按：《程氏遺書》云：橫渠張先生言，有欲爲公買綠野堂，公不肯，曰：「在唐如晉公者，誰可尊也。一旦取其物而有之，如何得安？寧使耕壞及他人有之，己則不可取也。」

二年庚寅，年六十二歲。

春，有《段君墓表》、《兵部員外郎王君墓表》。公在杭，轉尚書戶部侍郎，依前職任，有謝表。

按：沈存中《筆談》云：皇祐二年，吳中大饑，殍殣枕路。是時公領浙西，發粟募民存餉，爲術甚備。吳民喜競渡，好爲佛事。乃縱民競渡，太守日出宴於湖上，自春至夏，居民空巷出游。又召諸寺主首，諭以饑歲工價至賤，可大興土木，於是諸寺工作鼎興。又新倉廒吏舍，日役千夫。監司奏劾杭州不恤荒政，嬉游不節，及公私興造，傷耗民力。公乃自條叙所以宴游興造，皆欲以有餘之財以惠貧者。貿易飲食、工技服力之人，仰食於公私者，日毋慮數萬人，荒政之施，莫此爲大。是歲兩浙惟杭州晏然，民不流徙，皆公之惠也。歲饑，發司農之粟募民興利，近歲遂著爲令。既已恤饑，因之以成就民利，此先王之美澤也。

八月，建昌軍草澤李覯撰《明堂圖議》，公奏之，授試太學助教。「覯能研精經訓，會同大義，按而視之，可以興制。今朝廷行此盛禮，千載一辰。斯人之學，上契聖作。謹具錄以進，庶討論之際，有所補助。」詔送兩制看詳，稱其學業優博。

有《舉李宗易向約堪任清要狀》，有《乞召杜衍等備明堂老更表》，《進故朱寀所撰春秋文字狀》。

冬十一月，有《兄中舍墓銘》。

三年辛卯，年六十三歲。

是歲公以戶部侍郎知青州，兖、淄、濰等州安撫使。有《青州謝上表》。正月八日，有《續家譜序》。

按：《尺牘》載《與韓魏公書》云：某上巳日方至青社，繼富公之後，庶事有倫，守之弗墜。但歲饑物貴，河朔流民尚在村落，因須救濟。

又按：《言行錄》載《東齋記事》云：公鎮青社，會河朔艱食，青之輿賦，博州置納場，青民大患輦置之苦。公戒民納價每斗三鍰，納鈔與之。以書與博守，遣官輓金詣博坐倉，以倍價招之。賫巨牓數道，介其境則張之，且戒曰：「郡不假廩，寄僧舍可也。」至則貿者山積，不五日遂足，而博斛亦衍。斛金尚餘數千緡，按等差給還之，青民因立像祠焉。

有《舉彭乘自代狀》，《舉張諷李厚充青州職官狀》。正月有《祭杜待制文》。三月有《太子中舍上官君墓銘》，有《陳乞潁亳一郡狀》。

冬十有一月戊申，有《寫黃素伯夷頌寄京西轉運蘇才翁》，文潞公、杜祁公、富鄭公等一時名人題跋。

上書言：古者內置大夫、士助天子司察天下之政，外置岳牧、方伯、刺史、觀察使、採訪使、統領、諸侯、守宰以分理之。今轉運、按察使，古之岳牧、方伯，知州、知縣，古之諸侯、守宰之任也。與陛下共理天下者，惟守宰最要耳。比年以來，不知擇選，一切以例除之。以一縣觀一州，一州觀一路，一路觀天下，率皆如此。其間縱有良吏，百無一二。使天下賦税不得均，獄訟不得平，水旱不得救，盗賊不得除，民既無告訴，必生愁怨。救之之術，莫若守宰得人。若守宰政舉，則天下自無事矣。

四年壬辰，年六十四。

春正月戊午，徙知潁州。

夏五月二十日，至徐州，薨。

先是，公在青未盈歲，以疾徙知潁州，詔自青州徙，行於徐州，〔卒〕，有《遺表》。歷官推誠保德功臣、資政殿學士、金紫光禄大夫、尚書戶部侍郎、護軍、汝南郡開國公，食邑二千三百戶，食實封六百戶，贈兵部尚書，謚文正，累贈太師、中書令、兼尚書令，追封楚國公。

十二月壬申，葬於河南洛陽縣尹樊里之萬安山下。初，公病，上嘗遣使賜藥存問。既卒，嗟悼者久之，輟朝一日。以其《遺表》無所請，遣使就問其家所欲。既葬，上親篆其碑曰褒賢之碑，敕賜西京褒賢顯忠禪寺、蘇州天平山白雲禪寺奉公香火，賜忠烈廟額。

爲政忠厚，所至有恩，邠、慶二州之民與羌屬皆畫像立生祠。及其卒也，羌酋人數百爲舉哀佛寺，哭之如父，三日而去。

宣和五年，慶帥宇文虛中奏請賜忠烈廟額。慶陽、平江府凡一十九處、成都府學以上并有公祠，朝旨所在監司、郡守、學官歲時詣祭祀。

欽宗皇帝靖康元年丙午二月壬寅，詔褒贈

近世名臣，故任資政殿學士、贈太師、追封楚國公、謚文正范某，可特追封魏國公。

五世孫之柔校正

范文正公年譜補遺

壽鏞案：清《四庫存目》，《年譜補遺》一卷，不知何人所作。歲寒堂刻本《年譜補遺》，後有八世孫國儁識語。前譜所載公事，多有闕遺，今取其未載者，見之逐年之下。

明道二年八月

公時爲江淮安撫。勘會眞、楚、泗州有發運司轉般斛斗，差撥綱運，於三處裝發粳米、大小麥、豌豆等共五十萬石，救濟沂、密、徐、兗等州。

九月，體量淮南州軍賒糴人民二麥并賒買亭民鹽貨，未有見錢支給，并向春逐處缺乏軍儲，亦無錢和糴，奏乞借賜錢五十萬貫，并四帛香藥三五十萬，下淮南軍州應副前項支贍。又體問得諸軍州自來和糴，當農民出糶，被行人抑壓價，例收糴不前。直候冬深，斛斗已入商賈之家，方始添價出糴。是以大段虛費官錢，又不濟得農民。奏乞許農民作保申乞先請價錢，限一月內入納，免被經販人隔截，農民不得抑勒令請領。

十月，奏爲蘇、常、秀、潤旱蝗，乞依吳遵路所奏，權罷配糴斛斗。又自江寧府乘遞馬到潤州，起發楚州等處斛斗，往盧、壽、登、萊等州。時江、淮州軍有因疾疫死亡人口，種蒔不敷田段甚多。公牒逐官依災傷一例體量放減，并孤貧老幼不濟人戶多無田苗，除減放外，移稅數不多者，虛煩催科，無可送納，即與全放。

十一月，牒江淮災傷州軍，應實因災傷逃移拋下稅產，已曾申報州縣，後來雖是未差官檢覆，今卻歸業者，并放免稅賦。及有已曾歸業，爲官中令納稅，存濟不得，又逃移者，亦許歸業，依此減放稅科。

十二月，奏乞免放舒、廬等州折役茶。又看詳江寧府上元縣等處所管主客戶口遞年送納鹽錢，即不曾請鹽食用，其客戶鹽錢數不多，欲乞朝廷特與除放。

景祐元年

正月，薦丁鈞、鄧資、徐執中、衛齊、盧革、李碩、張（弁）〔昪〕并公廉文雅，爲衆所稱，堪充京官。如擢用後犯入己贓，甘當同罪。時黎德潤無辜獄死，公奏乞訪求本家骨肉，量與支賜，令其收瘞。仍乞指揮，今後命官使臣犯公罪流以下，贓罪徒以下，并不禁繫，許責保出外聽敕。

康定元年

正月十二日，牒環慶路：「今後如有報到賊馬深入鄜延路，更請相度，一面部領軍馬，入賊界攻討要害城寨。須管大段殺獲，分張賊勢，不得只在界首及打虜些少族帳，便爲策應之名。若環慶有賊馬，亦令鄜延路分擘諸頭出軍馬，深入賊界攻討。」

十五日，陝府申稅戶朱大成等八百九戶各於送納秋稅不前，拋下稅額，全家逃走。公牒陝府指揮逐縣鄉村拘管上件逃移人戶屋業生產，不得燒燬斫伐。其逃移人口，即與倚閣去年秋稅，招誘歸業，免致逃移，毀卻桑產，將來歸業不得，即大段虧失省稅。所有諸州軍人戶，慮恐亦有似此逃移，并牒逐州，亦請相度安恤。

樞密院劄子：「奉聖旨，西界首領約遇、沒兀等二人，部領蕃賊七百餘人，在塞門寨駐泊，其部署司爲何不差人馬掩殺？」公言延州去塞門寨並無人煙，涉渡行川路之中，一水屈曲五七十處，恐傷兵士腳手，周迴又無舊日熟戶。縱得此寨，其勢孤絕，亦恐難爲駐兵。以此不如訓練兵士，候春暖可以涉水，或輕兵掩襲，或大軍攻賊。縱被棄去，自家兵士不致有損。

二月八日，奏上延州熟戶見今饑餓，若春深無田可耕，別思作過，或虜劫漢戶北入橫山，則延州東界大有憂事。乞興修廢寨。御前劄子付夏竦[九]，仰一面與范仲淹計會商量，但應機乘便，可以出師，即同謀進取。又聖旨令范仲淹於鄜州與夏竦、韓琦商議邊事。十二日，奏乞相度禁放青鹽利害事。十四日，公有疏奏答朝旨，論攻討西賊利害。十七日，奏張建侯、狄青等與西賊戰於保安軍有功，乞重加錫賜。公嘗舉歐陽公充本路掌書記，尋詔除館閣，不赴任。十七日，公上言：「竊見著作佐郎、通判天雄軍張方平富於文學，復有才用，乞朝廷改除充本司掌書記。取進止。」是月二十四日，牒張亢修豐林城及萬安寨，又牒朱吉、任守信、种世衡、高良夫相度東路承平、南安兩寨，如久遠可守，即進兵前去修復。是月二十五日，又奏乞修廢寨。

三月初一日，牒青澗城种世衡、永平寨郭延珍等：「接此春暖耕農之時，速勘會上件驚移熟戶蕃部，如內有未敢歸業，依舊耕種，即便相度鄰近有無官司空閒地土，或遠年逃田，權撥與耕種。如無牛具者，官與量借錢收買。常切安存，無令失所。」初二日，又奏那兵馬五萬，防託秦州。時知保安軍王信、西路巡檢狄青自來入陣勇猛，公恐其爲賊所誘，二十八日，奏乞指揮二人，令持重，不須身自鬭敵。

四月五日，差周美、楊麟、陳永圖等修復萬安寨、豐林城、甘泉城已畢，公又相度將興修承平、南安新寨等。十一日，牒种世衡、郭延珍等：「據的是見闕乏糧草蕃部，相度逐戶口數目。每十口已上，官中量支借貸糧粟各一石；十口已下，各借五斗。仍常切照管安存，無令失所。」

六月，奏乞指揮逐路，將諸軍弓弩手教習短兵，又乞揀選武士充節級。

七月十五日，舉孫沔、田況充經略判官，又舉胡翼之充本司催驅公事。

八月一日，舉劉牧、錢中孚等十七人充陝西差遣。時延州金明寨招到殘破蕃部三百二十八戶，雖給與田土，無力耕種，缺少糧食。公奏：「體量延州西北被西賊破蕩，兼知延州張存母年八十，寄泊他郡，人子之心宜不獲安。伏乞別選人知延州，如未選得間，即令臣知延州。所貴依得約束訓練兵馬。」十八日，公牒延州通判、大理寺丞高良夫，將本寨見管熟戶蕃部等，每家十口已下，各支斛斗二石，其十口以上，支三石。公巡邊到延州，據左侍禁王聰狀，陳弟、王繼元差在塞門寨權兵軍監押，被蕃賊打破寨門，相殺身死。二十日，爲奏聞朝廷，乞特賜獎錄，以勸死節之士。

初，鄜州至延州一百六十里，元是三程，於新店、牢山各有館驛，後減廢。

九月，公與轉運使明鎬巡歷，自鄜州至延州兩程，遇晴明，皆昏黄後方到。驛程太遠，山坂至多。及巡歷回來，卻值泥雨，崖路險滑，三十餘度涉河。自甘泉縣早發，至晚只到得皇甫店，去鄜州尚更兩鋪。所有隨行軍馬已各疲乏，便無喫食，須用回買。其軍馬既不到驛，即無支請草料去處。兼是山居，無可收買。遂牒延州，將牢山、新店館驛量行修補，又存留甘泉新置驛。每有過往使命軍馬，或遇晴明直中路，甘泉縣即支給一日口食糧草；或遇雨雪并山河水漲，即於新店、牢山勘請止宿。十六日，奏乞放免張亢斬軍不當罪名。是月，奉聖旨節文，令公密切厚支與金帛召募敢死之士，深入賊境探候等事。公言：「臣在延州差韓周、張宗永賫送文字直到昊賊處，二人不期爲臣所累，皆竄遠方。今雖奉聖旨令臣募人入賊界，以何面目更可使人？伏乞句還韓周、張宗永，量加恩澤。」

十月初一日，巡檢李惟希下兵士王羲等四人作鬧扇搖軍人，公到延州，據司理院勘到，並斷送葛懷敏軍前要斬。初五日，公牒朱觀將領兵軍，計會王達、朱吉、王守琪、張宗武自鄜州西北入德靜寨，進兵討掠族帳。又牒葛懷敏將帶周英、鄭從政部領兵馬離延州，往保安軍逼逐蕃賊。仍差劉政充先鋒，取路深入，破蕩部署。初九日，又奏乞逐路部署已下，出入進退、處置軍馬公事，並聽經略安撫、都部署司諸使處分。時西賊大將剛浪唆兵馬最爲強勁，在夏州東彌陀洞居止。又次東七十里，有鐵冶務，即是賊界出鐵製造兵器之處，去河東麟府界黃河西約七八十里。可出麟、府并石、隰州兵馬，與延州兵馬會合掩襲，以分賊勢。惟朱觀久在麟州，知得次第，已曾密議，奏乞令朱觀計會河東軍馬以幹此事。鄜州曹司馬動、張式、黃貴減尅兵士請受，公言當此軍期之際，兵士多是饑寒逃亡，若更減尅，轉難存濟。遂牒鄜州將馬動等三人對諸軍處斬。又奏修城及般運糧草工役辛苦，地又惡寒，日有逃亡，乞每月支醬菜錢。是月十二日，公上言：「陝西軍州自西事以來，應副軍期，科率百出。如官員得人，稍能均濟，或知寬猛，則不致於殘民；其不得人處，政在胥吏，因其急速，得恣貪暴，既屬軍期，民無所訴。臣自膺寄任，奏薦頗多，乞朝廷深加照察，知非請託。其所奏之人，多是僥倖優穩之處，永祝辭免，不來赴任。朝廷遂一夫之私情，忘百姓之深患，滿目疾苦，將何以濟？伏望聖慈特賜愛軫，應陝西所奏官員曾經免者，除別有擢用外，卻乞盡底催發前來赴任。」十七日，公具諸將所獲生口、鞍馬、畜產、器械并首級，具聞於朝。十八日，保安軍奏乞早降宣命下本路轉運使司并經略安撫使副，火急於近裏州軍人戶秋稅內科撥赴本軍。公體量得延州至保安軍山路一百五十餘里，昨因西賊侵擾，燒卻人戶田土，則各逃散，沿路不住有蕃賊出來打劫。若令近裏州軍人戶就保安軍輸納，轉見苛虐，於民不便。公遂擘畫，只將鄜延兩路界近保安軍送納。公將部將任福打破白豹城，蕩四十餘里，狄青、黃世寧到盧子平捉到西賊婦女，朱觀打破洪州一十餘寨并族帳二十餘處。二十八日，奏乞不禁青鹽。二十九日，奏乞朝廷念及邊遠之人率多無告，特告朝旨，應舉充縣令人，限一季內並與移陝西路。如在沿邊州軍，即便乞與除職官知縣。如人數不足，即乞委清望官於三舉已上進士有行止文學者，具事狀連坐，各薦一兩人，不致闕官辦集邊事。

是歲十一月，虎翼軍第九指揮王瓊奪長行于興斫到人頭作自己功，劄上名字申奏宣、轉，充下名正指揮使。後于興告訴，問訖，招伏，公書斷云：「奪戎士死戰之功，誤朝廷重賞之意。其王瓊，集軍員等處斬。」又奏乞建故寬州為青澗城。

十三日，奏狄青、黃世寧頗勇氣，乞早加獎用。十六日，奏張繼勳破賊於歸娘谷，乞賜酬獎。十七日，時陝西軍州每年夏税支移在邊上送納，民疲於役。公又上言，乞令於陝西近裏州軍送納，則惜得百姓。時自京起發兵馬來陝西邊上軍州駐劄，訪知押軍使臣內有懦弱生疏，不能鈐轄，致兵士在路作過，攪擾縣鎮。十九日，公牒鄜、同、華州、河中府：如軍馬經過，相度使臣稍有生疏，不能鈐轄，便請那差都監、監押一員，或差得力使臣，支與驛券，同共管押。逐州交割，不得縱令不著次第及攪擾縣鎮施行。十一月，差張建侯與狄青、黃世甯、劉政在保安軍，差鄭從政在萬安鎮。又牒鄜州，令張宗武往敷政縣，且令探候。如近邊寨無備，則便行討擊。二十六日，奏舉种世衡知環州。

十二月初二日，乞陞擢滕宗諒，差赴陝西，必可濟辦邊事。時清邊弩手新到，州司不敢依例給錢。公言：沿邊苦寒之地，所有晉州清邊弩手指揮人員、兵士已到延州，例各單寒，闕少衣裝。初四日，遂牒延州一例支給。十二月十二日，奏乞朝廷特降指揮下京西、陝西嚴切鈐束，如有兇惡，即行軍法。十六日，牒同州抽差北縣分弓手二千人，幷牒河中府抽差弓手一千人，並差使臣押送鄜城縣駐劄，把隘防託。又牒耀州郡兵士兩指揮赴坊州防託〔一〇〕。時關中諸郡支移百姓苗稅，配納糧草，往邊上州軍送納。惟鄜延一路最是辛苦，糜費數倍〔一一〕。蓋是山陵道路不可通大車，只是小車幷驢子般運。或遇晴明，則一月程僅可往還，或值雨雪，艱難寸進，至有離家四五十日，裹纏乾糧並盡，卻更那人歸取盤纏。今延州稈草每束一百七十文，其關中百姓秋稅入邊上送納，每束稈草只折三十文。若據在市價，頗甚虧民。公相度得鄜州鄜城縣，後魏時爲鄜城郡，隋爲僖州，南至同州、河中府各是四程，北至鄜州兩程，至延州五程，物價稍賤。奏乞朝廷建鄜州爲軍，令建營房、倉廒、廨舍。所有同、華、河中府以來州軍近下等第苗稅，只於此處送納，且減得一半惡路。至春卻那減鄜延軍馬於此處屯泊，就得賤價糧草，稍減得百姓勞敝辛苦，亦且近便往復。□□□□十二月二十八日，奏乞暫出延州賞給熟戶蕃部首領，給與文帖并散茶綵。內有功勞異於衆者，等第支給襖子、腰帶；係蕃部巡檢者，給與紅纓、交椅。仍與別立約束，令遞相鈐轄，準備點集。時聖旨令公與梁適商量邊機事，公奏乞指揮涇原路招安明珠、滅臧二族。時邊上臣僚陳乞買馬，纔得宣頭，便令人於熟戶及百姓、公人之家覷步收買。其差去人接便起動熟戶取奉，虧價強買。邊上新舊官員各稱准宣買馬，無時了絕。往往一道宣頭，應帶數匹。公乞朝廷降指揮，將買馬宣頭並乞句收繳納。

慶曆元年

是歲春正月，公在延州。朝廷既用韓琦等所畫攻策，先戒師期。公言正月內起兵，塞外雨雪大寒，暴露僵仆，使賊乘之，必有所傷。願朝廷存此一路，未行討伐，容臣示以恩信，或可招納。戊午，詔從公所請。時公前凡六奏，卒城承平等十二寨，蕃漢之民相踵復業。

二月四日，奏乞於諸寨置榷場，用匹帛等博買熟戶將到青鹽，只於慶、環二州添起一倍價錢出賣，收得一色見錢，糴買糧草及支諸軍請受，大段減得近（理）（裏）見錢，應副邊上。

三月，任福等既敗，朝議因欲悉罷諸路行營之號，明示招納，使賊驕怠，仍密收兵深入討擊。詔范仲淹體量士氣勇怯。公言任福已下皆邊上有名之將，尙不能料賊。今之所選，往往不及，更令深入，禍未可量。於是行營之號卒不罷，兵亦不復出。

四月，徙知慶州，兼管句環慶路部署司事。初，元昊陰誘屬羌爲助，環慶酋長六百人約與賊爲鄉道。後雖首露，猶懷去就。公至部即奏行邊，以詔書犒賞諸羌，閱其人馬，立條約。諸羌受命悅服，自是始爲漢用。初，曹瑋於環慶添置六寨，差田敏部轄軍馬，在彼防託，至今熟戶倚此城寨。四月，公奏乞聖慈以曹瑋、田敏前後戰功并建寨託邊之利，特加贈典。其直下子孫，量行恩澤，以獎勸邊士。

六月，陝西體量使王堯臣言：「范仲淹、韓琦皆天下選，其忠義智勇，名動夷狄，不宜以小故置散地。」

先是一月，聖旨令擘畫牽制西賊，不令往河東作過。公牒本路主兵官員，盡底部領戰兵往沿邊入界牽制，併擘畫合行事件，指揮逐路主兵官員施行。

十月初五日，將所行事件畫一具奏。

十一月二十一日，舉劉貽孫及葛宗古。二十六日，乞將以所授左司郎中一官回授种世衡，與轉諸司使、知環州。是月，梁適自陜西還，公附奏攻守二議。是月，奉聖旨體量鈐轄、都監。

十二月初七日，奏乞改移張明、郝緒。

慶曆二年

時蕃部巡檢趙明句招到賊界僞署團練使訛乞幷手下蕃官等共二十三戶，公定奪賞賜銀椀、頭巾、角茶、交椅、銀帶、錦襖等物，那與繫官房舍居住。

正月初二日，公奏乞爲蕃官訛乞等補官。十一日，到環州管設蕃官，支與銀、綵等物，與立約束，蕃部喜躍。二十九日，再舉种世衡知環州。時牒各寨，逐月一度句集蕃官管設。又恐公用錢物使用不足，又牒環州簽判陰諒臣往逐寨標撥官地，種蒔蔬菜貨賣，幷諸蕃部贓罰添助公用去訖，所貴不破省錢。是月，公到邠州排揀新兵，據人戶王昭瑋等陳告，稱官中修營，占卻園林地土，拆了屋舍，乞估計合支價錢。公牒委邠州，請依上項條貫，支給逐人價錢，及除放隨地錢稅。後邠州準轉運司牒，句收已支價錢。公言：「雖準都轉運司指揮，令將空閒官地兌還。既無官地，即合回申都轉運司。豈得故違條貫，並不回申，便卻例行催納已支價錢，侵害人戶。」句到本州元行典級王益等，取勘招伏上項有違條貫情罪，於杖一百上斷遣，差人押送本州收管。所有上件人戶地土價錢，卻牒邠州依條支遣。

二月四日，太子中舍、通判延州高良夫奏乞下陜西四路，令銷兵士防託州軍，一依范仲淹擘畫，先定下守城人數，於近裏州軍輪差弓箭手充數。次邊州軍弓箭手，卻輪差在極邊城寨。奉聖旨，且令邠寧、環慶路諸都部署司相度，又無妨礙且利害，疾速聞奏。公言：「相度所差弓手，並是人戶三丁内破一丁充役，若是撥於極邊州軍屯戍，緣邊上食物踊貴，亦少營舍，官中請受至薄，難裹纏，必於本家骨肉處頻有呼索，動是數百里。本家更破一名往來供送，即是一戶三丁之内，二丁防邊，徒使破壞家產。伏乞朝廷更請相度。」二月奏言：「延州陷破前年，西賊圍閉之時，山城未曾修築，微有牆壘，未能禦捍。惟劉平星夜前來救濟，得延州不至陷破，此實劉平忠勇之力。今來子弟復在邊任，其跡孤危，未能雪恥。竊聞劉平尙在，恐邊臣有所憎愛，別造飛語，乞朝廷倍賜照管。」又言計用章無不順之意，乞與叙用。初五日，有《看詳趙珣所奏畫一奏疏》。時樞密院劄付經略司，諸將在外者，若賊寇大至，並須領兵覓便攻擊。二十五日，公言：「將有勇怯，師有衆寡，用兵無常勢，非可畫一而制者也。乞朝廷指揮逐路主帥，近雖降此指揮，仰更體量將之強弱，敵之衆寡，地勢險易，天時明晦，臨事處分，以保民安邊事爲重，庶少敗事。其樞密院指揮，未敢施行。」三月七日，奏陝西不可行用鐵錢。四月，令李丕諒、宋良移風川寨於烽火臺山上，尋令弓箭手、兵士等寅夜興工。山上只築女牆，四面削壁。近下低處，築城圍入水泉。續又牒本州通判、太常博士范祥與李丕諒等同相度新修寨城已了，見分擘街巷，修蓋軍營，倉草場、廨署，及城上置敵樓，般運糧儲兵甲入新寨。二十八日，奏舉高端、高良夫、楊畋。

寧州狀申稱，於五月五日申時以後，忽降猛雨、風雹、雷電，有大霹靂一聲，於草場火發，燒卻稈草四千餘束。轉運司令觀察推官劉銑置院取勘。公言：「逐處異物蟄藏之處，多致雷火，合依邊敕指揮，只令陪納入官。若更須令根勘官吏不切防慎罪狀，卻慮今後沿邊倉、場作過，要得負累官員，爲害轉大。願乞朝廷特賜釋免。」二十四日，奏舉焦遂卿、李顯、張忠、張信等，乞與轉官。二十九日，體量得環州界肅遠、馬（領）〔嶺〕、定邊、安和、安塞等寨軍馬、糧草、人戶不少，並各城牆低下，濠塹淺狹，未得牢固。遂牒環州，立便刷那廂軍兵士，修築開淘。

六月初六日，石昌鎮申，梁家族蕃官屈都等并小遇族蕃官薛娘等爲讎，其梁家族點集一千餘人騎，待報讎相殺。公又差指揮使郭慶宗齎銀椀、綵絹，走馬往本鎮體量，各且和斷之。

閏九月初九日，慶州北路都巡檢司狀申，探得昊賊親領八萬人騎，奔往鎮戎軍去。遂牒寧州通判張去惑著作暫往邠州，計會點檢城上防城戰具家事，安排整齊。如聞西賊大入漢界，即起遣鄉村人戶入州。其人戶多是少得柴草，不願入城，即官中擘畫，揀損稈草支借。十九日，諸處申，探到西界點集蕃賊馬，大段緊急。公差焦遂卿、种世衡等點集蕃兵防託，所有老小、牛羊，並發遣入寨城迴避。其候看族帳、田苗蕃部，即令於高險上空處，權時就藏避。其入寨城人口，並依先降條貫，支與口食并鞍馬草料。牛、羊即令於側放牧。如遇閉圍，三五日間，亦借與稈草。准涇原路經略招討司牒，今月十日夜一更時，准副使葛懷敏公文及鎮戎軍號紙申，蕃賊不知數目，奔充圍繞三川、定川寨。公牒張建侯策應。探事軍人張遇分析狀稱，今月二十二日早辰，到鎮戎軍西南蓮花堡、德勝堡，見自家軍馬與蕃賊相殺。又見向太保、劉太保手下軍馬被蕃賊殺散。所有自家軍馬總在定川寨，與蕃相殺。公令鈐轄李丕諒領軍馬於二十日起發，計會張建侯，同往原州會合策應。

十月二十八日，入內內侍省西頭供奉官王懷德齎降御前劄子問：「當欲移卿往涇原路，爲本路近經賊馬鈔掠，藉招緝，與文彥博對換。」公乞依舊領環慶路職任，同涇原路經略並於涇州駐劄，與韓琦日夜聚首，三二年間，可期平定。

時渭州鎮戎軍寨主職田，有每歲獲千餘貫，延州、慶州諸寨多無職田。十月廿八日，奏乞均定諸寨官員職田。

十一月初六日，公上言：涇原土兵有在慶州者，慶州土兵有在涇原路者，山川道路既不諳練，又是邊上土兵，請受微薄，抛離本營，裹纏不易。公欲朝廷指揮，逐處土兵，各令撥歸本路使喚，公私俱便。

是月，復置陝西四路都部署、經略安撫兼沿邊招討使，命韓公與公及龐公分領之。公與韓公開府涇州，而徙文彥博帥秦，宗諒帥慶，皆從公之請也。甲申，以處士孫復爲國子監直講，從公與富公之薦也。

十二月，西賊入山外，打幷、原州打虜。公牒知原州景（奏）〔泰〕與當路鈐轄李丕諒等六人，部領軍馬，計會節次向前，於鎮戎軍以來會合，出奇伏截山外回來賊馬，收救人民。公又到邠州，示以兵勢。出榜永興軍諸州，以安衆心。又與都監張肇部領諸兵馬，於初三日發離邠州，取長武路往涇州策應。

慶曆三年

正月辛卯，詔陝西沿邊招討使韓琦，凡軍期中覆不及者，皆便宜從事。宣命指揮召募沿邊少壯人爲護塞指揮。公言其不便。

二月己卯，保安軍狀申，鄜延經略司牒報，西人請和。公上言有不可許者三，有（不）〔大〕可防者三。

三月甲午，上令内侍宣諭韓琦、范仲淹等：「候邊上稍寧，當用卿等在兩地。」又令琦等密奏可代處邊任者。琦等言元昊雖約和，誠僞未可知，願盡力塞下，不敢擬他人爲代。

四月庚申，諫官蔡襄言：伏見陝西路招討使范仲淹、韓琦各除樞密院副使，幷以西寇未寧懇辭。乞朝廷不聽辭讓，各授恩命。二十四日，公起發往邠州，提舉幷就近句抽乾、耀州新兵，請知州、通判内一員押赴。一依宣命指揮，重行揀選。幷排連人員及指畫閲敎次第，幷商量定奪，蓋造營房。

五月，江淮歲漕不給，京師乏軍儲，發運非人，公言國子博士許元可獨倚辦。辛未，擢元江淮、兩浙、荆湖制置發運判官，京師足食。辛卯，公與韓公又言：「臣等竊以天下郡邑牧宰爲重，得其人則致化，失其人則召亂。推擇之際，不可不謹。雖曾詔臣寮各舉所知，或舉主非賢，則多謬薦。臣等欲乞聖慈特降詔書，令中書、樞密院臣僚各於朝臣中薦堪充舉主者三人，候奏到姓名，即逐人各賜敕一道。若將來顯有善政，其舉主當議旌賞；若贓汙不理，苛刻害民，并與同罪。所貴生民受賜，寇盜自息。」從之。

十月初五日，用張昷之爲河北都轉按察使，王素爲淮南都轉運按察使，沈邈爲京東轉運按察使，從公與富公之言也。

慶曆四年

二月，竊見審官三班院幷銓曹，自祖宗以來條貫極多，乞選差臣僚就審官三班院幷銓曹取索前後條例，與主判官員同共看詳，重行删定，畫一聞奏，付中書、樞密院參酌進呈。別降敕命，各令編成例策施行。是時公意欲復古勸學，數言興學校，本行實。詔近臣議。於是宋祁、王拱辰〔一二〕、張方平、歐陽修、曾公亮、王洙、孫甫、劉湜等合奏：「謹參考衆說，擇其便於今者，莫若使士皆土著而教之於學校，則學者修飭矣〔一三〕。先策論，則文辭者留心於治亂矣；簡程式，則閎博者得以馳騁矣；問以大義，則執經者不專於記誦矣。」乙亥，詔州縣皆立學。

五月壬戌朔，公與韓琦並對於崇政殿，上四策。

六月十二日，舉元積中管句機宜文字。

七月丙戌，詔諸路轉運使副、提點刑獄察所部知州軍、知縣、縣令有治狀者，以名聞，議旌擢之。其或不如所舉，令御史臺劾奏，並坐不實之罪。從公奏請也。

十三日，舉葛宗古、楊麟充閤門祗候。是月，勘會河東邊上所闕弓弩并衣甲、器械、刀槍等，自來從京支撥，多是沿路損失，枉費脚乘般載，邊事不逮。二十七日，公上言：「伏乞朝廷指揮下河東轉運司，取要便出產炭鐵州軍，置都作院，舉差官員專監。其人匠於本路諸州軍揀選抽差。」

八月辛卯，命參知政事賈昌朝領天下農田，公領刑法，事有利害，其悉條上。初四日，昊賊差使臣一道姓金不得名往北界契丹處去，不知事意。公慮兩國計會與謀，十五日，奏乞那撥陝西兵三萬來赴江東，乞朝廷更不遷延。十三日，舉張子奭、張熹、張去惑、蘇舜元、陳榮古堪充刑獄、錢穀重難任使。十五日，舉夏安期充河東轉運使。又舉向約，乞差知陝西、河東煩難大郡。十六日，又舉張子奭等五人赴河東任使。初，諸州、軍、縣每五年一造城郭等第簿。公體量得河東、陝西自西事以來，甚有人戶因差配破卻家產，州縣不能矜恤減放，第候五年造簿，方行定奪，必是破盡家產，多為失所之人。十八日，奏言：八月出榜曉示逐處人戶，并劄與逐州軍及都轉運司，及三年便造簿，重定等第。其因差配破落，更不候三年，便於簿內注鑿減下。其有即今淪落，應役不得者，即與免放。先是除宣撫韓琦到邊上散卻特支後，至是已是一年，不曾支付。二十一日，公奏：「臣今往陝西、河東宣撫，其沿邊駐泊諸州軍及就戰兵并人員兵士，欲乞朝廷等第各賜特支。」

九月，公在并州，見都轉運司指揮諸州軍

場務更不得收納大鐵錢，要得止絕欺弊。纔方行下文字，便有百姓經幷州告訴，各是交易到大鐵錢，無處使用。公遂出榜幷州街市，且令依舊行用。據嵐州申：「本州九月一日支料錢幷銀鞋錢二百萬，准運司上項指揮，尋行告示。其軍人例各高聲言道：『官中支賜與我，因何却不得行用？』其轉運司牒，本州更不敢施行。」公又恐諸處軍民疑惑，發下榜示，逐處曉示軍民，其官鑄大鐵錢，並依舊行使。時河東諸軍州創新收刈白草，降下萬數不少。逐處官吏不能體量利害，例各差兵士，或採斫不前，即便逃走。公人等即出錢官買，或於人戶係稅草地內強行採打，引惹爭競，即令逐處搔擾。公出榜曉示諸軍州，自榜到日，以前抛下兵士、公人收刈白草數目，並與放免。體量得逐處賊盜多是逃軍，兼近南郊，恐成群黨，驚劫人戶，州縣不能禁止。指揮河東州軍，令逐處出榜招召。今日以前逃走廂禁軍人，與限一月，許於官司首身，更不問罪。並令依舊收管。十六日，西夏楊守素赴闕。公奏乞所有封冊之禮，須候西北收兵（只）〔方〕行，於體稍便，乞朝廷再三詳審。二十日，樞密院劄子：奉旨令公就近差人知麟州。公與明鎬商量，舉閤門祗候張繼勳。是月，出榜曉示諸州軍，應坊郭鄉村人戶，今日已前帶即配賣物色或包二稅移逃者，並令與放罪，各令歸業。其元欠二稅，並與除免。仍劄都轉運司。公到憲州，體量憲州城池窄小，奏乞增修。

十月九日，余靖奏乞劄付河東，令彼處差

人佯作葺豐州，所貴契丹不敢占據。奉聖旨令公相度。公言：「豐州至河東一百二十餘里，并無人煙，道路不通，今來難便去管興修。」初，麟州無酒務，不榷酒利，寬假邊民。自慶曆二年十二月，榷起酒利。公恐居民貧困，出榜并劄與麟州，令百姓依舊任便開沽。十日，公到麟州，體量二州四面邊疆，並無城寨防護，人戶不敢復業。遂與明鎬商量申奏，乞修復城寨。是月，發遣散移往府州，與土田耕種。十三日，奏乞收贖麟、府陷破蕃界熟戶百姓，依舊住坐耕作，出得糧草，方可却減下正兵，大段省得國家錢帛。是月，體量得火山、岢嵐、保德軍三處各屯兵馬，所入軍儲，皆是商旅人戶將銅錢接糴北界斛斗入倉中糴。每日計出却銅錢數百貫過往北界，每歲計置，河東銅錢不日將盡，此邊防之大弊也。十九日，奏乞朝廷支絹五萬匹，送下河東轉運司，俵與岢嵐等三處，博糴軍儲，急止銅錢出界之弊。二十七日，張亢奏：准經略司牒，岢嵐軍等處有閑地萬頃，乞先於要路安置堡子兩三箇，然後將上件地土擘畫。奉聖旨令公相度。公恐置堡子，代州與北界相接，引惹言語，只令作社戶名目。三五十家靠險居住，高築牆院，防備盜賊。

十一月初五日，知原州蔣偕狀申，細腰城修築已完，須藉土兵守禦。公劄與涇原路，土兵充細腰城就糧振武蕃落指揮。

十二月，經略司管句何涉有母在蜀中，迎侍不得，切於孝養。初一日，公舉涉充益梓路通判，以便奉親，俾全孝道。時蔣偕出兵至佛空平，燒蕩族帳，种世衡領環州蕃漢兵燒蕩大小羊族帳。十四日，奏乞酬獎諸將功勞。是月，劄付陝府，據諸縣逃官田地勒令地分鄰人空納租錢者，并見欠見錢數，並與除放。劄付與河東轉運，可將麟、府等州色役公人支與係官閒田，仍免送二稅。時契丹與元昊戰不利，奉聖旨指揮，令公體探北界事宜。公言：「自古兵家每有挫衄，恐其下離叛，即別舉事，圖其復振，以攝衆心。今契丹西征無功，愧見其下，或謀起事，欲振兵威，此朝廷不可不防。」是月，明鎬奏募民請射禁地。奉聖旨令公詳明鎬所奏，相度經久利害聞奏。臣僚又奏焦太師來天池打量事，又奉聖旨令公計會相度穩審，從長指揮。又奏相度到開耕禁地利害事。十六日，公自麟府路回到嵓嵐軍。次日，有鈐轄孟元并嵓嵐軍使米元湷來言，有萬勝指揮兵顏和告稱有本指揮軍人結集背叛。司理院勘得本人不著次第，多欠人債，所告只聞人說，並無照據，欲令顏和赴營處斬。公尋指揮，令與逐官更子細勘鞫實情，如委實誣告，亦且決配，況未曾刑害著被告之人，恐今後更不敢告事。至十八日，孟元等來言，審勘得別無實情，更不敢枝蔓追究。公又奏：「訪問得萬勝指揮招到雜色人，多有邊上已滿三年，其間輕狂之人，不禁辛苦，或亂出語扇搖人衆，於邊上不便，乞早降指揮差替。」十九日，奉聖旨差入內供奉官衛克勤押賜醫藥至公處〔一四〕，并傳宣命公採候北界事宜及邊上設備者。公言見各訓練，選奇兵，備戰敵，以分朝廷萬一之憂。二十日，西賊點集壯人壯馬往環州界。公劄經略司起發軍馬赴乾興寨駐劄防託，及令環、（元）〔原〕州多方安撫前來蕃部蕃官。二十三日，奏言：「竊見太常博士趙拯，祕書丞劉奕、馮浩，殿中丞范寬之、馬仲甫、徐執中、杜樞，太子中允王復，太子中舍王孝和，大理寺丞張諲，并有才稱，宜處要務。俾臨邊事，可濟軍期。伏乞望朝廷速差上件官充陝西、河東大郡通判[一五]。」貼黃：「自來兩府臣僚無同罪舉官條例，臣出使應所舉過官員，恐朝廷未賜施行。如任用後犯正入己贓，臣並行同罪。」

慶曆五年

正月十四日，奏撥細腰城屬環州。二十七日，河東轉運司申，諸縣尙顯等陳狀，爲老小殘疾及年六十已上至七十，年老除外，別無人丁，見今單身，乞放免。公劄下磁州疾速體量，尙顯等如有人戶可以指射充替，即依條貫施行。如別無人戶指射，即與免放施行。

二月，劄下并、代等路經略司、〔河〕東都轉運司，遍行指揮逐處，疾速出榜曉示諸義勇軍，習學弓弩。是月，翰林學士吳育爲諫議大夫。育初尹開封府時，公在政府，因白事數與公有迕。既而公出安撫河東，有奏請，多爲當國者所沮，育取可行者，固執行之。

三月十八日，西賊部領三千餘人打劫篳篥城等。四月十四日，公奏乞下部署司，揀選得力將佐，嚴行禁約。至時與漢兵會，免致疏虞。

四月三日，新邊壕外埋柵至葫蘆河一帶，稱有西賊人馬約二萬餘人劄寨，及逐川內各有煙火五里至七里，蕃漢人戶一例驚移。及差人探問，卻稱來放牧牛羊。其驚移蕃漢人戶，尋卻歸復本處住坐。公言：「昨往河西，體問得鄜州路前來被西賊破蕩之時，其初西賊用謀亦是如此。其人戶爲前來無事，便各安心，更不驚移，遂遭虜殺。今來亦恐如打鄜州時，設此計謀。」遂牒涇原路經略司：「今後如得知西賊點集人馬，即將蕃漢人戶多差人起遣回避，不得慢緩，免致驅虜。」初四日，奏留蔣偕知原州。新降宣命，應係弓手、兵士年及五十已上，或疾病久遠不堪醫治者，許本戶人塡替。如本戶無人，即許召人充替施行。公十七日奏言：似此篤疾廢疾之類，非可詐僞者，爲年未五十已上，有礙上項宣命，諸處不敢替放。官中前來許雇人承替之時，內有事力之家即可雇人，其下等第無錢雇人，多是恐脅家問骨肉，令典賣莊田雇人，深屬不便。乞指揮轉運司看驗，如委實是篤疾廢疾之類，並依諸軍類，更不問年甲，便與揀停歸農，不須要家人幷雇人充替。又令疾苦之人各歸田園，所以不致失所。

五月，歐陽修上疏：「伏見杜衍、韓琦、范仲淹、富弼等皆是陛下素委任之臣，一旦相繼而罷，天下士皆素知其可用之賢，而不聞其可罷之罪。陛下於千官百辟之中，親選得此數人，一旦罷去，而使群邪相賀於內，四夷相賀於外，此臣所以爲陛下惜也。」十五日，奏乞指揮麟、府二州勘會歸業蕃漢人戶，約量人口數目，支與貸糧。乞更賜指揮，與逐戶買牛具錢本。選差朝臣一員照管撫恤，各令安歸復業。

閏五月，涇原部署司所奏抽減年深上京東兵，那官部押赴近裏永興等處駐劄，候今秋管押歸營次。奉聖旨令公相度。公相度上件兵士已各年深過滿，又知別路並減那歸營，秋間縱有事宜，亦難句回邊上。恐遞相扇搖，別有言詞。尋涇原路差使臣管押歸營。二十四日，具狀申奏。

六月十四日，奏諸軍頭失墜補署文帖，免勒充長行，只於舊職名上降一等，所貴兵級安心。十七日，舉劉貽孫知鎭戎軍。二十九日，舉譚嘉震知德順軍。時慶州東路巡檢竹昺公勤膽勇〔二六〕，狄青、許遷等皆推許此人可用，舉昺充慶州駐泊都監。

八月十三日，聞朝廷差國子博士高良夫往延州，計會夏國差人，定立疆界。又據高良夫申，商量立界，未定其西界，楊守素回宥州取覆曩霄去。公言：「夏國一面稱大段點集軍馬，待與契丹相殺，一面卻與漢家爭些小疆界。臣謂契丹、元昊除是天亡時則有戰爭，不顧利害。如顧利害，則無戰爭之理。或二蕃連謀，窺伺中原，則今後契丹先起事端，候朝廷抽減陝西軍馬往河北，然後元昊入寇，則陝西四路皆可憂虞。乞朝廷察此情狀不可信憑，大爲之備，免致臨時敗事。再錄與韓琦所上《攻守策》錄呈，乞賜親覽。」是月，與韓魏公奏舉李顯，授閤門祗候。二十三日，禁秦州博易，奏：「體量得秦州自來客旅收買川貨物帛等，入蕃博易劵馬，入官中賣，兼販蕃馬回訖。百姓所買馬錢，亦收買匹帛入蕃興販。今來若將秦州界西蕃博買一例止絕，必是一路蕃情怨望。兼大段隔卻興販券馬及阻節客旅興販川貨，則一路糧草少人入中，必是誤事。伏望朝廷下秦州，依舊降條貫施行。」二十九日，舉李顯充邠州都監。

九月，舉張肇知寧州。公以河西麟、府田野空荒，城市窮困，使河東一路供饋糧草錢帛，未有休期。若置一榷務，一則招誘蕃部牛羊鞍馬行貨，供河東一路官稅要用；二則麟、府路收得客旅稅錢，大段出得貨利，就近供軍；三則止絕得私下與外界交易，免犯令。初四日，奏乞於麟州創置榷場。二十日，西界送石元孫歸漢，配全州編管。公言素不與元孫相識，亦不知本人善惡。臣在延州，但聞劉平、石元孫部領軍馬救護延州，同戰拒賊，日夜血戰，兵少食盡，力屈被擒。即不曾退走，亦非不戰而降。但有不死於王事之罪，又累該大赦。卻有救存延州之勞，縱不堪任用，亦且免其戮辱，少加存恤。當授一南班近下名目，於近州安置。使陷蕃將校等聞之，未絕向漢之心，不怨朝廷，不助夷狄，此禦戎之一策也。

十一月十一日，准樞密院劄子節文：臣僚劄子，秦鳳路部署已下，自來各破親兵逐月支破添支錢。乞今後所差親兵，揀選知武藝慣熟人數，不得替換，逐月更支破添支錢。候巡邊及駐劄出戰時，即乞一例量支盤纏錢三百文。所貴均平，免有虛破官錢。奉聖旨令陝西四路安撫司相度。公相度：若是揀卻知武藝慣熟人數，久占在逐官手，不得替換，卻恐不切閱習，因茲生疏，有誤使喚。已牒秦鳳路都部署司，據部署（手）〔司〕親兵輪差替換，依其餘路分，更不逐月支添支錢。

十二月二十一日，山外德順軍界靖邊、隆德寨壕外，各有新招弓箭手共八百餘人，請射地土耕種，修築堡子把截，并逐家老小在彼居住，自來累遭虜掠。公牒涇原路安撫司，各令將老小人口等般入壕裏居住，只量留少壯人在壕外堡子安泊防守，管句耕種。若遇大段賊馬，難以禦捍，亦須入壕裏回避，免枉遭虜掠。

案舊《年譜》：竄閻文應嶺南，尋死於道。此據富鄭公所作《墓誌》。案，閻文應景祐二年十二月辛亥落入內都知，以昭宣使領嘉州防禦使，爲秦州鈐轄。後兩日，改鄆州鈐轄，《百官表》同。景祐四年四月乙丑，文應徙潞州鈐轄，《百官表》同。寶元二年九月癸卯，文應卒，此據《百官表》。贈邠州觀察使，此據《實錄》。未嘗有竄嶺南指揮，及死於道事迹，不知鄭公何據也。今姑從鄭公《墓誌》，竢考。

先公生汴宋端拱，薨於皇祐。始終際極盛之時，明良康乂，克展忠藎。勳業在朝廷，威望在邊徼，惠澤流子孫。太史有傳，墓道有碑，鉅公名賢論贊稱述，焯示不朽。惟《年譜》未刻，非缺典歟？國儁忝奉祠事，謹命工刊梓，與《文集》、《奏議》並行，覽者庶有考焉。天曆三年庚午春正月望日，八世孫國儁百拜謹識。案，天曆三年，文宗改元至順。

〔一〕壬子：原作「壬申」，據宣統三年蘇州范氏重刻歲寒堂本《范文正公集》附年譜（下簡稱宣統刻本）改。

〔二〕禮：原作「理」，據宣統刻本改。

〔三〕賈昌朝：原作「賈昌期」，據宣統刻本及《宋史·賈昌朝傳》改。

〔四〕自「被罪」至「明憲」：原注：「此原空分註二十有二字，今仍闕之。」歲寒堂刻本、宣統二年刻本均闕，今據尹洙《河南先生集》卷一八《乞坐范天章貶狀》補。

〔五〕其、有：原作「有」、「云」，據宣統刻本改。

〔六〕事：原作「歲」，據宣統刻本改。

〔七〕領：原作「頒」，據《宋史》卷一七三及《范文正公年譜補遺》改。

〔八〕任：原作「伊」，據《范文正公集》卷一九改。

〔九〕夏竦：當爲「夏竦」之誤。

〔一〇〕「又牒」至「防託」：原無，據宣統刻本補。

〔一一〕倍：原作「陪」，據宣統刻本改。

〔一二〕王拱辰：原作「王拱臣」，據宣統刻本及《宋史·王拱辰傳》改。

〔一三〕飭：原作「飾」，據宣統刻本改。

〔一四〕供奉：「奉」字原無，據文意補。

〔一五〕件：原闕，據宣統刻本補。

〔一六〕勤：原作「勒」，據宣統刻本改。

《范文正公別集》四卷，宋刊本，左右雙綫，白口兼有黑綫口，第一魚尾下標書名卷數，第二魚尾下標頁數、刊工姓名，半頁十二行，行二十字。第四卷末有題記，云：「鄱陽在江左號古郡，昔之爲守者固多，以賢稱者僅九人，而傑出於九賢之中，又止唐之顏魯公、本朝之范文正公，可謂難得也已。二公名氏在史官，大節在天下，至於文章，散落人間，雖筆端游戲之餘，而典雅純實，可以經世而出治，垂久而行遠，蓋其所養得天地之正氣，故文亦如之。然是邦實二公舊治，獨無墨本，而間見於他處，誠闕典也。翊攝乏此來，首訪而得之，鳩工鏤板，以傳不朽。斯人之眷眷二公，雖不繫於文集之有無，然使學士大夫家有其書，如潮人之於退之、柳人之於子厚，因書以致其師仰敬慕之意，不猶愈於甘棠之思乎。乾道丁亥五月既望，邵武俞翊謹識。」案，此爲江西第一刻本，當時蓋與魯公集同刻者。今魯公集北宋宋敏求本、南宋留元剛本皆不可得見，推明嘉靖錫山安氏本爲最善。而文正集尚存宋本，未始非幸事也。《天禄後目》有乾道本。第二跋云：「番陽郡齋州學有《文正范公集奏議》，歲久板多漫滅，殆不可讀。判府太中先生嘗謂此郡太守名德如日月之照，終古不泯者，在唐則顏魯公，本朝則范文正公。文正之集，士大夫過郡者莫不欲見，其可不整治乎？於是委屬寮以舊京本《丹陽集》參校，且捐公帑刊補之。又得詩文三十七篇，爲遺集，附於後。其間尚有錯誤，更俟後之君原脱一字，當是「子」字。訪善本訂正焉。淳熙丙午十二月□日，郡從事北海綦焕謹識。」案此爲淳熙本，江西第二次修刊之本也。《文正集》原名《丹陽》，前有蘇軾序文。至江西刻行，始改名《文正集》，凡正集二十卷，別集四卷。考綦跋有「刊補」

之語，則行款仍乾道之舊可知。然綦刻僅有遺集，即所云詩文三十七篇也。別集之名，更在三次重修之後。綦跋後復有三行，一行云「嘉定壬申仲夏重修」，二行云「朝奉郎、通判饒州軍州兼管内勸農營田事宋鈞」，三行云「朝請大夫、知饒州軍州兼管内勸農營田事趙旧概」。案此爲第三次嘉定重修本，即此本也。後元天曆戊辰，歲寒堂范氏家塾即依此本重刊。其裔孫能濬復輯補編五卷附之，亦名《二范集》，蓋與《忠宣文集》范純仁。合刻，而歲寒堂則范氏家塾之名也。由此觀之，自乾道而淳熙而嘉定，實一刻而再修，天曆亦從此出，故行款未變。《文正集》宋刻傳世者，自《丹陽集》之外，蓋皆江西刻矣。余於己巳冬得宋刻《范文正公集》，蓋第三次嘉定重修本也。其別集四卷，取與張泠僧贈我影寫清宮舊藏宋刻本校對，斷板爛字，一一符合，殊可寶也。天曆戊辰歲寒堂原刻本，余未之見，攷《郘亭知見傳本書目》云：「天曆本《文正集》二十卷、《別集》四卷、《年譜補遺》一卷、《遺文》一卷，半頁十二行，行二十字」云云。郘亭雖未將《年譜》與《年譜補遺》二種分別言之，然證以康熙丁未歲寒堂重刻本總目：《文集》二十卷、《別集》四卷、《政府奏議》二卷、《尺牘》三卷、《年譜》一卷、註宋樓鑰編次。《年譜補遺》一卷、未註編次人姓氏。《言行拾遺事録》四卷、《鄱陽遺事録》一卷、《遺蹟》一卷、《義莊規矩》一卷、《褒賢集》五卷、《補編》五卷。其《年譜補遺》既未註編次人姓氏，而《年譜》之後，有「五世孫之柔校正」七字，《年譜補遺》之後，有天曆三年庚午春正月望日八世孫國儁識語，則天曆刻時已有《年譜補遺》，可以概見矣。毛一鷺於萬曆戊申爲松江府推官時，曾編刊《范集》，伏跗室所藏《年譜》及《年譜補遺》爲毛刻全集之零種。毛刻於《年譜》第二行題「重校」，而重校云者，即謬誤百出。於《年譜補遺》第一行竟題曰「彙編」，且直冒他人著述爲己有。余刻《文正公年譜》，先見者爲毛刻本。嗣取康熙歲寒堂本勘比之，錯訛甚多，一一校正，而《年譜補遺》一卷，定爲天曆以前人士所作，抑或即爲攻媿所補，未可知也。何物一鷺，敢冒而取！余因序《文正年譜》，既發其覆，復就《范文正公集》刊刻之先後，及余得宋刻之可寶，與夫邵亭所攷者，更詳言之，以見欺世盗名者日久必敗，而讎校之學不能不盡心焉耳。乙亥春，張壽鏞跋。